Enders/Börstinghaus · Einstweiliger Rechtsschutz

ZAP-Ratgeber Prozessrecht

Einstweiliger Rechtsschutz

herausgegeben von

Dr. Peter Enders,
Rechtsanwalt, Hagen

und

Ulf Börstinghaus
Richter am Amtsgericht, Dortmund

unter Mitarbeit von

Bernd Ennemann,
Rechtsanwalt und Notar, Fachanwalt für Arbeitsrecht, Soest

Harald Schulze
Rechtsanwalt, Fachanwalt für Familienrecht, Hamm

Verlag für die
Rechts- und
Anwaltspraxis

Bibliografische Information der Deutschen Bibliothek
Die Deutsche Bibliothek verzeichnet diese Publikation in der Deutschen Nationalbibliografie; detaillierte bibliografische Daten sind im Internet über <http://dnb.ddb.de> abrufbar.

ISBN 3-89655-059-4

© ZAP Verlag für die Rechts- und Anwaltspraxis GmbH & Co., 2003

Alle Rechte sind vorbehalten.

Dieses Werk und alle in ihm enthaltenen Beiträge und Abbildungen sind urheberrechtlich geschützt. Mit Ausnahme der gesetzlich zugelassenen Fälle ist eine Verwertung ohne Einwilligung des Verlages unzulässig.

Druck: Koninklijke Wöhrmann B. V., Niederlande

Vorwort

"Im Wege der einstweiligen Verfügung wird dem Antragsgegner als Testamentsvollstrecker über den Nachlaß des Dr. Karl Ernst Osthaus bei Vermeidung einer Geldstrafe bis zu 1.500 [Reichs-]Mark evtl. einer Haftstrafe bis zu sechs Wochen verboten, das Folkwangmuseum und die dazu gehörigen Kunstschätze und Sammlungen, im ganzen oder einzeln zu veräußern, oder aus dem Bereich des Folkwangmuseums zu entfernen."

So zitiert die Hagener Zeitung vom 28.2.1922 die Tenorierung einer von der Stadt Hagen in Westfalen erstrittenen einstweiligen Verfügung. Die Stadt Hagen wollte verhindern, dass der Testamentsvollstrecker das jetzt vor 100 Jahren gegründete Folkwangmuseum an die Stadt Essen veräußert. Begleitet wurde das Verfahren, für ein Verfahren in dieser Größenordnung nicht unüblich, mit erheblichem medialen Aufwand der Parteien. So notiert etwa das Westfälische Tageblatt vom 27.2.1922:

"Auch die Bemerkung [der Antragsgegnerseite und der Vertreter der Stadt Essen] über die angebliche „Zahlungsunfähigkeit" der Stadt Hagen wirkt wenig sympathisch und wird nicht sympathischer durch den gehässigen Hinweis auf den Hagener Theaterbeschluß ... Es ist aber bezeichnend, daß in den Essener Artikeln auch mit solchen Mitteln gearbeitet wird wie mit folgendem Satz (Rhein.= Westf. Ztg. Nr. 172 vom 25.2.22): „Hagen hat nie etwas für die Osthaus'ische Sache getan."

Diese Zeitungsartikel, ausgestellt im Hohenhof, dem früheren privaten Wohnsitz des großen Hagener Kunstmäzen Osthaus, zurzeit von der Stadt Hagen als Museum genutzt, belegen gleich zweierlei: Einstweilige Verfügungen werden häufig bei Rechtsstreitigkeiten eingesetzt, die für die Parteien von besonderer Bedeutung sind – und das bereits seit langer Zeit. Die Entscheidung im einstweiligen Rechtsschutz gibt nicht zwingend das Endergebnis vor: Die Stadt Hagen hat nach der Berichterstattung die einstweilige Verfügung erlangt. Letztlich kam das Folkwangmuseum doch nach Essen.

Obwohl der einstweiligen Verfügung die vorstehend dargelegte Bedeutung zukommt, nimmt sie in der juristischen Ausbildung und auch im juristischen Alltag keinen zentralen Punkt ein – abgesehen von bestimmten Rechtsbereichen, wie etwa dem Wettbewerbsrecht. Jedoch besteht in der Situation, in der eine einstweilige Verfügung beantragt werden muss, aber auch wenn eine einstweilige Verfügung abgewehrt werden muss, ein besonderer Eilbedarf.

Für eine große Literaturrecherche oder dann erst beginnende vertiefende Einarbeitung in das Recht des einstweiligen Rechtsschutzes ist in dieser Situation in aller Regel keine Zeit.

Vor diesem Hintergrund will das vorliegende Werk Arbeitshilfen geben. Es richtet sich vorrangig an die Anwaltschaft und die Unternehmensjuristen, dürfte aber auch für die Richterschaft nicht uninteressant sein, u.a. zur Einschätzung der Vorgehensweise der jeweiligen Parteivertreter. Gemäß dem Verlagskonzept ist das Werk von Praktikern für Praktiker geschrieben. Bei der Auswahl der zitierten Literatur wurde Wert auf die Zugänglichkeit für den Praktiker in der Eilsituation gelegt. Das vorliegende Buch versucht, die Materie so aufzubereiten, dass sie dem Praktiker für einen schnellen Zugriff zur Verfügung steht. Um diesen Zweck zu erreichen sind die Voraussetzungen und der Verfahrensgang einer einstweiligen Verfügung in aller notwendiger Kürze dargestellt. Ferner werden die Spezialgebiete, in denen die einstweilige Verfügung typischerweise zum Einsatz kommt, angereichert durch Musterbeispiele, erörtert. Ein abschließendes Rechtsprechungslexikon soll den praktischen Nutzen für den Rechtsanwender noch erhöhen.

Wie üblich kommt es auf die Besonderheiten des Einzelfalles an. Von daher verbietet sich eine unmittelbare Übernahme der Muster. Diese sind lediglich ergänzende Darstellungen, um die jeweiligen zugehörigen Ausführungen an einem praktischen Beispiel umzusetzen.

Die Herausgeber freuen sich, wenn dieses Werk viele Leser findet. Für Anregungen, Hinweise und Verbesserungsvorschläge sind wir dankbar.

Die Reformgesetze des Jahres 2001, wie Mietrechtsreformgesetz, Schuldrechtsmodernisierungsgesetz und ZPO-Reform, sind berücksichtigt.

Hagen/Dortmund im Oktober 2002

Dr. Peter Enders   Ulf Börstinghaus

Inhaltsverzeichnis

	Seite
Vorwort	V
Inhaltsverzeichnis	VII
Literaturverzeichnis	XXIII
Abkürzungsverzeichnis	XXIX

			Seite	Rn.
Teil 1: Grundlagen			1	1
§ 1	Das System des vorläufigen Rechtsschutzes im Zivilprozess		1	2
	I.	Hauptregelungsbereich	1	3
	II.	Weitere Regelungsbereiche	1	5
	III.	Anspruchsgrundlage § 945 ZPO	2	7
	IV.	Überblick Rechtsbehelfe	2	8
§ 2	Übersicht über die §§ 916 ff. ZPO		3	10
	I.	Abgrenzung Arrest – einstweilige Verfügung	3	11
	II.	Regelungsbereiche der §§ 916 bis 945 ZPO	5	19
Teil 2: Die einstweilige Verfügung			8	28
§ 1	Allgemeines		8	29
§ 2	Voraussetzungen		10	33
	I.	Verfahrensvoraussetzungen	10	34
		1. Rechtsweg	11	35
		2. Abgrenzung zu anderen Sicherungsmitteln	11	36
	II.	Verfügungsanspruch	13	45
		1. Vorliegen der jeweiligen Tatbestandsvoraussetzungen	14	46
		2. Zuordnung zu den verschiedenen Verfügungsarten	15	50
		a) Sicherungsverfügung	16	51
		b) Regelungsverfügung	16	52
		c) Leistungsverfügung	17	53
		d) Feststellende Verfügung	20	58

	III.	Verfügungsgrund	21	60
		1. Ausgangspunkt: § 935 und § 940 ZPO	22	61
		2. Dringlichkeitsvermutungen	24	69
		3. Interessenabwägung bei § 940 ZPO	24	70
		4. Baldiges Tätigwerden	25	73
	IV.	Keine Vorwegnahme der Hauptsache	27	78
	V.	Rechtsschutzbedürfnis	30	83
§ 3		Antragsschrift	31	86
	I.	Postulationsfähigkeit	31	87
	II.	Zuständigkeit	32	89
		1. Grundsätze	32	90
		2. Gericht der belegenen Sache	33	92
	III.	Formulierung der Anträge	35	97
		1. Verfahrensanträge	35	98
		2. Sachanträge und Kostenantrag	37	102
	IV.	Darlegung von Verfügungsanspruch und -grund	40	114
	V.	Glaubhaftmachung	42	119
		1. Allgemeines	42	120
		2. Versicherung an Eides statt	42	121
		3. Urkunden	46	130
		4. Zeugen	46	132
		5. Sachverständigengutachten	48	137
	VI.	Antragsschrift im Rechtfertigungsverfahren	48	139
§ 4		Verfahren	49	141
	I.	Formalitäten	49	142
	II.	Beschlussverfahren	51	146
	III.	Urteilsverfahren	53	149
		1. Grundsätzliches	53	150
		2. Postulationsfähigkeit	54	153
		3. Neues Vorbringen	54	154
		4. Antragsänderung und Gegenanträge	58	162
		5. Beweisaufnahme	58	164
		6. Vergleich und sonstige Verfahrensbeendigungen	59	165
	IV.	Rechtfertigungsverfahren	62	175
§ 5		Vollziehung und Vollstreckung	62	177
	I.	Beginn der Vollziehungsfrist	63	180
	II.	Zustellung und Vollziehung	64	184

		1. Zustellung	64	185
		2. Vollziehung	66	187
	III.	Folgen der Fristversäumung	72	207
	IV.	Vollziehungsschadenersatzanspruch	73	210
		1. Fallkonstellationen	73	211
		2. Von Anfang an ungerechtfertigte einstweilige Verfügung	74	215
		3. Rechtsfolgenseite	76	219
§ 6	Rechtsbehelfe		77	223
	I.	Rechtsbehelfe des Antragstellers	77	224
		1. Nach Beschlussverfahren	77	225
		2. Nach Urteilsverfahren	79	230
	II.	Rechtsbehelfe des Antragsgegners	80	233
		1. Widerspruch	80	234
		2. Berufung	82	241
		3. Rechtfertigungsverfahren	82	242
		4. Aufhebungsverfahren wegen veränderter Umstände	83	245
		5. Antrag auf Durchführung des Hauptsacheverfahrens	86	253
		6. Vollstreckungsrechtliche Anträge	87	258
		7. Sonstige Anträge	89	262
		8. Verhältnis der Rechtsbehelfe	89	263
§ 7	Schutzschrift		91	271
	I.	Ziel der Schutzschrift	91	272
	II.	Probleme und Gefahren	92	273
		1. Begünstigung des Erlasses der einstweiligen Verfügung durch die Schutzschrift?	92	274
		2. Hinterlegungsorte	93	276
		3. Sicherstellung der Berücksichtigung der Schutzschrift	94	283
		4. Weitere Abwägungskriterien	96	289
	III.	Kosten	97	296
§ 8	Checkliste zur Bearbeitung von einstweiligen Verfügungen		99	300
	I.	Rechtsweg	99	300
	II.	Richtiges Sicherungsmittel	99	301
	III.	Verfügungsanspruch	99	302

	IV.	Vorwegnahme der Hauptsache	100	303
	V.	Verfügungsgrund	100	304
	VI.	Dringlichkeit	100	305
	VII.	Rechtsschutzbedürfnis	101	306
	VIII.	Zuständiges Gericht	101	307
	IX.	Anträge	101	308
	X.	Glaubhaftmachung	101	309
	XI.	Antragsschrift im Rechtfertigungsverfahren	102	310
	XII.	Mündliche Hauptverhandlung	102	311
	XIII.	Vergleich	102	312
	XIV.	Vollziehung	102	313
	XV.	Rechtsbehelfe	103	314
	XVI.	Schutzschrift	103	315
§ 9	Muster zur einstweiligen Verfügung		105	316
	Muster 1: Herausgabe nach verbotener Eigenmacht		105	
	Muster 2: Herausgabe an Sequester		111	
	Muster 3: Unterlassung beleidigender Äußerungen		115	
	Muster 4: Antrag auf Fristsetzung gem. § 926 ZPO		117	
	Muster 5: Antrag auf Termin und Aufhebung der einstweiligen Verfügung wegen Fristversäumnis		118	
	Muster 6: Schutzschrift		119	

Teil 3: Arrest 125 317

§ 1	Allgemeines		125	318
§ 2	Voraussetzungen		125	322
	I.	Arrestanspruch	126	323
	II.	Arrestgrund	127	328
		1. Dinglicher Arrest	128	329
		2. Persönlicher Arrest	130	337
	III.	Keine endgültige Befriedigung des Gläubigers	131	340
§ 3	Arrestgesuch		132	344
	I.	Zuständigkeit	132	345
	II.	Anträge, Darlegung von Arrestanspruch und -grund sowie Glaubhaftmachung	133	348
§ 4	Verfahren		134	353
	I.	Formalitäten	134	354
	II.	Beschlussverfahren	134	355

	III.	Urteilsverfahren	136	359
	IV.	Sicherheitsleistung	136	360
	V.	Abwendungsbefugnis	138	366
§ 5	Vollziehung und Vollstreckung		138	369
§ 6	Rechtsbehelfe		139	372
§ 7	Checkliste zur Bearbeitung von Arrestverfahren		140	373
	I.	Richtiges Sicherungsmittel	140	373
	II.	Arrestanspruch	140	374
	III.	Arrestgrund	140	375
	IV.	Glaubhaftmachung	140	376
	V.	Zuständiges Gericht	140	377
	VI.	Keine endgültige Befriedigung	141	378
	VII.	Sicherheitsleistung	141	379
	VIII.	Abwendungsbefugnis	141	380
	IX.	Vollziehung und Vollstreckung	141	381
§ 8	Muster zum Arrestverfahren		142	382
	Muster 1: Dinglicher Arrest und Arrestpfändung		142	
	Muster 2: Zurückweisung einer unzulässigen Beschwerde gegen den Beschluss über die einstweilige Einstellung der Zwangsvollstreckung		145	
	Muster 3: Widerspruch gegen den persönlichen und dinglichen Arrest		146	
	Muster 4: Fristsetzung gem. § 926 ZPO		147	
	Muster 5: Termin und Aufhebung des Arrestbeschlusses wegen Fristversäumnis		148	
	Muster 6: Aufhebung des Arrestbeschlusses wegen veränderter Umstände (fehlende Sicherheit)		149	
	Muster 7: Aufhebung des Arrestbeschlusses wegen veränderter Umstände (Nichteinhaltung der Vollziehungsfrist)		150	
	Muster 8: Aufhebung des Arrestbeschlusses wegen veränderter Umstände (Klageabweisung im Hauptsacheverfahren)		151	
	Muster 9: Beschwerde gegen den Beschluss über Arrest auf Einstellung der Zwangsvollstreckung bei persönlichem Arrest		152	

Teil 4: Kosten und Gebühren		153	383
§ 1	Streitwert	153	384
§ 2	Gerichtskosten und Anwaltsgebühren	155	393
	I. Gerichtskosten	155	394
	II. Anwaltsgebühren	157	403
§ 3.	Kostenerstattung	158	407
	I. Nach einstweiligem Verfügungs- bzw. Arrestverfahren	158	408
	II. Außerprozessuale Kostenerstattung	159	411
§ 4	Prozesskostenhilfe	160	416
Teil 5: Besonderheiten der einzelnen Rechtsgebiete		162	419
§ 1	Einstweiliger Rechtsschutz im Familienrecht	162	419
	I. ZPO-Verfahren	164	431
	1. Einstweiliger Rechtsschutz in Unterhaltssachen	164	431
	a) Einstweilige Unterhaltsanordnung im Scheidungsverbundverfahren (§ 620 Nr. 4 und 6 ZPO)	164	431
	aa) Voraussetzungen	164	431
	(1) Zulässigkeit (§ 620a Abs. 2 Satz 1 ZPO)	164	431
	(2) Anordnungsantrag	165	437
	bb) Regelungsbedürfnis	166	441
	cc) Gerichtsverfahren	167	446
	(1) Zuständigkeit	167	447
	(2) Gerichtliche Entscheidung	169	455
	(3) Höhe des Unterhalts	170	459
	(4) Vollziehung der einstweiligen Anordnung	171	464
	dd) Gültigkeitsdauer der einstweiligen Anordnung	172	470
	(1) Rücknahme und Abweisung des Scheidungsantrages	173	471
	(2) Anderweitige Regelung	174	478
	(3) Wirksamwerden einer anderweitigen Regelung	178	496

	(4)	Feststellung des Außer-Kraft-Tretens der einstweiligen Anordnung ...	179	506
ee)	Erstattung überzahlten Unterhaltes		180	511
	(1)	Rückabwicklung nach Bereicherungsrecht	181	512
	(2)	Kein Schadensersatz	182	517
ff)	Rechtsbehelfe		183	523
	(1)	Formelle Rechtskraft	183	523
	(2)	Antrag auf mündliche Verhandlung (§ 620b Abs. 2 ZPO)	184	527
	(3)	Abänderung einer einstweiligen Anordnung (§ 620b Abs. 1 ZPO)	184	530
	(4)	Sofortige Beschwerde (§ 620c ZPO)	186	538

b) Einstweilige Unterhaltsanordnung bei Lebenspartnerschaftssachen des § 661 Abs. 1 Nr. 1, 2 ZPO (§§ 661 Abs. 2, 620 Nr. 6 ZPO) 187 543

c) Einstweilige Anordnung im isolierten Unterhaltsverfahren (§ 644 ZPO) 187 544

d) Einstweilige Unterhaltsanordnung im Kindschaftsverfahren (§ 641d ZPO) 189 554

e) Einstweilige Anordnung auf Zahlung eines Prozesskostenvorschusses (§§ 127a, 620 Nr. 9, 621f ZPO) 192 565

aa) Voraussetzungen		192	566
(1)	Zulässigkeit	192	566
(2)	Prozesskostenvorschussberechtigung	192	568
(3)	Persönliche Angelegenheit	193	573
(4)	Hinreichende Erfolgsaussicht und Billigkeitsabwägung	194	575
bb) Umfang des Prozesskostenvorschussanspruches		195	580
cc) Titulierung des Vorschussanspruches .		196	585

f) Einstweilige Verfügung (§§ 935, 940 ZPO) 197 589

aa) Leistungsverfügung und einstweilige Anordnung	197	590
bb) Vollziehung der einstweiligen Verfügung	199	598

			Seite	Rn.
		cc) Einstweilige Unterhaltsverfügung (§ 1615o BGB)	200	600
	2.	Einstweiliger Rechtsschutz im Zugewinnausgleich	200	604
		a) Problemstellung	200	604
		b) Materiellrechtliche Sicherungen	201	607
		aa) Vorzeitiger Zugewinnausgleich	201	607
		bb) Sicherheitsleistung gem. § 1389 BGB	202	608
		c) Möglichkeiten des einstweiligen Rechtsschutzes	202	609
		aa) Einstweilige Verfügung	202	609
		bb) Einstweilige Anordnung gem. § 53a Abs. 3 FGG	203	612
II.		FGG-Verfahren	203	611
	1.	Vorbemerkung	203	612
	2.	Einstweiliger Rechtsschutz bei Sorgerecht, Umgangsrecht und Kindesherausgabe	204	613
		a) Einstweilige Anordnung bei Anhängigkeit einer Ehesache (§ 620 Nr. 1 – 3 ZPO)	204	613
		aa) Voraussetzungen	204	613
		bb) Einzelheiten zu den Regelungsgegenständen	205	614
		(1) Elterliche Sorge	205	614
		(2) Umgangsrecht	206	614b
		(3) Kindesherausgabe	206	614c
		cc) Abänderungsmöglichkeiten	207	615
		dd) Sofortige Beschwerde (§ 620c ZPO)	207	616
		ee) Aussetzung der Vollziehung	208	617
		ff) Vollstreckung	209	618
		gg) Außer-Kraft-Treten der einstweiligen Anordnung	210	619
		b) Einstweilige Anordnung im isolierten FGG-Verfahren (§ 621g i.V.m. § 621 Abs. 1, Nr. 1 – 3 ZPO)	210	620
		aa) Voraussetzungen	211	620b
		bb) Einzelheiten zu den Regelungsgegenständen	211	620c
		(1) Sorgerecht	211	620c

	(2) Umgangsrecht	212	620d
	(3) Kindesherausgabe	212	620e
	cc) Abänderung, Rechtsmittel	213	620f
c)	Vorläufige Anordnung	213	621
	aa) Voraussetzungen und Verfahren	213	621a
	bb) Rechtsmittel	214	621d
	cc) Außer-Kraft-Treten der vorläufigen Anordnung	214	621f
	dd) Gebühren	214	621g

3. Einstweiliger Rechtsschutz betr. Hausrat ... 215 622
   a) Einstweilige Anordnung bei Anhängigkeit einer Ehesache oder Lebenspartnerschaftssache gem. § 661 Abs. 1 Nr. 1, 2 ZPO
      (§ 620 Nr. 7 ZPO) 215 623
      aa) Voraussetzungen 215 623
      bb) Regelungsbedürfnis 217 624
      cc) Vollstreckung 217 625
      dd) Rechtsbehelfe 218 626
      ee) Außer-Kraft-Treten der einstweiligen Anordnung 218 627
   b) Einstweilige Anordnung im isolierten Hausratsverfahren
      (§ 621g i.V.m. § 621 Nr. 7 ZPO) 218 628
      aa) Voraussetzungen 218 628
      bb) Regelungsbedürfnis 219 628a
      cc) Vollstreckung, Rechtsbehelfe, Außer-Kraft-Treten der einstweiligen Anordnung 219 628b
   c) Konkurrenzen 219 629
4. Einstweiliger Rechtsschutz betr. der Ehewohnung 220 630
   a) Einstweilige Anordnung bei Anhängigkeit einer Ehesache oder Lebenspartnerschaftssache gem. § 661 Abs. Nr. 1, 2 ZPO
      (§ 620 Nr. 7 ZPO) 220 631
      aa) Voraussetzungen 220 631
      bb) Regelungsbedürfnis 222 632
      cc) Vollstreckung 223 633

dd) Abänderungsmöglichkeiten	223	634
ee) Sofortige Beschwerde (§ 620c ZPO)	223	635
ff) Außer-Kraft-Treten der einstweiligen Anordnung	223	636

b) Einstweilige Anordnung im isolierten Wohnungszuweisungsverfahren (§ 621g i.V.m. § 621 Nr. 7 ZPO) 224 637
    aa) Voraussetzungen 224 637
    bb) Regelungsbedürfnis 224 637a
    cc) Vollstreckung, Abänderungsmöglichkeiten, sofortige Beschwerde, Außer-Kraft-Treten der einstweiligen Anordnung 224 637b

c) Konkurrenzen 224 638

5. Einstweiliger Rechtsschutz bei Maßnahmen nach dem GewSchG 225 639
   a) Die gesetzliche Regelung der §§ 1, 2 GewSchG 225 640
      aa) § 1 GewSchG 225 640
      bb) § 2 GewSchG 226 640a
      cc) Einstweiliger Rechtsschutz in Familiensachen nach GewSchG 227 641
   b) Einstweilige Anordnung zu Maßnahmen nach §§ 1, 2 GewSchG im Scheidungsverbundverfahren bzw. Lebenspartnerschaftsverfahren (§ 620 Nr. 9 ZPO) 227 642
      aa) Voraussetzungen und Inhalt des einstweiligen Rechtsschutzes gem. § 620 Nr. 9 ZPO) 227 642
         (1) Gerichtliche Maßnahmen zum Schutz vor Gewalt und Nachstellungen (§ 1 GewSchG) . 228 642a
         (2) Wohnungsüberlassungsanspruch (§ 2 GewSchG) 229 642b
      bb) Regelungsbedürfnis 232 643
      cc) Vollstreckung 232 644
      dd) Abänderungsmöglichkeiten 232 645
      ee) Sofortige Beschwerde 233 646

		ff) Außer-Kraft-Treten der einstweiligen Anordnung	233	647
		c) Einstweilige Anordnung gem. § 64 Abs. 3 FGG	234	648
		aa) Voraussetzungen	234	649
		bb) Regelungsbedürfnis	234	649b
		cc) Vollstreckung	235	649c
		dd) Abänderungsmöglichkeiten	235	649d
		ee) Sofortige Beschwerde	235	649e
		ff) Außer-Kraft-Treten der einstweiligen Anordnung	235	649f
		d) Konkurrenzen	236	650
III.	Kosten und Gebühren, Prozesskostenhilfe		237	651
	1. Streitwert		237	651
		a) Unterhaltsanordnung	237	651
		b) Prozesskostenvorschussanordnung	237	652
		c) Einstweilige Verfügung	237	653
		d) Einstweilige Anordnung in FGG-Verfahren	237	654
		aa) Ehewohnung und Hausrat	237	654
		bb) Sorgerecht, Umgangsrecht, Kindesherausgabe, Maßnahmen nach §§ 1, 2 GewSchG	238	654a
	2. Gerichtskosten und Anwaltsgebühren		238	655
		a) Gerichtskosten	238	656
		aa) Unterhaltsanordnung	238	656
		bb) Prozesskostenvorschussanordnung	238	656a
		cc) Einstweilige Verfügung	238	656b
		dd) Einstweilige Anordnung in FGG-Sachen	238	656c
		b) Anwaltsgebühren	239	657
		aa) Die Regelung des § 41 BRAGO	239	657
		bb) Gebühren in ZPO-Anordnungssachen	239	658
		cc) Gebühren in FGG- Anordnungssachen	239	659
		dd) Gebühren in einstweiligen Verfügungssachen	240	659a
	3. Prozesskostenhilfe		240	660
IV.	Checkliste		241	664

		V. Muster	245	665
		Muster 1: Zuweisung der Ehewohnung im isolierten FGG-Verfahren gem. § 1361b BGB mit Antrag auf Erlass einer einstweiligen Anordnung gem. § 621g ZPO	245	
		Muster 2: Einstweilige Anordnungsanträge gem. §§ 644, 127a ZPO	247	
		Muster 3: Sicherung des Anspruchs auf Sicherheitsleistung gem. § 1389 BGB	249	
		Muster 4: Einstweilige Anordnung gem. § 620 Nr. 1 ZPO zur Regelung des Sorgerechts	251	
		Muster 5: Vorläufige Zuweisung der Ehewohnung gem. § 620 Nr. 7 ZPO	252	
		Muster 6: Einstweilige Unterhaltsanordnung gem. § 620 Nr. 6 ZPO	253	
§ 2		Einstweiliger Rechtsschutz im Arbeitsrecht	254	666
	I.	Anwendungsbereich	254	666
	II.	Einstweiliger Rechtsschutz im Urteilsverfahren	256	676
		1. Arrest	256	678
		2. Einstweilige Verfügung	259	693
		a) Arbeitspapiere	260	700
		b) Arbeitsentgelt	261	703
		c) Durchsetzung des Anspruchs auf Beschäftigung	262	708
		d) Weiterbeschäftigungsanspruch nach § 102 Abs. 5 BetrVG	265	722
		e) Direktionsrecht	266	727
		f) Urlaubsgewährung	267	730
		g) Konkurrenztätigkeit und Wettbewerbsverbot	269	737
		h) Herausgabeansprüche	270	740
		i) Konkurrentenklage	271	743
		j) Anspruch nach dem Teilzeit- und Befristungsgesetz	272	745
		k) Bundeserziehungsgeldgesetz	279	768
		l) Arbeitskampf	280	772
		3. Schadensersatzpflicht	281	776

III.	Einstweiliger Rechtsschutz im Beschlussverfahren	282	781
	1. Allgemeines	282	781
	2. Arrest	282	783
	3. Einstweilige Verfügung	283	786
	a) Das Verfahren	283	786
	b) Der Verfügungsanspruch	285	802
	aa) Anspruch des Arbeitgebers	286	804
	bb) Anspruch des Betriebsrates und der im Betrieb vertretenen Gewerkschaft	287	809
	(1) Materielles Recht	287	809
	(2) Allgemeiner Unterlassungsanspruch	289	810
	(3) Verfügungsgrund	293	821
	(4) Ausschluss einstweiliger Verfügungen	297	830
	(5) Antragsformulierung	298	833
	4. Kosten und Gebühren	299	837
	a) Gerichtskosten	299	837
	b) Kostenerstattung	300	838
	c) Anwaltsgebühren im Eilverfahren	300	841
	d) Streitwerte im Eilverfahren	301	843
	aa) Allgemeines	301	844
	bb) Einzelfälle	301	847
	e) Streitwert im Beschlussverfahren	305	858
	aa) Allgemeines	305	858
	bb) Einzelfälle	308	866
IV.	Muster	312	877
Muster 1:	Antrag auf Erlass eines dinglichen Arrestes	312	
Muster 2:	Antrag auf Erlass eines persönlichen Arrestes	314	
Muster 3:	Herausgabe der Arbeitspapiere	316	
Muster 4:	Zahlung eines Abschlages auf den Gehaltsanspruch	318	
Muster 5:	Weiterbeschäftigung gem. § 102 Abs. 5 BetrVG	320	
Muster 6:	Duldung des Fernbleibens von der Arbeit	322	
Muster 7:	Unterbindung von Wettbewerb bei nachvertraglichem Wettbewerbsverbot	324	
Muster 8:	Herausgabe eines Firmenfahrzeuges	326	

	Muster 9:	Untersagung der Besetzung einer ausgeschriebenen Stelle	328	
	Muster 10:	Untersagung einer Betriebsversammlung . .	330	
	Muster 11:	Teilnahme eines Gewerkschaftsbeauftragten an einer Betriebsversammlung	332	
	Muster 12:	Anordnung der Mehrarbeit durch den Arbeitgeber	334	
§ 3	Einstweiliger Rechtsschutz im Mietrecht	336	878
	I.	Einleitung	336	878
	II.	Ansprüche des Vermieters gegen den Mieter . . .	336	880
		1. Räumung	336	880
		2. Betreten der Wohnung	337	883
		3. Modernisierung	338	884
		4. Vermieterpfandrecht	339	887
		5. Vertragswidriger Gebrauch	340	888
	III.	Ansprüche des Mieters gegenüber dem Vermieter	340	889
		1. Besitzeinräumung	340	889
		2. Besitzschutzansprüche	341	891
		3. Mietzahlung durch Einzugsermächtigung . . .	342	893
		4. Modernisierung	342	894
		5. Versorgung mit Wasser und Gas	344	897
		6. Ausübung des Vorkaufsrechts	345	898
		7. Untervermietung	346	901
	IV.	Ansprüche der Mieter/Bewohner untereinander .	346	902
	V.	Ansprüche der Mieter gegenüber Dritten	349	908
	VI.	Besonderheiten im gewerblichen Mietrecht . . .	349	909
	VII.	Verfahrensfragen	350	913
	VIII.	Checkliste	351	914
	IX.	Muster	352	915
	Muster 1:	Unterlassung von Modernisierungsarbeiten . .	352	
	Muster 2:	Betreten der Wohnung, um dringend erforderliche Reparaturarbeiten durchzuführen	354	
	Muster 3:	Freigabe von Waren eines Vermieters gegen Sicherungsgläubiger aus Vermieterpfandrecht .	356	
	Muster 4:	Stromversorgung/Stromsperrung wegen Altschulden	359	

		Muster 5: Abwehr Hausverbot gegen einen Besucher des Mieters	361	
§ 4		Einstweiliger Rechtsschutz im Wohnungseigentumsrecht	362	916
	I.	Vorläufige Vollstreckbarkeit von Hauptsacheentscheidungen	363	921
	II.	Notverwalterbestellung	363	922
	III.	Verwaltungsregelung	363	923
	IV.	Arrest	364	924
	V.	Checkliste	364	925
§ 5		Einstweiliger Rechtsschutz im Grundbuchrecht	365	926
	I.	Vormerkung	365	927
	II.	Widerspruch	367	932
	III.	Erwerbs- und Veräußerungsverbot	367	933
	IV.	Formelle Besonderheiten	369	940
	V.	Checkliste	371	946
	VI.	Muster	372	947
		Muster 1: Eintragung einer Auflassungsvormerkung . . .	372	
		Muster 2: Eintragung eines Widerspruchs	374	
		Muster 3: Eintragung eines Verfügungsverbotes aus gepfändetem Recht mit Streitverkündung . . .	376	
		Muster 4: Eintragung eines dinglichen Erwerbsverbots .	379	
§ 6		Einstweiliger Rechtsschutz im Baurecht	382	948
	I.	Allgemeines	382	948
	II.	Sicherungshypothek i.S.d. § 648 BGB	382	950
	III.	Checkliste	385	958
	IV.	Muster: Eintragung einer Vormerkung für Bauhandwerkersicherungshypothek . .	387	
§ 7		Einstweiliger Rechtsschutz im Gesellschaftsrecht	392	960
	I.	Abberufung des Geschäftsführers bzw. Entziehung der Geschäftsführungsbefugnis und Vertretungsmacht	393	962
		1. Personengesellschaft	393	963
		2. GmbH	397	968
		3. Aktiengesellschaft	402	981
	II.	Ausschluss eines Gesellschafters	403	984

	III.	Verhinderung der Umsetzung eines Gesellschafter-beschlusses/Löschungen im Handelsregister . .	405	988
	IV.	Abstimmungsverhalten und Sonstiges	405	991
	V.	Beschlussverfahren gem. § 16 Abs. 3 UmwG . .	407	997
	VI.	Formelle und weitere materielle Besonderheiten bei einstweiligen Verfügungsverfahren im Gesellschaftsrecht	409	1002
	VII.	Checkliste	412	1010
	VIII.	Muster: Entziehung der Geschäftsführungs-befugnis und Vertretungsmacht	413	1011
§ 8	Einstweiliger Rechtsschutz im Wettbewerb nebst Ausblick auf die gewerblichen Schutzrechte	419	1012
	I.	Dringlichkeit	419	1013
	II.	Abmahnung	420	1017
	III.	Unterlassungserklärung	425	1028
	IV.	Kosten und Kostenerstattung der Abmahnung . .	430	1042
	V.	Verjährung	431	1045
	VI.	Schutzschrift	435	1055
	VII.	Abschlusserklärung	435	1056
	VIII.	Bereits abgegebene Unterlassungserklärung . . .	437	1066
	IX.	Checkliste	438	1067
	X.	Muster: Unterlassung wettbewerbswidriger Werbung/Abschlussschreiben und -erklärung	441	1068
§ 9	Presserechtliche Gegendarstellung	450	1069
	I.	Rechtliche Grundlage	450	1070
	II.	Besonderheiten bei der Durchsetzung des Anspruchs auf Gegendarstellung	452	1077
	III.	Checkliste	459	1107
	IV.	Muster: Gegendarstellung	461	1108
§ 10	Widerruf	470	1109
§ 11	Einstweiliger Rechtsschutz im Insolvenzrecht	472	1116

Teil 6: Rechtsprechungslexikon 475

§ 1	Einstweilige Verfügung	475
§ 2	Arrest	540
§ 3	Streitwert	550

Stichwortverzeichnis 559

Literaturverzeichnis

Addiks, Welche Anforderungen gibt es bei der Zustellung und Vollziehung von einstweiligen Verfügungen, MDR 1994, 225;

Ascheid, Urteils- und Beschlußverfahren im Arbeitsrecht, 2. Aufl. Neuwied 1998;

Bauer, Verfahrens- und materiell-rechtliche Probleme des allgemeinen Unterlassungsanspruchs des Betriebsrats bei betriebsverfassungswidrigen Maßnahmen des Arbeitgebers, in: Brennpunkte des Arbeitsrechts 1996 (Schriftreihe des DAI);

Baumbach/Hueck, GmbH-Gesetz, 17. Aufl. München 2000;

Baumbach/Hefermehl, Wettbewerbsrecht, 22. Aufl. München 2001;

Baumbach/Lauterbach/Albers/Hartmann, Kommentar zur ZPO, 60. Aufl. München 2002;

Berger, Anwaltliche telefonische Rechtsberatung über die „Service-Nummer 0190", NJW 1999, 1353;

Bergerfurth, Der Ehescheidungsprozeß und die anderen Eheverfahren, 13. Aufl. 2002;

Bergner, Der Versorgungsausgleich, 1996;

Bertelsmann, Gegenstandswert im arbeitsgerichtlichen Beschlussverfahren, 2000;

Borth, Versorgungsausgleich in anwaltlicher und familiengerichtlicher Praxis, 3. Aufl. 1998;

Brambring, Ehevertrag und Vermögenszuordnung unter Ehegatten, 4. Aufl. Bonn 2000;

Bub/Treier, Handbuch der Geschäfts- und Wohnraummiete, 3. Aufl. München 1999;

Büte, Zugewinnausgleich bei Ehescheidung, Berlin 2000;

Commichau, Das Mietervorkaufsrecht in Fällen mieterseitiger Kündigung, NJW 1995, 1010;

Corts, Einstweilige Verfügung auf Urlaubsgewährung, NZA 1998, 357;

Crückeberg, Vorläufiger Rechtsschutz, 2. Aufl. Bonn 2001;

Derleder, Mietervorkaufsrecht und Eigentümerverwertungsinteresse, NJW 1996, 2817;

Deutsch, Die Schutzschrift in Theorie und Praxis, GRUR 1990, 327;

Diederichsen, Die nichteheliche Lebensgemeinschaft im Zivilrecht, NJW 1983, 1017;

Ditzen, Zur Rückforderung von Trennungsunterhalt, FamRZ 1988, 349;

Dose, Einstweiliger Rechtsschutz in Familiensachen, 1. Aufl. 2000;

Duderstadt, Die nichteheliche Lebensgemeinschaft, Neuwied 2000;

Dunkl/Möller/Baur/Feldmeier, Handbuch des vorläufigen Rechtsschutzes, 3. Aufl. München 1999;

Ebert, Einstweiliger Rechtsschutz in Familiensachen, Bonn 2002;

Ennemann, Der „Streitwert" des neuen Teilzeitanspruchs, NZA 2001, 1190;

Ennemann/Griese, Taktik des Arbeitsgerichtsprozesses, 2. Aufl. Recklinghausen 2003;

Eschenbruch, Der Unterhaltsprozeß, 2. Aufl. Neuwied 2001;

Finkelberg/Janek, Vorläufiger Rechtsschutz im Verwaltungsstreitverfahren, 4. Aufl. München 1998;

Fitting/Kaiser, Betriebsverfassungsgesetz mit Wahlordnung, 20. Aufl. München 2000;

Frankfurter Kommentar, GWB, Köln, Stand 2000;

Germelmann/Matthes/Prütting, Arbeitsgerichtsgesetz, 3. Aufl. München 1999;

Gerold/Schmidt/v.Eicken/Madert, BRAGO, 14. Aufl. München 1999;

Gießler, Vorläufiger Rechtsschutz in Ehe-, Familien- und Kindschaftssachen, 3. Aufl. München 2000;

ders., Richterliche Vorausprüfungs- und Begründungspflicht bei Entscheidungen des einstweiligen Rechtsschutzes, FamRZ 1999, 695;

Gift/Baur, Das Urteilsverfahren vor den Gerichten für Arbeitssachen, 1993;

Glockner/Voucko-Glockner, Know-how im Versorgungsausgleich, 1997;

Göppinger/Börger, Vereinbarung anläßlich der Ehescheidung, 7. Aufl. 1998;

Göppinger/Wax, Unterhaltsrecht, 7. Aufl. Bielefeld 1999;

Gotthardt, Teilzeitanspruch und einstweiliger Rechtsschutz, NZA 2001, 1183;

Graba, Die Abänderung von Unterhaltstiteln, 2. Aufl. München 1999;

Groby/Brahm, Die prozessuale Durchsetzung des Teilzeitanspruchs, NZA 2001, 1175;

Grunsky, Arbeitsgerichtsgesetz, 7. Aufl. München 1995;

Hansens, Die ZPO-Reform – Praktische Auswirkungen auf die Tätigkeit des Rechtsanwalts, AnwBl. 2002, 125 ff.;

Henrich, Internationales Scheidungsrecht, Bielefeld 1998;

Henssler/Graf von Westphalen, Praxis der Schuldrechtsreform, Recklinghausen 2002;

Herbst/Bertelsmann/Reiter, Arbeitsgerichtliches Beschlussverfahren, 2. Aufl. Frankfurt/M. 1999;

Johannsen/Henrich, Eherecht, 3. Aufl. München 1998;

Kalthoener/Büttner/Niepmann, Die Rechtsprechung zur Höhe des Unterhalts, 7. Aufl. 2000;

Keidel/Kuntze/Winkler, Freiwillige Gerichtsbarkeit, Kommentar zum FGG, 14. Auflage München 1999;

Knops/Knops, Die Bestimmung der „persönlichen Angelegenheit" beim familienrechtlichen Prozeßkostenvorschuß, FamRZ 1997, 208;

Kohler, Die beschleunigte Sicherung des Zugewinnausgleichs, FamRZ 1989, 797;

ders., Feststellende einstweilige Verfügungen, ZZP 1990, 184;

Köhler, Durchsetzung des kartellrechtlichen Durchleitungsanspruchs im Wege der einstweiligen Verfügung, BB 2002, 584;

Korinth, Einstweiliger Rechtsschutz im Arbeitsgerichtsverfahren, Freiburg 2000;

Langenfeld, Handbuch der Eheverträge und Scheidungsvereinbarungen, 4. Aufl. München 2000;

Langenhein, Das neue Vorkaufsrecht des Mieters bei Umwandlungen, DNotZ 1993, 650;

Leipold, Grundlagen des einstweiligen Rechtsschutzes, jur. Diss. München 1971;

Lutter, Umwandlungsgesetz, 2. Aufl. Köln 2000;

Lutter/Hommelhoff, GmbH-Gesetz, 15. Aufl. Köln 2000;

Lutz, Einstweiliger Rechtsschutz bei Gesellschaftsstreit in der GmbH, BB 2000, 833;

Matthes, Brennpunkte des Arbeitsrecht 1997, 229;

Meier, Lexikon der Streitwerte im Arbeitsrecht, 2. Aufl. München 2000;

Meyer, Rechtsprobleme bei der gemeinsamen Nutzung einer Wohnung, ZMR 1990, 444;

Münchener Kommentar, BGB, Bd. 3, 3. Aufl. München 1995;

Münchener Kommentar, ZPO, Bd. 3, 2. Aufl. München 2001;

Münzberg, Einstweilige Verfügung auf Herausgabe gepfändeter Sachen bei verbotener Eigenmacht?, in: FS für Egon Schneider, Herne 1997, 223;

Nerlich/Römermann, Insolvenzordnung – Kommentar, München, Stand 2000;

Palandt, Bürgerliches Gesetzbuch, 59. Aufl. München 2000, 60. Aufl. München 2000;

Pastor/Ahrens, Der Wettbewerbsprozeß, 4. Aufl. Köln 1999;

Schaub, Arbeitsrechtliche Formularsammlung, 7. Aufl. München 1999;

ders., Arbeitsrechtshandbuch, 9. Aufl. 2000;

Schmidt-Futterer, Mietrecht, 7. Aufl. München 1998;

Schneider, Die Klage im Zivilprozeß, Recklinghausen 2000;

ders., ZPO-Reform, Recklinghausen, 2002;

ders., Beweis und Beweiswürdigung, 5. Aufl. München 1994;

Schöner/Stöber, Handbuch der Praxis, Bd. 4 Grundbuchrecht, 12. Aufl. München 2001;

Schönke/Schröder, Strafgesetzbuch Kommentar, 26. Aufl. München 2001;

Schuschke/Walker, Vollstreckung und Vorläufiger Rechtsschutz, Kommentar zum 8. Buch der ZPO, 2. Aufl., Bd. 2: Arrest und einstweilige Verfügung, Köln 1999;

Schwab, Handbuch des Scheidungsrechts, 4. Auflage München 2000;

Semmler/Volhardt, Arbeitshandbuch für Unternehmensübernahmen, 1. Aufl. München 2001;

Stein/Jonas, Kommentar zur ZPO, 20. Aufl. 1977 – 1989; 21. Aufl. ab 1993;

Stellwaag, Vorläufiger Rechtsschutz gegen einen gewalttätigen Wohnungs(mit)inhaber, ZMR 1991, 289;

Sternel, Mietrecht aktuell, 3. Aufl. Köln 1996;

Teplinsky, Die Auflösung von Unterwerfungsverträgen mit nicht mehr verfolgungsberechtigten Gläubigern, WRP 1996, 1004;

ders., Anm. zum Beschluß OLG Düss. v. 22.10.87 – 2 W 115/87, GRUR 1988, 405;

Thomas/Putzo, Kommentar zur ZPO, 24. Aufl. München 2002;

Tröndle/Fischer, StGB, 50. Aufl. München 2001;

Tschöpe, Anwalts-Handbuch Arbeitsrecht, 2. Aufl. Köln 2000;

Ulrich, Die Abmahnung und der Vollmachtsnachweis, WRP 1998, 258;

van Els, Die zeitliche Begrenzung der einstweiligen Anordnung bei Anhängigkeit einer Ehesache, FamRZ 1990, 581;

ders., Das Kind im einstweiligen Rechtsschutz im Familienrecht, Bielefeld 2000;

Vossen, Die auf Zahlung der Arbeitsvergütung gerichtete Verfügung, RdA 1999, 216;

Walker, Der einstweilige Rechtsschutz im Zivilprozeß und im arbeitsgerichtlichen Verfahren, 1993;

Wendel/Staudigl, Das Unterhaltsrecht in der familienrechtlichen Praxis, 5. Aufl. München 2000;

Wichert, Einstweilige Verfügung bei Doppelvermietung, ZMR 1997, 16;

Wieczorek/Tümmel, Großkommentar ZPO, 3. Aufl. Berlin 1995;

Wittich, Die Gütergemeinschaft, Neuwied 2000;

Wolf/Eckert, Handbuch des gewerblichen Miet-, Pacht- und Leasingrechts, 7. Aufl. 1995;

Zöller, Kommentar zur ZPO, 23. Aufl. Köln 2002.

Abkürzungsverzeichnis

a.A.	andere Ansicht
a.a.O.	am angegebenen Ort
Abs.	Absatz
a.E.	am Ende
a.F.	alte Fassung
AFG	Arbeitsförderungsgesetz
AfP	Archiv für Presserecht (Zs.)
AG	Amtsgericht
AGB	Allgemeine Geschäftsbedingungen
AGB-Gesetz	Gesetz zur Regelung des Rechts der AGB
AGGVÜ	Ausführungsgesetz GVÜ
AGS	Anwaltsgebühren spezial
AiB	Arbeitsrecht im Betrieb (Zs.)
AktG	Aktiengesetz
AktO	Aktenordnung
AnfG	Anfechtungsgesetz
AnwBl.	Anwaltsblatt (Zs.)
AP	Arbeitsrechtliche Praxis (Zs.)
ArbG	Arbeitsgericht
ArbGG	Arbeitsgerichtsgesetz
ArbuR	Arbeit und Recht (Zs.)
ARSt	Arbeitsrecht in Stichworten (Zs.)
Art.	Artikel
AWD	Außenwirtschaftsdienst des BB (Zs.)
Az.	Aktenzeichen
BAG	Bundesarbeitsgericht
BattV	Batterieverordnung
BauR	Baurecht
BayObLG	Bayerisches Oberstes Landesgericht
BB	Betriebsberater
BErzGG	Bundeserziehungsgeldgesetz
BeschFG	Beschäftigungsförderungsgesetz
BetrVG	Betriebsverfassungsgesetz
BezG	Bezirksgericht
BGB	Bürgerliches Gesetzbuch
BGBl.	Bundesgesetzblatt

XXIX

Abkürzungsverzeichnis

BGH	Bundesgerichtshof
BPersVG	Bundespersonalvertretungsgesetz
BRAGO	Bundesgebührenordnung für Rechtsanwälte
BRD	Bundesrepublik Deutschland
BUrlG	Bundesurlaubsgesetz
b.u.v.	beschlossen und verkündet
BVerfG	Bundesverfassungsgericht
BVerfGE	Entscheidungen des Bundesverfassungsgericht
CR	Computer und Recht (Zs.)
DAR	Deutsches Autorecht (Zs.)
DB	Der Betrieb (Zs.)
DGVZ	Deutsche Gerichtsvollzieher Zeitschrift
d.h.	das heißt
DNotZ	Deutsche Notar Zeitschrift
d.v.u.g.	diktiert, vorgelesen und genehmigt
DWW	Deutsche Wohnungswirtschaft (Zs.)
EBRG	Gesetz über Europäische Betriebsräte
EGStGB	Einführungsgesetz zum Strafgesetzbuch
EGZPO	Einführungsgesetz zur Zivilprozeßordnung
EN	Eilnachrichten
EuGH	Europäischer Gerichtshof
EUGVÜ	Europäisches Übereinkommen über die gerichtliche Zuständigkeit und die Vollstreckung gerichtlicher Entscheidungen in Zivil- und Handelssachen
EuZW	Europäische Zeitschrift für Wirtschaftsrecht
EWG	Europäische Wirtschaftsgemeinschaft
EWiR	Entscheidungen zum Wirtschaftsrecht
evtl.	eventuell
EzA	Entscheidungssammlung zum Arbeitsrecht
F.	Fach
f.	folgende
ff.	fort folgende
FamRZ	Zeitschrift für das gesamte Familienrecht
FamS	Familiensenat

FGG	Gesetz über die Angelegenheiten der freiwilligen Gerichtsbarkeit
Fn.	Fußnote
GBO	Grundbuchordnung
gem.	gemäß
GewSchG	Gewaltschutzgesetz
GG	Grundgesetz
ggfls.	gegebenenfalls
GKG	Gerichtskostengesetz
GmbH	Gesellschaft mit beschränkter Haftung
GmbHG	Gesetz betreffend der Gesellschaften mit beschränkter Haftung
GmbH-Rdsch.	Rundschau für GmbH (Zs.)
GmS-OBG	Gemeinsamer Senat der obersten Gerichtshöfe des Bundes
GoA	Geschäftsführung ohne Auftrag
GRUR	Gewerblicher Rechtsschutz und Urheberrecht (Zs.)
GVBl.	Gesetz und Verordnungsblatt
GVG	Gerichtsverfassungsgesetz
GVGA	Geschäftsanweisung für Gerichtsvollzieher
GWB	Gesetz gegen Wettbewerbsbeschränkungen
HBV	Gewerkschaft Handel, Banken und Versicherungen
HGB	Handelsgesetzbuch
i.E.	im Einzelnen
i.e.S.	im engeren Sinn(e)
i.d.R.	in der Regel
InsO	Insolvenzordnung
InVO	Insolvenz und Vollstreckung (Zs.)
i.S.	im Sinne
i.Ü.	im Übrigen
i.V.m	in Verbindung mit
i.w.S.	im weiteren Sinne
JMBl.	Justizministerialblatt
JurBüro	Das Juristische Büro (Zs.)

Abkürzungsverzeichnis

Jur-pc	Internet Zeitschrift für Rechtsinformatik
Justiz	Die Justiz (Zs.)
JZ	Juristen-Zeitung
Kap.	Kapitel
KFB	Kostenfestsetzungsbeschluss
KfH	Kammer für Handelssachen
KG	Kammergericht
KGR	Kammergerichts-Report
KO	Konkursordnung
LAG	Landesarbeitsgericht
LAGE	Sammlung der Entscheidungen der Landesarbeitsgerichte
LB	Loseblatt
LG	Landgericht
lit.	litera
LImschG	Landesimmissionsschutzgesetz
LPartG	Lebenspartnerschaftsgesetz
LPG	Landespressegesetz
LS	Leitsatz
MarkenG	Markengesetz
MDR	Monatsschrift für Deutsches Recht (Zs.)
m.E.	meines Erachtens
MedR	Medizinrecht (Zs.)
MHG	Gesetz zur Regelung der Miethöhe
MietPrax	Mietrecht in der Praxis (LB)
MitbestG	Mitbestimmungsgesetz
MM	Mietrechtliche Mitteilungen (im Mietermagazin Berlin)
MrändG	Mietrechtsänderungsgesetz
MünchKomm	Münchener Kommentar zum Bürgerlichen Gesetzbuch
m.w.N.	mit weiterem Nachweis
Nds.Rpfl.	Niedersächsische Rechtspflege
n.F.	neue Fassung
NJ	Neue Justiz (Zs.)
NJW	Neue Juristische Wochenschrift (Zs.)

NJW-FER	NJW-Entscheidungsdienst Familien- und Erbrecht (Zs.)
NJWE-MietR	NJW-Entscheidungsdienst Miet- und Wohnungsrecht (Zs.)
NJWE-WettbR	NJW-Entscheidungsdienst Wettbewerbsrecht (Zs.)
NJW-RR	NJW-Rechtsprechungsreport
Nr.	Nummer
NRW	Nordrhein-Westfalen
NZA	Neue Zeitschrift für Arbeitsrecht
NZA-RR	NZA-Rechtsprechungsreport
o.Ä.	oder Ähnliches
OLG	Oberlandesgericht
OLGZ	Entscheidungen der Oberlandesgerichte in Zivilsachen
pFV	positive Forderungsverletzung
PKH	Prozesskostenhilfe
pp.	perge, perge (und so weiter)
PresseG	Pressegesetz
RA	Rechtsanwalt
RdA	Recht der Arbeit (Zs.)
RIW	Recht der Internationalen Wirtschaft (Zs.)
RPflG	Rechtspflegergesetz
Rpfleger	Der Deutsche Rechtspfleger (Zs.)
Rn.	Randnummer
s.	siehe
S.	Seite
s.a.	siehe auch
SchlHA	Schleswig-Holsteinische Anzeigen (Zs.)
SchwbG	Schwerbehindertengesetz
s.o.	siehe oben
sog.	so genannt
Sp.	Spalte
SprAuG	Sprecherausschussgesetz
StGB	Strafgesetzbuch
StPO	Strafprozeßordnung

s.u.	siehe unten
s.v.	sub voce (Stichwort)
TOP	Tagesordnungspunkt
TzBfG	Teilzeit- und Befristungsgesetz
u.a.	unter anderem
UmwG	Umwandlungsgesetz
UrhG	Urhebergesetz
u.U.	unter Umständen
UWG	Gesetz gegen den unlauteren Wettbewerb
VermG	Vermögensgesetz
VersR	Versicherungsrecht (Zs.)
vgl.	Vergleiche
VglO	Vergleichsordnung
VO	Verordnung
VU	Versäumnisurteil
VwGO	Verwaltungsgerichtsordnung
WEG	Wohnungseigentumsgesetz
WM	Zeitschrift für Wirtschafts- und Bankenrecht
WRP	Wettbewerb in Recht und Praxis (Zs.)
WuM	Wohnungswirtschaft und Mietrecht (Zs.)
WZG	Warenzeichengesetz
ZAP	Zeitschrift für die Anwaltspraxis
z.B.	zum Beispiel
ZFE	Zeitschrift für Familien- und Erbrecht
ZGS	Zeitschrift für das gesamte Schuldrecht
Ziff.	Ziffer
ZIP	Zeitschrift für Wirtschafts- und Bankrecht
ZMR	Zeitschrift für Miet- und Wohnraumrecht
ZPO	Zivilprozeßordnung
Zs.	Zeitschrift
z.T.	zum Teil
ZVG	Zwangsversteigerungsgesetz
z.Z.	zum Zeitpunkt
ZZP	Zeitschrift für Zivilprozeß

Teil 1: Grundlagen

Der Zugang zu den Regelungen des vorläufigen Rechtsschutzes im Zivilprozess ist aus einer Reihe von Gründen erschwert.

§ 1   Das System des vorläufigen Rechtsschutzes im Zivilprozess

Der Hauptgrund dürfte sein, dass die entsprechenden Regelungen gemessen an dem sonstigen Stand der ZPO und auch des BGB **weniger systematisiert und in geringerer begrifflicher Schärfe durchformuliert** sind.

I.   Hauptregelungsbereich

Der **Hauptregelungsbereich** des vorläufigen Rechtsschutzes, die §§ 916 bis 945 ZPO, sind dem 8. Buch der ZPO in seinem 5. und letzten Abschnitt, der die Regelungen zur Zwangsvollstreckung enthält, eingegliedert oder zutreffender gesagt angefügt. Entgegen der Gesetzessystematik enthalten die §§ 916 bis 945 ZPO nur zu einem geringen Teil Zwangsvollstreckungsnormen i.e.S. Als solche können lediglich § 929 Abs. 1 ZPO sowie §§ 930 bis 933 ZPO angesehen werden. Im Wesentlichen enthalten die §§ 916 ff. ZPO Verfahrensregelungen, die systematisch in derselben Stufe wie die Regelungen zum Erkenntnisverfahren im 1. und 2. Abschnitt des 2. Buches zuzuordnen sind. Diese Verflechtung von Regelungen sozusagen zum Erkenntnisverfahren und von Regelungen, die dem Vollstreckungsbereich zuzuordnen sind, tritt besonders deutlich in den § 917 ZPO und § 918 ZPO zutage: Die Art der späteren Vollstreckung ist bereits in die Darlegungs- und Erlassvoraussetzungen einbezogen.

> **Hinweis:**
>
> Der vorläufige Rechtsschutz dient im Wesentlichen der Sicherung von Ansprüchen, nicht deren endgültiger Befriedigung. Deshalb ist trotz der Gesetzessystematik ein Großteil der Vorschriften zur Zwangsvollstreckung nicht unmittelbar, sondern allenfalls entsprechend anwendbar (vgl. *Baumbach/Lauterbach/Albers/Hartmann*, ZPO, § 928 Rn. 4).

II.   Weitere Regelungsbereiche

Ein weiterer wichtiger Grund für den erschwerten Zugang zu dieser Materie dürfte darin liegen, dass der Gesetzgeber gleichwohl **nicht sämtliche Rege-**

lungen zum vorläufigen Rechtsschutz **in diesem Abschnitt konzentriert** hat. So enthält etwa das 6. Buch **Familiensachen** in §§ 620, 620a bis e und 644 ZPO Regelungen betreffend einstweilige Anordnungen für einzelne in § 620 ZPO aufgezählte Fallgruppen. Im Anwendungsbereich der einstweiligen und vorläufigen Anordnung gem. §§ 620 ff. ZPO bzw. im isolierten FGG-Verfahren geht das dort geregelte besondere Anordnungsverfahren dem allgemeinen Verfügungsverfahren vor (vgl. beispielhaft *Zöller/Vollkommer*, ZPO, Vor § 916 Rn. 1b). War die einstweilige Verfügung bei Anhängigwerden der Ehesache bereits erlassen, bleibt das Verfügungsverfahren zulässig (*Zöller/Vollkommer*, a.a.O.).

6 Daneben besteht die Möglichkeit, vorläufige Anordnungen im Rahmen isolierter FGG-Verfahren zu erwirken. Auch das BGB enthält, obwohl im Wesentlichen dem materiellen Recht gewidmet, an unterschiedlichen Stellen **Teilregelungen für den einstweiligen Rechtsschutz.** § 885 Abs. 1 Satz 2 BGB entbindet bei dem Antrag auf Erlass einer einstweiligen Verfügung zur Eintragung einer Vormerkung von Darlegung und Glaubhaftmachung betreffend das Bestehen eines Verfügungsgrundes. Eine ähnliche Regelung findet sich für den Unterhalt des nichtehelichen Kindes in § 1615o Abs. 3 BGB und auch außerhalb des BGB in materiellen Regelungsbereichen, etwa in § 25 UWG.

III. Anspruchsgrundlage § 945 ZPO

7 Sozusagen im Gegenzug für die Regelung verfahrensrechtlicher Fragen in materiell-rechtlichen Normen enthält § 945 ZPO eine materielle Anspruchsgrundlage.

IV. Überblick Rechtsbehelfe

8 Zu der Unübersichtlichkeit des gesamten Regelungsbereiches trägt auch das **„System" der Rechtsbehelfe** bei: Ohne dass damit die allgemeinen Rechtsbehelfe wie die Erinnerung gem. §§ 11, 20 RPflG, die einfache Beschwerde gem. § 567 ZPO und die sofortige Beschwerde gem. § 577 ZPO oder das Rechtsmittel Berufung ausgeschlossen wären, wird noch eine Reihe von besonderen Rechtsbehelfen zur Verfügung gestellt:

- der Widerspruch gem. § 924 ZPO gegen eine ohne mündliche Verhandlung erlassene Eilentscheidung,

- die Verpflichtung zur Erhebung der Hauptsacheklage gem. § 926 ZPO,
- das Aufhebungsverfahren wegen veränderter Verhältnisse gem. § 927 ZPO und
- die „Lösung" i.S.d. § 923 ZPO.

Bereits nach den bisherigen Darlegungen verwundert es nicht, wenn die Kommentarliteratur in einem sehr starken Maße die kommentierende und systematisierende Tätigkeit zurückstellt und der Zitierung zahlreicher Einzelentscheidungen den Vorzug gibt (vgl. etwa bei *Baumbach/Lauterbach/Albers/ Hartmann*, ZPO, Grundz. § 916 Rn. 7 f., § 935 Rn. 3 ff., § 940 Rn. 12 ff.). Auch dieses Werk trägt dem bereits im Gesetz angelegten Fehlen der erwarteten Systematik mit dem umfangreichen **Lexikon der Rechtsprechung** Rechnung. 9

§ 2 Übersicht über die §§ 916 ff. ZPO

Wegen der vorstehend unter Rn. 2 ff. dargelegten Schwierigkeiten bietet sich zum besseren Verständnis einzelner Normen, aber auch des Zusammenwirkens sowie des Verhältnisses der einzelnen Institute des vorläufigen Rechtsschutzes eine erste Übersicht insbesondere über die §§ 916 bis 945 ZPO an. 10

I. Abgrenzung Arrest – einstweilig Verfügung

Ziel des Arrestes ist ausweislich § 916 Abs. 1 ZPO, die künftige Zwangsvollstreckung in das bewegliche und unbewegliche Vermögen wegen einer im ordentlichen Rechtsweg durchsetzbaren **Geldforderung** oder eines Anspruches, der in eine Geldforderung übergehen kann, zu **sichern**. 11

Demgegenüber **dient die einstweilige Verfügung unterschiedlichen Zielen**: 12

§ 935 ZPO zielt auf die **Sicherung individueller Ansprüche**, d.h. von Ansprüchen, die keine Geldforderungen sind oder nicht in Geldforderungen übergehen, etwa Ansprüche auf Herausgabe aus vorbehaltenem Eigentum oder Sicherungsübereignung. Der Sicherungscharakter findet darin seinen Ausdruck, dass i.d.R. auf der Grundlage der einstweiligen Verfügung nicht die Herausgabe an den Berechtigten, sondern an einen Sequester erfolgt. Z.T. ist den Ansprüchen der sichernde Charakter immanent, etwa bei dem Anspruch aus § 648 BGB auf Eintragung einer Bauhandwerkersicherungshypothek zur Absicherung der Werklohnforderung. 13

14 Daneben erlaubt § 940 ZPO den Erlass einstweiliger Verfügungen zum Zweck der **Regelung eines einstweiligen Zustandes** in Bezug auf ein streitiges Rechtsverhältnis, etwa im Rahmen des Gesellschaftsrechts die einstweilige Entziehung der Befugnis zur Geschäftsführung oder der Vollmacht sowie eine Regelung, ob nach Gesellschaftsbeschlüssen, etwa zur Abberufung eines GmbH-Geschäftsführers, dessen Eintragung in das Handelsregister verhindert werden kann, damit der Beschluss nicht durch-/umgesetzt wird. Übereinstimmung besteht, dass diese beiden Funktionen der einstweiligen Verfügung, die Sicherung individueller Ansprüche und die Regelung eines einstweiligen Zustandes, in der Praxis sich nicht trennscharf voneinander unterscheiden lassen (*Baumbach/Lauterbach/Albers/Hartmann*, ZPO, § 935 Rn. 2; *Thomas/Putzo*, ZPO, § 935 Rn. 3, *Zöller/Vollkommer*, ZPO, § 935 Rn. 2). Eindeutige Festlegungen – wie etwa in OLG Karlsruhe, WuM 1992, 310: nicht § 940 ZPO, sondern § 938 Abs. 2 ZPO bei Sicherung eines Rückauflassungsanspruches – sind demzufolge die Ausnahme.

15 **Hinweis:**

Im Einzelfall kann es sich aus anwaltlicher Sicht empfehlen, eine Zuordnung, insbesondere zu der Regelungsverfügung i.S.d. § 940 ZPO, vorzunehmen, wenn das Gericht die Auffassung vertritt, im Rahmen des § 940 ZPO stehe ihm ein weitergehender Beurteilungsspielraum zur Abwägung der beiderseitigen Interessen der Parteien zu (hierzu vgl. *Zöller/Vollkommer*, ZPO, § 935 Rn. 2).

16 Daneben hat die Rechtsprechung eine weitere Fallgruppe für die einstweilige Verfügung entwickelt, die sog. **Leistungsverfügung**. Bei dieser Verfügungsart wird abweichend von dem bisher Dargelegten dem Anspruchsteller eine **Befriedigung** des Anspruches bewilligt. Im Hinblick auf die Vorläufigkeit des Verfahrens, die insbesondere durch die Schnelligkeit des Verfahrens zum Ausdruck kommt, sind Verfügungen dieser Art auf besondere Ausnahme- und Notsituationen zu begrenzen, etwa befristete Zubilligung von Zahlungsansprüchen zur Vermeidung von Notlagen oder die Herausgabe einer Sache statt an den Sequester unmittelbar an den Anspruchsteller nach vorangegangener verbotener Eigenmacht. Diese Fallgruppe wird in Rechtsprechung und Literatur überwiegend systematisch dem § 940 ZPO zugeordnet (*Zöller/Vollkommer*, ZPO, § 940 Rn. 6 sowie *Baumbach/Lauterbach/Albers/Hartmann*, ZPO, § 940 Rn. 18 mit der Einordnung der Herausgabever-

fügung nach Besitzstörung sowie Rn. 21 mit den Darlegungen zur einstweiligen Verfügung zur Erlangung dringenden Lebensbedarfes).

Entgegen dem Aufbau der §§ 916 ff. ZPO kommt die **einstweilige Verfügung in der Rechtspraxis wesentlich häufiger vor als der Arrest**. Dies mag zum einen an der Fülle der unterschiedlichen Fallgestaltungen liegen, in denen eine einstweilige Verfügung zum Tragen kommen kann. Zum anderen dürfte dies aber auch daran liegen, dass die Tatbestandsvoraussetzungen für den Erlass eines Arrestes sehr hoch angesiedelt sind. Entsprechend der Rechtswirklichkeit und damit abweichend von der Konzeption des Gesetzes wird deshalb im Folgenden das Schwergewicht auf die einstweilige Verfügung und ihr zugerechnet die einstweilige/vorläufige Anordnung im Familienrecht gelegt. 17

I.Ü. kommt es auf die **von dem Anspruchsteller verfolgte Zielsetzung** an: Geht es dem Anspruchsteller ausschließlich um die Sicherung der künftigen Zwangsvollstreckung in eine Geldforderung, wird er das **Arrestverfahren** wählen. Benötigt der Anspruchsteller aus einer Notsituation heraus bereits jetzt Geldmittel, kommt eine **Leistungsverfügung** in Betracht. In ähnlicher Weise besteht für den Anspruchsteller eine Steuerungsmöglichkeit je nachdem, ob er mit der Herausgabe der Sache an einen Sequester zufrieden ist oder aus einer Notsituation heraus oder wegen zuvor von dem Anspruchsgegner begangener verbotener Eigenmacht die Herausgabe der Sache an sich selber wünscht. In Betracht käme zur Sicherung auch ein im Wege der Regelungsverfügung erlassenes Verbot an den Anspruchsgegner, in bestimmter Weise mit der Sache zu verfahren, etwa ein Verbot der Weiterveräußerung. Ein **Wechsel zwischen den einzelnen Arten des einstweiligen Rechtsschutzes**, etwa zwischen Arrest und einstweiliger Verfügung, wird allgemein für zulässig gehalten. Teilweise wird sogar eine Umdeutung eines Antrages auf Erlass einer einstweiligen Verfügung in einen solchen auf Erlass eines Arrestes erörtert (zu beidem *Zöller/Vollkommer*, ZPO, Vor § 916 Rn. 3 m.w.N.). Ausgeschlossen ist jedoch ein Übergang vom Arrestverfahren in den Hauptsacheprozess und umgekehrt (*Zöller/Vollkommer*, a.a.O.). 18

II. Regelungsbereiche der §§ 916 bis 945 ZPO

Im Wesentlichen unterteilen sich die §§ 916 bis 945 ZPO in **zwei Teilregelungsbereiche:** 19

Die §§ 916 bis 934 ZPO regeln den **Arrest**, die § 935 bis 945 ZPO die **einstweilige Verfügung**. Innerhalb der Vorschriften für den Arrest lässt sich im We- 20 sentlichen folgenden weitere Untergliederung feststellen: Die §§ 916 bis 927 ZPO enthalten Vorschriften über das **Erkenntnisverfahren einschließlich der Rechtsbehelfe**. Die sich anschließenden Normen der § 928 bis 934 ZPO beschäftigen sich mit der **Vollziehung** des Arrestes und enthalten u.a. Vorschriften, die den Regelungen der Zwangsvollstreckung zuzuordnen sind. § 936 ZPO regelt, sozusagen als Brückennorm, die – eingeschränkte – entsprechende Anwendung der Normen zum Arrest und Arrestverfahren auf das einstweilige Verfügungsverfahren an. Im Wesentlichen sind folgende Bereiche geregelt:

21 Die **grds. Zulässigkeit** des Arrestes ist in § 916 ZPO geregelt. Für den dinglichen und persönlichen Arrest enthalten die § 917 ZPO und § 918 ZPO unterschiedliche Voraussetzungen. Die § 935 ZPO und § 940 ZPO enthalten in vergleichbarer Weise Regelungen für die einstweilige Verfügung. Wegen des im Grundsatz übereinstimmenden Zweckes von Arrest und einstweiliger Verfügung, der Sicherung des Gläubigers, ist § 916 Abs. 2 ZPO, der auch bedingte oder betagte Ansprüche einer Sicherung zugänglich macht, auch bei den einstweiligen Verfügungen anwendbar (*Zöller/Vollkommer*, ZPO, § 916 Rn. 9).

22 Die **Zuständigkeit** ist für den Arrest in § 919 ZPO und für die einstweilige Verfügung in §§ 937, 942 und 944 ZPO geregelt: In beiden Bereichen wird zunächst dem Gericht der Hauptsache und sodann dem Gericht der belegenen Sache oder Person die Zuständigkeit zugesprochen – bei Abweichungen im Detail.

Die **Anforderungen an den Antrag,** das Arrestgesuch, gem. § 920 ZPO, knüpfen an § 253 ZPO an und sind entsprechend für die einstweilige Verfügung maßgeblich. Insbesondere ist zur Erlangung einer einstweiligen Verfügung wie bei § 920 Abs. 2 ZPO die Glaubhaftmachung von (Verfügungs-) Anspruch und (Verfügungs-)Grund erforderlich. Gem. § 921 Abs. 2 ZPO kann im Arrestverfahren eine nicht ausreichende Glaubhaftmachung durch eine Sicherheitsleistung ausgeglichen werden. Bereits wegen der soeben dargelegten Parallelität der Anforderungen an die Anträge auf Erlass eines Arrestes oder einer einstweiligen Verfügung stellt sich die Frage, ob § 921 Abs. 2 ZPO auch bei Anträgen auf Erlass einstweiliger Verfügungen anwendbar ist (bejahend *Baumbach/Lauterbach/Albers/Hartmann*, ZPO, § 936 Rn. 3). Aus § 938 ZPO folgt insoweit eine Abschwächung an die Anforderungen an den Antrag, als der Antrag auf Erlass einer einstweiligen Verfügung nicht zwingend eine inhaltlich bestimmte Antragstellung benötigt (vgl. *Baumbach/Lauterbach/ Albers/Hartmann*, ZPO, § 936 Rn. 2).

Die näheren Regelungen, in welcher Form (**Urteil oder Beschluss**, § 922 ZPO) die gerichtliche Entscheidung ergeht, gelten auch für einstweilige Verfügungen. Anders als der Arrest (vgl. § 921 Abs. 1 ZPO a.F. bzw. § 128 Abs. 4 ZPO) kann die einstweilige Verfügung gem. § 937 Abs. 2 ZPO jedoch lediglich in dringenden Fällen sowie dann, wenn der Antrag zurückzuweisen ist, ohne mündliche Verhandlung ergehen. 23

Die Befugnis des Arrestschuldners, die Vollziehung des Arrestes durch **Hinterlegung** der Lösungssumme i.S.d. § 923 ZPO abzuwenden, ist durch § 939 ZPO bei der einstweiligen Verfügung auf besondere Umstände beschränkt. 24

Die **besonderen Rechtsbehelfe** des einstweiligen Rechtsschutzes gegen einen Arrest, nämlich der Widerspruch gem. §§ 924 f. ZPO, der Anordnung der Klageerhebung in der Hauptsache gem. § 926 ZPO und die Aufhebung wegen veränderter Umstände gem. § 927 ZPO sind bis auf geringfügige Modifikationen auch im Bereich der einstweiligen Verfügungen anwendbar. Die Möglichkeit einer Aufhebung der einstweiligen Verfügung gegen Sicherheitsleistung aus § 925 Abs. 2 3. Alt. ZPO ist durch den Bereich des angesprochenen § 939 ZPO eingeschränkt. Dieselbe Einschränkung gilt auch hinsichtlich einer evtl. Aufhebung der gerichtlichen Entscheidung wegen veränderter Umstände gem. § 927 Abs. 1 2. Alt. ZPO, soweit dieses auf das Erbieten einer Sicherheitsleistung durch den Antragsgegner gestützt ist. 25

Die **grds. Anwendung der Normen der Zwangsvollstreckung** über § 928 ZPO gilt gleichermaßen für den Arrest wie für die einstweilige Verfügung. Die §§ 930 bis 934 ZPO stellen **Abweichungen von den allgemeinen Normen** über die **Zwangsvollstreckung** in bewegliches Vermögen, Schiffe und Grundstücke dar, die von den Besonderheiten des Arrestes geprägt sind und deshalb nicht entsprechend für die einstweilige Verfügung gelten. Umstritten ist, ob § 933, der die Vollziehung des persönlichen Sicherheitsarrestes regelt, auch auf die einstweilige Verfügung Anwendung finden kann (so *Baumbach/Lauterbach/Albers/Hartmann*, ZPO, § 936 Rn. 13; a.A. *Zöller/Vollkommer*, ZPO, § 933 Rn. 2). 26

Gleichermaßen anwendbar für Arrest und einstweilige Verfügung ist § 929 ZPO, insbesondere die Notwendigkeit, die dort näher beschriebene **Vollziehungsfrist** zu wahren. 27

Teil 2: Die einstweilige Verfügung

28 Die einstweilige Verfügung mit ihren vielfältigen Erscheinungsformen ist in der Praxis die am häufigsten vorkommende Art des vorläufigen Rechtsschutzes. Bei der sofortigen Anordnung handelt es sich um ein vergleichbares Institut, das schwerpunktmäßig im Familienrecht zum Tragen kommt (s. Rn. 419 ff.).

§ 1 Allgemeines

29 Vor Erlass der einstweiligen Verfügung muss sich das Gericht Klarheit darüber verschaffen, ob die Voraussetzungen hierfür gegeben sind, insbesondere ob der von dem Antragsteller geltend gemachte **Verfügungsanspruch** nach dem eigenen Tatsachenvortrag des Anspruchstellers grundsätzlich besteht und dem Anspruchsteller zusteht und dem Anspruch keine erheblichen Einwendungen entgegenstehen. Ferner muss sich das Gericht davon überzeugen, dass der von dem Anspruchsteller geltend gemachte **Verfügungsgrund** gem. § 935 ZPO oder § 940 ZPO nach den von dem Anspruchsteller vorgetragenen Tatsachen besteht und ob **die jeweils vorgetragenen Tatsachen glaubhaft gemacht** sind. Insoweit gelten demzufolge im Grundsatz dieselben Verfahrensregelungen wie auch für das Erkenntnisverfahren im Hauptsacheverfahren. Änderungen gibt es insoweit, als anders als im Hauptsacheprozess keine Beweiserhebung mit Beweiswürdigung i.S.d. §§ 286 f. ZPO erfolgt, sondern lediglich eine Glaubhaftmachung nötig, aber auch ausreichend ist. Im Wesentlichen finden die **Regelungen über das (Hauptsache-)Erkenntnisverfahren entsprechend Anwendung**, etwa die Verpflichtung zur Zustellung der Klageschrift gem. §§ 270 Abs. 2, 271 ZPO, die Terminsvorbereitung gem. § 273 ZPO, die Durchführung eines evtl. mündlichen Verhandlungstermins gem. § 278 ZPO, der vorrangige Güteversuch i.S.d. § 279 ZPO, eine evtl. Verweisung an ein zuständiges Gericht i.S.d. § 281 ZPO etc. (vgl. insgesamt *Zöller/Vollkommer*, ZPO, Vor § 916 Rn. 3 ff.). Demzufolge ist auch eine Rücknahme mit den Folgen aus § 269 Abs. 3 ZPO möglich (*Zöller/Vollkommer*, ZPO, § 920 Rn.13 sowie § 922 Rn. 3, s.u. Rn. 165 ff) Im Falle der Erledigung gelten die Grundsätze zu § 91a ZPO (*Zöller/Vollkommer*, ZPO, § 922 Rn. 4). Die Kostenentscheidung hat gem. §§ 91 ff. ZPO zu ergehen (vgl. *Zöller/Vollkommer*, ZPO, § 922 Rn. 8).

Auch für den Umfang der **Behauptungs-/Darlegungs- sowie „Nachweislast"** 30
gelten im Grundsatz dieselben Regelungen wie im Hauptsacheverfahren (vgl.
Zöller/Vollkommer, ZPO, § 922 Rn. 5 f.). Der Anspruchsteller muss deshalb
sämtliche für den von ihm geltend gemachten Anspruch und Verfügungsgrund
maßgebliche Tatsachen vortragen. Im Hinblick auf die Besonderheiten des
einstweiligen Verfügungsverfahrens müssen diese nicht bewiesen, sondern lediglich glaubhaft gemacht werden. Im Hinblick auf das Eilverfahren und die
Möglichkeit eines Beschlusses im schriftlichen Verfahren ohne vorherige Anhörung des Gegners wird teilweise verlangt, der Anspruchsteller müsse auf
mögliche Einwendungen, die sich aus seinem Sachvortrag ergeben, bereits
in der Antragsschrift eingehen und zugleich versuchen, diese zu entkräften
sowie zugehörige Tatsachen ggfls. ebenfalls glaubhaft machen (*Schuschke/
Walker*, ZPO, § 920 Rn. 22 m.w.N.). Diese Ansicht scheint aber nicht zu verlangen, dass der Anspruchsteller generell darlegen und glaubhaft machen
muss, dass es keine Einwendungen gegen den von ihm geltend gemachten
Anspruch gibt. Dies ist auch meistens praktisch gar nicht möglich, da der Anspruchsteller über den Vorgang anders denkt als der Anspruchsgegner. Eine
bloße Entkräftung von möglichen Einwendungen, die sich aus dem eigenen
Sachvortrag ergeben, entspricht aber den üblichen Anforderungen an die
Schlüssigkeit einer Klage im Hauptsacheverfahren und stellt keine Besonderheit des einstweiligen Rechtsschutzes dar.

Aus dem besonderen System der Rechtsbehelfe im einstweiligen Rechts- 31
schutz und wegen des Grundgedankens einer vorläufigen Sicherung bzw. Regelung in einem streitigen Rechtsverhältnis gelten **Besonderheiten für die
Rechtskraft**: Entscheidungen im Arrestverfahren erwachsen im Prinzip in
formelle Rechtskraft (*Zöller/Vollkommer*, ZPO, vor § 916 Rn. 13). Gegen eine einstweilige Verfügung, die auf der Grundlage einer mündlichen Verhandlung im Wege eines Urteiles bestätigt oder andererseits abgelehnt worden ist, kann Berufung eingelegt werden. Dabei ist die Berufungsfrist zu wahren. Eine Revision ist gem. § 545 Abs. 2 Satz 1 ZPO nicht zulässig. Insoweit
ist ebenfalls formelle Rechtskraft zu erreichen. Gleichwohl tritt materielle
Rechtskraft nur in beschränktem Umfange ein. Zum einen ist gem. § 936 ZPO
i.V.m. § 927 ZPO eine Aufhebung der einstweiligen Verfügung wegen veränderter Umstände möglich.

Durchbrechungen der materiellen Rechtskraft sind auch bei einem Misser- 32
folg des Anspruchstellers in einem „ersten Durchgang" möglich:

Kann die einstweilige Verfügung wegen Ablaufs der Vollziehungsfrist gem. § 929 Abs. 2 ZPO und Abs. 3 ZPO nicht mehr vollstreckt werden, so kann der Anspruchsteller bei Fortbestehen von Verfügungsanspruch und Verfügungsgrund eine neue einstweilige Verfügung mit demselben Inhalt erwirken. Nach einer des Öfteren dargelegten Auffassung (vgl. z.B. *Zöller/Vollkommer*, ZPO, Vor § 916 Rn. 13 m.w.N.) soll der früheren einstweiligen Verfügung dabei eine „beschränkte Rechtskraftwirkung hinsichtlich des Grundes und des Anspruches" zukommen, die allerdings nicht näher definiert wird. Da es sich um einen Antrag auf Erlass einer neuen einstweiligen Verfügung handelt, müssen die Voraussetzungen im Zeitpunkt dieses Antrages vorliegen. Ein Rückgriff auf eine bereits früher erlassene einstweilige Verfügung kommt deshalb allenfalls hinsichtlich des Verfügungsanspruches in Betracht, sofern die Parteien nicht vortragen, dass sich zwischenzeitlich Umstände verändert haben. Hinsichtlich des Verfügungsgrundes bedarf es auf jeden Fall einer eigenständigen Bewertung nach der aktuellen Situation. Sollte die einstweilige Verfügung bei ihrer ersten Beantragung mangels ausreichender Glaubhaftmachung abgelehnt worden sein, stellt sich die Frage, ob der Anspruchsteller erneut eine einstweilige Verfügung, gestützt auf **neue Mittel der Glaubhaftmachung**, beantragen kann. Dies wird jedenfalls dann für zulässig gehalten, wenn diese neuen Mittel der Glaubhaftmachung dem Anspruchsteller nicht bereits in dem ersten Verfahren zur Verfügung standen (vgl. *Zöller/Vollkommer*, Vor § 916 Rn. 13 sowie § 922 Rn. 18; *Stein/Jonas/ Grunsky*, vor § 916 Rn. 16 ; weitergehend OLG Stuttgart, WRP 1981, 668). Auch dies ist in dem Folgeverfahren glaubhaft zu machen.

§ 2   Voraussetzungen

33 Die Voraussetzungen für den Erlass einer einstweiligen Verfügung ergeben sich in Übereinstimmung mit dem bisher Ausgeführten z.T. aus allgemeinen Regelungen, im Wesentlichen aus den §§ 935 ff. ZPO, ggf. über § 936 ZPO die §§ 916 ff. ZPO.

I.   Verfahrensvoraussetzungen

34 Wie bereits unter Rn. 29 dargelegt, ist das Verfahren auf Erlass einer einstweiligen Verfügung ein dem Erkenntnisverfahren des Hauptsacheprozesses vergleichbarer Verfahrensabschnitt, der lediglich durch Besonderheiten modifiziert wird, die aus dem Eilinteresse heraus erwachsen. Verfahrensvoraus-

setzung ist nicht ein – erfolgloses – vorheriges Abmahnschreiben. Dieses dient anderen Zielen, u.a. der Vermeidung einer für den Antragsteller negativen Kostenfolge gem. § 93 ZPO.

1. Rechtsweg

Demzufolge ist der Erlass einer einstweiligen Verfügung i.S.d. §§ 935, 940 ZPO lediglich dann möglich, wenn der **Rechtsweg** der ordentlichen Gerichtsbarkeit im Verfahren der streitigen Gerichtsbarkeit eröffnet ist (*Zöller/Vollkommer*, ZPO, vor § 916 Rn. 4). Ist der Rechtsweg nicht eröffnet, kommt eine **Rechtswegverweisung** gem. § 17a Abs. 2 GVG in Betracht. Im Falle der Verweisung durch ein Gericht eines anderes Rechtsweges an ein ordentliches Gericht der streitigen Zivilgerichtsbarkeit ist zu überprüfen, ob das Eilinteresse trotz der fehlerhaften Anrufung eines Gerichtes in einem anderen Rechtsweg gewahrt ist (wegen der Einzelheiten insoweit vgl. Rn. 60 ff.). Umgekehrt ist bei einer Verweisung aus der streitigen Zivilgerichtsbarkeit heraus auf einen anderen Rechtsweg nach den für den dortigen einstweiligen Rechtsschutz maßgeblichen Regelungen dieselbe Frage zu prüfen.

35

2. Abgrenzung zu anderen Sicherungsmitteln

Die einstweilige Verfügung dient, wie in Rn. 10 ff. dargelegt, im Wesentlichen gem. § 935 ZPO der Sicherung von Individualansprüchen, d.h. von Nicht-Geldforderungen, und gem. § 940 ZPO der vorläufigen Regelung eines streitigen Rechtsverhältnisses. Hieraus lassen sich erste Ansatzpunkte für eine Abgrenzung gegenüber anderen Maßnahmen eines einstweiligen oder vorläufigen Rechtsschutzes gewinnen.

36

Geldansprüche oder Ansprüche, die in Geldansprüche übergehen können, sichert der **Arrest** gem. §§ 916 ff. ZPO. Diese abstrakte und auf den ersten Blick einfache Abgrenzung schließt gleichwohl in der Praxis Zweifelsfragen hinsichtlich der jeweiligen Zuordnung nicht aus, bis hin zu der Frage, ob im Einzelfall eine Kombination von einstweiliger Verfügung und Arrest sinnvoll und zulässig sein kann.

37

> *Beispiel:*
>
> *Der Pkw-Vermieter erfährt, dass sich sein Mieter kurzfristig in das Ausland „absetzen" möchte und versucht, den angemieteten Pkw zu veräußern, um „die Reisekasse aufzufüllen". Vorrangig wird der Vermieter daran interessiert sein, die Veräußerung des Pkw zu unterbinden. Da ein bloßes Veräußerungsverbot im Hinblick auf die bereits zutage getretene kriminelle Energie des Mie-*

ters wenig hilfreich sein wird, wird der Vermieter sich bemühen, im Wege der einstweiligen Verfügung die Herausgabe des Kfz zumindest an einen Sequester zu erlangen. Sollte die Sicherstellung des Kfz nicht mehr rechtzeitig erfolgen, stünde dem Vermieter ein Schadensersatzanspruch zumindest aus vertraglicher Pflichtverletzung und Delikt zu.

38 Dieser potentielle Schadensersatzanspruch kann an sich durch den Arrest gesichert werden. Ist eine Verknüpfung der einstweiligen Verfügung mit einem Arrest hinsichtlich dieses Ersatzanspruches möglich? Das materielle Recht kennt in **§ 283 BGB** eine Kombination von Individualanspruch und für den Fall, dass der Individualanspruch nicht fristgemäß erfüllt wird, die Festsetzung eines Schadensersatzanspruches.

39 **Hinweis:**
Nach demselben Grundgedanken ist in dem vorgenannten Fallbeispiel zur Bewilligung effektiven Rechtsschutzes der Vermieter nicht nur auf eines der beiden Institute beschränkt. Vielmehr ist ihm die Kombination von einstweiliger Verfügung mit flankierendem Arrest zu bewilligen.

40 In Literatur und Rechtsprechung findet sich hierzu allerdings anscheinend keine Stellungnahme.

41 Gesichert werden durch die einstweilige Verfügung materiell-rechtliche Ansprüche. Sind nicht Ansprüche gefährdet, sondern lediglich Beweismittel, kommt statt des einstweiligen Verfügungsverfahrens die Einleitung eines **selbstständigen Beweissicherungsverfahrens** i.S.d. §§ 485 ff. ZPO in Betracht.

42 Die Fallgruppe der **Leistungsverfügung** (dazu s.o. Rn. 16 f.) war u.a. entwickelt worden für eine einstweilige Verfügung zur Erlangung eines – i.d.R. auf sechs Monate – befristeten Notunterhaltes. Durch Einführung des vereinfachten Verfahrens gem. § 644 ZPO zur Festsetzung von Kindesunterhalt hat diese Fallgruppe an Bedeutung verloren (OLG München, EzFamR aktuell 2000, 6; OLG Köln, NJWE-FER 1999, 304; s. Rn. 419 ff.). Insoweit geht die einstweilige Anordnung vor. Auch i.Ü. kommt, wenn die Familiensache anhängig ist, dem besonderen einstweiligen und vorläufigen Rechtsschutz durch das Familiengericht der Vorrang zu (s.o. Rn. 5). Von eher geringer praktischer Relevanz ist die Möglichkeit einer einstweiligen Verfügung zur Erlangung des Unterhaltes eines nichtehelichen Kindes für die ersten drei Lebensmona-

te i.S.d. § 1615o Abs. 1 BGB sowie der Ansprüche der Mutter nach § 1615l BGB (wegen der Einzelheiten auch insoweit s. unten Rn. 600 ff.). Der **Vorrang des FGG-Verfahrens** gegenüber dem einstweiligen Rechtsschutzverfahren der ZPO kommt auch im WEG-Verfahren zum Tragen (vgl. die Einzelheiten hierzu unter Rn. 916 ff.).

Vorrang vor dem Schutz über einstweilige Verfügungen haben im Bereich der Zwangsvollstreckung die Vorschriften zur Erreichung der **einstweiligen Einstellung der Zwangsvollstreckung** gem. §§ 707, 767, 769 ZPO. Nicht im Anwendungsbereich dieser Normen liegende Konstellationen, etwa die Absicherung einer Klage auf Feststellung der Nichtigkeit eines Vertrages mit Unterwerfungserklärung i.S.d. § 794 Abs. 1 Nr. 5 ZPO oder einer Klage auf Herausgabe eines missbräuchlich erwirkten rechtskräftigen Urteils gem. § 826 BGB, lassen eine vorläufige Sicherung durch eine einstweilige Verfügung zu (OLG Düsseldorf, OLGZ 85, 493 f. sowie *Zöller/Vollkommer*, ZPO, § 935 Rn. 3). 43

Ausnahmsweise ermächtigt die Rechtsordnung den Rechtsinhaber zur Verteidigung seiner Rechtsposition zu Gewaltmaßnahmen. Gegen **verbotene Eigenmacht** i.S.d. § 858 BGB darf der Besitzer sich mit **Gewalt** wehren, § 859 Abs. 1 BGB. Ist die verbotene Eigenmacht bereits begangen, darf der Besitzer dem auf frischer Tat betroffenen oder verfolgten Täter die Sache mit Gewalt wegnehmen, § 859 Abs. 2 BGB. Diese Rechte dürfen neben dem Besitzer auch seine Besitzdiener i.S.d. § 855 BGB ausüben. Der Vermieter hat zur Sicherung des Vermieterpfandrechtes gem. § 562b Abs. 2 BGB n.F. ein gleich gelagertes Gewaltrecht (*Palandt/Putzo*, BGB, 59. Aufl., § 561 BGB Rn. 5 f., einschränkender bereits *Palandt/Weidenkaff*, BGB, 60. Aufl., § 561 Rn. 6 f.). I.Ü. erlaubt die Rechtsordnung auch über die Rechtfertigungsgründe einem Rechtsinhaber die eigenständige Durchsetzung seiner Rechte, vgl. etwa § 227 BGB (Notwehr), § 228 BGB (Notstand), korrespondierend § 904 BGB. Diese Möglichkeiten zur gewaltsamen und eigenständigen Wahrung der Rechtsposition schließen die Durchsetzung der zugehörigen Ansprüche (§§ 861, 562b Abs. 2 BGB) durch einstweilige Verfügung nicht aus (OLG Celle, NJW-RR 1987, 447 f.; *Zöller/Vollkommer*, ZPO, § 935 Rn. 5) 44

II. Verfügungsanspruch

Verfügungsanspruch ist diejenige materiell-rechtliche Position bzw. derjenige **materiell-rechtliche Anspruch**, auf den der **Verfügungskläger seine Rechtsposition gegenüber dem Verfügungsbeklagten stützt**. 45

1. Vorliegen der jeweiligen Tatbestandsvoraussetzungen

46 Es handelt sich hierbei um denselben materiell-rechtlichen Anspruch, der auch einer entsprechenden Hauptsacheklage zugrunde gelegt ist, wenn die Hauptsacheklage bereits anhängig ist, oder der Hauptsacheklage zugrunde zu legen sein wird, wenn der Anspruchsteller gem. § 926 ZPO zur Einleitung des Hauptsacheverfahrens verpflichtet wird oder zumindest der Hauptsacheklage zugrunde zu legen wäre. Einschränkungen hinsichtlich der Art des Anspruches bzw. der Art der Rechtsposition, die durch die einstweilige Verfügung geschützt werden soll, gibt es – abgesehen von einem evtl. Vorrang anderer Institute, wie dargelegt – im Grundsatz nicht.

47 Dem Schutz durch eine einstweilige Verfügung zugänglich ist also **jedes nicht auf eine Geldleistung gerichtete subjektive Recht**, das in einem Hauptsacheprozess durchgesetzt werden kann, gleichgültig ob es sich um einen Anspruch auf eine Handlung, eine Duldung oder eine Unterlassung handelt, gleich welcher Art das Recht ist, etwa dinglicher oder persönlicher Art, und wie der Rechtsgrund zu qualifizieren ist. Gleichgültig ist also, ob es sich um einen schuld-, sachen-, familien- oder erbrechtlichen Anspruch handelt. Auch bedingte und betagte Ansprüche sind durch einstweilige Verfügungen sicherbar (vgl. insgesamt *Zöller/Vollkommer*, ZPO, § 935 Rn. 6 mit Einschränkungen bei erst künftig entstehenden Ansprüchen).

48 Es müssen also die **Tatbestandsvoraussetzungen** derjenigen Norm geprüft werden, auf die sich der von dem Anspruchsteller geltend gemachte Anspruch stützen lässt. In diesem ersten Arbeitsschritt kommt es nicht darauf an, in welcher Weise und zu welchem Grad an Überzeugung der Anspruchsteller das Gericht von dem Vorliegen der Tatsachen überzeugen muss. Es handelt sich um eine **rein rechtliche Frage**, ob die dargelegten Tatsachen den geltend gemachten Anspruch tragen. Aus dem **Eilbedürfnis** heraus erwachsen insoweit **keine Besonderheiten**. Demzufolge muss eine **Schlüssigkeitsprüfung** ohne jegliche Einschränkung gegenüber einer solchen in dem Hauptsacheverfahren durchgeführt werden (*MünchKomm/Heinze*, ZPO, § 920 Rn. 10; *Schuschke/Walker*, ZPO, § 922 Rn. 5; *Zöller/Vollkommer*, ZPO, § 922 Rn. 6 sowie § 935 Rn. 7). *Leipold* (Grundlagen des einstweiligen Rechtsschutzes, S. 64 f.) plädiert dafür, wegen der Dringlichkeit eine Absenkung des Maßstabes bei der Schlüssigkeitsprüfung zuzulassen. Auch von diesem Standpunkt aus ist jedenfalls dann, wenn eine Fehlbeurteilung bzgl. des Hauptsacheanspruchs zu schwer wiegenden wirtschaftlichen Folgen führen würde, eine genauere Prü-

fung erforderlich (vgl. OLG Frankfurt a.M., OLGZ 89, 356, 357). Neben einer strengen Schlüssigkeitsprüfung im hier vertretenem Sinne ist **kein Raum** mehr für eine **Interessenabwägung**. Gleichwohl wird eine solche teilweise bereits auf der Ebene der Anspruchsprüfung zugelassen (KG, ZIP 1992, 955 ff. mit zust. Anm. *Stein*, ZIP 1992, 893, 899 ff. m.w.N.). Absenkungen an den Maßstab der Schlüssigkeitsprüfung kommen allenfalls bei der Anwendung ausländischen Rechtes in Betracht (vgl. OLG Hamburg, VersR 1989, 1164). Grund hierfür ist, dass die Kenntnis ausländischen Rechtes von einem deutschen Gericht nicht erwartet wird; deshalb ist über die Geltung und den Umfang ausländischer Normen auch die Erhebung von (Sachverständigen-)Beweis zulässig.

> **Hinweis:** 49
>
> Je gravierender die Folgen der einstweiligen Verfügung prognostiziert werden, desto strenger wird in der Praxis die Prüfung ausfallen, ohne dass dies jeweils offen ausgewiesen wird. Die Strenge der Prüfung schlägt sich dann nieder in Fragen, ob der Verfügungsgrund ausreichend „dicht" dargelegt und glaubhaft gemacht ist oder betreffend die Reichweite des Verfügungsantrages. Ist bekannt, dass das angerufene Gericht Absenkungen an der Schlüssigkeitsprüfung vornimmt, sollte gleichwohl nach dem Hinweis auf diese Praxis des Gerichtes so vorgetragen werden, wie es für eine volle Schlüssigkeitsprüfung erforderlich ist. Im Hinblick auf die teilweise stattfindende Interessenabwägung sollte auch hierzu, unter entsprechender Glaubhaftmachung, vorsorglich vorgetragen werden. Jedenfalls dann, wenn das Gericht sich über den Erlass einer einstweiligen Verfügung oder über den Erlass einer einstweiligen Verfügung im Beschlussverfahren nicht letztlich schlüssig ist, kann dies den Ausschlag geben.

2. Zuordnung zu den verschiedenen Verfügungsarten

Der „**Inhalt**" **des Anspruches** bzw. **die den Anspruch tragende Rechtsposition bestimmt die Zuordnung** zu der Sicherungsverfügung i.S.d. § 935 ZPO, der Regelungsverfügung i.S.d. § 940 ZPO, der Leistungsverfügung analog § 940 ZPO oder evtl. einer einstweiligen Verfügung mit feststellendem Charakter. 50

Dabei ist schwerpunktmäßig folgende Zuordnung vorzunehmen:

a) Sicherungsverfügung

51 Wie bereits (z.B. unter Rn. 34 ff.) dargelegt dient die Sicherungsverfügung des § 935 ZPO der Sicherung individueller Ansprüche, d.h. der Sicherung von Ansprüchen, die keine Geldansprüche sind und nicht in Geldforderungen übergehen. Typische Fallgruppen sind etwa

- die Sicherung des Vermieterpfandrechtes durch Herausgabe an den Vermieter oder an den Sequester (OLG Celle, NJW-RR 1987, 447 f.);
- die Herausgabe der unter Eigentumsvorbehalt stehenden oder sicherungsübereigneten Ware an einen Sequester bei Verschleuderung der Ware, übermäßiger Nutzung oder sonstigen Gefahren, etwa „Leerräumen" einer Baustelle bei sich abzeichnender Insolvenz (OLG Hamburg, MDR 1970, 506; LG Berlin, MDR 1968, 1018 sowie OLG Frankfurt, NJW 1960, 827);
- die Sicherung eines Anspruches auf Auflassung durch Vormerkung gem. § 885 Abs. 1 BGB, evtl. auch eines Anspruches auf Rückauflassung oder eines Rückgewähranspruches nach § 7 AnfG, (vgl *Baumbach/Lauterbach/Albers/Hartmann*, ZPO, § 935 Rn. 12 m.w.N.);
- die Sicherung des künftigen Anspruchs auf Zugewinnausgleich (z.B. *Baumbach/Lauterbach/Albers/Hartmann*, ZPO, § 935 Rn. 15 m.w.N. zu dem Meinungsstand);
- die Sicherung des Anspruchs des Titelschuldners auf Unterlassung der Zwangsvollstreckung und auf Titelherausgabe bei Klage wegen Urteilsmissbrauchs (OLG Hamm, MDR 1987, 505, OLG Stuttgart, NJW-RR 1998, 70; abgelehnt von OLG Köln, NJW-RR 1995, 576).

b) Regelungsverfügung

52 Vom eigentlichen Regelungsbereich des § 940 ZPO sind lediglich einstweilige Verfügungen, die zur Regelung eines einstweiligen Zustandes notwendig sind, umfasst. Gemeint ist dabei nicht nur ein dauerndes Rechtsverhältnis, wie etwa der Besitz. Denn einstweilige Regelungen kommen nach dem Gesetzeswortlaut „insbesondere" bei dauernden Rechtsverhältnissen in Betracht. Zur Prüfung des Verfügungsanspruches muss das Gericht dabei die Gesamtheit der rechtlichen Beziehungen zwischen den Parteien beachten. Streitig i.S.d. § 940 ZPO ist das Rechtsverhältnis zum einen dann, wenn ein Recht des Antragstellers verletzt ist, zum anderen aber auch dann, wenn es zwar noch nicht verletzt, aber bereits bestritten ist (*Baumbach/Lauter-*

bach/Albers/Hartmann, ZPO, § 940 Rn. 1). Ziel der einstweiligen Verfügung gem. § 940 ZPO ist weniger die künftige Verwirklichung eines Anspruches, als vielmehr die Sicherung des Rechtsfriedens (vgl. *Baumbach/Lauterbach/Albers/Hartmann*, ZPO, § 940 Rn. 2). Demzufolge ist der eigentliche **Anwendungsbereich des § 940 ZPO** eher beschränkt. Erfasst – und diskutiert – sind schwerpunktmäßig folgende **Konstellationen**:

- vorläufige Regelungen von Streitigkeiten im Arbeitsverhältnis, etwa betreffend die Durchführung einer Betriebsratswahl, im Arbeitskampf (wegen der unterschiedlichen Möglichkeiten vgl. *Baumbach/Lauterbach/Albers/ Hartmann*, ZPO, § 940 Rn. 13), betreffend Regelungen hinsichtlich eines Beschäftigungsanspruches des Arbeitnehmers bis zum Zeitpunkt der Rechtskraft einer Entscheidung im Hauptprozess (zum Meinungsstand vgl. *Baumbach/Lauterbach/Albers/Hartmann*, ZPO, § 940 Rn. 14; zu beidem s.u. Rn. 666 ff.);

- vorläufige Regelungen gegen den Gläubiger auf Unterlassung der Inanspruchnahme eines Bürgen (OLG Frankfurt a.M., DB 1990, 2259); Einschränkungen dieser Möglichkeit bei Bürgschaft „auf erstes Anfordern." (vgl. OLG Hamm, MDR 1991, 636 sowie OLG Stuttgart, NJW-RR 1994, 1204, wohl generell verneinend bei Bürgschaft auf erstes Anfordern, OLG Düsseldorf, ZIP 1999, 1518);

- im Gesellschaftsrecht sind vorläufige Regelungen etwa die Entziehung der Geschäftsführerbefugnis oder der Vollmacht eines persönlich haftenden Gesellschafters bei einer Personengesellschaft oder derjenigen eines Geschäftsführers einer GmbH (vgl. OLG Frankfurt a.M., BB 1998, 2440); zum Schutz vor sofort wirkendem Widerruf der Geschäftsführerbestellung, vgl. OLG Stuttgart, BB 1985, 879 f. und zur Erzwingung der Mitteilung eines Gegenantrages nach § 126 Abs. 2 AktG, vgl. OLG Frankfurt a.M., NJW 1975, 392;

- vorläufige Regelungen über die Berechtigung zu einem Zutritt, etwa nach Ausspruch eines Zutrittsverbotes zu einem Altenheim (vgl. OLG Düsseldorf, FamRz 1991, 1181 f.).

c) **Leistungsverfügung**

Trotz des allgemeinen anerkannten Verbotes der Vorwegnahme der Hauptsache durch das einstweilige Verfügungsverfahren (dazu unten Rn. 78 ff.) geschieht genau dies bei der sog. Leistungsverfügung. Bewusst und offen ge-

53

schah und geschieht dies etwa in der Rechtsprechung zum befristeten Notunterhalt (vgl. bei Baumbach/Lauterbach/Albers/Hartmann, ZPO, § 940 Rn. 21, gegenwärtig noch z.B. zu § 1615o BGB oder beim Verwandtenunterhalt; i.Ü. s.u. Rn. 419 ff.).

54 Ebenfalls um Leistungsverfügungen handelt es sich, auch wenn dies nicht immer ausdrücklich diskutiert wird, in folgenden Fallkonstellationen:

- das Gebot, eine Sache an den früheren Besitzer nach verbotener Eigenmacht herauszugeben (OLG Hamm, NJW-RR 1992, 640; OLG Stuttgart, NJW-RR 1996, 1516; OLG Köln, MDR 2000, 152; verneint vom KG, MDR 1999, 927, wenn die Sache nach der verbotenen Eigenmacht einem Dritten zum unmittelbaren Besitz gegeben worden ist; s. ferner *Münzberg*, Einstweilige Verfügung auf Herausgabe gepfändeter Sachen bei verbotener Eigenmacht?, in: FS für Egon Schneider, 223);

- das Gebot an den Vermieter, die Heizungsanlage zu reparieren und/oder die Wohnung ordnungsgemäß zu beheizen (LG Mannheim, WuM 1975, 11, 12; ähnlich AG Leipzig, WuM 1998, 495; ablehnend hingegen wegen des Verbotes der Vorwegnahme der Hauptsache, LG Gera, WuM 1998, 496 und AG Siegen, ZMR 1999, 645, wenn der Antrag gegen das Versorgungsunternehmen gerichtet ist);

- das Gebot, dem Vermieter den Zutritt zur Wohnung, z.B. auch zum Heizungskeller zu verschaffen (LG Mannheim, ZMR 1978, 140);

- das Gebot, das Abstellen eines Kinderwagens an einer nicht störenden Stelle im Hausflur vorübergehend zu dulden (AG Landau, WuM 1988, 52);

- das Gebot, ein vom Mieter im Haus angebrachtes, den Hausfrieden störendes Plakat zu entfernen (AG Ludwigsburg, WuM 1989, 618);

- ein Gebot zur Ausstrahlung eines Wahlwerbespots (OLG Celle, NJW 1994, 2237);

- Verpflichtung zum Abdruck einer Gegendarstellung – insoweit allerdings aufgrund spezialgesetzlicher Regelung der Landespressegesetze, z.B. § 11 LPG NW;

- Zutrittsverbote bzw. Abstandhaltungsgebote (OLG Düsseldorf, FamRz 1991, 1181 f.),

- eine Verpflichtung des Architekten zur Herausgabe von Bauplänen etc. (OLG Hamm, BauR 2000, 295),

- Gebot zum Abschluss eines Vertrages zur Durchleitung von Energie, wenn die Weigerung der Durchleitung gegen kartellrechtliche Normen verstößt (s. OLG Düsseldorf, BB 2002, 592 und *Köhler*, BB 2002, 584 ff.).

Anträgen auf Erlass einer einstweiligen Verfügung zur **Räumung der Wohnung** steht § **940a ZPO** entgegen, soweit nicht der Wohnungsbesitzer zuvor seinerseits verbotene Eigenmacht begangen hat (s.a. LG Arnsberg, WuM 1999, 418; AG Menden, WuM 1999, 418) oder, wie seit dem 1.1.2002 ausdrücklich geregelt ist, es um eine konkrete Gefahr für Leib oder Leben geht. Damit hat der Gesetzgeber auf die Diskussion in der Literatur um eine verfassungskonforme Beschränkung (§ 940a ZPO a.F.) bei Gefährdung von Leib oder Leben von Vermieter und/oder Mitmietern reagiert (vgl. *Zöller/Vollkommer*, ZPO, § 940a Rn. 1 ff. m.w.N.). 55

Ein Anspruch auf **Abgabe einer Willenserklärung** kann i.d.R. nicht im Wege der einstweiligen Verfügung vorab durchgesetzt werden (OLG Hamm, MDR 1971, 401 mit Hinweisen zur Gegenansicht sowie NJW-RR 1992, 640 und LG Bochum, NJW-RR 1998, 1372). Beschränkt auf besondere Ausnahmekonstellationen wird teilweise trotz der damit verbundenen Vorwegnahme der Hauptsacheentscheidung eine einstweilige Verfügung zugelassen (vgl. etwa OLG Stuttgart, NJW 1973, 908: die begehrte Willenserklärung beschränkte sich auf eine bloß vorläufige Regelung oder Sicherung). Die Problematik solcher Entscheidungen wird besonders deutlich durch § 894 Abs.1 Satz 1 ZPO. Diese Norm fingiert nämlich die abzugebende Willenserklärung mit Rechtskraft des Urteiles als abgegeben. Soll die Willenserklärung als im einstweiligen Verfügungsverfahren abgegeben gelten, obwohl ein der materiellen Rechtskraft fähiges Urteil, die Hauptsacheentscheidung, noch nicht vorliegt? *Köhler* (BB 2002, 584, 587) bejaht dies, damit kein „mit der Rechtssicherheit unvereinbarer Schwebezustand" entsteht. Wie soll rein praktisch eine evtl. nur zeitweilig wirkende Willenserklärung sich auswirken/behandelt werden? 56

Bei **einstweiligen Verfügungen auf Unterlassung** fällt die Zuordnung zur Sicherungs- oder Leistungsverfügung besonders schwer. In Betracht kommen etwa: 57

- ein Unterlassungsanspruch wegen ehrverletzender Äußerung (OLG Koblenz; OLGZ 90, 246 ff.); auch zum Schutz der Ehre von Verstorbenen (OLG Köln, FamRz 1999, 954);
- die Unterlassung der unmittelbaren Kontaktaufnahme mit Kunden des Antragstellers (OLG Koblenz, NJW-RR 1987, 95);

- die Unterlassung von Rechtsberatung per „Hotline" (*Berger*, NJW 1999, 1353 und *Bühring/Edenfeld*, MDR 1999, 534);
- die Unterlassung wettbewerbswidriger Werbung gem. UWG (vgl. beispielhaft OLG Stuttgart, NJW-RR 1996, 1518 f.).

Gedanklich lässt sich die Zuordnung sowohl zur Fallgruppe der Sicherungs- als auch zu derjenigen der Leistungsverfügung begründen: Solange der Verfügungsgegner die inkriminierte Handlung nicht vornimmt, also unterlässt, verstößt er nicht gegen einen hierauf gerichteten Anspruch des Antragstellers. Dessen Anspruch ist also „gesichert". Zugleich bedeutet das Unterlassen der inkriminierten Handlung aber auch, dass der Verfügungsgegner genau dasjenige Verhalten zeigt, auf das der geltend gemachte (Hauptsache-)Anspruch gerichtet ist – der Verfügungsgegner erfüllt mit dem Unterlassen also auch zugleich den geltend gemachten Anspruch. Diese Ambivalenz wird i.d.R. nicht näher diskutiert. *Zöller/Vollkommer* (ZPO, § 940 Rn. 1) stellen in apodiktischer Kürze auf den „abwehrenden" Charakter der Unterlassungsverfügung ab und ordnen die Unterlassungsverfügung damit der Gruppe Sicherungsverfügung zu. I.d.R erfolgt entweder eine nicht näher begründete Zuweisung zu einer der beiden Varianten (s. etwa bei *Thomas/Putzo*, ZPO, § 940 Rn. 14) oder die undifferenzierte Doppelnennung von § 935 und § 940 ZPO (z.B. *Baumbach/Lauterbach/Albers/Hartmann*, ZPO, § 935 Rn. 10 einerseits und § 940 Rn. 33 andererseits; *Zöller/Vollkommer*, ZPO, § 940 Rn. 8 s.v. Wettbewerbsrecht). Auf Unterlassung gerichtete Verfügungen werden, jedenfalls soweit ersichtlich, nicht mit dem Hinweis auf das Verbot der Vorwegnahme der Hauptsache abgelehnt. Gleichwohl hat die Unterlassung eine immanente Befriedigung. Dies ist jedenfalls bei der konkreten Ausgestaltung des Antrages bzw. des Tenors, dem „Wie?", zu vergegenwärtigen.

d) Feststellende Verfügung

58 Eine einstweilige Verfügung mit feststellendem Inhalt kommt nach herrschender Meinung nur in ganz engen Grenzen und damit für besondere Ausnahmekonstellationen in Betracht. OLG Celle (NJW 1990, 582, 583) hat dies im obiter dictum dem Grunde nach in engen Grenzen anerkannt, wenn hierfür ein Bedürfnis bestehe. Ohne dies im Einzelnen darzulegen, hat das OLG Celle jedenfalls dann ein solches Bedürfnis verneint, wenn einstweiliger Rechtsschutz über eine der drei zuvor behandelten Varianten in Betracht kommt. *Kohler* (ZZP 103 [1990], 184 ff.) lässt feststellende einstweilige Ver-

fügungen nur zu „wo sie allein geeignet erscheinen, handgreifliche Auseinandersetzungen zwischen den Beteiligten durch Klärung der Rechtmäßigkeit bestimmter Verhaltensweisen zu verhindern oder wenigstens für eine Klarstellung der Berechtigung zur Notwehr zu sorgen ...".

Hinweis: 59

Im Grunde ist (nahezu) jeder materiell-rechtliche Anspruch/jedes Recht von sich aus erst einmal einer Regelung durch eine einstweilige Verfügung zugänglich. Ob es letztlich zum Erlass einer einstweiligen Verfügung kommen wird, hängt dann von dem Vorhandensein der weiteren Tatbestandsvoraussetzungen ab.

III. Verfügungsgrund

In systematischer Hinsicht umstritten ist, ob der Arrest- und der Verfügungsgrund eine besondere **Zulässigkeitsvoraussetzung** sind oder ob bei ihrem Fehlen der Antrag als unbegründet abzuweisen ist. Für die Praxis ist dieser Meinungsstreit (nahezu) ohne Bedeutung. Auch die Vertreter der Meinung, der Arrest- bzw. der Verfügungsgrund sei eine besondere Prozessvoraussetzung, lassen – trotz des allgemeinen Prinzips des logischen Vorranges der Prozessvoraussetzungen – bei offensichtlichem Fehlen eines Arrestanspruches die Abweisung des Antrages als unbegründet zu (zu allem vgl. *Zöller/ Vollkommer*, ZPO, § 917 Rn. 3). 60

Nach § 935 ZPO besteht ein Verfügungsgrund,

„... wenn zu besorgen ist, dass durch eine Veränderung des bestehenden Zustandes die Verwirklichung des Rechtes einer Partei vereitelt oder wesentlich erschwert werden könnte."

Demgegenüber formuliert § 940 ZPO den Grund für die einstweilige Verfügung wie folgt:

„... sofern diese Regelung, insbesondere bei dauernden Rechtsverhältnissen zur Abwendung wesentlicher Nachteile oder zur Verhinderung drohender Gewalt oder aus anderen Gründen nötig erscheint."

1. Ausgangspunkt: § 935 und § 940 ZPO

61 Die Voraussetzungen an den jeweiligen **Verfügungsgrund** sind also im Gesetz **unterschiedlich formuliert**. § 935 ZPO lässt die Möglichkeit („könnte") zumindest einer – wenn auch wesentlichen – Erschwerung der Verwirklichung des Rechtes an der Partei genügen. Demgegenüber verlangt § 940 ZPO, dass die einstweilige Verfügung zur Verhinderung drohender Gewalt, zur Abwendung wesentlicher Nachteile oder aus anderen, d.h. gleich wichtigen, Gründen nötig „erscheint". Ob das Prädikat „erscheint" eine Absenkung der Anforderungen an diese Voraussetzungen bewirkt, ergibt sich nicht unmittelbar aus dem Wortlaut der Norm. Möglich sind zweierlei Lesarten:

62 Das „erscheint" kann allein auf die Art der anzuordnenden einstweiligen Verfügung bezogen sein. § 940 ZPO wäre dann wie folgt zu verstehen: Eine einstweilige Verfügung darf zur Abwendung (bereits eingetretener oder sonst eintretender) wesentlicher Nachteile oder zur Verhinderung (bereits bestehender oder sonst entstehender) drohender Gewalt oder aus anderen Gründen angeordnet werden, wenn die im Wege der einstweiligen Verfügung **beabsichtigte konkrete Regelung** zur Abwendung der – tatsächlich drohenden Gefahren – nötig erscheint (Variante A; auch im Ergebnis wohl *Zöller/Vollkommer*, ZPO, § 940 Rn. 4, wenn es dort heißt, dass überhaupt eine Regelungsverfügung erlassen wird, „wenn sie notwendig ist" bzw. „nötig ... ist" und eine einstweilige Verfügung nicht nur notwendig erscheint).

63 Eher dem § 935 ZPO angeglichen wäre das Verständnis des § 940 ZPO, wenn das Prädikat „erscheint" als **Relativierung** auf das „Drohen wesentlicher Nachteile oder der Gewalt" zu erstrecken wäre, etwa i.d.S., dass bereits der – wenn auch evtl. verdichtete – Anschein solcher Gefahren genügt (Variante B).

64 Die unterschiedliche Wortwahl des Verfügungsgrundes wird anscheinend in der (Kommentar-)Literatur nicht diskutiert. Die Kommentarliteratur geht überwiegend davon aus, dass der Verfügungsgrund bei § 935 ZPO und § 940 ZPO einheitlich zu bestimmen ist. Andernfalls wäre der häufige Hinweis in der Kommentarliteratur, es könne letztlich offen bleiben, ob die einstweilige Verfügung § 935 ZPO oder § 940 ZPO unterfalle, nicht zu verstehen (s. etwa *Baumbach/Lauterbach/Albers/Hartmann*, ZPO, § 940 Rn. 1: „Die Abgrenzung gegenüber § 935 ist unsicher, ... aber praktisch unerheblich ..."; *Thomas/Putzo*, ZPO, § 935 Rn. 3: Abgrenzung sei „ohne praktische Bedeutung"; *Zöller/Vollkommer*, ZPO, § 935 Rn. 2 – wenn auch mit Einschränkung wegen der von ihm bejahten Möglichkeit der Interessenabwägung im Rahmen von § 940). Über-

einstimmend für § 935 ZPO und § 940 ZPO wird in der Kommentarliteratur verlangt, dass die jeweilige Besorgnis bzw. Gefahr **objektiv begründet** ist (vgl. etwa *Zöller/Vollkommer*, ZPO, § 935 Rn. 10 einerseits und § 940 Rn. 4).

> **Hinweis:** 65
>
> Gleichwohl sollte zumindest auf Antragsgegnerseite im Einzelfall überlegt werden, ob aus dieser abweichenden Formulierung Argumente gegen den von dem Antragsteller behaupteten Verfügungsgrund i.S.d. Variante A zu § 940 ZPO hergeleitet werden können.

Verdeckt, wenn auch nicht offen diskutiert, scheint dies von der Rechtsprechung 66 so gehandhabt zu werden, wenn etwa eine Leistungsverfügung auf **Auskunft und/oder Rechnungslegung** im Grundsatz abgelehnt wird (vgl. OLG Hamm, NJW-RR 1992, 640 – obiter dictum), jedoch dann zugelassen wird, wenn die **Existenz des Gläubigers** gefährdet ist (vgl. KG, GRUR 1988, 403, 404 – obiter dictum). Zumindest bei der **Leistungsverfügung** wird – wegen der Problematik der Vorwegnahme der Hauptsache? – von der strengeren Variante A ausgegangen. In ähnlicher Weise gilt dies auch für die früher stark vertretene Rechtsprechung zu dem sog. Notunterhalt: Nicht der kraft Familienrechtes zu ermittelnde Unterhalt, sondern nur ein abgesenkter Unterhalt, eben der sog. **Notunterhalt**, kann mit der Leistungsverfügung erreicht werden, und auch dieser nur befristet auf sechs Monate (vgl. die Übersicht bei *Baumbach/Lauterbach/Albers/Hartmann*, ZPO, § 940 Rn. 23 ff. m.w.N.). Die Rechtsprechung hat also durch die konkrete Ausgestaltung der einstweiligen Verfügung dafür Sorge getragen, dass die einstweilige Verfügung dem Antragsteller bei tatsächlich bestehender Notlage nur so viel gewährt, wie zur Abwehr der wesentlichen Nachteile erforderlich „erscheint". Ähnlich auch für Fragen der Herausgabeansprüche von Eigentümern, etwa als Vorbehaltseigentümer, Sicherungsnehmer oder Leasinggeber. Während grundsätzlich eine einstweilige Verfügung nicht zugelassen wird, wird sie dann akzeptiert, wenn eine solche Abnutzung der herausverlangten Sache droht, dass bei Fortdauer dieser „Nutzung" von einem wirtschaftlichen Untergang der Sache ausgegangen werden kann (vgl. die Darlegungen und Zitate bei *Baumbach/Lauterbach/Albers/Hartmann*, ZPO, § 940 ab Rn. 35 zu den vorgenannten Begriffen sowie s.v. Leasing).

Begründen lässt sich ferner über § 936 ZPO **analog § 917 Abs. 2 Satz 1 ZPO** 67 ein **Verfügungsgrund**, wenn ein Hauptsacheurteil im Ausland (mit Ausnahme der Vertragsstaaten aus § 917 Abs. 2 Satz 2 ZPO) vollstreckt werden müsste und sich dies durch die einstweilige Verfügung vermeiden lässt (s. *Schuschke/ Walker*, ZPO § 917 Rn. 9).

68 Mehrheitlich wird nicht im Vorliegen der Voraussetzungen des § 918 ZPO (dazu s.u. Rn. 337 ff.) über § 936 ZPO ein Verfügungsgrund i.S.d. §§ 935, 940 ZPO gesehen (*Baumbach/Lauterbach/Albers/Hartmann*, ZPO, § 936 Rn. 2; *Zöller/Vollkommer*, ZPO, § 918 Rn. 3).

2. Dringlichkeitsvermutungen

69 Gem. § 885 Abs. 1 Satz 2 BGB ist zum Erlass einer einstweiligen Verfügung zur Eintragung einer Vormerkung „nicht erforderlich, dass eine Gefährdung des zu sichernden Anspruches glaubhaft gemacht wird." Genauso heißt es auch in § 899 Abs. 2 Satz 2 BGB für den Widerspruch. Nach § 25 UWG kann eine einstweilige Verfügung erlassen werden, „auch wenn die in den §§ 935, 940 der Zivilprozessordnung bezeichnenden Voraussetzungen nicht zutreffen." Bei beiden Normen handelt es sich um **gesetzliche Vermutungen der Dringlichkeit** (*Palandt/Bassenge*, a.a.O., § 885 Rn. 5 sowie *Baumbach/Hefermehl*, Wettbewerbsrecht, § 25 UWG Rn. 11 sowie Rn. 16 ff.).

3. Interessenabwägung bei § 940 ZPO

70 Z.T. wird in der Literatur aus den beiden letzten Worten von § 940 ZPO „nötig erscheint" weiterhin gefolgert, das Gericht müsse **im Rahmen einer einstweiligen Verfügung gem. § 940 ZPO, anders als im Bereich des § 935 ZPO, die schutzwürdigen Interessen beider Seiten gegeneinander abwägen** (vgl. *Zöller/Vollkommer*, ZPO, § 940 Rn. 4 m.w.N.). Eine solche Interessenabwägung würde wohl ähnlich wie im öffentlichen Recht (vgl. beispielhaft BVerfG, NJW 1980, 35 ff., 35; BVerwG, NJW 1976, 1113, 114 f.; zweifelnd *Finkelburg/Janek*, Vorläufiger Rechtsschutz im Verwaltungsstreitverfahren, Rn. 153 ff., insbesondere Rn. 158 f.) einen Vergleich folgender beider Konstellationen erfordern:

Welche Gefahren drohten dem Antragsteller einerseits, dem Antragsgegner andererseits, wenn die einstweilige Verfügung (nicht) erlassen wird und sich die Entscheidung später als unrichtig herausstellt?

71 In dieselbe Richtung geht es, wenn *Baumbach/Lauterbach/Albers/Hartmann* (ZPO, § 940 Rn. 1 und Rn. 10) von dem Gericht verlangen, dass es die Gesamtheit der rechtlichen Beziehungen zwischen den Parteien zu beachten hat

bzw. die „Interessen des Schuldners wenigstens insoweit mit berücksichtigen [müsse], als ein Nachteil nicht außer jedem Verhältnis zum Vorteil des Gläubigers stehen darf". Eine solche Abwägung ist von dem Wortlaut nicht vorgegeben: Im Sinne der Variante A bedeutet „nötig erscheint" lediglich, dass die einstweilige Verfügung nicht weitergefasst wird, als zur Abwehr der Gefahren i.S.d. § 940 erforderlich erscheint. Der Wortlaut befasst sich also auf der Rechtsfolgenseite mit der Ausgestaltung, dem Inhalt der einstweiligen Verfügung. Der Wortlaut begründet hingegen keine Voraussetzung einer umfassenden Interessenabwägung.

> **Hinweis:** 72
>
> Vorsorglich sollten sowohl der Antragsteller, dieser bereits in der Antragsschrift, als auch der Antragsgegner – dieser in der Erwiderung oder dem Widerspruch – Darlegungen insoweit mit aufnehmen, um auf die jeweiligen besonderen Belastungen und Bedeutung des (Nicht-)Erlasses der einstweiligen Verfügung für ihre Rechtsposition hinzuweisen.

4. Baldiges Tätigwerden

Der Verfügungsgrund ist die Legitimation für die vorläufige/einstweilige Regelung, d.h. für das Nichtabwarten einer Entscheidung im Hauptsacheprozess. Trotz der unterschiedlichen Formulierungen in § 935 ZPO und § 940 ZPO ist demzufolge beiden Vorschriften gemeinsam das **Eilbedürfnis**. Demzufolge kommt eine einstweilige Verfügung nicht unbegrenzt in Betracht. Sie kann lediglich in einem zeitlich limitierten Rahmen nach der Kenntnis des Anspruchstellers bzw. bei Wettbewerbsverbänden, die für ein Mitglied tätig werden, seit Kenntnis dieses Mitgliedes (OLG Karlsruhe, GRUR 1993, 697) von den anspruchbegründenden Tatsachen erlassen werden. Der Verfügungsgrund geht also verloren, wenn der Antragsteller zu lange zuwartet, bevor er die einstweilige Verfügung beantragt. Durch zu langes Zuwarten wird auch eine gesetzliche Dringlichkeitsvermutung (wie § 885 Abs. 1 Satz 2 BGB oder § 25 UWG, s. Rn. 69) widerlegt (vgl. beispielhaft OLG Hamm, NJW-RR 1990, 1236: ca. drei Monate; OLG Frankfurt a.M., NJW 1985, 1295 sowie KG, MDR 1994, 1012). Rechtsprechung und Literatur haben **keine einheitliche zeitliche Grenze** festgelegt, ab der die Dringlichkeit und damit der Verfügungsgrund entfallen. Die einzelnen Angaben zu der zeitlichen Grenze schwanken zwischen nur zwei (!) Tagen bei Messeverstößen im Hinblick auf die kurze Dauer einer Messe (OLG Frankfurt a.M., GRUR 1984, 693) über sechs Wochen (OLG Stutt- 73 gart, GRUR 1978, 539, 540) bis äußerstenfalls zu drei Monaten (OLG Hamm, NJW-RR 1990, 1236; Übersichten über den Rechtsprechungsstand insoweit bei *Baumbach/Lauterbach/Albers/Hartmann*, ZPO, § 940 Rn. 33 s.v. Zögern und *Zöller/Vollkommer*, ZPO, § 940 Rn. 4 sowie besonders instruktiv und umfassend, *Pastor/Ahrens/Traub*, Wettbewerbsprozeß, Kap. 49 Rn. 41).

74 **Hinweis:**

Im Einzelfall wird jeweils zu differenzieren sein zum einen nach

- der Art des Verfügungsanspruches,
- den Parteien – insbesondere ist davon auszugehen, dass an Kaufleute höhere Anforderungen gestellt werden, und
- nach der besonderen Situation: Ernsthaft geführte und zunächst erfolgversprechende Vergleichsverhandlungen sind letztlich doch gescheitert.

75 Zudem sind etwaige regionale Besonderheiten der jeweiligen LG und OLG zu berücksichtigen. Abgesehen von der besonderen Konstellation bei einer Messeveranstaltung (s.o. Rn. 73) sollte jedenfalls in sämtlichen Fällen, in denen zunächst, wenn auch nur aus Kostengründen wegen § 93 ZPO, ein Abmahnschreiben versandt worden ist, zumindest eine **Monatsfrist** zugebilligt werden. Der Antragsteller muss zunächst trotz des Eilbedürfnisses Gelegenheit haben, sich nach rechtlichem Rat in einer gewissen Ruhe entscheiden zu können. Die Fertigung und Versendung des Abmahnschreibens benötigt eine gewisse Zeit. Dem Antragsgegner muss eine, wenn auch ggf. nicht zu lange, Überlegungsfrist zugebilligt werden. Schließlich wird für die Fertigung der Antragsschrift und die Zusammenstellung der Unterlagen zur Glaubhaftmachung eine gewisse Bearbeitungszeit benötigt. Unabhängig davon, ob eine auch frühere Einreichung des Verfügungsantrages möglich und aus Sicht des Antragstellers wünschenswert ist, sollte dies jedoch nicht zu einem Maßstab dahin gehend gemacht werden, dass vor Ablauf eines Monats nach Kenntniserlangung von den maßgeblichen Umständen der Verfügungsgrund entfällt.

76 **Hinweis:**

Die Monatsfrist sollte der Antragsteller jedenfalls vorsorglich wahren, unabhängig davon, ob eine evtl. Fristüberschreitung später mit den vorgenannten Gesichtspunkten – ausnahmsweise – gerechtfertigt werden kann.

Auch **während des bereits laufenden einstweiligen Verfügungsverfahrens** 77
kann der Verfügungsgrund durch **verzögerte Sachbehandlung** auf Seiten des
Antragstellers zu verneinen sein. Im Wesentlichen handelt es sich um zwei
Fallkonstellationen:

- Solange der Antragsteller nicht im schriftlichen Verfahren eine einstweilige Verfügung erlangt hat, wird in der Praxis aus seinem Antrag auf **Terminverlegung** oder seiner Zustimmung zum Terminverlegungsantrag des Antragsgegners auf das Fehlen des Eilbedürfnisses und damit das Fehlen des Verfügungsgrundes geschlossen (vgl. z.B. OLG Hamm, WettbR 96, 164 sowie allg. *Baumbach/Lauterbach/Albers/Hartmann*, ZPO, § 940 Rn. 33 s.v. Terminsverlegung, Zögern).

- Insbesondere entfällt das Eilbedürfnis und damit der Verfügungsgrund, wenn der in der ersten Instanz unterlegene Antragsteller sich die **Berufungsbegründungsfrist verlängern** lässt. Damit verlängert er den Zeitraum bis zu einer für ihn günstigen Entscheidung (OLG München, GRUR 1980, 330 und KG, GRUR 1999, 1133). Das OLG Düsseldorf (WettbR 1997, 27) und das OLG München (GRUR 1976, 150 f.) sehen allein durch das Ausschöpfen der Berufungsbegründungsfrist das Eilinteresse als widerlegt an. In dem Sachverhalt, welcher der Entscheidung des OLG München zugrunde lag, waren seit Zustellung des vollständig abgefassten Urteiles (erst) sechs Wochen vergangen. Bei allem Eilbedürfnis muss es dem Antragsteller, insbesondere bei einem Anwaltswechsel durch die Berufung vom LG zum OLG, erlaubt sein, die Berufung ausreichend zu begründen. Vergessen werden darf nicht, dass im Hinblick auf die Möglichkeit, im mündlichen Verhandlungstermin neue Tatsachen vorzutragen und glaubhaft zu machen, evtl. nach der Zustellung des erstinstanzlichen Urteiles der Sachverhalt weitergehend aufgeklärt und neue Mittel zur Glaubhaftmachung zusammengetragen werden müssen. Gleichwohl empfiehlt es sich für den Antragsteller, sich auf evtl. diesbzgl. örtliche Gepflogenheiten einzustellen und ihnen Rechnung zu tragen (zu weiteren Fällen von Widerlegung der Dringlichkeit s. Lexikon der Rechtsprechung s.v. Verfügungsgrund z.B. S. 483 f.).

IV. Keine Vorwegnahme der Hauptsache

Das Verbot der Vorwegnahme der Hauptsache ist nicht gesetzlich normiert. 78
Es ergibt sich aus dem Zweck der einstweiligen Verfügung, entweder der **Sicherung** eines individual-rechtlichen Anspruches (§ 935 ZPO) oder der **vor-**

läufigen Regelung i.S.d. § 940 ZPO, einschließlich der Leistungserbringung in bestimmten Einzelsituationen, insbesondere Notfällen (vgl. *Zöller/Vollkommer*, ZPO, § 938 Rn. 3). Hieraus wird gefolgert, die im Wege der einstweiligen Verfügung angeordnete Maßnahme müsse ein **Minus** oder ein **aliud** gegenüber dem Ausspruch im Hauptsacheprozess sein (vgl. *Zöller/Vollkommer*, ZPO, § 938 Rn. 3 m.w.N.). Deshalb sind die Übertragung einer Domain-Adresse, aber auch die Aufgabe der Reservierung einer beanstandeten Internet-Domain, wenn es nicht besondere Gründe gibt, im Wege der einstweiligen Verfügung abzulehnen (LG München, MMR 2001, 61; OLG Frankfurt a.M., GRUR 2001, 443). Erst recht darf die einstweilige Verfügung nicht mehr zubilligen als der Gläubiger im Hauptsacheprozess erreichen kann. Demzufolge können einstweilige Verfügungen insbesondere nicht gegenüber Dritten ergehen, gegen die sich der Anspruch des Gläubigers nicht richtet. In der Fallgruppe der Sicherungsverfügung (§ 935 ZPO) wirkt sich das Verbot der Vorwegnahme der Hauptsache i.d.R. dahin aus, dass nicht wie in dem Hauptsacheverfahren der Anspruch auf Herausgabe an den Gläubiger tituliert wird, sondern die Verpflichtung des Antragsgegners auf Herausgabe an den Sequester. Von daher rechtfertigt sich auch die bereits angesprochene Ausnahme, die Herausgabe an den Antragsteller selbst, wenn der Antragsgegner zuvor verbotene Eigenmacht begangen hat. Zwar wird dann der Herausgabeanspruch erfüllt. Dies ist jedoch in dieser Konstellation hinnehmbar. Der Antragsteller hätte nämlich durch die ausnahmsweise ihm zugebilligten Gewaltrechte den Verbleib der Sache in seinem Besitz bzw. die Rückholung der Sache in seinen Besitz bewirken können. Es soll keine Schlechterstellung erfolgen, wenn der Antragsteller die zugebilligten Gewaltrechte nicht ausgeübt hat und gerichtliche Hilfe in Anspruch nimmt.

79 Bei der Regelungsverfügung im engeren Anwendungsbereich gem. § 940 ZPO ist ebenfalls darauf zu achten, dass die Hauptsache nicht vorweggenommen wird. So ist nicht das endgültige Verbot der Eintragung und des Vollzuges eines Gesellschafterbeschlusses auszusprechen, sondern lediglich das Verbot, den Gesellschafterbeschluss vorläufig durchzuführen. Bei der Entziehung von Geschäftsführungsbefugnis und Vertretungsmacht gem. §§ 117, 127 HGB kann die Beschränkung ebenfalls darin liegen, dass diese nicht endgültig, sondern lediglich vorläufig, evtl. zeitlich begrenzt, entzogen werden (grundlegend BGH NJW 1960, 1997 ff., s. insbesondere OLG Frankfurt a.M., BB 1998, 2440; ohne ausdrückliche Beschränkungen und deshalb zu weitgehend *Zöller/Vollkommer*, ZPO, § 940 Rn. 8 s.v. Gesellschaftsrecht). Auch

die Leistungsverfügung ist, wenn sie nach der Art ihres Ausspruches für eine längere Zeit gelten könnte, **zeitlich zu begrenzen**. Dies ist allgemeine Meinung für den Notunterhalt oder in sonstigen Fällen der Sicherung des dringenden Lebensbedarfes (*Baumbach/Lauterbach/Albers/Hartmann*, § 940 ZPO Rn. 21) und auch für ähnliche Konstellationen allgemein anerkannt, z.B. bei einer einstweiligen Verfügung mit der Zielrichtung, das Abstellen eines Kinderwagens an einer nicht störenden Stelle im Hausflur vorübergehend zu dulden (*Baumbach/Lauterbach/Albers/Hartmann*, ZPO, § 940 Rn. 36).

Der Leistungsverfügung ist eine Vorwegnahme der Hauptsache wesenseigen; zur Bewertung bei Unterlassungsansprüchen s. bereits o. Rn. 57. In dem wichtigsten Bereich der Unterlassungsverfügungen, dem **Wettbewerbsrecht**, konnte das Fehlen einer Vorwegnahme der Hauptsache mit den Besonderheiten des bis zum 31.12.2001 geltenden Verjährungsrechts begründet werden. Das einstweilige Verfügungsverfahren auf Unterlassung unterbrach wegen der besonderen Formulierung des § 209 Abs. 1 BGB a.F. (s.u. Rn. 1048 ff.) nicht die Verjährung. Dies war wegen der kurzen Verjährungsfrist von sechs Monaten ab Kenntniserlangung gem. § 21 Abs. 1 UWG von Bedeutung. Erfolgte **keine Verjährungsunterbrechung** in der Sechs-Monatsfrist und war damit der Verfügungsanspruch verjährt, konnte der Antragsgegner die Aufhebung der einstweiligen Verfügung gem. § 927 ZPO verlangen. Dadurch bestand faktisch eine zeitliche Begrenzung. Bereits wegen der nicht eintretenden Unterbrechung der Verjährungsfrist i.V.m. der Kürze der Verjährungsfrist gem. § 21 UWG gewährte die einstweilige Verfügung im Wettbewerbsrecht also ein Weniger gegenüber dem Hauptsacheverfahren. Diese Situation hat sich durch die Neufassung des Verjährungsrechts im Rahmen der Schuldrechtsreform grundlegend geändert: Gem. § 204 Abs. 1 Nr. 9 BGB hemmen das einstweilige Verfügungs- (und das Arrest-)Verfahren die Verjährung ebenso wie ein Hauptsacheverfahren (s.u. Rn. 1051 f.). 80

Wie bei der Leistungsverfügung bereits erörtert, steht das Verbot der Vorwegnahme der Hauptsache dem Erlass einer einstweiligen Verfügung in **besonderen Situationen, die über die allgemeine für §§ 935, 940 ZPO erforderliche Dringlichkeit hinausgehen**, nicht entgegen. Zwar wird dem Vermieter i.d.R. keine einstweilige Verfügung zur Erzwingung der Duldung der Durchführung von Renovierungsmaßnahmen i.S.d. § 554 Abs. 2 – 5 BGB n.F. seitens des Mieters zugebilligt (*Baumbach/Lauterbach/Albers/Hartmann*, ZPO, § 940 Rn. 37 m.w.N.; ferner *MünchKomm/Voelskow*, BGB, 3. Aufl., München 1995, § 541a Rn. 9; *Zöller/Vollkommer*, ZPO, § 940 Rn. 8 s.v. Miet- 81 recht; OLG Köln, NJW-RR 1995, 546 f.). Etwas anderes gilt jedoch dann, wenn die Renovierungsmaßnahmen aus Sicherheitsgründen, auch und gerade für andere Mieter, dringend erforderlich sind (*Zöller/Vollkommer*, a.a.O.). In ähnlicher Weise wird, worauf bereits hingewiesen war, an der allgemeinen Ablehnung einer einstweiligen Verfügung zur Erlangung einer Auskunft bei Rechnungslegung (s. z.B. auch OLG Rostock, OLGR Rostock 1999, 271) dann nicht festgehalten, wenn ohne die schnelle Auskunft oder Rechnungslegung die Existenz des Gläubigers gefährdet ist und ausreichend schnell Rechtsschutz durch eine Hauptsacheklage nicht erlangt werden kann (KG, GRUR 1988, 403, 404 – obiter dictum; zur Durchsetzung von Ansprüchen auf Durchleitung von Energie im Wege einstweiliger Verfügung erzwungenen Vertragsabschlusses [!] *Kohler*, BB 2002, 584 ff. in seiner Besprechung des Urteils OLG Düsseldorf, BB 2002, 592).

---

82 | **Hinweis:**

Um die Position des Antragsgegners im Beschlussverfahren nicht unangemessen zu beschneiden, achten hier die Gerichte in der Praxis besonders genau darauf, dass die Hauptsache nicht bereits durch die einstweilige Verfügung vorweggenommen wird. Für den Antragsteller empfiehlt sich deshalb, entweder darzulegen und ggf. glaubhaft zu machen, aus welchem Grund die beantragte einstweilige Verfügung die Hauptsache nicht vorwegnimmt, oder aus welchem Grund ausnahmsweise eine Vorwegnahme der Hauptsache vermeidbar oder evtl. zulässig ist. I.Ü. empfiehlt es sich für den Antragsteller bei Abfassung des Antrages zu überlegen, ob seinen Interessen nicht auch mit einem Antrag mit einer abgesenkten Reichweite/Bedeutung ausreichend im vorläufigen Rechtsschutz Rechnung getragen wird. Für den Antragsgegner stellt die **Rüge der Vorwegnahme der Hauptsache** im Hinblick auf die dargelegte Praxis eine häufig beachtliche Einwendung dar.

V. Rechtsschutzbedürfnis

83 Unter diesem Gesichtspunkt wird teilweise diskutiert, ob und ab welcher Dauer nach Kenntnis von den den Verfügungsanspruch tragenden Umständen Zuwarten schadet. Systematisch handelt es sich jedoch um einen Teilaspekt des Verfügungsgrundes und ist deshalb oben unter Rn. 60 ff. erörtert worden.

84 Im Allgemeinen ist das Rechtsschutzbedürfnis gegeben, wenn ein Verfügungsgrund bejaht worden ist. Es kommt dann nicht mehr zu einer eigen-

ständigen Prüfung des Rechtsschutzbedürfnisses (vgl. *Zöller/Vollkommer*, ZPO, § 935 Rn. 5).

Der Voraussetzung „Rechtsschutzbedürfnis" kommt jedoch dann eigenständiger Prüfungscharakter zu, wenn der Gläubiger bereits anderweitig hinreichend gesichert ist, etwa 85

- im Wettbewerbsrecht durch ein strafbewehrtes Unterlassungsversprechen oder

- durch ein vollstreckbares Hauptsacheurteil,

(vgl. *Baumbach/Lauterbach/Albers/Hartmann*, ZPO, § 940 Rn. 9; *Zöller/Vollkommer*, ZPO, § 935 Rn. 5 m.w.N.). Ein bloßes **Selbsthilferecht**, insbesondere die Gewaltrechte gem. §§ 562b, 859 BGB lassen das Rechtsschutzbedürfnis nicht entfallen. Es wäre mit dem Gewaltmonopol des Staates unvereinbar, wenn der Gläubiger verpflichtet würde, von den ihm nur ausnahmsweise zugebilligten Gewaltrechten Gebrauch zu machen, statt gerichtliche Hilfe in Anspruch nehmen zu können (z.B. OLG Celle, NJW-RR 1987, 447 f).

§ 3 Antragsschrift

Bei Abfassung der Antragsschrift sind sowohl in formeller Hinsicht als auch bzgl. der „materiellen" Begründung einige Besonderheiten gegenüber der Klageschrift im Hauptsacheverfahren zu beachten. 86

I. Postulationsfähigkeit

Bis zum 31.12.1999 kam bei dem Antrag auf Erlass einer einstweiligen Verfügung hinsichtlich der Postulationsfähigkeit den §§ 920 Abs. 3, 936 ZPO eine besondere Bedeutung zu: 87

Nach diesen Normen kann die Antragsschrift auch zu Protokoll der Geschäftsstelle des erstinstanzlich angerufenen Gerichtes erklärt werden. Hieraus ergab sich die Möglichkeit, selbst an Landgerichten, an denen der Bevollmächtigte nicht zugelassen war, die Antragsschrift einzureichen. Erst mit dem Wechsel in die mündliche Verhandlung war dann die Bestellung eines örtlich zugelassenen Bevollmächtigten notwendig. Infolge der Aufhebung der örtlichen Singularzulassung durch das Gesetz zur Änderung des Gesetzes zur Neuordnung des Berufsrechts der Rechtsanwälte und Patentanwälte vom 17.12.1999 88

(BGBl. I, S. 2448) ist diese Besonderheit weitgehend obsolet geworden; eine Restbedeutung bleibt für solche Rechtsanwälte, die ausschließlich an einem OLG oder dem BGH zugelassen sind, solange eine solche Beschränkung noch Gültigkeit hat (s. BVerfG). Zur früheren Rechtsprechung zu diesem Themenkreis s.u. Rechtsprechungslexikon s.v. *Anwaltszwang, Beschwerdeverfahren; Anwaltszwang, Zustellung.*

II. Zuständigkeit

89 Auch bei der Auswahl des anzurufenden Gerichtes sind gegenüber der Klageerhebung im Hauptsacheverfahren einige **Besonderheiten** zu beachten:

1. Grundsätze

90 Gem. § 937 Abs. 1 ZPO ist für den Erlass einstweiliger Verfügungen im Grundsatz das **Gericht der Hauptsache** zuständig. Als Gericht der Hauptsache definiert § 943 ZPO das Gericht des ersten Rechtszuges – gleichgültig ob es bereits angerufen ist oder im Falle der Einleitung des Hauptsacheverfahrens anzurufen wäre – und, wenn die Hauptsache in der Berufungsinstanz anhängig ist, das Berufungsgericht. Die **Sonderzuständigkeit des Berufungsgerichtes** gilt jedoch nur für denjenigen Zeitraum, in dem das Verfahren in der Berufungsinstanz anhängig ist. Mit Einleitung des Revisionsverfahrens oder mit Rückverweisung durch die Berufungsinstanz an die I. Instanz gem. §§ 538 f. ZPO wird das erstinstanzliche Gericht wieder als Hauptsachegericht zuständig. Die Zuständigkeit des Hauptsachegerichtes i.S.d. § 943 Abs. 1 ZPO richtet sich nach den allgemeinen Zuständigkeitsvorschriften der §§ 12 ff. ZPO. Die dort bestehenden Wahlrechte bestehen dann auch im einstweiligen Verfügungsverfahren. Wegen der Eingliederung der §§ 916 ff. ZPO in das 8. Buch (dazu s.o. Rn. 3 ff.) ist § 802 ZPO anwendbar. Demzufolge ist das gem. §§ 937 Abs. 1, 943 Abs. 1 ZPO zuständige Hauptsachegericht **ausschließlich** zuständig – und zwar auch dann, wenn zuvor das soeben angesprochene Wahlrecht bestand und ausgeübt ist. Die sachliche Zuständigkeit des Hauptsachegerichtes richtet sich nach dem Zuständigkeitsstreitwert des Hauptsacheverfahrens. Verringerte Streitwerte im einstweiligen Rechtsschutzverfahren wegen der bloßen Sicherungsfunktion (dazu s.u. Rn. 384 ff.) haben deshalb keinen Einfluss auf die sachliche Zuständigkeit (s.a. *Schneider*, Die Klage im Zivilprozess, Rn. 275). Wegen Sonderzuständigkeiten in einigen Spezialrechtsgebieten infolge Ermächtigung des Landesgesetzgebers s.u. Rn. 279.

Die internationale Zuständigkeit richtet sich ausschließlich nach deutschen Zuständigkeitsnormen. Die besonderen Zuständigkeitsvorschriften der Art. 2 ff. EUGVÜ erstrecken sich gem. Art. 24 EUGVÜ nicht auf einstweilige Rechtsschutzverfahren. Lediglich bei der Anknüpfung an das Hauptsachegericht ist die Bestimmung nach EUGVÜ vorzunehmen; Änderungen insoweit hat die EuGVVO nicht gebracht (*Zöller/Vollkommer*, ZPO, § 919 Rn. 2 m.w.N.; Abdruck des EUGVÜ und der EuGVVO bei *Zöller/Geimer*, ZPO Anhang I.). 91

2. Gericht der belegenen Sache

Abweichend von §§ 937 Abs. 1, 943 ZPO ist gem. § 942 Abs. 1 ZPO dasjenige AG, „in dessen Bezirk sich der Streitgegenstand befindet" als sog. Gericht der belegenen Sache für den Erlass der einstweiligen Verfügung örtlich zuständig, wenn ein besonders dringender Fall vorliegt. Es muss also ein gesteigertes Maß an Dringlichkeit vorliegen im Hinblick darauf, dass jede einstweilige Verfügung eines Verfügungsgrundes und damit einer „Grund-Dringlichkeit" bedarf (vgl. *Zöller/Vollkommer*, ZPO, § 942 Rn. 1). 92

Als mögliche Anwendungsbereiche werden folgende Fallgruppen diskutiert: 93

Die Ermittlung, welches **Hauptsachegericht örtlich zuständig** ist, führt zu Unsicherheiten (*Baumbach/Lauterbach/Albers/Hartmann*, ZPO, § 942 Rn. 1). In Betracht kommen sowohl **Unsicherheiten aus rechtlichen als auch aus tatsächlichen Gründen**. Aus rechtlichen Gründen kann es etwa Unsicherheiten geben bei der Frage, ob der besondere Gerichtsstand des vertraglichen Erfüllungsortes i.S.d. § 29 ZPO anzunehmen ist (vgl. beispielhaft *Zöller/Vollkommer*, ZPO, § 29 ZPO Rn. 2). In tatsächlicher Hinsicht können sich etwa Schwierigkeiten und Unsicherheiten ergeben, wenn die einstweilige Verfügung gegen mehrere Antragsteller zu richten ist (notwendige Streitgenossenschaft) oder gerichtet werden soll (einfache Streitgenossenschaft) und deren allgemeiner Gerichtsstand sich in unterschiedlichen Gerichtsbezirken befindet. Es müsste dann eine Zuständigkeitsbestimmung durch das nächsthöhere Gericht gem. § 36 ZPO vorweggeschaltet werden, die nicht mit der Dringlichkeit des einstweiligen Verfügungsverfahrens vereinbar ist.

Schwierigkeiten und Unsicherheiten können sich ferner ergeben, 94

- wenn der Antragsgegner sich nicht im **Gerichtsbezirk** des Antragstellers befindet,
- in der Kürze der Zeit die Zugehörigkeit eines Ortes zu einem bestimmten Gerichtsbezirk nicht aufgeklärt werden kann und insbesondere

- infolge Staatsverträgen zwischen einzelnen Bundesländern über Veränderungen des Grenzverlaufes die Bestimmung des örtlich zuständigen Gerichtes erschwert ist (vgl. z.B. das Gesetz zum Zweiten Staatsvertrag zwischen den Ländern Niedersachsen und Nordrhein-Westfalen über Änderungen der gemeinsamen Landesgrenze vom 10.2.1998, GV Bl-NRW 1998, 142 f.).

95 Eine besondere Dringlichkeit i.S.d. § 942 Abs. 1 ZPO kann sich schließlich ergeben, wenn eine **Sequestration** angeordnet werden soll: Zur Übernahme der Sequestration besteht für die Gerichtsvollzieher gem. § 195 Nr. 2 Satz 3 GVGA keine Amtspflicht (vgl. hierzu auch *Zöller/Vollkommer*, ZPO, § 938 Rn. 9). Die Übernahme der Sequestration stellt einen privaten schuldrechtlichen Vertrag zwischen dem Sequester und dem Antragsteller/Gläubiger dar.

96 **Hinweis:**
Im Hinblick auf die besonderen Verpflichtungen aus der Sequestration und die Gefahr von daraus herzuleitenden Schadensersatzansprüchen besteht im Einzelfall immer wieder die Gefahr, dass der örtlich zuständige Gerichtsvollzieher die Übernahme der Sequestration ablehnt. In diesem Fall ist das örtlich belegene AG, bei dem sich in aller Regel eine Liste über die zur Sequestration bereiten Gerichtsvollzieher und ggf. auch Rechtsanwälte befindet, am geeignetsten, unmittelbar einen anderen Sequester als den an sich örtlich zuständigen Gerichtsvollzieher zu bestellen. Ein auswärtiges Gericht hingegen ist hierzu nur nach entsprechender Aufklärungsarbeit, evtl. durch Rücksprache mit dem belegenen Gericht und damit nach erheblichem Zeitverlust, in der Lage. Soweit ersichtlich wird diese Fallgruppe anscheinend nicht isoliert als Anwendungsfall des § 942 ZPO diskutiert. Es empfiehlt sich deshalb, neben der Darlegung der vorstehenden Gesichtspunkte auf weitere Gesichtspunkte, die eine besondere Dringlichkeit begründen, hinzuweisen. Dies gilt insbesondere, wenn nicht vor Beauftragung eines Gerichtsvollziehers als Sequester feststeht, dass dieser Gerichtsvollzieher die Sequestration ablehnen wird. Je nach der Art der zu sichernden Gegenstände empfiehlt es sich deshalb, telefonisch mit dem örtlichen Gerichtsvollzieher dessen Bereitschaft zur Übernahme der Sequestration abzustimmen. Hat der örtlich zuständige Gerichtsvollzieher es abgelehnt, die Sequestration zu übernehmen, kann dies konkret dem Gericht mitgeteilt werden.

III. Formulierung der Anträge

Nach § 938 Abs. 1 ZPO bestimmt das Gericht nach freiem Ermessen, welche Anordnungen in der einstweiligen Verfügung zur Erreichung des Zweckes erforderlich sind. Wie weit dies im einstweiligen Verfügungsverfahren eine Freistellung von den Verpflichtungen, einen bestimmten Antrag gem. § 253 Abs. 2 Nr. 2 letzte Variante ZPO zu stellen, bedeutet, wird nicht anhand „exakter" Grenzen diskutiert. *Crückeberg* (Vorläufiger Rechtsschutz, § 3 Rn. 68) differenziert zwischen den Arten der einstweiligen Verfügung: Bei der **Sicherungs- und Regelungsverfügung** lässt er die bloße Angabe des Rechtsschutzzieles ausreichen, ohne allerdings ausdrücklich zu sagen, dass auf einen (Sach-)Antrag gänzlich verzichtet werden kann. Bei einer **Leistungsverfügung** hingegen stellt er dieselben Anforderungen an die Bestimmtheit des Antrages wie auch in Hauptsacheverfahren. Noch weitergehend scheint *MünchKomm/Heinze* (ZPO, § 938 Rn. 7 ff.) Anträge generell für verzichtbar zu halten. I.Ü. wird anscheinend aus der Befugnis des angerufenen Gerichtes zur Formulierung der einstweiligen Verfügung entsprechend der von dem Antragsteller niedergelegten „Zielsetzung" gem. § 938 Abs. 1 ZPO gefolgert, die einstweilige Verfügung müsse sich unter gleichzeitiger Berücksichtigung des § 308 Abs. 1 ZPO im Rahmen des Antrages des Gläubigers halten (vgl. beispielhaft *Baumbach/Lauterbach/Albers/Hartmann*, ZPO, § 938 Rn. 4; *Zöller/Vollkommer*, ZPO, § 938 Rn. 1 m.w.N.). Danach ist ein Antrag unverzichtbar (so ausdrücklich *Zöller/Vollkommer*, a.a.O.). Für eine vertiefende Betrachtung empfiehlt sich eine Differenzierung zwischen Verfahrens- und Sachanträgen.

97

1. Verfahrensanträge

Verfahrensanträge müssen, wie auch im Hauptsacheverfahren, nicht gestellt werden (mit Ausnahme des Antrages gem. § 226 Abs. 1 ZPO auf **Abkürzung u.a. der Ladungsfrist**). Dieser Antrag empfiehlt sich für den Fall der Anordnung einer mündlichen Verhandlung durch das Gericht.

98

Im einstweiligen Verfügungsverfahren wird häufig in die Antragsschrift – zur Dokumentation des Eilinteresses – der Hinweis aufgenommen, es möge **„ausschließlich" ohne mündliche Verhandlung** i.S.d. § 937 Abs. 2 ZPO und/oder **durch den Vorsitzenden allein** gem. § 944 ZPO entschieden werden: Im Regelfall ergeht die Entscheidung auf der Grundlage einer mündlichen Verhandlung. Ob der Vorsitzende in besonders dringenden Fällen gem. § 944 Abs. 2 ZPO allein entscheidet, ist eine Frage pflichtgemäßen Ermessens

99

("kann"). Jedenfalls vor den Zivilkammern hat im Anwendungsbereich der erweiterten Aufgabenbereiche durch den "originären Einzelrichter" i.S.d. § 348 Abs. 1 ZPO die Frage an Bedeutung verloren. Der Antrag ist deshalb rechtstechnisch eine bloße Anregung (*Schuschke/Walker*, ZPO, § 937 Rn. 9). Vergleichbar gilt dies für die Entscheidung gem. § 937 Abs. 2 ZPO, ob mündlich verhandelt werden soll oder nicht. Auch diese Entscheidung ist in das pflichtgemäße Ermessen des Gerichtes gestellt ("kann") (*Schuschke/Walker*, a.a.O. sowie auch *Baumbach/Lauterbach/Albers/Hartmann*, ZPO, § 937 Rn. 5).

100 Die Formulierung, es möge **"ausschließlich"** ohne mündliche Verhandlung, ggf. ergänzt durch den Zusatz "durch den Vorsitzenden allein" entschieden werden, wird teilweise dahin gehend interpretiert, dass der Antragsteller mit der Formulierung zum Ausdruck bringen wolle, der Antrag solle **dann zurückgenommen werden, wenn** das Gericht nur **auf der Grundlage mündlicher Verhandlung** entscheiden will (*Schuschke/Walker*, ZPO, § 937 Rn. 9). Ob eine solche Interpretation dem Willen des Antragstellers gerecht wird, ist zweifelhaft. Der Antragsteller will mit einer derartigen Formulierung in aller Regel das **besondere Eilinteresse** betonen und dadurch das Gericht veranlassen, durch Beschluss ohne mündliche Verhandlung zu entscheiden. Gerade weil das besondere Eilinteresse von dem Antragsteller derart in den Vordergrund gestellt wird, kann dem Antragsteller nicht unterstellt werden, er wolle den Antrag zurücknehmen, wenn das Gericht nur auf der Grundlage mündlicher Verhandlung entscheiden will – es sei denn, es gibt eine ausdrückliche Mitteilung dieser Art in der Antragsschrift. Z.T. wird versucht, das Ergebnis der vorstehend referierten Auslegung, die Antragsrücknahme, über folgenden Gedanken doch noch zu verhindern: Die Rücknahme des Antrages sei bedingungsfeindlich. Eine bedingte Antrags-/Klagerücknahme sei deshalb folgenlos. Daher sei das Gericht verpflichtet, über den Antrag zu entscheiden, dann eben nach mündlicher Verhandlung. Angesichts der Möglichkeit, dass auch bedingungsfeindliche Rechtsgeschäfte, wie etwa die Anfechtung, die Kündigung etc., unter Rechtsbedingungen gestellt werden können und die Auffassung des Gerichtes zu dem besonderen Eilbedürfnis typischerweise eine Rechtsbedingung i.d.S. darstellt, ist durchaus eine unter einer Rechtsbedingung gestellte Klage- und damit Antragsrücknahme denkbar (so im Ergebnis auch *Schuschke/Walker*, ZPO, § 937 Rn. 9).

> **Hinweis:**
>
> Auf Seiten des Antragstellers empfiehlt es sich deshalb zur Vermeidung einer aus den unterschiedlichen Auffassungen resultierenden Rechtsunsicherheit, ggf. in anderer Weise als durch die Verwendung des Ausdruckes „ausschließlich" das besondere Eilinteresse darzulegen. In dem Einleitungssatz zu dem materiellen Antrag könnte etwa der Begriff „vorrangig" aufgenommen werden. I.Ü. überzeugt am meisten eine Einzelfallbegründung der Eilbedürftigkeit – nebst der erforderlichen Glaubhaftmachung der zugehörigen Tatsachen – in den Ausführungen zum Verfügungsgrund und zur Anregung, ohne mündliche Verhandlung zu entscheiden.

101

2. Sachanträge und Kostenantrag

Über die Kosten ist auch im einstweiligen Verfügungsverfahren **von Amts wegen** gem. § 308 Abs. 2 ZPO zu entscheiden. Eines entsprechenden Antrages bedarf es mithin nicht.

102

> **Hinweis:**
>
> Gleichwohl empfiehlt sich die Aufnahme dieses Antrages. Denn gerade dann, wenn das Gericht ohne mündliche Verhandlung entscheidet und damit seinerseits sich um eine besondere Beschleunigung bemüht, kann es durchaus zu Fehlern kommen. Durch die Aufnahme dieses Antrages ist eine entsprechende Vorsorge getroffen.

103

Auch wenn, wie zuvor dargelegt, wegen § 938 Abs. 1 ZPO die Stellung eines Sachantrages nicht für erforderlich gehalten oder jedenfalls dem Gericht (weiter) Spielraum bei der Formulierung der einstweiligen Verfügung eingeräumt wird, empfiehlt es sich gleichwohl, **Sachanträge** zu stellen und diese an der Interessenlage des Antragstellers sowie den rechtlichen Vorgaben auszurichten, insbesondere bei anwaltlicher Unterstützung des Antragstellers. Sollte das angerufene Gericht sich aus dem Sachverhaltsvorbringen und dem Vorbringen des generellen Zieles des Antragstellers erst einen möglichen Verfügungstenor zusammenstellen müssen, ohne dabei auf eine „Anregung" des Antragstellers zurückgreifen zu können, kann davon ausgegangen werden, dass der Antrag nicht in derselben Zügigkeit behandelt werden wird, evtl. nicht ohne mündliche Verhandlung. Zudem besteht eine erhebliche Gefahr, dass das Gericht nicht genau das verfügt, was der Antragsteller begehrt.

104

105 Trotz § 938 Abs. 1 ZPO kann also festgehalten werden: Der **Formulierung des materiellen Antrages** kommt bei dem Antrag auf Erlass einer einstweiligen Verfügung **größte Bedeutung** zu. Die Notwendigkeit einer sorgfältigen Arbeit in diesem Bereich kollidiert in der Praxis häufig mit der von dem Antragsteller gewünschten Eile. Gleichwohl sollten auf die Formulierung des Sachantrages ausreichend Zeit und Überlegungen verwendet werden. Dies gilt nicht allein wegen des Kostenrisikos, wenn dem Sachantrag nicht vollständig stattgegeben wird.

106 > **Hinweis:**
>
> Sollte der Sachantrag auch nur teilweise nach Auffassung des angerufenen Gerichtes zu weit gehen, neigen die Gerichte dazu, Termin zur mündlichen Verhandlung anzuberaumen, um in ein (Rechts-)Gespräch auch über die Reichweite des Antrages einzutreten.

107 Erfahrungsgemäß erfolgt also in solchen Konstellationen kaum im Beschlusswege die teilweise Stattgabe mit teilweiser Zurückweisung, obwohl dies durch § 937 Abs. 2 ZPO möglich wäre. Gerade dann, wenn (wie etwa im Wettbewerbsrecht) eine besonders schnelle Entscheidung im schriftlichen Verfahren gewünscht wird, könnte sich also eine zu weit gehende Formulierung des Antrages als hinderlich erweisen. Auf der anderen Seite muss versucht werden, den Sachantrag so weit zu fassen, dass sämtliche Verhaltensweisen, die durch einstweilige Verfügungen erfasst werden sollen, auch tatsächlich erfasst werden, insbesondere im Wettbewerbsrecht.

108 > **Hinweis:**
>
> Trotz § 938 ZPO ist das angerufene **Gericht** wegen § 308 Abs. 1 ZPO **nicht** berechtigt, **über das Begehrte hinaus** dem Antragsteller etwas zuzusprechen. Sollte das Gericht einem Antrag stattgeben und sich nach der Vollziehung herausstellen, dass nicht sämtliche Verhaltensweisen geregelt sind, ist dies für den Antragsteller problematisch: Im **Wettbewerbsrecht** maßgeblich ist die **Kerntheorie**. Danach sind dem Antragsgegner auch solche Handlungen untersagt, die zwar nicht vom engeren Wortlaut der Verfügung erfasst sind, die aber im Kern mit der untersagten Handlung übereinstimmen (*Baumbach/Hefermehl*, Einl. UWG Rn. 480, 485). Hieraus können sich für den Antragsteller Unsicherheiten ergeben, ob er nunmehr die Festsetzung eines Ordnungsmittels wegen Verstoßes gegen die

> erwirkte einstweilige Verfügung beantragen soll oder eine erneute einstweilige Verfügung mit der Begründung, die Folgehandlungen seien nicht von der ersten einstweiligen Verfügung erfasst.

Diese Abgrenzung wird umso schwieriger, je unpräziser diese einstweilige Verfügung beantragt war und demzufolge formuliert ist. Hinzu kommt für den Antragsteller, wenn der Antragsgegner die Folgehandlung nur ein einziges Mal vornimmt, ein zeitliches Problem: Sollte der Antragsteller sich zunächst für den Antrag auf Festsetzung eines Ordnungsmittels entschieden haben und dies von dem Gericht mit der Begründung abgelehnt werden, die Folgehandlungen seien nicht von der einstweiligen Verfügung erfasst, ist in aller Regel die Frist, in der die einstweilige Verfügung anhängig gemacht werden muss, um dem Eilbedürfnis Rechnung zu tragen (s.o. Rn. 60 ff.), abgelaufen. Nicht ausgeschlossen werden kann zudem, dass auch die kurze, 6-monatige Verjährungsfrist des § 21 Abs. 1 UWG abgelaufen ist. 109

Wichtig bei der Formulierung des Antrages ist gerade bei Eilverfahren eine **Verständlichkeit des Hauptantrages**. Im Wettbewerbrecht kommt es infolge des Bemühens, sämtliche mögliche Verhaltensweisen durch den Antrag abzudecken, aber auch wegen der erforderlichen Präzision bei der Beschreibung des zu unterlassenden Verhaltens gelegentlich zu einer kaum noch verständlichen Kombination bestimmter Kumulativ- oder Alternativmöglichkeiten. **Beispielhaft** wird im Folgenden aus der (Hauptsache-)Entscheidung des BGH vom 28.5.1998 (veröffentlicht z.B. in NJW 1999, 287) ein kleiner Teil der Anträge wiedergegeben: 110

> *„Sie hat dort unter Hinweis auf diese Schutzrechte beantragt, es der Beklagten zu untersagen,*
>
> *1. ...*
>
> *2. im Rechtsverkehr ein plüschartiges Reinigungstuch aus Polstoff zu vertreiben, bei dem ein Besatz von thermoplastischen Polfäden mit einer Grundstruktur aus thermoplastischen Fäden bei einer Temperatur von 150 bis 160° C durch Verschweißen verankert wird, wovon eine erste Teilmenge der Polfäden (etwa 60 % der Gesamtmenge) bei Schweißtemperatur über die ganze Polfadenlänge schrumpft und eine zweite Teilmenge der Polfäden nicht oder weniger schrumpft als die erste,*
>
> *3. im Rechtsverkehr eine auswechselbare Textilbespannung für Feuchtreinigungsgeräte mit Einrichtungen zur Befestigung an einem Spannrahmen (zu vertreiben), die aus einem Grundgewebe mit Kett- und Schußfäden besteht, an*

> dem gegen die zu reinigende Fläche gerichtete Florfäden befestigt sind, wobei die Textilbespannung die Auflagefläche für den Spannrahmen rangseitig allseits überragt, dadurch gekennzeichnet, daß der Zuschnitt der Textilbespannung etwa rechteckig ist und die etwa 5 cm breiten Ränder durch Umschlagen nach oben und innen sowie Nähen und Kleben versteift sind und daß die Florfäden sehr eng nebeneinanderstehend etwa 1 bis 2 cm lang sind, ..."

111 Eine **Unterlassungs- oder Duldungsverfügung** ist lediglich dann vollziehbar, wenn die **Ordnungsmittel** gem. § 890 Abs. 2 ZPO **angedroht** sind (vgl. BGH, NJW 1996, 198, 199). Die Androhung kann von dem Prozessgericht des ersten Rechtszuges gem. § 890 Abs. 2 2. Halbsatz ZPO erlassen werden. Gem. § 890 Abs. 2 ZPO erfolgt die Androhung nur auf Antrag.

112 | **Hinweis:**
Wegen der hierfür erforderlichen Bearbeitungszeit empfiehlt es sich, bereits in der Antragsschrift die Androhung von Ordnungsmitteln zu beantragen und gesondert zu begründen.

113 Zum einen mit Hinweis auf den Verstoß des Antragsgegners, dessentwegen die einstweilige Verfügung mit dem Hauptantrag beantragt wird. Zum anderen unter Darlegung der vorstehend referierten Umstände hinsichtlich der Notwendigkeit, bereits unmittelbar die Androhung auszusprechen. Von der nach § 891 Satz 2 ZPO an sich zwingenden Anhörung des Schuldners kann, wenn die Voraussetzung für eine Entscheidung ohne mündliche Verhandlung vorliegen (Beschlussverfügung), abgesehen werden. Bei der Festlegung der **Reichweite der Darlegungslast** ist der wechselseitige Parteivortrag, einschließlich einer evtl. Schutzschrift, zu berücksichtigen (*MünchKomm/Heinze*, ZPO, § 920 Rn. 14 ff., 19).

IV. Darlegung von Verfügungsanspruch und -grund

114 Generell muss der Antragsteller entsprechend der allgemeinen Regeln zur Darlegungslast (vgl. Rn. 30) die ihm günstigen Umstände darlegen (und dann auch glaubhaft machen, dazu s.u. Rn. 119 ff.). Insbesondere müssen die Tatsachen, auf die sich der Verfügungsanspruch im oben unter Rn. 45 ff. dargelegten Sinne stützt, und diejenigen Umstände, die den Verfügungsgrund i.S.d. Darlegungen oben unter Rn. 60 ff. tragen, von dem Antragsteller dargelegt werden. Bei der Festlegung der **Reichweite der Darlegungslast** ist der wech-

selseitige Parteivortrag einschließlich einer evtl. Schutzschrift zu berücksichtigen (*MünchKomm/Heinze*, ZPO, § 920 Rn. 14 ff., 19).

Hinweis:	115
Auf die Vollständigkeit der Darlegung ist trotz des in der Praxis bestehenden Eilinteresses insbesondere dann große Sorgfalt zu verwenden, wenn ein Beschluss im schriftlichen Verfahren angestrebt wird. Zwar ist es dem Gericht, wenn ihm der Tatsachenvortrag nicht ausreichend erscheint, möglich, den Antragsteller durch eine Zwischenverfügung hierauf hinzuweisen. In der Praxis wird in der Regel entweder der Antrag zurückgewiesen oder, wenn das Gericht von einer Nachholbarkeit ausgeht, mündliche Verhandlung anberaumt, wobei das Gericht auf seine Bedenken zusammen mit der Terminsladung hinweist.	

Begehrt der Antragsteller eine Entscheidung im schriftlichen Verfahren oder vor dem AG als belegenem Gericht oder durch den Vorsitzenden anstelle der Kammer, muss auch zu den hierfür erforderlichen weiteren Voraussetzungen (s.o. Rn. 92 ff.) vorgetragen werden. Nach wohl allgemeiner Auffassung muss der Antragsteller, insbesondere dann, wenn er eine Entscheidung ohne mündliche Verhandlung begehrt, darlegen, dass nach seinem Sachvortrag denkbare Einwendungen dem Antragsgegner nicht zur Seite stehen (vgl. z.B. *Zöller/Vollkommer*, ZPO, § 922 Rn. 5). 116

Erleichterungen auch bereits hinsichtlich der Darlegungslast kommen dem Antragsteller zugute soweit das Gesetz einen Verfügungsgrund vermutet, wie etwa bei den unter Rn. 69 angesprochenen § 885 Abs. 1 Satz 2 BGB und § 25 UWG. Auch bei Anträgen auf Besitzherausgabe nach verbotener Eigenmacht bedarf es nicht der Darlegung eines besonderen Verfügungsgrundes (z.B. OLG Düsseldorf, OLG-Report, Düsseldorf 1993, 172). 117

Hinweis:	118
Gleichwohl kann es sich im Einzelfall empfehlen, entsprechende Ausführungen zu unterbreiten, etwa um das Gericht zum Erlass der einstweiligen Verfügung im Beschlusswege und/oder durch den Vorsitzenden allein zu bewegen, oder um möglichen Einwendungen des Antragsgegners gegen die Dringlichkeit von vornherein zu begegnen. Denn der Antragsteller hat, wenn der Antragsgegner die Dringlichkeitsvermutung widerlegt hat, die	

> **volle** Darlegungs- und Glaubhaftmachungslast hinsichtlich des Verfügungsgrundes.

V. Glaubhaftmachung

119 Die Tatsachen, mit denen der Verfügungsanspruch und Verfügungsgrund sowie evtl. weitere Voraussetzungen i.S.d. §§ 937 Abs. 2, 942 oder 944 ZPO oder auch sonstige Prozessvoraussetzungen dargelegt werden, sind gem. § 936 ZPO i.V.m. § 920 Abs. 2 ZPO i.S.d. § 294 ZPO glaubhaft zu machen.

1. Allgemeines

120 Glaubhaft gemacht ist eine Tatsache, wenn die „überwiegende Wahrscheinlichkeit" besteht, dass sie zutrifft (*Schuschke/Walker*, ZPO, § 935 Rn. 9 m.w.N. in Fn. 48). Die Glaubhaftmachung i.S.d. § 294 ZPO bedeutet also eine **geringere Anforderung an die Beweiserhebung**. Gem. § 294 Abs. 2 ZPO erfolgt zugleich eine Konzentration auf diejenigen „Beweis-"/Glaubhaftmachungsmittel, die präsent sind (s. insgesamt auch *Schuschke/Walker*, a.a.O., § 935 Rn. 10 f.).

2. Versicherung an Eides statt

121 Die Versicherung an Eides statt ist das **typische Mittel zur Glaubhaftmachung** bei Antrag auf Erlass einer einstweiligen Verfügung. Die Versicherung an Eides statt kann nämlich zusammen mit der Antragsschrift und damit kurzfristig erstellt werden. Sehr häufig erfolgt im Hinblick auf die Kürze der Zeit zur Fertigung der Antragsschrift in der Praxis lediglich die Vorlage einer Versicherung an Eides statt des Antragstellers. Solche Versicherungen an Eides statt sind letztlich **nichts anderes als eine Bestätigung des eigenen Parteivorbringens** (*Baumbach/Lauterbach/Albers/Hartmann*, ZPO, § 294 Rn. 8). Ähnlich werden des öfteren Bedenken bzgl. der Überzeugungskraft von Versicherungen an Eides statt mit dem Antragsteller eng verbundener Personen, wie etwa Verwandter oder Angestellter, gesehen. Wie auch bei dem Zeugenbeweis ist eine generelle Bewertung der Angaben dieses Personenkreises m.E. nicht angebracht und auch nicht zulässig.

V. Glaubhaftmachung

> **Hinweis:** 122
>
> Es wird deshalb sowohl für den Antragsteller in der Antragsschrift oder ergänzend in der mündlichen Verhandlung als auch für den Antragsgegner in seiner Erwiderung darauf ankommen, den eigenen Sachvortrag **möglichst durch andere Mittel der Glaubhaftmachung**, insbesondere durch die Vorlage von Urkunden (dazu sogleich unter Rn. 130 ff.) zu belegen, abzusichern und zu flankieren. Bei einer solchen „Kombination" von Urkundenvorlage und Versicherung an Eides statt müssen sich beide Glaubhaftmachungsmittel derart ergänzen, dass keine Lücken „entstehen".

Dies ist im Einzelfall durchaus schwierig. So müssen etwa Tatsachen, die sich nicht unmittelbar aus der Urkunde ergeben, ergänzend anderweitig glaubhaft gemacht werden – etwa durch die Versicherung an Eides statt. Wenn z.B. aus der überreichten Aufstellung/Urkunde sich wesentliche Erkenntnisse für das Verfahren gewinnen lassen, aber aus der Urkunde der für die Bewertung bedeutsame Umstand, von wem diese Urkunde stammt, z.B. vom Antragsgegner, nicht ersehen erlässt, muss dies ergänzend in der Antragsschrift vorgetragen und durch die insoweit „flankierende" Versicherung an Eides statt glaubhaft gemacht werden. 123

Eine Versicherung an Eides statt genügt entgegen der häufigen Handhabung in der – erstinstanzlichen – Praxis nicht den Voraussetzungen, wenn sie sich lediglich darauf erstreckt, die Angaben „aus der beiliegenden Antragsschrift meines Rechtsanwaltes" zu bestätigen (*Schuschke/Walker*, ZPO, § 935 Rn. 10a; *Zöller/Greger*, ZPO, § 294 Rn. 4 m.w.N. aus der Rechtsprechung des BGH). Die **Glaubhaftmachung hat sich auf einzelne Tatsachen** zu erstrecken. Diese sind **konkret in der Versicherung an Eides statt aufzuführen**. 124

> **Hinweis:** 125
>
> Zur Arbeitserleichterung des Gerichtes, gerade dann, wenn eine einstweilige Verfügung im Beschlusswege erstrebt wird, sollten die in der Versicherung an Eides statt angegebenen Tatsachen in derselben Reihenfolge enthalten sein, in der sie auch in der Antragsschrift enthalten sind. Diese Korrespondenz sollte in der Antragsschrift durch den jeweiligen Hinweis auf die beiliegende Versicherung an Eides statt gekennzeichnet werden. Es empfiehlt sich, dies in derselben hervorgehobenen Weise zu tun, in der dies auch für die Beweisantritte gem. §§ 253 Abs. 4, 130 Nr. 4 ZPO geschieht, etwa nach folgendem Muster:

> *„(Ausführungen hinsichtlich der Tatsachen, die hinsichtlich des Antrags auf Erlass einer einstweiligen Verfügung relevant sind.)*
>
> *Glaubhaftmachung: als Anlage VK 1 beiliegende Versicherung an Eides statt des Zeugen Meier".*

In **Hauptsacheverfahren** empfiehlt es sich, sich zur Unterscheidung, welche Anlagen der Kläger und welche der Beklagte zu den Gerichtsakten gereicht hat, statt der allgemeinen Bezeichnung „Anlage A 1" auf Klägerseite die Bezeichnung „Anlage K 1" und auf Beklagtenseite die Bezeichnung „Anlage B 1" zu verwenden. Zur Unterscheidung, welche Unterlagen bereits im einstweiligen Verfügungsverfahren eingereicht sind, empfiehlt es sich, diese jeweils durch ein zusätzliches „V" zu kennzeichnen. Der Hinweis „Anlage VK 1" lässt dann auch bei einer Bezugnahme in einem späteren Hauptsacheverfahren erkennen, dass diese Anlage vom Kläger bereits im einstweiligen Verfügungsverfahren eingereicht worden war.

Abzuraten ist von der des Öfteren – evtl. im Hinblick auf das bereits erörterte Verlangen einzelner Stimmen in der Literatur, das Nichtbestehen von Einwendungen darzulegen – verwendeten Formulierung in der Versicherung an Eides statt

> *„Anderweitige Tatsachen, die für die Entscheidung des Rechtsstreites von Bedeutung sind, sind nicht vorhanden.".*

Eine solche Formulierung bedeutet für den die Versicherung an Eides statt Abgebenden ein nicht zu überschauendes Risiko.

126 Denn der Versichernde kann nicht übersehen, welche Tatsachen durch den Sachvortrag des Antragsgegners oder nach der Auffassung des Gerichtes für die Entscheidung des Verfügungsverfahrens von Bedeutung sein werden. Sollte es hier zu Abweichungen kommen, steht bereits objektiv die Unrichtigkeit der Versicherung an Eides statt fest. Der Antragsteller würde sich überflüssigerweise der **Gefahr eines Strafverfahrens wegen falscher Versicherung an Eides statt gem. § 156 StGB** aussetzen. Auch dieser Umstand ist i.Ü. ein Grund, weswegen dem die Versicherung an Eides statt Abgebenden **keine pauschalen Formulierungen** zugemutet werden sollten, sondern konkrete einzelne Tatsachen in seine Versicherung aufzunehmen sind.

127 Die ZPO erkennt über § 294 der Versicherung an Eides statt im Hinblick auf die strafrechtliche Relevanz einer solchen Erklärung eine besondere Bedeu-

tung zu (*Baumbach/Lauterbach/Albers/Hartmann*, ZPO, § 294 Rn. 7) – wenn diese auch in der Praxis bei eigenen Versicherungen an Eides statt und z.T. auch bei Versicherungen nahe stehender Personen relativiert wird (wie eingangs unter Rn. 121 dargelegt). Die strafrechtliche Relevanz ist gem. § 156 StGB im Grundsatz nur dann gegeben, wenn die **Versicherung an Eides statt gegenüber dem Gericht erfolgt**, d.h. **im Original vorgelegt** wird (*Schönke/Schröder*, StGB, § 156 Rn. 19).

Hinweis: Demzufolge ist auf Antragstellerseite darauf zu achten und ggf. vom Antragsgegner zu überprüfen, insbesondere dann, wenn der Antragsteller nicht persönlich in einem evtl. Verhandlungstermin erschienen ist, dass/ob das Original der Versicherung an Eides statt zu den Gerichtsakten gegeben ist.	128

Andernfalls liegt keine ausreichende Versicherung an Eides statt vor (so im Ausgangspunkt auch *Pastor/Ahrens/Scharen*, Wettbewerbsprozeß, Kap. 54 Rn. 24). Demgegenüber will *Zöller/Greger* (ZPO, § 294 Rn. 4) unter Berufung auf das BayObLG (NJW 1996, 406, 407 f., dem sich nunmehr auch *Schönke/Schröder*, StGB, § 156 Rn. 19 angeschlossen hat) eine Versicherung an Eides statt in gefaxter Form genügen lassen. Das BayObLG hatte jedoch lediglich strafrechtlich aufzuarbeiten, dass der Angeklagte zur Aufhebung eines Arrestbefehles eine Versicherung an Eides statt an das entscheidende Gericht gefaxt hatte und sowohl Gericht wie auch Gegner nicht auf die Aushändigung des Originals geachtet hatten. Das BayObLG hat deshalb versucht, in strafrechtlicher Hinsicht dem Faxschreiben die Wirkung zukommen zu lassen, die es in dem Arrestverfahren tatsächlich, wenn auch unzutreffend, hatte. Unabhängig davon, dass die von dieser Zielsetzung geleiteten Argumente des BayObLG weitgehend nicht überzeugen, dürfen sie jedenfalls trotz der grundsätzlichen Anbindung im Rahmen des § 294 ZPO an § 156 StGB nicht für das einstweilige Verfügungsverfahren verallgemeinert werden. *Pastor/Ahrens/Scharen* (Wettbewerbsprozeß, Kap. 54 Rn. 24) wollen ausgehend von der Entscheidung des BayObLG eine per Fax übersandte Versicherung an Eides statt genügen lassen, „wenn keine Zweifel bestehen, dass die Originalvorlage vom Versichernden unterschrieben und mit dessen Wissen und Wollen dem Gericht übermittelt worden ist". Zweifelhaft bleibt allerdings, wie diese Gewissheit gewonnen werden kann. Insbesondere im schriftlichen Verfahren wird dies kaum feststellbar sein. Angesichts der technischen Mög- 129 lichkeiten wie etwa des Einscannens von Unterschriften vor Versendung eines Faxschreibens unmittelbar aus der EDV heraus lässt sich erst recht nicht die angeforderte Sicherheit gewinnen. *Schönke/Schröder*, a.a.O., will auf die Ordnungsgemäßheit der eidesstattlichen Versicherung schließen, wenn sie von dem Sendegerät des angeblich Erklärenden abgesandt worden ist. Auch insoweit bleiben jedoch nicht unerhebliche Unsicherheiten. Von dem Vorliegen eines Originals einer Versicherung an Eides statt kann deshalb nicht abgesehen werden. Zumindest sollten die Parteien um Zweifel und damit Risiken in dieser Hinsicht zu vermeiden, Versicherungen an Eides statt im Original einreichen.

3. Urkunden

130 Gerade im Hinblick auf die unter Rn. 121 ff. dargelegten Bedenken in der Gerichtspraxis gegenüber Versicherungen an Eides statt insbesondere von Parteien selbst und auch wegen der mit der Versicherung an Eides statt verbundenen strafrechtlichen Risiken, empfiehlt es sich, im einstweiligen Verfügungsverfahren möglichst viele der Behauptungen durch Urkunden zu belegen.

131 Urkunden stehen der jeweiligen Partei, soweit sie sich in ihrem Besitz befinden, uneingeschränkt zur Verfügung und können kurzfristig eingesetzt werden. Der Antragsschrift können beglaubigte Fotokopien beigefügt werden. Zum Termin sollten vorsorglich die Originale mitgebracht werden. Denn Privaturkunden sind, soweit nicht das Gericht gem. § 286 ZPO beglaubigte Abschriften genügen lässt, grundsätzlich im **Original** vorzulegen (*Zöller/Geimer*, ZPO, § 416 Rn. 14 m.w.N., a.A. *Pastor/Ahrens/Scharen*, Wettbewerbsprozeß, Kap. 64 Rn. 24: einfache Kopie). Im Wettbewerbsprozess empfiehlt sich jedenfalls, schon um dem Gericht eine eigenständige Meinungsbildung über die angegriffene Werbung zu ermöglichen, die **Vorlage eines Originals der inkriminierten Werbung zumindest im Termin zur mündlichen Verhandlung** (insoweit s.a. *Pastor/Ahrens/Scharen*, Wettbewerbsprozeß, Kap. 54 Rn. 25).

4. Zeugen

132 Glaubhaftmachung kann auch erfolgen durch Beweisführung, etwa in Form des Zeugenbeweises. **Zeugenbeweis** ist gem. § 294 Abs. 1 ZPO nur durch Anhörung der als Zeugen benannten natürlichen Personen durch das Gericht möglich und kommt deshalb ausschließlich im Termin zur mündlichen Ver-

handlung in Betracht. Vorbereitend sollten dem Antrag, insbesondere dann, wenn eine Entscheidung durch Beschluss ohne mündliche Verhandlung angestrebt wird, Versicherungen an Eides statt der später einzuvernehmenden Zeugen beigefügt werden.

Das Gericht darf gem. § 294 Abs. 2 ZPO nur **präsente Mittel** zur Glaubhaftmachung zur Kenntnis nehmen. Demzufolge muss die Partei diejenigen Zeugen, auf die sie ihre Angaben stützt, ggf. zum Verhandlungstermin stellen. Eine Ladung durch das Gericht erfolgt i.d.R. nicht. Zulässig ist die Ladung von Zeugen lediglich bei einer Terminsbestimmung i.S.d. § 216 ZPO, wenn das Gericht die vorbereitende Ladung ohne Verzögerung des Verfahrens anordnen kann (*Zöller/Greger*, ZPO, § 294 Rn. 3). Damit es an diesem Erfordernis wegen des Auslagenvorschusses aus § 379 ZPO nicht fehlt, sollten der Antragsschrift vorsorglich **Verzichtserklärungen betreffend den Auslagenersatz** beigelegt sein. Von der Notwendigkeit, den Auslagenvorschuss vorzulegen, könnte allenfalls dann abgesehen werden, wenn eine Partei glaubhaft macht, dass sie aus Kostengründen nicht in der Lage ist, einen Zeugen zum Termin zu stellen (*Thomas/Putzo*, ZPO, § 273 Rn. 5). Aber dann wird es ihr i.d.R. zumutbar sein, von diesen Zeugen Versicherungen an Eides statt einzuholen und vorzulegen. 133

> **Hinweis:** 134
> Wegen der geringen Bereitschaft in der Praxis, Zeugen zu laden, ist eine konkrete, begründete und glaubhaft gemachte Darlegung, warum die Ladung des Zeugen erforderlich ist, anzuraten. Insbesondere sollte auf die bei den Gerichten meistens nicht bekannte Möglichkeit der terminvorbereitenden Ladung von Zeugen hingewiesen werden bei gleichzeitiger Vorlage der Auslagenverzichtserklärung oder Einzahlung eines jedenfalls nicht zu gering bemessenen Auslagenvorschusses.

I.Ü. kann jede Partei zum mündlichen Verhandlungstermin Zeugen stellen. Aber auch hierin liegt ein für die Parteien nur schwer zu beherrschendes Risiko. 135

> **Hinweis:** 136
> Erscheint ein Zeuge trotz seiner Zusage zum mündlichen Verhandlungstermin nicht, fehlt dieses Mittel zur Glaubhaftmachung. Vorbeugend soll-

te auch aus diesem Grund im Vorfeld auch von diesen Zeugen eine Versicherung an Eides statt eingeholt werden. Die Reisekosten der Zeugen sind bei Obsiegen erstattungsfähig, auch wenn das Gericht sie nicht vernommen hat (vgl. OLG Koblenz, NJW-RR 1997, 1293).

5. Sachverständigengutachten

137 **Sachverständigengutachten** können gem. § 404 Abs. 1 Satz 1 ZPO nur durch einen von dem Gericht bestellten Sachverständigen erstellt werden. Das Gericht darf gem. § 294 Abs. 2 ZPO im einstweiligen Verfügungsverfahren jedoch nur präsente Mittel zur Glaubhaftmachung verwenden. Demzufolge scheidet die Bestellung eines Sachverständigen durch das Gericht aus. Es bleibt mithin, gerade wenn es um technische Fragen geht, der insoweit darlegungs- und glaubhaftmachungsbelasteten Partei lediglich die Möglichkeit, im Vorfeld ein schriftliches Sachverständigengutachten einzuholen und dieses entweder der Antragsschrift beizufügen oder im mündlichen Verhandlungstermin vorzulegen, ggf. den Sachverständigen zur mündlichen Verhandlung zu stellen, damit dieser seine Ergebnisse mündlich darlegt oder erläutert. Ein dermaßen in den Prozess eingeführtes „Gutachten" ist nicht ein Sachverständigengutachten i.e.S. Die schriftlichen Ausführungen des Sachverständigen werden vielmehr als **Parteigutachten** im Wege des **Urkundenbeweises** in den Rechtsstreit eingeführt (BGH, NJW 1995, 2194; BGH, NJW-RR 1994, 255, 256 m.w.N.; *Zöller/Greger*, ZPO, § 355 Rn. 4 sowie § 402 Rn. 6b und 6c). Sollte der Sachverständige im mündlichen Verhandlungstermin angehört werden, ist er als **sachverständiger Zeuge** einzuordnen.

138 **Hinweis:**

Wegen der allgemeinen Bedenken gegenüber Parteigutachten empfiehlt es sich, zur Stärkung der eigenen Position, öffentlich bestellte und vereidigte Sachverständige zu beauftragen. Gegenüber deren Ausführungen besteht dieselbe Akzeptanz, gleichgültig, ob sie durch das Gericht oder eine Partei bestellt sind (*Schneider*, Beweis und Beweiswürdigung, Rn. 1381).

VI. Antragsschriftsatz im Rechtfertigungsverfahren

139 Wie bereits im Rahmen der Zuständigkeitsfragen (s.o. Rn. 92 ff.) dargelegt, kann in besonders dringenden Fällen das AG, in dessen Bezirk sich der Streit-

gegenstand befindet, die einstweilige Verfügung erlassen. In einem solchen Fall hat das AG zugleich in der – numehr zwingend im Beschlusswege gem. § 942 Abs. 4 ZPO erlassenen – einstweiligen Verfügung eine **Frist** zu bestimmen, „innerhalb der die Ladung des Gegners zur **mündlichen Verhandlung über die Rechtmäßigkeit der einstweiligen Verfügung** bei dem Gericht der Hauptsache **zu beantragen** ist." Kommt der Antragsteller dem nicht innerhalb der gesetzten Frist nach, **hat** das AG auf Antrag die erlassene Verfügung aufzuheben, § 942 Abs. 3 ZPO (vgl. weiterführend u. Rn. 177 ff.).

Der Schriftsatz zur dann erforderlich werdenden Einleitung des Rechtfertigungsverfahrens kann relativ kurz gehalten werden. In der Sache selbst wird i.d.R. nichts weiteres vorzutragen sein. Jedenfalls nach Auffassung des AG der belegenen Sache war der Vortrag schlüssig und glaubhaft. Andernfalls hätte das AG die einstweilige Verfügung nicht erlassen. Selbstverständlich können in dem Rechtfertigungsschriftsatz neuere Erkenntnisse, die das Ziel des Anspruchstellers unterstützen, unterbreitet werden. Zur Wahrung der Frist genügt ein **bloßer Schriftsatz an das Gericht der Hauptsache,** in dem unter **Bezugnahme auf das einstweilige Verfügungsverfahren vor dem AG** der belegenen Sache und die dortige Auflage **die Ladung des Antragsgegners zur mündlichen Verhandlung über die Rechtmäßigkeit der einstweiligen Verfügung beantragt** wird. Der anzukündigende Antrag beschränkt sich darauf, vergleichbar dem Antrag zur „Rechtfertigung" des Versäumnisurteils, die einstweilige Verfügung solle bestätigt werden. 140

§ 4 Verfahren

Bei der Durchführung des einstweiligen Verfügungsverfahrens sind einige **Formalitäten** zu beachten. Die Entscheidung kann gem. § 937 Abs. 2 ZPO ohne mündliche Verhandlung ergehen. Je nachdem ob mündliche Verhandlung stattfindet oder nicht, ergeht die Entscheidung über den Antrag durch Urteil oder durch Beschluss, §§ 922 Abs. 1, 936, 937 Abs. 2 ZPO. 141

I. Formalitäten

Die Antragsschrift muss dem Antragsgegner zugestellt werden (§ 270 ZPO). Die Zustellung erfolgt, wenn das angerufene Gericht die einstweilige Verfügung im Beschlusswege erlassen hat, zusammen mit der einstweiligen Verfügung. Gerade wenn das Gericht die einstweilige Verfügung im schriftlichen Ver- 142 fahren erlassen hat und damit ein besonderes Eilbedürfnis bestätigt hat, wird in der Praxis zur weiteren Förderung der Angelegenheit i.d.R. der Antrag auf Erlass der einstweiligen Verfügung mit der vollstreckbaren Ausfertigung des Beschlusses verbunden, so dass über die Zustellung des Beschlusses zugleich die Zustellung der Antragsschrift erfolgt. Nimmt das Gericht von Amts wegen Zustellungen vor, hat die Zustellung gem. § 176 ZPO an die Verfahrens-/Prozessbevollmächtigten des Antragsgegners zu erfolgen, wenn diese sich bereits bestellt haben, etwa durch die Hereingabe einer Schutzschrift. § 176 ZPO ist nämlich auch für die einstweiligen Verfügungsverfahren anwendbar (vgl. beispielhaft *Baumbach/Lauterbach/Albers/Hartmann*, ZPO, § 176 Rn. 3 in der bis zum 30.6.2002 geltenden Fassung). Es bleibt abzuwarten, ob durch § 172 Abs. 1 Satz 2 ZPO in der seit dem 1.7.2002 geltenden Fassung eine Einschränkung erfolgt ist (vgl. bei *Baumbach/Lauterbach/Albers/Hartmann*, ZPO, § 172 Rn. 3 in der seit dem 1.7.2002 geltenden Fassung einerseits, aber Rn. 2 andererseits; für Fortsetzung der bisherigen Handhabung wohl *Zöller/Stober*, ZPO, § 172 n.F. Rn. 6 unter Rückgriff auf die bisherige Rspr.).

143 Entscheidet das Gericht sich für die Durchführung einer mündlichen Verhandlung, sind die Parteien zugleich gem. § 274 Abs. 1 ZPO zu laden. In diesem Fall erfolgt zusammen mit der Ladung die Zustellung der Antragsschrift, § 274 Abs. 2 ZPO. Die Einlassungsfrist des § 274 Abs. 3 ZPO ist mit der Zielsetzung des einstweiligen Verfügungsverfahrens, der raschen Verfahrensdurchführung, nicht vereinbar und deshalb nicht anwendbar (*Baumbach/Lauterbach/Albers/Hartmann*, ZPO, § 274 Rn. 3). Ein gewisser Schutz, d.h. Vorbereitungszeit für den Antragsgegner, ergibt sich lediglich aus der Ladungsfrist des § 217 ZPO. Die Ladungsfrist kann aber gem. § 226 Abs. 1 ZPO auf Antrag abgekürzt werden. Wie § 226 Abs. 2 ZPO ausdrücklich bestätigt, gilt dies selbst dann, wenn „infolge der Abkürzung die mündliche Verhandlung durch Schriftsätze nicht vorbereitet werden kann."

144 § 82 ZPO regelt ausdrücklich, dass die Vollmacht für das Hauptverfahren sich auch auf die von dem Gesetz als Nebenverfahren bezeichneten Verfahren, u.a. das Arrest- und einstweilige Verfügungsverfahren, erstreckt.

145 Nach überwiegender Auffassung wird das Verfahren allein durch die Anbringung des Gesuches rechtshängig. Die Wirkungen der Rechtshängigkeit, etwa § 261 Abs. 3 ZPO oder §§ 262, 265 f. ZPO treten also unmittelbar ein (vgl. etwa *Zöller/Vollkommer*, ZPO, § 920 Rn. 12 m.w.N.). Umstritten ist, ob die Beschränkungen zur Rücknahme des Verfahrens aus § 269 Abs. 1 ZPO gel-

ten. Dies wird z.T. mit der Begründung verneint, dass wegen der Vorläufigkeit des Verfahrens ohnehin jederzeit erneut ein Antrag ausgebracht werden könne (*Zöller/Vollkommer*, ZPO, § 920 Rn. 13 m.w.N., auch zur Gegenauffassung). Dies überzeugt nicht restlos. Wegen des Eilcharakters kann ein Antrag nicht immer wieder auf dasselbe Vorkommnis als Arrestgrund gestützt werden. Hat es einen neuen Arrestgrund und damit einen neuen Anlass gegeben, ist eine neue Situation eingetreten. Ohne einen solchen Wechsel fehlt es an der Berechtigung zu einer erneuten Verfahrenseinleitung bei Erlangung neuer Glaubhaftmachungsmittel (s.o. Rn. 32).

II. Beschlussverfahren

Wie bereits eingangs dargelegt stehen dem Gericht zwei Entscheidungsmöglichkeiten offen: Das Gericht kann sowohl ohne mündliche Verhandlung durch Beschluss über den Antrag entscheiden als auch nach mündlicher Verhandlung durch Endurteil (vgl. §§ 922 Abs. 2 und 3, 936, 937 ZPO). Die **Entscheidung durch Beschluss** kommt gem. § 937 ZPO sowohl in Betracht, wenn das Gericht den Antrag **zurückweisen** will (vgl. § 922 Abs. 3 ZPO) als auch, wenn das Gericht dem Antrag **stattgibt**. Wie bereits oben unter Rn. 98 ff. dargelegt, steht die Entscheidung, ob mit oder ohne mündliche Verhandlung entschieden werden soll, in dem – pflichtgebundenen – Ermessen des Gerichts. Demzufolge sind die Ersuchen in der Antragsschrift, ohne mündliche Verhandlung zu entscheiden, keine Verfahrensanträge i.e.S., sondern lediglich Anregungen und binden das Gericht nicht. Bejaht das AG seine Zuständigkeit als Gericht der belegenen Sache wegen besonderer Dringlichkeit i.S.d. § 942 Abs. 1 ZPO und/oder der Vorsitzende einer Kammer seine Alleinentscheidungsbefugnis wegen besonderer Dringlichkeit i.S.d. § 944 ZPO, sind dies erhebliche Umstände, die einen Verzicht auf die mündliche Verhandlung nahe legen. 146

Festgelegt ist das Gericht durch § 922 Abs. 1 Satz 1 ZPO i.V.m. § 936 ZPO lediglich dahin, dass im Falle mündlicher Verhandlung zwingend durch Endurteil und im Falle einer Entscheidung ohne mündliche Verhandlung zwingend durch Beschluss zu entscheiden ist. Gem. § 942 Abs. 4 ZPO hat das belegene Gericht nunmehr zwingend durch Beschluss zu entscheiden und zwar auch dann, wenn es zuvor mündlich verhandelt hat. Ermöglicht wird dies durch § 128 Abs. 4 ZPO. 147

Die Möglichkeit des **Überraschungseffektes**, der für den Gegner mit dem Erlass der einstweiligen Verfügung im schriftlichen Verfahren verbunden ist, geht dem Antragsteller **auch bei Antragszurückweisung** nicht verloren. Denn der zurückweisende Beschluss wird gem. §§ 922 Abs. 2, 936 ZPO dem Gegner nicht zugestellt. Gegen einen zurückweisenden Beschluss kann der Antragsteller Beschwerde gem. § 567 Abs. 1 Nr. 2 ZPO einlegen (wegen der Einzelheiten hierzu s.u. Rn. 225 ff. sowie *Zöller/Vollkommer*, ZPO, § 922 Rn. 13 m.w.N.). Seit dem 1.1.2002 ist dies nur noch als **sofortige** Beschwerde möglich. Die Notfrist des § 569 Abs. 1 Satz 1 ZPO von zwei Wochen muss nunmehr gewahrt werden.

148 Im für den Antragsteller günstigsten Fall erlässt das angerufene Gericht auf der Grundlage der Antragsschrift im schriftlichen Verfahren die beantragte einstweilige Verfügung. Unabhängig von Anträgen darf das Gericht gem. § 921 Abs. 2 Satz 2 i.V.m. § 936 ZPO die Anordnung der einstweiligen Verfügung von einer **Sicherheitsleistung** abhängig machen, und zwar auch dann, wenn Verfügungsanspruch und -grund glaubhaft gemacht sind. Erst recht kann die Vollziehung der einstweiligen Verfügung von der Leistung einer Sicherheit abhängig gemacht werden. Die Anordnung einer Sicherheitsleistung kommt gem. § 921 Abs. 2 Satz 1 ZPO insbesondere dann in Betracht, wenn aus der einstweiligen Verfügung dem Antragsgegner (wirtschaftliche) Nachteile drohen. Dies kann nicht für Zahlungsverfügungen gelten, die als Leistungsverfügung (s.o. Rn. 53) zugesprochen wurden, weil der Grundgedanke einer solchen Leistungsverfügung, nämlich die Beseitigung der Notsituation, dann nicht mehr zu erreichen wäre (vgl. *Stein/Jonas/Grunsky*, ZPO, § 936 Rn. 4). Möglich ist ferner gem. § 939 ZPO auch die Aufhebung der einstweiligen Verfügung gegen Sicherheitsleistung durch den Antragsgegner bereits in einer Beschlussverfügung, da es insoweit ebenfalls nicht eines Antrages bedarf.

Nach Auffassung des BGH (NJW 2001, 282, 284) ist jedenfalls die im Beschlusswege ergangene einstweilige Verfügung, mit der dem Inhaber einer Bankgarantie auf erstes Anfoerdern deren Inanspruchnahme untersagt wurde, kein liquides Beweismittel, auf das gestützt die Bank die Einlösung der Garantie wegen Rechtsmissbrauchs versagen darf. Obwohl zu diesbezüglichen grundsätzlichen Ausführungen wegen einer besonderen zeitlichen Konstellation zur Entscheidung des Falles kein Anlass bestand, wie der BGH selbst darlegte, führte der BGH folgendes aus:

> *„Der Begriff der liquiden Beweisbarkeit ist vor dem Hintergrund der Funktion der Bankgarantie auf erstes Anfordern zu sehen, alle Streitfragen tatsächlicher oder rechtlicher Art, deren Beantwortung sich nicht von selbst ergibt, in den Rück-*

> *forderungsprozess zu verweisen, soweit nicht ausnahmsweise die missbräuchliche Ausnutzung der Garantie für jedermann klar erkennbar auf der Hand liegt. Diesem Zweck wird eine gerichtliche Entscheidung, die lediglich auf dem Vortrag einer der Parteien des streitigen Rechtsverhältnisses beruht und der sich die materiellen Grundlagen ihres Erlasses nicht entnehmen lassen, nicht gerecht.*
>
> *Mit Recht hat das BerGer. auch den Antrag auf Erlass der einstweiligen Verfügung vom 26.6.1997 nebst Anlagen nicht als liquides Beweismittel angesehen. Die Antragsschrift selbst enthielt nur die Darstellung des Sach- und Streitstands aus Sicht der W. Sie kam als Beweismittel ebenso wenig in Betracht wie die beigefügten eidesstattlichen Versicherungen. Diese stammten vom Geschäftsführer der Ast. und – soweit die Funktionen der betreffenden Personen nachvollziehbar ist – von Dritten, die mit ihr vertraglich verbunden waren. Für die Kl. konnten sie deshalb keinen solchen Grad an Gewissheit für die Richtigkeit der Sachdarstellung der W begründen, dass allein auf …"*

Zwar handelt es sich „nur" um Darlegungen zu einer Sonderkonstellation, die Ausführungen zeugen aber von einem Misstrauen gegenüber einstweiligen Verfügungen der Art, wie der BGH sie beschreibt. Auch daher empfiehlt es sich, in die Darlegungen und Glaubhaftmachungen, Urkunden sowie Dritte einzubeziehen (s.o. Rn. 121 f.).

III. Urteilsverfahren

Das Urteilsverfahren richtet sich, soweit nicht das besondere Eilinteresse dem entgegensteht, nach den für das Hauptsacheverfahren maßgeblichen Normen (der §§ 270 ff. ZPO). 149

1. Grundsätzliches

Die fehlende Anwendbarkeit etwa des § 274 Abs. 3 ZPO im Hinblick auf das Eilbedürfnis war bereits unter Rn. 143 dargelegt worden. Im Grundsatz ist die **Ladungsfrist des § 217 ZPO** einzuhalten. Sie kann aber **auf Antrag abgekürzt werden** gem. § 226 ZPO (s.o. Rn. 98 ff.). 150

Wie üblich sind in der mündlichen Verhandlung die Anträge zu stellen. Es kann Versäumnisurteil ergehen. Denn die §§ 330 ff. ZPO sind uneingeschränkt anwendbar. Gem. § 306 ZPO kann auf Antrag bei Verzicht des Antragstellers Verzichtsurteil ergehen (*Thomas/Putzo*, ZPO, § 922 Rn. 1; *Wieczorek/Thümmel*, Großkommentar ZPO, § 922 Rn. 5; *Stein/Jonas/Grunsky*, ZPO, vor § 916 Rn. 24). In gleicher Weise kann bei Anerkenntnis Anerkenntnisurteil gem. § 307 Abs. 1 ZPO ergehen. 151

152 Mit dem Eilcharakter des Verfahrens ist eine **Aussetzung** nach § 148 ZPO nicht zu vereinbaren. Sie ist deshalb **nicht zulässig**. Aus demselben Grund erfolgen auch keine Vorlagen wegen europäischer oder kartellrechtlicher Vorfragen. Aus § 177 Abs. 3 EWG-Vertrag wird hergeleitet, dass **keine Vorlagepflicht** besteht. Im Hinblick auf das Hauptsacheverfahren werden nämlich auch die Oberlandesgerichte als Berufungsgerichte nicht als letztinstanzliche Gerichte i.S.d. Norm angesehen (vgl. beispielhaft *Schuschke/Walker*, ZPO, Vorbemerkung zu § 935 Rn. 36 m.w.N.). Zum Meinungsstreit, ob das Verfügungsgericht sonstige Vorfragen selbst entscheiden darf (*Schuschke/Walker*, ZPO, vor § 916 Rn. 42 ff.). Die frühere Streitfrage, ob das Verfügungsgericht auch **kartellrechtliche Vorfragen** selbst entscheiden darf/muss, ist **überholt**: Die Sonderzuständigkeit der Kartellsenate aus §§ 87 ff., 95 GWB n.F. erstreckt sich auch auf Fälle, bei denen die Entscheidung nur teilweise von einer kartellrechtlichen Vorfrage abhängt, und zwar auch dann, wenn die Anspruchsgrundlage selbst sich nicht aus dem GWB ergibt. Es verbleibt lediglich bei der Eilzuständigkeit eines etwaig als Gericht der belegenen Sache in Betracht kommenden AG gem. § 942 Abs. 1 ZPO (vgl. umfangreich mit zahlreichen Nachweisen auch aus dem Gesetzgebungsverfahren, *Schuschke/Walker*, ZPO, Vorbemerkung zu § 935 Rn. 100 ff.). Eine Unterbrechung des Verfahrens gem. § 240 ZPO bei Eröffnung des Insolvenzverfahrens greift nur ein, wenn die Verfügungsanträge sich auf die Masse auswirken können (vgl. *Wieczorek/Thümmel*, a.a.O., § 922 Rn. 2).

2. Postulationsfähigkeit

153 Bis zur bereits oben unter Rn. 87 f. dargelegten Änderung der Postulationsfähigkeit zum 1.1.2000 durch das Gesetz zur Änderung des Gesetzes zur Neuordnung des Berufes der Rechtsanwälte und der Patentanwälte vom 17.12.1999 (BGBl. I, S. 2448) war zumindest bei Anberaumung des mündlichen Verhandlungstermins vor dem LG ein bei diesem LG zugelassener Rechtsanwalt zu bestellen. Die Rechtslage bis zum 31.12.1999 war bei gerichtsbezirksüberschreitender Antragstellung in LG-Verfahren ein weiterer Anreiz, möglichst eine einstweilige Verfügung im Beschlusswege zu erwirken. Durch die Gesetzesänderung liegt unter diesem Gesichtspunkt kein Vorteil mehr im Beschlussverfahren gegenüber dem Urteilsverfahren.

3. Neues Vorbringen

154 Wegen des Eilcharakters des einstweiligen Verfügungsverfahrens ist eine schriftsätzliche Vorbereitung des Verhandlungstermins wie im Hauptsache-

verfahren nicht möglich. Wie bereits nahe gelegt kommt ein schriftliches Vorverfahren gem. § 276 Abs. 1 ZPO nicht in Betracht. Zur Vorbereitung auf die mündliche Hauptverhandlung bleibt dem Antragsgegner mithin lediglich die – ohnehin knappe – Ladungsfrist des § 217 ZPO, die zudem gem. § 226 Abs. 1 ZPO auf Antrag noch weiter abgekürzt werden kann. Wie knapp diese Fristen bemessen sind, macht sich gerade dann in der Praxis bemerkbar, wenn noch der Sachverhalt aufgeklärt werden muss. Für den Antragsgegner besteht zudem die Schwierigkeit, bis zum Ablauf der Ladungsfrist präsente Mittel zur Glaubhaftmachung seines Sachvortrages zu beschaffen. Selbst für den Antragsteller, der sich häufig genug unversehens einer Situation ausgesetzt sieht, auf die er glaubt, mit einem Antrag auf Erlass einer einstweiligen Verfügung reagieren zu müssen, sind die Fristen sowohl zur Einleitung des einstweiligen Verfügungsverfahrens (s.o. Rn. 73 ff.) sowie zur Vorbereitung der mündlichen Verhandlung sehr knapp. Demzufolge darf nach allgemeiner Auffassung den Parteien nicht die **Möglichkeit neuen Vorbringens** bis zum Schluss der mündlichen Verhandlung abgeschnitten werden. Neu vorgebrachte Tatsachen müssen zugleich glaubhaft gemacht werden. Die jeweils andere Partei erhält i.d.R. **keinen Schriftsatznachlass**. Sie muss sich vielmehr sofort zu dem neuen Sachvortrag äußern und die hiergegen vorgebrachten Tatsachen ebenfalls sofort glaubhaft machen (*Thomas/Putzo*, ZPO, § 922 Rn. 2; *Schuschke/Walker*, ZPO, vor § 916 Rn. 40 m.w.N.).

Hieraus entstehen für die Parteien eines einstweiligen Verfügungsverfahrens in der mündlichen Verhandlung sowohl erhebliche Chancen – auch unter dem Gesichtspunkt taktischen Vorgehens – als auch, wenn der Gegner erst im mündlichen Termin neue Tatsachen vorträgt und neue Glaubhaftmachungsmittel vorlegt – ggf. ebenfalls taktisch motiviert – **nicht unerhebliche Risiken**. 155

Hinweis: 156
Demzufolge empfiehlt es sich, mehr als in Hauptsacheverfahren zur Vorbereitung des mündlichen Verhandlungstermins den Sachverhalt einschließlich evtl. Angriffs-/Verteidigungsmittel der jeweils anderen Partei aufzuklären, um mögliche Gegenstrategien einschließlich der Glaubhaftmachung der hierfür vorzubringenden Tatsachen vorzubereiten. Darüber hinaus empfiehlt es sich – ausgerichtet an der Bedeutung des Verfahrens für den eigenen Mandanten – dessen Mitarbeiter sowie sonstige Vertreter und weitere Personen, die mit dem Vorgang vertraut sind und als präsen-

> te Zeugen gestellt werden können, sowie sämtliche weiteren Urkunden und sonstigen Unterlagen, die evtl. in dem Verfahren benötigt werden können mitzubringen.

157 Begrenzt sind die Möglichkeiten neuen Vorbringens erst im Verhandlungstermin und des damit einhergehenden taktischen Vorgehens, insbesondere für den Antragsteller, allenfalls durch **§ 296 Abs. 2 ZPO**, der nach verbreiteter Auffassung anwendbar ist (vgl. beispielhaft *Thomas/Putzo*, ZPO, § 922 Rn. 2 sowie *Schuschke/Walker*, ZPO § 922 Rn. 4). Besonders klar und stringent begründet dies *Schneider* (MDR, 1988, 1024 f.):

Gerade in einstweiligen Rechtsschutzverfahren seien die Parteien zu einer besonderen Prozessförderung verpflichtet. Bei Zulassung von pflichtwidrig verspätetem Vortrag und Anbringung von Glaubhaftmachungsmitteln werde zulasten der Partei, die überrascht werde, das Recht auf rechtliches Gehör aus Art. 103 Abs. 1 GG verletzt. Bereits vor der ZPO-Reform zum 1.1.2002 wurde des weiteren argumentiert: Schließlich müsste die Nichtanwendung von § 296 ZPO in der ersten Instanz in der Berufungsinstanz zur Nichtanwendung der §§ 527 f. ZPO a.F. führen. Das aber führe zu einer starken und nicht gerechtfertigten Veränderung des Berufungsverfahrens im einstweiligen Rechtsschutz gegenüber dem im Hauptsacheverfahren. Diese Argumentation dürfte Unterstützung durch die Beschränkung des Berufungsrechts auf eine Überprüfung in rechtlicher Hinsicht erfahren haben (vgl. z.B. § 513 ZPO). Eine **Zurückweisung** ist gem. § 296 Abs. 2 ZPO – lediglich – möglich, wenn eine Partei in der mündlichen Verhandlung ihre Behauptungen und Glaubhaftmachungsmittel usw. nicht rechtzeitig vorgetragen hat (§ 282 Abs. 1 ZPO) oder, was für das einstweilige Verfügungsverfahren eher von Relevanz werden dürfte, **ihre Anträge, Angriffs- und Verteidigungsmittel, auf die der Gegner voraussichtlich ohne vorhergehende Erkundigung keine Erklärung abgeben kann, nicht so rechtzeitig mitgeteilt hat**, dass dem Gegner noch die Einholung von Erkundigungen möglich ist, § 282 Abs. 2 ZPO. Unberücksichtigt bleiben neue Behauptungen, Anträge, Angriffs- und Verteidigungsmittel erst, wenn sie zudem nach der freien Überzeugung des Gerichtes die Erledigung des Rechtsstreites **verzögern** und die Verspätung auf **grober Nachlässigkeit** beruht. Die Frage ist zunächst, ob wegen des besonderen Charakters des einstweiligen Verfügungsverfahrens nicht ohnehin den Parteien im Rahmen des § 282 Abs. 2 ZPO ein höheres Maß an Terminvorbereitung zugemutet werden kann als im Hauptsacheverfahren. Dies wäre dann auch zu Lasten der überraschten Partei zu berücksichtigen bevor eine Zurückweisung ausgesprochen wird.

> **Hinweis:** 158
>
> In der Praxis wird es im Einzelfall schwierig sein, angesichts der geringen Vorbereitungszeiten für beide Parteien wegen der jeweils kurzen Fristen zur Vorbereitung des Verfahrens hinreichende Anhaltspunkte dafür zu finden, dass eine Partei ihr Vorbringen bewusst zurückgehalten hat, um den Gegner in der mündlichen Verhandlung zu überraschen (vgl. OLG Koblenz, GRUR 1987, 319, 321 f.).

Kommt es im mündlichen Termin zu einer Situation, in der eine der Parteien 159 nicht sofort auf entscheidungserheblichen Sachvortrag und/oder entscheidungserhebliche Angriffs- oder Verteidigungsmittel reagieren kann, ohne dass eine Zurückverweisung gem. § 296 Abs. 2 ZPO in Betracht kommt, so ist zu differenzieren: Der **Antragsgegner** könnte, soweit noch keine Anträge gestellt sind, **Versäumnisurteil** ergehen lassen, um sich im Rahmen des Anspruchsverfahrens auf das neue Vorbringen einzustellen. Ist es zur mündlichen Verhandlung aufgrund Widerspruches des Antragsgegners gegen eine im Beschlusswege ergangene einstweilige Verfügung gekommen, besteht für den Antragsgegner ferner die Möglichkeit, den Widerspruch gegen die einstweilige Verfügung zunächst zurückzunehmen. Die einstweilige Verfügung gilt dann fort. Da der Widerspruch nicht fristgebunden ist, bestünde die Möglichkeit, erneut Widerspruch gegen die einstweilige Verfügung einzulegen, solange die Rücknahme im konkreten Fall nicht als Verzicht auf das Widerspruchsrecht auszulegen ist oder die Grundsätze der Verwirkung greifen (s. insgesamt *Schuschke/Walker*, ZPO, § 924 Rn. 16 sowie 14 f. m.w.N.).

> **Hinweis:** 160
>
> Für den **Antragsteller gibt es keine vergleichbare Ausweichmöglichkeit.** Nimmt er den Antrag auf Erlass einer einstweiligen Verfügung zurück, wird einem erneuten Antrag auf Erlass der einstweiligen Verfügung das Fehlen des Eilbedürfnisses entgegenstehen. Es besteht zumindest die erhebliche Gefahr, dass dies selbst dann der Fall sein wird, wenn es zwischenzeitlich neue Gesichtspunkte, die an sich für ein Eilbedürfnis sprechen, durch das Verhalten des Antragsgegners geben sollte.

161 In derselben Weise entfällt aus den Gesichtspunkten, die o. unter Rn. 77 betreffend die Verlängerung der Berufungsbegründungfrist bzw. der Zustimmung zur Terminaufhebung dargelegt worden waren, das Eilbedürfnis, wenn der Antragsteller gegen sich Versäumnisurteil ergehen lässt.

4. Antragsänderung und Gegenanträge

162 Für die Änderung des Antrages gelten dieselben Regelungen wie im Hauptsacheverfahren. Auch hier sind für die I. und die II. Instanz die Veränderungen der ZPO-Reform z.B. § 269 Abs. 2 Satz 4 und Abs. 3 Satz 3 ZPO sowie § 516 ZPO zu berücksichtigen (vgl. z.B. *Hansens*, AnwBl. 2002, 125, 131 und 135 f.). Einer Einwilligung des Antragsgegners zur Antragsänderung bedarf es abweichend von § 263 ZPO auch nach Stellung der Anträge nicht (vgl. *Schuschke/Walker*, ZPO, § 920 Rn. 2 m.w.N.). Bereits in der Vergangenheit verneinte das OLG Hamm (OLGR Hamm 1992, 349) die sachliche Zuständigkeit des Berufungsgerichts bei mit der Antragsänderung einhergehenden neuen Anträgen, hielt damit eine **Antragsänderung** in der **Berufungsinstanz** für unzulässig. Nach dem 1.1.2002 ist die von den §§ 533, 529 ZPO n.F. bereits für das Hauptsacheverfahren geltende Beschränkung der Antragsänderung in der Berufungsinstanz (dazu z.B. *Hansens*, AnwBl 2002, 125, 131) auch im einstweiligen Verfügungsverfahren zu berücksichtigen. Die Rücknahme des Antrages ist bis zum rechtskräftigen Abschluss des Verfahrens möglich, d.h. auch noch nach vorangegangener Beschlussverfügungen. Mit Antragsrücknahme wird eine zuvor evtl. im Beschlusswege erlassene einstweilige Verfügung gem. § 269 Abs. 3 Satz 1 ZPO wirkungslos.

163 Aus der Art des Verfahrens ergibt sich, dass Gegenanträge wenn überhaupt, dann nur insoweit zulässig sein können, wie sie sich der Verfahrensart anschließen, also ebenfalls auf Erlass einer einstweiligen Verfügung gerichtet sind; Widerklagen i.S.v. Hauptsacheklagen sind demgegenüber wegen der konkreten Verfahrensart nicht zulässig (*Stein/Jonas/Grunsky*, ZPO, Vor § 935 Rn. 27).

5. Beweisaufnahme

164 Wie bereits oben unter Rn. 120 dargelegt, erhebt das Gericht gem. § 294 Abs. 2 ZPO nur **präsente Beweismittel**. Zeugen sind deshalb i.d.R. von den Parteien zu stellen.

6. Vergleich und sonstige Verfahrensbeendigungen

Der Abschluss eines Vergleiches ist im einstweiligen Verfügungsverfahren sowie im Hauptsacheverfahren möglich. 165

> **Hinweis:** 166
>
> Aus anwaltlicher Sicht ist insbesondere darauf zu achten, welche **Reichweite** dem Vergleich zukommen soll. Soll der Vergleich lediglich das einstweilige Verfügungsverfahren beenden ohne Auswirkungen auf ein evtl. Hauptsacheverfahren oder soll der Vergleich eine endgültige Regelung schaffen, die also auch einen Hauptsacheprozess mit erfasst, evtl. sogar darüber hinaus weitere Streitigkeiten zwischen den Parteien einbeziehen, die bisher noch nicht in das einstweilige Verfügungsverfahren eingeflossen sind?

Wenn der Vergleich **nur das einstweilige Verfügungsverfahren** betreffen soll und das Hauptsacheverfahren anschließend geführt werden soll, bietet sich neben einer evtl. Regelung über die vorübergehenden Verhaltensweisen der Parteien an z.B. eine Vereinbarung, dass das einstweilige Verfügungsverfahren nicht weiter betrieben werden soll. 167

> **Hinweis:** 168
>
> Insbesondere für den Antragsgegner empfiehlt es sich im Hinblick auf evtl. **Schadensersatzansprüche** auf die Formulierung des Vergleiches zu achten: War eine einstweilige Verfügung im Beschlusswege ergangen und verpflichtet sich der Antragsgegner, diese ganz oder teilweise zu beachten, wird es für den Antragsgegner bei der Formulierung des Vergleiches darauf ankommen zu verhindern, dass der Schadensersatzanspruch aus § 945 ZPO abbedungen/ausgeschlossen wird oder sich aus ihm eine Unterbrechung der Kausalität des Antrages herleiten lässt. War eine einstweilige Verfügung im Beschlusswege nicht ergangen, fehlt es bereits im Ansatz an einem Anknüpfungspunkt für einen Schadensersatzanspruch des Antragsgegners. In diesem Falle wäre aus Sicht des Antragsgegners zu überlegen, ob für den Fall eines späteren Obsiegens im Hauptsacheverfahren eine analoge Anwendung des § 945 ZPO vereinbart wird.

Auch für die **Kosten des einstweiligen Verfügungsverfahrens** kann eine **isolierte Regelung** getroffen werden. Möglich ist auch, die Verteilung der Kosten des einstweiligen Verfügungsverfahrens **nach der künftigen Kostenver-** 169 teilung im **Hauptsacheverfahren** vorzusehen. Diese Regelung führt im einstweiligen Verfügungsverfahren zu einer schnellen Befriedigungswirkung und soll einen Gleichlauf mit der Kostenentscheidung im Hauptsacheverfahren bewirken. Sie wird allerdings dann problematisch, wenn in die Kostenquote im Hauptsacheverfahren **zwischenzeitlich eingetretene weitere Umstände** einfließen, die nicht für das einstweilige Verfügungsverfahren maßgeblich waren, wie etwa eine Klageänderung, eine im Hauptsacheverfahren erhobenen Widerklage, eine subjektive oder objektive Klageerweiterung, der Eintritt eines Dritten in den Rechtsstreit etc. Sind solche Möglichkeiten bei Abschluss des Vergleiches im einstweiligen Verfügungsverfahren zumindest nicht ganz fern liegend, könnte **ersatzweise eine Regelung für die Bildung der Kostenquote** in dem abzuschließenden einstweiligen Verfügungsverfahren getroffen werden. Möglich wäre auch, den Vergleich im einstweiligen Verfügungsverfahren lediglich als **Zwischenvergleich** abzuschließen und dann, wenn im Hauptsacheverfahren keine auf das einstweilige Verfügungsverfahren übertragbare Kostenquote ergeht, das einstweilige Verfügungsverfahren für erledigt zu erklären (so etwa der Vorschlag von *Crückeberg*, Vorläufiger Rechtsschutz, § 3 Rn. 109). Geklärt sein müsste dann, dass ein solcher Zwischenvergleich nicht das Eilbedürfnis entfallen lässt und zwar weder soweit, wie der Vergleich reicht noch für den darüber hinausgehenden Bereich. In kostenmäßiger Hinsicht ist bei dieser Lösung zu beachten, dass durch eine spätere Erledigungserklärung keine Absenkung auf lediglich eine Gerichtsgebühr erfolgt. Solange eine mündliche Verhandlung noch nicht stattgefunden hat, belaufen sich die Gerichtskosten für das einstweilige Verfügungsverfahren gem. Nr. 1310 Anlage 1 zum GKG ohnehin lediglich auf eine Gerichtsgebühr.

170 | **Hinweis:**
Aus den vorstehenden Ausführungen lässt sich ersehen, dass ein Vergleich, der sich ausschließlich auf das einstweilige Verfügungsverfahren erstrecken soll, mit einer Vielzahl von Schwierigkeiten und Wagnissen für die Parteien verbunden ist. Im Grundsatz wird jede Partei sich dann die Frage stellen müssen, ob der in dem Vergleich liegende für sie günstige Teil diese Schwierigkeiten und Wagnisse rechtfertigt.

171 Bei einem auf **Unterlassung** gerichteten einstweiligen Verfügungsverfahren sowie bei einem **Vergleich, der die Hauptsache zugleich mit erledigen soll**, gibt es folgende Schwierigkeit:

Eine **Androhung von Ordnungsmitteln** kann in den Vergleich nicht mit aufgenommen werden. Daher wird z.T. vertreten, dass das Gericht im Anschluss an den Vergleich einen Androhungsbeschluss verkünden kann (*Crückeberg*, Vorläufiger Rechtsschutz, § 3 Rn. 111). In einem solchen Falle wäre alternativ die Vereinbarung einer **Vertragsstrafe** erwägenswert. Auch wenn diese gesondert eingeklagt werden muss, bestünde für den **Gläubiger** der zusätzliche **Vorteil**, dass ihm die Vertragsstrafe zufließt, anders als ein Ordnungsmittel. Der Mehraufwand durch die Führung des Klageverfahrens lässt sich durchaus rechtfertigen. Auch die Festsetzung eines Ordnungsmittels muss beantragt und von dem Gläubiger begründet werden.

> **Hinweis:** 172
>
> Überlegenswert ist für den Antragsteller ferner, ob eine Kombination bei dem Sanktionierungsmittel, d.h. neben der Vertragsstrafe die Androhung eines Ordnungsmittels gem. § 890 ZPO, für ihn vorteilhaft ist. Möglich ist dies. Bei einem Verstoß gegen die Unterlassungspflicht wird die jeweils früher verhängte Sanktion bei der Bemessung der jeweils später zu verhängenden Sanktion berücksichtigt (vgl. umfassend BGH, NJW 1998, 1138, 1139).

Zur Gebührenhöhe bei Miterledigung der Hauptsache durch Vergleich im 173 einstweiligen Verfügungsverfahren s.u. Rn. 389 a.E. Das einstweilige Verfügungsverfahren kann außer durch Vergleich auch durch **Anerkenntnis des Antragsgegners** mit nachfolgendem Anerkenntnisurteil oder durch **Verzicht des Antragstellers** sowie auch durch **Antragsrücknahme** beendet werden. Selbst wenn die Kosten vom Antragsgegner verursacht sein sollten, werden sie im letzten Falle gem. § 269 Abs. 3 ZPO zwingend dem Antragsteller auferlegt (OLG Karlsruhe, MDR 1994, 1245). Nach OLG München (NJW 1993, 1604) ist diese Kostenentscheidung **analog** § 269 Abs. 3 ZPO zu treffen, wenn die Antragsschrift zwar noch nicht dem Antragsteller zugestellt war, dieser aber eine **Schutzschrift** hinterlegt hatte. Nach OLG Koblenz (OLGR Koblenz 1998, 500) ist auch nach mündlicher Verhandlung zur Hauptsache die Einwilligung des Antragsgegners in die Rücknahme nicht erforderlich. Ferner ist ein Abschluss des Verfahrens nach den Grundsätzen zur Erledigung möglich – und zwar auch durch einseitige Erledigungserklärung (OLG Köln, OLGR Köln 1998, 304, s. hierzu ferner im Rahmen der vorstehenden Darlegungen zum Zwischenvergleich unter Rn. 169).

174 Will der Antragsgegner die Berechtigung einer Beschlussverfügung akzeptieren, wird er keinen Rechtsbehelf einlegen. Gleichwohl steht dem Antragsteller die Möglichkeit einer Hauptsacheklage zu. Der Antragsteller wird dazu sogar genötigt sein, wenn der Verfügungsanspruch kurzfristig verjährt, wie etwa im Wettbewerbsrecht gem. § 21 UWG. Allerdings hat sich die Problematik durch die Hemmung der Verjährung während der Dauer des einstweiligen Verfügungsverfahrens entschärft (s.u. Rn. 1051 f.). Der Antragsgegner kann dem Hauptsacheprozess entgehen, indem er den gesicherten Anspruch **endgültig erfüllt**. Bei zukünftigen Leistungspflichten, etwa in Form von Zahlungen, wäre ein entsprechender vollstreckbarer Titel, etwa durch notarielles Schuldanerkenntnis gem. § 794 Abs. 1 Nr. 5 ZPO, zu erbringen und dem Antragsteller zur Verfügung zu stellen. Bei Unterlassungsansprüchen folgt die sog. **Abschlusserklärung** (vgl. dazu u. Rn. 1056 ff.). Denkbar wäre auch die Abgabe einer strafbewehrten Unterlassungserklärung.

IV. Rechtfertigungsverfahren

175 Wie zu der Antragsschrift des Rechtfertigungsverfahrens (Rn. 139 ff.) dargelegt, schließt sich das **Rechtfertigungsverfahren** an ein einstweiliges Verfügungsverfahren vor dem AG der belegenen Sache gem. § 942 Abs. 1 ZPO an. Im Rechtfertigungsverfahren findet gem. § 942 Abs. 1, 2. Halbsatz ZPO zwingend eine mündliche Verhandlung statt. Wegen der besonderen Dringlichkeit, die für eine Zuständigkeit des AG der belegenen Sache Voraussetzung ist, ergeht in der Praxis die Entscheidung des AG im schriftlichen Verfahren. Legt der Antragsgegner gegen die Beschlussverfügung Widerspruch gem. § 924 ZPO ein, ist auch aus diesem Grunde mündlich zu verhandeln. Es findet dann **lediglich eine mündliche Verhandlung** vor dem an sich zuständigen (Hauptsache-)Gericht statt (*Stein/Jonas/Grunsky*, ZPO, § 942 Rn. 7 und 11; in der Begründung abweichend *Thomas/Putzo*, ZPO, § 936 Rn. 6: Widerspruch gem. § 924 ZPO neben Rechtfertigungsverfahren nicht zulässig).

176 Für die mündliche Verhandlung gelten dann die unter vorstehend Rn. 149 ff. dargelegten Grundsätze.

§ 5 Vollziehung und Vollstreckung

177 Die §§ 928 ff. ZPO verwenden einheitlich den Begriff Vollziehung für die sich an den Erlass eines Arrestes und damit über § 936 ZPO für die sich nach Erlass einer einstweiligen Verfügung anschließenden Akte. Der Begriff Voll-

ziehung wird dabei vom Gesetz ausdrücklich auch für Maßnahmen der Zwangsvollstreckung verwendet, etwa wenn es in § 928 ZPO heißt:

> „Auf die Vollziehung des Arrestes sind die Vorschriften über die Zwangsvollstreckung entsprechend anzuwenden, ..."

Im Sinne einer begrifflich klaren Unterscheidung zwischen zwei rechtlich unterschiedlich zu bewertenden Abschnitten, der sog. Vollziehung i.e.S. sowie der Zwangsvollstreckung i.e.S., werden im Folgenden die beiden an das Erkenntnisverfahren anschließenden Abschnitte mit den Begriffen Vollziehung und Vollstreckung differenziert bezeichnet (gegen eine solche Differenzierung *Schuschke/Walker*, ZPO, Vor § 916 Rn. 51). **178**

Der Begriff Vollziehung i.e.S. wird dabei beschränkt auf einen in § 929 ZPO geregelten Abschnitt, der für das einstweilige Rechtsschutzverfahren wegen der dortigen Besonderheiten typisch ist. Dieser Abschnitt erfasst einen Handlungsbereich des Antragstellers, in dem dieser mit der Durchsetzung der einstweiligen Verfügung beginnt, wobei im Einzelnen streitig ist, welche Maßnahmen hierzu ergriffen sein müssen (dazu s.u. Rn. 187 ff.) **179**

I. Beginn der Vollziehungsfrist

Gem. § 929 Abs. 2 ZPO muss der Arrestbefehl und über § 936 ZPO vergleichbar die einstweilige Verfügung **innerhalb eines Monates seit dem Tag**, an dem die Entscheidung **verkündet** oder der antragstellenden Partei **zugestellt** ist, vollzogen werden. Der Beginn der Monatsfrist variiert also, je nachdem, in welcher Form die einstweilige Verfügung erlassen ist: Ergeht die einstweilige Verfügung durch Urteil aufgrund mündlicher Verhandlung, beginnt die Monatsfrist – insoweit abweichend etwa von der Berufungsfrist des § 517 ZPO – nicht erst mit der Zustellung der vollständig abgefassten einstweiligen Verfügung, sondern bereits mit der Verkündung, etwa am Verhandlungstag im Anschluss an die einzelnen Verhandlungstermine. Die Frist beginnt also bereits zu laufen, wenn der Antragsteller noch nicht im Besitz einer für die Vollziehung erforderlichen vollstreckbaren Ausfertigung des Urteiles ist. **180**

> **Hinweis:** **181**
>
> Es empfiehlt sich deshalb für den Antragsteller, bei Gericht eine sog. **abgekürzte vollstreckbare Ausfertigung** gem. § 317 Abs. 2 Satz 2 1. Halbsatz ZPO zu beantragen. Diese enthält lediglich die Urteilstenorierung, wie sie häufig bereits in das Terminprotokoll mit aufgenommen wird. Die ab-

> gekürzte vollstreckbare Ausfertigung kann deshalb kurzfristig erstellt werden, insbesondere bevor die Urteilsgründe abgesetzt sind. Demzufolge kann die Vollziehung kurzfristig eingeleitet werden.

182 Ergeht die einstweilige Verfügung im Beschlusswege, ist die Wahrung der Monatsfrist für den Antragsteller nicht gleichermaßen schwierig. Die Frist wird in diesem Falle erst ausgelöst durch die Zustellung der Beschlussverfügung bei dem Antragsteller.

183 Die **Monatsfrist** kann weder verlängert noch abgekürzt werden. Eine Versäumung ist demzufolge nicht heilbar. § 295 ZPO ist nicht anwendbar. Gem. §§ 929 Abs. 1, 936 ZPO benötigen die einstweiligen Verfügungen im Regelfall für ihre Vollstreckbarkeit **keine Klausel**. Es muss also innerhalb der Monatsfrist nicht noch zusätzlich Zeit darauf verwendet werden, eine solche Klausel einzuholen. Insoweit besteht immerhin eine gewisse Erleichterung für den Antragsteller.

II. Zustellung und Vollziehung

184 Grundlage jeglicher Zwangsvollstreckung sind gem. § 750 Abs. 1 Satz 1 ZPO die drei Voraussetzungen Titel, Klausel und Zustellung. Titel sind entweder die Beschluss- oder die Urteilsverfügung. Der Vollstreckungsklausel bedarf es (s. vorstehend Rn. 183) gem. §§ 929 Abs. 1, 936 ZPO nicht. Hinsichtlich der Zustellung und der Vollziehung i.S.d. § 929 ZPO gibt es eine nahezu unüberschaubare Fülle von Einzelentscheidungen wie die Übersichten in der Kommentarliteratur belegen (vgl. beispielhaft bei *Zöller/Vollkommer*, ZPO, § 929 Rn. 9 bis 23). Zum besseren Verständnis bietet sich eine Trennung der Darstellung von Zustellung und Vollziehung an.

1. Zustellung

185 In welcher Weise zuzustellen ist richtet sich danach, ob das Gericht die einstweilige Verfügung im Beschlusswege oder im Urteilsverfahren erlassen hat: Ist die einstweilige Verfügung im **Beschlusswege** erlassen worden, hat der Antragsteller sie gem. §§ 922 Abs. 2, 936 ZPO im **Parteibetrieb** zuzustellen. Der Antragsteller muss die einstweilige Verfügung durch den **Gerichtsvollzieher** in vollständiger Ausfertigung oder beglaubigter Abschrift, die wegen § 750 ZPO einen Ausfertigungsvermerk enthalten muss (OLG Düsseldorf, GRUR 1989, 542) gem. § 170 ZPO zustellen lassen. Gem. § 176 ZPO muss die Zustellung an einen Bevollmächtigten des Antragsgegners erfolgen.

Dies gilt nach OLG Köln (GRUR-RR 2001, 7) bereits dann, wenn der Antragsgegner durch einen Anwalt eine Schutzschrift hinterlegt hat und dem Antragsteller mit der einstweiligen Verfügung auch dies Schutzschrift zugestellt wird. Bei einer Beschlussverfügung kann diese Situation nur eintreten, wenn sich für den Antragsgegner ein Bevollmächtigter durch eine Schutzschrift als Verfahrensbevollmächtigter bestellt hat und dies dem Antragsteller auch bekannt geworden ist. Die früher strittig entschiedene Frage, ob die Zustellung an den Bevollmächtigten des Antragsgegners auch dann vorzunehmen ist, wenn dieser bei dem erkennenden Gericht nicht zugelassen ist (verneinend beispielsweise OLG Hamm, WRP 1992, 724 f.), ist durch das zweifach angesprochene Gesetz zur Änderung des Gesetzes zur Neuordnung des Berufsrechts der Rechtsanwälte und Patentanwälte vom 17.12.1999 weitgehend (s.o. Rn. 87) obsolet geworden. Ob die Monatsfrist für die Zustellung gewahrt wird mit der Einreichung des Zustellungsauftrages bei dem zuständigen Gerichtsvollzieher oder der Gerichtsvollzieherverteilungsstelle des örtlich zuständigen Vollstreckungsgerichtes, sofern die Zustellung demnächst erfolgt und der Antragsteller alles Erforderliche getan hat (so OLG Frankfurt a. M., OLGR Frankfurt 1999, 306) oder erst mit dem tatsächlichen Zugang (so *Schuschke/Walker*, § 929 Rn. 31 m.w.N.), ist streitig. Solange der Antragsteller den Zugang innerhalb der Frist noch herbeiführen kann, empfiehlt sich dies aus Gründen der Risikoverminderung.

Ist die einstweilige Verfügung im **Urteilswege** erlassen worden, ist das Urteil im Grundsatz **mit der Verkündung wirksam** und wird von Amts wegen gem. § 317 Abs. 1 ZPO zugestellt (BGH, NJW 1993, 1076, 1077 f.; *Schuschke/Walker*, ZPO, § 929 Rn. 22 m.w.N. in Fn. 7). Diskutiert wird vereinzelt noch die Notwendigkeit einer Parteizustellung – auch neben einer Amtszustellung einer Urteilsverfügung –, wenn die Urteilsverfügung eine zunächst im Beschlusswege erlassene Verfügung inhaltlich modifiziert hat, wie dies insbesondere bei Antragsänderungen der Fall sein wird. Möglich sind solche Modifikationen aber auch im Hinblick auf das Ermessen des Gerichtes gem. § 938 Abs. 1 ZPO bei der Abfassung des Verfügungsausspruches, wenn sich für das Gericht zu berücksichtigende Gesichtspunkte durch den Vortrag des Antragsgegners ergeben. Zur Vermischung mit dem Fragenkreis der Vollziehung hat wohl die vereinzelt erhobene Forderung, **jede einstweilige Verfügung** bedürfe zur Vollziehung einer Zustellung im Parteibetrieb (OLG Hamburg, FamRz 1988, 521, 522 f.) beigetragen. 186

2. Vollziehung

187 Neben der Zustellung ist die Vollziehung der einstweiligen Verfügung gem. § 929 ZPO erforderlich. Bei der Diskussion, was insoweit erforderlich ist aber auch ausreicht, spielt auch die Zustellung der einstweiligen Verfügung eine Rolle. Es handelt sich hierbei jedoch um eine andere Fragestellung als zuvor. So kann es etwa aus **Gründen der Vollziehung erforderlich** werden, **zusätzlich zu der Amtszustellung** (Rn. 186) **noch** eine **Parteizustellung** vorzunehmen (dazu bereits a.E. von Rn. 186 und im Laufe dieses Gliederungspunktes, s. bereits hier *Schuschke/Walker*, ZPO, § 929 Rn. 22 ff.).

188 Welche **Maßnahmen der Antragsteller** – ansonsten – **zur Vollziehung** veranlassen muss, regelt sich im Wesentlichen nach dem Inhalt der einstweiligen Verfügung. In Teilbereichen gibt es zudem unterschiedliche Rechtsauffassungen. Nach allen Auffassungen muss der Antragsteller zumindest diejenigen Handlungen vornehmen, d.h. auf den Weg bringen, die seinem Bereich zuzuordnen sind und zwar derart, dass der weiteren Durchsetzung der einstweiligen Verfügung, eben auch im Wege der Zwangsvollstreckung, keine Hindernisse entgegenstehen. Ist etwa die Zwangsvollstreckung nur gegen Sicherheitsleistung erlaubt, muss innerhalb der Frist die **Sicherheitsleistung** erbracht und dem Antragsgegner/Schuldner im Parteibetrieb die Erbringung nachgewiesen sein (*Stein/Jonas/Grunsky*, ZPO, § 929 Rn. 15 m.w.N.).

189 Selbst bei Leistungsverfügungen verlangen *Stein/Jonas/Grunsky* (ZPO, § 938 Rn. 38) grundsätzlich die Zustellung der einstweiligen Verfügung im Parteibetrieb zur Wahrung der Vollziehungsfrist des § 929 Abs. 2 ZPO. Bei **Leistungsverfügungen** muss der Antragsteller jedenfalls die **jeweilige Vollstreckungshandlung beantragen**. Eine Vollstreckungshandlung kann aber nicht mehr vorgenommen werden, wenn der Antragsgegner der Verfügung bereits nachgekommen ist. Jedenfalls dann empfiehlt sich zur Vollziehung die Zustellung im Parteibetrieb aus den unter Rn. 199 genannten Gründen (s. auch *Stein/Jonas/Grunsky*, a.a.O., m.w.N. in Fn. 105).

Umstritten ist, ob die Vollstreckung innerhalb der Vollziehungsfrist auch zu einem Abschluss gekommen sein muss oder jedenfalls zu bestimmten Zwischenhandlungen durch das Vollstreckungsorgan. Einfluss auf die Handlungsweise des Vollstreckungsorganes hat der Antragsteller/Gläubiger nicht. Er kann deshalb nicht mit einer evtl. zu späten Handlung des Vollstreckungsorganes belastet werden. Erinnert sei in diesem Zusammenhang etwa an die lange Bearbeitungszeit bei Vollstreckungsorganen wie Grundbuchämtern und Registern während einiger Jahre nach der Wiedervereinigung. Es entspricht zudem einem durchgehenden Grundsatz der Rechtsordnung, dass den Antragstellern kein Nachteil aus langen behördlichen Bearbeitungszeiten erwachsen darf, vgl. etwa auch § 892 Abs. 2 1. Halbsatz BGB hinsichtlich des maßgeblichen Zeitpunktes für den guten Glauben eines Erwerbers. Die h.M. lässt deshalb die ordnungsgemäße Einleitung der Vollstreckung genügen (vgl. die Übersicht bei *Zöller/Vollkommer*, ZPO, § 929 Rn. 11). Dies bedeutet im Einzelnen: Sind Sachen an den Sequester oder an den Antragsteller **herauszugeben**, muss der Antragsteller/Gläubiger den Gerichtsvollzieher gem. §§ 883, 885 ZPO beauftragen.

Soll **Wohnraum** im Wege der einstweiligen Verfügung **herausgegeben** werden, ist die **Beschränkung aus § 940a ZPO** zu beachten (s.o. Rn. 55). 190

Bei **Geldforderungen** muss eine die Vollstreckung einleitende Handlung erfolgen, also entweder die Beauftragung des Gerichtsvollziehers zur Pfändung gem. §§ 803 ff., 808 ff. ZPO oder der Antrag auf Forderungspfändung gem. §§ 828 ff. ZPO. Einstweilige Verfügungen auf Geldzahlungen in Notsituationen sind aus den oben unter Rn. 78 ff. genannten Gründen zeitlich beschränkt. Handelt es sich um **wiederkehrende Geldleistungen**, wie etwa beim Notunterhalt, hat der Antragsteller/Gläubiger wegen jeder Einzelleistung, die der Schuldner nicht zum Fälligkeitszeitpunkt erbringt jeweils innerhalb eines Monates ab diesem Fälligkeitszeitpunkt die jeweilige Vollstreckungshandlung einzuleiten (vgl. *Thomas/Putzo*, ZPO, § 936 Rn. 14). Ob die Nichtbeachtung der Vollziehungsfrist bei einer Teilleistung nur die Nichtvollziehbarkeit dieser einen Teilleistung zur Folge hat oder sich auch auf erst künftig fällig werdende Teilleistungen erstreckt, wird in der Rechtsprechung unterschiedlich beantwortet (vgl. Übersichten bei *Thomas/Putzo*, ZPO, § 936 Rn. 14 und *Zöller/Vollkommer*, ZPO, § 929 Rn. 19). Z.T. werden die unterschiedlichen Auffassungen sogar von verschiedenen Senaten desselben Gerichtes vertreten (vgl. etwa einerseits OLG Hamm (5. FamS), FamRz 1991, 583 und 583 f. – kein Totalentfall – und andererseits OLG Hamm (2. FamS), FamRz 1997, 1496 – Totalentfall). 191

Ist die einstweilige Verfügung auf die **Vornahme von Handlungen** gerichtet, sind die Vollstreckungen entsprechend der insoweit maßgeblichen Normen (§ 887 ZPO bei vertretbaren Handlungen bzw. § 888 ZPO bei unvertretbaren Handlungen) zu beantragen (unter Anerkennung dieses Grundsatzes bewusst abweichend für den Fall einer Auskunftspflicht: OLG Frankfurt a.M., NJW-RR 1998, 1007 f.). 192

193 Ist die einstweilige Verfügung, etwa bei einer **Auflassungsvormerkung** gem. §§ 883, 885 Abs. 1 BGB oder einer **Bauhandwerkersicherungshypothek** gem. § 648 BGB, auf die Eintragung im Grundbuch gerichtet, ist der entsprechende Eintragungsantrag zu stellen. Der Eintragungsantrag muss innerhalb der Frist bei dem zuständigen AG eingehen (OLG Düsseldorf, NJW-RR 1997, 781). Dabei genügt der Eingang bei dem AG an sich. Nicht erforderlich ist, wie der BGH (NJW 2001, 1134 f.) klargestellt hat, dass der Antrag auch dem zuständigen Sachbearbeiter innerhalb der Frist vorgelegt ist. Dasselbe gilt auch für die Eintragung eines Widerspruches gem. § 899 BGB sowie bei einem Veräußerungsverbot i.S.d. §§ 136, 892 Abs. 1 Satz 2 BGB. In sämtlichen Fällen einer einstweiligen Verfügung genügt zur Vollziehung statt eines Antrages des Antragstellers/Gläubigers, wenn das entscheidende **Gericht** gem. § 941 ZPO das Grundbuchamt **um die Eintragung ersucht**. Das Gericht ist zu diesem Vorgehen gem. § 941 ZPO lediglich befugt, nicht verpflichtet.

194 | **Hinweis:**

Wünscht der Antragsteller eine entsprechende Tätigkeit, empfiehlt es sich, dies in der **Antragsschrift anzuregen**. Vorsorglich sollte der Antragsteller auf jeden Fall bei dem Gericht nachfragen, wie das Gericht verfahren wird.

195 Aus gerichtlicher Sicht empfiehlt es sich, wenn das Gericht gem. § 941 ZPO vorgehen will, das Eintragungsersuchen unmittelbar in die einstweilige Verfügung aufzunehmen. Auch wenn das Gericht das Eintragungsersuchen versendet, muss der Antragsteller, respektive sein Bevollmächtigter, die Vollziehungsfrist überwachen und notfalls zur Wahrung der Vollziehungsfrist einen eigenen Antrag stellen. Wie bei dem eigenen Antrag des Gläubigers auf Eintragung wird die Frist auch bei dem Ersuchen durch das entscheidende Gericht gem. § 941 ZPO mit dem Eingang beim Grundbuchamt gewahrt (*Zöller/Vollkommer*, ZPO, § 941 Rn. 2 m.w.N.). Zu beachten ist aber: Es handelt sich um einen Fall der Vollziehung **vor** der Zustellung i.S.d. § 929 Abs. 3 Satz 1 ZPO (*Zöller/Vollkommer*, a.a.O.). Die Vollziehung wird also unwirksam, wenn nicht innerhalb einer Woche nach der Vollziehung **und** vor Ablauf der Vollziehungsfrist nach Abs. 2 die Zustellung folgt. Fraglich ist allerdings, wann die Wochenfrist beginnt: Nach Auffassung von *Zöller/Vollkommer*, ZPO, § 941 Rn. 2 beginnt diese bereits mit dem gerichtlichen Ersuchen,

d.h. in der Praxis mit dem Erlass der einstweiligen Verfügung, wenn das Ersuchen wie üblich bereits in einstweiligen Verfügung enthalten ist; keine Angaben insoweit anscheinend bei *Thomas/Putzo*, ZPO, § 941 Rn. 2 und *Baumbach/Lauterbach/Albers/Hartmann*, ZPO, § 941 Rn. 3. Die Auffassung von *Zöller/Vollkommer*, a.a.O., scheint nicht abgestimmt mit den generellen Ausführungen zu § 929 ZPO, wenn dort dargelegt wird, dass die Frist nicht schon mit dem Eingang des Antrages bei dem zuständigen Vollstreckungsorgan, sondern erst mit der Bewirkung des Vollstreckungszugriffs beginne (*Zöller/Vollkommer*, ZPO, § 929 Rn. 24). Denn das wäre erst die Eintragung in das Grundbuch. Wie immer sollte der anwaltliche Vertreter sich im Vorfeld vorsorglich auf die „gefährlichere" Variante einstellen, d.h. von dem Beginn der Wochenfrist bereits durch das gerichtliche Ersuchen.

Zum Anwendungsbereich des § 941 ZPO ist zu beachten, dass dieser ausschließlich für einstweilige Verfügungen gilt, „aufgrund" derer „eine Eintragung in das Grundbuch, das Schiffsregister oder das Schiffsbauregister zu erfolgen hat." § 941 ZPO ist deshalb unanwendbar, wenn eine einstweilige Verfügung auf Geldzahlungen durch Eintragung einer Sicherungshypothek gem. § 867 ZPO vollstreckt werden soll (*Zöller/Vollkommer*, ZPO, § 941 Rn. 1). § 941 ZPO ist ferner unanwendbar bei einem Verfügungsverbot. Dieses wird wirksam bei einer Beschlussverfügung mit der Zustellung des Beschlusses an den Antragsgegner und bei einer Urteilsverfügung mit Verkündung. Die Eintragung in das Grundbuch erfolgt lediglich, um entgegen §§ 136, 135 Abs. 2 BGB den guten Glauben eines etwaigen Erwerbers über § 892 Abs. 1 Satz 2 BGB auszuschließen (*Zöller/Vollkommer*, ZPO, § 941 Rn. 2 m.w.N.). **196**

Die vorstehenden Ausführungen gelten auch, soweit die einstweilige Verfügung auf die **Eintragung in ein Handels- oder sonstiges Register** gerichtet ist. **197**

Wie bereits oben unter Rn. 111 ff. dargelegt bedarf es zur Vollziehung einer **Unterlassungsverfügung** der **Androhung eines Ordnungsmittels** (BGH, NJW 1996, 198, 199; zur Verzichtbarkeit bei Zustellungen im Ausland OLG München, MDR 1995, 1167). Ist diese nicht bereits in der einstweiligen Verfügung enthalten, ist der Antrag auf Androhung des Ordnungsmittels zur Vollziehung notwendig aber auch hinreichend (BGH, NJW 1990, 122, 124; *Schuschke/Walker*, ZPO, § 929 Rn. 28 a.E.) **198**

Enthält die einstweilige Verfügung bereits die Androhung, gilt Folgendes: Eine Zwangsvollstreckung durch eine nach außen sichtbare Maßnahme, wie et- **199** wa den Einsatz eines Gerichtsvollziehers, ist nicht möglich. Der BGH (z.B. in NJW 1993, 1076, 1077 f. und NJW 1996, 198 f.) sowie die meisten OLG (z.B. OLG München, MDR 1998, 1243 f.; i.Ü. s. Übersicht bei *Addiks*, MDR 1994, 225) verlangen von dem Antragsteller, er müsse seinen **Vollziehungswillen** in anderer Weise **nach außen dokumentieren**. Dazu verlangen die Vertreter dieser Auffassung von dem Antragsteller eine **Parteizustellung** ggf. neben der Zustellung der Urteilsverfügung von Amts wegen.

200 **Hinweis:**

Wegen der Uneinheitlichkeit der Rechtsprechungspraxis auch der Oberlandesgerichte empfiehlt es sich für den anwaltlichen Vertreter des Antragstellers, sich entweder Gewissheit über die Handhabung in dem maßgeblichen Gerichtsbezirk zu verschaffen oder vorsorglich, gerade auch im Hinblick auf evtl. Rechtsprechungswechsel, zusätzlich zu der Amtszustellung noch die Parteizustellung zu betreiben. Allerdings gilt es, Gerichte, die nicht eine solche – zusätzliche – Parteizustellung verlangen, und deren Geschäftsstellen von der Notwendigkeit einer baldigen Zurverfügungstellung entweder einer vollstreckbaren Ausfertigung der Urteilsverfügung in Langform oder zumindest einer abgekürzten Ausfertigung zu überzeugen (wegen des Meinungsstandes vgl. ferner die Übersichten bei *Schuschke/Walker*, ZPO § 929 Rn. 27 ff.; *Zöller/Vollkommer*, ZPO, § 929 Rn. 18).

201 Auf die Besonderheiten bei der Zustellung von Beschlussverfügungen war bereits vorstehend unter Rn. 185 ff. hingewiesen worden.

202 Nicht geklärt ist, ob und ggf. welche weiteren Maßnahmen **einer Zustellung im Parteibetrieb oder einem Antrag auf Festsetzung von Ordnungsmitteln gleichstehen und dadurch ersetzen können**. Der BGH (NJW 1993, 1076, 1079) erwähnt Maßnahmen, die ähnlich formalisiert und urkundlich belegt sind. Das KG (WRP 1995, 325 ff.) hat jedenfalls die Zusendung der Urteilsverfügung als Anlage zu einem Privatschreiben als nicht ausreichend angesehen, obwohl teilweise gerade die Ernsthaftigkeit des Vollziehungswillens darin gesehen wird, dass der Antragsteller den Antragsgegner zur Einhaltung der einstweiligen Verfügung auffordert, weil er damit für den Fall eines Verstoßes den Antrag auf Festsetzung von Ordnungsmitteln ankündigt. OLG Hamburg (NJWE-WettbR 2000, 51) hat in vergleichbarer Weise nach Bestätigung der grundsätzlichen Möglichkeit einer Alternative entschieden, dass jedenfalls nicht genügen die Versendung eines Abschlussschreibens ver-

bunden mit der Aufforderung, der Antragsgegner solle sich an die einstweilige Verfügung halten und die Androhung eines Ordnungsmittelantrages.

> **Hinweis:** 203
>
> In der Praxis empfiehlt es sich deshalb, sich nicht auf irgendwelche Alternativen zu verlassen, sondern für eine rechtzeitige Zustellung im Parteibetrieb Sorge zu tragen (s. umfassend bei *Schuschke/Walker*, ZPO, § 929 Rn. 27 m.w.N.).

Zu dem Verhältnis von Zustellung und – weiterer – Vollziehungshandlung ist insbesondere § 929 Abs. 3 ZPO zu beachten. Danach ist eine – weitere – **Vollziehungshandlung**, etwa der Antrag auf Eintragung beim Grundbuchamt, **schon vor der Zustellung** an den Antragsgegner zulässig. Die die Vollziehungsfrist wahrende Wirkung verfällt jedoch nach § 929 Abs. 3 Satz 2 ZPO, wenn die Zustellung nicht innerhalb einer Woche nach der Vollziehungshandlung und vor Ablauf der Vollziehungsfrist (ein Monat) erfolgt. Um diese Vorgabe zu wahren, kann es erforderlich werden, auch wenn an sich eine Urteilszustellung von Amts wegen gem. § 317 Abs. 1 ZPO genügt, dass der Antragsteller die Zustellung im Parteibetrieb bewirkt. Auch in diesem Fall genügt die Zustellung einer abgekürzten Ausfertigung. Um Probleme mit der Vollziehungsfrist zu vermeiden, empfiehlt es sich deshalb für den Antragsteller, auch bei der Urteilsverfügung auf eine abgekürzte vollstreckbare Ausfertigung zu drängen, um diese im Parteibetrieb zuzustellen. 204

Eine **faktische „Verlängerung"** der an sich nicht verlängerungsfähigen Monatsfrist kommt in folgender Konstellation zugunsten des Antragstellers in Betracht: 205

Hatte der Antragsteller die Beschlussverfügung noch nicht vollzogen und ergeht auf der Grundlage der mündlichen Verhandlung eine Bestätigung allerdings mit **wesentlicher Modifikation**, beginnt die Vollziehungsfrist ab Erlass des Urteiles neu (vgl. OLG Schleswig, NJW-RR 1985, 1128 – obiter dictum – sowie OLG Hamburg, OLGR Hamburg 1999, 180; korrespondierend hierzu OLG Hamm, NJW-RR 1999, 631: erneute Zustellung etc. nicht erforderlich, wenn die einstweilige Verfügung nicht inhaltlich verändert und/oder erweitert worden ist bzw. erneute Zustellung ist erforderlich bei wesentlicher inhaltlicher Änderung und/oder Erweiterung; OLG Köln, GRUR 1999, 89). Der Neubeginn der Vollziehungsfrist wird damit begründet, der Antragsteller hätte die einstweilige Verfügung **mit diesem Inhalt** vorher noch nicht vollziehen können. Umstritten ist, ob diese Möglichkeit dem Antragsteller auch dann zukommt, wenn die Beschlussverfügung uneingeschränkt bestätigt worden ist. Eine verbreitete Meinung bejaht dies, vgl. die Übersichten auch zur Gegenansicht bei *Thomas/Putzo*, ZPO, § 929 Rn. 3; *MünchKomm/Heinze*, ZPO, § 929 Rn. 5; *Schuschke/Walker*, ZPO, § 929 Rn. 13a; *Stein/Jonas/Grunsky*, ZPO, § 929 Rn. 4; *Zöller/Vollkommer*, ZPO, § 929 Rn. 7; zur Gegenauffassung s. insbesondere *Baumbach/Lauterbach/Albers/Hartmann*, ZPO, § 929 Rn. 10 ff., insbesondere Rn. 11 s.v. Bestätigung nach Widerspruch).

206 Diese Möglichkeiten der „Fristverlängerung" kommen dem Antragsteller jedoch nur dann zugute, wenn bis zum Zeitpunkt der mündlichen Verhandlung die Vollziehungsfrist noch nicht abgelaufen war. Andernfalls ist im Rahmen der Entscheidung auf der Grundlage der mündlichen Verhandlung die Beschlussverfügung wegen der Fristversäumnis aufzuheben (*Baumbach/Lauterbach/Albers/Hartmann*, a.a.O.).

III. Folgen der Fristversäumnis

207 Wie dargelegt ist bei einer Versäumung der Frist noch während des laufenden Anordnungsverfahrens, gleichgültig aus welchem Grund das Anordnungsverfahren noch läuft (z.B. infolge eines Widerspruches, im Einspruchsverfahren gegen ein Versäumnisurteil oder im Berufungsverfahren), die zuvor erlassene einstweilige Verfügung **wegen der Fristversäumnis aufzuheben**. Es fehlt an dem Verfügungsgrund oder zumindest an einem Rechtsschutzinteresse des Antragstellers auf Erlass einer einstweiligen Verfügung, die gem. § 929 Abs. 2 ZPO nicht mehr vollzogen werden kann.

208 Nach **Eintritt der formellen Bestandskraft der einstweiligen Verfügung** kann der Antragsgegner die Aufhebung wegen des Eintritts veränderter Umstände gem. § 927 Abs. 1 ZPO beantragen. Will der Antragsteller das Aufhebungsverfahren vermeiden, kann er unter Verzicht auf die Rechte aus der einstweiligen Verfügung dem Antragsgegner den Titel aushändigen und dem Antragsgegner unter Verzicht auf den eigenen bisher titulierten Kostenerstattungsanspruch dessen Kosten erstatten bzw. bereits vom Antragsgegner erstattete Kosten zurückerstatten. Eingeleitete Vollstreckungsmaßnahmen werden unwirksam, wenn die Frist des § 929 Abs. 3 ZPO versäumt wird (BGH, NJW 1999, 3494).

209 Dem Grunde nach steht dem Antragsteller nach Aufhebung der einstweiligen Verfügung wegen Versäumung der Vollziehungsfrist die Möglichkeit der **Neu-**

beantragung einer einstweiligen Verfügung bei dem **erstinstanzlichen** Gericht offen. In aller Regel wird es in dem Neuverfahren aber an dem **Verfügungsgrund** fehlen (vgl. etwa KG, NJW-RR 1992, 318 f.). Die weitere Diskussion, ob das neue Verfahren bereits eingeleitet werden kann, wenn das erste einstweilige Verfügungsverfahren noch nicht abgeschlossen ist (zum Meinungsstand s. *Zöller/Vollkommer*, ZPO, § 929 Rn. 23), ist daher auf Ausnahmesituationen beschränkt. Selbst wenn dem Antragsteller der Antrag auf **Neuerlass** der einstweiligen Verfügung noch im Berufungsverfahren ermöglicht werden sollte, wie dies z.T. für möglich gehalten wird (OLG Düsseldorf, GRUR 1984, 385, 386; a.A. OLG Hamm, GRUR 1989, 457; OLG Brandenburg, MDR 1999, 1219), wird sich an dieser Problematik nichts ändern. Bei dem Neuerlass einer einstweiligen Verfügung wird für die Beurteilung des Eilbedürfnisses und damit des Verfügungsgrundes die bereits erlassene einstweilige Verfügung und die **Versäumung** der Vollziehungsfrist zu berücksichtigen sein.

IV. Vollziehungsschadensersatzanspruch

§ 945 ZPO enthält eine eigene Anspruchsgrundlage für Schadensersatzansprüche (vgl. oben Rn. 7). 210

1. Fallkonstellationen

Ersetzt wird der **Schaden**, der dem Antragsgegner **aus der Vollziehung oder aus der Sicherheitsleistung** zur Abwendung der Vollziehung der einstweiligen Verfügung entsteht. Auf der tatbestandlichen Seite begrenzt § 945 ZPO den Anspruch auf **drei Fallkonstellationen**: 211

- Die einstweilige Verfügung erweist sich als von Anfang an ungerechtfertigt;
- die einstweilige Verfügung wird wegen Verfristung des Hauptsacheverfahrens gem. § 926 Abs. 2 ZPO aufgehoben und
- die einstweilige Verfügung wird wegen Verfristung des Rechtfertigungsverfahrens gem. § 942 Abs. 3 ZPO aufgehoben.

Nicht zu einem Schadensersatzanspruch berechtigt mithin eine nachträgliche Aufhebung der einstweiligen Verfügung gem. § 927 ZPO wegen veränderter Umstände. Soweit die Aufhebung gem. § 927 ZPO darauf beruht, dass die Vollziehungsfrist nicht gewahrt worden ist (s. vorstehend unter Rn. 207 f.) versteht sich dies von selbst. Ist die einstweilige Verfügung nicht vollzogen worden, 212 kann der Antragsgegner auch keinen Vollziehungsschaden erlitten haben. Soweit ein Schadensersatzanspruch in anderen Fällen des § 927 nicht bewilligt wird, liegt dem die Vorstellung zugrunde, dass der Antragsteller lediglich eigene Fehlhandlungen (Fälle des § 926 Abs. 2 ZPO und § 942 Abs. 3 ZPO) sowie die Erlangung einer einstweiligen Verfügung entgegen der schon damals bestehenden Rechtslage zu vertreten haben soll. Eine Veränderung der Umstände hingegen kann auch durch das Verhalten des Antragsgegners herbeigeführt worden sein.

213 **Hinweis:**

Der Antragsgegner und sein Vertreter haben deshalb darauf zu achten bzw. entsprechend zu „steuern", **aus welchem Grund die einstweilige Verfügung tatsächlich aufgehoben** wird. Dies ist insbesondere dann zu beachten, wenn mehrere Aufhebungsgründe bestehen, etwa sowohl eine Aufhebung gem. § 926 Abs. 2 als auch gem. § 927 ZPO in Betracht kommt.

214 Wird die Verfügung antragsgemäß nach § 927 ZPO aufgehoben, kommt der weitere Aufhebungsgrund nicht zum Tragen. Ein Schadensersatzanspruch ist dann ausgeschlossen (vgl. *Zöller/Vollkommer*, ZPO, § 945 Rn. 12). Ausgeschlossen ist ein Schadensersatzanspruch ferner, wenn der Antragsgegner durch eine der einstweiligen Verfügung zustimmende Abschlusserklärung (dazu s.u. Rn. 1056 ff.) die Regelung der einstweiligen Verfügung aus dem bloß vorläufigen Stadium in eine abschließende Regelung überführt. Infolge Abschlusserklärung ist eine Aufhebung der einstweiligen Verfügung in einem Hauptsacheverfahren nicht mehr möglich. Wie bereits eingangs im Zusammenhang mit § 927 ZPO dargelegt, scheidet ein Schadensersatzanspruch gem. § 945 ZPO immer dann aus, wenn keine Vollziehung stattgefunden hat. Unterlassungsverfügungen sind gem. § 890 Abs. 2 ZPO nur vollziehbar, wenn die Ordnungsmittel angedroht sind. Befolgt der Antragsgegner eine – materiell zu Unrecht ergangene – einstweilige Verfügung, obwohl die Androhung fehlt, geschieht dies nicht in Vollziehung der einstweiligen Verfügung. Dem Antragsgegner steht deshalb kein Schadensersatzanspruch zu und zwar auch dann nicht, wenn er die einstweilige Verfügung nicht gem. § 927 ZPO wegen Verletzung der Vollziehungsfrist aus § 929 Abs. 2 ZPO hat aufheben lassen.

2. Von Anfang an ungerechtfertigte einstweilige Verfügung

215 Auslegungs- und Anwendungsprobleme bei der Handhabung des § 945 ZPO finden sich im Wesentlichen bei der Frage, wann eine einstweilige Verfügung

von Anfang an ungerechtfertigt i.S.d. ersten Alternative des § 945 ZPO ist und welche Entscheidung für diese Bewertung maßgeblich ist: Die h.M. nimmt eine Situation, in der eine einstweilige Verfügung bei richtiger Beurteilung der tatsächlichen und rechtlichen Gegebenheiten von Anfang an nicht hätte erlassen werden können, lediglich dann an, wenn es an dem Verfügungsanspruch oder -grund gefehlt hat (vgl. BGH, NJW 1988, 3268, 3269). Schadensersatzansprüche sind jedoch nicht bereits dann begründet, wenn das Verfügungsgericht zu Unrecht Prozessvoraussetzungen oder die Glaubhaftmachung von Verfügungsanspruch bzw. Verfügungsgrund bejaht hat (vgl. *Stein/Jonas/Grunsky*, ZPO, § 945 Rn. 22 m.w.N. Fn. 96).

216 Stark umstritten, sogar innerhalb der unterschiedlichen Senate des BGH, ist die Frage, **aus welchen Vorentscheidungen für das im Schadensersatzprozess erkennende Gericht Bindungswirkungen** entstehen:

Hinsichtlich des **Verfügungsanspruches** kann durch das nachfolgende **Hauptsacheverfahren ein rechtskräftiges Sachurteil** vorliegen. Dieses ist nach allgemeiner Auffassung für das im Schadensersatzprozess erkennende Gericht bindend (vgl. BGH, NJW 1988, 3268, 3269). Hat das letztinstanzlich entscheidende Hauptsachegericht die Klage abgewiesen, obwohl das letztinstanzlich entscheidende Verfügungsgericht eine einstweilige Verfügung erlassen hatte, verbleibt wegen dieser Bindungswirkung dem Anspruchsteller nur noch der Einwand, die abweichende Entscheidung des Hauptsachegerichtes beruhe auf einer Änderung der Sach- oder Rechtslage nach dem Abschluss des Verfügungsverfahrens bis zur letzten mündlichen Verhandlung im Hauptsacheverfahren. Umstritten ist bei Fehlen eines rechtskräftigen Urteiles des Hauptsachegerichtes, ob das über den Schadensersatzanspruch erkennende Gericht in diesem Falle an eine **letztinstanzliche Entscheidung des Verfügungsgerichtes** gebunden ist, wenn bereits dieses das Bestehen eines Verfügungsanspruches von Anfang an verneint hat. Der 9. Zivilsenat des BGH bejaht dies (NJW 1992, 2297, 2298). Der 1. Zivilsenat hat dies in einer späteren Entscheidung in ausdrücklicher Abgrenzung offen gelassen (NJW 1994, 2765, 2767).

217 Der **Verfügungsgrund** ist generell nicht Gegenstand des Hauptsacheverfahrens. Insoweit stellt die h.M. anders als bei dem Verfügungsanspruch auf das **letztinstanzliche Urteil im einstweiligen Verfügungsverfahren** ab (vgl. *Crückeberg*, Vorläufiger Rechtsschutz, § 2 Rn. 184). Lediglich wenn der Antragsgegner die im Beschlusswege ergangene Verfügung nicht angegriffen hat, muss das für den Schadensersatzanspruch erkennende Gericht dieses Tatbestandsmerkmal eigenständig durchprüfen.

218 Soweit **keine Bindungswirkung** eingreift und das im Schadensersatzprozess erkennende Gericht deshalb eigenständig beurteilen muss, ob die einstweilige Verfügung von Anfang an ungerechtfertigt war, liegen die Darlegungs- und Beweislast für die vorhandene Berechtigung der einstweiligen Verfügung bei dem **Verfügungskläger** (BGH, NJW-RR 1992, 998, 1001). Dem liegt unausgesprochen die Vorstellung zugrunde, der Antragsteller habe durch die einstweilige Verfügung in die Rechtsposition des Antragsgegners eingegriffen und müsse dies entsprechend rechtfertigen.

3. Rechtsfolgenseite

219 Auf der **Rechtsfolgenseite** ist die **Begrenzung des Schadensersatzanspruches** durch § 945 ZPO zu beachten. Danach ist dem Gegner der Schaden, „der ihm **aus der Vollziehung** ... oder **dadurch** entsteht, dass er **Sicherheit** leistet, um ...". *[Hervorhebungen durch Verfasser]* zu ersetzen. Aus der Vollziehung in diesem Sinne sind hinsichtlich Gerichts- und Anwaltskosten lediglich insoweit schadensersatzpflichtige Positionen entstanden, als der Antragsgegner dem Antragsteller Anwalts- und Gerichtskosten erstattet hat. Die Belastungen mit Kosten des eigenen Bevollmächtigten des Antragsgegners resultieren nicht aus der Vollziehung, sondern aus der Verteidigung im Verfügungsverfahren. Insoweit besteht eine Erstattungsmöglichkeit, wenn die einstweilige Verfügung von vornherein zu Unrecht erlassen war, indem auf der Grundlage des rechtskräftigen Hauptsacheurteiles die einstweilige Verfügung gem. § 927 ZPO aufgehoben wird (BGH, GRUR 1993, 203 sowie Rn. 245 ff.).

220 **Hinweis:**

In den Alternativen 2 und 3 des § 945 ZPO, d.h. bei einer Aufhebung der einstweiligen Verfügung wegen Versäumnis der Frist für die Einleitung des Hauptsacheverfahrens oder des Rechtfertigungsverfahrens gem. § 926 Abs. 2 ZPO oder § 942 Abs. 3 ZPO, gewinnt dieses Kriterium der Kausalität der Vollziehung für den Schaden besonderes Gewicht und bietet deshalb dem Antragsteller Argumentationshilfe gegen eine evtl. Schadensersatzpflicht.

221 War der Antragsgegner trotz der Aufhebung der einstweiligen Verfügung aus dem vorgenannten Fristversäumnis materiell i.S.d. zunächst ergangenen einstweiligen Verfügungen verpflichtet, beruht seine Handlung, Duldung oder

Unterlassung nicht auf der Vollziehung, sondern auf der materiellen Rechtslage, so dass ein Schadensersatzanspruch ausscheidet.

§ 945 ZPO ist ein Schadensersatzanspruch. Es gelten deshalb die **allgemeinen Regelungen für Schadensersatzansprüche** (wie § 254 BGB). Ein Mitverschulden wird beispielsweise darin gesehen, dass der Antragsgegner von ihm zustehenden Rechtsmitteln keinen Gebrauch gemacht hat. Die Verjährungsfrist beträgt gem. § 852 BGB drei Jahre. Sie beginnt entweder mit der Aufhebung der einstweiligen Verfügung bereits im Verfügungsverfahren (BGH, NJW 1992, 2297, 2298) oder mit der obsiegenden Entscheidung im Hauptsacheverfahren (BGH, NJW 1993, 863, 864). 222

§ 6 Rechtsbehelfe

Die Rechtsbehelfe im einstweiligen Verfügungsverfahren sind gemessen an den sonst gewährten Möglichkeiten, wie etwa Beschwerde, Berufung und Revision, ungewöhnlich zahlreich. Dies liegt zum einen daran, dass im Rahmen der §§ 924 ff., 936 ZPO eine Reihe von besonderen Rechtsbehelfen geregelt sind. Dies liegt zum anderen daran, dass neben diesen besonderen Rechtsbehelfen die allgemeinen Rechtsbehelfe treten, wie etwa Berufungen und sofortige Beschwerde. 223

I. Rechtsbehelfe des Antragstellers

Dem Antragsteller stehen unterschiedliche Rechtsbehelfe zur Verfügung, je nachdem, ob die einstweilige Verfügung bereits im Beschlussverfahren oder erst nach Durchführung einer mündlichen Verhandlung abgelehnt worden ist. 224

1. Nach Beschlussverfahren

Der Beschluss, durch den der **Antrag auf Erlass einer einstweiligen Verfügung zurückgewiesen** wird, ist gem. §§ 922 Abs. 3, 936 ZPO dem Antragsgegner nicht mitzuteilen. Der Antragsteller kann einen **neuen Antrag** einreichen, in dem er auf mitgeteilte Bedenken des Gerichtes eingeht. Der Antragsteller kann auch gegen den ablehnenden Beschluss **Beschwerde** gem. § 567 Abs. 1 ZPO einlegen. 225

Seit dem 1.1.2002 ist dies zwingend die **sofortige** Beschwerde, und nicht mehr wie früher die einfache Beschwerde. Deshalb ist **zweiwöchige Notfrist** des § 569 Abs. 1 Satz 1 ZPO zu beachten. Weil die Beschwerde nach § 571

Abs. 1 ZPO nur „begründet werden soll", schlägt *Schneider* (ZPO-Reform, Rn. 580 ff.) vor, wenn Zeitknappheit besteht, zunächst nur die Beschwerde fristwahrend einzulegen und erst später zu begründen. Zu berücksichtigen ist im einstweiligen Verfügungsverfahren jedoch, dass nicht durch zu langes Abwarten das Eilinteresse gefährdet wird (s.o. Rn. 73 ff.).

226 **Hinweis:**
Die Beschwerde kann gem. § 569 Abs. 1 Satz 1 1. Halbsatz ZPO beim Ausgangsgericht oder gem. § 569 Abs. 1 Satz 1 2. Halbsatz ZPO beim Beschwerdegericht eingelegt werden.

227 Umstritten ist, ob nach Verfügungsanträgen an das LG auch das Beschwerdeverfahren gem. §§ 920 Abs. 3, 936 ZPO noch von dem Anwaltszwang befreit ist oder wegen § 569 Abs. 2 Satz 2 ZPO a.F. bzw. § 569 Abs. 3 Nr. 1 ZPO bereits Anwaltszwang besteht (zum Streitstand s. *MünchKomm/Heinze*, ZPO, § 922 Rn. 8; sowie *Zöller/Vollkommer*, ZPO, § 922 Rn. 13, der selbst die Auffassung vertritt, dass kein Anwaltszwang besteht). Die Frage ist, soweit überhaupt Anwälte bestellt sind, wegen der bereits angesprochenen Änderung der Postulationsfähigkeit weitgehend obsolet geworden (s. Rn. 87 ff.). Auch die Befürworter des Anwaltszwanges verlangen aber nicht bei Einlegung der Beschwerde direkt beim OLG als Beschwerdegericht die Einschaltung eines am OLG zugelassenen Anwaltes. Sie sehen vielmehr auch den erstinstanzlichen Bevollmächtigten insoweit als postulationsfähig an (*Schuschke/Walker*, ZPO, § 922 Rn. 20 m.w.N.).

228 Umstritten ist ferner, ob nach beim Ausgangsgericht eingelegter Beschwerde das „übliche Verfahren" folgt: Üblicherweise hat das Ausgangsgericht der Beschwerde gem. § 571 1. Halbsatz 1 ZPO a.F. bzw. § 572 Abs. 1 Halbs. 1 ZPO n.F. abzuhelfen, wenn es sie für begründet erachtet. Dies geschieht durch Erlass der beantragten Verfügung im Beschlusswege (so auch für das einstweilige Verfügungsverfahren *Baumbach/Lauterbach/Albers/Hartmann*, ZPO, § 922 Rn. 25 m.w.N.; *Schuschke/Walker*, ZPO, § 922 Rn. 20; dagegen OLG Frankfurt, OLGR Frankfurt 1993, 307). Erhofft sich der Antragsteller eine Abhilfe, sollte er also vorsorglich die Möglichkeit der **Abhilfe** durch das Ausgangsgericht begründen. Wenn das Verfügungsgericht nicht abhelfen will, hat es jedenfalls gem. § 572 Abs. 1 Halbs. 2 ZPO die Beschwerde unverzüglich (gem. § 571 2. Halbs. ZPO a.F. vor Ablauf einer Woche) dem Beschwerdegericht zur Entscheidung vorzulegen. Erachtet das Beschwerdegericht die Be-

schwerde für nicht begründet, hat es sie durch Beschluss (§ 572 Abs. 4 ZPO n.F.) zurückzuweisen. Erachtete das Beschwerdegericht die Beschwerde hingegen für begründet, standen ihm bis zum 31.12.2001 mehrere Möglichkeiten offen: Zunächst konnte es gem. § 575 ZPO unter Aufhebung des angefochtenen Beschlusses eine mündliche Verhandlung vor dem Verfügungsgericht anordnen. Es konnte auch selbst die einstweilige Verfügung im Beschlusswege erlassen oder selbst mündliche Verhandlung anberaumen und dann durch Urteil entscheiden (*Baumbach/Lauterbach/Albers/Hartmann*, ZPO, § 922 Rn. 25 m.w.N.; *Crückeberg*, Vorläufiger Rechtsschutz, § 3 Rn. 81). Gem. § 572 Abs. 3 ZPO n.F. kann es selbst entscheiden oder dem Gericht oder Vorsitzenden, „von dem die beschwerende Entscheidung erlassen war, die erforderliche Anordnung" (hierzu *Zöller/Summer*, ZPO, § 572 Rn. 22 ff.) übertragen.

Auch wenn das Verfügungsgericht die beantragte Verfügung im Beschlusswege erlässt, kann dies mit einer Beschwer für den Antragsteller verbunden sein. Macht das Gericht die Anordnung der einstweiligen Verfügung von einer Sicherheitsleistung abhängig, ist gegen diese Anordnung isoliert die Beschwerde möglich (vgl. *Crückeberg*, Vorläufiger Rechtsschutz, § 3 Rn. 82). 229

2. Nach Urteilsverfahren

Gem. §§ 922 Abs. 1, 936 ZPO hat das Gericht über den Antrag **nach mündlicher Verhandlung durch Endurteil** zu entscheiden. Eine mündliche Verhandlung kann stattfinden, entweder, weil das Gericht von der Befugnis des § 937 Abs. 2 ZPO n.F. ohne mündliche Verhandlung zu entscheiden, keinen Gebrauch gemacht hat oder weil der Antragsgegner gegen eine im Beschlusswege ergangene einstweilige Verfügung gem. §§ 924, 936 ZPO Widerspruch eingelegt hat. Die mündliche Verhandlung kann ferner stattfinden in einem Rechtfertigungsverfahren gem. § 942 Abs. 1 ZPO oder in einem Aufhebungsverfahren gem. § 927 Abs. 2 ZPO (dazu s. *Zöller/Vollkommer*, ZPO, § 942 Rn. 7). Gegen ein Endurteil nach mündlicher Verhandlung ist lediglich die **Berufung** gem. §§ 511 ff. ZPO möglich. **Revision** ist gem. § 542 Abs. 2 ZPO n.F. nicht statthaft. 230

Gegen ein **Versäumnisurteil** ist, wie auch im Hauptsacheverfahren, Einspruch gem. §§ 338 ff. ZPO einzulegen. 231

Nach mündlicher Verhandlung kann das Gericht auf Antrag gem. § 939 ZPO die einstweilige Verfügung gegen Sicherheitsleistung aufheben. Die Ent- 232 scheidung kann auch noch im Berufungsverfahren ergehen. Ein solches Verfahren kommt nur dann in Betracht, wenn bei dem Verfügungsanspruch das Vermögensinteresse des Antragstellers im Vordergrund steht, wie etwa bei Verfügungen zur Wahrung des Vermieterpfandrechts gem. §§ 562 ff. oder Verfahren zur Eintragung einer Vormerkung auf Einräumung einer Bauhandwerkersicherungshypothek gem. § 648 BGB (*Zöller/Vollkommer*, ZPO, § 939 Rn. 1 f.).

II. Rechtsbehelfe des Antragsgegners

233 Das stark differenzierte und umfangreiche Rechtsbehelfssystem im einstweiligen Verfügungsrecht kommt insbesondere dem Antragsgegner zugute, wenn dieser sich gegen eine einstweilige Verfügung zur Wehr setzen will.

1. Widerspruch

234 **Gegen den Beschluss**, durch den das Verfügungsgericht eine einstweilige Verfügung erlässt, kann der Antragsgegner gem. §§ 924 Abs. 1, 936 ZPO Widerspruch einlegen. In dem Widerspruch soll der Antragsgegner gem. Abs. 2 die Gründe darlegen, derentwegen die einstweilige Verfügung aufzuheben ist. Die Gründe können aber auch noch nachgeschoben werden (*Schuschke/Walker*, ZPO, § 924 Rn. 12 m.w.N.). Der Widerspruch ist nicht fristgebunden (*Schuschke/Walker*, ZPO, § 924 Rn. 13). Auf den Widerspruch erfolgt Anberaumung des Termins zur mündlichen Verhandlung von Amts wegen, § 924 Abs. 2 Satz 2 ZPO. Gem. Abs. 3 ist durch die Erhebung des Widerspruches allein die Vollziehung des Arrestes nicht gehemmt. Das Gericht kann auf entsprechenden Antrag eine einstweilige Anordnung nach § 707 ZPO treffen.

235 Auf der Grundlage des Widerspruchsverfahrens ergeht dann, sofern keine andere Verfahrensbeendigung eintritt, ein Endurteil mit den dagegen möglichen Rechtsbehelfen, insbesondere dem Rechtsmittel der Berufung.

236 Möglich ist **eine Beschränkung des Widerspruches** auf einzelne Punkte einer mehrgliedrigen Unterlassungsverfügung oder auf einen Teilbereich des Verfügungstextes, wenn der Antragsgegner meint, dass der Verfügungstenor zu weit greift. Beschränkt werden kann der Widerspruch aber auch auf die Kostenentscheidung und zwar dann, wenn der Antragsgegner in der Sache selbst die einstweilige Verfügung akzeptieren will, aber keinen Anlass für die Einleitung des Verfügungsverfahrens gesetzt hat. Der sog. **Kostenwider-**

spruch ist also mit einem **sofortigen Anerkenntnis in der Sache selbst** verbunden. Über die Kosten ist dann gem. § 93 ZPO zu entscheiden. Soll dieser Weg gewählt werden, muss er von Anfang an entsprechend eingeschlagen werden. Der Widerspruch darf sich von Anfang an nur gegen die Kostenentscheidung richten. Ist der Widerspruch zunächst uneingeschränkt eingelegt und wird er erst später auf die Kostenentscheidung beschränkt, ist das Anerkenntnis nicht sofort abgegeben. Der Antragsgegner kommt nicht in den Vorteil der für ihn günstigen Kostenfolge (vgl. insgesamt *Schuschke/Walker*, ZPO, § 924 Rn. 11). Auch über den bloßen Kostenwiderspruch ist durch Urteil zu entscheiden. Rechtsbehelf gegen dieses Urteil ist wegen der Beschränkung auf den Kostenausspruch nach OLG Frankfurt a.M. (OLGZ 1993, 237), und OLG Stuttgart (OLGR Stuttgart 1999, 328), analog § 99 Abs. 2 ZPO die sofortige Beschwerde.

Andererseits hat sich der Antragsgegner vor der Beschränkung auf den Widerspruch allein gegen die Kosten zu vergegenwärtigen, dass er damit i.Ü. auf den Widerspruch gegen die Verfügung an sich **verzichtet**. Eine spätere Erweiterung des zunächst eingelegten bloßen **Kostenwiderspruches** ist deshalb nicht möglich (OLG Hamm, GRUR 1991, 633 f.). Streitig ist, ob durch den im Kostenwiderspruch liegenden Verzicht auf einen umfassenden Widerspruch auch die weiteren Rechtsbehelfe gem. § 926 Abs. 2 und § 927 ZPO (s.u. Rn. 245 ff.) ausgeschlossen sind (verneinend z.B. OLG Stuttgart, WRP 1980, 102, 103; a.A. KG, WRP 1982, 465, 466 f.). Umstritten ist ferner, ob mit der Beschränkung des Widerspruches auf die Kosten zugleich auch ein Verzicht auf eine negative Feststellungsklage verbunden ist. Für eine so weitreichende Wirkung des auf die Kosten beschränkten Widerspruches spricht die oben mitgeteilte Wirkung des Kostenwiderspruches: Der Antragsgegner erkennt, wenn er sich auf die Kostenvergünstigung des § 93 ZPO beruft, den materiellen Anspruch des Antragstellers an (vgl. z.B. KG, WRP 1982, 465, 466 f.). Die Gegenauffassung verneint eine solche weitreichende Wirkung (z.B. OLG Stuttgart, WRP 1980, 102, 103).

237

> **Hinweis:**
>
> Wegen der immerhin bestehenden **Unsicherheit über die Reichweite des Kostenwiderspruches** wäre für den Antragsgegner zu überlegen, den Kostenwiderspruch ausdrücklich auf die einstweilige Verfügung zu beschränken und sich die in Erwägung gezogenen weiteren Rechtsbehelfe vorzubehalten.

238

239 Ein Erfolg einer solchen Erklärung ist davon abhängig, ob durch Willenserklärungen eine Trennung von prozessualen Situationen im einstweiligen Verfügungsverfahren und materieller Rechtslage herbeigeführt werden kann (bejaht in OLG Hamm, GRUR 1991, 633 f.; offen gelassen in KG, WRP 1982, 464, 465). Ein solches Verhalten wird jedoch den Antragsteller aller Voraussicht nach zur sofortigen Einleitung weiterer Schritte, insbesondere eines Hauptsacheverfahrens, bewegen. Will der Antragsgegner gänzlich das Risiko eines Hauptsacheverfahrens vermeiden, muss er weitergehende Maßnahmen ergreifen, etwa den gesicherten Anspruch endgültig erfüllen, dem Antragsteller freiwillig einen Titel verschaffen, eine **strafbewehrte Unterlassungserklärung** abgeben, evtl. auch eine Abschlusserklärung. Insbesondere in einem auf Unterlassung gerichteten wettbewerbsrechtlichen Verfahren ist die Abgabe einer strafbewehrten Unterlassungserklärung denkbar (vgl. *Crückeberg*, Vorläufiger Rechtsschutz, § 3 Rn. 150). Zur Vermeidung der Auferlegung der Kosten in dem sich anschließenden Widerspruchsverfahren muss der Antragsteller dann das Verfahren für erledigt erklären. Der Antragsgegner könnte sich dem unter Kostenantrag zu Lasten des Antragstellers anschließen. Über die Kosten ist dann gem. § 91a ZPO zu entscheiden. Dabei muss das Gericht auch summarisch in die Abwägung einbeziehen, ob die einstweilige Verfügung zu Recht ergangen war.

240 *Crückeberg* (a.a.O.) weist darauf hin, dass beim Kostenwiderspruch die Prozessgebühr des Bevollmächtigten des Antragsgegners sich nach dem – niedrigeren – Wert der bis dahin angefallenen Kosten und nicht nach dem Hauptsachewert richtet (so auch OLG Köln, JurBüro 1999, 244). Berücksichtigt man ferner die für den Antragsgegner günstigere Kostenregelung in § 93 ZPO gegenüber § 91a ZPO, dürfte der **Kostenwiderspruch** im Ergebnis für den Antragsgegner **unter Kostengesichtspunkten** erwägenswert sein.

2. Berufung

241 Gegen ein dem Antrag ganz oder teilweise stattgebendes Urteil steht dem Antragsgegner die Berufung gem. §§ 511 ff. ZPO offen.

3. Rechtfertigungsverfahren

242 Hat das AG als Gericht der belegenen Sache gem. § 942 Abs. 1 ZPO wegen besonderer Dringlichkeit eine einstweilige Verfügung erlassen, hat sich innerhalb der von dem Gericht gem. § 942 Abs. 1 ZPO bestimmten Frist das sog. Rechtfertigungsverfahren vor dem Hauptsachegericht anzuschließen. Zur Frist-

wahrung genügt, wie auch sonst bei Klagen gem. § 270 Abs. 3 ZPO, die Einreichung der Klageschrift und das Erledigen all dessen, was für eine demnächst erfolgende Zustellung erforderlich ist (OLG Köln, OLGR Köln 1999, 400). Ein **PKH-Antrag** genügt zur Fristwahrung nur, wenn sämtliche Voraussetzungen des § 114 ZPO dargelegt sind (OLG Hamm, FamRZ 1999, 1152). Lässt der Antragsteller die **Frist fruchtlos verstreichen**, hebt das AG auf Antrag die von ihm erlassene einstweilige Verfügung auf. Das Aufhebungsverfahren erfolgt nach denselben Regeln wie das Widerspruchsverfahren, s. §§ 924, 925 ZPO (vgl. z.B. *Zöller/Vollkommer*, ZPO, § 942 Rn. 7 ff. m.w.N.). § 942 Abs. 4 ZPO gilt nur innerhalb des „Not-"Verfahrens vor dem belegenen Gericht. Beraumt das AG Termin zur mündlichen Verhandlung zur Entscheidung über den Aufhebungsantrag an, kann der Antragsteller **trotz Fristablauf die Aufhebung** der einstweiligen Verfügung wegen § 231 Abs. 2 ZPO **vermeiden, wenn er bis zum Schluss der mündlichen Verhandlung den Antrag auf Anberaumung einer mündlichen Verhandlung** zur Rechtfertigung bei dem Hauptsachegericht stellt (*Schuschke/Walker*, ZPO, § 942 Rn. 15 m.w.N. in Fn. 56). Der Antrag muss bei dem Hauptsachegericht eingegangen sein. Es handelt sich um eine vergleichbare Situation wie bei § 926 Abs. 2 ZPO, vgl. Rn. 253 ff.).

> **Hinweis:** 243
> Wie üblich empfiehlt sich die Einhaltung der gesetzten Frist. Ist es zu einer Fristüberschreitung gekommen und steht der Termin zur mündlichen Verhandlung an, empfiehlt es sich für den Antragsteller, den **Antrag möglichst frühzeitig nachzuholen,** damit er in dem mündlichen Verhandlungstermin vor dem AG der belegenen Sache diesen Umstand nachweisen kann, etwa durch eine Eingangsbestätigung des Hauptsachegerichtes.

Das Rechtfertigungsverfahren erfolgt nach denselben Grundsätzen wie das 244 Verfahren nach dem Widerspruch. Wenn das Verfahren durch eine Endentscheidung abgeschlossen wird, ergeht diese in Form eines Endurteils.

4. Aufhebungsverfahren wegen veränderter Umstände

Einen weiteren besonderen Rechtsbehelf des einstweiligen Verfügungsver- 245 fahrens enthält § 927 ZPO. Gem. § 927 Abs. 1 ZPO kann auch nach Bestätigung der einstweiligen Verfügung die Aufhebung der einstweiligen Verfügung wegen veränderter Umstände, insbesondere wegen Erledigung des Verfügungsgrundes, beantragt werden. Gem. Abs. 2 ergeht die Entscheidung durch Endurteil und zwar durch das Gericht, das die einstweilige Verfügung erlassen hat oder, wenn die Hauptsache bereits anhängig ist, durch das Gericht der Hauptsache.

246 **Veränderungen i.S.d. § 927 Abs. 1 ZPO** können hinsichtlich jedweder klagebegründender Umstände vorliegen, insbesondere also hinsichtlich Verfügungsanspruch und Verfügungsgrund, etwa wenn nach einer wettbewerbsrechtlichen Unterlassungsverfügung der Antragsteller seinen Geschäftsbetrieb endgültig einstellt. *Crückeberg* (Vorläufiger Rechtsschutz, § 3 Rn. 171) zieht die Parallele mit dem Eintritt eines erledigenden Ereignisses während des laufenden Verfahrens. Keine veränderten Umstände sind demgegenüber Gesichtspunkte zum Beleg, die einstweilige Verfügung sei von Anfang an unberechtigt gewesen. Ausnahmen werden nur insoweit von der herrschenden Meinung dann zugelassen, wenn diese Umstände dem Antragsgegner erst **nachträglich bekannt geworden sind** (vgl. *MünchKomm/Heinze*, ZPO, § 927 Rn. 5 m.w.N. in Fn. 18; *Stein/Jonas/Grunsky*, ZPO, § 927 Rn. 3 m.w.N. in Fn. 17; *Zöller/Vollkommer*, ZPO, § 927 Rn. 4; a.A. *Baumbach/Lauterbach/Albers/Hartmann*, ZPO, § 927 Anm. 1) und – ähnlich wie das Verhältnis des Nachverfahrens zum Urkundenverfahren – wenn dem Antragsgegner neue **Beweismittel** zur Verfügung stehen, die er im einstweiligen Verfügungsverfahren z.B. wegen § 294 Abs. 2 ZPO – nicht nutzen konnte (vgl. *MünchKomm/Heinze*, ZPO, § 927 Rn. 5; *Stein/Jonas/Grunsky*, ZPO, § 927 Rn. 5 m.w.N. in Fn. 18 sowie *Zöller/Vollkommer*, ZPO, § 927 Rn. 4).

247 Verändert haben sich die Umstände ferner, wenn mangels Hemmung der Verjährung infolge des Nichteinleitens eines Hauptsacheverfahrens durch den Antragsteller der Verfügungsanspruch **zwischenzeitlich verjährt ist**, etwa infolge der kurzen Verjährungsfristen des § 21 UWG (*MünchKomm/Heinze*, ZPO, § 927 Rn. 6 m.w.N. in Fn. 30). Nach ausdrücklicher Bestimmung in § 926 Abs. 2 ZPO ist der Antrag auf Aufhebung auch bei **nicht rechtzeitiger Erhebung der Hauptsacheklage** der richtige Rechtsbehelf.

248 Veränderte Umstände liegen auch bei **Versäumung der Vollziehungsfrist** gem. § 929 Abs. 2 vor (vgl. *Schuschke/Walker*, ZPO, § 927 Rn. 17 m.w.N. aus der Rechtsprechung der OLG in Fn. 83). Insoweit ist der häufige Hinweis, das Aufhebungsverfahren komme nur in Betracht, wenn eine Vollstreckung aus der einstweiligen Verfügung noch möglich ist (vgl. *MünchKomm/Heinze*, ZPO, § 927 Rn. 4, wohl auch *Zöller/Vollkommer*, ZPO, § 927 Rn. 3), irreführend. Denn gem. § 929 Abs. 2 ZPO ist mit Ablauf der Vollziehungsfrist die

Vollstreckung aus der einstweiligen Verfügung unstatthaft. Gleichwohl besteht wegen der Fortexistenz der einstweiligen Verfügung ein berechtigtes Interesse des Antragsgegners auf Aufhebung. Unzulässig ist das Aufhebungsverfahren gem. § 927 ZPO demgegenüber, wenn die einstweilige Verfügung als solche nicht mehr besteht. Zumindest fehlt es in dieser Konstellation an dem Rechtsschutzbedürfnis für einen Aufhebungsantrag.

Verändert haben sich die Umstände insbesondere, wenn in der **Hauptsache** 249 ein der einstweiligen Verfügung entgegengesetztes **Urteil rechtskräftig** geworden ist (OLG Hamm, WRP 1993, 254). Dabei müssen Hauptsacheurteil und einstweilige Verfügung im Streitgegenstand übereinstimmen (KG, Urt. v. 23.7.1993, Az. 5 U 34/93, n.v.). Das Rechtsschutzbedürfnis an der Aufhebung der einstweiligen Verfügung entfällt nicht schon durch einen außerprozessualen Verzicht auf den Titel, solange der Titelgläubiger den Titel (die einstweilige Verfügung) nicht herausgibt (OLG Hamm, WRP 1993, 254).

Vor Einleitung des Aufhebungsverfahrens empfiehlt es sich für den Antrags- 250 gegner, zunächst den Gläubiger aufzufordern, auf die Ansprüche aus der einstweiligen Verfügung zu verzichten und den Titel herauszugeben. In dem Aufhebungsverfahren ergeht nämlich eine gesonderte Kostenentscheidung. Demzufolge liefe der Schuldner bei **sofortigem Anerkenntnis** des Gläubigers im Aufhebungsverfahren Gefahr, gem. § 93 ZPO mit den Kosten des Aufhebungsverfahrens belastet zu werden (vgl. OLG Koblenz, GRUR 1989, 373, 374; OLG München, GRUR 1985, 161; OLG Frankfurt a. M., NJW-RR 1999, 1742; KG, GRUR 1993, 1133).

Obsiegt der Verfügungsschuldner mit dem Aufhebungsantrag, werden die 251 Verfahrenskosten auf jeden Fall dem Verfügungsgläubiger auferlegt. Die **Kosten** des **einstweiligen Verfügungsverfahrens** können im Rahmen des Urteiles des Aufhebungsverfahrens nur in folgenden Konstellationen dem **Verfügungsgläubiger auferlegt** werden durch ausdrücklichen Anspruch in der Kostengrundentscheidung:

- Der Verfügungsgläubiger hat die einstweilige Verfügung nicht rechtzeitig vollzogen (vgl. demgegenüber OLG München, OLG-Report München 1993, 269),
- der Verfügungsgläubiger hat die Frist zur Erhebung der Hauptsacheklage gem. § 926 Abs. 2 ZPO verstreichen lassen (*MünchKomm/Heinze*, ZPO, § 927 Rn. 20 m.w.N. in Fn. 72; *Schuschke/Walker*, ZPO, § 927 Rn. 22),

- die einstweilige Verfügung ist ausnahmsweise aus Gründen aufgehoben worden, nach denen sie von vornherein nicht zu Recht bestanden hat (OLG München, OLG-Report München 1993, 269), z.B. weil diese dem Antragsgegner im einsteiligen Verfügungsverfahren nicht bekannt waren oder die hierfür maßgeblichen Beweismittel nicht zur Verfügung standen (*MünchKomm/Heinze*, ZPO, § 927 Rn. 20 m.w.N.).

252 In den übrigen Fällen der Veränderung der Umstände, wie etwa bei Eintritt der **Verjährung**, verbleibt es bei der Kostenentscheidung aus dem einstweiligen Verfügungsverfahren.

5. Antrag auf Durchführung des Hauptsacheverfahrens

253 Gem. § 926 Abs. 1 ZPO hat das Verfügungsgericht auf Antrag ohne mündliche Verhandlung anzuordnen, dass der Antragsteller binnen einer von dem Gericht festzulegenden Frist Hauptsacheklage zu erheben hat, wenn die Hauptsache noch nicht anhängig ist. Dabei müssen der Streitgegenstand in Hauptsache- und einstweiligem Verfügungsverfahren identisch sein, ohne dass die Anträge in beiden Verfahren im Wortlaut übereinstimmen müssen (OLG Düsseldorf, ZMR 1997, 24). Die einstweilige Verfügung ist gem. § 926 Abs. 2 ZPO auf Antrag aufzuheben, wenn nicht innerhalb dieser Frist bzw. wegen § 231 Abs. 2 ZPO (s.o. Rn. 242 und 245 ff. sowie *Zöller/Vollkommer*, ZPO, § 926 Rn. 33 m.w.N.) bis zum Schluss der mündlichen Verhandlung in dem sich anschließenden Aufhebungsverfahren die Hauptsacheklage anhängig gemacht wird.

254 Das OLG Koblenz (WRP 1980, 643, 644) lässt neben dem eigentlichen Aufhebungsgrund des § 926 Abs. 2 ZPO zusätzlich noch die Versäumung der Vollziehungsfrist als weiteren Aufhebungsgrund zur Prüfung zu. Zumindest weitere Aufhebungsgründe werden im Rahmen des § 926 Abs. 2 ZPO nicht geprüft. Insoweit ist § 927 ZPO maßgebend (s.u. Rn. 263 ff.).

255 § 926 ZPO sichert den Vorrang des Hauptsacheverfahrens vor dem einstweiligen Rechtsschutz und gibt damit ein Mittel zur Verhinderung, dass der Antragsteller nach Erlangung der einstweiligen Verfügung das Hauptsacheverfahren nicht betreibt. Wegen dieser Zielsetzung besteht kein Ausschließlichkeitsverhältnis zu anderen Vorgehensmöglichkeiten. Wenn die entsprechenden Voraussetzungen vorliegen, kann der Antragsgegner sowohl kumulativ als auch alternativ zu dem Antrag auf Aufhebung nach § 926 ZPO Antrag auf Aufhebung nach § 927 ZPO stellen oder auch Widerspruch gem. § 924 ZPO erheben. Sind

diese anderen Verfahren bereits anhängig, kann in ihnen der Antrag gem. § 926 Abs. 2 ZPO gestellt werden (vgl. insgesamt *MünchKomm/Heinze*, ZPO, § 926 Rn. 4). Der Antragsgegner kann auch seinerseits das Hauptsacheverfahren eröffnen durch Erhebung einer negativen Feststellungsklage oder durch Klage auf Unterlassung eines auf die einstweilige Verfügung gestützten Gläubigerverhaltens (*MünchKomm/Heinze*, ZPO, § 926 Rn. 4).

> **Hinweis:** 256
>
> In **taktischer Hinsicht** wird der Antrag gem. § 926 Abs. 1 ZPO insbesondere dann für den Antragsgegner in Betracht kommen, wenn er sich von dem Hauptsacheverfahren einen anderen Ausgang als von dem einstweiligen Verfügungsverfahren verspricht. Dies wird z.B. der Fall sein, wenn der Antragsgegner auf Beweismittel angewiesen ist, die im einstweiligen Verfügungsverfahren wegen § 294 Abs. 2 ZPO ausgeschlossen sind. In Betracht kommt dies ferner, wenn das zuständige Berufungsgericht eine andere Rechtsauffassung vertritt als andere Oberlandesgerichte oder auch der BGH und eine Revision zum BGH im Hauptsacheverfahren erreichbar erscheint.

Gem. § 926 Abs. 2 ZPO entscheidet das Gericht durch Endurteil, also wegen 257 §§ 922 Abs. 1 Satz 1, 936 ZPO aufgrund mündlicher Verhandlung. Kommt es zur Aufhebung, werden dem Antragsteller nicht nur die Kosten des Aufhebungsverfahrens auferlegt, sondern auch die des Verfügungsverfahrens (s.o. Rn. 251). Erhebt der Antragsteller die Hauptsacheklage erst nach der gesetzten Frist und der Einleitung des Aufhebungsverfahrens, aber noch vor dem Schluss der mündlichen Verhandlung, kann die Aufhebung wegen § 231 Abs. 2 ZPO nicht mehr erfolgen (s.o. Rn. 253). Der Antragsgegner kann dann die Abweisung des Aufhebungsantrages durch **Erledigungserklärung** vermeiden (*Crückeberg*, Vorläufiger Rechtsschutz, § 2 Rn. 168 sowie zur Zuständigkeit und zum Rechtsschutzinteresse Rn. 155 ff.).

6. Vollstreckungsrechtliche Anträge

Vollstreckungsrechtliche Anträge sind i.d.R. darauf gerichtet, eine an sich 258 mögliche Zwangsvollstreckung abzuwenden. Sie sind deshalb vorrangig Rechtsbehelfe des Antragsgegners. Gem. § 924 Abs. 3 Satz 2 ZPO i.V.m. § 707 ZPO ist während des **Widerspruchsverfahrens** eine **Einstellung der Zwangsvollstreckung** gegen oder auch ohne Sicherheitsleistung zulässig. Die Beschränkung der Einstellung der Zwangsvollstreckung ohne Sicherheitsleistung aus § 707 Abs. 1 Satz 2 ZPO ist durch § 924 Abs. 3 Satz 2 2. Halbsatz ausdrücklich ausgeschlossen. Der Verweis des § 924 Abs. 3 Satz 2 ZPO auf § 707 ZPO wird nach allgemeiner Auffassung **analog** im Bereich des **Aufhebungsverfahrens** des § 927 ZPO angewendet (vgl. beispielhaft *Stein/Jonas/Grunsky*, ZPO, § 927 Rn. 17 m.w.N.) **sowie im Rechtfertigungsverfahren** des § 942 ZPO (*Schuschke/Walker*, ZPO, § 924 Rn. 20 m.w.N.). Für das **Berufungsverfahren** sowie ein **evtl. Einspruchsverfahren gegen ein Versäumnisurteil** gilt § 707 Abs. 1 Satz 1 ZPO über § 719 Abs. 1 ZPO analog. § 719 Abs. 1 Satz 2 ZPO beschränkt allerdings für Versäumnisurteile die Einstellung der Zwangsvollstreckung ohne Sicherheitsleistung auf die Fälle unverschuldeter Säumnis oder gesetzeswidrig ergangenen Versäumnisurteiles. Die Abwendungsbefugnis des § 923 ZPO ist wegen § 939 ZPO im Bereich der einstweiligen Verfügung nicht anwendbar (*Schuschke/Walker*, § 939 Rn. 8; *Zöller/Vollkommer*, ZPO, § 923 Rn. 5).

259 Durch die Anordnung der einstweiligen Einstellung der Vollziehung darf der (im Wesentlichen: Sicherungs-) **Zweck des einstweiligen Verfügungsverfahrens** nicht ausgehöhlt werden (*Zöller/Vollkommer*, ZPO, § 924 Rn. 13 m.w.N.). Dies ist insbesondere zu bedenken, wenn die Einstellung ohne Sicherheitsleistung erfolgen soll (*Schuschke/Walker*, ZPO, § 924 Rn. 19). Besondere Zurückhaltung ist angesichts der hohen Voraussetzungen zu deren Erlass bei **auf Leistung gerichteten einstweiligen Verfügung** geboten (*Stein/Jonas/Grunsky*, ZPO, § 924 Rn. 23). *Schuschke/Walker* (ZPO, § 924 Rn. 21 m.w.N.) begrenzen die Einstellung auf drei Fallkonstellationen:

- Evidenz, dass ein Verfügungsgrund nicht (mehr) besteht,

- Versäumung der Vollziehungsfrist des § 929 Abs. 2 ZPO,

- Offensichtlichkeit, dass die einstweilige Verfügung aus materiell-rechtlichen Gründen keinen Bestand haben wird, z.B. wegen berechtigter Einrede der Verjährung.

260 Zur Abwendung bereits eingeleiteter Vollstreckungsakte kommen einstweilige Anordnungen gem. § 769 ZPO in Betracht.

261 **Weniger problematisch ist eine Einstellung der Vollziehung** gegen Sicherheitsleistung, wenn mit der einstweiligen Verfügung ohnehin vermögensrechtliche Positionen **gesichert** werden sollen, etwa bei der einstweiligen Verfügung zur Eintragung einer Vormerkung zur Sicherung einer Bauhandwerkersicherungshypothek. Je eher dauerhafte Nachteile eintreten können, wie et-

wa bei Unterbleiben der Eintragung einer Auflassungsvormerkung durch einen gutgläubigen Erwerb eines Dritten, umso zurückhaltender ist eine Einstellung anzuordnen. Auch bei **Unterlassungsverfügungen** würde die Einstellung der Vollziehung für denjenigen Zeitraum, in dem das Unterlassungsgebot nicht beachtet werden müsste, den Unterlassungsanspruch endgültig vereiteln. Demzufolge wird bei Unterlassungsverfügungen i.d.R. keine Einstellung der Vollziehung ausgesprochen (vgl. OLG Koblenz, WRP 1985, 657). Jedoch bewilligt die Rechtsprechung auch bei Unterlassungsverfügungen dann eine Einstellung der Vollziehung, wenn ein sehr hoher Grad von Wahrscheinlichkeit dafür spricht, dass die einstweilige Verfügung zu Unrecht besteht (OLG Koblenz, a.a.O.), sowie dann, wenn der Verfügungskläger sie nicht rechtzeitig vollzogen hat (vgl. OLG Frankfurt a.M., MDR 1997, 393 f.).

7. Sonstige Anträge

Über den Antrag gem. § 926 ZPO entscheidet während des Verfügungsverfahrens der Richter, danach gem. § 20 Nr. 14 RPflG der Rechtspfleger. Der Antragsteller kann in diesem Fall gegen einen anordnenden Beschluss die sofortige Erinnerung gem. § 11 Abs. 2 Satz 1 RPflG einlegen und der Schuldner bei Ablehnung des Antrages oder aus seiner Sicht zu lang gewählter Frist die sofortige Erinnerung gem. § 11 Abs. 2 Satz 1 RPflG. 262

8. Verhältnis der Rechtsbehelfe

Die erste Ergänzung des üblichen Rechtsschutzsystems ist der Widerspruch gem. § 924 ZPO. Dieser ist gem. § 924 Abs. 1 ZPO nur, und im Verhältnis zur Berufung ausschließlich, statthaft gegen eine im Beschlusswege ergangene einstweilige Verfügung (vgl. *Schuschke/Walker*, ZPO, § 924 Rn. 3). 263

Maßgeblich für die Entscheidung, ob ein Verfügungsanspruch und ein Verfügungsgrund bestehen, ist jeweils der Zeitpunkt der letzten mündlichen Verhandlung im Anordnungsverfahren einschließlich des Berufungsverfahrens. Nachträglich eingetretene Gründe, die gegen den Erlass einer einstweiligen Verfügung sprechen, wie etwa eine eingetretene Verjährung z.B. gem. § 21 UWG, oder auch der Wegfall des Verfügungsanspruches oder -grundes sind deshalb bereits **im Verfügungsverfahren** zu berücksichtigen. Dasselbe gilt auch, wenn nicht innerhalb der gem. § 926 ZPO gesetzten Frist Hauptsacheklage erhoben ist. Insoweit bedarf es also nicht der Spezialbehelfe des § 926 Abs. 2 und § 927 ZPO. Für beide besteht während des laufenden Anordnungsverfahrens kein Rechtsschutzbedürfnis (vgl. *Schuschke/Walker*, ZPO, § 924 Rn. 5 m.w.N.). 264

265 **Solange noch kein Widerspruch oder noch keine Berufung** eingelegt ist, können diese beiden „Spezialrechtsbehelfe" nach §§ 926, 927 ZPO erhoben werden (s.o. Rn. 245 ff.; 253 ff.; sowie *Schuschke/Walker*, ZPO, § 924 Rn. 4). Ist bereits ein Aufhebungsverfahren gem. § 926 Abs. 2 oder § 927 ZPO eingeleitet, schließt dies nicht die nachträgliche Erhebung eines Widerspruches oder Einlegung einer Berufung aus. Denn insoweit handelt es sich um die weitergehenden Rechtsbehelfe. Das Widerspruchs- oder Berufungsverfahren führt aber dann zum nachträglichen Wegfall des Rechtsschutzinteresses für das Aufhebungsverfahren (vgl. OLG Düsseldorf, NJW-RR 1988, 188 f.).

266 **Hinweis:**
Jedenfalls empfiehlt es sich nicht, wie in der vorstehend zitierten Entscheidung des OLG Düsseldorf geschehen, erst den Rechtsbehelf des § 927 ZPO zu erheben und dann erst Berufung einzulegen. Denn dann lässt sich eine nachteilige Kostenfolge in dem Spezialverfahren nicht mehr vermeiden – selbst wenn dort der Rechtsstreit für erledigt erklärt wird.

267 Sind das **Widerspruchs- und/oder Berufungsverfahren bereits abgeschlossen**, kann der Antragsgegner noch das Aufhebungsverfahren betreiben; dabei kann er auch Gründe anführen, auf die er sich bereits im Widerspruchs- und/oder Berufungsverfahren hätte berufen können, die er aber tatsächlich nicht angeführt hat (OLG Düsseldorf, WRP 1993, 327).

268 Von den beiden Spezialverfahren ist § 927 ZPO umfassender als das Aufhebungsverfahren nach § 926 Abs. 2 ZPO. Demzufolge geht im Verhältnis dieser beiden Verfahren zueinander das vorstehend Ausgeführte in entsprechender Weise: Während eines laufenden Aufhebungsverfahrens gem. § 927 ZPO besteht kein Rechtsschutzbedürfnis für ein Aufhebungsverfahren gem. § 926 Abs. 2 ZPO (*Stein/Jonas/Grunsky*, ZPO, § 926 Rn. 16a; *Zöller/Vollkommer*, ZPO, § 924 Rn. 3 mit Hin- und Nachweisen zu vereinzelt vertretenen Modifizierungen sowie mit dem Hinweis, dass auch **in** den Verfahren gem. §§ 924 f., 927 ZPO ein Antrag gem. § 926 Abs. 2 ZPO gestellt werden kann).

269 **Hinweis:**
Vor Einleitung eines solchen Spezialrechtsbehelfes anstelle der Einlegung eines Widerspruches oder einer Berufung ist Folgendes zu bedenken:
- Die Rechtsbehelfe Widerspruch und Berufung ermöglichen eine umfassendere Überprüfung.

> - In den Spezialrechtsbehelfsverfahren wird lediglich über die Kosten dieses Verfahrens entschieden. Die Kostenverteilung aus dem ursprünglichen Verfahren, die zumindest insoweit dem Antragsgegner aufgegeben worden sind, als dem Antrag auf Erlass der einstweiligen Verfügung stattgegeben worden ist, bleibt dagegen i.d.R. unangetastet (s.o. Rn. 251). Dieser Kostenausspruch kann deshalb im Grundsatz nur im laufenden Verfügungsverfahren einschließlich des Berufungsverfahrens abgeändert werden.
> - Nur bei der Aufhebung einer einstweiligen Verfügung aus bestimmten Gründen auf bestimmte Rechtsbehelfe hin kommt ein Schadensersatzanspruch gem. § 945 ZPO in Betracht.

Die besonderen Rechtsbehelfe der § 926 Abs. 2 ZPO und § 927 ZPO kommen also schwerpunktmäßig zur Anwendung, wenn bereits **formelle Bestandskraft** eingetreten ist. 270

§ 7 Schutzschrift

Die Schutzschrift ist ein gesetzlich nicht geregeltes Instrumentarium, das im Bereich des Wettbewerbsrechtes entwickelt worden ist und dort hauptsächlich zum Einsatz kommt (*Schuschke/Walker*, ZPO, Vor § 916 Rn. 50). Mittlerweile werden Schutzschriften **generell** gegen vermutete Anträge des einstweiligen Rechtsschutzes eingesetzt. Die Schutzschrift ist für einen möglichen Antragsgegner ein Mittel seiner Interessenwahrnehmung durch die „**Vorweg-Verteidigung**". Ist erst einmal eine einstweilige Verfügung im Beschlusswege ergangen, kann nämlich nicht ausgeschlossen werden, dass das Gericht innerlich eine gewisse Tendenz zur Verteidigung „seiner" einstweiligen Verfügung einnimmt und deshalb den Einwendungen des Antragsgegners kritischer gegenübersteht. Durch die Schutzschrift liegen dem Gericht bereits bei seiner ersten Prüfung der Voraussetzungen für den Erlass einer einstweiligen Verfügung die Einwendungen des Antragsgegners vor, die wegen des Wissens um die Situation umfangreicher sein werden als evtl. Bedenken des Gerichtes hinsichtlich möglicher Einwendungen. 271

I. Ziel der Schutzschrift

Ziel der Schutzschrift ist es, den **Erlass einer einstweiligen Verfügung** generell oder zumindest im Beschlusswege ohne vorherige mündliche Ver- 272 handlung zu **verhindern**. Die Einreichung einer Schutzschrift ist zu erwägen, wenn man vermutet, dass eine einstweilige Verfügung beantragt werden könnte. Eine dahin gehende Vermutung kann sich gerade im Wettbewerbsrecht, aber auch ansonsten daraus ergeben, dass der mögliche Antragsteller, um die Kostenfolge des § 93 ZPO zu vermeiden (s.o. Rn. 237 – Kostenwiderspruch), zunächst zur Erfüllung des möglichen Verfügungsanspruches aufgefordert hat.

II. Probleme und Gefahren

273 Gleichwohl ist die Schutzschrift auch für den Antragsgegner nicht völlig unproblematisch und auch nicht völlig ungefährlich.

1. Begünstigung des Erlasses der einstweiligen Verfügung durch die Schutzschrift?

274 Bewertet das Gericht nämlich die Einwendungen des Schuldners als nicht erheblich, begünstigt die Schutzschrift geradezu den Erlass einer einstweiligen Verfügung im Beschlusswege. Durch die Schutzschrift ist nämlich bereits dem Antragsgegner **rechtliches Gehör** i.S.d. Art. 103 GG bewilligt worden. Ist das Gericht von den Einwendungen des Antragsgegners nicht überzeugt, wird es von der Durchführung einer mündlichen Verhandlung keine abweichende Bewertung erwarten und deshalb die einstweilige Verfügung ohne mündliche Verhandlung erlassen.

275 Bevor der mögliche Antragsgegner sich zur Einreichung einer Schutzschrift entscheidet, wird er also auf der inhaltlichen Ebene folgende **Möglichkeiten gegeneinander abzuwägen** haben:

- Wie stark ist die Belastung durch eine einstweilige Verfügung im Beschlusswege, die bis zur Durchführung der mündlichen Verhandlung mit evtl. dortiger Aufhebung zu beachten ist?

- Wie hoch ist die Gefahr, dass die Einwendungen von dem angerufenen Gericht als nicht erheblich eingestuft werden und dies den Erlass der einstweiligen Verfügung im Beschlusswege befördert?

- Soll wegen der Beeinträchtigung aus der Verpflichtung, die einstweilige Verfügung zunächst beachten zu müssen, gleichwohl versucht werden, den Erlass einer solchen einstweiligen Verfügung zu verhindern?

2. Hinterlegungsorte

Einbeziehen wird der Antragsgegner ferner ein **weiteres typisches Problem der Schutzschrift**: Die Schutzschrift kann ihre Wirkung nur erreichen, wenn sie gerade bei demjenigen Gericht eingereicht ist, bei dem der Antragsteller seinen Antrag eingereicht hat. Hat der Antragsteller die Wahl zwischen mehreren örtlich zuständigen Gerichten, muss die Schutzschrift möglichst an alle mutmaßlichen Verfügungsgerichte versandt werden. Gerade in Wettbewerbsangelegenheiten ist dies auch noch nach Aufgabe des sog. fliegenden Gerichtsstandes für Werbung in Druckerzeugnissen nach wie vor u.a. wegen der Ermittlung der in Betracht kommenden Gerichte ein nicht einfaches und gelegentlich wegen der Vielzahl der in Betracht kommenden Gerichte zeitaufwendiges Unterfangen. Denn gem. § 24 Abs. 2 Satz 1 UWG ist nach wie vor jedes Gericht zuständig, in dessen Bezirk die Handlung begangen ist, wenn (s. § 24 Abs. 2 Satz 2 UWG) der Antrag nicht von einem der nur „abstrakt" gem. § 13 Abs. 2 Nr. 1 bis 4 UWG Klagebefugten, wie etwa Verbände und Kammern, sondern von einem unmittelbar verletzten Mitbewerber erhoben wird (vgl. *Baumbach/Hefermehl*, Wettbewerbsrecht, § 24 UWG Rn. 6). 276

Hinzu kommt ferner in landgerichtlichen Angelegenheiten die Besonderheit, dass der mögliche Antragsgegner nicht sicher sein kann, ob der evtl. Antragsteller die funktionale Zuständigkeit der KfH gem. § 95 ff. GVG beachtet. Umgekehrt ist bei Verfahren, in denen nach Auffassung des evtl. Antragsgegners die Zivilkammer zuständig ist, nicht ausgeschlossen, dass der Antrag bei einer KfH eingereicht wird. 277

> **Hinweis:** 278
>
> Deshalb empfiehlt es sich bei Verfahren, in denen die funktionale Zuständigkeit problematisch sein **könnte**, die Schutzschriften sowohl bei den Kammern für Handelssachen als auch bei den Zivilkammern zu hinterlegen.

In ähnlicher Weise stellt sich die Situation dar, wenn aufgrund der gesetzlichen Erlaubnis durch Landes-VO „Sonderzuständigkeiten" in Spezialgebieten für mehrere LG-Bezirke eingerichtet sind, wie etwa beim Urheber- und Markenrecht (s. die entsprechenden Anm. zu § 105 UrhG und § 140 f. MarkenG in: *Schönfelder*, Deutsche Gesetze). Dasselbe gilt für die Sonderzuständigkeit der an einigen LG konzentrierten Kartellkammern gem. §§ 87, 89 GWB n.F., sobald kartellrechtliche Fragen betroffen sind oder der Sonderzuständigkeiten aufgrund Landes-VO zu § 143 Abs. 2 Satz 1 PatG und § 27 Abs. 2 GebrMusterG. 279

> **280** **Hinweis:**
>
> Wer sich bei diesen Fragenkreisen auf Seiten des potentiellen Antragsgegners nicht sicher ist, ob der evtl. Antragsteller den Antrag bei dem zuständigen Gericht einreicht und ob ein unzuständiges Gericht seine Unzuständigkeit erkennen wird, muss vorsorglich bei sämtlichen in Betracht kommenden Zivilkammern, Kammern für Handelssachen und Sonderkammern die Schutzschrift hinterlegen.

281 Kommt dann eine Wahlmöglichkeit zwischen jeweils mehreren örtlich zuständigen Gerichten in Betracht, vervielfacht sich die Zahl der zu hinterlegenden Schutzschriften schnell.

282 Rein praktisch entsteht dann vor allem aufgrund des Eilbedürfnisses der Erstellung einer Schutzschrift die nicht unerhebliche Schwierigkeit, in der Kürze der Zeit die notwendige Anzahl an Original-Schutzschriftsätzen nebst beglaubigten und einfachen Abschriften mit der erforderlichen Anzahl von Anlagen zu erstellen.

3. Sicherstellung der Berücksichtigung der Schutzschrift

283 Bei der Abwägung, ob eine Schutzschrift eingereicht werden soll, wird ferner die Gerichtspraxis hinsichtlich eingereichter Schutzschriften zu berücksichtigen sein: Gerade wenn eine Schutzschrift nach einem Abmahnschreiben oder einer ähnlichen Handlung unmittelbar erstellt und die Antragsschrift erst zehn oder 14 Tage oder noch einige Tage später durch den Antragsteller eingereicht wird, ist ein Erfolg der Schutzschrift, d.h. **eine Zuordnung der bereits einige Tage vorhandenen Schutzschrift zu dem Antrag auf Erlass einer einstweiligen Verfügung** von der jeweiligen Organisation an dem angerufenen Gericht abhängig. Wenn die Art des Umganges mit eingegangenen Schutzschriften überhaupt einer Partei oder ihren Bevollmächtigten bekannt ist, dann i.d.R. nur bei den Gerichten am Kanzleisitz. Evtl. bietet es sich deshalb an, bei den auswärtigen Gerichten telefonisch nach der dortigen Verfahrensweise nachzufragen.

> **284** **Hinweis:**
>
> Werden die Schutzschriften, wie vielfach gehandhabt, auf einem Stapel nach der Reihe ihres Einganges abgelegt oder in einem Ordner nach der

> Reihe ihres Einganges abgeheftet, bietet es sich an, zumindest dann, wenn sich der Verdacht auf Einreichung eines Antrages zum Erlass einer einstweiligen Verfügung verdichtet, vorsorglich nochmals bei der die Schutzschrift verwahrenden Geschäftsstelle anzurufen und darum zu bitten, die Schutzschrift „nach oben zu legen".

Die **Gefahr der Nichtberücksichtigung der Schutzschrift erhöht sich**, wenn es bei dem mutmaßlichen Verfügungsgericht keine für die Sachmaterie spezialisierte Kammer gibt und auch keine zentrale Sammel- und Aufbewahrungsstelle für eingehende Schutzschriften bei den Zivilkammern und/oder Kammern für Handelssachen. 285

> **Hinweis:** 286
>
> In diesen Fällen bietet es sich unter Einbeziehung des Eilinteresses bei der Fertigung der Schutzschrift an, eine ausreichende Anzahl von **einfachen Abschriften** zu fertigen, so dass auf der Geschäftsstelle einer jeden Zivilkammer/Kammer für Handelssachen bzw. bei ihrem jeweiligen Vorsitzenden ein Exemplar hinterlegt werden kann und diese Exemplare mit einem Hinweis zu versehen, an welcher Stelle eine **vollständige Schutzschrift nebst Versicherung an Eides statt im Original und weiteren Anlagen** hinterlegt ist, ergänzt um die Bitte, diese ggf. beizuziehen.

Zur **Sicherstellung der Berücksichtigung der Schutzschrift auf Seiten des Gerichts** schlägt *Deutsch* (GRUR 1990, 327 ff.) neben der Eintragung in das Register und die Vorlage an den Vorsitzenden nach § 89 Abs. 1 AktO eine eigene Liste des Vorsitzenden sowie die Weitergabe von Kopien an die Beisitzer vor in der Hoffnung, „dass zumindest eine der mit ihr befassten Personen sich der Sache erinnert, wenn ein zugehöriger Antrag eingeht." Dieser Vorschlag und die Art seiner Formulierungen zeigen, wie nahe liegend die Gefahr des Übersehens ohne Zuständigkeit Bemühungen auf Seiten des die Schutzschrift Hinterlegenden ist. 287

> **Hinweis:** 288
>
> Um eine Zuordnung bei eingehendem Antrag auf Erlass einer einstweiligen Verfügung zu ermöglichen, ist das **Rubrum** des zu erwartenden Verfügungsverfahrens **in voller Form** anzugeben. Im Hinblick auf die bereits dargelegte Möglichkeit der Parteizustellung empfiehlt es sich, wenn der Bevollmächtigte des evtl. Antragsgegners eine Zustellung gem. § 176 ZPO

sicherstellen will, in der Antragsschrift ausdrücklich klarzustellen, dass er auch bevollmächtigt ist für ein sich evtl. anschließendes Verfügungsverfahren oder zustellungsbevollmächtigt für eine trotz der Schutzschrift ergangene Beschlussverfügung.

4. Weitere Abwägungskriterien

289 Bei der Abwägung, ob überhaupt eine Schutzschrift eingereicht werden soll, sind ferner die Kosten und ihre evtl. **(Nicht-)Erstattungsfähigkeit** zu berücksichtigen. Wird kein Verfügungsantrag eingereicht oder die Schutzschrift nicht an dem letztlich entscheidenden Verfügungsgericht eingereicht, sind die Kosten der Schutzschrift nicht erstattungsfähig.

290 Mit in die Überlegungen einzubeziehen ist ferner, dass durch die Einreichung einer Schutzschrift und die damit dokumentierte Verteidigungsbereitschaft der **Weg zur günstigen Kostenfolge des § 93 ZPO verschlossen** ist, auch und gerade dann, wenn nach Eingang des Antragsschrift oder der evtl. bereits im schriftlichen Verfahren erlassenen einstweiligen Verfügung der Antragsgegner erkennen muss, dass seine Verteidigung nicht erfolgreich war/ist/sein wird.

291 U.U. ist sogar dann der Verzicht auf eine Schutzschrift erwägenswert, wenn der Erlass einer einstweiligen Verfügung im Beschlusswege sogar sehr wahrscheinlich ist. Der Widerspruch ist nicht zeitlich befristet. Benötigt der Antragsgegner eine **längere Vorbereitungszeit**, um die für seine Einwendungen maßgeblichen Tatsachen und/oder notwendigen Mittel zur Glaubhaftmachung zusammenzutragen, könnte ihm unter diesem Aspekt mehr gedient sein, als wenn kurzfristig ein Termin zur mündlichen Verhandlung anberaumt wird. In diesem Fall wäre der Antragsgegner gezwungen, zur Beibringung der weiteren Tatsachen oder Mittel zur Glaubhaftmachung – kostenerhöhend – Berufung einzulegen.

292 **Hinweis:**

Angesichts der aufgeführten zu bewältigenden Schwierigkeiten sowie der gleichwohl verbleibenden Vielzahl von Unwägbarkeiten empfiehlt es sich generell, Schutzschriften nur in Angelegenheiten einzureichen, die diesen Aufwand rechtfertigen.

293 Für die Schutzschrift selbst besteht wegen des bereits für die Antragsschrift dargelegten Möglichkeit der Protokollerklärung aus §§ 920 Abs. 3, 936 ZPO jedenfalls kein Anwaltszwang.

Zur Erreichung der eingangs mitgeteilten Ziele der Schutzschrift wird es deshalb darauf ankommen, derartige Einwendungen gegen einen evtl. Antrag auf Erlass einer einstweiligen Verfügung vorzubringen, dass das Gericht entweder davon absieht, eine einstweilige Verfügung überhaupt zu erlassen, zumindest aber mündliche Verhandlungen anberaumen wird. Inhaltlich unterliegt der Vortrag in der Schutzschrift keinen Beschränkungen. Es steht dem evtl. Antragsgegner frei, bereits das Fehlen von Prozessvoraussetzungen, wie der örtlichen Zuständigkeit oder den Verlust der örtlichen Zuständigkeit durch Verordnungen in Spezialgebieten, wie bei Kartellverfahren (vgl. §§ 87, 89 GWB), Urheberrechtsstreitigkeiten (vgl. § 105 UrhG), Markenrechtsstreitigkeiten (vgl. §§ 140, 141 MarkenG, jeweils i.V.m. der jeweiligen LandesVO, s.o. Rn. 279) zu rügen sowie Gegenargumente gegen die Annahme eines Verfügungsanspruches und/oder eines Verfügungsgrundes vorzubringen. Um eine Beschlussverfügung zu vermeiden, empfiehlt es sich, den Vortrag und die Glaubhaftmachung auszurichten an den Grundsätzen zur Antragsschrift, also möglichst auch von anderen Personen als dem evtl. Antragsgegner Versicherungen an Eides statt, zumindest in **einer** Schutzschrift im Original, beizulegen sowie ansonsten Unterlagen wie Ablichtungen von Urkunden etc. 294

Der Gegner erhält seitens des Gerichtes keine Abschrift der Schutzschrift, bis er nicht einen entsprechenden Antrag auf Erlass einer einstweiligen Verfügung eingereicht hat. Will der Gegner vor Einreichung eines Verfügungsantrages wissen, ob eine Schutzschrift hinterlegt ist, kann er sich entsprechend bei dem Gericht erkundigen. Ob dabei eine **Einsicht gewährt** wird, ist nicht gesetzlich geregelt und wird nach Angaben von *Deutsch* (GRUR 1990, 327, 330 f.) unterschiedlich gehandhabt. 295

III. Kosten

Die Schutzschrift verursacht keine **Gerichtskosten**. Die Einreichung einer Schutzschrift durch einen anwaltlichen Bevollmächtigten löst grundsätzlich einen Honoraranspruch aus. Ohne Durchführung eines einstweiligen Verfügungsverfahrens soll die Prozessgebühr nach § 31 Abs. 1 Nr. 1 BRAGO trotz eines Sachantrages analog §§ 40, 32 Abs. 1 BRAGO auf 5/10 zu reduzieren sein (KG, NJWE-WettbR 2000, 24; OLG Düsseldorf, OLGR Düsseldorf 1999, 211 und *Crückeberg*, Vorläufiger Rechtsschutz, § 4 Rn. 62 m.w.N., so im Ergebnis auch trotz offensichtlicher Bedenken *Gerold/Schmidt/v.Eicken/ Madert*, § 40 Rn. 31). M.E. liegt kein Fall des § 32 BRAGO vor. Auch eine analoge Anwendung scheidet aus. Mit Einreichung der Schutzschrift erfüllt 296 der Rechtsanwalt den Antrag. Der Auftrag endet also nicht vor einer der in § 32 Abs. 1 BRAGO genannten qualifizierten Tätigkeiten. Das OLG Koblenz (JurBüro 1990, 1160) billigt immerhin eine volle Prozessgebühr zu ab dem Zeitpunkt der Einreichung des Verfügungsantrags des Gegners. Dadurch wird die Höhe der Gebühr nicht von dem Verhalten des Mandanten, sondern von demjenigen des Gegners abhängig gemacht. Das ist nicht systemgerecht.

297 **Hinweis:**

Es empfiehlt sich deshalb, vorsorglich eine Gebührenvereinbarung vor Abreichung der Schutzschrift zu treffen und in dieser auf die Problematik um die Erstattungsfähigkeit hinzuweisen.

298 Wird der Bevollmächtigte des Antragsgegners in einem dann tatsächlich eingeleiteten einstweiligen Verfügungsverfahren für diesen tätig, fällt neben der bereits ausgelösten Prozessgebühr keine weitere **Prozessgebühr** an. Eines Rückgriffes auf § 118 Abs. 2 BRAGO bedarf es dafür nicht, wäre i.Ü. auch nicht zutreffend. Die Prozessgebühr erhöht sich dann aber auf jeden Fall auf die 10/10-Gebühr des § 31 Abs. 1 Nr. 1 BRAGO. Leitet der mögliche Antragsgegner nicht ein einstweiliges Verfügungsverfahren ein, sondern erhebt stattdessen Hauptsacheklage, etwa im Hinblick auf die ihm lediglich zur Verfügung stehenden Beweismittel, handelt es sich um zwei unterschiedliche Verfahren. Die Prozessgebühr für die Schutzschrift bleibt deshalb neben der Prozessgebühr für die Klageerwiderung bestehen. Einen prozessualen Anspruch auf **Erstattung der Kosten** für die Schutzschrift hat der Antragsgegner – lediglich – dann, wenn das Gericht einen tatsächlich gestellten Verfügungsantrag durch Beschluss zurückweist (*Teplitzky*, GRUR 1988, 405 f. unter Einbeziehung der Rechtsprechung der OLG sowie der Literatur). Vom Beschluss, mit dem das Gericht einen Antrag auf Erlass einer einstweiligen Verfügung bereits im schriftlichen Verfahren zurückweist, erhält der Antragsgegner keine Nachricht (§§ 922 Abs. 3, 936 ZPO, s.o. Rn. 225). Zur Realisierung des Kostenerstattungsanspruches muss der Antragsgegner also ermitteln, ob es eine zurückweisende Beschlussverfügung gegeben hat, etwa durch Nachfrage bei Gericht (vgl. OLG Frankfurt a.M., WRP 1996, 117 m.w.N.).

299 Wie üblich ist ein Erstattungsanspruch durch KFB festsetzen zu lassen. Die dafür notwendige Kosten(grund)entscheidung ist in dem zurückweisenden Beschluss enthalten. Hat der Antragsteller nach Mitteilung der Schutzschrift den Antrag auf Erlass der einstweiligen Verfügung zurückgenommen, sind

ihm die Kosten durch Beschluss analog § 269 Abs. 3 Satz 2 ZPO auf Antrag des Schuldners aufzuerlegen. Dieser Antrag wird üblicherweise neben dem Sachantrag in der Schutzschrift enthalten sein. Das OLG Karlsruhe (WRP 1981, 39) scheint einen Kostenerstattungsanspruch zu verneinen, wenn die Schutzschrift erst bei Gericht eingegangen ist, nachdem der Verfügungsantrag bereits zurückgewiesen oder zurückgenommen worden war.

§ 8 Checkliste zur Bearbeitung von einstweiligen Verfügungen

I. Rechtsweg ☑

Ist das Verfahren vor der ordentlichen Gerichtsbarkeit zu führen und auch dort im streitigen Verfahren? Oder handelt es sich um ein FGG-Verfahren, z.B. im Bereich des WEG? 300

II. Richtiges Sicherungsmittel ☑

Ist die einstweilige Verfügung das richtige Sicherungsmittel? Oder soll nur die Zwangsvollstreckung eines Geldanspruches bzw. eines Anspruches, der in einen Geldanspruch übergehen kann, gesichert werden? ➪ Arrestverfahren. Evtl. Kombination von Arrest und einstweiliger Verfügung. 301

Sollen Beweismittel gesichert werden? ➪ Beweissicherungsverfahren gem. § 485 ff. ZPO.

Fällt der Antrag in den Sachbereich des Familienrechtes?

Kommt eine einstweilige Anordnung statt einer einstweiligen Verfügung in Betracht?

Soll die Zwangsvollstreckung aus einem Titel einstweilen eingestellt werden? Dann Antrag auf einstweilige Einstellung gem. §§ 707, 767, 769 ZPO.

Sind bereits Gewaltrechte ausgeübt oder bedarf es nach verbotener Eigenmacht und/oder im Zusammenhang mit der Wegnahme von dem Vermieterpfandrecht unterliegenden Sachen noch einer einstweiligen Verfügung?

III. Verfügungsanspruch ☑

Auf welchen Anspruch gründet sich das Begehren? Welches sind hierfür die Tatbestandsvoraussetzungen? Was muss hierfür im Einzelnen vorgetragen werden? 302

Soll evtl. im Hinblick auf eine Absenkung an die Erfordernisse der Schlüssigkeitsprüfung weniger vorgetragen werden? Sollen Anhaltspunkte für eine evtl. vom Gericht vorzunehmende Interessenabwägung, insbesondere im Rahmen des § 940 ZPO, vorgetragen werden?

IV. Vorwegnahme der Hauptsache ☑

303 Wird eine Leistungsverfügung begehrt? Liegt aus sonstigen Gründen eine Vorwegnahme der Hauptsache vor? Ist diese ausnahmsweise gerechtfertigt? Muss hierzu Besonderes vorgetragen werden oder eine Einschränkung in den Antrag aufgenommen werden? Wird eine Wohnungsräumung beantragt, ohne dass verbotene Eigenmacht i.S.d. §§ 858 f. BGB vorgelegen hat entgegen § 940a ZPO? Wird letztlich die Abgabe einer Willenserklärung begehrt? Ist diese ausnahmsweise zulässig, wenn ja aus welchen Gründen?

V. Verfügungsgrund ☑

304 Unterfällt die begehrte einstweilige Verfügung eher § 935 ZPO oder § 940 ZPO?

Soll auf eine solche Differenzierung abgestellt werden, etwa um im Rahmen eines für anwendbar gehaltenen § 940 ZPO eine Interessenabwägung durch das Gericht vorzubereiten, oder im Hinblick auf evtl. unterschiedliche Voraussetzungen an Darlegung und Glaubhaftmachung des Verfügungsgrundes?

VI. Dringlichkeit ☑

305 Greift eine Dringlichkeitsvermutung nach § 885 Abs. 1 Satz 2 BGB oder § 899 Abs. 2 Satz 2 BGB oder gem. § 25 UWG? Oder ergibt sich dies aus der Art des geltend gemachten Anspruches (z.B. verbotene Eigenmacht)?

Soll gleichwohl vorsorglich etwas zu dem Verfügungsgrund dargelegt werden im Hinblick auf eine Gefahr, dass der Antragsgegner versuchen wird, die Vermutung des Verfügungsgrundes zu widerlegen?

Ist das einstweilige Verfügungsverfahren ausschließlich zulässig (z.B. wie bei § 11 LPG NRW)? Ist in den anderen Fällen das Eilinteresse ausreichend deutlich vorgetragen?

Sind die entsprechenden Tatsachenbehauptungen glaubhaft gemacht?

Ist zwischen Kenntnisnahme desjenigen Verhaltens, gegen das sich die einstweilige Verfügung richtet und Antrag auf Erlass der einstweiligen Verfügung noch nicht zu viel Zeit vergangen, um das Eilbedürfnis zu verneinen?

Wird während des Verfahrens gegen das Eilinteresse verstoßen, etwa durch Terminverlegungsantrag, Zustimmung zum Terminverlegungsantrag der Gegenseite, solange noch keine einstweilige Verfügung erlassen ist, oder durch Verlängerung der Berufungsbegründungsfrist?

VII. Rechtsschutzbedürfnis ☑

Liegt ausnahmsweise ein Grund für den Wegfall des nach Bejahung des Verfügungsgrundes anzunehmenden Rechtsschutzbedürfnisses vor, etwa infolge des Vorliegens eines vollstreckbaren Hauptsacheurteils oder im Wettbewerbsrecht einer strafbewehrten Unterlassungserklärung? 306

VIII. Zuständiges Gericht ☑

Ist der Antrag bei dem zuständigen Gericht eingereicht worden? Liegt eine besondere Dringlichkeit und eine Zuständigkeit eines AG als Gericht der belegenen Sache vor? Wird eine Sequestration erforderlich werden? 307

IX. Anträge ☑

Sind die Anträge ausreichend konkret und umfassend? Sind sie verständlich? 308

Sind verbleibende Risiken durch Hilfsanträge abgefedert?

Sind weitere Anregungen oder Anträge aufgenommen, wie etwa Entscheidung im schriftlichen Verfahren und/oder durch den Vorsitzenden allein. Vor dem AG als Gericht der belegenen Sache oder auf Androhung eines Ordnungsmittels bereits in der Unterlassungsverfügung?

Ist zur Verfahrensbeschleunigung Antrag auf Abkürzung der Ladungsfrist gem. § 226 ZPO gestellt?

Soll gem. § 941 ZPO der Antrag zur Eintragung in ein Register bereits durch das erkennende Gericht angeregt werden?

X. Glaubhaftmachung ☑

Sind sämtliche Tatsachen, die darzulegen sind bzw. dargelegt worden sind, auch glaubhaft gemacht? 309

Sind dabei möglichst „starke" Glaubhaftmachungsmittel, etwa Urkundenbeweis verwandt worden, etwa die angegriffene Original-Werbung? Ergänzen sich die einzelnen Glaubhaftmachungsmittel, insbesondere die vorgelegten

Urkunden und die Versicherung an Eides statt derart, dass der **gesamte Vortrag** glaubhaft gemacht ist?

Ist die Versicherung an Eides statt konkret abgefasst und bezogen auf **sämtliche** Tatsachen? Erstreckt sie sich auf sämtliche Tatsachen, für die in der Antragsschrift als Glaubhaftmachungsmittel die Versicherung an Eides statt angeboten war?

XI. Antragsschriftsatz im Rechtfertigungsverfahren ☑

310 Ist innerhalb der vom AG der belegenen Sache gesetzten Frist der Antrag bei dem Hauptsachegericht zur Rechtfertigung der einstweiligen Verfügung des AG der belegenen Sache gestellt worden?

XII. Mündliche Hauptverhandlung ☑

311 Ist eine mündliche Hauptverhandlung derart vorbereitet, dass auf evtl. bis dahin unbekannten Sachvortrag durch eigenen Sachvortrag reagiert und dieser glaubhaft gemacht werden kann?

XIII. Vergleich ☑

312 Welche Reichweite soll dem Vergleich zukommen: ausschließlich Erledigung des einstweiligen Verfügungsverfahrens oder auch des Rechtsstreites insgesamt?

Bei einer isolierten Erledigung ausschließlich des einstweiligen Verfügungsverfahrens: Welche Kostenregelung ist für die eigene Partei vorteilhaft – Anbindung an die Kosten des Hauptsacheverfahrens mit evtl. Regelungen für zwischenzeitliche Veränderungen oder isolierte Kostenregelung allein für das einstweilige Verfügungsverfahren?

Bei Abschluss eines Vergleiches ist ferner zu beachten, ob das Gericht bereit ist, die Durchsetzung des Vergleiches durch einen Beschluss zur Androhung von Ordnungsmitteln zu flankieren. Andernfalls muss eine Vertragsstrafe in den Vergleich mit aufgenommen werden.

XIV. Vollziehung ☑

313 Was muss bei dem konkreten Inhalt der einstweiligen Verfügung zur Vollziehung getan werden?

Wann ist die Vollziehungsfrist ausgelöst und ist sie durch die bisherigen Maßnahmen gewahrt?

XV. Rechtsbehelfe ☑

Ist die einstweilige Verfügung noch nicht formell bestandskräftig? Dann sind nach Ablehnung der einstweiligen Verfügung im Beschlusswege die sofortige Beschwerde oder die Neueinreichung des Antrages möglich. Nach Erlass der einstweiligen Verfügung im Beschlusswege sind der Widerspruch sowie gegen die Entscheidung nach mündlicher Verhandlung die Berufung möglich.   314

Liegen daneben noch die Voraussetzungen der weiteren Rechtsbehelfe wegen nicht rechtzeitiger Einleitung des Rechtfertigungsverfahrens gem. § 942 oder des Aufhebungsverfahrens wegen veränderter Umstände gem. § 927 f. ZPO vor?

Soll ein Antrag auf Durchführung des Hauptsacheverfahrens gem. § 926 ZPO gestellt werden? Ist dieser bereits gestellt und die Frist für die Erhebung der Hauptsacheklage abgelaufen?

Solange noch sämtliche Rechtsbehelfe möglich sind: Welcher der Rechtsbehelfe ist für die jeweils eigene Rechtsposition die günstigste? Zu berücksichtigen sind u.a. die Kosten für den bisherigen Verfahrensstand und die Verfolgung bzw. der Ausschluss der Verfolgbarkeit von Schadensersatzansprüchen gem. § 945 ZPO.

Ist die einstweilige Verfügung bereits formell bestandskräftig, verbleiben nur die Sonderrechtsbehelfe des einstweiligen Verfügungsrechts: Die Aufhebung mangels rechtzeitiger Einleitung des Rechtfertigungsverfahrens, die Aufhebung wegen veränderter Umstände sowie die Aufhebung wegen nicht rechtzeitiger Einleitung des Hauptsacheverfahrens – insoweit ist jedoch das Risiko aus § 231 Abs. 2 ZPO zu beachten.

Sollen die materiellen Rechtsbehelfe durch vollstreckungsrechtliche Anträge gem. oder analog § 924 Abs. 3 ZPO ergänzt werden?

XVI. Schutzschrift ☑

Bestehen Anhaltspunkte dafür, dass der Gegner eine einstweilige Verfügung beantragen wird?   315

Soll zur Vermeidung des Erlasses einer einstweiligen Verfügung vorsorglich eine Schutzschrift hinterlegt werden?

Wie hoch ist die Gefahr, dass gerade wegen des Vorliegens einer Schutzschrift und des dadurch gewährten rechtlichen Gehörs das Gericht die einstweilige Verfügung im schriftlichen Verfahren erlassen wird?

Soll die Schutzschrift auch trotz der Kostenbelastung des Mandanten bei evtl. Nichterstattungsfähigkeit eingereicht werden?

Soll die Schutzschrift auch auf die Gefahr hin, dass ein kostengünstiges Anerkenntnis (§ 93 ZPO) danach nicht mehr möglich ist, eingereicht werden? Wenn ja, welche Gerichte sind mögliche Gerichte, bei denen der evtl. Antragsteller die einstweilige Verfügung beantragen kann?

Wenn schon einige Zeit nach Einreichung der Schutzschrift vergangen ist, ohne dass von einer einstweiligen Verfügung etwas bekannt geworden ist: Soll vorsorglich bei den Gerichten, bei denen die Schutzschrift hinterlegt worden ist, nachgefragt werden, ob ein Antrag auf Erlass einer einstweiligen Verfügung eingegangen ist und gebeten werden, die eigene Schutzschrift nochmals „nach oben zu legen"?

§ 9 Muster zur einstweiligen Verfügung
Muster 1: Herausgabe nach verbotener Eigenmacht

AG
...

> ***Antrag auf Erlass einer***
> ***einstweiligen Verfügung***
> ***sowie***
> ***Antrag***
> ***auf PKH***

des Rentners ......
– Antragsteller –
Verfahrensbevollmächtigte: ......

gegen

Herrn ......
– Antragsgegner –

wegen *einstweiliger Verfügung zum Besitzschutz.*

Streitwert (vorläufig): 3.360,- €

Namens und im Auftrage des Antragstellers beantragen wir, im Wege der einstweiligen Verfügung wegen der Dringlichkeit vorrangig ohne mündliche Verhandlung für Recht zu erkennen:

1. *Der Antragsgegner hat die Wohnung Jägerstr. 1 in ... Parterre rechts bestehend aus 2 Zimmern, Küche, Bad an den Antragsteller herauszugeben.*

2. *Der Antragsgegner hat die in dem Keller des Hauses Jägerstr. 1 in ... verschlossenen Möbel des Antragstellers (Küchenmöbel bestehend aus einer Eckbank Eiche natur, einem Küchentisch grau mit schwarzen Füßen und vier Stühlen grau mit schwarzen Füßen, Kühlschrank der Fa. Bosch und Waschmaschine AEG Lavamat; Wohnzimmerschrank ca. 1,6 m hoch und 2,5 m breit holzfurniert einschließlich der zugehörigen Services (Kaffee- und Ess-Service), eine Wohnzimmergarnitur bestehend aus sechs Elementen und einem Sessel aus Stoff in schwarz/weiß gemustert und einem Couchtisch Eiche hell; ein Schrankbett nussbaumfarbig, einen Kleiderschrank mit Schiebetüren, zweitürig schwarz, einen Fernseher Grundig, ein Radio, ein Schuhschränkchen aus dem Korridor (ca. 60 x 40 cm) weiß; einen Spiegelhängeschrank der Marke Alibert für das Badezimmer in normaler Abmessung sowie den weiteren Hausrat des Antragstellers bestehend insbesondere aus der Kleidung des Antragstellers herauszugeben.*

3. *Dem Antragsgegner werden die Kosten des Verfahrens auferlegt.*

Des weiteren beantragen wir:

Dem Antragsteller wird für die Durchführung dieses Verfahren unter Beiordung des Unterzeichners Prozesskostenhilfe gewährt.

Sollte das Gericht, entgegen dem Eingangsersuchen, einen Termin zur mündlichen Verhandlung anberaumen, beantragen wir ferner,

die Ladungsfrist gem. § 226 Abs. 1 ZPO möglichst weitgehend abzukürzen.

Begründung:

Seit dem 1.4.1996 hat der Antragsteller die in dem Antrag zu 1. angegebene Wohnung von dem Antragsgegner angemietet. Seit dieser Zeit bewohnt der Antragsteller auch die Wohnung.

Glaubhaftmachung: Vorlage der Versicherung des Antragstellers an Eides Statt als **Anlage VK 1**

Am 25.4.2002 hat der Antragsgegner die Wohnungsschlösser ausgetauscht. Der Antragsteller bessert seine Rente mit einer Nebentätigkeit in einem Kino auf. Am Abend des 25.4.2002 hatte er Spätdienst bis 24.00 Uhr. Als der Antragsteller danach in seine Wohnung gehen wollte, ließ sich die Wohnungstür nicht mehr öffnen. Der Antragsteller begab sich daraufhin zum Bahnhof zurück und fuhr am folgenden Morgen mit dem ersten Zug nach ... zu einem Freund.

Glaubhaftmachung: bereits als **Anlage VK 1** vorgelegte Versicherung an Eides statt

Der Antragsteller ist wegen „Lungenverklebung" und Herzasthma zu 80 % schwer behindert. Ferner ist er zu 100 % erwerbsunfähig.

Glaubhaftmachung: Vorlage einer beglaubigten Kopie des Schwerbehindertenausweises **Anlagen VK 2** und bereits als **Anlage VK 1** vorgelegte Versicherung an Eides statt

Am 26.4.2002 fertigte der Antragsteller einen Brief an den Antragsgegner, in dem er diesen aufforderte, ihm wieder den Zugang zur Wohnung zu ermöglichen.

Glaubhaftmachung: Vorlage der Kopie des Briefes als **Anlage VK 3**

Der Antragsgegner rief am nächsten Tag bei dem Antragsteller an. In dem Telefonat erklärte er, er habe die Unterlagen des Antragstellers durchgesehen und dabei u.a. auch diese Telefon-Nr. gefunden. In dem Telefonat erklärte der Antragsgegner ferner, der Antragsteller werde die Wohnung nicht zurückerhalten. Die Wohnungstür sei am 25.4. nicht ordnungsgemäß verschlossen gewesen. Er, der Antragsgegner, hätte die Wohnung bereits weitervermietet und außerdem hielte der Antragsteller sich kaum in der Wohnung auf. Ferner teilte der Antragsgegner mit, einen Schrank aus der Wohnung des Antragstellers habe er bereits an einen anderen Nachbarn weitergegeben, dem Möbel gefehlt haben. Die restlichen Möbel seien in den Keller des Hauses Jägerstr. 1 verschlossen. Der Antragsteller fuhr noch an demselben Tag nach ... und begab sich auch zu seiner Wohnung. In dem Briefkasten befand sich neben der üblichen Post auch ein Schreiben des Antragsgegners, das als **Anlage VK 4** in Kopie beiliegt.

Glaubhaftmachung: bereits als **Anlage VK 1** vorgelegte Versicherung an Eides statt

Die Behauptungen in dem Telefonat und in dem Schreiben sind falsch:

So war die Wohnung, als der Antragsteller sie am 25.4.2002 verlassen hatte, ordnungsgemäß verschlossen.

Glaubhaftmachung: bereits als **Anlage VK 1** vorgelegte Versicherung an Eides statt

Im Übrigen berechtigen die dortigen Vorwürfe nicht zu der von dem Antragsgegner begangenen verbotenen Eigenmacht.

Das Schreiben vom 27.4.2002 dokumentiert aber in nicht zu übertreffender Weise die Herausgabeunwilligkeit des Antragsgegners.

Das **Eilbedürfnis** ergibt sich aus der verbotenen Eigenmacht des Antragsgegners und bedarf deshalb keiner weiteren Darlegung. Darüber hinaus verweisen wir darauf, dass der Antragsteller gerade wegen seines Spätdienstes im Kino auf einen ungestörten Besitz an und Zugang zu seiner Wohnung angewiesen ist. Besondere Eile ist ferner im Hinblick auf das Alter und die erheblichen Erkrankungen des Antragstellers erforderlich. Die Aufregung um die Wohnung hat den Antragsteller erheblich mitgenommen.

Weitergehende Unterlagen zur Glaubhaftmachung, wie etwa der Mietvertrag, Bescheinigungen zum Grad der Behinderung, Rentnereigenschaft sowie wegen der persönlichen und wirtschaftlichen Verhältnisse des Antragstellers können gegenwärtig nicht eingereicht werden. Sämtliche Unterlagen befanden sich in der Wohnung des Antragstellers.

Glaubhaftmachung: bereits als **Anlage VK 1** vorgelegte Versicherung an Eides statt

Es wird deshalb ferner beantragt,

dem Antragsteller nachzulassen, die Erklärung über die persönlichen und wirtschaftlichen Verhältnisse einschließlich der zugehörigen Unterlagen nachzureichen.

Rechtsanwalt

Versicherung an Eides statt

In Kenntnis der Bedeutung einer Versicherung an Eides statt und in Wissen um die Strafbarkeit bei Abgabe einer falschen Versicherung an Eides statt versichere ich, ... an Eides statt:

Es ist richtig:

- Ich bewohne seit dem 1.4.1996 die Wohnung Jägerstr.1 in ...
- Am 25.4.2002 wurden die Wohnungsschlösser an meiner o.a. Wohnung ausgetauscht.
- Am Abend des 25.4.2002 nach 24.00 Uhr ließ sich meine Wohnungstür im Hause Jägerstr. 1 nicht mehr öffnen.
- Ich bin in der Nacht mit dem ersten Zug zu meinem Freund nach ... gefahren.
- Ich bin wegen „Lungenverklebung" und Herzasthma zu 80 % schwer behindert. Ferner bin ich zu 100 % erwerbsunfähig.
- Am 26.4.2002 fertigte ich einen Brief an den Antragsgegner, in dem ich diesen aufforderte, mir wieder den Zugang zu meiner Wohnung zu ermöglichen.
- Telefonisch erklärte mir der Antragsgegner an Tag darauf, er habe meine Unterlagen durchgesehen und dabei u.a. auch die Telefon-Nr. meines Freundes in ... gefunden.
- In dem Telefonat erklärte der Antragsgegner mir ferner, ich werde die Wohnung nicht zurückerhalten. Er hätte die Wohnung bereits weitervermietet und außerdem hielte ich mich kaum in der Wohnung auf. Außerdem sei die Tür am 25.4.2002 nicht ordnungsgemäß verschlossen gewesen.
- Der Antragsgegner wies u.a. in diesem Telefonat darauf hin, dass er einen Schrank aus meiner Wohnung bereits an einen anderen Nachbarn weitergegeben habe, dem Möbel gefehlt haben. Die restlichen Möbel seien in dem Keller des Hauses Jägerstr. 1 verschlossen.
- An demselben Tag fuhr ich wieder nach ... und begab mich auch zu meiner Wohnung.
- In dem Briefkasten befand sich neben der üblichen Post auch ein Schreiben des Antragsgegners, welches der Antragsschriftsatz in Kopie beiliegt.
- Die Behauptungen des Antragsgegners, auch in seinem Schreiben, sind weitgehend falsch: So hatte ich z.B. meine Wohnung, als ich sie am 25.4.2002 verlassen hatte, ordnungsgemäß verschlossen.
- Ich bin dringend auf einen ungestörten Besitz an und Zugang zu meiner Wohnung aus den in der Antragsschrift der Rechtsanwälte .. und Kollegen vom 30.4.2002 genannten Gründen angewiesen.

- Sämtliche Unterlagen befanden/befinden sich in meiner Wohnung.

Ort, den ......

Unterschrift

Terminprotokoll mit Schlussvergleich

ÖFFENTLICHE SITZUNG DES AMTSGERICHTS

Geschäfts-Nr.: ...., 08.5.2002

Gegenwärtig:
Richter am AG S.
Gem. § 160a ZPO ohne Hinzuziehung eines Protokollführers

In dem Rechtsstreit
(......)

gegen

(....)

erschienen bei Aufruf

1. der Antragsteller und RA ......

2. der Antragsgegner und RA ......

Es lag Schriftsatz der Beklagtenseite vom 7.5.2002 vor;
hiervon erhielt Klägervertreter Abschriften.

b.u.v.:

Dem Kläger wird für die beabsichtigte Rechtsverfolgung I. Instanz Prozesskostenhilfe bewilligt unter Beiordnung von RA ...... mit Wirkung ab dem 2.5.2002 unter der Voraussetzung, dass der Kläger umgehend einen ausgefüllten PKH-Fragebogen zu den Akten nachreicht. Die Anordnung einer Ratenzahlung bleibt ausdrücklich vorbehalten.

Die Sach- und Rechtslage wurde eingehend erörtert. Es zeichnete sich eine Vergleichsmöglichkeit ab.

b.u.v.:

Die dem Kläger bewilligte Prozesskostenhilfe einschließlich der Anwaltsbeiordnung erstreckt sich auch auf den Abschluss nachstehenden Vergleichs.

Nunmehr schlossen die Parteien folgenden

Vergleich:

1. *Der Beklagte zahlt an den Kläger 15.000,- € nebst 10 % Zinsen ab dem 15.6.2002. Die Zahlung soll zu Händen des Prozessbevollmächtigten des Klägers gehen. Damit sind sämtliche Ansprüche der Parteien gegeneinander aus dem Mietverhältnis über die vom Kläger innegehaltene Wohnung im Hause Jägerstr.1 in ...... erledigt. Erledigt sind auch weitergehende Ansprüche der Parteien gegeneinander aus dem Vorfall im April 2002, bei dem der Verfügungsbeklagte die vorbezeichnete Wohnung eigenmächtig geräumt hat. Wegen dieses Vorfalls wird der Kläger keinen Strafantrag gegen den Beklagten und auch nicht gegen die Eheleute S. stellen.*

Die Parteien sind sich darüber einig, dass die in der Antragsschrift unter Ziffer 2. angeführten Gegenstände, nämlich Eckbank, Küchentisch, Stühle, Kühlschrank, Waschmaschine, Wohnzimmerschrank, Wohnzimmergarnitur, Couchtisch Eiche, Schrankbett, Kleiderschrank, Fernseher, Radio, Schuhschränkchen, Spiegelhängeschrank in das Eigentum des Beklagten übergehen. Die vorhandenen Kleidungsstücke des Klägers sowie das Kaffee-und Essservice 6-teilig blau/weiß und einen Hefter mit persönlichen Papieren und Unterlagen gibt der Beklagte sofort an den Kläger heraus. Der Übergabetermin wegen der vorbezeichneten Gegenstände wird zwischen den Anwälten vereinbart.

2. *Die Kosten des Verfahrens mit Ausnahme der Kosten dieses Vergleichs trägt der Beklagte; die Kosten des Vergleichs werden gegeneinander aufgehoben.*

d.v.u.g.

Nach Anhörung b.u.v.:

Der Streitwert für den Rechtsstreit wird auf insgesamt 3.360,- € und für den Vergleich auf insgesamt 15.500,- € festgesetzt.

......
Richter

Muster 2: Herausgabe an Sequester

Antragsschrift

AG

......

Antrag auf Erlass einer
einstweiligen Verfügung
und
Sequestration

der Firma Großhandel für Elektrobedarf H. GmbH & Co KG, Finanzstraße 2 – 8, in ......, vertreten durch ihren einzelvertretungsberechtigten Geschäftsführer, den Kaufmann W.H., ebenda

– Antragstellerin –
Verfahrensbevollmächtigte: ...

gegen

die Katholische Kirchengemeinde St. B. in...
– Antragsgegnerin –

wegen *Herausgabe zur Sequestration.*

vorläufiger Streitwert: *20.000,- €*

Wir beantragen wegen der Dringlichkeit vorrangig ohne mündliche Verhandlung und vor dem Amtsgericht, in dessen Bezirk sich der Streitgegenstand befindet, den Erlass folgender einstweiliger Verfügung:

1. Die Antragsgegnerin hat die im Eigentum der Antragstellerin stehenden nachfolgenden Gegenstände an einen von dem Gericht zu benennenden Gerichtsvollzieher als Sequester herauszugeben:

   - *55 Trilux Leuchten 7171 E 18,*
   - *6 Trilux Leuchten 3604 R W*
   - *3 x 18 120 B J Schaltermat. 2000/6 US,*
   - *130 B J Schaltermat. E U J – 20,*
   - *60 B J Schaltermat.E U J – 20,*
   - *7 B J Schaltermat. 1743- 03-20,*
   - *20 BJ Schaltermat. 1720 .20,*
   - *10 B J Schaltermat.178120,*

- *4 B J Schaltermat.1785 – 20,*
- *Brandmeldekabel, FI-Schalter, Klemmen u.Ä., die zusammen mit dem vorbezeichneten Material in einem Lagerraum auf einem Baugelände der Antragsgegnerin für das Altenpflegeheim St. Johannes, Brucknerweg in ...... lagern.*

2. Die Antragsgegnerin hat die Kosten des Verfahrens zu tragen.

Begründung:

Die Antragstellerin betreibt einen Großhandel für Elektrogeräte und -anlagen. Sie hat der Firma ASW-Elektronik GmbH, Minervastr. in ... Waren in einem Gesamtauftragswert von 48.422,72 € allein für die vorbezeichnete Baustelle geliefert.

Glaubhaftmachung: Vorlage der Rechnungen vom 16.1.2002 – 30.3.2002 in beglaubigter Kopie als **Anlagen VK 1 – VK 11** beigefügt sowie ergänzend Versicherung an Eides statt des Geschäftsführers der persönlich haftenden Gesellschafterin der Antragstellerin als **Anlage VK 12**

Die Firma ASW war von der Antragsgegnerin beauftragt, die Elektroinstallationen in dem von der Antragsgegnerin betriebenen Neubau eines Altenpflegeheims in ... durchzuführen. Die Antragstellerin stundete der Firma ASW den Kaufpreis. In Nummer 7 der den Kaufverträgen zugrunde gelegten Verkaufsbedingungen der Antragstellerin behielt die Antragstellerin sich das Eigentum an der von ihr gelieferten Ware vor.

Glaubhaftmachung: Vorlage der AGB der Antragstellerin, im Original als **Anlage VK 13** beigefügt sowie ergänzend bereits als **Anlage VK 12** vorgelegte Versicherung an Eides statt

Am Donnerstag, dem 27.4.2002, erhielt der Geschäftsführer der Antragstellerin von der X-Bank die Mitteilung, dass ein von der Firma ASW quer geschriebener Wechsel zur Finanzierung des Kaufpreises aus der vorstehend beschriebenen Lieferung zu Protest gegangen war.

Glaubhaftmachung: Vorlage des Schreibens der X-Bank von 27.4.2002, in Kopie als **Anlage VK 14** beigefügt

Der Geschäftsführer der Antragstellerin rief daraufhin umgehend den Geschäftsführer der Firma ASW an. Dieser erklärte, eine Zahlung des Kaufpreises sei nicht möglich. Die Arbeit auf der Baustelle der Antragsgegnerin sei eingestellt. Der Geschäftsführer der Antragstellerin rief daraufhin sofort den Kirchenvorstand der Antragsgegnerin an. Dieser erklärte, die Antragsgegnerin werden mit einem neuen Vertragspartner das Bauwerk fortsetzen. Der Geschäftsführer der Antragstellerin forderte daraufhin den Kirchenvorstand auf, gemeinsam zur Baustelle zu fahren, um zur Wahrung des Eigentums der Antragstellerin entweder die dort vorhanden Gegenstände separat zu lagern oder diese zunächst an die Antragstellerin herauszugeben. Die Kirchenvorstand verweigerte dies und verbot, die Baustelle zu betreten.

Glaubhaftmachung: bereits als **Anlage VK 12** vorgelegte Versicherung an Eides statt

Die Antragstellerin schickte dann den Zeugen M.M. zusammen mit einem weiteren Mitarbeiter, Herrn R., nach ..., um die unter Eigentumsvorbehalt gelieferten Waren abzuholen. Als diese an dem Lagerraum der Firma ASW ankamen, war dieser aufgebrochen. Die Tür war mit dem Rahmen herausgebrochen und stand in ca. 1 m Entfernung zu dem Lagerraum. Die Ware lagerte im Wesentlichen jetzt in einem anderen Raum als dem Lagerraum der Firma ASW. Den Mitarbeitern der Antragstellerin wurde erklärt, die Katholische Kirchengemeinde St. B. habe durch ihren örtlichen Bauleiter und weitere Mitarbeiter diese „Umlagerung" vorgenommen.

Die Mitarbeiter der Antragstellerin wollten daraufhin zumindest die noch in dem Lagerraum der Firma ASW verbliebene Restware in das Fahrzeug der Antragstellerin einladen. Selbst ein Verlassen des Geländes zum Einladen lediglich dieser Restware in das Kfz der Antragstellerin wurde den Mitarbeitern der Antragstellerin seitens der Katholischen Kirchengemeinde St. B. verwehrt.

Glaubhaftmachung: Versicherung an Eides statt des Zeugen M.M. als **Anlage VK 15**

Nach der Mitteilung des Kirchenvorstandes der Antragsgegnerin besteht die erhebliche Gefahr, dass durch die Fortsetzung der Bauarbeiten der Eigentumsvorbehalt der Antragstellerin und damit das Eigentum der Antragstellerin untergeht. Dies gilt umso mehr, als bereits mit einer Verbringung aus dem bisher gesicherten Lagerraum der Fa. ASW begonnen worden ist. Es muss deshalb **sofort** eine Sicherung des Eigentums der Antragstellerin durch Erlass der beantragten einstweiligen Verfügung erfolgen. Das Gericht wird zur sofortigen Umsetzung der einstweiligen Verfügung gebeten, einen Gerichtsvollzieher, von dem ihm bekannt ist, dass er zur Sequestration bereit ist, eventuell nach vorheriger Abstimmung mit diesem, in der Verfügung zu benennen.

Versicherung an Eides statt eines Zeugen

In Kenntnis der Bedeutung einer Versicherung an Eides statt und im Wissen um die Strafbarkeit bei Abgabe einer falschen Versicherung an Eides statt versichere ich, M.M., .. in ... an Eides statt:

Es ist richtig:

Ich bin zusammen mit einem weiteren Mitarbeiter der Firma Großhandel für Elektrobedarf H. GmbH & Co KG, Finanzstraße 2-8 in ..., Herrn R., nach ...

gesandt worden, um die gelieferten Waren abzuholen. Als wir an dem Lagerraum der Firma ASW ankamen, war dieser aufgebrochen. Die Tür war mit dem Rahmen herausgebrochen und stand in ca. 1 m Entfernung zu dem Lagerraum. Die Ware lagerte im Wesentlichen jetzt in einem anderen Raum als dem Lagerraum der Firma ASW. Man sagte uns, die Katholische Kirchengemeinde St. B. in ... habe durch ihren örtlichen Bauleiter und weitere Mitarbeiter diese „Umlagerung" vorgenommen.

Herr R. und ich wollten die noch in dem Lagerraum der Firma ASW verbliebene Ware in das Fahrzeug der Firma H. GmbH & Co KG einladen. Ein Verlassen des Geländes zum Einladen in unser Kfz wurde uns dann seitens der Katholischen Kirchengemeinde St. B. verwehrt.

Ort, den ...

Unterschrift

Muster 3: Unterlassung beleidigender Äußerungen

AG
......

**Antrag auf
Erlass einer einstweiligen Verfügung**

der Kauffrau I.H., ...

– Antragstellerin –

Verfahrensbevollmächtigte: RAe ...

gegen

die Kauffrau K.N., ...

– Antragsgegnerin –

wegen Unterlassung von beleidigenden Äußerungen

vorläufiger Streitwert: 4.000,- €

Namens und im Auftrage der Antragstellerin beantragen wir den Erlass folgender einstweiliger Verfügung, wegen der Dringlichkeit vorrangig ohne mündliche Verhandlung für Recht zu erkennen:

1. Die Antragsgegnerin hat es zu unterlassen, auf der gemeinsamen Arbeitsstelle der Parteien, bei der Firma B. in ... gegenüber gemeinsamen Arbeitskollegen und Vorgesetzten über die Antragstellerin zu erklären, diese sei „verlogen", eine „Schlange, Sau und Kuh", die Antragstellerin sei „blöd und nicht in der Lage, die ihr übertragenen Aufgaben zu erledigen".

2. Die Antragsgegnerin wird für jeden Fall der Zuwiderhandlung ein Ordnungsgeld i.H.v. bis zu 250.000,- €, ersatzweise Ordnungshaft bis zu 6 Monaten, oder Ordnungshaft bis zu 6 Monaten, im Wiederholungsfall Ordnungshaft bis zu 2 Jahren, angedroht.

3. Die Antragsgegnerin trägt die Kosten des Verfahrens.

Begründung:

Die Parteien sind als ausgebildete Kauffrauen in der Exportabteilung der Firma B. in ... beschäftigt.

Glaubhaftmachung: Vorlage einer Firmenzeitschrift mit Fotos der Parteien und Bildunterschrift über ein gemeinsames Projekt, veröffentlicht vier Wochen vor dem diesem Antrag zugrunde liegenden Vorfall, in Kopie als **Anlage VK 1** beigefügt

In derselben Firmenzeitschrift ist auf Seite 3 eine Beförderungsstelle für die Exportabteilung ausgeschrieben.

Glaubhaftmachung: bereits als **Anlage VK 1** vorgelegte Firmenzeitschrift

Die Parteien sind nach ihrer Ausbildung, Qualifikation und bisherigen Stellung im Unternehmen beide als Kandidaten für diese Beförderungsstelle geeignet. Seit Erscheinen der Anzeige äußert sich die Antragsgegnerin in der im Antrag zu 1. beschriebenen Weise gegenüber weiteren Arbeitskollegen in der Abteilung und auch dem Abteilungsleiter und zwar in wiederholter Weise.

Glaubhaftmachung: Vorlage von Versicherungen an Eides statt der Kolleginnen B. und D. der Parteien, als **Anlagen VK 2** und **VK 3** beigefügt

Die Antragstellerin hat daraufhin die Antragsgegnerin persönlich angesprochen und um Unterlassung gebeten. Die Antragsgegnerin hat daraufhin klar zum Ausdruck gebracht, dass es ihr darum geht, die Antragstellerin zu diskreditieren, um ein für sie positives Klima bei der Besetzung der Beförderungsstelle zu schaffen. Nach dieser Äußerung betrat zufällig die Zeugin B. den Raum und hat diese Äußerung der Antragsgegnerin gehört.

Glaubhaftmachung: bereits als **Anlage VK 2** vorgelegte Versicherung an Eides statt der Zeugin B.

*Es wird vorrangig um Entscheidung im Beschlusswege gebeten. Nach der Stellenausschreibung in der Hauszeitung (**Anlage VK 1**) ist mit einer Entscheidung über die Besetzung der Beförderungsstelle innerhalb der nächsten zwei Wochen zu rechnen. Sowohl die Antragstellerin als auch die Antragsgegnerin haben sich zwischenzeitlich auf die Beförderungsstelle beworben.*

Glaubhaftmachung: Versicherung an Eides statt der Antragstellerin, als **Anlage VK 4** beigefügt

Die Besetzung der Beförderungsstelle wird durch den Vorstand der Firma B. entschieden. Dieser hat in der Vergangenheit bei der Besetzung dieser Position dieser Art auch ein Meinungsbild aus der jeweiligen Abteilung in die Entscheidung mit einbezogen.

Glaubhaftmachung: wie zuvor

Deshalb wird vorrangig um Entscheidung im Beschlusswege gebeten. Sollte das Gericht, entgegen dem Eingangsersuchen, nach mündlicher Verhandlung entscheiden wollen, beantragen wir

möglichst weitgehende Abkürzung der Ladungsfrist gem. § 226 Abs. 1 ZPO.

Rechtsanwalt

Muster 4: Antrag auf Fristsetzung gem. § 926 ZPO

An das
Amtsgericht

In dem

einstweiligen Verfügungsverfahren

.../...

– 7 C 555/01 –

beantragen wir,

> *dem Antragsteller aufzugeben, binnen einer Frist von zwei Wochen wegen des der einstweiligen Verfügung vom ... zugrunde liegenden Anspruchs Hauptsacheklage zu erheben.*

Rechtsanwalt

Muster 5: Antrag auf Termin und Aufhebung der einstweiligen Verfügung wegen Fristversäumung

An das
Amtsgericht

.....

In dem

einstweiligen Verfügungsverfahren

.../...

– 7 C 555/93 –

beantragen wir,

einen Termin zur mündlichen Verhandlung anzuberaumen und den Beschluss im einstweilige Verfügungsverfahren aufzuheben.

Begründung:

Die Aufhebung der einstweiligen Verfügung durch Endurteil ist auszusprechen, da der Antragsteller innerhalb der ihm vom erkennenden Gericht gesetzten 2-Wochen-Frist entsprechend dem Beschluss vom ... keine Hauptsacheklage erhoben hat.

Rechtsanwalt

Muster 6: Schutzschrift

Begleitschreiben an das Spezialgericht

vorab per Telefax

Landgericht
– Kartellkammer –

...

Schutzschrift

Sehr geehrte Damen und Herren,

in der Anlage überreichen wir Original sowie mit der postalischen Sendung dieses Schreibens drei einfache Abschriften unserer Schutzschrift vom heutigen Tage mit der Bitte, durch geeignete Vorkehrung sicherzustellen, dass das Original der Schutzschrift nach Eingang eines evtl. Antrages auf Erlass einer einstweiligen Verfügung unmittelbar dem erkennenden Gericht vorgelegt wird. Die einfachen Abschriften der Schutzschrift bitten wir, an die als erkennendes Gericht in Betracht kommenden Kammern und/oder Richter zu verteilen.

Die in der Schutzschrift zur Glaubhaftmachung angekündigten Anlagen sind dem Original beigefügt. Wir bitten deshalb ferner sicherzustellen, dass diejenigen Empfänger, denen lediglich eine einfache Abschrift der Schutzschrift vorgelegt wird, eine entsprechende Mitteilung über das Vorhandensein der Anlagen bei dem Original unterbreitet wird.

Mit freundlichen Grüßen

Rechtsanwalt

Begleitschreiben an eines der anderen möglichen Gerichte

vorab per Telefax

Landgericht
– KfH –

...

Schutzschrift

Sehr geehrte Damen und Herren,

in der Anlage überreichen wir Original sowie mit der postalischen Sendung dieses Schreibens fünf einfache Abschriften unserer Schutzschrift vom heutigen Ta-

ge mit der Bitte, durch geeignete Vorkehrung sicherzustellen, dass das Original der Schutzschrift nach Eingang eines evtl. Antrages auf Erlass einer einstweiligen Verfügung unmittelbar dem erkennenden Gericht vorgelegt wird, sowie mit der Bitte, die einfachen Abschriften an die als erkennendes Gericht in Betracht kommenden Kammern zu verteilen.

Die in der Schutzschrift zur Glaubhaftmachung angekündigten Anlagen sind dem Original beigefügt. Wir bitten deshalb ferner sicherzustellen, dass diejenigen Empfänger, denen lediglich eine einfache Abschrift der Schutzschrift vorgelegt wird, eine entsprechende Mitteilung über das Vorhandensein der Anlagen bei dem Original unterbreitet wird.

Vorrangig gehen wir davon aus, dass die evtl. Antragstellerin den Rechtsstreit bei dem gem. § 89 Abs. 1 GWB i.V.m. VO vom 2.11.94 allein zuständigen LG ... einleiten wird. Die Abreichung bei dem LG ... erfolgt lediglich vorsorglich, da die evtl. Antragstellerin bereits 1999 die Zuständigkeitsregelung nicht beachtet hatte.

Mit freundlichen Grüßen

Rechtsanwalt

Schutzschrift

vorab per Telefax

Landgericht
– Kartellkammer –

...

Schutzschrift

in einem befürchteten einstweiligen Verfügungsverfahren

der Firma ......

– evtl. Antragstellerin –

gegen

die Firma

– evtl. Antragsgegnerin –

Verfahrensbevollmächtigte: RAe ...

***wegen** Unterlassung*

Sollte ein Antrag auf Erlass einer einstweiligen Verfügung der evtl. Antragstellerin gegen die evtl. Antragsgegnerin eingehen, beantragen wir

> *diesen Antrag im Beschlusswege abzuweisen,*
>
> *zumindest nicht ohne mündliche Verhandlung zu entscheiden.*

Wir sind zustellungsbevollmächtigt gem. § 176 ZPO gem. anliegender Vollmacht.

Begründung:

Die evtl. Antragstellerin hat die evtl. Antragsgegnerin mit Schreiben vom 6.1. zur Abgabe einer von ihr vorbereiteten Unterlassungserklärung, d.h. zur Abgabe einer Erklärung, Lieferungen an ein weiteres Unternehmen, die Fa. S., einzustellen sowie zur Auskunftserteilung und Abgabe einer Verpflichtung zum Schadensersatz dem Grunde nach aufgefordert.

Glaubhaftmachung: *Vorlage des Anschreibens sowie der vorbereiteten Unterlassungserklärung, in Kopie als **Anlage VB 1** für das Gericht beigefügt*

Entgegen der dortigen Annahme steht der von der evtl. Antragstellerin geltend gemachte Anspruch dieser weder dem Grunde nach noch in der von dieser dargelegten Form zu. Im Einzelnen:

1. Die evtl. Antragstellerin begründet den von ihr geltend gemachten Anspruch in dem Begleitschreiben mit einer „Absichtserklärung", „darauf folgenden entsprechenden schriftlichen Bestätigungen" sowie einer „Vereinbarung vom 17.3.1999".

Die Parteien hatten ursprünglich eine umfangreiche Vereinbarung zur Zusammenarbeit beabsichtigt und im Rahmen einer Absichtserklärung vom 28.2.1994 den zügigen Abschluss eines dieser Absichtserklärung entsprechenden Kooperationsvertrages in Aussicht gestellt.

Glaubhaftmachung: *Vorlage einer Kopie der Absichtserklärung, als **Anlage VB 2** für das Gericht beigefügt*

2. Zu der beabsichtigten umfangreichen Regelung ist es in der Folgezeit nicht gekommen. Mit Schreiben vom 27.1.1999 kündigte die evtl. Antragsgegnerin vorsorglich die „Absichtserklärung vom 28.2.1994".

Glaubhaftmachung: *Vorlage einer Kopie des Schreibens, als **Anlage VB 3** für das Gericht beigefügt*

Nach Zugang dieser Kündigungserklärung beantragte die evtl. Antragstellerin vor dem LG ... den Erlass einer einstweiligen Verfügung. Das LG ... wies in der mündlichen Verhandlung zum einen auf das Fehlen der örtlichen Zuständigkeit und i.Ü. vorsorglich auf seine Bedenken an der Begründetheit bereits des damaligen Antrages der evtl. Antragstellerin hin.

Glaubhaftmachung: Vorlage einer Kopie des Terminprotokolls als **Anlage VB 4** für das Gericht beigefügt

3. Zur Streitbeilegung führten die Parteien dann weiter Verhandlungen, insbesondere ein Gespräch vom 17.3.1999. Die von beiden Parteien beabsichtigte schriftliche Niederlegung der Vereinbarung über die weitere Zusammenarbeit erfolgte nicht. Es gab in der Folgezeit zwei nicht deckungsgleich vorbereitete Vereinbarungen, eine vorbereitet durch die evtl. Antragstellerin (**Anlage VB 5**), eine vorbereitet durch die evtl. Antragsgegnerin (**Anlage VB 6**).

Daraufhin entwickelte sich eine ausführliche Korrespondenz, in der jeweils eine der evtl. Parteien die andere aufforderte, die von ihr vorbereitete Vereinbarung zu unterschreiben und zurückzusenden. Im Wesentlichen erstreckte sich die Meinungsverschiedenheit der Parteien auf die Frage, dass der in Nr. 1 lit. a) vereinbarte Artikelschutz wechselseitig gilt. Demzufolge war in der **Anlage VB 6** der in der **Anlage VB 5** fehlende Satz

„Die vorstehende Regelung gilt entsprechend auch umgekehrt zu Gunsten von A."

enthalten.

Auf die Vereinbarung der schriftlichen Niederlegung des „wechselseitigen Artikelschutzes" hat die evtl. Antragsgegnerin beispielhaft mit Schreiben vom 25.5. und 8.6. hingewiesen.

Glaubhaftmachung: Vorlage von Kopien beider Schreiben, als **Anlagen VB 7** und **VB 8** für das Gericht beigefügt

4. In rechtlicher Hinsicht ist deshalb zumindest äußerst zweifelhaft, ob es ausgehend von dem Gespräch vom 17.3.1999 zu einer die Parteien bindenden Vereinbarung gekommen ist. Jedenfalls kann insoweit nicht ohne mündliche Verhandlung, insbesondere ohne Anhörung der Vertreter der evtl. Antragsgegnerin entschieden werden. Evtl. fehlte es bereits von vornherein an dem erforderlichen Einvernehmen der Parteien infolge versteckten Dissenses. Ggf. ist der Vertrag gem. §§ 127, 126 BGB formunwirksam.

Ausweislich ihres Schreibens vom 18.5.99 hat die evtl. Antragstellerin jedenfalls selbst die Auffassung vertreten, dass eine Vereinbarung zwischen den Parteien ohne die schriftliche Niederlegung nicht existieren sollte. Wörtlich heißt es in diesem Schreiben:

„Es sollte im Interesse beider Parteien sein, dass Ihre Mandantschaft, zumindest im Hinblick auf mein letztes Schreiben, umgehend Stellung nimmt, *davon hängt letztendlich die Durchführung der kooperativen Zusammenarbeit entscheidend ab." [Hervorhebungen durch Verfasser].*

Jedenfalls ist gem. § 154 Abs. 2 BGB im Zweifel anzunehmen, dass Parteien der gewollten Schriftform eine konstitutive Bedeutung beimessen (vgl. MünchKomm/Förschler, 3. Aufl., München 1993, § 127 Rn 5 m.w.N. sowie Rn. 2 m.w.N.). Dies gilt insbesondere, zumal die Parteien bereits die bloße Absichtserklärung vom 28.2.1994 schriftlich abgefasst hatten.

*5. Entgegen den Darlegungen in dem Anschreiben vom 6.1. (**Anlage VB 1**) kann die evtl. Antragstellerin auch nicht auf frühere Abreden der Parteien zurückgreifen:*

Die von der evtl. Antragstellerin angeführten „entsprechenden schriftlichen Bestätigungen" sind nicht konkret benannt. Erst wenn eine solche konkrete Benennung vorgenommen worden ist, kann die evtl. Antragsgegnerin sich hierzu im Einzelnen äußern. Auch dies belegt, dass jedenfalls nicht ohne mündliche Verhandlung entschieden werden darf. Jedenfalls hätten mögliche einseitige schriftliche Erklärungen der evtl. Antragsgegnerin vor dem 1.1.1999 gelegen und wären deshalb nach der bis zum 1.1.1999 gültigen Fassung des GWB zu beurteilen. Insoweit galt gem. § 34 GWB das gesetzliche Schriftformerfordernis i.S.d. § 126 BGB. Einseitigen Erklärungen fehlte es damit auf jeden Fall an der gem. § 126 Abs. 2 BGB erforderlichen Form. Für Altverträge bleibt es bei dem ursprünglichen Schriftformerfordernis, vgl. Frankfurter Kommentar GWB, Wegweiser zu § 18 a.F. (= Kommentierung zu § 16 n.F.), Ergänzungslieferung für Mai 1999. Wörtlich heißt es insoweit:

„(Schriftformerfordernis) bleibt maßgeblich für Altverträge."

*6. Ob die Absichtserklärung vom 28.2.1994 (**Anlage VB 2**) als bloße Absichtserklärung und Vorbereitung einer beabsichtigen Vereinbarung überhaupt Wirkungen entfalten konnte, kann dahinstehen, jedenfalls hat die evtl. Antragsgegnerin diese Vereinbarung durch das bereits als **Anlage VB 3** vorgelegte Schreiben vom 27.1.1999 wirksam gekündigt.*

7. Selbst wenn abweichend von den vorherigen Darstellungen auf der Grundlage des Gespräches vom 17.3.99 eine verbindliche Vereinbarung zwischen den Parteien zustande gekommen wäre, stünde der evtl. Antragstellerin der geltend gemachte Anspruch nicht zu: Gem. Nr. 1 lit. b) der beidseitigen Vertragsentwürfe bestand Artikelschutz lediglich während der gesamten Laufzeit des jeweiligen Artikels. Als Laufzeit war in Satz 2 definiert ...

Glaubhaftmachung: Vorlage einer Versicherung an Eides statt durch den Geschäftsführer der evtl. Antragsgegnerin Herrn F.F., einstweilig beglaubigte Fotokopie als **Anlage VB 9** beigefügt sowie Vorlage der entsprechenden Bestätigung durch die Fa. P., als **Anlage VB 10** beigefügt

8. Jedenfalls völlig unangemessen ist eine in keiner Weise zeitlich begrenzte Unterlassungsverpflichtung.

In keiner Weise akzeptabel ist eine Vertragsstrafe in einer Größenordnung von 50.000,- € angesichts eines niedrigen Werklohnes. Der Werklohn ist, wie der evtl. Antragstellerin bekannt ist, so niedrig, dass die Preise vereinbart werden jeweils für 100 Stück. Die Vereinbarung zwischen den Parteien eines evtl. einstweiligen Verfügungsverfahrens bis zum Jahre 2001 beliefen sich auf 17,50 DM netto je 100 Stück! Eine Vertragsstrafe von 50.000,- € ist völlig unangebracht. So erstreckte sich etwa 2001 der Gesamtumsatz zu dem Artikel M 118 auf lediglich 6.120,- € und für den Artikel 117 auf 6.045,- €.

Glaubhaftmachung: *Vorlage der Kundenumsatzinfo zu dem jeweiligen Artikel, in Kopie als* **Anlagen VB 11** *und* **VB 12** *für das Gericht beigefügt*

Rechtsanwalt

Teil 3: Arrest

Der Gesetzgeber hat vorrangig den Arrest geregelt. Für das einstweilige Ver- 317
fügungsverfahren verweist § 936 ZPO auf den Normbereich Arrest. Sodann
werden in §§ 936 ff. ZPO lediglich ergänzende Regelungen für das einstweilige Verfügungsverfahren hinzugefügt. Entgegen diesem Gesetzesaufbau
nimmt der Arrest in der Praxis nur einen sehr geringen Stellenwert ein.

§ 1 Allgemeines

Im Wesentlichen liegt dies daran, dass die Voraussetzungen für die Erlangung 318
eines Arrestes vom Gesetzgeber hoch angesiedelt sind. Im Regelfall sind dem
potentiellen Antragsteller das Vorliegen dieser Voraussetzungen, da sie sich
in der Sphäre des möglichen Antragsgegners abspielen, nicht bekannt. Erst
recht bestehen Schwierigkeiten bei der Glaubhaftmachung.

Anders als die einstweilige Verfügung, die insgesamt vier unterschiedlichen 319
Zielen dienen kann (s.o. Rn. 12 ff.), hat der Arrest **ausschließlich eine Funktion**: Es dient der **Sicherung der Zwangsvollstreckung wegen Geldforderungen oder Forderungen, die in Geldforderungen übergehen können**,
in das bewegliche und unbewegliche Vermögen.

Wie das einstweilige Verfügungsverfahren ist auch das Arrestverfahren trotz 320
seiner Stellung im 8. Buch der ZPO ein Erkenntnisverfahren. Auch im Arrestverfahren finden deshalb, wie im einstweiligen Verfügungsverfahren, die
Vorschriften über das (Hauptsache-)Erkenntnisverfahren Anwendung, so weit
sich nicht aus §§ 916 ff. ZPO Besonderheiten ergeben (*Zöller/Vollkommer*,
ZPO, vor § 916 Rn. 3).

Wie beim einstweiligen Verfügungsverfahren (s.o. Rn. 34 ff.) ist das Arrest- 321
verfahren nur zulässig, wenn der Rechtsweg im Verfahren der ordentlichen
Gerichtsbarkeit (§ 13 GVG) gegeben ist.

§ 2 Voraussetzungen

So wie es im einstweiligen Verfügungsverfahren des Verfügungsanspruches 322
bedarf, bedarf es im Arrestverfahrens des Arrestanspruches. An die Stelle des
Verfügungsgrundes tritt zur Begründung des Eilinteresses der Arrestgrund.
Anders als bei der einstweiligen Verfügung differenziert die ZPO beim Ar-

rest nicht nach unterschiedlichen Zielsetzungen des einstweiligen Rechtsschutzes, sondern nach der **Art der Sicherungsmaßnahme**, nämlich zwischen **dinglichem** und **persönlichem Arrest**. Dem Verbot der Vorwegnahme in der Hauptsache bei einstweiligen Verfügungen entspricht systematisch das **Verbot der endgültigen Befriedigung des Gläubigers**.

I. Arrestanspruch

323 Gem. § 916 Abs. 1 ZPO findet der Arrest **zur Sicherung** der Zwangsvollstreckung in das bewegliche oder unbewegliche Vermögen **wegen einer Geldforderung**, d.h. wegen eines Anspruchs, der auf Zahlung eines bestimmten Geldbetrages gerichtet ist, oder wegen eines Anspruches statt, der **in eine Geldforderung übergehen kann**. § 916 Abs. 1 ZPO differenziert nach der Art der Zwangsvollstreckung des zu sichernden Anspruches. Hat die Zwangsvollstreckung gem. §§ 883 bis 898 ZPO zu erfolgen, wie etwa bei Unterlassungsansprüchen, ist damit die Anwendbarkeit des Arrestverfahrens ausgeschlossen. Eine **enge Nahtstelle zu dem Recht der einstweiligen Verfügung wird durch die Einbeziehung von Ansprüchen hergestellt, die in eine Geldforderung übergehen können**. Insoweit kommt trotz des sonstigen Alternativitätsverhältnisses zwischen Arrest und einstweiliger Verfügung eine **kumulative Sicherung** des evtl. künftigen Geldanspruches, etwa einer Schadensersatzforderung, neben dem Individualanspruch, etwa einem Herausgabeanspruch, in Betracht (vgl. o. Rn. 36 ff.; sowie *Schuschke/Walker*, ZPO, § 916 Rn. 8 und *Zöller/Vollkommer*, ZPO, § 916 Rn. 2 und 4 m.w.N.).

324 Der Arrestanspruch ist auch dann sicherbar, wenn er von einer Gegenleistung abhängt, die der Antragsteller noch nicht erbracht hat (*RGZ 54, 162, 164*). Dem Anspruch auf eine Geldforderung wird weitgehend der Anspruch auf Duldung der Zwangsvollstreckung (etwa gem. § 1147 BGB) gleichgestellt (*Schuschke/Walker*, ZPO, § 916 Rn. 1 m.w.N. auch zur Gegenansicht). Dabei genügt die Existenz des dinglichen Titels (*Zöller/Vollkommer*, ZPO, § 916 Rn. 6 m.w.N.).

325 Gem. § 916 Abs. 2 ZPO ist es unschädlich, wenn der zu besichernde Anspruch betagt ist, d.h. dem Grunde nach besteht aber noch nicht fällig ist oder bedingt ist, sofern der Eintritt der Bedingung nicht so unwahrscheinlich ist, dass der Anspruch gegenwärtig keinen Vermögenswert hat. Bei betagten und bedingten Ansprüchen wird selbst dann der Arrest zur Sicherung des geltend gemachten Anspruchs für zulässig erachtet, wenn in der Hauptsache ein Ti-

tel vorliegt, aus diesem jedoch in Folge der Betagung oder Bedingung (noch) nicht vollstreckt werden kann (*Zöller/Vollkommer*, ZPO, § 916 Rn. 7). Ist die durch Arrest zu sichernde Forderung noch nicht fällig und auch noch nicht tituliert, liegt aber nicht nur die für den Arrest erforderliche Besorgnis der Vollstreckungsvereitelung, sondern zugleich auch die Besorgnis der Leistungsverweigerung i.S.d. § 259 ZPO vor, empfiehlt es sich, neben dem Arrest auf Erlass der einstweiligen Verfügung **zugleich auch Klage auf künftige Leistungen i.S.d. § 259 ZPO zu erheben**. Durch den Arrest erfolgt dann die Sicherung der Zwangsvollstreckung. Wird die Forderung dann fällig, ist sie bereits tituliert, so dass die über den Arrest sichergestellte Zwangsvollstreckung unmittelbar betrieben werden kann.

326 Ab wann **künftige Ansprüche** sicherungsfähig sind, ist umstritten: Wegen der Möglichkeit, dass der Antragsteller die Hauptsacheklage gem. § 926 ZPO erheben muss, verlangt eine Auffassung, dass der künftige Anspruch schon so gereift ist, dass zumindest Feststellungsklage gem. § 256 ZPO erhoben werden kann (vgl. beispielhaft *Schuschke/Walker*, ZPO, § 916 Rn. 7 und *MünchKomm/Heinze*, ZPO, § 916 Rn. 12; *Stein/Jonas/Grunsky*, ZPO, § 917 Rn. 10 und 10a m.w.N. stellen darüber hinaus darauf ab, ob ein schutzwertes Interesse an der sofortigen Sicherung besteht und orientieren sich dabei u.a. daran, wie das Gesetz den Anspruch in anderer Hinsicht bereits bewertet.

327 **Hinweis:**
Ob und in welchem Umfang familienrechtliche Ansprüche durch einstweilige Verfügungen oder durch Arrest sicherungsfähig sind, ist im Einzelnen streitig (vgl. *Zöller/Vollkommer*, ZPO, § 917 Rn. 8). Als Geldanspruch wird auch der Anspruch auf Sicherheitsleistung bei Klagen auf vorzeitigen Zugewinnausgleich gem. § 1389 BGB angesehen (*Zöller/Vollkommer*, ZPO, § 916 Rn. 5 m.w.N.).

II. Arrestgrund

328 § 917 ZPO und § 918 ZPO stellen unterschiedliche Voraussetzungen an den Arrestgrund auf, je nachdem, ob die Vollstreckung des Arrestbefehles in das Vermögen des Antragsgegners erfolgen soll oder durch sog. Sicherheitsarrest.

Zur Frage, ob der Arrestgrund eine besondere Zulässigkeitsvoraussetzung oder Merkmal der Begründetheit ist, s.o. Rn. 60 ff.

Die Anforderungen an den Arrestgrund sind verschieden, je nachdem in welcher Weise die Sicherung der Forderung erfolgen soll.

1. Dinglicher Arrest

329 Unter dem sogenannten dingliche Arrest versteht man, dass die beabsichtigte spätere Vollstreckung des Arrestbefehles in das bewegliche und unbewegliche Vermögen des Schuldners erfolgen soll, wie dies für Geldforderungen typisch ist. Wegen dieser Art der Zwangsvollstreckung verwendet das Gesetz selbst den Begriff dinglicher Arrest.

330 Die Anforderungen an diesen Verfügungsgrund richten sich nach § 917 ZPO. Es genügt, wenn zu besorgen ist, dass **ohne den Arrestbefehl die Vollstreckung des Urteiles vereitelt oder wesentlich erschwert** werden würde. Gleichgestellt ist gem. § 917 Abs. 2 Satz 1 ZPO, wenn ein (Hauptsache-)Urteil im Ausland vollstreckt werden müsste – mit Ausnahme im Bereich der in Satz 2 genannten Übereinkommen. Diese Voraussetzungen muss der Anspruchsteller darlegen und glaubhaft machen (§ 920 Abs. 2 ZPO). Ob die Voraussetzungen des Abs. 1 vorliegen, bemisst sich nach allgemeiner Auffassung nach dem „objektiven Urteil eines verständigen, gewissenhaft prüfenden Menschen" (*Schuschke/Walker*, ZPO, § 917 Rn. 2 m.w.N.; *Zöller/Vollkommer*, ZPO, § 917 Rn. 4 m.w.N.).

331 Keine Erschwerung der Zwangsvollstreckung, vor der der Gläubiger durch einen Arrestbefehl gesichert werden kann, ist nach allgemeiner Auffassung die (unveränderte) schlechte Vermögenslage des Schuldners (grundlegend BGH, NJW 1996, 321, 324). Denn in dieser Konstellation kann der Gläubiger durch den Arrestbefehl keine Verbesserung gegenüber einer späteren Zwangsvollstreckung aus einem Hauptsacheurteil erreichen.

332 Von dem Wortlaut des § 917 Abs. 1 ZPO umfasst ist auch folgende Situation: Weitere Gläubiger schicken sich an, in das Vermögen des Schuldners zu vollstrecken, etwa weil diese bereits Hauptsachetitel erstritten haben. Der mögliche Antragsteller, der seine Forderung erst noch titulieren lassen muss, befürchtet, bei der Zwangsvollstreckung nicht (mehr) erfolgreich zu sein. Demzufolge hält ein Teil von Literatur und Rechtsprechung einen Arrest in einer solchen Situation für zulässig (vgl. bei *Schuschke/Walker*, ZPO, § 917 Rn. 5). Demgegenüber verneint der BGH in der zuvor zitierten Entscheidung sowie ein Großteil der Literatur (z.B. *Zöller/Vollkommer*, ZPO, § 917 Rn. 9 m.w.N.) im Wege teleologischer Reduktion einen Verfügungsgrund: Das Prioritäts-

prinzip im Bereich der Zwangsvollstreckung würde ausgehebelt, wenn durch frühere oder schneller zu einem Abschluss gelangende Titulierungen anderer Gläubiger in einer Situation, in der zuvor für keinen der Gläubiger ein Arrestgrund bestanden hat, nunmehr ein Arrestgrund geschaffen würde. Die später tätig werdenden Gläubiger bzw. die Gläubiger in einem erst später zur Entscheidung gelangenden Prozess erhielten durch den zeitlichen Vorrang der anderen Gläubiger mit dem Arrest einen Rechtsbehelf, der letztlich ihnen entgegen dem allgemeinen Prioritätsgrundsatz den Vorrang sichern würde.

Eine weitere teleologischen Reduktion des § 917 Abs. 1 ZPO ist nach allgemeiner Auffassung über den Gedanken des allgemeinen Rechtsschutzbedürfnisses in Anlehnung an das Verbot der Übersicherung aus § 777 ZPO vorzunehmen, wenn ein **besonderes Sicherungsbedürfnis des Antragstellers** trotz formellen Vorliegens der Voraussetzungen des § 917 Abs. 1 ZPO **fehlt**. Diskutiert wird dies für folgende Fallgruppen: 333

- Der Gläubiger ist bereits hinreichend dinglich gesichert, etwa durch Sicherungsübereignungen und Pfandrechte oder durch die Hinterlegung.
- Der Gläubiger ist bereits im Besitz eines Titels, aus dem uneingeschränkt die Zwangsvollstreckung möglich ist, etwa weil der Titel bereits rechtskräftig ist oder wie beim VU die vorläufige Zwangsvollstreckung ohne Sicherheitsleistung möglich ist.
- Dem Schuldner sind, etwa gem. § 21 InsO, Verfügungsbeschränkungen auferlegt worden, so dass er nicht negativ auf sein Vermögen einwirken kann.

Zu allem vgl. mit zahlreichen weiteren Nachweisen *Schuschke/Walker* (ZPO, § 917 Rn. 7 ff.) und *Zöller/Vollkommer* (ZPO, § 917 Rn. 10 ff.). 334

Typischerweise werden **dingliche Arreste** zugebilligt **bei sämtlichen unlauteren Verhaltensweisen des Schuldners**, wie etwa dem Beiseiteschaffen von Vermögensstücken, der Veräußerung von erheblichen Vermögenswerten, der Vermögensverschiebung ins Ausland, der Verschleierung des Verbleibs von Vermögensstücken oder allgemeiner Vermögensverhältnisse, auffallender Belastung vorhandenen Grundbesitzes, bei unstetem Aufenthalt, bei Aufgabe des Wohnsitzes, Wechsel des Wohnsitzes, Wegzug ins Ausland ohne ausreichendes Inlandsvermögen, selbst bereits bei verschwenderischer Lebensweise sowie Verschleuderung von Waren (zu Vorgenanntem vgl. *Zöller/Vollkommer*, ZPO, § 917 Rn. 5 m.w.N.). *Schuschke/Walker* (ZPO, § 917 Rn. 3) schließen im Anschluss an OLG Frankfurt a.M. (FamRZ 1996, 747, 749) aus einer **grob** 335

falschen Auskunft des ausgleichspflichtigen Ehegatten über sein Endvermögen, dass dies geschieht, um den anspruchsberechtigten Ehegatten von einer Klage auf Zahlung von Zugewinnausgleich abzuhalten und sehen deshalb in einem solchen Verhalten zugleich eine Vereitelungshandlung i.S.d. § 917 ZPO.

336 Es kommt lediglich auf die **objektive Gefährdung der Zwangsvollstreckung** an. Der Schuldner muss also nicht die Vereitelung der Zwangsvollstreckung beabsichtigen. Er muss auch nicht rechtswidrig oder gar schuldhaft handeln. Deshalb genügt allein die Vornahme von Handlungen der vorstehend aufgezählten Art. Demzufolge sollen auch Vermögensverfall durch Naturereignisse oder Handlungen Dritter wie Boykott, lang andauernde Krankheit oder Inhaftierung des Schuldners ausreichen (*Schuschke/Walker*, ZPO, § 917 Rn. 4 m.w.N.) Andererseits genügt es bereits, wenn der Antragsgegner noch nicht mit einer Vereitelungshandlung begonnen hat, eine solche aber plant (OLG Karlsruhe, NJW 1997, 1017 f.). Allein ein bewusst vertragswidriges oder deliktisches Verhalten des Schuldners genügt hingegen nicht. Rechtsfolge eines solchen Verhaltens ist evtl. die Entstehung zusätzlicher (Schadensersatz-)Ansprüche (*Schuschke/Walker*, ZPO, § 917 Rn. 3 a.E.).

2. Persönlicher Arrest

337 Der persönliche Sicherheitsarrest findet gem. § 918 ZPO nur statt, wenn er **erforderlich** ist, um die gefährdete Zwangsvollstreckung in das bewegliche und unbewegliche Vermögen des Schuldner zu sichern. Bereits mit dieser Formulierung stellt das Gesetz die **Subsidiarität** des persönlichen Sicherheitsarrestes gegenüber dem dinglichen Arrest klar (s.a. *Schuschke/Walker*, ZPO, § 918 Rn. 39; *Zöller/Vollkommer*, ZPO, § 918 Rn. 1). Zulässig ist der persönliche Arrest also nur, wenn einerseits andere Mittel zur Sicherung der Zwangsvollstreckung einschließlich des dinglichen Arrestes gem. § 917 ZPO versagen, andererseits der Schuldner überhaupt noch pfändbares Vermögen hat. *Schuschke/Walker* (ZPO, § 918 Rn. 4) verlangen wegen Art. 2 Abs. 2 GG Geeignetheit, Erforderlichkeit und Verhältnismäßigkeit des Eingriffs zur Sicherung der Zwangsvollstreckung wegen der Forderung. Der persönliche Arrest ist also kein Ersatz für ein evtl. künftiges Scheitern der Zwangsvollstreckung i.S. einer Inhaftung im Schuldturm, wie aus dem Mittelalter bekannt (vgl. *Baumbach/Lauterbach/Albers/Hartmann*, ZPO, § 918 Rn. 1).

338 Ziel des persönlichen Arrestes ist, eine Verschiebung der noch vorhandenen Vermögensstücke durch den Schuldner zu verhindern, damit deren Pfän-

dung, auch im Wege des dinglichen Arrestes, möglich ist. Entschieden ist dies etwa für den Fall, dass der Schuldner unmittelbar davor steht, ins Ausland umzusiedeln und sein Vermögen mitzunehmen oder wenn der Schuldner sich der Abgabe der Versicherung an Eides statt entziehen will (*Baumbach/Lauterbach/Albers/Hartmann*, ZPO, § 918 Rn. 2 m.w.N.). Zur Offenbarung von vorhandenen Vermögen kann der persönliche Sicherheitsarrest aber nur dann angeordnet werden, wenn die Voraussetzungen der §§ 916, 918 ZPO vorliegen und der Schuldner nach §§ 807, 883 ZPO zur Abgabe der Versicherung an Eides statt verpflichtet ist und zu befürchten ist, er werde sich der Ladung entziehen, vgl. § 901 ZPO (OLG München, NJW-RR 1988, 382).

Die Vollziehung des persönlichen Sicherheitsarrestes kann gem. § 933 ZPO durch unterschiedliche Maßnahmen erfolgen, von denen die Haft die schärfste ist. Die Inhaftierung ist gem. §§ 904, 913 ZPO durchzuführen. 339

III. Keine endgültige Befriedigung des Gläubigers

Der Arrest dient **ausschließlich** der Sicherung der Geldforderung bzw. einer anderen Forderung, die in einen Geldanspruch übergehen kann. Dies machen die §§ 930 ff. ZPO deutlich: 340

Die Vollziehung des Arrestes in bewegliches Vermögen wird durch Pfändung bewirkt, § 930 Abs. 1 ZPO. Eine weitere Verwertung erfolgt nicht. Gem. § 930 Abs. 3 ZPO darf eine Versteigerung auf ausdrückliche Anordnung des Vollstreckungsgerichtes lediglich erfolgen, wenn gepfändete bewegliche körperliche Gegenstände einer beträchtlichen Wertverringerung ausgesetzt ist oder ihre Aufbewahrung unverhältnismäßig hohe Kosten verursachen würde. Auch dann ist der Versteigerungserlös zu hinterlegen und nicht etwa auszukehren. Gem. § 930 Abs. 2 ZPO ist auch gepfändetes Geld zu hinterlegen. 341

In vergleichbarer Weise ermöglicht § 932 ZPO bei einer Vollstreckung in unbewegliches Vermögen lediglich die Eintragung einer **Sicherungshypothek**, und zwar als Höchstbetragshypothek. 342

Insoweit ist die gesetzliche Vorgabe und Anwendung in der Praxis beim Arrest konsequenter als bei der einstweiligen Verfügung hinsichtlich einer Vorwegnahme der Hauptsache (dazu o. Rn. 78 ff.). Hierauf hat sich der Antragsteller bereits bei der Fassung seines Antrages einzurichten, will er das Risiko einer Teilabweisung vermeiden. 343

§ 3 Arrestgesuch

344 Wie bei der einstweiligen Verfügung (Rn. 86 ff.) sind bei der Abfassung des Arrestgesuches neben der Auswahl des zuständigen Gerichtes einige Besonderheiten bei der Formulierung des Antrages zu beachten.

I. Zuständigkeit

345 Infolge des bereits mehrfach angesprochenen Gesetzes zur Neuordnung des Berufsrechts der Rechtsanwälte und Patentanwälte vom 17.12.99 (BGBl. I, S. 2448) ist die örtliche Zuständigkeit für die Postulationsfähigkeit der an einem LG zugelassenen Rechtsanwälte ohne Bedeutung.

346 **Zuständig** für den Arrestbefehl ist gem. § 919 ZPO sowohl das **Gericht der Hauptsache** als auch das **AG**, in dessen Bezirk der mit Arrest **zu belegende Gegenstand** oder die in ihrer **Freiheit zu beschränkende Person** sich befindet. Beide Gerichtsstände konkurrieren miteinander. Der Antragsteller hat gem. § 35 ZPO die Wahl. Beide Gerichtsstände sind wegen der Anwendbarkeit des § 802 ZPO jeweils gegenüber anderen Gerichtsständen ausschließlich. So weit sich über § 919 ZPO die örtliche Zuständigkeit eines Gerichtes im Gebiet der Bundesrepublik Deutschland ergibt, ergibt sich hieraus zugleich die internationale Zuständigkeit deutscher Gerichte generell.

347 Die Bestimmung des Hauptsachegerichtes erfolgt wie bei der einstweiligen Verfügung danach, welches Gericht für die zu sichernde Forderung zuständig wäre. Soweit die Hauptsache bereits anhängig ist, ist dasjenige Gericht Hauptsachegericht i.S.d. § 919 ZPO, bei dem z.Z. der Antragstellung die Hauptsache anhängig ist. Ist in der Hauptsache Mahnbescheid erlassen worden, so ist bis zur Abgabe gem. §§ 696 Abs. 1 Satz 1, 700 Abs. 3 ZPO das AG, bei dem der Mahnbescheid erlassen worden ist, Hauptsachegericht i.S.d. § 919 ZPO (wegen der weiteren Einzelheiten s.o. Rn. 89 ff. sowie *Zöller/Vollkommer*, ZPO, § 919 Rn. 4 ff.). Die Bestimmung, welches AG als AG der belegenen Sache zuständig ist, erfolgt im Grundsatz nach denselben Kriterien wie im Rahmen des § 942 Abs. 1 ZPO für die einstweilige Verfügung. Abweichend von der einstweiligen Verfügung ist auch AG der belegenen Sache dasjenige AG, in dessen Bezirk sich der zu verhaftende Schuldner aufhält. Abweichend von der Regelung des § 942 ZPO für die einstweilige Verfügung ist für die Zuständigkeit zum Erlass eines Arrestbefehles das AG der belegenen Sache eine **echte Alternative** und nicht nur in Fällen besonderer Dringlichkeit zuständig. Bedenken hieran werden lediglich dann angemeldet, wenn

II. Anträge, Darlegung von Arrestanspruch und -grund sowie Glaubhaftmachung

in der Hauptsache das ArbG zuständig ist (zum Meinungsstand vgl. *Zöller/Vollkommer*, ZPO, § 919 Rn. 4; weiterführend Rn. 666 ff.). Vorsorglich sollte in diesen Fällen deshalb unmittelbar der Arrestantrag an das ArbG gerichtet werden.

II. Anträge, Darlegung von Arrestanspruch und -grund sowie Glaubhaftmachung

Gem. § 920 Abs. 1 ZPO soll das Arrestgesuch den Anspruch bezeichnen, den Geldbetrag sowie den Geldwert des Anspruches angeben und auch den Arrestgrund bezeichnen. Da es sich lediglich um Sollangaben handelt, sind Ergänzungen durch weiteren Schriftsatz oder in der mündlichen Verhandlung noch möglich. Z.B. in der 20. Aufl. wies *Zöller/Vollkommer*, § 920 Rn. 6 darauf hin, dass bei behebbaren Unvollständigkeiten das Gericht gem. § 139 ZPO verpflichtet ist, auf Ergänzungen hinzuweisen. Dieser Hinweis fehlt in der 23. Aufl. a.a.O. 348

Nach – allerdings umstrittener – Auffassung kann neben der Hauptforderung auch eine Kostenpauschale für die Kosten des Hauptsacheprozesses gesichert werden (zum Meinungsstand s. *Zöller/Vollkommer*, ZPO, § 922 Rn. 2 m.w.N.). Sollten keine Erkenntnisse darüber vorliegen, ob das angerufene Gericht zur Erweiterung der zu sichernden Forderung i.d.S. bereit ist, wird sich der Antragsteller überlegen, ob er sich bei Bemessung der Höhe des Arrestanspruches auf die zu sichernde Hauptforderung beschränken wird, um den Erlass eine Arrestbefehles möglichst im schriftlichen Verfahren nicht zu gefährden. Sollte er sich für eine Einbeziehung der Kostenpauschale entscheiden, wäre zu überlegen, ob vorsorglich das Einverständnis zu einer Beschränkung des Arrestbefehls auf die Hauptforderung mitgeteilt wird, wenn das Gericht in diesem Falle bereit ist, im schriftlichen Verfahren zu entscheiden. 349

Hinweis: 350

Darzulegen und glaubhaft zu machen sind wie bei der einstweiligen Verfügung (s.o. Rn. 114 ff. und Rn. 119 ff.) der zu sichernde Anspruch und der Grund für den einstweiligen Rechtsschutz. Wird das AG der belegenen Sache i.S.d. § 919 ZPO angerufen, ist auch glaubhaft zu machen, dass der mit dem dinglichen Arrest zu belegende Gegenstand oder die mit dem persönlichen Arrest zu belegende Person sich in dem Gerichtsbezirk befinden.

351 Für die Darlegung und Glaubhaftmachung gilt das oben zum Antrag auf Erlass einer einstweiligen Verfügung ausgeführte (s. Rn. 114 und Rn. 119 ff.). I.Ü. ist der Antrag an den Formalerfordernissen für eine Klageschrift gem. § 253 Abs. 2 Nr. 1 ZPO auszurichten.

352 Wegen der unterschiedlichen Arrestgründe und der daraus resultierenden Verpflichtung zur Darlegung unterschiedlicher Tatsachen empfiehlt es sich, bereits den **Arrestantrag** auf eine bestimmte Arrestart auszurichten. Z.T. wird sogar eine solche Ausrichtung zur Auflage gemacht (vgl. *Schuschke/Walker*, ZPO, § 920 Rn. 6 m.w.N.; a.A. *MünchKomm/Heinze*, ZPO, § 920 Rn. 8). Ist der Antrag auf eine bestimmte Arrestart gerichtet, darf nach allgemeiner Meinung, selbst wenn die Voraussetzungen für die nicht ausdrücklich beantragte Arrestart vorliegen, wegen § 308 ZPO nicht gewechselt werden (*Stein/Jonas/Grunsky*, ZPO, § 922 Rn. 4; *MünchKomm/Heinze*, ZPO, § 920 Rn. 8; *Zöller/Vollkommer*, ZPO, § 920 Rn. 3).

§ 4 Verfahren

353 Auch das Arrestverfahren baut wie das einstweilige Verfügungsverfahren auf einigen grundlegenden Vorschriften über das Erkenntnisverfahren auf und enthält i.Ü. Sondervorschriften im Hinblick auf den Eilcharakter des Verfahrens. Gem. § 204 Abs. 1 Nr. 9 BGB hemmt nunmehr das Arrestverfahren die Verjährung, s.o. u. Rn. 1051 f.

I. Formalitäten

354 Wie im einstweiligen Verfügungsverfahren muss die Antragsschrift dem Antragsgegner gem. § 270 ZPO zugestellt werden. Die Zustellung hat, wenn sich bereits Bevollmächtigte für den Antragsgegner bestellt haben (etwa durch eine Schutzschrift) gem. § 176 ZPO an diese zu erfolgen. Beabsichtigt das Gericht, eine mündliche Verhandlung durchzuführen, sind die Parteien zugleich mit der Zustellung der Antragsschrift zu laden, § 274 Abs. 1 u. 2 ZPO. Die Einlassungsfrist des § 274 Abs. 3 ZPO ist mit dem Eilcharakter nicht vereinbar. Vorbereitungszeit erhält der Antragsgegner deshalb nur über die Ladungsfrist des § 217 ZPO. Zur Möglichkeit der Abkürzung s. § 226 ZPO.

II. Beschlussverfahren

355 Gem. § 921 Abs. 1 ZPO a.F. bzw. § 128 Abs. 4 ZPO n.F. kann die Entscheidung **ohne mündliche Verhandlung** ergehen. Diese Verfahrensmöglichkeit

gilt **umfassend**. Für das einstweilige Verfügungsverfahren hatte § 937 Abs. 2 ZPO demgegenüber das Beschlussverfahren nur für Fälle besonderer Dringlichkeit zugelassen oder dann, wenn der Antrag auf Erlass einer einstweiligen Verfügung zurückgewiesen werden würde. Die Möglichkeit, generell im Beschlussverfahren zu entscheiden, ist vor dem eingangs mitgeteilten Hintergrund zu sehen: Besteht eine Gefahr, dass der Antragsgegner der Vollstreckung unterliegendes Vermögen beiseite schaffen wird, vergrößert sich diese Gefahr durch den zwingend zwischen Zustellung der Ladung und Antragsschrift und dem Verhandlungstermin liegenden Zeitraum. Besondere Eilgründe, die ebenfalls in der Sphäre des Antragsgegners liegen müssten, wird der Antragsteller kaum je benennen können. Wegen der soeben beschriebenen Gefahr hat der Antragsteller regelmäßig bei dem Arrestverfahren ein gesteigertes Interesse an einer Entscheidung im schriftlichen Verfahren. Es empfiehlt sich deshalb auf jeden Fall für den Antragsteller, in der Antragsschrift auf diese Situation ausdrücklich hinzuweisen. Sollte sich aus der Art der glaubhaft gemachten Handlung des Antragsgegners diese Gefahr einer evtl. weiteren oder vollständigen Verschiebung des der Vollstreckung unterliegenden Vermögens ergeben, sollte hierauf konkret hingewiesen werden.

Hingegen spricht Art. 103 Abs. 1 GG für eine Entscheidung auf der Grundlage mündlicher Verhandlung, falls nicht durch die mündliche Verhandlung der Zweck des Arrestverfahrens gefährdet ist (*Zöller/Vollkommer*, ZPO, § 921 Rn. 1). Durch die Berücksichtigung einer vorliegenden Schutzschrift ist i.d.R. dem Grundsatz des rechtlichen Gehörs bereits ausreichend Genüge getan worden. Der EuGH (NJW 1980, 2016 LS = RIW/AWD 1980, 510) hat einen Beschlussarrest im Geltungsbereich des EuGVÜ wegen Art. 25 f. nicht anerkannt. Zu dem Antrag, über das Arrestgesuch nur ohne mündliche Verhandlung zu entscheiden, gilt das bereits zur einstweiligen Verfügung Ausgeführte (Rn. 98 ff.). 356

Wie bereits bei der einstweiligen Verfügung dargelegt, ergeht gem. § 922 Abs. 1 ZPO die Entscheidung, wenn keine mündliche Verhandlung durchgeführt wird, zwingend durch Beschluss. Der Beschluss ist gem. § 922 Abs. 2 ZPO im Wege der Parteizustellung dem Arrestgegner zuzustellen (s.o. Rn. 185 f.). 357

Ergeht der Arrestbefehl wie beantragt, wird in der Praxis i.d.R., wie auch bei der einstweiligen Verfügung, statt einer Begründung des Gerichtes auf die Begründung in der beigefügten Antragsschrift Bezug genommen. Zwingend ist eine Begründung des Gerichtes lediglich, wenn der Arrest im Ausland geltend gemacht werden soll, § 922 Abs. 1 Satz 2 ZPO. 358

III. Urteilsverfahren

359 Entscheidet sich das Gericht für die Durchführung einer mündlichen Verhandlung, hat die Entscheidung gem. § 922 Abs. 1 1. Alt. ZPO zwingend durch Endurteil zu ergehen. In diesem Fall erfolgt zwingend die Ladung beider Parteien zur mündlichen Verhandlung wie bereits dargelegt. Bereits für die einstweilige Verfügung ist (s. Rn. 154 ff.) im Einzelnen dargelegt worden, bis zu welcher Grenze neue Angriffs- und Verteidigungsmittel bis zum Schluss der mündlichen Verhandlung vorgebracht werden dürfen. Auch für den Arrest ist umstritten, ob § 296 ZPO anwendbar ist (s. einerseits *Zöller/Vollkommer*, ZPO, § 922 Rn. 15 m.w.N.: ablehnend; a.A. *E. Schneider*, MDR 1988, 1024). Das Urteil wird von Amts wegen zugestellt. Darin liegt noch nicht zugleich ein Vollzug i.S.d. §§ 928, 929 Abs. 2 ZPO. Denn § 929 Abs. 2 ZPO verlangt eine eigene Tätigkeit des Antragstellers (*Zöller/Vollkommer*, ZPO, § 922 Rn. 16; i.Ü. s.o. Rn. 187 ff.).

IV. Sicherheitsleistung

360 § 921 ZPO enthält **besondere Regelungen über Sicherheitsleistungen**.

361 Nach § 921 Satz 2 ZPO kann das Gericht die **Anordnung des Arrestes von einer Sicherheitsleistung abhängig machen**, selbst wenn Arrestanspruch und -grund glaubhaft gemacht sind. Dieses ist im Grundsatz zum Schutz des Antragsgegners auch im einstweiligen Verfügungsverfahren über § 936 ZPO entsprechend anzuwenden. Die Besonderheiten bestehen darin, dass anders als üblicherweise nicht nur die Vollziehung des Arrestbefehles von der Sicherheitsleistung abhängig gemacht wird, sondern bereits die Anordnung und damit die Existenz des Befehles. Gerade dieser Umstand kann durchaus zur Unsicherheit führen. *Zöller/Vollkommer* (ZPO, § 921 Rn. 4) empfehlen deshalb, lediglich die **Vollziehung des Arrestbefehles** von Sicherheitsleistungen abhängig zu machen. Rechnet der Antragsteller mit der Auflage einer Sicherheitsleistung, sollte er überlegen, ob es für ihn vorteilhaft ist, bereits in der Antragsschrift (evtl. über einen Hilfsantrag anzuregen), eine evtl. anzuordnende Sicherheitsleistung jedenfalls nur als Voraussetzung der Vollziehung des Arrestbefehles vorzusehen. Dabei könnte der Antragsteller zugleich versuchen, auf Art und Höhe der evtl. anzuordnenden Sicherheitsleistung Einfluss zu nehmen, insbesondere nachzulassen, eine Sicherheitsleistung durch Bankbürgschaft zu erbringen. Denn eine solche Art der Sicherheitsleistung ist nur dann zulässig, wenn sie, wie auch im Hauptsacheverfahren, vom Gericht ausdrücklich zugelassen worden ist.

IV. Sicherheitsleistung

> **Hinweis:**
> Die Höhe der Sicherheitsleistung ist an einem möglichen Schadensersatzanspruch gem. § 945 ZPO auszurichten. I.d.R. wird er sich nach der zu sichernden Forderung, ergänzt um evtl. zu erstattende Kosten, bemessen.

362

Zu beachten ist für den Antragsteller, wenn er entweder zu der Art der Sicherheitsleistung oder deren Höhe oder zu der Frage, ob die Anordnung oder die Vollziehung des Arrestes von der Sicherheitsleistung abhängig gemacht werden soll, Stellung nimmt, hierin zugleich sein Einverständnis mit der Sicherheitsleistung in der jeweils von ihm angeregten/beantragten Weise liegt. Wenn das Gericht sich dann zur Anordnung einer Sicherheitsleistung entscheidet und i.Ü. den Vorstellungen des Antragstellers folgt, fehlt es an einer Beschwer des Antragstellers. Der Antragsteller kann deshalb die Anordnung der Sicherheitsleistung nicht mit der (einfachen) Beschwerde anfechten.

363

§ 921 Satz 1 ZPO ermöglicht demgegenüber, in Abkehr von dem Grundansatz, dass Arrestanspruch und -grund glaubhaft gemacht werden müssen, **die Anordnung eines Arrestes ohne eine entsprechende oder nicht ausreichende Glaubhaftmachung**, „sofern wegen der dem Gegner drohenden Nachteile Sicherheit geleistet wird." Die Tatsachen, aus denen sich Arrestanspruch und -grund ergeben, müssen bezeichnet sein. Lediglich dann, wenn die benannten Tatsachen nach Überzeugung des Gerichtes nicht – ausreichend – glaubhaft gemacht sind, kann die Sicherheitsleistung sozusagen als Ergänzung der fehlenden Lücke in der Glaubhaftmachungskette dienen.

364

Mit der h.M. (z.B. *Schuschke/Walker*, ZPO, § 922 Rn. 5 m.w.N.) ist der Umfang der rechtlichen Prüfung gegenüber dem Hauptsacheverfahren nicht einzuschränken (s.a. oben für die einstweilige Verfügung Rn. 46 ff.). Die Gegenauffassung lässt eine sog. eingeschränkte Schlüssigkeitsprüfung genügen. Sie begründet dies damit, § 920 (Abs. 2 a.F.) ZPO unterscheide nicht zwischen Tatsachen und Rechtsfolgen, sondern lasse insgesamt die Vermittlung einer geringeren Wahrscheinlichkeit zu (so z.B. *Zöller/Vollkommer*, ZPO, § 922 Rn. 6). Wie bereits für die einstweilige Verfügung dargelegt, betrifft die Glaubhaftmachung gegenüber einem Vollbeweis im Hauptsacheverfahren lediglich die Arten der Mittel zum Nachweis der behaupteten Tatsachen gem. § 294 ZPO und den Grad der Wahrscheinlichkeit der behaupteten und nachzuweisenden Tatsachen. Rechtsfragen sind dadurch nicht betroffen. Das Gericht muss anhand der dargelegten und glaubhaft gemachten Tatsachen die

365

einschlägigen Normen „voll" durchprüfen. Einschränkungen kommen lediglich bei der Anwendbarkeit ausländischen Rechts in Betracht, weil insoweit auch im Hauptsacheverfahren ausnahmsweise eine Beweisaufnahme, insbesondere durch Sachverständigengutachten, möglich ist und dies im einstweiligen Verfügungsverfahren ausscheidet.

V. Abwendungsbefugnis

366 Anders als bei der einstweiligen Verfügung (s. dort § 939 ZPO) muss das Gericht von Amts wegen in dem Arrestbefehl gem. § 923 ZPO generell die sog. **Lösungssumme** feststellen. Bei der Lösungssumme handelt es sich um einen Geldbetrag, durch dessen Hinterlegung die Vollziehung des Arrestes gehemmt und der Schuldner zum Antrag auf dessen Aufhebung berechtigt wird.

367 Weist der Antragsgegner dem Gerichtsvollzieher die Sicherheitsleistung durch öffentliche Urkunden nach, kann der Arrest gem. §§ 928, 775 Nr. 3 ZPO nicht mehr vollzogen werden. Wird die Lösungssumme erst nach einer bereits erfolgten Vollziehung des Arrestbefehles hinterlegt, kommt nur noch eine Aufhebung in Betracht. Entgegen dem Wortlaut aus § 923 2. Halbsatz ZPO und § 934 Abs. 1 ZPO wird jedoch nicht der Arrestbefehl an sich aufgehoben. Dieser bleibt nämlich Grundlage für die Hinterlegung der Lösungssumme. Aufgehoben werden lediglich die zur Vollziehung des Arrestbefehles getroffenen Maßnahmen i.S.d. § 928 ZPO (*Zöller/Vollkommer*, ZPO, § 934 Rn. 1 sowie zu § 923 Rn. 2). Die Aufhebung erfolgt auf Antrag gem. § 766 ZPO.

368 Durch die Hinterlegung erlangt der Antragsteller ein Pfandrecht an dem hinterlegten Geld.

§ 5 Vollziehung und Vollstreckung

369 Gem. § 928 ZPO erfolgt die Vollziehung des Arrestes nach den Vorschriften über die Zwangsvollstreckung, so weit die §§ 929 ff. ZPO keine abweichenden Vorschriften enthalten. § 928 ZPO leitet als „Brückenkopf" den bereits eingangs beschriebenen Wechsel von den Vorschriften des „Erkenntnisverfahrens" im Arrestverfahren zu den Vorschriften der „Zwangsvollstreckung" im Arrestverfahren ein. Zum Verhältnis der Begriffe Vollziehung und Vollstreckung vgl. oben bei der einstweiligen Verfügung (Rn. 177 ff.). Wie bei der einstweiligen Verfügung verlangt die Vollziehung ein **eigenes Tätigwer-**

den des Antragstellers. Der Arrestbefehl bedarf wie auch die einstweilige Verfügung gem. § 929 Abs. 1 keiner Vollstreckungsklausel. Zur Wahrung der Vollziehung müssen die Fristen des § 929 Abs. 2 u. 3 gewahrt werden. Insoweit wird auf die Darlegung zur einstweiligen Verfügung (s. Rn. 187 ff.) Bezug genommen.

Anwendbar sind im Wesentlichen sämtliche Normen des Vollstreckungsrechtes, die auf Pfändung und Sicherstellung des jeweiligen Pfandobjektes ausgerichtet sind, etwa die §§ 811 ff. ZPO und §§ 829 ff. ZPO. Anwendbar sind ferner die „allgemeinen Normen" des Pfändungsrechtes, wie etwa § 764 ZPO betreffend das Vollstreckungsgericht, § 766 ZPO für die Erinnerung des Schuldners gegen die Art und Weise der Vollziehung, § 771 ZPO für die Drittwiderspruchsklage, §§ 775 f. ZPO zur Erwirkung der Einstellung und Aufhebung von Vollzugsmaßregeln sowie auch § 788 ZPO betreffend die Kosten der Zwangsvollstreckung und § 793 ZPO betreffend die sofortige Beschwerde und die §§ 807 und 883 ZPO betreffend die Versicherung an Eides statt. 370

Gem. § 930 Abs. 1, Abs. 2 ZPO ist bei beweglichen Sachen lediglich die Verpfändung und nur bei Vorliegen der Sondergründe aus § 930 Abs. 3 ZPO eine Verwertung zulässig. Der Sicherungsgedanke wirkt sich auch im Fall einer Verwertung nach § 930 Abs. 3 ZPO aus: Der erzielte Erlös darf nicht an den Antragsteller ausgekehrt werden, sondern ist zu hinterlegen. Ersetzt werden die Normen aus dem Vollstreckungsrecht, die auf eine Befriedigung des Gläubigers ausgerichtet sind. Denn der Arrestbefehl dient gem. § 916 Abs. 1 ZPO **ausschließlich** zur **Sicherung** der Zwangsvollstreckung. 371

§ 6 Rechtsbehelfe

Die Rechtsbehelfe im Arrestverfahren entsprechen vollumfänglich den Rechtsbehelfen im einstweiligen Verfügungsverfahren (*Schuschke/Walker*, ZPO, Vor § 916 Rn. 36). Es kann deshalb vollumfänglich auf die Ausführungen oben unter Rn. 223 ff. verwiesen werden. 372

§ 7 Checkliste zur Bearbeitung von Arrestverfahren

I. Richtiges Sicherungsmittel ☑

373 Soll die Sicherung der Zwangsvollstreckung wegen einer Geldforderung oder einer Forderung, die in eine Geldforderung übergehen kann, erreicht werden?

Soll der Arrest evtl. mit einer einstweiligen Verfügung auf Herausgabe kombiniert werden, um einen evtl. Schadensersatzanspruch zugleich über § 283 BGB zu besichern?

II. Arrestanspruch ☑

374 Besteht der Anspruch? Was ist die Anspruchsgrundlage? Welche Tatsachen füllen die Normvoraussetzungen aus? Ist der Anspruch ggf. betagt, bedingt oder entsteht er erst künftig?

III. Arrestgrund ☑

375 Sind die Voraussetzungen für den dinglichen Arrest gem. § 917 ZPO gegeben: Ohne den Arrestbefehl wird die Vollstreckung des Urteiles vereitelt oder wesentlich erschwert? Oder sind sogar die Voraussetzungen für einen persönlichen Arrest gem. § 918 ZPO gegeben: Ist der persönliche Arrest erforderlich, um die gefährdete Zwangsvollstreckung in das Vermögen des Schuldners zu sichern?

Welche Tatsachen tragen den jeweiligen Arrestgrund? Ist der Anwendungsbereich zu reduzieren wegen ausreichender – dinglicher – Sicherung oder wegen uneingeschränkter Zwangsvollstreckungsmöglichkeit?

IV. Glaubhaftmachung ☑

376 Sind sowohl die den Arrestanspruch als auch den Arrestgrund tragenden Tatsachen glaubhaft gemacht mit Mitteln des § 294 ZPO?

V. Zuständiges Gericht ☑

377 Soll das Gericht der Hauptsache angerufen werden oder das AG, in dessen Bezirk sich der mit dem Arrest zu belegende Gegenstand oder die in ihrer Freiheit zu beschränkende Person befinden?

VI. Keine endgültige Befriedigung ☑

Ist bereits bei der Abfassung des Arrestantrages berücksichtigt, dass der Gläubiger nicht endgültig befriedigt werden darf, etwa dadurch, dass der Antrag lediglich auf Einräumung einer **Sicherungshypothek** gerichtet ist? 378

Ergibt sich aus den Anträgen, welche Art Arrest (dinglicher oder persönlicher) beantragt werden soll?

VII. Sicherheitsleistung ☑

Soll bereits im Arrestantrag das Einverständnis mit einer evtl. Sicherheitsleistung erklärt werden? 379

Soll zugleich versucht werden, die Anordnung der Sicherheitsleistung auf die Vollziehung des Arrestbefehles zu begrenzen unter Benennung der Höhe der Sicherheitsleistung und der Art der Erbringung, wie etwa durch Bankbürgschaft?

VIII. Abwendungsbefugnis ☑

Sollen bereits Hinweise auf die Höhe der dem Antragsgegner zuzubilligenden Lösungssumme aufgenommen werden? 380

IX. Vollziehung und Vollstreckung ☑

Sind die Vollziehungsfristen des § 929 ZPO bereits gewahrt oder können sie noch gewahrt werden? Ist bei der Einleitung der Zwangsvollstreckungsmaßnahme darauf geachtet, dass lediglich eine Sicherung und nicht eine Verwertung des jeweiligen Pfandobjektes erfolgt? 381

§ 8 Muster zum Arrestverfahren

Muster 1: Dinglicher Arrest und Arrestpfändung

382

Landgericht
...

Antrag auf dinglichen Arrest
und
Arrestpfändung

der XV-AG, ..., vertr. durch ihren Vorstand, ...

– Antragstellerin –
Verfahrensbevollmächtigte:

gegen

die Firma ....

– Antragsgegnerin –

wegen *Erlass eines dinglichen Arrests*

vorläufiger Streitwert:

Namens und im Auftrage der Antragstellerin beantragen wir, gegen die Antragsgegnerin, wobei wir wegen der Dringlichkeit anregen, ohne mündliche Verhandlung und durch den Vorsitzenden allein zu entscheiden, den Erlass folgenden Arrestbefehls:

1. Wegen Mietzinsforderungen der Antragstellerin in Höhe von 24.151,20 € zzgl. 5 % Zinsen über dem Basiszinssatz gem § 247 BGB auf 4.025,20 € seit dem 6.10.2001 sowie 5 % Zinsen über dem Basiszinssatz gem § 247 BGB auf weitere 4.025,20 € seit dem 6.11.2001 sowie 5 % Zinsen über dem Basiszinssatz gem § 247 BGB auf weitere 4.025,20 € seit dem 6.12.2001 sowie über dem Basiszinssatz gem § 247 BGB 5 % Zinsen über dem Basiszinssatz gem § 247 BGB auf weitere 4.025,20 € seit dem 6.1.2002 sowie 5 % Zinsen über dem Basiszinssatz gem § 247 BGB auf weitere 4.025,20 € seit dem 6.2.2002 sowie 5 % Zinsen über dem Basiszinssatz gem § 247 BGB auf weitere 4.025,20 € seit dem 6.3.2002 sowie wegen einer Kostenpauschale in Höhe von 2.570,92 € wird der dingliche Arrest in das gesamte Vermögen der Antragsgegnerin angeordnet.

hilfsweise: gegen Sicherheitsleistung i.H.v. 24.500,- €, wobei der Antragstellerin nachgelassen bleibt, diese durch Bürgschaft eines als Zoll- und Steuerbürgen zugelassenen Kreditinstituts zu erbringen.

2. Die Antragsgegnerin hat die Kosten des Arrestverfahrens zu tragen.

3. Die Vollziehung des Arrestes wird durch Hinterlegung durch die Antragsgegnerin i.H.v. 28.000,- € gehemmt.

Begründung:

*Der Antragstellerin stehen aus dem schriftlichen Mietvertrag vom 16.5.1986 zwischen den Parteien monatliche Mietzinsansprüche infolge der Vermietung des Ladenlokales und eines zugehörigen Lagers im Hause ..... in ... zu. Hinsichtlich der Regelungen des Mietvertrages wie Fälligstellung des Mietzinses etc. sowie wegen der weiteren Entwicklung des Mietverhältnisses nehmen wir vollinhaltlich Bezug auf die als **Anlage AK 1** zu diesem Schriftsatz beigefügte Klagebegründung vom 29.12.2001 aus dem Hauptsacheverfahren. Die dort zitierten **Anlagen K 1** bis **K 5** liegen diesem Schriftsatz für das Gericht ebenfalls bei.*

*Insbesondere weist die Antragstellerin darauf hin, dass Grund und Höhe des geltend gemachten Mietzinses zwischen den Parteien unstreitig sind, wie sich auch aus dem Schreiben der Antragsgegnerin vom 3.11.2001 (**Anlage K 4**) ersehen lässt.*

Der Verfügungsgrund ergibt sich aus Folgendem:

Die Antragsgegnerin entrichtet die zwischen den Parteien völlig unstreitige Mietzinsforderung, die sie zuvor entrichtet hatte, nicht mehr. Sie hat einen Großteil ihres Warenbestandes, nämlich sämtliche Waren, die sich in dem Geschäftslokal auf einer Fläche von 400 qm befanden Ende März an einen unbekannten Aufkäufer veräußert. Dies soll zu einem absoluten Dumpingpreis von 20.000,- € geschehen sein. Unter der Ware befanden sich die komplette aktuelle Abendkleiderkollektion des weltbekannten Modeschöpfers J.P.G. sowie 20 Pelzmäntel.

Glaubhaftmachung: Versicherung an Eides statt (**Anlage AK 2**)

*Ausweislich des als **Anlage AK 3** diesem Schriftsatz beigefügten Schreibens der Antragsgegnerin hat sie ihre Kontoverbindung zu Beginn des Jahres verändert. Die neue Kontobeziehung verschleiert die Antragsgegnerin: Auf Nachfrage der Antragstellerin vom 5.2.2002 nach der neuen Kontoverbindung*

Glaubhaftmachung: Vorlage des Schreibens, in Kopie als **Anlage AK 4** für das Gericht beigefügt

hat die Antragsgegnerin nicht geantwortet. Zur Verheimlichung der neuen Kontoverbindung hat die Antragsgegnerin die Miete abweichend von der jahrelangen Handhabung für den Monat April per übersandtem Scheck bezahlt.

Glaubhaftmachung: Vorlage des Kontoauszuges vom 13.4.2002, erstellt und handschriftlich abgezeichnet von der insoweit zuständigen Sachbearbeiterin der Antragstellerin, im Original als **Anlage AK 5** für das Gericht beigefügt

Der Scheck ist nicht eingelöst worden.

Der Zustellungsversuch eines Mahnbescheids kam sogar mit dem Vermerk zurück:

"Firma erloschen!"

Glaubhaftmachung: *Vorlage der entsprechenden Mitteilung durch das AG ..., in Kopie als **Anlage AK 6** für das Gericht beigefügt*

Wie der Mitarbeiter der Antragstellerin der Zeuge .... von einer Nachbarin des Geschäftsführers der Antragsgegnerin erfahren hat, als er zum Wohnsitz des Geschäftsführers gefahren war, hat Letzterer bereits seit Wochen erklärt, er sei „reif für die Insel". Am Wohnsitz waren sämtliche Rolläden herabgelassen. Der Briefkasten war übervoll.

Glaubhaftmachung: *Vorlage einer Versicherung an Eides statt des Zeugen .... als **Anlage AK 7** beigefügt*

Der Geschäftsführer der Antragsgegnerin zeigt also ein geradezu klassisches Verhalten eines Schuldners, der das vorhandene Vermögen verwertet, um sich abzusetzen. Es bedarf deshalb umgehend einer Sicherung des Antragstellers.

Die Kosten für das Hauptsacheverfahren richten sich im Hinblick auf die bisher aufgelaufenen Mietrückstände nach einem Gegenstandswert aus der Gruppe bis 25.000,- €.

Die 3-fache Gerichtsgebühr beläuft sich danach auf	*933,00 €*
Zwei Anwaltsgebühren zzgl. Kostenpauschale und Umsatzsteuer belaufen sich auf	*1.637,92 €*
zusammen:	*2.570,92 €*

Mit den Kosten für die Einholung des beglaubigten Handelsregisterauszuges in Höhe von 20,- € sowie weiteren Zustellauslagen, die bereits bisher vorgelegt sind und evtl. noch vorgelegt werden müssen, ist eine Kostenpauschale i.H.v. 2.600,- € angemessen, die ebenfalls mit besichert werden muss.

Rechtsanwalt

Muster 2: Zurückweisung einer unzulässigen Beschwerde gegen den Beschluss über die einstweilige Einstellung der Zwangsvollstreckung

An das
Amtsgericht ....

In dem

Arrestverfahren

der Frau .....

– Antragstellerin –
Verfahrensbevollmächtigte:

gegen

Herrn .....

- Antragsgegner -

wegen *persönlichem und dinglichem Arrest.*

Namens und im Auftrage der Antragstellerin beantragen wir,

> *die Beschwerde des Antragsgegners gegen den Beschluss vom 29.9.2001 als unzulässig zu verwerfen.*

Begründung:

Die Beschwerde ist unzulässig. Gem. §§ 924 Abs. 3 Satz 2 ZPO, 707 Abs. 2 Satz 2 ZPO ist eine Anfechtung eines Beschlusses über die einstweilige Einstellung in der Zwangsvollstreckung ausgeschlossen. Etwas anderes ergibt sich nur dann, wenn die getroffene Entscheidung letztlich gar nicht vorgesehen war, die Voraussetzungen für eine Ermessensausübung fehlten oder mögliches Ermessen irrig nicht ausgeübt worden ist. Für die Entscheidung hätte also entweder überhaupt keine Bemächtigungsgrundlage am Horizont erkennbar sein dürfen oder sie hätte offensichtlich rechtsfehlerhaft angewandt werden müssen. Alle diese Voraussetzungen sind vorliegend nicht gegeben.

Rechtsanwalt

Muster 3: Widerspruch gegen den persönlichen und dinglichen Arrest

An das
Amtsgericht ....

In dem

Arrestverfahren

Frau ... ./. Herrn ...

wegen *persönlichem und dinglichem Arrest*

zeigen wir die Vertretung des Antragsgegners an. Gegen den Beschluss des Amtsgericht .... vom 29.9.2001 legen wir hiermit

Widerspruch

ein.

Gleichzeitig beantragen wir,

> *die Vollziehung des Arrestes, jedenfalls soweit es die Anordnung der Haft anbelangt, sofort und ohne Sicherheitsleistung auszusetzen.*

In der mündlichen Verhandlung werden wir beantragen:

> *1. Den dinglichen und persönlichen Arrest aufzuheben.*
>
> *2. Die Anträge der Antragstellerin zurückzuweisen.*

Begründung:

Das Amtsgericht hat von seinem ihm zustehenden Ermessen Gebrauch gemacht, indem es eine Einstellung der Vollstreckung ohne Sicherheitsleistung im Hinblick auf das Sicherungsinteresse der Antragstellerin abgelehnt hat. Diese Ermessensentscheidung ist nicht offensichtlich irrig, so dass die Beschwerde zu verwerfen ist.

Rechtsanwalt

Muster 4: Fristsetzung gem. § 926 ZPO

An das
Amtsgericht ....

In dem

Arrestverfahren

Az. 7 C 555/01

beantragen wir,

dem Gläubiger aufzugeben, binnen einer Frist von zwei Wochen wegen des dem Arrestbefehl vom ..... 2001 zugrundeliegenden Anspruchs Klage zu erheben

Rechtsanwalt

Muster 5: Termin und Aufhebung des Arrestbeschlusses wegen Fristversäumung

An das
Amtsgericht ....

In der

Arrestsache

Az. 7 C 555/01

beantragen wir,

einen Termin zur mündlichen Verhandlung anzuberaumen und den Arrestbefehl vom ..... 2001 aufzuheben.

Begründung:

Die Aufhebung des Arrestes durch Endurteil ist auszusprechen, da der Gläubiger innerhalb der von ihm vom erkennenden Gericht gesetzten Zwei-Wochen-Frist entsprechend dem Beschluss vom ..... 2001 in keiner Hauptsache Klage erhoben hat.

Rechtsanwalt

Muster 6: Aufhebung des Arrestbeschlusses wegen veränderter Umstände (fehlende Sicherheit)

An das
Amtsgericht ....

In der

*<div align="center">**Arrestsache**</div>*

Az. 7 C 555/02

beantragen wir,
  einen Termin zur mündlichen Verhandlung anzuberaumen.
In diesem Termin werden wir beantragen:
  1. Den Arrestbefehl vom ....2002 des Amtsgerichts .... aufzuheben.
  2. Dem Gläubiger die Kosten des Aufhebungsverfahrens aufzuerlegen.

Begründung:
Das erkennende Gericht hat auf Antrag des Gläubigers durch Beschluss vom .....2002 den dinglichen Arrest in das Vermögen des Schuldners angeordnet. Es hat ferner die Vollziehung des Arrestes von einer Sicherheitsleistung des Gläubigers in Höhe von 2.500,- € abhängig gemacht.

Der Gläubiger hat diese Sicherheit nicht geleistet. Aus diesem Grunde ist der Arrestbefehl wegen veränderter Umstände aufzuheben (OLG Frankfurt a.M., WRP 1980, 423).

Rechtsanwalt

Muster 7: Aufhebung des Arrestbeschlusses wegen veränderter Umstände (Nichteinhaltung der Vollziehungsfrist)

An das
Amtsgericht ....

In der

Arrestsache

Az. 7 C 555/01

beantragen wir,

    einen Termin zur mündlichen Verhandlung anzuberaumen.

In diesem Termin werden wir beantragen:

    1. Den Arrestbefehl vom ....2001 des Amtsgerichts .... aufzuheben.

    2. Dem Gläubiger die Kosten des Aufhebungsverfahrens aufzuerlegen.

Begründung:

Das erkennende Gericht hat durch Arrestbefehl vom .....2001 den dinglichen Arrest in das Vermögen des Schuldners angeordnet. Der Arrestbefehl ist wegen veränderter Umstände aufzuheben, da der Gläubiger innerhalb der Frist des § 929 ZPO die Vollziehung des Arrestes nicht vorgenommen hat. Vorliegend kam nur die Vollziehung in das bewegliche Vermögen des Schuldners in Betracht. In diesem Fall wird die Vollziehung durch Pfändung bewirkt. Eine fristgerechte Vollziehung setzt voraus, dass zumindest die Zwangsvollstreckungsmaßnahme des Vollstreckungsorgans innerhalb der Monatsfrist begonnen wird. Dies ist vorliegend nicht der Fall gewesen. Der Arrestbeschluss ist vorliegend am 1.9.2001 dem Gläubigervertreter zugestellt worden. Bis zum 1.10.2001 wurden keinerlei Vollstreckungsmaßnahmen durch den Gerichtsvollzieher eingeleitet.

Rechtsanwalt

Muster 8: Aufhebung des Arrestbeschlusses wegen veränderter Umstände (Klageabweisung im Hauptsacheverfahren)

An das
Amtsgericht ....

In der

Arrestsache

Az. 7 C 555/01

beantragen wir,

einen Termin zur mündlichen Verhandlung anzuberaumen.

In diesem Termin werden wir beantragen:

1. Den Arrestbefehl vom ....2002 des Amtsgerichts .... aufzuheben.
2. Dem Gläubiger die Kosten des Aufhebungsverfahrens aufzuerlegen.

Begründung:

Das erkennende Gericht hat durch Beschluss vom .....2002 den dinglichen Arrest in das Vermögen des Schuldners wegen eines vermeidlichen Anspruchs des Gläubigers gegenüber dem Schuldner aus einem Darlehensvertrag über 50.000,- € angeordnet.

Das Landgericht ..... hat durch rechtskräftiges Urteil vom ....2002 (Az. ....) die Klage auf Darlehensrückzahlung rechtskräftig abgewiesen.

Glaubhaftmachung: *Beiziehung der Akten des Landgericht ......, Az. .....*

Da damit feststeht, dass dem Gläubiger ein entsprechender Arrestanspruch gegenüber dem Schuldner nicht zusteht, ist der Arrestbefehl wegen veränderter Umstände durch Endurteil aufzuheben.

Rechtsanwalt

Muster 9: Beschwerde gegen den Beschluss über Arrest auf Einstellung der Zwangsvollstreckung bei persönlichem Arrest

An das
Amtsgericht ....

In dem

Arrestverfahren

Az. 7 C 555/01

wegen *persönlichem und dinglichem Arrest*

legen wir namens und im Auftrage des Antraggegners gegen den Beschluss des Amtsgericht ..... vom 1.10.2001

Beschwerde

mit dem Antrag ein

> *die Anordnung des Vollzuges des persönlichen Arrestes sofort ohne Sicherheitsleistung aufzuheben.*

Begründung:

Das Amtsgericht ...... hat gegen den Antragsgegner den persönlichen und dinglichen Arrest angeordnet. Aufgrund unseres Widerspruchs wurde ein Termin zur mündlichen Verhandlung auf den 10.10.2001 anberaumt. Das Amtsgericht ..... hat am 29.9.2001 den Antrag des Antraggegners auf Einstellung der Vollziehungsmaßnahmen, zumindest des persönlichen Arrestes ohne Sicherheitsleistung, zurückgewiesen.

Es hat diesen Beschluss damit begründet, dass der Antragstellerin im Hinblick auf ein dargelegtes und glaubhaftgemachtes Sicherungsinteresse einer Einstellung ohne Sicherheitsleistung nicht zumutbar sei.

Das Amtsgericht... hat damit die verfassungsrechtliche Relevanz der Behaftung für die persönliche Freiheit des Schuldners nicht hinreichend berücksichtigt. Aus diesem Grund ist trotz der Vorschrift des § 707 Abs. 2 Satz 2 ZPO die Beschwerde eröffnet und auch zulässig (vgl. Stein/Jonas/Münzberg, ZPO, 20. Auflage, § 707 Rn. 23).

Da es sich bei der Verhaftung um das äußerste Mittel handelt, hätte das Gericht zumindest unter dem Gesichtspunkt des Verhältnismäßigkeitsmaßstabes erörtern müssen, ob nicht mildere Mittel, z.B. die Erteilung von Meldeauflagen, ausreichend gewesen wären.

Die Beschwerde wird vorsorglich auch wegen Einhaltung des Rechtsweges eingelegt. Sollte der Beschwerde nicht stattgegeben werden, wird der Antragsgegner versuchen, beim Bundesverfassungsgericht einstweiligen Rechtsschutz zu erreichen. Soweit müssen die Subsidiaritätsgrundsätze beachtet werden.

Rechtsanwalt

Teil 4: Kosten und Gebühren

Gerade im Hinblick auf die mögliche Vervielfältigung von Kosten, insbesondere durch den Dualismus von einstweiligem Verfügungsverfahren und Hauptsacheverfahren, empfiehlt es sich, die Kostenfrage in die Überlegungen von vornherein mit einzubeziehen. Dies gilt insbesondere im Presserecht im Hinblick auf das „Alles-oder-Nichts-Prinzip" (s.u. Rn. 1095 ff.). 383

§ 1 Streitwert

Der **Zuständigkeitsstreitwert** bemisst sich gem. §§ 2 ff. ZPO, insbesondere nach § 3 ZPO. Auf diese Norm verweisen für die Bemessung des **Gebührenstreitwertes** von einstweiligen Verfügungen § 20 Abs. 1 Satz 1 GKG i.V.m. § 11 Abs. 2 GKG. Der Zuständigkeitsstreitwert des § 3 ZPO ist also zugleich Gebührenstreitwert und zwar sowohl für die Gerichtskosten als auch für die Anwaltshonorare. Gem. § 3 ZPO ist der Streitwert nach dem freien Ermessen des Gerichtes festzusetzen. Nach allgemeiner Auffassung ist hierbei das Interesse des Antragstellers an der begehrten Sicherstellung zu schätzen (s. *Baumbach/Lauterbach/Albers/Hartmann*, ZPO, Anh. § 3 Rn. 35 m.w.N.; *Schuschke/Walker*, ZPO, Vor § 916 Rn. 59; *Zöller/Herget*, ZPO, § 3 Rn. 16 s.v. einstweilige Verfügung – jeweils m.w.N.). Für nicht vermögensrechtliche Streitigkeiten sind bei der Ausübung des richterlichen Ermessens die in § 12 Abs. 2 GKG genannten Gesichtspunkte zu berücksichtigen (*Schuschke/Walker*, ZPO, Vor § 916 Rn. 59). 384

Soweit die einstweilige Verfügung lediglich eine vorläufige Sicherung oder Regelung darstellt, hat sie wegen des **Verbotes der Vorwegnahme der Hauptsache** nicht denselben Wert für den Antragsteller wie die Hauptsacheentscheidung. Nach allgemeiner Auffassung sind deshalb bei der Bemessung des Streitwertes im einstweiligen Verfügungsverfahren Abschläge gegenüber dem Gegenstandswert im zugehörigen Hauptsacheverfahren vorzunehmen. I.d.R. werden Bruchteilsquoten von 1/2 und 1/3 genannt, z.T. wird allerdings auch eine solche schematische Quotenbildung in Frage gestellt (umfassend zu Sämtlichem: *Baumbach/Lauterbach/Albers/Hartmann*, ZPO, Anh. § 3 Rn. 35; *Schuschke/Walker*, ZPO, Vor § 916 Rn. 59; *Zöller/Herget*, ZPO, § 3 Rn. 16 s.v. einstweilige Verfügung – jeweils m.w.N.). 385

386 **Hinweis:**
Zu berücksichtigen ist allerdings: Selbst wenn diese quotale Absenkung des Streitwertes für das einstweilige Verfügungsverfahren zu einem Streitwert von unter 5.000,- € führt, führt dies nicht zu einem Zuständigkeitswechsel vom LG zum AG. Denn gem. § 937 Abs. 1 ZPO richtet sich die sachliche Zuständigkeit für das einstweilige Verfügungsverfahren nach derjenigen für das Hauptsacheverfahren. Dort aber gilt der ungeminderte Streitwert (s.o. Rn. 90).

387 Gleichwohl sollte bei der Einreichung der Antragsschrift überlegt werden, ob als Streitwert ein Wert unterhalb von 5.000,- € angegeben werden sollte.

388 Je mehr mit der einstweiligen Verfügung die Hauptsache vorweggenommen wird, desto geringer ist der Abschlag gegenüber dem Hauptsachestreitwert zu bilden (*Baumbach/Lauterbach/Albers/Hartmann*, ZPO, Anh. § 3 Rn. 36; *Schuschke/Walker*, ZPO, Vor § 916 Rn. 9; *Zöller/Herget*, ZPO, § 3 Rn. 16 s.v. einstweilige Verfügung – jeweils m.w.N.). Demzufolge finden sich in wettbewerbsrechtlichen Verfahren nicht nur Stimmen, die einen Abschlag i.S.d. vorgenannten Ausführungen vornehmen, sondern auch eine solche, die denselben Streitwert wie im Hauptsacheverfahren zugrunde liegen (vgl. *Pastor/Ahrens/Ulrich*, Wettbewerbsprozeß Kap. 58 Rn. 29 einerseits sowie Rn. 27 andererseits, an beiden Stellen m.w.N.). Aus demselben Grund hat das OLG Düsseldorf (BB 2000, 1956 f.) bei einem Antrag auf Erlass einer einstweiligen Verfügung, mit der dem Vorstand einer AG Abwehrmaßnahmen gegen ein feindliches Übernahmeangebot untersagt werden und die Einberufung einer Hauptversammlung zur Entscheidung über Zustimmung oder Ablehnung des Übernahmeangebotes aufgegeben werden sollte, entsprechend § 247 AktG den Streitwert festsetzt, ohne einen quotalen Abschlag auf den Streitwert vorzunehmen. Das OLG Düsseldorf hat dies (a.a.O., 1957) damit begründet, dass durch eine einstweilige Verfügung unumkehrbare Fakten geschaffen worden wären und dadurch die einstweilige Verfügung einer Hauptsacheentscheidung gleichgekommen wäre.

389 Wird die Hauptsache durch den Vergleich im einstweiligen Verfügungsverfahren miterledigt (dazu s.o. Rn. 173 ff.), sind nach LG Stuttgart (Beschl. v. 13.12.2000, Az. 8 O 389/00; Kammerreport Hamm 2002, 28 mit Besprechung *Clausnitzer* ZAP F. 24, S. 609 ff.) für die Gerichtsgebühr die Streitwerte der einstweiligen Verfügung und des Hauptsacheverfahrens zusammenzurech-

nen. Dasselbe gilt auch für die Ermittlung des Gegenstandswertes für die anwaltliche Vergleichsgebühr.

Wie sogleich unter Rn. 403 ff. darzulegen, sind die Kosten für einzelne Verfahrensabschnitte gesondert zu erheben. Für diese Abschnitte sind demzufolge auch die Streitwerte gesondert zu bestimmen. Ist etwa im Aufhebungsverfahren gem. §§ 926 Abs. 2, 927 ZPO das Interesse des Antragstellers geringer als in dem früheren Anordnungsverfahren, ist gegenüber dem Streitwert im Anordnungsverfahren nochmals ein Abschlag vorzunehmen. Dies gilt auch nach Vollzug der einstweiligen Verfügung (s. *Baumbach/Lauterbach/Albers/Hartmann*, ZPO, Anh. § 3 Rn. 38; *Schuschke/Walker*, ZPO, Vor § 916 Rn. 59, der im Aufhebungsverfahren eine Absenkung des Streitwertes bejaht, wenn es „nur über den formalen Tatbestand der Aufhebung der Eilanordnung" geht; *Zöller/Herget*, ZPO, § 3 Rn. 16 s.v. einstweilige Verfügung).

Besonderheiten gelten im Bereich von Unterhaltsverfügungen sowie immer 390 dann, wenn es um Notbedarf geht (zu den Einzelheiten s. die zitierten Kommentarstellen, a.a.O.; sowie Rn. 422).

Erhebt der Antragsgegner gegen eine im Beschlusswege erlassene einstwei- 391 lige Verfügung lediglich den sog. Kostenwiderspruch (Rn. 237), richtet sich der Streitwert allein nach dem Kosteninteresse (*Schuschke/Walker*, ZPO, Vor § 916 Rn. 59; s. ferner Rn. 240).

Die Bestimmung des Gebührenstreitwertes über § 20 Abs. 1 GKG i.V.m. § 3 392 ZPO gilt in derselben Weise auch für das Arrestverfahren (*Zöller/Herget*, ZPO, § 3 Rn. 16 s.v. Arrestverfahren). Obere Grenze ist bei der Sicherung der Geldforderung deren Betrag. I.d.R. wird auch bei Arrest eine Quote in einer Größenordnung von 1/3 bis 1/2 des Hauptsachewertes angesetzt (*Zöller/Herget*, ZPO, § 3 Rn. 16 s.v. Arrestverfahren).

§ 2 Gerichtskosten und Anwaltsgebühren

Die einzelnen Gebührentatbestände richten sich auf Seiten des Gerichtes wie 393 üblich nach dem GKG und hier insbesondere nach der Anlage 1 zum GKG und auf Seiten der Anwaltsgebühren nach der BRAGO.

I. Gerichtskosten

Die einzelnen Gebührentatbestände für die Gerichtskosten sind in den Num- 394 mern 1310 ff. aufgeführt. Wie bereits eingangs dargelegt fallen auch auf Seiten der Gerichtskosten für das einstweilige Verfügungs- und Arrestverfahren separate Gebühren neben den Gebühren des Hauptsacheverfahrens an.

395 Gem. Nr. 1310 Anlage 1 zum GKG entsteht für das Verfahren über den Antrag eine Gebühr. Bei einer mündlichen Verhandlung erhöht sich diese auf drei Gebühren gem. Nr. 1311. Wie das OLG München (AnwBl 1999, 415 f.) darlegt, verbleibt es trotz Widerspruches gegen eine Beschlussverfügung bei der einen Gerichtsgebühr aus Nr. 1310, wenn ohne mündliche Verhandlung mit Zustimmung der Parteien im schriftlichen Verfahren entschieden wird. Eine **Ermäßigung dieser drei Gebühren** erfolgt nach denselben Grundsätzen wie im Hauptsacheverfahren bei Rücknahme des Antrages vor dem Schluss der mündlichen Verhandlung, Anerkenntnis-/Verzichtsurteil oder Vergleich. Wie auch im Hauptsacheverfahren reduzieren Erledigungserklärungen und Versäumnisurteile die Gerichtskosten nicht (mehr).

396 **Widerspruchs- und Rechtfertigungsverfahren** gem. § 924 ZPO und § 942 ZPO lösen auf Seiten des Gerichtes keine zusätzlichen Kosten aus. Sie führen lediglich bei der mit einem Widerspruchsverfahren zwingenden erstmaligen Durchführung der mündlichen Verhandlung bzw. bei der i.d.R. mit einem Rechtfertigungsverfahren verbundenen erstmaligen Durchführung der mündlichen Verhandlung zu der Erhöhung von einer auf drei Gerichtsgebühren (Nr. 1311).

397 Wie der Einleitungstext vor Nr. 1310 klarstellt, gelten das Aufhebungsverfahren gem. § 926 Abs. 2 ZPO und § 927 ZPO als eigenständige Verfahren. Für sie werden deshalb die vorstehend dargelegten Gebühren gem. Nr. 1310 ff. gesondert erhoben.

398 Die **Gebühren für das Berufungsverfahren** sind in den Nummern 1320 ff. Anlage 1 zum GKG geregelt. Für das allgemeine Verfahren ist eine 3/4-Gebühr ausgelöst (Nr. 1320). Ein Urteil kostet weitere 1,5 Gebühren, wenn es eine Begründung enthält (Nr. 1321), sonst lediglich eine weitere 3/4-Gebühr (Nr. 1322). Beschlüsse nach § 91a ZPO lösen gem. Nr. 1323 eine volle weitere Gebühr aus, wenn sie mit schriftlicher Begründung versehen sind und gem. Nr. 1324 eine weitere halbe Gebühr aus, wenn sie ohne schriftliche Begründung abgefasst sind.

399 Beschwerden gegen Beschlüsse, etwa gegen den Zurückweisungsbeschluss im schriftlichen Verfahren, lösen gem. Nr. 1951 der Anlage 1 zum GKG eine volle Gerichtsgebühr aus. Diese Gebühr wird durch Rücknahme der Beschwerde nicht ermäßigt.

Bedarf es der gerichtlichen Unterstützung bei der Zwangsvollstreckung wird gem. Nr. 1640 der Anlage 1 zum GKG eine Festgebühr von 10,- € ausgelöst. 400

Kostenschuldner ist wie üblich gem. § 49 GKG der Antragsteller. Bei der Verfahrenseinleitung ist dies der Gläubiger. Im Aufhebungsverfahren ist dies der Schuldner. Wie üblich haftet gem. § 54 Nr. 1 GKG diejenige Partei, der die Kosten des Verfahrens auferlegt worden sind. 401

In § 65 GKG ist für das einstweilige Rechtsschutzverfahren ein Kostenvorschuss nicht vorgesehen. Zustellung und Erlass der einstweiligen Verfügung erfolgen damit – im Interesse der Eile – ohne vorherigen Vorschuss. 402

II. Anwaltsgebühren

Auch für die Anwaltsgebühren ist das einstweilige Rechtsschutzverfahren gebührenrechtlich betrachtet ein eigenständiges Verfahren gegenüber dem Hauptsacheverfahren, § 40 Abs. 1 BRAGO. Anders als auf Seiten der Gerichtsgebühren gehören nicht nur das Widerspruchsverfahren gem. § 924 ZPO und das Rechtfertigungsverfahren nach § 942 ZPO gebührenrechtlich zum einstweiligen Rechtsschutzverfahren, sondern gem. § 40 Abs. 2 BRAGO auch die Aufhebungsverfahren gem. § 926 Abs. 2 ZPO und § 927 ZPO. 403

Wenn das Hauptsacheverfahren beim Berufungsgericht anhängig ist, ist bei ihm die einstweilige Verfügung gem. § 943 Abs. 1 ZPO i.V.m. § 937 Abs. 1 ZPO anhängig zu machen. Gleichwohl erhält der Anwalt gem. § 40 Abs. 3 BRAGO „nur" die volle Gebühr und nicht die erhöhte Gebühr für das Berufungsverfahren. Denn das einstweilige Rechtsschutzverfahren selbst ist erstinstanzlich beim Berufungsgericht eingegangen. 404

> **Hinweis:** 405
>
> Die Zustellung der einstweiligen Verfügung löst keine weitere Gebühr aus, § 59 Abs. 1 BRAGO. Die Vollstreckung der einstweiligen Verfügung löst gem. § 59 Abs. 1 BRAGO die Gebühren der §§ 57 f. BRAGO aus.

Zur Frage, ob nach eingereichter Schutzschrift allein dadurch, dass der vermutete Antragsteller den vermuteten Antrag nicht einreicht und damit kein einstweiliges Verfügungsverfahren entsteht, die Gebühr des § 31 Abs. 1 Nr. 1 BRAGO sich auf eine halbe Gebühr reduziert (s.o. Rn. 296). 406

§ 3 Kostenerstattung

407 Zu differenzieren ist je nach Verfahrensstadium danach, ob ein einstweiliges Verfügungsverfahren oder ein Arrestverfahren geführt worden ist oder nicht.

I. Nach einstweiligem Verfügungs- bzw. Arrestverfahren

408 Die Entscheidung über die Kosten und damit die Kostenerstattung im einstweiligen Rechtsschutzverfahren richtet sich nach den §§ 91 ff. ZPO (s. beispielhaft *Zöller/Vollkommer*, ZPO, § 922 Rn. 8) und damit nach denselben Regelungen wie im Hauptsacheverfahren. Maßstab ist damit insgesamt betrachtet der Grad des Obsiegens und Unterliegens. Die Kostenentscheidung ergeht auch im einstweiligen Verfügungsverfahren von Amts wegen gem. § 308 Abs. 2 ZPO (s.o. Rn. 102 ff.).

409 Wegen der Frage der Kostenregelung bei Abschluss des einstweiligen Verfügungsverfahrens durch Vergleich s.o. Rn. 165 ff. Zur **Vermeidung eines Anerkenntnisses** des Antragsgegners mit der für den Antragsteller ungünstigen Kostenfolge aus § 93 ZPO empfiehlt es sich, in den nachstehend nochmals zusammengestellten Situationen vor Einleitung eines entsprechenden Verfahrensschrittes den Gegner zu dem jeweils Gewünschten aufzufordern:

- i.d.R. vor Einleitung des einstweiligen Verfügungsverfahrens, insbesondere im Wettbewerbsrecht (s. Rn. 1012 ff.); dadurch wird der Weg zu § 93 ZPO auch dann verschlossen, wenn die verlangte Unterlassungserklärung zu weit geht (s. Rn. 1028 ff.);
- vor Einleitung des Aufhebungsverfahrens gem. § 927 ZPO (s.o. Rn. 246);
- vor Einleitung des Hauptsacheverfahrens nach abgeschlossenem einstweiligem Verfügungsverfahren.

410 Durch die Einreichung einer Schutzschrift ist ein Anerkenntnis mit Kostenfolge des § 93 ZPO nicht mehr möglich (s.o. Rn. 290). Andererseits sind die Kosten für die Einreichung einer Schutzschrift nicht erstattungsfähig, wenn der potentielle Antragsteller kein einstweiliges Verfügungsverfahren oder keinen Arrest einleitet (s.o. wie zuvor). Dafür löst eine **Schutzschrift** auch keine Gerichtskosten aus (s.o. Rn. 296).

II. Außerprozessuale Kostenerstattung

Reagiert der Schuldner auf das außerprozessuale Anschreiben i.S.d. Anschreiben, so dass es nicht mehr einer Einleitung eines einstweiligen Rechtsschutzverfahrens bedarf, stellt sich die Frage, ob insoweit eine Erstattungspflicht der durch die anwaltliche Beauftragung entstandenen Kosten besteht. Relativ einfach zu beantworten ist dies im Bereich des **Wettbewerbsrechts**. Selbst wenn das unzulässige wettbewerbsrelevante Verhalten nicht die Tatbestandsvoraussetzungen für einen Schadenersatzanspruch ausgelöst hat, sind die Kosten für das Abmahnschreiben sowie auch für die Aufforderung zur Abgabe der Abschlusserklärung von dem Schuldner zumindest nach den Grundsätzen der GoA gem. §§ 683 Satz 1, 677, 670 BGB zu erstatten (s. Rn. 1042 ff. – dort auch zur Höhe des Anwalthonorars), es sei denn, es liegt eine Ausnahmesituation vor, etwa bei einer eigenen Rechtsabteilung des abmahnenden Unternehmens. Dasselbe gilt auch für die Verletzung der absolut geschützten Rechte nach dem Urheber-, Patent-, Gebrauchsmuster- und Markenrecht etc. 411

Eine außerprozessuale Erstattungsfähigkeit aus Schadenersatzgesichtspunkten ergibt sich etwa bei dem Widerruf sowie auch für die Erwirkung und Eintragung einer Vormerkung, eines Widerspruches und/oder eines Erwerbs- und Veräußerungsverbotes, wenn konkreter Auslöser für die einstweilige Verfügung ein vertragswidriges Verhalten des Schuldners war, nach den Grundsätzen der pFV (jetzt § 280 BGB) oder, wenn ein deliktisches Verhalten vorliegt, gem. §§ 823 ff. BGB. 412

Das außerprozessuale Honorar für die Durchsetzung des Gegendarstellungsanspruches ist, da der Anspruch auf Gegendarstellung verschuldensunabhängig und auch unabhängig von der objektiven Richtigkeit der umstrittenen Tatsachen ist, i.d.R. nicht erstattungsfähig. Ausnahmsweise gilt etwas anderes, wenn zugleich die tatbestandlichen Voraussetzungen für einen Schadenersatzanspruch etwa gem. §§ 823 ff. BGB erfüllt sind. 413

Bei Herausgabeansprüchen, die auf verbotene Eigenmacht gestützt sind, lässt sich die Kostenerstattung auf § 823 Abs. 1 BGB, evtl. auch auf § 823 Abs. 2 BGB i.V.m. einer strafrechtlichen Norm stützen. Bei Herausgabeansprüchen, die auf einem übermäßigen Verzehr bzw. einem übermäßigen Verbrauch beruhen oder die erforderlich sind zur Sicherung des Eigentumsvorbehaltes, rechtfertigt sich eine Kostenerstattung, wenn zu einer Herausgabe oder Rückgabe mit Fristsetzung aufgefordert worden war unter Verzugsgesichtspunkten, sonst jedenfalls unter dem Gesichtspunkt der pFV, jetzt § 280 BGB (s. *Palandt/Heinrichs*, Ergänzungsband, S. 280 Rn. 5). 414

415 In den übrigen Fällen kommt eine außerprozessuale Erstattung der Kosten durch die anwaltliche Beauftragung bei Verzug des Schuldners mit der entsprechenden Handlung oder Leistung in Betracht. Dies gilt insbesondere für den Arrest, wenn dieser nicht bereits vor Verzugseintritt und vor Fälligkeitseintritt beantragt wird.

Zu der Frage, ob und in welchem Umfang die Kosten des eigenen Bevollmächtigten über § 945 ZPO erstattet verlangt werden können s.o. Rn. 219.

§ 4 Prozesskostenhilfe

416 Wer nach seinen persönlichen und wirtschaftlichen Verhältnissen die Kosten für eine Prozessführung nicht, nur teilweise oder nur in Raten aufbringen kann, erhält gem. § 114 ZPO auf Antrag PKH. Als Voraussetzung normiert § 114 ZPO des Weiteren lediglich, dass die beabsichtigte Rechtsverfolgung oder Rechtsverteidigung hinreichend Aussicht auf Erfolg bietet und nicht mutwillig ist. Eine Beschränkung auf eine bestimmte Verfahrensart besteht nicht. Demzufolge ist insbesondere der einstweilige Rechtsschutz nicht ausgeschlossen. Der Antrag muss wie auch im Hauptsacheverfahren aufgebaut sein und die Erklärung über die persönlichen und wirtschaftlichen Verhältnisse enthalten. Im Hinblick auf das Eilbedürfnis lässt sich insbesondere im einstweiligen Verfügungsverfahren rechtfertigen, dass die Unterlagen nachgereicht werden (hierzu generell *Zöller/Philippi*, ZPO, § 117 Rn. 19 f.). Dem Antragsteller kann zur Nachreichung des Vordrucks der persönlichen und wirtschaftlichen Erklärung sowie der Anlagen eine Frist gesetzt werden. Diese ist zeitlich ausreichend zu bemessen im Hinblick darauf, dass wegen der Dringlichkeit die materiellen Fragen vorrangig sind (hierzu vgl. *Baumbach/Lauterbach/Albers/Hartmann*, § 117 Rn. 35).

417 Das einstweilige Rechtsschutzverfahren ist ein eigenständiges Verfahren neben dem Hauptsacheverfahren (s.o. Rn. 404 ff.). Demzufolge ist die PKH für beide Verfahren getrennt zu beantragen und zu bewilligen. Inwieweit jeweils eine erneute Erklärung über die persönlichen und wirtschaftlichen Verhältnisse mit jeweils erneuten Anlagen beizufügen ist, sollte wie auch in ähnlichen Konstellationen in Hauptsacheverfahren, etwa zwischen erster und zweiter Instanz, unter Einbeziehung der jeweiligen gerichtsspezifischen Auffassung gehandhabt werden. Liegen die entsprechenden Anträge zeitlich nahe beieinander, wäre die jeweils gesonderte Hereingabe der Erklärung über die persönlichen und wirtschaftlichen Verhältnisse nebst Anlagen ein überflüssiger Formalismus. Zu berücksichtigen ist, dass das Gericht im Hinblick

auf die Nachprüfung gem. § 120 Abs. 4 ZPO ohnehin in regelmäßigen Abständen die wirtschaftliche Situation nachträglich noch überprüfen kann. In der Praxis geschieht dies auch.

Innerhalb des einstweiligen Rechtsschutzverfahrens ist immer dann, wenn entweder für den neuen Abschnitt eigene Gerichtskosten oder eine eigene Anwaltsgebühr entsteht, gesondert PKH zu beantragen und bei entsprechender Erfolgsaussicht auch zu bewilligen (*Baumbach/Lauterbach/Albers/Hartmann*, ZPO, § 119 Rn. 33 m.w.N., wenn auch nicht in den Einzelheiten durchgehend klar). Jedenfalls insoweit empfiehlt es sich auf Seiten der Gerichte von einer jeweils gesonderten Hereinreichung der Erklärung über die persönlichen und wirtschaftlichen Verhältnisse nebst Anlagen Abstand zu nehmen, und auf Seiten des Antragstellers und seines Bevollmächtigten, insoweit zuvor die Auffassung des Gerichts einzuholen bzw. die Notwendigkeit der gesonderten Hereinreichung abzustimmen. 418

Teil 5: Besonderheiten der einzelnen Rechtsgebiete

§ 1 Einstweiliger Rechtsschutz im Familienrecht

419 Im Gegensatz zum allgemeinen Zivilrecht weist das Familienrecht seit langem eine Fülle unterschiedlicher Ausprägungen des vorläufigen Rechtsschutzes auf.

Der besseren Übersichtlichkeit halber ist zunächst zu differenzieren zwischen den sog. ZPO- und den sog. FGG-Familiensachen.

420 ZPO-Familiensachen sind solche, die in vollem Umfang den prozessualen Regeln der ZPO unterfallen, insbesondere also hinsichtlich der Darlegungs- und Beweisanforderungen (Beibringungsgrundsatz §§ 253, 308 ZPO) und der Rechtsmittel (§§ 511 ff., 567 ff., 574 ff. ZPO).

421 Zu den **ZPO-Familiensachen** zählen alle Eheverfahren (Scheidung, Eheaufhebung etc., §§ 606, 608 ZPO), alle Unterhaltsstreitigkeiten (Verwandtenunterhalt gem. §§ 1601 ff. BGB, § 621 Nr. 4 ZPO, Trennungs- und Nachscheidungsunterhalt gem. §§ 1361, 1570 ff. BGB, § 621 Nr. 5 ZPO, Unterhalt für den betreuenden nicht verheirateten Elternteil gem. §§ 1615l BGB, § 621 Nr. 11 ZPO), güterrechtliche Auseinandersetzungen bis auf zwei Ausnahmen aus dem Zugewinnausgleich (§§ 1382, 1383 BGB, § 621 Nr. 8 ZPO) und schließlich alle Kindschaftssachen (Statusverfahren) mit Ausnahme der Vaterschaftsfeststellung oder -anfechtung posthum (§§ 1600e Abs. 2 BGB, § 621 Nr. 10 ZPO), schließlich die Lebenspartnerschaftssachen des § 661 Abs. 1 Nr. 1 bis 4 und 6 ZPO.

422 Davon zu unterscheiden sind die anderen Regeln folgenden **FGG-Familiensachen**, also die Verfahren betreffend Sorgerecht (§§ 1671 BGB, § 621 Nr. 1 ZPO), Umgangsrecht (§§ 1684 ff. BGB, § 621 Nr. 2 ZPO) und Kindesherausgabe (§ 1632 BGB, § 621 Nr. 3 ZPO), der Versorgungsausgleich (§§ 1587 ff. BGB, § 621 Nr. 6 ZPO), die Verfahren betreffend die Regelung von Ehewohnung und Hausrat (§§ 1361a, 1361b BGB, §§ 1 ff., 18 HausratsVO, § 621 Nr. 7 ZPO) sowie einige weniger bedeutsame Regelungen aus dem Bereich des Zugewinnausgleiches (§§ 1382, 1383 BGB, § 621 Nr. 8 ZPO), dem Personenstandsrecht (§ 621 Nr. 12 ZPO) schließlich der Statusprozess posthum (§ 621 Nr. 10 ZPO) sowie die Verfahren nach §§ 1, 2 GewSchG, soweit es sich um Familiensachen handelt, also wenn die Beteiligten einen auf Dauer angelegten gemeinsamen Haushalt führen oder inner-

halb von sechs Monaten vor Antragstellung geführt haben (§ 621 Nr. 13 ZPO).

Für diese Verfahren gilt nicht die **Verhandlungsmaxime** des Zivilprozesses, sondern das **Amtsermittlungsprinzip** des § 12 FGG (eine Ausnahme gilt für Umstände, die zum Ausschluss des Versorgungsausgleiches gem. §§ 1587c, 1587h ZPO führen). 423

Auch das **Rechtsmittelverfahren in FGG-Familiensachen** ist anders ausgestaltet. An die Stelle der Berufung tritt die befristete (oder Berufungs-) Beschwerde gem. § 621e ZPO; Zwischen- und Nebenentscheidungen sind mit unbefristeter Beschwerde gem. § 19 FGG anfechtbar. 424

ZPO- und FGG-Familiensachen unterscheiden sich schließlich im Bereich des vorläufigen Rechtsschutzes, wobei zusätzlich danach zu differenzieren ist, ob eine Ehesache anhängig ist oder nicht. Ist Letzteres der Fall, kann einstweiliger Rechtsschutz per einstweiliger Anordnung für die Regelungsgegenstände des § 620 ZPO begehrt werden, ohne dass ein gegenstandsgleiches Hauptverfahren anhängig sein müsste. Für isoliert anhängig gemachte Familiensachen richtet sich der einstweilige Rechtsschutz nach den nachfolgend dargestellten besonderen Vorschriften. 425

Wichtigste Form der Gewährleistung einstweiligen Rechtsschutzes ist im familiengerichtlichen Verfahren zweifellos die aus dem Scheidungsverbundsverfahren bekannte einstweilige Anordnung (§ 620 ff. ZPO), die an Bedeutung noch dadurch gewonnen hat, dass sie ab 1.7.1998 auch für isolierte Unterhaltsverfahren (§ 644 ZPO) eingeführt worden ist. Korrespondierend damit führt seither die einstweilige Verfügung in Unterhaltsprozessen nur noch ein Schattendasein, ihre Anwendung ist auf wenige Nischen beschränkt. Mit der Einführung des GewSchG ist der Anwendungsbereich der einstweiligen Anordnung per 1.1.2002 abermals erweitert worden auf die isolierten FGG-Sachen, Sorgerecht, Umgangsrecht, Kindesherausgabe, Ehewohnung und Hausrat (§ 621g ZPO) sowie auf Maßnahmen nach §§ 1, 2 GewSchG, wenn es sich um Familiensachen handelt, wobei insoweit der einstweilige Rechtsschutz im isolierten Verfahren durch den neuen § 64b Abs. 3 FGG gewährleistet wird, im Verbundverfahren durch die neue Vorschrift des § 620 Nr. 9 ZPO n.F. 426

Prozesskostenvorschüsse sind „flächendeckend" per einstweiliger Anordnung zu erlangen, in Verbundverfahren für die Ehesache und die Folgesachen i.S.d. § 623 ZPO gem. § 620 Nr. 10 ZPO, in isolierten Unterhaltsverfahren 427 gem. § 127a ZPO, im isolierten FGG-Verfahren und isolierten Güterrechtsstreitigkeiten gem. § 621f ZPO.

428 In **Kindschaftssachen** ist vorläufiger Rechtsschutz für die Unterhaltsansprüche von Mutter und Kind per einstweiliger Anordnung gem. § 641d ZPO vorgesehen.

429 Im **Zugewinnausgleich** hat die einstweilige Verfügung noch Bedeutung für die Sicherung des Anspruches aus § 1389 BGB.

430 Schließlich ist anerkannt in isolierten Verfahren des FGG-Bereichs die Möglichkeit einstweiligen Rechtsschutzes per sog. vorläufiger Anordnung. Ein Bedürfnis dafür besteht nach der Einführung des § 621g ZPO allerdings nur noch, wenn etwa in den Fällen der §§ 1666, 1666a BGB kein Antrag auf einstweilige Anordnung gestellt ist und das Gericht von Amts wegen tätig werden muss.

I. ZPO-Verfahren

1. Einstweiliger Rechtsschutz in Unterhaltssachen

a) Einstweilige Unterhaltsanordnung im Scheidungsverbundverfahren gem. § 620 Nr. 4 und 6 ZPO

aa) Voraussetzungen

(1) Zulässigkeit (§ 620a Abs. 2 Satz 1 ZPO)

431 Die **Unterhaltsanordnung im Scheidungsverbund** setzt im Gegensatz zu derjenigen im isolierten Verfahren gem. § 644 ZPO nicht die Anhängigkeit eines gegenstandsgleichen Hauptverfahrens oder eines darauf gerichteten PKH-Gesuches voraus, sondern erfordert lediglich die Anhängigkeit einer Ehesache oder einen eingereichten PKH-Antrag für die Ehesache (§ 620a Abs. 2 Satz 1 ZPO).

432 Ist Letzterer offensichtlich unbegründet, etwa weil das Trennungsjahr noch lange nicht abgelaufen ist und Gründe für eine Härtefallscheidung nicht geltend gemacht werden, fehlt das **Rechtsschutzbedürfnis** für eine einstweilige Anordnung. Dieses fehlt auch dann, wenn die subjektiven Voraussetzungen für eine PKH-Gewährung nicht gegeben sind.

433 Kann PKH für die Ehesache nicht bewilligt werden, kommt auch der Erlass einer einstweiligen Anordnung mangels Hauptsacheverfahrens nicht in Betracht.

Ist der **Scheidungsantrag** bei Gericht eingereicht, liegen aber die Voraussetzungen für dessen Zustellung nicht vor (kein Antrag nach § 65 Abs. 7 GKG, kein Kostenvorschuss, kein Erfolg versprechender PKH-Antrag), kann eine einstweilige Anordnung nicht ergehen (*Zöller/Philippi*, ZPO, § 620a Rn. 6). 434

Weitere Voraussetzung ist die Anhängigkeit der Ehesache im Zeitpunkt der Entscheidung über den Anordnungsantrag. Nach Tod eines Ehegatten, Rücknahme des Scheidungsantrages bzw. Rechtskraft des Scheidungsurteils sind Anträge auf Erlass einer einstweiligen Anordnung nicht mehr zulässig (BGH, FamRZ 1983, 355). War der Anordnungsantrag rechtzeitig vorher gestellt, ist zu differenzieren: Bei Rücknahme oder rechtskräftiger Abweisung des Scheidungsantrages und bei Erledigung der Hauptsache durch Tod eines Ehegatten gem. § 619 ZPO hat eine einstweilige Anordnung zu unterbleiben. Das folgt unmittelbar aus § 620f Abs. 1 Satz 1 ZPO. 435

Wird die **Scheidung rechtskräftig**, ohne dass zuvor über den rechtzeitig gestellten Anordnungsantrag befunden wurde, ist über diesen noch zu entscheiden (KG, FamRZ 1987, 956), in diesem Verfahrensstadium ist ein Antrag auf mündliche Verhandlung gem. § 620b Abs. 2 ZPO allerdings nicht mehr zulässig. 436

(2) Anordnungsantrag

Eine **Unterhaltsanordnung** kann nicht von Amts wegen ergehen, sie setzt vielmehr einen bezifferten Antrag des berechtigten Ehegatten (welcher über § 1629 Abs. 3 BGB auch den Unterhalt des in seiner Obhut befindlichen minderjährigen Kindes im eigenen Namen geltend macht) voraus. 437

Der Anordnungsantrag ist zu begründen, die tatsächlichen Voraussetzungen für die begehrte Anordnung sind glaubhaft zu machen (§§ 620a Abs. 2 Satz 3, 294 ZPO). Soll in **Eilfällen** die Anordnung ohne vorheriges rechtliches Gehör für den Gegner erlassen werden, bedarf es auch der Glaubhaftmachung der Leistungsfähigkeit des Gegners (OLG Frankfurt a.M., FamRZ 1989, 87). 438

> **Hinweis:** 439
>
> Der Anordnungsantrag kann zu **Protokoll der Geschäftsstelle** erklärt werden (§ 620a Abs. 2 Satz 2 ZPO). Insoweit besteht für die Antragstellung eine **Ausnahme vom Anwaltszwang** des § 78 Abs. 2 Satz 1 Nr. 1 ZPO. Keines Anwaltes bedarf es auch für das schriftliche Verfahren über den

> Anordnungsantrag (OLG Düsseldorf, FamRZ 1978, 709); dies auch dann, wenn die Parteien im Rechtsbehelfsverfahren nach § 620b Abs. 1 Satz 1 ZPO um die getroffene Entscheidung im schriftlichen Verfahren streiten (OLG Frankfurt a.M., FamRZ 1977, 799).

440 Die **Einschaltung eines Anwaltes** ist hingegen notwendig, sobald vor der Erstentscheidung im Sinne von § 620a ZPO mündlich verhandelt oder Antrag auf mündliche Verhandlung gem. § 620b Abs. 2 ZPO gestellt wird (OLG Düsseldorf, FamRZ 1992, 1178).

bb) Regelungsbedürfnis

441 Anders als die einstweilige Verfügung gem. §§ 935, 940 ZPO erfordert die einstweilige Anordnung keinen dem Verfügungsgrund entsprechenden Anordnungsgrund. Vorausgesetzt wird als **Begründetheitserfordernis** nach allgemeiner Auffassung lediglich ein **Regelungsbedürfnis** (OLG Zweibrücken, FamRZ 1987, 300), welches gegeben ist, wenn ein dringendes Bedürfnis für eine sofortige Entscheidung besteht, d.h. es dem Unterhaltsgläubiger nicht zuzumuten ist, die Entscheidung in der Hauptsache abzuwarten.

442 > **Hinweis:**
>
> Die einstweilige Anordnung ist daher vor allem dann zu beantragen, wenn der Unterhaltsschuldner entweder überhaupt keinen oder ersichtlich deutlich zu niedrigen Unterhalt zahlt. Daher kommt eine einstweilige Anordnung vielfach nicht in Betracht, wenn der Unterhaltsgläubiger mit seinen eigenen Einkünften den lebensnotwendigen Bedarf sicherstellen kann, obwohl die einstweilige Anordnung (anders als die einstweilige Verfügung) nicht nur den Notunterhalt sichern soll, sondern mit ihr Beträge bis zum angemessenen Unterhalt tituliert werden können.

443 Über Spitzenbeträge z.B. beim **Aufstockungsunterhalt** kann per einstweiliger Anordnung nicht gestritten werden mangels hinreichenden Regelungsbedürfnisses.

444 Kein Regelungsbedürfnis besteht auch, wenn der Schuldner nicht zuvor **erfolglos zur Zahlung** des begehrten Unterhaltes aufgefordert worden ist. Hat der Schuldner bisher pünktlich geleistet, ohne dass zu besorgen ist, dass Zah-

lungen zukünftig gekürzt oder eingestellt werden, fehlt ebenfalls ein Regelungsbedürfnis (*Schwab/Maurer*, Scheidungsrecht, Rn. 899).

Besteht bereits ein **anderweitiger Unterhaltstitel**, kann keine einstweilige 445
Anordnung ergehen. Die Anordnung ist kein Instrument zur Abänderung eines bestehenden Titels i.S.d. § 323 ZPO, und zwar weder nach oben noch nach unten, denn ein im ordentlichen Erkenntnisverfahren ergangener Titel geht jeder vorläufigen Regelung vor (OLG Hamm, FamRZ 1980, 608; FamRZ 1982, 409).

cc) Gerichtsverfahren

Die prozessualen Vorschriften für einstweilige Anordnungen im Verbundver- 446
fahren finden sich in §§ 620a bis 620g ZPO.

(1) Zuständigkeit

Gem. § 620a Abs. 4 ZPO ist für den Erlass einer einstweiligen Anordnung 447
das Familiengericht und, sofern die Ehesache in der Berufungsinstanz anhängig ist, der Familiensenat des übergeordneten OLG zuständig.

> **Hinweis:** 448
>
> Ist lediglich eine **Folgesache** im Rechtsmittelzug anhängig, deren Gegenstand dem des Anordnungsverfahrens entspricht, dann ist für die Entscheidung über den Anordnungsantrag das Rechtsmittelgericht zuständig (§ 620a Abs. 4 Satz 2 ZPO). Entsprechendes gilt, wenn ein Kostenvorschuss für eine Ehesache oder Folgesache begehrt wird, die im Rechtsmittelzug anhängig ist oder anhängig gemacht werden soll (§ 620a Abs. 4 Satz 3 ZPO).

Das bedeutet für die Praxis:

- An der **grds. Zuständigkeit des Familiengerichts** ändert sich nichts, so- 449
  lange die Ehesache oder die Folgesache, deren Gegenstand dem des Anordnungsverfahrens entspricht, nicht in der Rechtsmittelinstanz anhängig ist. Wird gegen ein erstinstanzliches Urteil ein **Rechtsmittel** eingelegt, ohne dass erkennbar ist, welcher Teil des Urteils angefochten werden soll (so z.B. bei fristwahrender Einlegung des Rechtsmittels mit formularmäßiger Berufungsschrift), so bleibt das Familiengericht weiterhin zur Entscheidung über einen Anordnungsantrag berufen (OLG Frankfurt, FamRZ 1992,

579 ff.). Bis zur Zustellung der Rechtsmittelbegründung steht nämlich in aller Regel noch nicht fest, ob die Verbundentscheidung im vollen Umfang angefochten wird oder nicht. Der Umfang des Rechtsmittelverfahrens insgesamt wird vielfach auch erst nach Ablauf der Frist des § 629a Abs. 3 ZPO feststehen.

450 Die vorgenannten Unklarheiten bestehen nicht bei Rechtsmitteln gegen aus dem Verbund abgetrennte Folgesachen und im isolierten Verfahren.

- Inwieweit ein Verfahrensgegenstand des Hauptsacheverfahrens demjenigen des Anordnungsverfahrens entspricht, lässt sich nach §§ 620, 621 ZPO bestimmen.

451 Obwohl zwischen **Trennungs- und Scheidungsunterhalt** keine rechtliche Identität besteht (BGH, FamRZ 1982, 242; FamRZ 1985, 908), sind beide Streitgegenstände im Sinn des § 620a Abs. 4 ZPO als ein Verfahrensgegenstand anzusehen mit der Folge, dass bei einer Berufung gegen den im Verbundurteil titulierten nachehelichen Unterhalt das OLG zuständig wäre für die einstweilige Regelung des Trennungsunterhaltes.

452 Im Gegensatz dazu bleibt bei einem Rechtsmittel gegen ein im Rahmen einer Stufenklage ergangenes Auskunftsurteil das Familiengericht für die Bescheidung eines Anordnungsantrages zum Unterhalt zuständig, weil der Zahlungsantrag nach wie vor in erster Instanz anhängig und nicht in die Berufungsinstanz gelangt ist. Anderes kann gelten, wenn das Familiengericht unzulässigerweise über den Auskunftsantrag nicht im Wege eines Teilurteils befunden, sondern die Klage insgesamt abgewiesen hat. Der gegen ein solches Urteil gerichtete Berufungsantrag darf sich sinnvollerweise nicht auf die Weiterverfolgung der Auskunftsklage beschränken, sondern muss auch den (konkludent) abgewiesenen Zahlungsantrag aufgreifen. In solchen Fällen hat das OLG über einen bezifferten Anordnungsantrag zum Unterhalt zu befinden.

453 **Hinweis:**

Ist im Rechtsmittelverfahren über eine Sorgerechtsregelung zu befinden, dann bleibt für eine einstweilige Anordnung zum Umgangsrecht das Familiengericht zuständig. Wird hingegen eine einstweilige Anordnung betreffend das Aufenthaltsbestimmungsrecht beantragt, hat darüber das OLG zu befinden, denn das Aufenthaltsbestimmungsrecht ist als ein rechtliches „Minus" Teil des Sorgerechtes.

Vorsicht erscheint geboten gegenüber dem Bestreben, § 620a Abs. 4 Satz 2 ZPO über den Wortlaut hinaus auszudehnen und in all denjenigen Fällen, in denen das OLG nur mit einer PKH-Beschwerde zur Hauptsache befasst ist, zugleich dessen Zuständigkeit für den Erlass einer gegenstandsgleichen einstweiligen Anordnung zu bejahen (so aber *Dose*, Einstweiliger Rechtsschutz Familienrecht, Rn. 22). Ein Analogieschluss setzt eine lückenhafte gesetzliche Regelung voraus, die in § 620a Abs. 4 ZPO nicht vorliegt. Allein mit allgemeinen Sachzusammenhangserwägungen sind Analogieschlüsse nicht zu begründen (BGH, FamRZ 1980, 48; *Zöller/Philippi*, ZPO, § 620a Rn. 14). 454

(2) Gerichtliche Entscheidung

Das Gericht entscheidet über den Antrag auf Erlass einer einstweiligen Anordnung durch Beschluss (§§ 620a Abs. 1, 620b Abs. 1 und 2 ZPO), gegebenenfalls nach mündlicher Verhandlung. Ist im letzteren Falle die den Antrag stellende Partei nicht gem. § 78 Abs. 2 ZPO anwaltlich vertreten, kann über den Antrag weder verhandelt noch entschieden werden. Ist lediglich der Antragsgegner nicht anwaltlich vertreten, findet eine einseitige streitige Verhandlung statt, ein Versäumnisverfahren ist im Gesetz nicht vorgesehen. 455

Angesichts der einschränkenden Regelung des § 620d Satz 2 ZPO, wonach das Gericht in den Fällen der §§ 620b, 620c ZPO durch begründeten Beschluss entscheidet, stellt sich die Frage, inwieweit die sonstigen Anordnungsbeschlüsse zu begründen sind. 456

Ein **Begründungszwang** ergibt sich aus § 620a Abs. 1 ZPO nicht. Wird der **Anordnungsantrag** allerdings zurückgewiesen, hat die dadurch beschwerte Partei grds. einen Anspruch auf Begründung, damit sie ihre Rechte sachgerecht wahrnehmen oder verteidigen kann (BVerfGE 6, 32, 44 und OLG Köln, FamRZ 1991, 1212). Dieser allgemeine Grundsatz gilt auch für einstweilige Anordnungen, die ohne mündliche Verhandlung ergangen oder nach § 620c ZPO unanfechtbar sind (so OLG Hamm, FamRZ 1993, 719). 457

Fehlt jegliche Begründung, liegt darin ein wesentlicher Verfahrensmangel, der zur Aufhebung des angefochtenen Beschlusses und Zurückverweisung der Sache an das Familiengericht führt (OLG Celle, FamRZ 1998, 54). 458

Zu begründen ist nicht nur der Beschluss aufgrund einer mündlichen Verhandlung gem. § 620b Abs. 2 ZPO, sondern auch derjenige, der aufgrund sogleich angeordneter mündlicher Verhandlung ergeht. Eine solche Entscheidung ist nämlich nach § 620b Abs. 1 ZPO nur dann abänderbar, wenn der Antrag auf neue Tatsachen oder Beweismittel gestützt wird (*Zöller/Philippi*, ZPO, § 620b Rn. 2), so dass der Erstbeschluss sich über die ihm zugrundegelegten Tatsachen und Beweismittel verhalten muss.

(3) Höhe des Unterhalts

459 Der per einstweiliger Anordnung zuzusprechende Unterhalt geht grds. auf den vollen **materiell-rechtlichen Unterhaltsanspruch** (OLG Zweibrücken, FamRZ 1999, 642 zu § 644 ZPO). Das ist ein bedeutender Unterschied zur einstweiligen Verfügung, mit der lediglich Notunterhalt, also Unterhalt in Höhe des Existenzminimums, beschränkt auf einen Zeitraum von sechs Monaten, verlangt werden kann.

460 Die **Höhe des im Eilverfahren zu titulierenden Unterhaltes** hängt letztlich von der Darlegung des Unterhaltsanspruches und dem Grad der Glaubhaftmachung ab. Bei minderjährigen Kindern kann unbedenklich mindestens der altersentsprechende Regelbetrag nach der jeweils gültigen und alle zwei Jahre anzupassenden RegelbetragsVO (*Palandt/Diederichsen*, BGB, Anh. zu § 1612a BGB) verlangt werden.

461 Sehr problematisch ist der Beschluss des AG München vom 27.2.1998 (FamRZ 1998, 1583), durch den im Wege der einstweiligen Anordnung monatlicher **Ehegattenaufstockungsunterhalt** von 15.000,- DM zugesprochen worden ist. Angesichts der Probleme der konkreten Bedarfsermittlung, des Abstellens auf einen objektiven Maßstab bei der Bemessung des eheangemessenen Bedarfs und vor allem im Hinblick auf die eingeschränkten Rechtsmittelmöglichkeiten bei der einstweiligen Anordnung und die Besonderheiten bei der zeitlichen Geltung gem. § 620f ZPO erscheint Zurückhaltung bei der Titulierungshöhe angebracht.

462 **Unterhalt für die Vergangenheit** kann mangels Regelungsbedürfnis durch einstweilige Anordnung nicht zugesprochen werden (*Zöller/Philippi*, ZPO, § 620 Rn. 52, 57 m.w.N.). Ausnahmsweise kann dann etwas anderes gelten, wenn der Unterhaltsgläubiger seinen Unterhalt in der Vergangenheit durch Kredit hat finanzieren müssen, der ihn gegenwärtig belastet, etwa wenn zusätzlich zum laufenden Lebensbedarf Rückzahlungen dieses Kredites erfolgen müssen oder rückständige Wohnungsmiete zu zahlen ist (OLG Düsseldorf, FamRZ 1997, 611).

Unterhalt für die Vergangenheit ist grds. im Hauptverfahren geltend zu machen. Gem. §§ 1360a Abs. 3, 1361 Abs. 4 Satz 4 BGB, § 1613 Abs. 1 BGB bzw. § 1585b Abs. 2 BGB wirksam herbeigeführter Verzug entfällt nicht etwa durch Abweisung eines Anordnungsantrages wegen rückständigen Unterhalts (BGH, NJW 1995, 2032), denn eine Anordnungsregelung erwächst nie in materielle Rechtskraft. 463

(4) Vollziehung der einstweiligen Anordnung

Die Vollziehung einstweiliger Unterhaltsanordnungen und Prozesskostenvorschussanordnungen erfolgt, soweit sie einen vollstreckbaren Inhalt haben, nach den Regeln des Zivilprozesses (§ 794 Abs. 1 Nr. 3a ZPO). Nach überwiegender Meinung bedürfen sie entsprechend § 929 Abs. 1 ZPO keiner Vollstreckungsklausel (*Zöller*, § 620a, Rn. 33; *Schwab/Maurer*, Scheidungsrecht Rn. 936 m.w.N. auch zur Gegenmeinung). Dagegen ist § 929 Abs. 2 ZPO auf die Vollziehung der einstweiligen Anordnung nicht anwendbar, eine Vollziehungsfrist muss also nicht eingehalten werden, die Vollstreckung aus der einstweiligen Anordnung ist vielmehr jederzeit ohne zusätzliche Bedingungen zulässig. 464

Die Vollziehung einer einstweiligen Anordnung kann vom erkennenden Gericht auf Antrag oder von Amts wegen ausgesetzt werden, wenn ein **Antrag auf Aufhebung unter Änderung der Anordnung** gestellt worden ist (§ 620b Abs. 1 ZPO) oder beantragt wird, aufgrund mündlicher Verhandlung neu zu entscheiden (§ 620b Abs. 2 ZPO). Das Gleiche gilt, soweit ausnahmsweise sofortige Beschwerde wegen greifbarer Gesetzeswidrigkeit der Anordnung zulässig ist. 465

Das Familiengericht entscheidet nach pflichtgemäßem Ermessen, wobei entsprechend §§ 707, 719 ZPO die **Erfolgsaussicht** des Aufhebungs- oder Abänderungsantrages zu beachten ist. Gem. § 620e ZPO kann bei positiver Bescheidung eine **Aussetzung der Vollziehung** angeordnet werden, die analog § 570 Abs. 3 ZPO auch von Bedingungen, Auflagen oder einer Sicherheitsleistung abhängig gemacht werden kann (str. vgl. m.w.N. *Zöller/Philippi*, ZPO, § 620e Rn. 3). Die Aussetzung der Vollziehung kann das Gericht jederzeit von Amts wegen aufheben oder abändern. Der Aussetzungsbeschluss wird unwirksam, sobald eine Entscheidung nach §§ 620 b, 620c ZPO ergangen ist. 466

Der **Aussetzungsbeschluss** gem. § 620e ZPO ist keine Entscheidung im Zwangsvollstreckungsverfahren, ist damit auch nicht mit der sofortigen Be- 467 schwerde gem. § 793 ZPO angreifbar (OLG Hamburg, FamRZ 1990, 423). Er ist unanfechtbar gem. § 567 Abs. 1 ZPO (zuletzt OLG Zweibrücken, FamRZ 1998, 1378). Gleiches gilt für den einen Aussetzungsantrag zurückweisenden Beschluss. Da § 620e ZPO keinen ausdrücklichen Antrag voraussetzt, wird mit einem negativen Aussetzungsbeschluss auch kein das Verfahren betreffendes Gesuch i.S.d. § 567 Abs. 1 ZPO zurückgewiesen (OLG Hamburg, FamRZ 1990, 423).

468 Der Unterhaltsschuldner kann die **Einstellung der Zwangsvollstreckung** aus der einstweiligen Anordnung beantragen, wenn ein ordentliches Verfahren betreffend den Unterhalt anhängig ist, also etwa im parallel geführten isolierten Trennungsunterhaltsverfahren der Gläubiger auf Unterhalt klagt und der Unterhaltsschuldner Klageabweisung und vorläufige Einstellung der Zwangsvollstreckung beantragt (OLG Düsseldorf, FamRZ 1993, 816; OLG Frankfurt a.M., FamRZ 1990, 767, aber streitig, vgl. *Zöller/Philippi*, ZPO, § 620f Rn. 15). Die einstweilige Einstellung der Zwangsvollstreckung ist auch zulässig, wenn der Unterhaltsschuldner negative Feststellungsklage erhebt mit der Begründung, keinen oder geringeren Unterhalt zu schulden als durch einstweilige Anordnung festgesetzt worden ist (BGH, FamRZ 1983, 355, 357; FamRZ 1985, 368, 369).

469 Eine ausdrückliche gesetzliche Regelung für die einstweilige Einstellung der Zwangsvollstreckung aus der einstweiligen Anordnung fehlt; die in Rechtsprechung und Literatur umstrittene Frage, ob daher § 769 ZPO analog oder § 707 ZPO anwendbar sind (vgl. dazu *Zöller/Philippi*, ZPO, § 620f Rn. 15a) kann dahinstehen, denn nach überwiegender Auffassung ist § 707 Abs. 2 Satz 2 ZPO (keine Anfechtung des Einstellungsbeschlusses) auch auf eine Einstellung nach § 769 ZPO anwendbar. Einigkeit besteht jedenfalls, dass der Einstellungsbeschluss nur bei **greifbarer Gesetzeswidrigkeit** anfechtbar ist.

dd) Gültigkeitsdauer der einstweiligen Anordnung

470 Einstweilige Anordnungen treten gem. § 620f ZPO außer Kraft, nämlich beim Wirksamwerden einer anderweitigen Regelung sowie dann, wenn der Antrag auf Scheidung oder Aufhebung der Ehe oder die Klage zurückgenommen wird oder rechtskräftig abgewiesen ist oder wenn das Eheverfahren nach § 619 ZPO in der Hauptsache als erledigt anzusehen ist.

(1) Rücknahme und Abweisung des Scheidungsantrages

Wird der **Scheidungsantrag zurückgenommen**, tritt die einstweilige Anordnung erst bei Wirksamkeit dieser Rücknahme außer Kraft, bei notwendiger Zustimmung des Antragsgegners also erst mit deren Eingang bei Gericht (§ 269 Abs. 2 ZPO). 471

Ruht das Scheidungsverfahren, ist dieses für die Wirksamkeit einer einstweiligen Anordnung bedeutungslos. Die davon betroffene Partei kann allerdings gem. § 620b Abs. 1 ZPO versuchen, die Aufhebung der Anordnung mit der Erwägung zu beantragen, aufgrund des Stillstands des Scheidungsverfahrens sei ein Regelungsbedürfnis entfallen. 472

Bei **Abweisung des Scheidungsantrages** tritt eine einstweilige Anordnung erst mit Rechtskraft des Urteils außer Kraft. Ist nach einem den Scheidungsantrag zurückweisenden Urteil die **Rechtsmittelfrist** versäumt, dann fällt bei Wiedereinsetzung in den vorigen Stand wegen des Versäumens der Berufungsfrist die ursprünglich eingetretene Rechtskraft des familiengerichtlichen Urteils nachträglich weg, so dass eine bestehende einstweilige Anordnung wieder auflebt. 473

Wird einem Ehegatten nach **Rücknahme des Scheidungsantrages** oder Abweisung des Scheidungsbegehrens gem. § 626 Abs. 2 ZPO vorbehalten, eine Folgesache als selbstständige Familiensache fortzuführen, gelten keine Besonderheiten, die einstweilige Anordnung tritt nach Maßgabe der obigen Erörterungen außer Kraft (OLG Karlsruhe, FamRZ 1986, 1120). Der Unterhaltsgläubiger kann in dem dann als isolierte Sache fortgeführten Unterhaltsverfahren allerdings eine neue einstweilige Anordnung gem. § 644 ZPO beantragen. 474

War für ein beabsichtigtes Scheidungsverfahren seitens des Antragstellers zunächst nur PKH beantragt und die Ehesache selbst noch nicht anhängig gemacht, dann beendet die Rücknahme oder Zurückweisung des Prozesskostenhilfeantrages das gesamte Verfahren, eine im PKH-Stadium ergangene einstweilige Anordnung tritt in analoger Anwendung des § 620f Abs. 1 Satz 1 ZPO außer Kraft, bei Einlegung einer PKH-Beschwerde nach zurückgewiesenem Prozesskostenhilfegesuch allerdings erst bei Zurückweisung der Beschwerde. 475

War der Scheidungsantrag nicht in Abhängigkeit von einer positiven PKH-Entscheidung angebracht worden, dann ist das Schicksal des PKH-Verfah- 476 rens ohne Einfluss auf die Wirksamkeit einer ergangenen einstweiligen Anordnung. Die Ehesache bleibt auch nach Abweisung des PKH-Gesuches anhängig.

477 **Hinweis:**

In den erörterten Fällen treten einstweilige Anordnungen nicht rückwirkend, sondern erst mit Wirkung für die Zukunft außer Kraft (*Zöller/Philippi*, ZPO, § 620g Rn. 4). Noch nicht erfüllte in der Vergangenheit fällige Beträge der einstweiligen Anordnung können also auch künftig vollstreckt werden.

(2) Anderweitige Regelung

478 Ungleich bedeutsamer ist das Außer-Kraft-Treten einer einstweiligen Anordnung aufgrund des Wirksamwerdens einer anderweitigen Regelung. Die anderweitige Regelung muss den gleichen Streitgegenstand betreffen. Ergeht sie für einen abweichenden Zeitraum, bleibt für die nicht erfasste Zeitspanne die einstweilige Anordnung in Kraft (OLG Karlsruhe, FamRZ 1988, 855).

479 Anderweitige Regelungen sind in erster Linie **gerichtliche Entscheidungen**, die den Anordnungsgegenstand als Folgesache oder isolierte Familiensache während oder nach Beendigung eines Scheidungsverfahrens neu regeln. Zur Herbeiführung einer anderweitigen Regelung ist der Unterhaltsgläubiger auf eine Leistungsklage angewiesen, während der Unterhaltsschuldner, wenn die Gegenseite das Hauptverfahren nicht betreibt, auf die negative Feststellungsklage zu verweisen ist. Der Schuldner hat nicht die Möglichkeit, wie bei der einstweiligen Verfügung gem. § 926 ZPO den Gläubiger zur Erhebung einer Hauptsacheklage zu zwingen.

480 Als nicht in materielle Rechtskraft erwachsende Regelung steht die einstweilige Anordnung der **parallelen Durchführung eines Hauptverfahrens** auch nicht entgegen. Deswegen kann die einstweilige Anordnung auch nicht mit der Abänderungsklage nach § 323 ZPO bekämpft werden. Sollen Überzahlungen geltend gemacht werden, muss der Schuldner unmittelbar auf Rückzahlung klagen (BGH, FamRZ 1984, 767). Will der Schuldner geklärt haben, dass kein oder nur ein geringerer Unterhalt geschuldet wird, ist negative Feststellungsklage zu erheben (BGH, FamRZ 1983, 355; FamRZ 1987, 682).

Die **negative Feststellungsklage** kann auch für die zurückliegende Zeit erhoben werden. In diesem Verfahren ist die Darlegungs- und Beweislast verteilt wie bei einer normalen Unterhaltszahlungsklage. 481

Ist der Unterhaltsschuldner durch einstweilige Anordnung zur Zahlung von Unterhalt verpflichtet worden, so kann er sich dagegen mit der Klage auf Feststellung, dass kein oder geringerer Unterhalt geschuldet wird als in der einstweiligen Anordnung festgesetzt, wenden (negative Feststellungsklage). Die bloße rechtliche Möglichkeit des Unterhaltsgläubigers, einen angeblichen Unterhaltsanspruch geltend zu machen, reicht indes nicht aus, um das besondere rechtliche Interesse an der alsbaldigen Feststellung des Rechtsverhältnisses der Parteien zu begründen. Dieses Feststellungsinteresse ist aber zweifelsfrei gegeben, wenn der Unterhaltsschuldner durch einstweilige Anordnung zur Unterhaltszahlung verpflichtet worden ist und er jetzt mit der negativen Feststellungsklage eine der materiellen Rechtskraft fähige Entscheidung verlangt, dass er geringeren oder keinen Unterhalt schuldet. Bei der negativen Feststellungsklage sind die **Darlegungs- und Beweislast** wie bei einer Zahlungsklage mit umgekehrtem Rubrum verteilt (OLG Hamm, FamRZ 1982, 702; FamRZ 1989, 198; KG, FamRZ 1988, 167, 170). 482

Die **negative Feststellungsklage** wird nicht durch die Möglichkeit ausgeschlossen, die einstweilige Anordnung gem. § 620b ZPO zu bekämpfen (BGH, FamRZ 1983, 355; OLG Köln, FamRZ 1998, 1427). Das Rechtsschutzbedürfnis für eine negative Feststellungsklage wird allerdings verneint, wenn unmittelbar auf **Rückzahlung geleisteten Unterhalts** geklagt werden kann (OLG Frankfurt a.M., FamRZ 1991, 1210) oder wenn bereits eine **Leistungsklage des Gläubigers** rechtshängig ist (OLG Brandenburg, FamRZ 1999, 1210). 483

> **Hinweis:**
> Damit bleibt für die negative Feststellungsklage nur ein relativ enger Anwendungsbereich, wenn nämlich bei nicht anhängigem Hauptverfahren der per Anordnung titulierte Unterhalt noch nicht gezahlt worden ist.

Durch die Kostenentscheidung des Hauptsacheverfahrens wird eine **einstweilige Anordnung auf Zahlung eines Prozesskostenvorschusses** nicht außer Kraft gesetzt (BGH, FamRZ 1985, 802). 484

Die während eines laufenden Verbundverfahrens über (Trennungs-) Unterhalt ergangene einstweilige Anordnung wirkt grds. über den Zeitpunkt der Rechts- 485 kraft der Scheidung hinaus für die Zeit danach fort. Wird alsdann im Hauptverfahren die Trennungsunterhaltsklage abgewiesen, stellt sich die Frage, ob dadurch die einstweilige Anordnung nur bis zum Zeitpunkt der Rechtskraft der Scheidung außer Kraft tritt oder auch darüber hinaus.

486 Vorzuziehen ist die Auffassung, wonach durch das Urteil zum **Trennungsunterhalt** die gesamte einstweilige Anordnung außer Kraft tritt, obwohl im Trennungsunterhaltsverfahren über den nachehelichen Unterhalt nicht mitentschieden wird. Die **Gültigkeitserstreckung der einstweiligen Anordnung** über die Zeit der Rechtskraft der Scheidung hinaus ist angesichts der Nichtidentität von Trennungs- und Scheidungsunterhalt (BGH, FamRZ 1981, 242; FamRZ 1985, 908) im Grunde systemwidrig und will lediglich vorläufig einen regelungslosen Zustand für die Zeit nach Rechtskraft der Scheidung vermeiden.

487 Stellt sich nun im Hauptverfahren heraus, dass schon kein Trennungsunterhalt geschuldet wurde, dann besteht keine Veranlassung, den in unrichtiger Weise vorläufig geregelten Zustand für die Zeit nach Rechtskraft der Scheidung aufrechtzuerhalten.

488 Zudem ist der **Scheidungsunterhaltsanspruch** regelmäßig an strengere Voraussetzungen geknüpft als der Trennungsunterhaltsanspruch. Besteht also kein Trennungsunterhaltsanspruch, dann wird das regelmäßig erst recht für den Anspruch auf Scheidungsunterhalt gelten.

489 Berühmt sich der Unterhaltsberechtigte gleichwohl eines Scheidungsunterhaltsanspruches, ist er auf die ordentliche Geltendmachung dieses Anspruchs im Scheidungsverbund oder im isolierten Unterhaltsverfahren zu verweisen. In beiden Verfahren besteht wiederum die Möglichkeit des vorläufigen Rechtsschutzes per einstweiliger Anordnung (wie hier *MünchKomm/Klauser*, ZPO, § 620f Rn. 20 und *Dose*, Einstweiliger Rechtsschutz Familienrecht, Rn. 71).

490 Die Gegenmeinung (OLG Karlsruhe, FamRZ 1988, 855; *Zöller/Philippi*, ZPO, § 620f Rn. 17 und *Schwab/Maurer*, Scheidungsrecht, Rn. 974) überzeugt nicht.

491 Die Gültigkeit einer einstweiligen Anordnung kann nicht mit der Vollstreckungsgegenklage gem. § 767 ZPO wirksam bekämpft werden. Mit einer solchen Klage können nur rechtshemmende oder rechtsvernichtende Einwendungen gegen den Unterhaltsanspruch erhoben werden (BGH, FamRZ 1983, 355). Zwar kann der Schuldner also etwa per Vollstreckungsgegenklage den

Erfüllungseinwand erheben, damit wird aber nicht die einstweilige Anordnung als solche in Frage gestellt. Der Einwand, der Unterhaltsanspruch habe von vornherein nicht oder nicht in voller Höhe bestanden, kann nicht Gegenstand einer Vollstreckungsabwehrklage sein.

Zwar kann sich der Unterhaltsschuldner gegen eine **Vollstreckung aus einem ordentlichen Trennungsunterhaltstitel** für die Zeit nach Rechtskraft der Scheidung mit dem Einwand wehren, dieser Titel sei ab Zeitpunkt der Rechtskraft der Scheidung verbraucht. Diese Möglichkeit besteht bei der **Vollstreckung aus einer einstweiligen Anordnung** aber nicht, weil gem. § 620f ZPO die einstweilige Anordnung mit Rechtskraft der Scheidung eben nicht außer Kraft tritt, sondern über den Zeitpunkt der Rechtskraft der Scheidung hinaus wirksam ist bis zum Einsetzen einer anderweitigen Regelung (BGH, FamRZ 1983, 355). 492

Hat der Unterhaltsschuldner aufgrund einer einstweiligen Anordnung gezahlt oder ist aus einer solchen gegen ihn vollstreckt worden, kann er mit der Behauptung, materiell-rechtlich keinen Unterhalt zu schulden, auf **sofortige Rückzahlung** klagen. Eine vorherige Aufhebung der einstweiligen Anordnung ist nicht erforderlich, diese schafft bekanntlich nur eine vorläufige Vollstreckungsmöglichkeit und wegen fehlender materieller Rechtskraft auch keinen Rechtsgrund i.S.d. § 812 Abs. 1 Satz 1 BGB (BGH, FamRZ 1985, 767; FamRZ 1991, 1175). 493

> **Hinweis:** 494
>
> Eine erfolgreiche Rückforderung bezahlten Unterhaltes scheitert vielfach aber daran, dass sich der Gläubiger mit Erfolg auf den Wegfall der Bereicherung gem. § 818 Abs. 3 BGB beruft. Die verschärfte Haftung nach § 819 Abs. 1 BGB kommt nur dann in Betracht, wenn der Bereicherte das Fehlen des rechtlichen Grundes selbst und die sich daraus ergebenden Rechtsfolgen kennt, nicht ausreichend ist die bloße Kenntnis von Umständen, auf denen das Fehlen des Rechtsgrundes beruht (BGH, FamRZ 1998, 951).

Der Eintritt der verschärften Haftung des Bereicherungsschuldners gem. § 818 Abs. 4 BGB setzt die Rechtshängigkeit der Bereicherungsklage voraus (BGH, FamRZ 1998, 951), die Erhebung einer negativen Feststellungs- oder Abänderungsklage reicht nicht aus. 495

(3) Wirksamwerden einer anderweitigen Regelung

496 Gem. § 620f Abs. 1 ZPO treten einstweilige Regelungen erst dann außer Kraft, wenn die anderweitige Regelung wirksam wird. Dass in dieser Vorschrift der Terminus „Wirksamkeit" verwandt wird, hängt damit zusammen, dass mit der einstweiligen Anordnung gem. § 620 ZPO auch Gegenstände aus dem FGG-Bereich geregelt werden. Für diese bestimmt sich die Wirksamkeit nach § 16 Abs. 1 FGG, die Wirksamkeit tritt ein mit Bekanntgabe an denjenigen, für den die FGG-Anordnung nach ihrem Inhalt bestimmt ist.

497 Sollen einstweilige Anordnungen durch einen **Unterhaltsvergleich** endgültiger oder vorläufiger Natur ersetzt werden, ist die **Bestimmung des Wirksamkeitszeitpunktes** ebenfalls unproblematisch. Mangels eines in die Vereinbarung ausdrücklich aufgenommenen Wirksamkeitszeitpunktes gilt der Zeitpunkt des Abschlusses der Vereinbarung.

498 Unterschiedlich in Literatur und Rechtsprechung wird die Frage beurteilt, wann ein Unterhaltsurteil „wirksam" wird. Das Gesetz enthält dazu keine Regelung.

499 Es ist heftig darüber gestritten worden, ob für die Wirksamkeit Rechtskraft des Unterhaltsurteils erforderlich ist oder auch ein für vorläufig vollstreckbares Unterhaltsurteil eine taugliche anderweitige Regelung i.S.d. § 620f Abs. 1 ZPO sein kann.

Dazu gibt es im Wesentlichen **drei Meinungen**:

500 In der Rechtsprechung, insbesondere des OLG Hamm (6. Familiensenat FamRZ 1984, 718; 11. Familiensenat FamRZ 1999, 29), ist die Meinung vertreten worden, vorläufig vollstreckbare Unterhaltsurteile seien generell wirksam. Diese Auffassung vermeidet den Missbrauch einer einstweiligen Anordnung, mit der höherer Unterhalt tituliert worden ist als schließlich im Hauptverfahren zuerkannt wurde und trägt damit einem praktischen Bedürfnis Rechnung.

501 Eine einschränkende, von vielen OLG vertretene Auffassung forderte, dass das Unterhaltsurteil ohne Einschränkungen, d.h. ohne Sicherheitsleistung und ohne Abwendungsbefugnis gem. § 711 ZPO vorläufig vollstreckbar sei (OLG Hamm, 2. Familiensenat, FamRZ 1980, 708; OLG Frankfurt a.M., FamRZ 1982, 410; OLG Hamburg, FamRZ 1984, 719; FamRZ 1996, 745; differenzierend OLG Karlsruhe, FamRZ 1982, 1221; OLG Düsseldorf, FamRZ 1996, 745, 746).

Die überwiegende Meinung in der Literatur vertritt dagegen die Meinung, 502
dass ein Unterhaltsurteil erst mit Eintritt der Rechtskraft wirksam wird und
daher eine einstweilige Anordnung auch erst ab diesem Zeitpunkt außer Kraft
setzen kann (*Zöller/Philippi*, ZPO, § 620f ZPO Rn. 22, *MünchKomm/Klauser*, ZPO, § 620f Rn. 17; *Stein/Jonas/Schlosser*, ZPO, § 620f ZPO Rn. 2a).

Der BGH ist mit diesen Problemen wiederholt befasst gewesen. Er hatte be- 503
reits entschieden, dass weder ein negatives Feststellungsurteil noch die Abweisung einer Leistungsklage vorläufig vollstreckbare Entscheidungen zur
Hauptsache enthielten. Der in einem Feststellungsurteil allein enthaltene Ausspruch über den Bestand eines Rechtsverhältnisses werde erst mit der Rechtskraft der Entscheidung wirksam und könne eine einstweilige Anordnung auch
erst ab diesem Zeitpunkt außer Kraft setzen (BGH, FamRZ 1991, 180 ff.). In
der neueren Entscheidung (NJW 2000, 740) hat der BGH diese Rechtsprechung auf Leistungsurteile erstreckt. Der vom Gesetzgeber verfolgte Zweck
des § 620f ZPO, dass einstweilige Anordnungen auch nach Rechtskraft der
Scheidung fortgelten sollen, um einen regelungslosen Zustand für den schutzbedürftigen Unterhaltsgläubiger zu vermeiden, würde unterlaufen, wenn bereits das Bestehen eines nur vorläufigen Titels die einstweilige Anordnung
außer Kraft setzen würde, gleichgültig, ob er eingeschränkt oder uneingeschränkt vorläufig vollstreckbar sei. Die vorläufige Vollstreckbarkeit eines
Urteils in der Rechtsmittelinstanz könne nach §§ 707, 719 oder 718 ZPO beseitigt werden. Zum anderen gehe dem Unterhaltsgläubiger das Urteil als
Vollstreckungsgrundlage verloren, wenn das Rechtsmittelgericht es aufhebt
und die Sache an die Vorinstanz zurückverweist. In beiden Fällen wäre die
einstweilige Anordnung außer Kraft getreten, ohne dass eine andere endgültige Regelung an ihre Stelle getreten wäre.

Zu verweisen ist auch auf die Regelung des § 641e ZPO, die in **Kind-** 504
schaftssachen mehr als nur vorläufige Vollstreckbarkeit der anderweitigen
Regelung fordert, im Klartext also die Rechtskraft. Dafür, dass im Rahmen
des § 620f ZPO grds. etwas anderes gelten sollte, ist nichts ersichtlich.

Die frühere Streitfrage ist damit höchstrichterlich geklärt, eine einstweilige 505
Anordnung zum Unterhalt wird erst durch rechtskräftiges Unterhaltsurteil außer Kraft gesetzt (BGH NJW 2000, 740).

(4) Feststellung des Außer-Kraft-Tretens der einstweiligen Anordnung
Gem. § 620f Abs. 1 Satz 2 ZPO ist das Außer-Kraft-Treten der einstweiligen 506
Anordnung auf Antrag durch Beschluss auszusprechen. Das setzt einen An-

trag des Unterhaltsschuldners voraus, der gem. § 620a Abs. 2 Satz 2 ZPO zu Protokoll der Geschäftsstelle erklärt werden kann. Zuständig für die Entscheidung über diesen Antrag ist das Gericht, welches die einstweilige Anordnung erlassen hat (§ 620f Abs. 2 ZPO). Ist das **Außer-Kraft-Treten der einstweiligen Anordnung** zwischen den Parteien streitig, erscheint eine mündliche Verhandlung, für die Anwaltszwang gilt, sinnvoll, sie ist aber nicht zwingend (*Schwab/Maurer*, Scheidungsrecht, Rn. 975). Bei Streit über die Auslegung einer anderweitigen Unterhaltsregelung ist darüber auf Antrag gegebenenfalls Beweis zu erheben.

507 Ein **Konkurrenzproblem** mit der Feststellungs- oder der Vollstreckungsgegenklage besteht nicht, für diese Klagen besteht kein Rechtsschutzbedürfnis, weil das gleiche Ziel im Beschlussverfahren gem. § 620f Abs. 1 Satz 2 ZPO einfacher, schneller und billiger erreicht werden kann (OLG Köln, FamRZ 1999, 1000; OLG Düsseldorf, FamRZ 1991, 721; *Schwab/Maurer*, Scheidungsrecht, Rn. 980).

508 In dem zu begründenden Beschluss stellt das Familiengericht fest, dass und in welchem Umfang die einstweilige Anordnung außer Kraft getreten ist. Über das Außer-Kraft-Treten von Vollstreckungsmaßnahmen hat nicht das Familiengericht, sondern das zuständige Vollstreckungsorgan zu befinden (OLG Frankfurt a.M., FamRZ 1989, 766).

509 **Hinweis:**

Wird trotz Vorliegens einer anderweitigen Regelung noch aus der einstweiligen Anordnung vollstreckt, kann der Schuldner die Vollstreckungseinstellung durch Vorlage einer Ausfertigung des Beschlusses gem. § 620f Abs. 1 Satz 2 ZPO erreichen (§ 775 Nr. 1 ZPO).

510 Die Entscheidung des Familiengerichts ist mit der sofortigen Beschwerde anfechtbar (§ 620f Abs. 1 Satz 3 ZPO).

ee) **Erstattung überzahlten Unterhaltes**

511 Hat der Unterhaltsschuldner aufgrund der einstweiligen Anordnung mehr Unterhalt gezahlt als er nach einer Hauptsacheentscheidung hätte leisten müssen oder ist höherer Unterhalt als materiell-rechtlich geschuldet wurde aus der einstweiligen Anordnung vollstreckt worden, stellt sich das Problem einer **Rückabwicklung**.

(1) Rückabwicklung nach Bereichungsrecht

Die einstweilige Anordnung erwächst nicht in materielle Rechtskraft, deshalb 512
stellt die einstweilige Anordnung auch keinen tauglichen Rechtsgrund für
Unterhaltszahlungen dar. Hat der Gläubiger aufgrund der einstweiligen Anordnung mehr erhalten als ihm materiell-rechtlich tatsächlich zusteht, kommt
ein Bereicherungsanspruch gem. §§ 812 ff. BGB in Betracht.

Allerdings ist ein Rückzahlungsanspruch dann ausgeschlossen, wenn der 513
Unterhaltsgläubiger sich erfolgreich auf den Wegfall der Bereicherung gem.
§ 818 Abs. 3 BGB berufen kann. Diese Vorschrift dient dem Schutz des gutgläubig Bereicherten, der das rechtsgrundlos Empfangene im Vertrauen auf
den fortbestehenden Rechtsgrund verbraucht hat und somit nicht über den Betrag der vorhandenen Bereicherung hinaus zur Herausgabe oder zum Wertersatz verpflichtet werden soll. Damit kommt es bei der Unterhaltsüberzahlung darauf an, ob der erlangte Unterhalt für Unterhaltszwecke verbraucht
worden ist oder ob damit noch im Vermögen des Gläubigers vorhandene Werte beschafft worden sind.

Wenn der Gläubiger mit dem Unterhalt Schulden getilgt, Anschaffungen ge- 514
tätigt oder Vermögen gebildet hat, ist er noch bereichert und folglich zur
Rückzahlung gem. § 812 BGB verpflichtet (BGH, FamRZ 1992, 1152). Ist
dagegen der **Unterhalt voll für den Lebensbedarf** verbraucht worden und
sind dadurch auch keine sonstigen vorhandenen Mittel aufgezehrt worden, ist
die Bereicherung weggefallen, eine Rückzahlung des Unterhalts scheidet aus.
Die Rechtsprechung bietet **Beweiserleichterungen** für den Unterhaltsgläubiger, der den Wegfall der Bereicherung zu beweisen hat. Konnten aus der
Überzahlung keine besonderen Rücklagen gebildet werden, dann spricht nach
der Lebenserfahrung eine Vermutung dafür, dass der überzahlte Unterhalt für
eine Verbesserung des Lebensstandards ausgegeben wurde, der Bereicherte
hat dann keinen gesonderten Verwendungsnachweis zu erbringen (BGH,
FamRZ 1992, 1152).

Die **verschärfte Bereicherungshaftung** nach §§ 818 Abs. 4, 819 BGB tritt 515
für den Empfänger aufgrund einer unrichtigen einstweiligen Anordnung erhaltenen Unterhaltsleistungen nicht schon mit Rechtshängigkeit der Feststellungsklage betreffend die nicht bestehende Unterhaltspflicht ein, sondern erst
mit der Rechtshängigkeit der Bereicherungsklage auf Herausgabe des Erlangten bzw. auf Leistung von Wertersatz (BGH, FamRZ 1984, 767, FamRZ
1985, 368, FamRZ 1986, 793; BGHZ 118, 383, 390 ff.).

516 **Hinweis:**

§ 820 BGB ist für Unterhaltszahlungen aufgrund einstweiliger Anordnung nicht anwendbar (BGH, NJW 2000, 740), ebenso nicht auf Unterhaltsvereinbarungen, die den gesetzlichen Unterhaltsanspruch modifizieren (BGH, FamRZ 1998, 951 ff.).

(2) Kein Schadensersatz

517 Der aus einer einstweiligen Anordnung zuviel vollstreckende Gläubiger schuldet keinen Schadensersatz gem. §§ 641g, 717 Abs. 2, 945 ZPO.

§ 641g ZPO ist unmittelbar nur auf Unterhaltsanordnungen im Statusprozess anwendbar.

518 Der **Schadensersatzanspruch nach § 717 Abs. 2 Satz 1 ZPO** setzt voraus, dass zwar aus einem später abgeänderten vorläufig vollstreckbaren Urteil vollstreckt wurde oder der Schuldner zur Abwendung der drohenden Vollstreckung geleistet hat. Diese Voraussetzung ist nicht gegeben bei der Vollstreckung aus einer formell rechtskräftigen einstweiligen Anordnung.

519 **Schadensersatz nach § 945 ZPO** schuldet der Gläubiger lediglich, wenn er aus einem Arrest oder aus einer einstweiligen Verfügung vollstreckt hat, die sich später als von Anfang an ungerechtfertigt erwiesen haben.

520 Die vorgenannten Vorschriften können auch nicht analog bei der übermäßigen Vollstreckung aus einer einstweiligen Unterhaltsanordnung angewendet werden. Die §§ 620 ff. ZPO enthalten eine abschließende Sonderregelung für den einstweiligen Rechtsschutz in Ehesachen. An Vorschriften wie den § 641g ZPO in Kindschaftssachen oder einer dem § 945 ZPO entsprechenden Regelung fehlt es. Der Gesetzgeber wollte das Risiko des Ehegatten, der eine einstweilige Anordnung erwirkt und aus ihr vollstreckt, bewusst klein halten. Der Unterhaltsempfänger soll gerade nicht gezwungen sein, den gezahlten Unterhalt unter dem Druck etwaiger Rückforderungsansprüche für eine Rückzahlung bereitzuhalten, statt ihn bestimmungsgemäß zu verbrauchen. Diese gesetzgeberische Absicherung wird zunichte gemacht, wenn ein Schadensersatzanspruch analog §§ 717 Abs. 2, 945 ZPO bejaht würde oder wenn die verschärfte Bereicherungshaftung nach § 818 Abs. 4 BGB aufgrund einer rückwirkenden negativen Feststellungsklage gegen die Anordnung einträte (BGH, FamRZ 1984, 767, 769; BGH, FamRZ 1998, 951, 952).

> **Hinweis:** 521
> Der Unterhaltsschuldner ist damit keineswegs rechtlos gestellt. Er kann vielmehr schon mit der Erhebung der negativen Feststellungsklage den Antrag auf einstweilige Einstellung der Zwangsvollstreckung stellen, ferner unmittelbar nach der Unterhaltsleistung eine Klage auf Rückzahlung erheben.

Darüber hinaus ist der Schuldner berechtigt, eine evtl. **Überzahlung als zins- und tilgungsfreies Darlehen** zu vereinbaren, verbunden mit einem Verzicht auf die Rückzahlung, wenn es bei dem zugesprochenen Unterhalt im Hauptverfahren bleiben sollte. Der Unterhaltsgläubiger muss sich nach Treu und Glauben auf eine solche Gestaltung einlassen (BGH, FamRZ 1998, 951, 952). 522

ff) Rechtsbehelfe

(1) Formelle Rechtskraft

Einstweilige Anordnungen stellen lediglich vorläufige und bis zur Wirksamkeit einer anderweitigen Regelung befristete Regelungen des Verfahrensgegenstandes dar. Sie erlangen keine materielle Rechtskraft (KG, FamRZ 1991, 1327 ff.), und unterliegen schon deshalb nicht der Abänderungsklage. Einstweilige Anordnungen sind nur mit anordnungsrechtlichen Rechtsbehelfen anfechtbar; sie erwachsen in formelle Rechtskraft. 523

Diese wird durch § 620b Abs. 2 ZPO durchbrochen, der einen dem Widerspruch (§ 924 ZPO) ähnlichen Rechtsbehelf enthält. Ist die einstweilige Anordnung ohne mündliche Verhandlung ergangen, gibt die Vorschrift der beschwerten Partei die Gelegenheit, ihren Standpunkt in mündlicher Verhandlung erneut und unter Auseinandersetzung mit den Beschlussgründen vorzutragen. 524

Eine **Unterhaltsanordnung**, die nach mündlicher Verhandlung ergangen ist, ist grds. unanfechtbar und formell rechtskräftig (§ 620c Satz 2 ZPO). Bei **Änderung wesentlicher Verhältnisse** bietet § 620b Abs. 1 ZPO die Möglichkeit einer Neuregelung. 525

Wird nach mündlicher Verhandlung der Erlass einer Unterhaltsanordnung abgelehnt, ist diese Entscheidung unanfechtbar. 526

(2) Antrag auf mündliche Verhandlung (§ 620b Abs. 2 ZPO)

527 Die durch einen Anordnungsbeschluss ohne mündliche Verhandlung gem. § 620a Abs. 1 ZPO oder gem. § 620b Abs. 1 Satz 1 ZPO beschwerte Partei kann gem. § 620b Abs. 2 ZPO den Antrag auf mündliche Verhandlung stellen. Dieser Antrag unterliegt dem Anwaltszwang (OLG Düsseldorf, FamRZ 1978, 709 ff.). Der Antrag ist nicht fristgebunden, kann jedoch nur bis zum rechtskräftigen Abschluss der Ehesache oder der nach § 620a Abs. 4 Satz 2 und 3 ZPO maßgeblichen Folgesache gestellt werden.

528 Erscheint der Antragsteller zum mündlichen Verhandlungstermin nicht, findet keine Verhandlung statt, über den Antrag ist nicht zu entscheiden. Ist der Antragsgegner säumig, dann entscheidet das Gericht aufgrund einseitiger streitiger Verhandlung, ein Versäumnisverfahren ist nicht vorgesehen. Hat auf diese Weise der Antragsgegner das Recht zur mündlichen Verhandlung nicht genutzt, ist gegen die daraufhin geführte Entscheidung ein erneuter Antrag nach § 620b Abs. 2 ZPO nicht mehr zulässig.

529 Der Antrag auf Entscheidung nach mündlicher Verhandlung ist zu begründen. Diese Begründung kann auch erst in der mündlichen Verhandlung gegeben werden.

(3) Abänderung einer einstweiligen Anordnung (§ 620b Abs. 1 ZPO)

530 Gem. § 620b Abs. 1 ZPO können auf zu begründenden Antrag Anordnungsbeschlüsse gem. §§ 620, 620b Abs. 1 und 620b Abs. 2 ZPO geändert werden.

531 Gleichfalls zulässig ist die Abänderung von im Anordnungsverfahren geschlossenen Vergleichen mit vorläufigem Charakter, dies allerdings nur bei einer wesentlichen Abänderung der für die Unterhaltsbemessung maßgeblichen Verhältnisse (OLG Hamburg, FamRZ 1992, 412; OLG Hamm, FamRZ 1991, 582). Sollte die im Anordnungsverfahren geschlossene vergleichsweise Regelung hingegen endgültigen Charakter haben, was gegebenenfalls im Wege der Auslegung zu bestimmen ist (BGH, FamRZ 1983, 892, 893), ist nur der Weg der Abänderungsklage gem. § 323 ZPO gegeben.

532 Der Aufhebung- oder Abänderungsantrag gem. § 620b Abs. 1 ZPO muss einen bestimmten Sachantrag enthalten, die Änderungsvoraussetzungen sind glaubhaft zu machen.

> **Hinweis:**
> Der Antrag als solcher unterliegt nicht dem Anwaltszwang, wohl aber die gegebenenfalls durchzuführende mündliche Verhandlung. Diese empfiehlt sich schon deshalb, weil gegen die schriftliche Bescheidung des Abänderungsantrages ein Antrag auf mündliche Verhandlung gem. § 620b Abs. 2 ZPO zulässig wäre und somit eine sogleich angeordnete mündliche Verhandlung eine Zeitersparnis bringt.

533

Auch der Rechtsbehelf nach § 620b Abs. 1 ZPO ist auf die Anhängigkeit der Hauptsache beschränkt. Nach **Rechtskraft der Scheidung** kann folglich eine Unterhaltsanordnung mit den Rechtsbehelfen des Anordnungsverfahrens nicht mehr angegriffen werden.

534

Wird während des Abänderungsverfahrens die Scheidung rechtskräftig, hat das Gericht über den Antrag noch zu befinden.

Eine Abänderung der tatsächlichen und rechtlichen Verhältnisse ist nur dann erforderlich, wenn es um die Korrektur eines Vergleiches geht. Das folgt aus der von einem Vergleich ausgehenden Bindungswirkung für die Parteien (OLG Hamm, FamRZ 1982, 409, 410). Insbesondere bei einer gem. § 620a Abs. 1 ZPO ohne mündliche Verhandlung ergangenen Entscheidung fehlt jegliche Bindungswirkung. Gegen eine solche Entscheidung wird der Vorrang des Rechtsbehelfes gem. § 620b Abs. 2 ZPO gegenüber dem Aufhebungs- oder Abänderungsantrag gem. § 620b Abs. 1 ZPO bejaht (*Zöller/Philippi*, ZPO, § 620b Rn. 2a; *Gießler*, Ehe-, Familien-, Kindschaftssachen, Rn. 167).

535

Wird nach einer solchen mündlichen Verhandlung anschließend Antrag gem. § 620b Abs. 1 ZPO gestellt, kann allerdings das Rechtsschutzbedürfnis fehlen, wenn nach der mündlichen Verhandlung keine neuen entscheidungserheblichen Umstände eingetreten sind (OLG Zweibrücken, FamRZ 1986, 1229, 1230).

536

Eine **rückwirkende Erhöhung** früher ergangener einstweiliger Anordnungen ist nur eingeschränkt möglich. Der begehrte höhere Unterhalt muss bereits mit dem früheren Anordnungserstantrag verlangt worden sein. Das reicht aber auch nur dann aus, wenn der Abänderungsantrag alsbald nach Erlass der angefochtenen einstweiligen Anordnung gestellt worden ist. Eine über einen längeren Zeitraum von keiner Partei angefochtene Anordnung kann erst ab Eingang des Abänderungsantrages mit Wirkung für die Zukunft geändert werden

537

(OLG Stuttgart, NJW 1981, 2476). Umgekehrt kann der Unterhaltsschuldner eine Herabsetzung des ursprünglich festgesetzten noch nicht bezahlten Unterhaltes nur in dem Umfang verlangen, in dem er dem Anordnungsantrag im Ursprungsverfahren widersprochen hat. Hinsichtlich bereits gezahlten Unterhaltes ist ein Abänderungsantrag mangels Rechtsschutzbedürfnisses unzulässig.

(4) Sofortige Beschwerde (§ 620c ZPO)

538 Einstweilige Anordnungen zum Unterhaltsrecht sind grds. unanfechtbar. Das folgt aus dem Sinnzusammenhang des § 620c ZPO. Danach ist die sofortige Beschwerde nur in besonderen enumerativ aufgezählten Fällen zulässig, nämlich wenn aufgrund mündlicher Verhandlung die elterliche Sorge für ein gemeinschaftliches Kind geregelt, die Herausgabe des Kindes an den anderen Elternteil angeordnet oder über einen Antrag auf Zuweisung der Ehewohnung oder nach §§ 1, 2 GewSchG entschieden wurde. Der weitgehende Rechtsmittelausschluss des § 620c Satz 2 ZPO ist für unterhaltsrechtliche Anordnungen ausnahmsweise in folgenden Fällen durchbrochen:

539 Zum einen ist eine Anfechtung einer im Anordnungsverfahren ergangenen Entscheidung möglich, wenn das Gericht seine Regelungskompetenz nach §§ 620 ff. ZPO nicht erkannt hat und daher nicht tätig geworden ist oder wenn es seine Regelungskompetenz überschritten und deshalb eine Sachentscheidung mit einer dem Verfahren nach § 620 ff. ZPO fremden Rechtsfolge erlassen hat.

Eine **Verkennung der Regelungskompetenz** liegt vor, wenn das Gericht eine im Gesetz nicht vorgesehene Rechtsfolge ausspricht oder wenn es den Erlass einer einstweiligen Anordnung ablehnt, weil es die beantragte Rechtsfolge als nicht im Anordnungsverfahren zulässig erachtet. Die sofortige Beschwerde ist jedenfalls nur dann zulässig, wenn der Regelungsumfang der §§ 620 ff. ZPO offensichtlich verkannt worden ist. Das ist etwa dann der Fall, wenn eine einstweilige Anordnung noch nach Rechtskraft der Scheidung erlassen worden ist (OLG Frankfurt a.M., FamRZ 1979, 320; OLG Hamm, FamRZ 1985, 85 ff.) oder wenn der erforderliche Antrag einer antragsberechtigten Person fehlt (OLG Frankfurt a.M., FamRZ 1994, 117 ff.). Die Voraussetzung für eine sofortige Beschwerde ist auch erfüllt, wenn das Gericht eine Sachentscheidung im Anordnungsverfahren ablehnt, obwohl die Voraussetzungen dafür vorliegen (OLG Hamburg, FamRZ 1979, 528) oder wenn unzulässig durch einstweilige Anordnung ein zuvor im Hauptverfahren ergangener Unterhaltstitel geändert wurde (OLG Zweibrücken, FamRZ 1980, 69; OLG Hamm, FamRZ 1980, 608).

Zum anderen hat der BGH außerdem die **Zulässigkeit einer außerordent-** 540
lichen sofortigen Beschwerde wegen **greifbarer Gesetzeswidrigkeit** anerkannt, wenn der angefochtene Beschluss jeglicher gesetzlicher Grundlage entbehrt und inhaltlich dem Gesetz fremd ist (BGH, FamRZ 1987, 928; 1993, 309). Die greifbare Gesetzeswidrigkeit hat auf wenige gravierende Sonderfälle beschränkt zu bleiben. Dazu reicht nicht die Verweigerung rechtlichen Gehörs (BVerfGE 60, 96, 98; BGH, FamRZ 1986, 850), ebenso wenig das Fehlen der Begründung der Unterhaltsanordnung gem. § 620b Satz 2 ZPO (OLG Zweibrücken, FamRZ 1998, 1379; *Gießler*, FamRZ 1999, 695; a.A. OLG Hamm, FamRZ 1993, 719; OLG Düsseldorf, FamRZ 1998, 764).

Bei **Verstößen gegen einfaches Recht des Anordnungsverfahrens** gibt es 541
die Möglichkeit, durch Darlegung abweichender maßgebender Verhältnisse eine Änderung nach § 620b Abs. 1 ZPO zu erreichen. Die Rechtsprechung lässt zur Vermeidung von Verfassungsbeschwerden bei von Verfassungs wegen aufhebbaren Entscheidungen auch eine Gegenvorstellung zu, auf die das Erstgericht seine unzutreffende Entscheidung hin abändern kann (BVerfGE 73, 322, 329; BGH, FamRZ 1995, 478, 1137).

Bei **zulässiger Beschwerde** gelten die Vorschriften für die sofortige Be- 542
schwerde gem. §§ 620c, 620d, 567 ZPO. Die außerordentliche sofortige Beschwerde kann wahlweise beim Familiengericht oder beim OLG eingelegt werden, bereits die Einlegung unterliegt dem Anwaltszwang (OLG Koblenz, FamRZ 1999, 1214).

b) **Einstweilige Unterhaltsanordnung bei Lebenspartnerschaftssachen des § 661 Abs. 1 Nr. 1, 2 ZPO (§§ 661 Abs. 2, 620 Nr. 6 ZPO)**

Die vorstehend unter I. 1. a) (Rn. 431) erörterten Regeln zur Unterhaltsan- 543
ordnung des § 620 Nr. 6 ZPO gelten entsprechend, soweit eine Lebenspartnerschaftssache gem. § 661 Abs. 1 Nr. 1 oder 2 ZPO (Aufhebung der Lebenspartnerschaft oder Feststellung des Bestehens oder Nichtbestehens einer Lebenspartnerschaft) anhängig ist oder ein PKH-Gesuch für ein solches Verfahren eingereicht ist (§ 661 Abs. 2 ZPO).

c) **Einstweilige Anordnung im isolierten Unterhaltsverfahren (§ 644 ZPO)**

Seit 1.7.1998 gibt das Gesetz mit § 644 ZPO die Möglichkeit, innerhalb ei- 544
nes jeden isolierten Unterhaltsverfahrens eine einstweilige Anordnung zu erwirken. § 644 Satz 1 ZPO erfordert dafür die Anhängigkeit einer Unterhalts-

klage oder das Vorliegen eines Prozesskostenhilfeantrages für eine Unterhaltsklage.

545 Der Hauptanwendungsbereich früher zulässiger einstweiliger Verfügungen ist damit entfallen, die Möglichkeit einer einstweiligen Anordnung gem. § 644 ZPO ist in jedem Falle vorrangig. Sie hat gegenüber dem früheren Rechtszustand den Vorteil, dass Unterhalt im Eilverfahren nicht mehr nur auf sechs Monate befristet und nicht mehr nur in Höhe des sog. Notbedarfes, also dem Existenzminimum, tituliert werden kann.

546 § 644 Satz 2 ZPO erklärt für die einstweiligen Anordnungen des isolierten Unterhaltsverfahrens §§ 620a bis 620g ZPO für entsprechend anwendbar. Damit haben auch für diesen Bereich die obigen Ausführungen unter Rn. 441 ff. Geltung.

> **Hinweis:**
>
> Allerdings können mit der Anordnung im isolierten Unterhaltsverfahren nicht nur Ehegattenunterhalt und Minderjährigenkindesunterhalt geregelt werden, sondern sämtliche Unterhaltsansprüche zwischen Verwandten (§ 644 Satz 1 ZPO i.V.m. § 621 Abs. 1 Nr. 4 ZPO). Geregelt werden können außerdem die Unterhaltsansprüche des ein nicht eheliches Kind betreuenden Elternteils gegen den anderen Elternteil (§ 644 ZPO i.V.m. § 621 Abs. 1 Nr. 11 ZPO).

547 Durch einstweilige Anordnung kann nunmehr auch der **Anspruch auf Familienunterhalt** gem. § 1360 BGB, auch der **Taschengeldanspruch** (BGH, FamRZ 1998, 608) und der **Anspruch auf Wirtschaftsgeld** (OLG Celle, FamRZ 1999, 162) geregelt werden.

548 Ausnahmsweise ist sogar die **Titulierung von Altersvorsorgeunterhalt** und **Krankenvorsorgeunterhalt** (§§ 1361 Abs. 1 Satz 2, 1569 ff., 1578 Abs. 2 und 3 BGB) denkbar, wenn dies erforderlich ist, um eine Notlage zu vermeiden. Dabei sind allerdings die **Einsatzzeitpunkte für diese Unterhaltsansprüche** zu beachten (für den Altersvorsorgeunterhaltsanspruch Beginn des Monats, in dem die Zustellung des Scheidungsantrages erfolgt ist, für Krankenvorsorgeunterhalt i.d.R. erst Rechtskraft der Ehescheidung wegen der bis zu diesem Zeitpunkt regelmäßigen Mitversicherung im Rahmen der Familienkrankenversicherung).

Auch unterhaltsrechtlicher Sonderbedarf kann zuerkannt werden, so etwa 549
Kosten für einen Umzug, der ein Getrenntleben erst ermöglicht (*Dose*, Einstweiliger Rechtsschutz Familienrecht, Rn. 130).

> **Hinweis:** 550
>
> Die geschiedene Ehefrau, die ein von dem früheren Ehemann abstammendes erst nach Rechtskraft der Scheidung geborenes Kind betreut, hat keinen Unterhaltsanspruch gem. § 1570 BGB, sondern nur nach § 1615 l BGB (BGH, FamRZ 1998, 426 ff.).

Betreut die Ehefrau **minderjährige Kinder** aus einer geschiedenen Ehe, dann 551
haftet der Vater eines nach rechtskräftiger Ehescheidung geborenen zusätzlichen Kindes für den Unterhalt der Kindesmutter neben dem früheren Ehemann anteilig nach § 1606 Abs. 3 Satz 1 BGB (BGH, FamRZ 1998, 541 ff.).

Eine im Rahmen eines **Trennungsunterhaltsverfahrens** erwirkte einstweilige Anordnung regelt nur den Trennungsunterhalt und tritt damit spätestens 552
mit Rechtskraft der Scheidung außer Kraft, gegebenenfalls auch schon früher, wenn vor Rechtskraft der Scheidung ein rechtskräftiges Urteil im Trennungsunterhaltsverfahren ergeht.

Im Zweifel ist daher eine einstweilige Anordnung gem. § 620 Nr. 6 ZPO einer solchen gem. § 644 ZPO vorzuziehen, denn auf diese Weise wird eine 553
unterhaltsrechtliche Lücke vermieden für den Fall, dass die Scheidung vor dem Urteil im Trennungsunterhaltsverfahren rechtskräftig wird und im Verbundverfahren in der Rechtsmittelinstanz noch über den nachehelichen Unterhalt gestritten wird. Im letzteren Falle bliebe zur Vermeidung einer unterhaltsrechtlichen Lücke nur die Möglichkeit, die Scheidung im Rechtsmittelverfahren mit anzufechten, gegebenenfalls im Wege des Anschlussrechtsmittels gem. § 629a Abs. 3 ZPO. Eine andere denkbare Möglichkeit wäre es, rechtzeitig vor dem Eintritt der Rechtskraft der Scheidung eine zusätzliche einstweilige Anordnung gem. § 620 Nr. 6 ZPO zu erwirken, beschränkt auf den Zeitraum ab Rechtskraft der Scheidung.

d) **Einstweilige Unterhaltsanordnung im Kindschaftsverfahren (§ 641d ZPO)**

Die **Titulierung von Kindesunterhalt** gegen den Vater setzt dessen Vater- 554
schaft voraus. Diese wird gem. § 1593 BGB zu Lasten des zum Zeitpunkt der

Geburt mit der Mutter des Kindes verheirateten Mannes vermutet. Sind die Voraussetzungen für eine solche Vaterschaftsvermutung nicht gegeben, setzt die Titulierung von Kindesunterhalt das **Anerkenntnis der Vaterschaft** voraus oder die gerichtliche Feststellung derselben gem. § 1600d BGB. Die Vaterschaft muss rechtskräftig festgestellt sein. Solange das nicht der Fall ist, wird eine Verurteilung zum Unterhalt gem. § 653 Abs. 2 ZPO nicht wirksam. Für diesen Fall gewährt § 641d ZPO einstweiligen Rechtsschutz sowohl bezüglich des Kindesunterhaltes als auch bezüglich des Unterhaltes der Kindesmutter.

555 Die einstweilige Anordnung gem. § 641d ZPO setzt einen Antrag des Kindes oder der Kindesmutter voraus, der auch zu Protokoll der Geschäftsstelle erklärt werden kann (§ 641d Abs. 2 Satz 2 ZPO). Der Antrag ist mit der Anhängigkeit der Feststellungsklage oder eines darauf gerichteten Antrages auf PKH zulässig (§ 641d Abs. 1 Satz 1 ZPO). Anspruch und Notwendigkeit der einstweiligen Anordnung sind glaubhaft zu machen (§ 641d Abs. 2 Satz 3 ZPO).

556 Wird die Vaterschaftsfeststellung rechtskräftig, bevor über einen Anordnungsantrag nach § 641d ZPO entschieden wird, kann eine einstweilige Anordnung in diesem Verfahren nicht mehr ergehen (*Dose*, Einstweiliger Rechtsschutz Familienrecht, Rn. 139; a.A. *Zöller/Philippi*, ZPO, § 641d Rn. 6). Ab **Rechtskraft der Vaterschaftsfeststellung** sind Kind bzw. Kindesmutter auf eine einstweilige Anordnung gem. § 644 ZPO im Rahmen eines entsprechenden Hauptsacheverfahrens gem. § 621 Abs. 1 Nr. 4 und 11 ZPO zu verweisen.

557 Der Anordnungsantrag erfordert einen **bezifferten Zahlbetrag**, außerdem die Erklärung, ob **Unterhaltszahlung** oder nur **Sicherheitsleistung** verlangt wird (§ 641d Abs. 1 Satz 2 ZPO). Der Anspruchsgrund ist glaubhaft zu machen, ebenso die Voraussetzungen der Vermutung des § 1600d Abs. 2 Satz 1 BGB (Beiwohnung während der gesetzlichen Empfängniszeit, OLG Düsseldorf, FamRZ 1994, 840). Demgegenüber kann der Beklagte etwaige schwer wiegende **Zweifel an der Vaterschaft** glaubhaft machen (§ 1600d Abs. 2 Satz 2 BGB), wodurch die Vaterschaftsvermutung ausgeräumt wird. Für den Erlass einer einstweiligen Anordnung auf Unterhalt muss die Vaterschaft des Beklagten wahrscheinlicher sein als deren Gegenteil. Die Abwägung kann dazu führen, dass zwar Unterhalt per einstweilige Anordnung nicht zu titulieren ist, wohl aber der Anspruch auf Sicherheitsleistung.

558 Nach allgemeinen Regeln müssen das Kind bzw. die Mutter auch ihre **Bedürftigkeit glaubhaft** machen. Beziehen Kind oder Mutter Sozialleistungen,

Unterhaltsvorschuss oder verfügen sie über freiwillige Leistungen Dritter, entfällt zwar nicht das Regelungsbedürfnis für die einstweilige Anordnung. Fraglich ist aber das **zwingende Bedürfnis sofortiger Unterhaltszahlung**. Jedenfalls ist aber auf Sicherheitsleistung zu erkennen. Dafür besteht ein Regelungsbedürfnis bereits dann, wenn zu besorgen ist, dass im Rahmen des Statusverfahrens aufgelaufene Unterhaltsbeträge bei Rechtskraft der Entscheidung nicht insgesamt gezahlt werden (OLG Düsseldorf, FamRZ 1994, 840).

Nach § 641d Abs. 2 Satz 4 ZPO entscheidet das Gericht aufgrund mündlicher Verhandlung durch zu verkündenden Beschluss. 559

Die einstweilige Anordnung gem. § 641d ZPO tritt gem. § 641e ZPO und § 641f ZPO außer Kraft, also bei abgewiesener oder zurückgenommener Vaterschaftsfeststellungsklage, ferner sobald ein anderer nicht nur vorläufig vollstreckbarer (d.h.: rechtskräftiger) Unterhaltstitel vorliegt. 560

Eine **Aufhebung der einstweiligen Anordnung** kommt in Betracht, wenn etwa im Rahmen der Beweisaufnahme ein die Vaterschaft ausschließendes Blutgruppengutachten vorliegt. 561

Anders als bei den Unterhaltsanordnungen des Scheidungsverbundes oder im isolierten Unterhaltsverfahren ist gegen die einstweilige Anordnung des § 641d ZPO das **Rechtsmittel der sofortigen Beschwerde** an das OLG gegeben (§ 641d Abs. 3 ZPO). Die Beschwerde ist binnen einer Notfrist von zwei Wochen beim Familiengericht oder übergeordneten OLG (§ 569 Abs. 1 ZPO) und, wenn der Vaterschaftsprozess bereits in der Berufungsinstanz anhängig ist, beim Berufungsgericht einzulegen (§ 641d Abs. 3 Satz 2 ZPO). Die Beschwerde kann durch Erklärung zu Protokoll der Geschäftsstelle eingelegt werden (§§ 569 Abs. 3, 78 Abs. 2 ZPO). 562

Die Entscheidung im Beschwerdeverfahren erfordert keine mündliche Verhandlung (§ 572 ZPO). In diesem Fall gilt auch kein Anwaltszwang. Wird mündlich verhandelt, gilt § 78 ZPO. 563

Entscheidet das OLG über einen erstmalig in der Berufungsinstanz gestellten Anordnungsantrag, gibt es dagegen keine sofortige Beschwerdemöglichkeit (§ 567 Abs. 1 ZPO). 564

e) Einstweilige Anordnung auf Zahlung eines Prozesskostenvorschusses (§§ 127a, 620 Nr. 9, 621f ZPO)

565 Die Möglichkeit einstweiliger Anordnungen auf Zahlung eines Prozesskostenvorschusses sind für Ehe- und Folgesachen in § 620 Nr. 10 ZPO geregelt, in § 127a ZPO für isolierte Unterhaltsverfahren und in § 621f Abs. 1 ZPO für isolierte FGG-Sachen des § 621 Abs. 1 Nr. 1–3, 6, 9 und 13 ZPO sowie für Güterrechtsverfahren.

aa) Voraussetzungen
(1) Zulässigkeit

566 Wegen der Verfahrensregelungen für einstweilige Anordnungen betreffend Prozesskostenvorschüsse verweisen § 127a Abs. 2 Satz 2 ZPO und § 621f Abs. 1 Satz 2 auf die Vorschriften der §§ 620a bis 620g ZPO. Deshalb kann auf die obigen Ausführungen unter Rn. 441 ff. verwiesen werden. Gem. §§ 127a Abs. 2 Satz 1 und 621f Abs. 2 Satz 1 ZPO sind Prozesskostenvorschussanordnungen grds. unanfechtbar, folglich nur mit den spezifisch anordnungsrechtlichen Rechtsbehelfen (§ 620b Abs. 1 und 2 ZPO) zu korrigieren. Unbenommen bleibt die „Korrektur" gem. § 620f ZPO per abweichende Entscheidung in einem ordentlichen Hauptverfahren (Leistungsklage des Gläubigers, negative Feststellungsklage des Schuldners).

567 Die Zuständigkeit für den Erlass eines Kostenvorschussbeschlusses folgt aus § 620a Abs. 4 ZPO mit der Sonderregelung des Satzes 3 dieser Vorschrift. Danach ist für den Kostenvorschuss für eine in die Rechtsmittelinstanz gelangte Ehe- oder Folgesache immer das OLG zuständig.

(2) Prozesskostenvorschussberechtigung

568 Die Prozesskostenvorschusspflicht ist Teil der allgemeinen Unterhaltspflicht. Das gilt bei Ehegatten aber nur bis zum Zeitpunkt der Rechtskraft der Scheidung, denn für den nachehelichen Unterhalt fehlt eine den Vorschriften der §§ 1360a Abs. 4 und 1361 Abs. 4 Satz 3 BGB entsprechende Norm.

569 Zwar ist die Prozesskostenvorschusspflicht ebenfalls nicht in § 1601 ff. BGB geregelt, nach heute einhelliger Auffassung schulden allerdings Eltern ihren **minderjährigen unverheirateten Kindern** ebenfalls Prozesskostenvorschuss (*Scholz* in: *Wendl/Staudigl*, Unterhaltsrecht § 6 Rn. 23). Prozesskostenvorschusspflichtig sind auch Großeltern gegenüber ihren Enkeln, sofern deren Eltern nicht leistungsfähig sind (OLG Koblenz, FamRZ 1997, 681).

Vorschusspflichtig kann für das eigene Kind auch der nicht barunterhaltspflichtige Elternteil sein, wenn dessen Einkünfte die des auf Kindesunterhalt in Anspruch genommenen Elternteils deutlich überwiegen. Die Grenze des § 1603 Abs. 2 Satz 3 BGB muss nicht erreicht sein, die Prozesskostenvorschusspflicht des Naturalunterhalt leistenden Elternteils setzt also nicht erst dann ein, wenn er zusätzlich für den Barunterhaltsanspruch des Kindes haften muss. 570

> **Hinweis:** 571
>
> Sehr umstritten ist nach wie vor der Prozesskostenvorschussanspruch eines volljährigen Kindes (OLG Hamm, FamRZ 2000, 255 m.w.N.). Überwiegend wird volljährigen Kindern, solange sie noch keine selbstständige Lebensstellung erreicht haben, ein Prozesskostenvorschussanspruch zugesprochen, denn ihre Interessenlage unterscheidet sich nicht wesentlich von derjenigen minderjähriger Kinder, für die ein solcher Anspruch einhellig anerkannt ist. Im besonderen Maße gilt das natürlich für die privilegierten Volljährigen i.S.d. § 1603 Abs. 2 Satz 2 BGB (vgl. OLG Köln, FamRZ 1994, 1409; OLG Nürnberg, FamRZ 1996, 814; OLG Hamm, FamRZ 2000, 255, *Scholz* in: *Wendl/Staudigl,* Unterhaltsrecht, § 6 Rn. 24).

Hat das Kind dagegen eine **selbstständige Lebensstellung** erreicht, scheidet ein Prozesskostenvorschuss aus. Dementsprechend müssen Eltern nicht das Scheidungsverfahren ihres Kindes finanzieren (OLG München, FamRZ 1993, 821). 572

(3) **Persönliche Angelegenheit**

Prozesskostenvorschuss kann nur für einen solchen Rechtsstreit begehrt werden, der eine persönliche Angelegenheit des Bedürftigen betrifft. Diesen Begriff hinreichend zu definieren bestehen nach wie vor Schwierigkeiten (*Knops/Knops,* FamRZ 1997, 209). Folgende Fallgruppen erfüllen jedenfalls das Erfordernis der persönlichen Angelegenheit: 573

- Ehesachen einschließlich der Folgesachen gem. § 621 ZPO (BGH, FamRZ 1960, 130),
- Lebenspartnerschaftssachen, § 661 ZPO,
- Ansprüche aus der ehelichen Lebensgemeinschaft, insbesondere auch Vermögensauseinandersetzung zwischen Eheleuten (BGH, a.a.O.),

- Vormundschafts-, Pflegschafts-, Betreuungs- und Unterbringungssachen,
- Kindschaftssachen (OLG Hamburg, FamRZ 1996, 224; OLG Karlsruhe, FamRZ 1996, 872),
- Ansprüche gem. § 823 Abs. 1 BGB, soweit die körperliche Integrität betroffen ist einschließlich Schmerzensgeldansprüche gem. § 847 BGB (OLG Köln, FamRZ 1994, 1109),
- Rechtsstreitigkeiten, die das Persönlichkeitsrecht betreffen (BGH, FamRZ 1960, 130).

574 Um nicht **spezifisch persönliche Angelegenheiten** geht es immer dann, wenn in einem Verfahren ein allgemeines wirtschaftliches Interesse geltend gemacht werden soll, also bei der Verfolgung **erb- oder gesellschaftsrechtlicher Ansprüche.**

(4) Hinreichende Erfolgsaussicht und Billigkeitserwägung

575 Weitere Voraussetzung der Prozesskostenvorschussberechtigung ist die **hinreichende Erfolgsaussicht** der Rechtsverfolgung. Üblicherweise werden hier nicht dieselben strengen Voraussetzungen verlangt bei § 114 ZPO für die Bewilligung von PKH (so *Palandt/Diederichsen*, BGB, § 1360a Rn. 20 und *MünchKomm/Wacke*, BGB, § 1360a Rn. 25; a.A. *Scholz* in: *Wendl/Staudigl*, Unterhaltsrecht, § 6 Rn. 29). Allerdings muss das **Klagebegehren schlüssig** sein, bei der Frage der Beweisbarkeit bestimmter Tatsachen wird eine eher großzügige Betrachtung geboten sein.

576 Schließlich muss die Verpflichtung zur Zahlung eines Prozesskostenvorschusses der Billigkeit entsprechen. Der Berechtigte muss also außerstande sein, die Prozesskosten selbst zu tragen. Selbst demjenigen, der gem. § 1577 Abs. 3 BGB seinen Vermögensstamm für den eigenen Unterhalt nicht einsetzen muss, kann eine Obliegenheit treffen, dieses Vermögen zur Prozessfinanzierung einzusetzen (OLG Zweibrücken, FamRZ 1999; 1149, BGH, FamRZ 1985, 360, 361).

577 **Hinweis:**
Zurückhaltung bei der Bewilligung eines Prozesskostenvorschusses ist auch dann geboten, wenn der Unterhaltsgläubiger erhebliche Unterhaltszahlungen erhält, die ihm die Rücklage eines bestimmten Teils für Prozesszwecke zumutbar machen.

Es entspricht nicht der Billigkeit, dem Unterhaltsschuldner einen Prozesskostenvorschuss aufzuerlegen, wenn nicht sein angemessener Selbstbehalt gem. §§ 1581, 1603 BGB gewahrt ist (OLG Koblenz, FamRZ 1986, 284). Ein Anspruch auf Prozesskostenvorschuss ist auch zu versagen, wenn dem Unterhaltspflichtigen seinerseits PKH gegen Ratenzahlung zu bewilligen wäre (OLG Oldenburg, FamRZ 1999, 1148). 578

Schließlich haben auf die Billigkeitsabwägung Einfluss auch die **persönlichen Beziehungen** der Parteien zueinander. So ist im Ehelichkeitsanfechtungsverfahren die Inanspruchnahme des Scheinvaters auf Prozesskostenvorschuss abzulehnen, wenn die Begründetheit der Anfechtung wahrscheinlich ist. Trotz grds. fortbestehender Unterhaltspflicht des Scheinvaters gegenüber dem Kinde wäre es unbillig, diesen mit den Kosten eines erfolgreichen Anfechtungsprozesses zu belasten, denn ein rechtlich möglicher Rückgriff auf den tatsächlichen Vater ist häufig nicht realisierbar, vgl. § 1607 Abs. 4 BGB (OLG Koblenz, FamRZ 1999, 241; OLG Hamburg, FamRZ 1996, 224; anders OLG Karlsruhe, FamRZ 1996, 872). 579

bb) Umfang des Prozesskostenvorschussanspruches

Der Prozesskostenvorschuss umfasst **alle zur sachdienlichen Prozessführung notwendigen Aufwendungen**, jedenfalls also die bereits entstandenen Gerichts- und Anwaltsgebühren sowie darüber hinaus einen Vorschuss auf die voraussichtlich noch entstehenden Gebühren und Auslagen einschließlich der Mehrwertsteuer. Ist die **Notwendigkeit einer Beweisaufnahme** abzusehen, sind drei Anwaltsgebühren zu zahlen. 580

Mit Beendigung des Rechtsstreites entfällt der Vorschussanspruch (BGH, FamRZ 1985, 802). Ist der Schuldner vor Beendigung des Prozesses ordnungsgemäß in Verzug gesetzt worden, steht dem Gläubiger ein Schadensersatzanspruch in Höhe des Prozesskostenvorschusses zu (OLG Köln, FamRZ 1991, 842). War der Prozesskostenvorschussanordnungsantrag vor Beendigung des Prozesses gestellt worden, hat das Gericht darüber noch zu entscheiden. 581

Aus einer bestehenden Prozesskostenvorschussanordnung kann auch noch nach Beendigung des Rechtsstreites und ohne Rücksicht auf die im Hauptsacheverfahren getroffene Kostenentscheidung die Vollstreckung betrieben werden (BGH, NJW 1985, 2263). Eine **Rückforderung des Prozesskostenvorschusses** ist nicht möglich. Auch eine Aufrechnung mit einem Kostener- 582 stattungsanspruch gegen den Anspruch auf Prozesskostenvorschuss ist nicht möglich (BGHZ 94, 316). Die Kostenentscheidung in der Hauptsache ist keine anderweitige Regelung i.S.d. § 620f Abs. 1 Satz 1 ZPO. Deswegen kann über die Rückzahlung des Prozesskostenvorschusses auch nicht im Kostenfestsetzungsverfahren entschieden werden (OLG Düsseldorf, FamRZ 1996, 1409). Ein **Anspruch auf Rückzahlung der vorgeschossenen Prozesskosten** ist allerdings gegeben, wenn sich die wirtschaftlichen Verhältnisse des berechtigten Ehegatten wesentlich gebessert haben oder die Rückzahlung aus sonstigen Gründen der Billigkeit entspricht. Letzteres ist etwa dann der Fall, wenn sich herausstellt, dass die Prozesskostenvorschussvoraussetzungen von vornherein nicht vorlagen (BGH, FamRZ 1990, 491).

583 | **Hinweis:**
Der Rückzahlungsanspruch ist kein Bereicherungsanspruch i.S.d. § 812 BGB, deshalb ist auch § 818 Abs. 3 BGB nicht anwendbar (BGH, FamRZ 1990, 491).

584 Eine **Anrechnung eines geleisteten Prozesskostenvorschusses** auf eine festzusetzende Kostenforderung kann insoweit erfolgen, als der Vorschuss zusammen mit dem Kostenerstattungsanspruch des Berechtigten die diesem entstandenen Prozesskosten insgesamt übersteigen. Dann bleiben die Kosten des Berechtigten gedeckt, er zieht aus der Gewährung des Prozesskostenvorschusses aber auch keinen zusätzlichen Vorteil (OLG Nürnberg, FamRZ 1999, 1217; OLG Hamm, FamRZ 1999, 728).

cc) **Titulierung des Vorschussanspruches**

585 Wird nach entsprechender Aufforderung der Prozesskostenvorschuss vom Schuldner nicht freiwillig gezahlt, ist die Titulierung des Prozesskostenvorschusses per einstweiliger Anordnung geboten. Für das Verfahren gelten die Vorschriften der §§ 620a bis 620g ZPO.

586 Prozesskostenvorschuss kann auch für eine Unterhaltsauskunftsklage verlangt werden (OLG Zweibrücken, FamRZ 1998, 490). Neben dem Anordnungsverfahren kann der Prozesskostenvorschuss auch im Wege einer Hauptsacheklage verfolgt werden (OLG Hamm, FamRZ 1978, 816), üblicherweise wird wegen der schnelleren Titulierung das Anordnungsverfahren gewählt. Wird jedoch dort der Anordnungsantrag nach mündlicher Verhandlung zu-

rückgewiesen (§ 620b Abs. 2 ZPO), dann sind die Möglichkeiten des Anordnungsverfahrens erschöpft, es bleibt nur das ordentliche Klageverfahren.

Prozesskostenvorschüsse können nicht im Wege der einstweiligen Verfügung tituliert werden, das Anordnungsverfahren ist vorrangig (BGH, FamRZ 1979, 472). Zwar ist umstritten, ob das auch dann gilt, wenn die Ehesache oder die Hauptsache im Sinne der §§ 127a, 621f ZPO noch nicht anhängig sind, denn bis zu diesem Zeitpunkt sind einstweilige Anordnungen noch nicht zulässig (OLG Düsseldorf, FamRZ 1999, 1215; OLG Karlsruhe, FamRZ 2000, 106). 587

Es fehlt m.E. an einem praktischen Bedürfnis, dem Bedürftigen in diesen Fällen Rechtsschutz durch einstweilige Verfügung zu gewähren. Der Bedürftige will den künftigen Rechtsstreit ja auf jeden Fall führen, anderenfalls bedürfte er keines Prozesskostenvorschusses. Dann aber ist es ihm auch zuzumuten, Ehesache oder Hauptverfahren zeitgleich mit dem Prozesskostenvorschussbegehren anhängig zu machen (*Schwab/Maurer*, Scheidungsrecht, Rn. 862; *Dose*, Einstweiliger Rechtsschutz Familienrecht, Rn. 126). 588

f) Einstweilige Verfügung (§§ 935, 940 ZPO)

Neben der gesetzlich geregelten Sicherungsverfügung (§ 935 ZPO) und der Regelungsverfügung (§ 940 ZPO) gibt es die **Leistungsverfügung**. Diese widerspricht zwar eigentlich dem Charakter vorläufigen Rechtsschutzes, weil sie praktisch zur Erfüllung führt. Sie wird jedoch gleichwohl als zulässig, insbesondere im Unterhaltsrecht, anerkannt, wenn sie zur Beseitigung einer Notlage erforderlich ist. 589

aa) Leistungsverfügung und einstweilige Anordnung

Beide Mittel des vorläufigen Rechtsschutzes unterscheiden sich grundlegend. 590

> **Hinweis:**
>
> Die **Leistungsverfügung** erfordert einen **Verfügungsgrund,** also die **Beseitigung einer Notlage,** für die **einstweilige Anordnung** ist lediglich ein **Regelungsbedürfnis** erforderlich, mit ihr kann bis zur Höhe des angemessenen Unterhalts erkannt werden, und zwar zeitlich unbegrenzt bis zum Inkrafttreten einer anderweitigen Regelung, während mit der einstweiligen Verfügung maximal Notunterhalt, beschränkt auf einen Zeitraum von sechs Monaten, zuerkannt werden kann.

591 Das **Verfügungsverfahren ist ein selbstständiges Verfahren** mit eigenständiger Kostenregelung und einem normalen Rechtsmittelweg. Bei der einstweiligen Anordnung folgt hingegen die Kostenentscheidung derjenigen des Hauptsacheverfahrens, der Rechtsschutz ist relativ stark eingeschränkt. Wegen der Subsidiarität gegenüber der einstweiligen Anordnung war der Anwendungsbereich der einstweiligen Verfügung schon vor dem 1.7.1998 im Unterhaltsrecht eingeschränkt; nachdem zum 1.7.1998 die Möglichkeit der einstweiligen Anordnung für alle isolierten Unterhaltsverfahren eingeführt worden ist, hat die einstweilige Verfügung im Unterhaltsrecht praktisch kaum noch Bedeutung, abgesehen von der gesetzlichen Regelung des § 1615o BGB.

592 Die einstweilige Verfügung ist aber nicht nur dann unzulässig, wenn die Möglichkeit einer einstweiligen Anordnung besteht, sondern auch dann, wenn eine Hauptsache noch nicht anhängig gemacht ist, aber anhängig gemacht werden könnte (vgl. OLG Düsseldorf, FamRZ 1999, 1215 und zum Streitstand *Dose*, Einstweiliger Rechtsschutz Familienrecht, Rn. 151).

593 Damit kommen für die Anwendung der Leistungsverfügung nur noch diejenigen Fälle in Betracht, in denen das gleichzeitige Anhängigmachen der Hauptsache nicht möglich oder nicht zumutbar ist (OLG Nürnberg, FamRZ 1990, 30). Derartige Konstellationen werden selten sein. Ein denkbarer Fall wäre etwa, dass im vereinfachten Verfahren gem. § 645 ZPO Kindesunterhalt geltend gemacht und über den dazu gestellten Prozesskostenhilfeantrag über längere Zeit nicht entschieden wird. Bei dieser Sachlage ist vorläufiger Rechtsschutz über die einstweilige Anordnung gem. § 644 ZPO nicht möglich, weil das vereinfachte Verfahren gerade voraussetzt, dass ein gerichtliches Verfahren über den Streitgegenstand nicht anhängig ist (§ 645 Abs. 2 ZPO).

In einer solchen Lage ist der Gläubiger zur schnellen Titulierung des Unterhaltes auf die einstweilige Verfügung angewiesen.

594 Wird während eines zulässigerweise anhängig gemachten Verfügungsverfahrens die Hauptsache nachträglich rechtshängig, dann geht das Verfügungsverfahren in ein Anordnungsverfahren über, wobei im Hinblick auf die Anwendung des Gedankens aus § 621 Abs. 3 ZPO die Überleitung von Amts wegen erfolgen kann (*Dose*, Einstweiliger Rechtsschutz Familienrecht, Rn. 152).

Die **Unterhaltsverfügung** setzt einen Verfügungsanspruch sowie einen Ver- 595
fügungsgrund voraus. Glaubhaft gemacht werden muss das **Bestehen eines
Unterhaltsanspruches**. **Unterhaltsbedarf** und **Bedürftigkeit** des Berechtigten sind im Einzelnen darzulegen.

Zusätzlich ist der **Verfügungsgrund glaubhaft zu machen**. Der Erlass einer 596
einstweiligen Verfügung ist nur dann zulässig, wenn diese zur dringend notwendigen Behebung einer Notlage beim Unterhaltsgläubiger erforderlich ist. An den Verfügungsgrund ist ein strenger Maßstab anzulegen. Dem Unterhaltsgläubiger müssen die **Mittel zur Bestreitung des Existenzminimums** fehlen, er muss außerstande sein, sich solche Mittel in zumutbarer Weise zu verschaffen (OLG Köln, FamRZ 1999, 245). Demzufolge existiert eine Notlage nicht, wenn der Unterhaltsgläubiger freiwillige Leistungen Dritter oder Leistungen öffentlicher Träger nach dem BSHG, UVG oder BAföG erhält, soweit das Existenzminimum gesichert ist (KG, FamRZ 1998, 690). Freiwillige Leistungen Dritter wie auch grds. subsidiäre öffentliche Leistungen lassen zwar den Unterhaltsanspruch nicht entfallen, wohl aber die Notlage i.S.d. § 940 ZPO (OLG Hamm, FamRZ 1999, 1214; OLG Karlsruhe, FamRZ 1999, 244).

> **Hinweis:** 597
>
> **Unterhaltsrückstände** können mit der einstweiligen Verfügung nicht zuerkannt werden, denn das würde deren Zweck der Beseitigung einer aktuellen Notlage widersprechen. In die Zukunft hinein ist die einstweilige Verfügung auf die Dauer von sechs Monaten zu befristen.

bb) Vollziehung der einstweiligen Verfügung

Einstweilige Unterhaltsverfügungen sind mit Erlass des Beschlusses oder 598
Verkündung des Urteils vollstreckbar, der Erteilung einer Vollstreckungsklausel bedarf es nicht (§§ 929 Abs. 1, 936 ZPO). Allerdings ist gem. §§ 929 Abs. 2, 936 ZPO die Vollziehung einer einstweiligen Unterhaltsverfügung dann unzulässig, wenn nach Verkündung oder Zustellung ein Monat verstrichen ist (OLG Köln, FamRZ 1992, 77; OLG Hamm, FamRZ 1991, 583). Wird die Frist versäumt, ist die einstweilige Verfügung wegen veränderter Umstände aufzuheben. Die rechtzeitige Vollziehung ist ein im Rechtsmittelverfahren von Amts wegen zu berücksichtigender Umstand.

Die **fristwahrende Vollziehung der Unterhaltsverfügung** erfolgt durch Zu- 599
stellung im Parteibetrieb (§§ 936, 922 Abs. 2 ZPO), eine lediglich von Amts

wegen erfolgte Zustellung ist nicht ausreichend (BGH, NJW 1993, 1076). Die Leistungsverfügung tritt durch Zeitablauf oder mit Rechtskraft einer Entscheidung zur Hauptsache außer Kraft, ferner bei nicht fristgerechter Klageerhebung in der Hauptsache (§ 926 Abs. 2 ZPO).

cc) Einstweilige Unterhaltsverfügung (§ 1615o BGB)

600 § 1615o BGB ermöglicht die Titulierung von Unterhaltsansprüchen des nichtehelichen Kindes und dessen Mutter gegen den Kindesvater. Damit ist die gem. § 641d ZPO eröffnete Rechtsschutzmöglichkeit bereits auf die Zeit vor Anhängigkeit des Vaterschaftsfeststellungsverfahrens gem. § 1600d BGB erweitert.

601 Mit der einstweiligen Verfügung, die bereits vor Geburt des Kindes beantragt werden kann, ist Kindesunterhalt nur für drei Monate nach der Geburt und Unterhalt für die Kindesmutter für die Dauer von sechs Wochen vor und acht Wochen nach der Geburt titulierbar. Der Höhe nach ist der Kindesunterhalt auf den Regelbetrag und der Anspruch der Kindesmutter auf den Notbedarf sowie auf Ersatz der durch die Schwangerschaft oder die Entbindung entstehenden Kosten (§§ 1615o Abs. 1, 2, 1615l Abs. 1 BGB) beschränkt.

602 **Hinweis:**

Sobald die einstweilige Anordnung nach § 641d ZPO zulässig ist, geht diese als Spezialregelung der einstweiligen Verfügung gem. § 1615o BGB vor (*Zöller/Philippi*, ZPO, § 641d Rn. 3). Die Beantragung einer solchen sowohl betragsmäßig als auch von der Gültigkeitsdauer her vorteilhafteren Regelung ist zu empfehlen.

603 **Glaubhaft** zu machen ist im Verfügungsverfahren für den Unterhaltsanspruch des Kindes die bestehende Schwangerschaft der Mutter, ferner die Vermutung gem. § 1600d Abs. 2 BGB, schließlich zusätzlich für den Unterhaltsanspruch der Kindesmutter das Bestehen einer Notlage, also das Fehlen anderweitiger Einkünfte. In beiden Fällen bedarf es dagegen nicht der Glaubhaftmachung einer Gefährdung des Anspruches (§ 1615o Abs. 3 BGB).

2. Einstweiliger Rechtsschutz im Zugewinnausgleich

a) Problemstellung

604 Steht die **Scheidung einer Ehe**, für die der gesetzliche Güterstand gilt, an und ist der Zugewinnausgleich durchzuführen, dann liegt der Interessenkon-

flikt zwischen den Parteien auf der Hand. Der Ausgleichsverpflichtete wird ab dem Scheitern der Ehe bestrebt sein, einen möglichen Zugewinnausgleichsanspruch so gering wie möglich zu halten, der Ausgleichsberechtigte hat ein gegenteiliges Interesse. **Stichtag** für die **Bemessung des Endvermögens** und damit auch des Zugewinns ist gem. § 1384 BGB die Zustellung des Scheidungsantrages.

Vor diesem Stichtag gemachte Vermögensverfügungen des Ausgleichsverpflichteten beeinträchtigen den Ausgleichsanspruch nicht, soweit die Voraussetzungen des § 1375 Abs. 2 BGB erfüllt sind, also unentgeltliche Zuwendungen gemacht worden sind, durch die nicht einer sittlichen Pflicht oder einer auf den Anstand zu nehmenden Rücksicht entsprochen wurde, Vermögen verschwendet worden ist oder Handlungen in der Absicht vorgenommen worden sind, den anderen Ehegatten zu benachteiligen. Das hilft dem Ausgleichsberechtigten aber dann nicht, wenn zum Zeitpunkt der Rechtskraft der Scheidung verwertbares Vermögen des Ausgleichsverpflichteten nicht mehr vorhanden ist, denn gem. § 1378 Abs. 2 BGB wird die Höhe der Zugewinnausgleichsforderung durch den Wert des Vermögens des Verpflichteten begrenzt, welches nach Abzug der Verbindlichkeiten bei Beendigung des Güterstandes vorhanden ist.

Zwischen Trennung der Parteien und Beendigung des Güterstandes i.S.d. § 1378 Abs. 3 Satz 1 BGB liegt oft ein langer Zeitraum, in dem sich die Vermögensverhältnisse des Ausgleichspflichtigen nachhaltig verschlechtern können. Deshalb enthält das Gesetz prozessuale und materiell-rechtliche Vorschriften zur Sicherung eines künftigen Zugewinnausgleichsanspruches.

b) Materiellrechtliche Sicherungen

aa) Vorzeitiger Zugewinnausgleich

Der Stichtag des § 1384 BGB ist vorverlegbar, wenn die Voraussetzungen für den vorzeitigen Zugewinnausgleich vorliegen, also die Ehegatten seit mindestens drei Jahren getrennt leben (§ 1385 BGB) oder der andere Ehegatte längere Zeit hindurch die wirtschaftlichen Verpflichtungen, die sich aus dem ehelichen Verhältnis ergeben, schuldhaft nicht erfüllt hat und anzunehmen ist, dass er sie auch in Zukunft nicht erfüllen wird (§ 1386 Abs. 1 BGB) oder die künftige Ausgleichsforderung erheblich gefährdet hat (§ 1386 Abs. 2 BGB) oder der andere Ehegatte sich ohne zureichenden Grund beharrlich weigert, über den Bestand seines Vermögens Auskunft zu erteilen. Bei Vorliegen dieser Voraussetzungen kann der Ausgleichsberechtigte ein Gestaltungsurteil betreffend den vorzeitigen Zugewinnausgleich erwirken, wobei für die Berechnung des Zugewinns alsdann nicht auf die Zustellung des Scheidungsantrages, sondern die Zustellung der Klage auf vorzeitigen Zugewinnausgleich abzustellen ist (§ 1387 BGB) und i.Ü. der Güterstand mit Rechtskraft des Urteils auf vorzeitigen Ausgleich des Zugewinns endet (§ 1388 BGB).

bb) Sicherheitsleistung gem. § 1389 BGB

608 Neben die Möglichkeit des vorzeitigen Zugewinnausgleiches stellt das Gesetz den Anspruch auf Sicherheitsleistung gem. § 1389 BGB. Ist die **Klage auf vorzeitigen Ausgleich des Zugewinns** erhoben oder der Scheidungsantrag bzw. der Antrag auf Aufhebung der Ehe gestellt, dann kann der Ausgleichsberechtigte, wenn wegen des Verhaltens des anderen Ehegatten zu besorgen ist, dass seine Rechte auf den künftigen Ausgleich des Zugewinns erheblich gefährdet werden, Sicherheitsleistung verlangen. Die **Art der Sicherheitsleistung** bestimmt sich nach § 232 ff. BGB, dem Schuldner muss im Urteil die zu erbringende Sicherheitsleistung freigestellt werden. § 1382 Abs. 4 BGB ist nicht analog anwendbar. Die **Höhe der Sicherheitsleistung** wird nicht allein von der zu erwartenden Ausgleichsforderung bestimmt, sondern richtet sich nach dem Umfang der zu besorgenden Gefährdung (OLG Celle, FamRZ 1984, 1231 ff.).

c) Möglichkeiten des einstweiligen Rechtsschutzes

aa) Einstweilige Verfügung

609 Der Anspruch auf Sicherheitsleistung gem. § 1389 BGB kann durch einstweilige Verfügung gesichert werden (OLG Düsseldorf, FamRZ 1991, 351; OLG Hamburg, FamRZ 1988, 964 ff.; KG, FamRZ 1994, 1478, 1479; *Kohler*, FamRZ 1989, 797, 799 ff.). Auf Antrag ist dem Schuldner daher im Wege der einstweiligen Verfügung aufzugeben, Sicherheit in einer bestimmten Höhe zu leisten. Die Vollziehung der einstweiligen Verfügung erfolgt gem. §§ 936, 928, 887 ZPO, bis dahin kann der Schuldner vom seinem Wahlrecht gem. § 232 BGB Gebrauch machen. Hingegen ist ein **dinglicher Arrest** zur Sicherung des Anspruches gem. § 1389 BGB nicht möglich, denn dieser würde die Rechtsstellung des Schuldners stärker beeinträchtigen als ein Urteil in der Hauptsache. Durch einen dinglichen Arrest hätte der Schuldner kein Wahlrecht mehr zur Art der Sicherheitsleistung und auch keine Möglichkeit einen Bürgen gem. § 232 Abs. 2 BGB zu stellen (KG, FamRZ 1994, 1478, 1479).

610 Problematisch ist, ob der Zugewinnausgleichsanspruch als solcher durch einen Arrest gesichert werden kann. Das wird teilweise bejaht mit dem Argu-

ment, die Sicherbarkeit eines Anspruches durch Arrest hänge lediglich davon ab, ob dieser Anspruch einklagbar sei, das sei für den Zugewinnausgleichsanspruch jedenfalls ab Rechtshängigkeit des Scheidungsantrages der Fall (vgl. die Nachweise bei *Johannsen/Henrich/Jäger*, Eherecht, § 1389 BGB, Rn. 1a). Dagegen dürfte die Existenz des § 1389 BGB sprechen, der gerade den Zweck hat, einen Zugewinnausgleichsanspruch ab Rechtshängigkeit des Scheidungsantrages zu sichern. Diese gesetzliche Regelung wäre obsolet, wenn ein Arrest unmittelbar zur Sicherung der künftigen Zugewinnausgleichsforderung zugelassen würde (vgl. zuletzt OLG Stuttgart, FamRZ 1995, 1427; *Schwab*, Scheidungsrecht, Rn. 220; *Johannsen/Henrich/Jäger*, a.a.O.).

bb) Einstweilige Anordnung gem. § 53a Abs. 3 FGG

Für den Bereich der §§ 1382, 1383 BGB (Stundung einer unbestrittenen Ausgleichsforderung bzw. Übertragung von Vermögensgegenständen unter Anrechnung auf eine unstreitige Ausgleichsforderung) gilt verfahrensrechtlich nicht die ZPO, sondern das FGG (§§ 621a Abs. 1 Satz 1, 621 Abs. 1 Nr. 9 ZPO). Diese Verfahren setzen die Beendigung des Güterstandes der Zugewinngemeinschaft voraus. In diesem Bereich kann das Gericht nach pflichtgemäßem Ermessen gem. § 53a Abs. 3 ZPO einstweilige (richtiger: vorläufige) Anordnungen treffen, wenn dafür ein Bedürfnis besteht. Durch einstweilige Anordnung kann insbesondere Stundung, Ratenzahlung, Verzinsung und Sicherstellung angeordnet werden. Sie wird mit Bekanntmachung wirksam (§ 16 FGG) und ist sofort vollstreckbar nach ZPO-Vorschriften (§ 53a Abs. 4 FGG, § 704 ff. ZPO). 611

Eine Anordnung gem. § 53a Abs. 3 FGG kann nur zusammen mit der Endentscheidung angefochten werden (§ 53a Abs. 3 Satz 2 FGG).

II. FGG-Verfahren

1. Vorbemerkung

Das zum 1.1.2002 in Kraft getretene Gesetz zur Verbesserung des zivilgerichtlichen Schutzes bei Gewalttaten und Nachstellungen wie zur Erleichterung der Überlassung der Ehewohnung bei Trennung (GewSchG) hat im Bereich des einstweiligen Rechtsschutzes bei den isolierten FGG-Verfahren entscheidende Veränderungen gebracht. 612

Für die isolierten Sorgerechts-, Umgangsrechts- und Kindesherausgabeverfahren, ferner für die isolierten Ehewohnungs- und Hausratsverfahren ist zur

Gewährleistung einstweiligen Rechtsschutzes § 621g ZPO eingeführt worden, der die Verfahrensvorschriften der §§ 620a bis 620g ZPO für entsprechend anwendbar erklärt. Damit gelten nunmehr für den überwiegenden Teil der Verfahren des vorläufigen Rechtsschutzes in ZPO- und FGG-Sachen weitgehend einheitliche Vorschriften.

Diese Einheitlichkeit wird jedoch bei den Maßnahmen nach den §§ 1, 2 GewSchG verlassen. Soweit es sich um Familiensachen handelt, dann nämlich, wenn die Beteiligten einen auf Dauer angelegten gemeinsamen Haushalt führen oder innerhalb von sechs Monaten vor Antragstellung geführt haben (§ 23b Nr. 8a GVG, § 621 Abs. 1 Nr. 13 ZPO), gilt im Rahmen des einstweiligen Rechtsschutzes im Verbundverfahren § 620 Nr. 9 ZPO, im isolierten Verfahren hingegen § 64b Abs. 3 FGG.

2. Einstweiliger Rechtsschutz bei Sorgerecht, Umgangsrecht und Kindesherausgabe

a) Einstweilige Anordnung bei Anhängigkeit einer Ehesache (§ 620 Nr. 1 – 3 ZPO)

aa) Voraussetzungen

613 Als verfahrensunselbstständiges Mittel des vorläufigen Rechtsschutzes sind die einstweiligen Anordnungen betr. Sorgerecht, Umgangsrecht und Kindesherausgabe im Verbundverfahren (wie die Unterhaltsanordnungen) ab Anhängigkeit einer Ehesache bzw. ab Stellung eines Antrages auf Bewilligung von PKH für das Eheverfahren zulässig.

Sie setzen keine besondere **Eilbedürftigkeit** voraus, auch kein dringendes Bedürfnis für ein sofortiges Einschreiten vor der Entscheidung in der Hauptsache. Vielmehr reicht es für das Regelungsbedürfnis aus, wenn eine Regelung notwendig erscheint und ein Zuwarten bis zur Entscheidung in der Ehesache Nachteile für das Kindeswohl erwarten lässt (*Zöller/Philippi*, ZPO, § 620, Rn. 38).

613a Einstweilige Anordnungen nach § 620 Nr. 1 – 3 ZPO erfordern stets eine Antragstellung. Die **Antragsbefugnis** steht ausschließlich den Ehegatten zu.

613b Vor Erlass einer einstweiligen Anordnung sollen gem. § 50b FGG das betroffene Kind und gem. § 620a Abs. 3 Satz 1 ZPO das Jugendamt gehört werden. Ist das wegen der besonderen Eilbedürftigkeit nicht möglich, dann sind die Anhörungen unverzüglich nachzuholen (§ 620a Abs. 3 Satz 2 ZPO). § 50a FGG schreibt außerdem die Anhörung der Eltern vor.

Dem Antragsgegner ist vor Erlass der einstweiligen Anordnung **rechtliches Gehör** zu gewähren. Beabsichtigt das Gericht eine Entscheidung ohne mündliche Verhandlung gem. § 620a Abs. 1 ZPO, ist dem Antragsgegner eine Frist zur Stellungnahme zum Anordnungsantrag zu setzen.

Ist wegen der Besonderheit des Falles die **Anhörung** des Antragsgegners vor Erlass der Anordnung **nicht möglich**, dann ist ihm rechtliches Gehör mit Zustellung der Entscheidung zu gewähren.

Es gilt der **Amtsermittlungsgrundsatz** des § 12 FGG. Das Gericht hat von Amts wegen die zur Tatsachenfeststellung notwendigen Ermittlungen zu veranlassen und gegebenenfalls von Amts wegen geeignete Beweise zu erheben. Es empfiehlt sich aus Beschleunigungsgründen gleichwohl, das Antragsvorbringen glaubhaft zu machen. 613c

bb) Einzelheiten zu den Regelungsgegenständen
(1) Elterliche Sorge

Die einstweilige Anordnung zur elterlichen Sorge für ein gemeinschaftliches Kind gem. § 620 Nr. 1 ZPO bezieht sich ausschließlich auf die materielle Regelung des § 1671 BGB. **Einstweilige Regelungen für ein nichteheliches Kind** sind nach § 620 Nr. 1 ZPO nicht möglich. Dasselbe gilt bei einem nichtehelichen Kind, dessen Eltern eine gemeinsame Sorgeerklärung gem. § 1626a Abs. 2 Nr. 1 BGB abgegeben haben. 614

> **Hinweis:**
>
> § 620 Nr. 1 ZPO soll eine vorläufige Regelung nur zwischen Eheleuten bewirken, deren Eheverfahren anhängig ist. Eltern nichtehelicher Kinder sind auf das isolierte Sorgerechtsverfahren mit einer einstweiligen Anordnung nach § 621g ZPO zu verweisen.

Mit der einstweiligen Anordnung kann in klaren Fällen das elterliche Sorgerecht insgesamt auf einen Elternteil übertragen werden, vielfach werden allerdings im Sinne eines geringst möglichen Eingriffs nur Teilbereiche zu regeln sein, wie etwa das Aufenthaltsbestimmungsrecht oder die Vermögenssorge.

Denkbar ist auch der **Erlass von Einzelanordnungen** gem. § 1628 BGB bzgl. Schulausbildung, Berufsausbildung oder als Zustimmung für medizinisch notwendige Maßnahmen für das Kind. 614a

Streitig ist, ob im Rahmen eines Antrages nach § 620 Nr. 1 ZPO das Gericht auch Maßnahmen gem. §§ 1666, 1666a BGB ergreifen kann, letzteres ist grundsätzlich auch von Amts wegen möglich (vgl. zum Meinungsstand *Gießler*, Rn. 996 und OLG Brandenburg FamRZ 2001, 1230). Angesichts des Wortlautes des § 620 ZPO (Antragserfordernis) wird man die Befugnis des Gerichtes zum Erlass einer **einstweiligen Anordnung** zur Einrichtung einer Vormundschaft oder Pflegschaft verneinen müssen. Möglich bleibt allerdings durch das Gericht von Amts wegen die Einleitung eines Hauptsacheverfahrens zum Sorgerecht, dessen Abtrennung aus dem Scheidungsverbund gem. § 623 Abs. 3 Satz 2 ZPO und alsdann in diesem abgetrennten isoliert fortgeführten Verfahren der Erlass einer **vorläufigen Anordnung** (so auch *Ebert*, § 3 Rn. 15).

(2) Umgangsrecht

614b Im Rahmen eines Anordnungsantrages bzgl. des Umgangsrechts gem. § 620 Nr. 2 ZPO ist zu beachten, dass materiell-rechtlich § 1684 BGB gilt. Das Umgangsrecht des § 1685 BGB ist nicht per einstweiliger Anordnung im Scheidungsverbundverfahren regelbar. Möglich sind generelle sowie auch Teilregelungen zum Umgangsrecht, auch dessen Einschränkung sowie der gänzliche Ausschluss, letzteres allerdings nur bei erheblicher Gefährdung des Kindeswohls. Üblicherweise wird es genügen, den Umgang für eine bestimmte Zeit auszusetzen oder eine Regelung dergestalt zu erlassen, dass nur ein begleitender Umgang gestattet wird.

(3) Kindesherausgabe

614c Im Rahmen eines Antrages gem. § 620 Nr. 3 ZPO kann lediglich eine Anordnung gegen den anderen Elternteil erreicht werden gerichtet auf Herausgabe des Kindes an den antragstellenden Elternteil. Dritte sind am Eheverfahren nicht beteiligt. Mit Wirkung für oder gegen sie können also auch keine Anordnungsbeschlüsse ergehen.

Eine einstweilige Anordnung zur Herausgabe eines Kindes ist nur zulässig, wenn der **alleinsorgeberechtigte Elternteil** die Herausgabe verlangt. Die Norm dient allerdings nicht der Sicherung der Durchführung des Umgangsrechtes. Wegen der Durchsetzung der Umgangsregelung ist der umgangsberechtigte Elternteil auf die Vollstreckungsmöglichkeit gem. § 33 FGG zu verweisen (*Zöller/Philippi*, ZPO, § 620, Rn. 46)

cc) Abänderungsmöglichkeiten

Die Abänderung einer Anordnungsentscheidung ist in den Fällen des § 620 Nr. 1 – 3 ZPO von Amts wegen möglich. Das kann etwa dann geboten sein, wenn die Kindes- oder Jugendamtsanhörung wegen besonderer Eilbedürftigkeit erst im nachhinein erfolgt ist und sich daraus neue Erkenntnisse ergeben haben. Die **Zeitgrenze für die Änderungsbefugnis** ist die Dauer der Anhängigkeit der Ehesache. 615

Daneben kann der betroffene Elternteil gem. § 620b Abs. 1 ZPO die **Abänderung der getroffenen Entscheidung** verlangen, etwa wegen **geänderter Umstände**. Dem Antrag ist aber auch stattzugeben, wenn der Ausgangsbeschluss rechtsfehlerhaft war, weil es etwa an einem Regelungsbedürfnis fehlte.

Ist der Anordnungsbeschluss ohne mündliche Verhandlung ergangen, muss auf Antrag einer Partei aufgrund mündlicher Verhandlung neu befunden werden (§ 620 b Abs. 2 ZPO).

dd) Sofortige Beschwerde (§ 620c ZPO)

In den in § 620c ZPO enumerativ aufgeführten Fällen ist im Anordnungsverfahren die sofortige Beschwerde zulässig, nämlich dann, wenn die elterliche Sorge für ein gemeinschaftliches Kind geregelt, die Herausgabe des Kindes an den anderen Elternteil angeordnet worden, ferner über einen Antrag auf Zuweisung der Ehewohnung oder nach den §§ 1, 2 GewSchG entschieden worden ist. 616

Diese Norm ist nicht analogiefähig. So scheidet eine sofortige Beschwerde bei der Regelung des Umgangsrechtes aus (OLG Hamburg, FamRZ 1987, 497). Hingegen ist die sofortige Beschwerde gegeben bei einer Regelung des Aufenthaltsbestimmungsrechts, denn dieses ist ein Minus gegenüber dem Sorgerecht (OLG Düsseldorf, FamRZ 1985, 300). 616a

> **Hinweis:** 616b
>
> Sofortige Beschwerde und die Rechtsbehelfe des § 620b ZPO können nicht parallel nebeneinander betrieben werden wegen der Gefahr widerstreitender Entscheidungen. Wird sofortige Beschwerde eingelegt, dann ist vorrangig über diese zu entscheiden.

616c **Beschwerdeberechtigt** sind nur die Ehegatten. Das gilt auch, wenn das betroffene Kind das 14. Lebensjahr vollendet hat (*Zöller/Philippi*, ZPO, § 620c, Rn. 15).

616d Die sofortige Beschwerde ist binnen zwei Wochen ab Zustellung des Anordnungsbeschlusses wahlweise beim Familiengericht oder beim übergeordneten OLG einzulegen (§ 569 Abs. 1 ZPO). Es gilt **Anwaltszwang** (§§ 569 Abs. 3, 78 Abs. 2 Nr. 1 ZPO). Die sofortige Beschwerde hat keine aufschiebende Wirkung (§ 570 Abs. 1 – 3 ZPO). Durch die ZPO-Reform eingeführt worden ist nunmehr eine eigene Abhilfebefugnis des erkennenden Gerichts (§ 572 Abs. 1 ZPO), wird nicht abgeholfen, ist die Sache dem OLG zur Entscheidung vorzulegen.

> **Hinweis:**
>
> Die Beschwerde ist auch dann zu bescheiden, wenn die Ehesache oder die Folgesache zwischenzeitlich abgeschlossen sind, das gilt nur dann nicht, wenn der Scheidungsantrag zurückgenommen wurde oder rechtskräftig abgewiesen worden ist.

616e Gegen die Entscheidung des OLG ist die Rechtsbeschwerde zum BGH statthaft, wenn das Beschwerdegericht sie im Beschluss zugelassen hat (§ 574 Abs. 1 Nr. 2 ZPO).

Die sofortige Beschwerde ist mit ihrer Einlegung zu begründen (§ 620d Satz 1 ZPO). Wird die Begründung nicht fristgerecht vorgelegt, ist das Rechtsmittel unzulässig.

Ist die angefochtene gerichtliche Entscheidung entgegen § 620d ZPO nicht begründet worden, liegt darin ein wesentlicher Verfahrensmangel, der zur Aufhebung der Entscheidung und Zurückverweisung der Sache an das Familiengericht führt.

ee) Aussetzung der Vollziehung

617 Gem. § 620e ZPO kann das Gericht in den Fällen der §§ 620b, 620c ZPO die Vollziehung der einstweiligen Anordnung aussetzen. Zuständiges Gericht ist das Familiengericht in den Fällen des § 620d ZPO, das OLG dann, wenn die Ehesache in die Berufungsinstanz gelangt ist. In den Fällen des § 620c ZPO wird man angesichts der Abhilfebefugnis des Familienge-

richts davon ausgehen müssen, dass bis zur Entscheidung über die Abhilfe/Nichtabhilfe das Familiengericht die Vollziehung aussetzen kann, danach ist stets das OLG zuständig (vgl. auch *Ebert*, § 3, Rn. 112).

Die **Vollziehung der Aussetzung** bedarf keines Antrages, sondern ist von Amts wegen möglich. Dabei hat die Ermessensentscheidung des Gerichtes die Erfolgsaussichten das Rechtsmittels zu beachten. Ein Aussetzungsbeschluss kann von Amts wegen geändert oder aufgehoben werden. Der Beschluss über die Aussetzung der Vollziehung ist unanfechtbar (OLG Hamburg, FamRZ 1991, 423; OLG Köln, FamRZ 1983, 622).

ff) Vollstreckung

618 Einstweilige Anordnungen zur elterlichen Sorge, zum Umgangsrecht und zur Kindesherausgabe werden mit ihrer Bekanntmachung (§ 16 Abs. 1 FGG) wirksam. Soweit Umgangsrecht oder Kindesherausgabe geregelt worden sind, ist eine Vollstreckung nach § 33 FGG möglich. Dagegen ist die Anordnung zur elterlichen Sorge (und zum Aufenthaltsbestimmungsrecht) rechtsgestaltender Natur und nicht vollstreckbar (*Zöller/Philippi*, ZPO, § 620a, Rn. 34). Demzufolge wird es, wenn die Besorgnis besteht, dass der andere Elternteil eine Sorgerechtsentscheidung nicht respektiert, sinnvoll sein, den Sorgerechtsantrag mit einem Antrag auf Kindesherausgabe zu verbinden.

618a Die **Vollstreckung gem. § 33 FGG** erfolgt durch Festsetzung eines Zwangsgeldes bzw. wenn eine Person herauszugeben ist, durch Zwangshaft (§ 33 Abs. 1 Satz 2 FGG). Voraussetzung jedweder Vollstreckung ist eine hinreichend konkrete gerichtliche Verfügung. Ein **Vergleich** ist kein tauglicher Vollstreckungstitel, wenn das Gericht ihn sich nicht durch einen entsprechenden Beschluss zu eigen gemacht hat (OLG Hamm, FamRZ 1999, 1095). Die Festsetzung eines Zwangsmittels setzt seine vorherige Androhung voraus (§ 33 Abs. 3 Satz 1 und 2 FGG).

618b Ist die Herausgabe einer Sache oder Person ohne Gewalt nicht möglich, kann aufgrund einer besonderen gerichtlichen Verfügung auch Gewalt angewandt werden. Diese Möglichkeit ist zur Durchsetzung des Umgangsrechtes allerdings nicht gegeben (§ 33 Abs. 3 Satz 1 und 2 FGG).

618c Wird ein Zwangsmittel angedroht, festgesetzt oder die Androhung oder Festsetzung abgelehnt, hat die davon betroffene Partei die Möglichkeit der einfachen (unbefristeten) Beschwerde nach § 19 FGG. Das gilt auch in den Fällen, in denen in der Hauptsache die Möglichkeit der sofortigen Beschwerde verschlossen ist. Ist also etwa das Umgangsrecht per einstweiliger Anordnung geregelt worden, kann sich die davon betroffene Partei (außer im Falle greifbarer Gesetzeswidrigkeit) zwar nicht gegen diese Entscheidung wenden, wohl aber darauf basierende Zwangsgeldandrohungen bzw. deren Festsetzung bekämpfen (str., wie hier OLG Stuttgart, FamRZ 1999, 1094, 1095, a.A. aber OLG Karlsruhe, FamRZ 1999, 242).

gg) Außer-Kraft-Treten der einstweiligen Anordnung

619 Gem. § 620f ZPO tritt eine einstweilige Anordnung beim Wirksamwerden einer anderweitigen Regelung außer Kraft, ferner dann, wenn der Scheidungsantrag oder die Klage in der Ehesache zurückgenommen oder rechtskräftig abgewiesen werden oder wenn das Eheverfahren wegen des Todes eines Ehegatten gem. § 619 ZPO in der Hauptsache als erledigt anzusehen ist. Das Außer-Kraft-Treten der einstweiligen Anordnung ist auf Antrag durch Beschluss auszusprechen, der allerdings lediglich deklaratorische Wirkung hat. Gegen diese Entscheidung ist die Möglichkeit der sofortigen Beschwerde gegeben (§ 620f Abs. 1 Satz 3 ZPO).

619a Hauptsacheentscheidung in FGG-Sachen werden gem. § 16 Abs. 1 FGG mit Bekanntmachung wirksam. Üblicherweise, sofern nämlich nicht in Gegenwart der Beteiligten bereits eine Entscheidung verkündet wird, kommt es für die Wirksamkeit der Entscheidung auf die Zustellung an die Beteiligten an (§§ 621a Abs. 1 Satz 2, 329 ZPO). Ergeht die Hauptsacheentscheidung im Verbund, tritt Wirksamkeit gem. § 629d ZPO nicht vor der Rechtskraft des Scheidungsurteils ein. Wird die Scheidung rechtskräftig und nur die Folgesache elterliche Sorge angefochten, liegt eine anderweitige Regelung vor, die mit ihrer Bekanntgabe Wirksamkeit erlangt. Setzt im weiteren Verlauf das Rechtsmittelgericht die Vollziehung der Entscheidung in der Hauptsache durch Beschluss aus (§ 24 Abs. 3 FGG), lebt die einstweilige Anordnung wieder auf.

b) Einstweilige Anordnung im isolierten FGG-Verfahren (§ 621g i.V.m. § 621 Abs. 1 Nr. 1 – 3 ZPO)

620 Der vorläufige Rechtsschutz in isolierten FGG-Sachen war vor dem 1.1.2002 im Gesetz nur rudimentär geregelt, so etwa in § 24 Abs. 3 FGG, § 49a Abs. 2, Abs. 4 FGG, § 50d FGG, § 53a Abs. 3 FGG und § 13 Abs. 4 HausratsVO. Aus diesen Einzelregelungen war von der Rechtsprechung der allgemeine

Grundsatz abgeleitet worden, dass vorläufige Anordnungen in FGG-Sachen auch ohne ausdrückliche Regelung statthaft sind (BGH, FamRZ 1978, 868, BayObLG, FamRZ 1984, 933, 934; 1990, 1379 und OLG Karlsruhe, FamRZ 1990, 304, 305).

Solche vorläufigen Anordnungen sind immer dann als zulässig angesehen worden, wenn ein **besonderes Eilbedürfnis** bestand, also ein dringendes Bedürfnis für ein unverzügliches Einschreiten, welches ein Abwarten bis zur Hauptsacheentscheidung nicht gestattete.

Seit dem 1.1.2002 hat der Gesetzgeber für den einstweiligen Rechtsschutz in isolierten FGG-Sachen eine neue Vorschrift geschaffen. Der § 621g ZPO normiert, dass das Gericht in den Verfahren des § 621 Abs. 1 Nr. 1 – 3 und Nr. 7 ZPO auf Antrag Regelungen im Wege der einstweiligen Anordnung treffen kann, wobei wegen des Verfahrensablaufes auf die §§ 620a bis 620g ZPO verwiesen wird. 620a

aa) Voraussetzungen

Der Erlass einer einstweiligen Anordnung nach den §§ 621g, 621 Abs. 1 Nr. 1 – 3 ZPO setzt neben dem Antragserfordernis die Anhängigkeit eines deckungs- oder gegenstandsgleichen Hauptsacheverfahrens voraus oder mindestens eines auf ein solches gegenstandsgleiches Hauptsacheverfahren gerichteten PKH-Antrages. Das bedeutet nicht notwendigerweise, dass der Anordnungsantrag eine identische Reichweite wie der im Hauptsacheverfahren haben muss; der Gegenstand des Hauptsacheverfahrens darf aber nicht hinter dem des Anordnungsverfahrens zurückbleiben. Ist etwa Gegenstand des Hauptsacheverfahrens eine Entscheidung gem. § 1628 BGB, dann kann mit der einstweiligen Anordnung nicht eine Regelung bezüglich des Sorgerechts verlangt werden, wohl aber ist die umgekehrte Möglichkeit denkbar. 620b

bb) Einzelheiten zu den Reglungsgegenständen

(1) Sorgerecht

Im Sorgerechtsbereich ist anders als bei der einstweiligen Anordnung nach § 620 Nr. 1 ZPO der Anwendungsbereich der Anordnung im isolierten Verfahren erheblich erweitert und nicht auf eine Regelung zwischen den Ehegatten beschränkt. Ebenso können im isolierten Verfahren auch Regelungen bzgl. nichtehelicher Kinder getroffen werden. Schließlich ist auch eine Regelung zwischen eingetragenen Lebenspartnern im Rahmen des sogenannten 620c "**kleinen Sorgerechts**" zulässig. Nach § 9 Abs. 3 LPartG kann das Familiengericht die Befugnis zur Mitentscheidung des nicht sorgeberechtigten Lebenspartners in Angelegenheiten des täglichen Lebens des Kindes einschränkten oder ausschließen, soweit das zum Wohl des Kindes erforderlich ist. Das kann auch per einstweilige Anordnung gem. § 621g ZPO geschehen.

(2) Umgangsrecht

620d   Im Bereich des **Umgangsrechts** sind im isolierten Verfahren ebenfalls wesentlich weitergehendere einstweilige Anordnungen möglich als im Verbundverfahren. So kann Gegenstand einer einstweiligen Anordnung auch das Umgangsrecht eines Elternteils für ein nicht eheliches Kind sein, umgekehrt das Umgangsrecht des Kindes mit jedem Elternteil und auch die Umgangsrechte von Großeltern und Geschwistern, schließlich von Stiefeltern und Personen, bei denen das Kind längere Zeit in Familienpflege gelebt hat. Zu erwähnen ist in diesem Zusammenhang auch das Umgangsrecht des Kindes mit einem eingetragenen Lebenspartner seines Elternteils oder dessen früherem Lebenspartner (§ 1685 Abs. 2 BGB).

> **Hinweis:**
> Zu beachten ist dabei allerdings das in seiner Intensität schwächer ausgestattete Umgangsrecht des § 1685 BGB im Vergleich zu demjenigen nach § 1684 BGB. Daher ist jeweils kritisch zu beurteilen, ob wirklich ein Regelungsbedürfnis besteht, soweit das Umgangsrecht des § 1685 BGB betroffen ist.

(3) Kindesherausgabe

620e   Im Bereich der Kindesherausgabe sind **einstweilige Anordnungen im isolierten Verfahren** nicht nur gegenüber dem anderen Elternteil, sondern auch gegenüber jedem Dritten denkbar, der das Kind den Eltern oder einem Elternteil widerrechtlich vorenthält. Auch hier ist also der Anwendungsbereich der einstweiligen Anordnung deutlich erweitert gegenüber den Möglichkeiten nach § 620 Nr. 3 ZPO. Voraussetzung ist stets, dass die antragstellende Partei Inhaber des Sorgerechtes oder wenigstens des Aufenthaltsbestimmungsrechtes ist.

cc) Abänderung, Rechtsmittel

Bezüglich des Regelungsbedürfnisses, der Rechtsbehelfe usw. kann auf die obigen Ausführungen unter Rn. 615 bis 619 verwiesen werden. 620f

c) Vorläufige Anordnung

Die unter Rn. 619 bereits erwähnte vorläufige Anordnung für isolierte FGG-Verfahren hat nach Einführung des § 621g ZPO zwar erheblich an Bedeutung verloren; sie ist aber nicht gegenstandslos geworden, weil eine Regelungslücke in all den Fällen besteht, in denen ein Einschreiten des Gerichts – etwa in den Fällen der §§ 1666, 1666a BGB – dringend geboten ist, eine einstweilige Anordnung nach § 621g ZPO mangels Antrages aber nicht getroffen werden kann. Für diese Fälle bleibt es bei der Zulässigkeit der gewohnheitsrechtlich anerkannten sogenannten vorläufigen Anordnung, die von Amts wegen ergehen kann. 621

aa) Voraussetzungen und Verfahren

Die vorläufige Anordnung setzt stets die Anhängigkeit eines gegenstandsgleichen Hauptverfahrens voraus, wobei im Unterschied zu den §§ 620, 644 und 621g ZPO die Anhängigkeit eines PKH-Antrages für die Hauptsache nicht ausreicht. **Zuständiges Gericht** für den Erlass der vorläufigen Anordnung ist das mit der Hauptsache befasste Gericht, soweit dessen örtliche Zuständigkeit (§ 36 Abs. 1, Abs. 2 FGG, § 11 Abs. 1 HausratsVO bzw. § 621 Abs. 3 Satz 1 ZPO) gegeben ist. Gegebenenfalls ist das Verfahren entsprechend § 281 ZPO an das örtlich zuständige Gericht zu verweisen (BGH FamRZ 1978, 331, 402). Gleichwohl ist die von einem örtlich unzuständigen Gericht erlassene vorläufige Anordnung wirksam (§ 7 FGG, § 621a Abs. 1 ZPO; OLG Hamm, FamRZ 1988, 864). 621a

Schwebt die Hauptsache in **Beschwerdeverfahren**, ist für die Entscheidung über eine vorläufige Anordnung das OLG berufen. 621b

Eine **mündliche Verhandlung** ist im Verfahren über die vorläufige Anordnung nicht notwendig. Gleichwohl ist den Beteiligten rechtliches Gehör mit der Gelegenheit zur Stellungnahme vor der Entscheidung zu gewähren. Soweit vorgeschrieben, sind die Eltern, das Kind, die Pflegeperson und das Jugendamt anzuhören (§§ 50a bis 50c und 49a FGG), wenn dadurch nicht die Vollziehung der vorläufigen Anordnung vereitelt oder wesentlich erschwert werden würde (§§ 49a Abs. 2, 49 Abs. 4 FGG). Allerdings ist eine **unter-** 621c bliebene **Anhörung** dann unverzüglich nachzuholen (§§ 50a Abs. 3 Satz 2, 50b Abs. 3 Satz 2 FGG).

Die vorläufige Anordnung soll die Entscheidung in der Hauptsache nicht vorwegnehmen.

bb) Rechtsmittel

621d Soweit nicht im Gesetz anders vorgeschrieben (etwa § 53a Abs. 3 Satz 2 FGG) kann die vorläufige Anordnung jederzeit mit der unbefristeten Beschwerde gem. § 19 Abs. 1 FGG angefochten werden, und zwar unabhängig davon, ob eine mündliche Verhandlung stattgefunden hat oder nicht. § 620b Abs. 2 ZPO ist nicht analog anwendbar.

621e **Beschwerdeberechtigt** ist jeder, dessen Recht durch die vorläufige Anordnung beeinträchtigt worden ist (§ 20 Abs. 1 FGG). Eine solche Rechtsbeeinträchtigung fehlt etwa, wenn der vormalige Lebensgefährte nicht mit seiner Anregung an das Gericht durchgedrungen ist, seiner ehemaligen Freundin wegen Kindeswohlgefährdung das Sorgerechts für das nicht von ihm abstammende Kind zu entziehen und auf einen Vormund zu übertragen.

Die Beschwerde kann schriftlich oder zu Protokoll der Geschäftsstelle (§ 21 Abs. 2 FGG) beim Familiengericht oder dem zuständigen Beschwerdegericht eingelegt werden (§ 21 Abs. 1 FGG).

Das Familiengericht kann der Beschwerde abhelfen (§ 18 Abs. 1 FGG) außerdem die Vollziehung der angefochtenen vorläufigen Anordnung aussetzen (§ 24 Abs. 2 FGG). Hilft das Familiengericht nicht ab, ist die Beschwerde dem OLG vorzulegen, welches die Vollziehung gemäß § 24 Abs. 3 FGG aussetzen kann. Das OLG entscheidet letztinstanzlich, eine weitere Beschwerde findet nicht statt (BGH, FamRZ 1989, 1066).

cc) Außer-Kraft-Treten der vorläufigen Anordnung

621f Mit Rücknahme des Antrages in der Hauptsache oder bei Hauptsacheerledigung tritt die vorläufige Anordnung außer Kraft, ferner mit der Wirksamkeit der Entscheidung zur Hauptsache (§ 16 Abs. 1 FGG). In FGG-Sachen wird die Entscheidung mit ihrer Bekanntgabe an die Beteiligten wirksam.

dd) Gebühren

621g Das vorläufige Anordnungsverfahren ist keine selbstständige Angelegenheit i.S.d. § 13 BRAGO, sondern dem Verfahren als **Zwischenrechtsstreit** (§ 37

Nr. 3 BRAGO) hinzuzurechnen. Der Anwalt kann also seine Tätigkeit im vorläufigen Anordnungsverfahren nicht gesondert liquidieren, sie ist vielmehr mit den Gebühren des § 118 BRAGO abgegolten, wobei eine angemessene Erhöhung bis zu einer 10/10-Gebühr möglich ist.

3. Einstweiliger Rechtsschutz betr. Hausrat

Einstweiliger Rechtsschutz betreffend die Verfahren nach der HausratsVO wird gewährt durch § 620 Nr. 7 ZPO bei der Anhängigkeit einer Ehesache oder eines darauf gerichteten Prozesskostenhilfeantrages bzw. aufgrund der Verweisung in § 661 Abs. 2 ZPO auch bei der Anhängigkeit einer Lebenspartnerschaftssache gem. § 661 Abs. 1 Nr. 1 oder 2 ZPO. 622

Neu geregelt worden durch das GewSchG ist der einstweilige **Rechtsschutz in isolierten Hausratsverfahren**. Durch § 621g i.V.m. § 621 Nr. 7 ZPO ist die bis dahin gültige Regelung des § 13 Abs. 4 HausratsVO ersetzt worden.

a) Einstweilige Anordnung bei Anhängigkeit einer Ehesache oder Lebenspartnerschaftssache gem. § 661 Abs. 1 Nr. 1, 2 ZPO (§ 620 Nr. 7 ZPO)

aa) Voraussetzungen

Rechtsschutz nach § 620 Nr. 7 ZPO kann begehrt werden während eines laufenden Eheverfahrens bzw. einer laufenden Lebenspartnerschaftssache gem. § 661 Abs. 1 Nr. 1 oder Nr. 2 ZPO. Außerhalb dieses Zeitraumes bestimmt sich der vorläufige Rechtsschutz ausschließlich nach den §§ 621g, 621 Nr. 7 ZPO im isolierten Verfahren. Das isolierte Verfahren ist selbstverständlich auch parallel zu einem Eheverfahren bzw. einer der oben genannten Lebenspartnerschaftssachen zulässig. 623

> **Hinweis:**
> Eine Entscheidung gem. § 620 Nr. 7 ZPO hat nur Wirkung zwischen Eheleuten bzw. Lebenspartnern, denn damit soll ausschließlich ein Streit dieser Personen über die vorläufige Nutzung des Hausrates geregelt werden.

Materiell-rechtlich gilt die Vorschrift des § 1361a BGB für Eheleute bzw. der §§ 13, 19 Lebenspartnerschaftsgesetz bei eingetragenen Lebenspartnern. 623a

Diese Vorschriften stellen ab dem **Zeitpunkt des Getrenntlebens** eine speziellere Regelung gegenüber Herausgabeansprüchen gem. der §§ 985, 1007

BGB dar und auch gegenüber den Besitzschutzansprüchen aus §§ 861 ff. BGB (str., wie hier BGH FamRZ 1982, 1200, OLG Stuttgart, FamRZ 1996, 172, OLG Köln, FamRZ 1997, 1276, so auch *Zöller/Philippi*, ZPO, § 621, Rn. 48a, a.A. aber OLG Düsseldorf, FamRZ 1997, 484, KG, FamRZ 1987, 1147, OLG Bamberg, FamRZ 1993, 335, OLG Hamburg, FamRZ 1980, 250 und OLG Frankfurt, FamRZ 1981, 184), soweit eine Auseinandersetzung um Hausrat in Rede steht.

623b Ist nach **Trennung der Parteien Hausrat eigenmächtig** aus der ehelichen Wohnung **entfernt** worden, dann kann durch einstweilige Anordnung auch die Rückschaffung dieser Gegenstände angeordnet werden. Zuständig ist, weil vorrangig auf § 1361a BGB als materielle Anspruchsnorm abzustellen ist, aber nicht die allgemeine Zivilabteilung des AG, sondern das Familiengericht.

In Verbindung mit dem Antrag auf Nutzungsregelung betreffend bestimmte Hausratsgegenstände sollte auch immer deren Herausgabe mitbeantragt werden, weil ansonsten der Hausratsbeschluss nicht vollstreckbar ist.

623c Zusammen mit der Nutzungsanordnung oder anstelle einer solchen kann gem. § 620 Nr. 7 ZPO auch folgendes geregelt werden:

- Anordnung gemeinsamer Nutzung von beiden Parteien benötigter Gegenstände (TV-Gerät);

- Verbot, Hausrat aus der Ehewohnung zu entfernen (*Zöller-Philippi*, ZPO, § 620, Rn. 79);

- Verbot, Hausrat im Besitz des anderen Ehegatten wieder an sich zu nehmen (*Gießler*, Rn. 816)

- Verbot, Hausrat zu veräußern (*Gießler*, Rn. 817, 848).

Bei diesen Verbotsregelungen wird allerdings überwiegend die Auffassung vertreten, dass sie nur dann zulässig sind, wenn ein Hausratsverfahren mit dem Ziel der Regelung der Nutzungsverhältnisse am Hausrat betrieben wird oder ein solches ermöglicht werden soll (vgl. OLG Köln, FamRZ 1997, 1276, OLG Karlsruhe, NJW-RR 2001, 939).

623d Im Rahmen des Verfahrens gem. § 620 Nr. 7 ZPO ist stets eine Antragstellung erforderlich. Die herausverlangten Gegenstände müssen so genau wie möglich bezeichnet werden, dies nicht zuletzt deshalb, um eine Vollstreckungsmöglichkeit zu geben.

> **Hinweis:**
>
> Da das Hausratsverfahren zu den sogenannten streitigen FGG-Angelegenheiten gehört, sind die zur Begründung des Antrages aufgeführten Tatsachen im einzelnen darzustellen und gegebenenfalls Beweismittel zu benennen. Es bedeutet keinen Verstoß gegen die Aufklärungspflicht gem. § 12 FGG, wenn das Gericht davon ausgeht, dass jede Partei die ihr vorteilhaften Umstände selbst darlegt (BGH, FamRZ 1994, 236).

Es ist erforderlich, dass die antragstellende Partei darlegt (und gegebenenfalls glaubhaft macht), dass sie die begehrten Gegenstände für die Haushaltsführung benötigt und die Überlassung der Nutzung der Billigkeit entspricht.

Zum Hausrat zählen alle Gegenstände, die für die Wohnung, für die Hauswirtschaft und das Zusammenleben bestimmt sind (BGH FamRZ 1984, 146). Dazu können auch Luxusgüter wie Teppiche und Bilder gehören, wenn diese tatsächlich als Hausrat benutzt worden sind.

Nicht zum Hausrat zählen Gegenstände des persönlichen Gebrauchs. Diese können gegebenenfalls per einstweiliger Anordnung gem. § 620 Nr. 8 ZPO herausverlangt werden.

Ebenfalls nicht zum Hausrat zählen auch nach der Trennung angeschaffte Gegenstände für die Haushaltsführung, denn diese waren nicht für das Zusammenleben der Ehegatten bestimmt (BGH FamRZ 1984, 147).

bb) Regelungsbedürfnis

Das für den Erlass der einstweiligen Anordnung notwendige Regelungsbedürfnis ist gegeben, wenn die Parteien sich über die Nutzung des Hausrates nicht geeinigt haben und die antragstellende Partei ein schutzwürdiges Interesse an der einstweiligen Regelung darlegt. Der Umstand, dass Hausratsgegenstände dringend benötigt werden ist insofern hinreichend, aber nicht notwendig für den Anordnungserlass. Das Regelungsbedürfnis entfällt, wenn der Antragsteller sich bereits anderweitig Hausrat besorgt hat oder solchen nicht benötigt, weil er in der eingerichteten Wohnung eines Dritten lebt. 624

cc) Vollstreckung

Einstweilige Anordnungen gem. § 620 Nr. 7 ZPO sind gem. § 794 Abs. 1 Nr. 3a ZPO nach den Regeln der ZPO zu vollstrecken. Für die angeordnete 625

Herausgabe gilt § 883 ZPO, wird gegen eine Nutzungszuweisung verstoßen, ist § 890 ZPO einschlägig.

dd) Rechtsbehelfe

626   Gegen den Hausratsbeschluss nach § 620 Nr. 7 ZPO sind die anordnungsrechtlichen Anträge gem. § 620b Abs. 1 und 2 ZPO die zulässigen Rechtsbehelfe.

Eine sofortige Beschwerde ist gem. § 620c ZPO regelmäßig nicht zulässig, abgesehen von den Fällen greifbarer Gesetzeswidrigkeit.

ee) Außer-Kraft-Treten der einstweiligen Anordnung

627   Die einstweilige Anordnung zum Hausrat tritt gem. § 620f Abs. 1 Satz 1 ZPO außer Kraft. Sie hat damit ebenso wie eine Unterhaltsanordnung Gültigkeit über die Rechtskraft der Scheidung hinaus, solange nicht eine Hauptsacheentscheidung im ordentlichen Hausratsverfahren vorliegt.

Zu beachten ist, dass die Entscheidungen zum Hausrat gem. § 16 Abs. 1 Satz 1 HausratsVO erst mit Rechtskraft wirksam werden. Ist die Hausratsentscheidung im Rahmen des Verbundes ergangen, tritt Rechtskraft jedenfalls nicht vor Rechtskraft der Entscheidung zur Ehesache ein (§ 629d ZPO).

Die einstweilige Anordnung tritt im übrigen bei gerichtlichen Vergleichen zum Hausrat (§ 16 Abs. 3 HausratsVO) außer Kraft, ja selbst bei außergerichtlichen Vergleichen (*Gießler*, Rn. 838).

b) Einstweilige Anordnung im isolierten Hausratsverfahren (§ 621g i.V.m. § 621 Nr. 7 ZPO)

aa) Voraussetzungen

628   Außerhalb einer Ehesache bzw. Lebenspartnerschaftssache setzt der einstweilige Rechtsschutz zum Hausrat gem. § 621g ZPO die **Anhängigkeit eines isolierten Hausratsverfahrens** bzw. eines darauf gerichteten PKH-Antrages voraus.

Weitere Voraussetzung ist, dass die **Ehegatten** oder **Lebenspartner** (§§ 661 Abs. 2, 661 Abs. 1 Nr. 5 ZPO) **getrennt leben**. Solange die Ehegatten während des Zusammenlebens um Hausrat streiten, ist § 1361a BGB dem Wortlaut nach nicht anwendbar. Teilweise wird allerdings die Auffassung vertreten, es reiche aus, wenn gleichzeitig ein Verfahren nach § 1361b BGB auf

Überlassung der Ehewohnung zum Zwecke der Einleitung des Getrenntlebens anhängig gemacht werde (*Ebert*, § 4 Rn. 51, *Gießler*, Rn. 787).

Sind die **Ehepartner geschieden** bzw. ist die **Lebenspartnerschaftssache beendet**, kommt eine Entscheidung gem. § 1361a BGB im laufenden Hauptsacheverfahren nicht mehr in Betracht. Es wird jedoch für zulässig erachtet, ab Rechtskraft der Scheidung in einem solchen Hauptsacheverfahren auf die Anspruchsgrundlagen der §§ 1 ff., 8 ff. HausratsVO umzustellen. Im Rahmen eines solchen Verfahrens ist wiederum eine einstweilige Anordnung gem. § 621g ZPO möglich, soweit eine vorläufige Regelung bis zur Beendigung des Verfahrens damit erstrebt wird.

bb) Regelungsbedürfnis

Hier kann auf die obigen Ausführungen zu Rn. 624 verwiesen werden. Ein dringendes Bedürfnis für die Nutungszuweisung, wie dies nach der alten Rechtslage für § 13 Abs. 4 HausratsVO gefordert wurde, ist nicht notwendig. Bedeutsam kann hingegen sein, mit welcher Wahrscheinlichkeit die Endgültigkeit der Trennung zu erwarten ist. 628a

cc) Vollstreckung, Rechtsbehelfe, Außer-Kraft-Treten der einstweiligen Anordnung

Hier kann auf die obigen Ausführungen unter Rn. 625 ff. verwiesen werden. 628b

c) Konkurrenzen

Einstweilige Anordnungen zum Hausrat sind nur solange möglich, wie keine rechtskräftige Entscheidung zur Hauptsache vorliegt. Ist allerdings ein Hauptsacheverfahren zur Abänderung einer bestehenden Nutzungsregelung (§ 17 HausratsVO) anhängig, kommt in dessen Rahmen bei Vorliegen eines glaubhaft zu machenden Regelungsbedürfnisses wiederum eine einstweilige Anordnung in Betracht. 629

Die einstweilige Anordnung gem. § 621g ZPO ist gegenüber der einstweiligen Verfügung vorrangig. Damit können mit der einstweiligen Verfügung nur Ansprüche gegen Dritte verfolgt werden sowie Ansprüche vor Eintritt des Getrenntlebens. Ein zwischen Ehegatten zulässigerweise eingeleitetes Verfügungsverfahren kann nach Trennung in ein Anordnungsverfahren überführt werden, wobei allerdings die Hauptsache anhängig zu machen ist.

Läuft ein Eheverfahren oder eine Lebenspartnerschaftssache und ein Hauptverfahren zum Hausrat und ist ferner noch kein summarisches Verfahren anhängig, dann besteht grundsätzlich ein **Wahlrecht** zwischen einer einstweiligen Anordnung nach § 620 Nr. 7 ZPO und einer Anordnung gem. § 621g ZPO. Läuft allerdings bereits ein summarisches Verfahren nach einer der genannten Vorschriften, dann ist daneben ein weiteres Anordnungsverfahren nicht zulässig, wenn damit dasselbe Ziel verfolgt werden soll.

Möglich ist allerdings der Erlass einer einstweiligen Anordnung gem. § 620 Nr. 7 ZPO für die Zeit nach Rechtskraft der Scheidung, wenn nur für den Trennungszeitraum eine Anordnung nach § 621g ZPO beantragt war (*Ebert*, § 4 Rn. 17).

4. Einstweiliger Rechtsschutz betr. der Ehewohnung

630 Während der Anhängigkeit einer Ehesache bzw. einer Lebenspartnerschaftssache i.S.d. § 661 Abs. 1 Nr. 1 oder Nr. 2 ZPO oder eines auf eine solche Sache gerichteten PKH-Antrages kommt eine **vorläufige Regelung der Nutzung der Ehewohnung** oder von Teilen davon gem. § 620 Nr. 7 ZPO in Betracht. Dabei ist materiell-rechtlich § 1361b BGB für Ehegatten maßgeblich, § 14 und § 18 Lebenspartnerschaftsgesetz für eingetragene Lebenspartner.

Außerhalb der vorgenannten Verfahren kann einstweiliger Rechtsschutz gem. § 621g ZPO im Rahmen eines gegenstandsgleichen Hauptverfahrens verlangt werden.

a) Einstweilige Anordnung bei Anhängigkeit einer Ehesache oder Lebenspartnerschaftsache gem. §§ 661 Abs. 1 Nr. 1, 2 ZPO (§ 620 Nr. 7 ZPO)

aa) Voraussetzungen

631 Mit einer Anordnung gem. § 620 Nr. 7 ZPO kann einem Ehegatten die vorübergehende Benutzung der Ehewohnung unter völligem oder teilweisen Ausschluss des anderen Ehegatten gestattet werden.

Diese Regelung wirkt aber nur zwischen Eheleuten bzw. Lebenspartnern und greift in Rechte Dritter (etwa des Vermieters einer Wohnung) nicht ein.

Analog der Rechtslage bei der **vorläufigen Zuweisung von Hausrat** i.S.d. § 1361a BGB gilt auch bei der vorläufigen Ehewohnungszuweisung, dass die materiell-rechtliche Norm des § 1371b BGB gegenüber sachenrechtlichen Normen eine Sonderregelung darstellt, die vorgreiflich ist. Leben die Ehegatten also getrennt in der Ehewohnung, dann kann das Aussperren des einen

Ehegatten durch den anderen nicht mit den Normen der § 861 ff. BGB bekämpft werden, der Anspruch auf Wiedereinräumung des Besitzes folgt in diesem Fall aus § 1361b BGB. Anders ist die Situation vor Trennung, in diesem Fall gelten die Besitzschutzvorschriften, es liegt keine Familiensache vor, zuständig ist die allgemeine Zivilabteilung des AG.

Für die Zulässigkeit eines auf § 1361b BGB gestützten Antrages bedarf es im übrigen noch nicht einer vollzogenen **Trennung der Eheleute** bzw. **Lebenspartner**. Ausreichend ist vielmehr, dass mit der Zuweisung der Ehewohnung die Trennung erst ermöglicht werden soll.

> **Hinweis:**
>
> Bei der Antragstellung ist darauf zu achten, dass nicht nur die Nutzung der Ehewohnung zugunsten der antragstellenden Partei begehrt wird, sondern außerdem eine **Räumungsverpflichtung des Antragsgegners** ausgesprochen wird, denn ansonsten ist die Zwangsvollstreckung gem. § 885 ZPO nicht möglich (*Zöller/Philippi*, ZPO, § 620, Rn. 72).

In der durch das GewSchG zum 1.1.2002 neu eingeführten Fassung des § 1361b BGB ist normiert, dass der Ehegatte (oder Lebenspartner), der bzgl. der Nutzung der Ehewohnung ganz oder zum Teil zu weichen hat, alles unterlassen muss, was geeignet ist, die Ausübung des Nutzungsrechtes des anderen zu erschweren oder zu vereiteln. Deshalb sind auch Anordnungen zulässig, die positive Gebote oder Verpflichtungen bezüglich des weichenden Ehegatten enthalten.

631a

Als Anordnungen kommen etwa in Betracht:
- Verpflichtung zur Herausgabe der Wohnungsschlüssel,
- Verpflichtung angebrachte Schlösser zu entfernen,
- Verpflichtung zur Herausgabe des Mietvertrages und sonstiger die Wohnung betreffender Unterlagen,
- Verbot die Wohnung zu betreten,
- Bewilligung einer Räumungsfrist,
- Anordnung von Belästigungsverboten (etwa das Verbot des Telefonterrors),
- Zahlung einer Nutzungsvergütung,
- Anordnung eines Veräußerungsverbotes.

Nicht möglich ist jedoch etwa ein Verbot einen Dritten in die Wohnung mit aufzunehmen (Zöller/Philippi, ZPO, § 620, Rn. 74, OLG Köln, FamRZ 1995, 1424). Insoweit muss gegen den Dritten eine einstweilige Verfügung beantragt werden.

Ein einstweiliges Anordnungsverfahren gem. § 620 Nr. 7 ZPO setzt stets eine Antragstellung voraus. Der Antrag sollte möglichst detailliert formuliert werden, um das Verfahrensziel hinreichend deutlich zu machen.

631b Gem. der seit dem 1.1.2002 gültigen Fassung des § 1361b BGB kann die Ehewohnung oder ein Teil davon einem Ehegatten alleine zugewiesen werden, wenn dies erforderlich ist, um eine unbillige Härte zu vermeiden. Bis zum 31.12.2001 war die Eingriffsschwelle höher angesetzt, danach war es notwendig, dass eine **schwere Härte** vermieden würde. Die schwere Härte wurde nur dann angenommen, wenn der Ehegatte, der die Wohnung verlassen sollte, das Wohnen für den anderen Ehegatten und die etwa im gemeinsamen Hausrat aufwachsenden Kinder in grob rücksichtsloser Weise durch erhebliche Belästigungen nahezu unerträglich machte. Dabei handelte es sich im wesentlichen um die Fälle körperlicher Misshandlungen (OLG Köln, FamRZ 1996, 1220), Alkohol- und Drogenmissbrauch (OLG Celle, FamRZ 1992, 676) oder das Ausstoßen von Morddrohungen (OLG Karlsruhe, FamRZ 1991, 1440) aber auch verbotene Eigenmacht gegenüber dem kranken Ehegatten (OLG Hamm, FamRZ 1996, 1441).

> **Hinweis:**
>
> Welche Verhaltensweisen geeignet sind, den Begriff der unbilligen Härte zu erfüllen, sagt das Gesetz nicht. Neben den oben aufgeführten Fallkonstellationen wird man an die Verhaltensweisen denken müssen, die Körper, Gesundheit und Freiheit des anderen Ehegatten bzw. gemeinsamer Kinder berühren, wobei die Taten nicht bereits verübt sein müssen, sondern schon deren Androhung genügt.

bb) Regelungsbedürfnis

632 Ein Regelungsbedürfnis für die vorläufige Zuweisung der Ehewohnung oder Teilen davon besteht schon dann, wenn ein Bedürfnis für eine Benutzungsregelung vorhanden ist, wenn also keine Einigung über die Nutzung der Wohnräume erzielt ist und sich nicht erzielen lässt und beide Parteien die Räume nutzen möchten.

> **Hinweis:**
>
> Bewohnt hingegen ein Ehegatte die Wohnung allein, und beabsichtigt der andere nicht in diese zurückzukehren (OLG Köln FamRZ 1985, 498) und stört ihn dieser auch nicht in seinen Besitz an der Ehewohnung (*MK-Finger*, ZPO, § 620, Rn. 73) fehlt ein Regelungsbedürfnis.

cc) Vollstreckung

Die Vollstreckung eines Anordnungsbeschlusses betreffend die Zuweisung der Ehewohnung geschieht gem. § 794 Abs. 1 Nr. 3a ZPO nach ZPO-Regeln. 633

Die angeordnete **Räumung der Ehewohnung** wird nach § 885 Abs. 1 ZPO vollstreckt. Ist im Beschluss lediglich die Anordnung enthalten, dass der Ehegatte die Wohnung zu verlassen oder auszuziehen habe, richtet sich die Vollstreckung nach § 888 ZPO.

dd) Abänderungsmöglichkeiten

Als anordnungsrechtliche Rechtsbehelfe stehen der Abänderungs- bzw. Aufhebungsantrag gem. § 620b Abs. 1 Satz 1 ZPO zur Verfügung sowie der Antrag auf erneute Beschlussfassung nach mündlicher Verhandlung gem. § 620b Abs. 2 ZPO. 634

ee) Sofortige Beschwerde (§ 620c ZPO)

Im Gegensatz zu der bis 31.12.2001 geltenden Regelung lässt § 620c ZPO die sofortige Beschwerde gegen eine einstweilige Anordnung in Ehewohnungssachen nicht mehr nur dann zu, wenn die Ehewohnung im ganzen einem Ehegatten zugewiesen worden ist. Vielmehr ist jede Entscheidung über einen Antrag auf Ehewohnungszuweisung mit der sofortigen Beschwerde anfechtbar, also auch der eine Zuweisung gänzlich ablehnende Anordnungsbeschluss. Bezüglich der Formalien wird auf die Darstellung oben zu Rn. 616 verwiesen. 635

ff) Außer-Kraft-Treten der einstweiligen Anordnung

Gem. § 620f Abs. 1 Satz 1 ZPO wirkt eine einstweilige Anordnung zur Wohnungszuweisung über die Rechtskraft der Scheidung hinaus, solange nicht eine wirksame Hauptsacheentscheidung vorliegt. Wirksam wird die Hauptsacheentscheidung erst mit ihrer Rechtskraft (§ 16 Abs. 1 Satz 1 HausratsVO). 636

b) Einstweilige Anordnung im isolierten Wohnungszuweisungsverfahren (§ 621g i.V.m. § 621 Nr. 7 ZPO)

aa) Voraussetzungen

637 Einstweilige Anordnungen zur Wohnungszuweisung nach § 621g sind ab dem Zeitpunkt des Getrenntlebens möglich, auch nach Scheidung bzw. Auflösung der Lebenspartnerschaft. Voraussetzung ist allerdings ein gegenstandsgleiches Hauptverfahren. Insoweit kann auf die obigen Ausführungen zur einstweiligen Anordnung im isolierten Hausratsverfahren verwiesen werden.

> **Hinweis:**
>
> Im Gegensatz zum Hausratsverfahren muss bei der Beantragung der einstweiligen Anordnung die Trennung aber noch nicht vollzogen sein, es reicht, wenn durch die Wohnungszuweisung die Trennung erreicht werden soll.

Im übrigen ist auf die Ausführungen oben zu Rn. 631 zu verweisen.

bb) Regelungsbedürfnis

637a Das Regelungsbedürfnis für eine einstweilige Anordnung nach § 621g ZPO folgt strengeren Anforderungen als bei einer Regelung gem. § 620 Nr. 7 ZPO, denn bei Stellung des Scheidungsantrages leben die Parteien regelmäßig längere Zeit getrennt, so dass bei einem Antrag gem. § 620 Nr. 7 ZPO regelmäßig vom Scheitern der Ehe ausgegangen werden kann. Demzufolge ist als Voraussetzung für eine einstweilige Anordnung in einem frühen Stadium nach der Trennung zu fordern, dass ein **dringendes Bedürfnis für ein sofortiges Einschreiten** besteht und bis zum Erlass einer endgültigen Entscheidung nicht mehr zugewartet werden kann (*Palandt/Brudermüller*, BGB, Anhang zu §§ 1361a, 1361b, Rn. 9).

cc) Vollstreckung, Abänderungsmöglichkeiten, sofortige Beschwerde, Außer-Kraft-Treten der einstweiligen Anordnung

637b Insoweit ist auf die Ausführungen unter Rn. 633 zu verweisen.

c) Konkurrenzen

638 Insoweit wird verwiesen auf die Ausführungen zu Rn. 633 ff., die sinngemäß gelten.

5. Einstweiliger Rechtsschutz bei Maßnahmen nach dem GewSchG

Der Gesetzgeber hat die Bewältigung der **Zunahme von Gewalttaten** als besonderes Problem für die Gesellschaft erkannt. Besonders häufig tritt Gewalt innerhalb von Beziehungen im häuslichen Umfeld auf. 639

Schließlich sind immer öfter **unzumutbare Belästigungen** der Bürger in ihrer Privatsphäre etwa durch ständiges Nachstellen und Verfolgen zu verzeichnen.

Zwar hat das Zivilrecht auch in der Vergangenheit neben dem Strafrecht schon Möglichkeiten geboten, um auf Gewalttaten und unzumutbare Belästigungen zu reagieren. Mangels entsprechender Kodifikation der **zivilrechtlichen Abwehr- und Unterlassungsansprüche** war allerdings eine gewisse Rechtsunsicherheit in der Beratungspraxis und der Rechtsprechung festzustellen (BT-Drs. 14/5429, S. 1).

Auch fehlte bisher eine allgemeine Grundlage für einen **Anspruch auf Wohnungsüberlassung bei Gewalttaten** in häuslichen Gemeinschaften außerhalb der Ehe. Diese Mängel sollen mit dem zum 1.1.2002 in Kraft getretenen Gesetz zur Verbesserung des zivilgerichtlichen Schutzes bei Gewalttaten und Nachstellungen sowie zur Erleichterung der Überlassung der Ehewohnung bei Trennung (GewSchG) vom 11.12.2001 (BGBl. I, S. 3513 ff.) abgestellt werden.

a) Gesetzliche Regelung der §§ 1, 2 GewSchG
aa) § 1 GewSchG

- Hat eine Person vorsätzlich den Körper, die Gesundheit oder die Freiheit einer anderen Person widerrechtlich verletzt, hat das Gericht auf Antrag der verletzten Person die zur Abwendung weiterer Verletzungen erforderlichen Maßnahmen zu treffen (§ 1 Abs. 1 Satz 1 GewSchG). 640

- Das Gericht kann insbesondere anordnen, dass der Täter es unterlässt,

    1. die Wohnung der verletzten Person zu betreten,
    2. sich in einem bestimmten Umkreis der Wohnung der verletzten Person aufzuhalten,
    3. zu bestimmende andere Orte aufzusuchen, an denen sich die verletzte Person regelmäßig aufhält,

4. Verbindung zur verletzten Person, auch unter Verwendung von Fernkommunikationsmitteln aufzunehmen,

5. Zusammentreffen mit der verletzten Person herbeizuführen,

soweit dies nicht zur Wahrnehmung berechtigter Interessen erforderlich ist (§ 1 Abs. 1 Satz 3 GewSchG).

- Die vorstehenden Vorschriften gelten entsprechend, wenn

  1. eine Person einer anderen mit einer Verletzung des Lebens, des Körpers, der Gesundheit oder der Freiheit widerrechtlich gedroht hat oder

  2. eine Person widerrechtlich und vorsätzlich in die Wohnung einer anderen Person oder deren befriedetes Besitztum eindringt oder

  3. eine andere Person dadurch unzumutbar belästigt, dass sie ihr gegen den ausdrücklich erklärten Willen wiederholt nachstellt oder sie unter Verwendung von Fernkommunikationsmitteln verfolgt,

wobei zur letzten Alternative eine unzumutbare Belästigung dann nicht vorliegt, wenn die Handlung der Wahrnehmung berechtigter Interessen dient (§ 1 Abs. 2 GewSchG).

bb) § 2 GewSchG

640a
- Hat die verletzte Person zu der Zeit einer Tat nach § 1 Abs. 1 Satz 1 GewSchG mit dem Täter einen auf Dauer angelegten gemeinsamen Haushalt geführt, so kann sie von diesem verlangen, ihr die gemeinsam genutzte Wohnung zur alleinigen Benutzung zu überlassen (§ 2 Abs. 1 GewSchG).

- § 2 Abs. 2 GewSchG sieht Befristungen für die Dauer der Wohnungsüberlassung vor, wenn dem Täter das Eigentum, das Erbbaurecht oder das Nießbrauchsrecht an der zu überlassenden Wohnung zusteht bzw. dem Täter und der verletzten Person gemeinsam das Eigentum, das Nießbrauchsrecht oder das Erbbaurecht an der Wohnung zustehen.

- Ist der verletzten Person die Wohnung zur Benutzung überlassen worden, so hat der Täter alles zu unterlassen, was geeignet ist, die Ausübung dieses Nutzungsrechtes zu erschweren oder zu vereiteln (§ 2 Abs. 4 GewSchG).

- Hat die bedrohte Person zum Zeitpunkt einer Drohung nach § 1 Abs. 2 Abs. 1 Nr. 1 GewSchG einen auf Dauer angelegten gemeinsamen Haushalt mit dem Täter geführt, kann sie die Überlassung der gemeinsam genutzten Wohnung verlangen, wenn dies erforderlich ist, um eine unbillige Härte zu vermeiden, die auch dann gegeben sein kann, wenn das Wohl von im Haushalt lebenden Kindern beeinträchtigt ist (§ 2 Abs. 6 GewSchG).

cc) Einstweiliger Rechtsschutz in Familiensachen nach GewSchG

Maßnahmen nach §§ 1, 2 GewSchG sind Familiensachen nur dann, wenn die Beteiligten einen auf Dauer angelegten gemeinsamen Haushalt führen oder innerhalb von sechs Monaten vor Antragstellung geführt haben (§ 621 Abs. 1 Nr. 13 ZPO, § 23b Abs. 1 Nr. 8a GVG). 641

In allen anderen Fällen ist für Regelungen nach dem GewSchG, auch solche vorläufiger Art, die allgemeine Zivilabteilung des AG zuständig. Für vorläufige Regelungen ist dann auf das Instrument der einstweiligen Verfügung zurückzugreifen.

Liegen die Voraussetzungen des § 621 Abs. 1 Nr. 13 ZPO hingegen vor, ist einstweiliger Rechtsschutz entweder gem. § 620 Nr. 9 ZPO während der Anhängigkeit der Ehesache bzw. der Lebenspartnerschaftssache i.S.d. § 661 Abs. 1 Nr. 1 und 2 ZPO oder aber im isolierten Verfahren nach §§ 1, 2 GewSchG gem. § 64 b Abs. 3 FGG möglich.

b) Einstweilige Anordnung zu Maßnahmen nach §§ 1, 2 GewSchG im Scheidungsverbundverfahren bzw. Lebenspartnerschaftsverfahren (§ 620 Nr. 9 ZPO)

aa) Voraussetzungen und Inhalt des einstweiligen Rechtsschutzes gem. § 620 Nr. 9 ZPO

Die Möglichkeit einer einstweiligen Anordnung gem. § 620 Nr. 9 ZPO ist gegeben, wenn und solange eine Ehesache oder ein PKH-Verfahren für eine Ehesache bzw. eine Lebenspartnerschaftssache i.S.d. § 661 Abs. 1, Nr. 1, 2 ZPO oder ein entsprechendes PKH-Verfahren anhängig sind. 642

Der Beschluss nach § 620 Nr. 9 ZPO hat nur zwischen den Eheleuten bzw. den Lebenspartnern Wirkung.

Wegen der Beschränkung in § 621 Abs. 1 Nr. 13 ZPO ist der Anwendungsbereich des § 620 Nr. 9 ZPO sehr begrenzt.

> **Hinweis:**
> Bei einem Ehescheidungsverfahren ist wegen des Erfordernisses der einjährigen Trennung (§ 1565 Abs. 2 BGB) regelmäßig die 6-Monats-Frist, innerhalb derer noch eine Familiensache gegeben wäre, bei der Antragstellung üblicherweise abgelaufen. Damit ist für Ehesachen bzw. Lebenspartnerschaftssachen eine einstweilige Anordnung nach § 620 Nr. 9 ZPO nur dann möglich, wenn eine Härtefallscheidung bzw. der Fall des § 15 Abs. 2 Nr. 3 Lebenspartnerschaftsgesetz vorliegt oder aber eine andere Ehesache als ein Scheidungsverfahren anhängig ist.

Geht es um die **Überlassung der Ehewohnung**, dann ist nach sechs Monaten ab der Trennung aber eine einstweilige Anordnung gem. § 620 Nr. 7 ZPO möglich.

Der Schutzbereich des § 620 Nr. 9 ZPO ist nicht beschränkt auf Gewalttaten, die sich innerhalb des häuslichen Bereiches abgespielt haben. Sanktioniert werden vielmehr auch Taten, die in der Öffentlichkeit begangen worden sind (BT-Drs. 14/5429, S. 18).

Ein Anordnungsverfahren gem. § 620 Nr. 9 ZPO erfordert zwingend eine Antragstellung. Dabei handelt es sich um einen Verfahrensantrag. Obwohl es sich beim Verfahren um eine FGG-Sache handelt, ist die Stellung eines bestimmten Sachantrages zu empfehlen, damit das Gericht erkennt, welche Regelung von der antragstellenden Partei erstrebt wird.

(1) Gerichtliche Maßnahmen zum Schutz vor Gewalt und Nachstellungen (§ 1 GewSchG)

642a § 1 GewSchG stellt keine materiell-rechtliche Norm dar, sondern eine rein verfahrensrechtliche Bestimmung. Der materielle Abwehranspruch leitet sich aus den §§ 823 Abs. 1, 1004 BGB analog her. Deshalb setzen Maßnahmen nach § 1 Abs. 1 und 2 GewSchG **Wiederholungsgefahr** voraus. Dabei hat der Verletzte ganz erhebliche **Erleichterungen** in seiner **Darlegungs-** und **Beweislast**. Eine vorausgegangene Verletzung begründet i.d.R. eine tatsächliche Vermutung dafür, dass die Gefahr einer Wiederholung einer Verletzungshandlung besteht. An die Ausräumung dieser Vermutung durch den Täter sind strenge Anforderungen zu stellen (*Palandt/Bassenge*, BGB, § 1004, Rn. 29).

Deswegen kommt ein Ausschluss des Unterlassungsanspruches praktisch nur dann in Betracht, wenn seit der Verletzungshandlung eine räumliche Distanz zwischen den Parteien vorliegt und deshalb ihr Aufeinandertreffen auszuschließen ist.

§ 1 Abs. 2 GewSchG erweitert die Regelungsbefugnis des Gerichtes über Verletzungshandlungen hinaus auf **widerrechtliche Drohungen** mit einer solchen Verletzung bzw. auf bestimmte Arten unzumutbarer Belästigungen. Als **Belästigungshandlungen** kommen in Betracht

- wiederholte Überwachung und Beobachtung einer Person,
- ständige demonstrative Anwesenheit des Täters in der Nähe der Person,
- Annäherung, Kontaktversuche,
- Telefonterror,
- Mitteilungen per Telefax, Internet oder Mobiltelefon.

> **Hinweis:**
> Dient die Kontaktaufnahme ausschließlich der Durchführung des Umgangskontaktes mit einem gemeinsamen Kind, handelt es sich um die Wahrnehmung berechtigter Interessen.

Nach § 1 GewSchG hat das Gericht die zur Abwendung weiterer Verletzungen erforderlichen Maßnahmen zu treffen. Dabei verstehen sich die im Gesetz aufgeführten Fallkonstellationen lediglich als Beispiele.

(2) Wohnungsüberlassungsanspruch (§ 2 GewSchG)

Anders als § 1 GewSchG ist die Wohnungsüberlassungsregelung in § 2 GewSchG materielle Anspruchsgrundlage, die sich teilweise mit § 1361b BGB und § 14 LPartG überschneidet. § 2 GewSchG schützt über getrenntlebende Ehegatten und eingetragene Lebenspartner hinaus aber alle Personen, die einen auf Dauer angelegten gemeinsamen Haushalt führen bzw. geführt haben, folglich auch nichteheliche Lebenspartner unterschiedlichen Geschlechtes.

642b

> **Hinweis:**
>
> § 1361b BGB und § 14 LPartG sind gegenüber § 2 GewSchG für getrenntlebende Ehegatten bzw. eingetragene Lebenspartner vorrangige Spezialgesetze, was schon daraus hervorgeht, dass ihre Rechtsfolgen weitergehende sind. Befristungsregeln sind darin nämlich anders als in § 2 Abs. 2 GewSchG nicht enthalten.

Ähnlich wie bei § 1361b BGB greift § 2 GewSchG in bestehende Rechtsverhältnisse nicht gestaltend ein (BT-Drs. 14/5429, S. 20).

642c Der **Wohnungsüberlassungsanspruch** gem. § 2 GewSchG unterliegt unterschiedlichen Voraussetzungen, je nachdem ob eine Verletzungshandlung i.S.v. § 1 Abs. 1 Satz 1 GewSchG bereits erfolgt ist oder mit einer solchen lediglich gedroht worden ist.

Während im erstgenannten Fall von der verletzten Person ohne weiteres die Überlassung der bisher gemeinsam genutzten Wohnung zur alleinigen Benutzung verlangt werden kann, muss im **Fall der Bedrohung** als zusätzliche Voraussetzung für die Wohnungsüberlassung das Erfordernis der Vermeidung einer **unbilligen Härte** hinzukommen.

> **Hinweis:**
>
> Beiden Alternativen ist gemeinsam, dass im Zeitpunkt der Tat ein auf Dauer angelegter gemeinsamer Haushalt geführt worden sein muss. Liegt zum Zeitpunkt der Tat bereits ein **Getrenntleben** vor, scheidet der Erlass einer einstweiligen Anordnung nach § 620 Nr. 9 ZPO, § 2 GewSchG aus. In diesem Fall muss an einstweiligen Rechtsschutz nach § 620 Nr. 7 ZPO gedacht werden.

Der **Wohnungsüberlassungsanspruch ist ausgeschlossen**, wenn weitere Verletzungen nicht zu besorgen sind, es sei denn,

- dass der verletzten Person das weitere Zusammenleben mit dem Täter wegen der Schwere der Tat nicht zuzumuten ist oder
- wenn die verletzte Person nicht innerhalb von drei Monaten nach der Tat die Überlassung der Wohnung schriftlich vom Täter verlangt oder

- soweit der Überlassung der Wohnung an die verletzte Person besonders schwerwiegende Belange des Täters entgegenstehen (§ 2 Abs. 3 Nr. 1 – 3 GewSchG).

Die Norm des § 2 Abs. 1 GewSchG ist auf vollständige Überlassung der gemeinsamen Wohnung zur alleinigen Benutzung an die verletzte Person gerichtet. Demgegenüber kommt eine **Aufteilung des vorhandenen Wohnraumes** in den Fällen des § 2 Abs. 3 Nr. 3 GewSchG in Betracht, wenn nämlich der Verletzer an einer Behinderung oder an einer schweren Erkrankung leidet und er deshalb etwa wegen der baulichen Gegebenheiten auf Teile der Wohnung angewiesen ist. 642d

Bzgl. der Wirkungsdauer der Anordnung i.S.d. § 2 GewSchG ist nach Abs. 2 zu unterscheiden. 642e

- Sind Täter und Opfer dinglich Berechtigte an der Wohnung oder gemeinsame Mieter, ist eine Befristung der Wirkungsdauer der Nutzungszuweisung vorzunehmen.
- Ist nur der Täter allein oder zusammen mit weiteren Personen, nicht jedoch das Opfer an der Wohnung berechtigt, muss das Gericht die Überlassung der Wohnung auf maximal sechs Monate befristen. Eine Verlängerung der Frist um weitere sechs Monate kommt in Betracht, wenn das Opfer innerhalb der vom Gericht festgesetzten Frist es nicht geschafft hat angemessenen Wohnraum zu zumutbaren Bedingungen anzumieten oder zu erwerben. Eine Wohnungszuweisung über maximal ein Jahr hinaus kann zwar nicht auf § 2 GewSchG gestützt werden, wohl aber, wenn Gefahren für das Wohl eines Kindes abzuwenden sind, auf § 1666 BGB.
- Ist nur das Opfer, nicht jedoch der Täter an der Wohnung dinglich oder per Mietvertrag berechtigt, ist die Anordnung der Wohnungsüberlassung nicht fristgebunden, sondern wirkt als endgültige Regelung der Benutzungsverhältnisse (BT-Drs. 14/5429, S. 30).

Gem. § 2 Abs. 5 GewSchG kann zugunsten des aus der Wohnung weichenden Täters eine Nutzungsvergütung angeordnet werden, wenn dies der Billigkeit entspricht. Das ist der Fall, wenn in das Eigentumsrecht des Verletzers eingegriffen wird oder er zu Mietzahlungen verpflichtet bleibt, obwohl er die Wohnung nicht mehr nutzen kann. Sorgfältig ist allerdings das Regelungsbedürfnis für die Festsetzung einer solchen Nutzungsvergütung im Rahmen des einstweiligen Rechtsschutzes zu prüfen, vielfach wird die Hauptsacheentscheidung abzuwarten sein. 642f

bb) Regelungsbedürfnis

643 Im Rahmen der einstweiligen Anordnung nach § 620 Nr. 9 ZPO ist ein Regelungsbedürfnis angesichts der eingetretenen Verletzungen oder Bedrohungen immer anzunehmen. Das gilt insbesondere deshalb, weil schon für den materiellen Anspruch eine **Wiederholungsgefahr** bestehen muss. Ist das aber der Fall, dann kann bis zur Entscheidung in der Hauptsache nicht abgewartet werden.

cc) Vollstreckung

644 Einstweilige Anordnungen sind gem. §§ 794 Abs. 1 Nr. 3a, 795 ZPO nach den ZPO-Vorschriften zu vollstrecken. Insbesondere gelten die §§ 890, 891, 892a ZPO und § 885 ZPO, wenn eine Verpflichtung zur Überlassung der gemeinsamen Wohnung angeordnet wird.

> **Hinweis:**
> Wenn der Vollstreckungsschuldner in die Wohnung zurückkehrt, sind wiederholte Vollstreckungsmaßnahmen zulässig (§ 885 Abs. 1 Satz 3 ZPO). Die Zulässigkeit der Zwangsvollstreckung erlischt auch nicht durch eine zwischenzeitliche Wiederaufnahme des Täters in die Wohnung.

Unterlassungsverpflichtungen werden nach § 890 ZPO vollstreckt. Zusätzlich kann der Gläubiger im Falle der Zuwiderhandlung des Schuldners gegen eine gerichtlich angeordnete Unterlassungsverpflichtung auch die Hilfe des Gerichtsvollziehers und die Anwendung von unmittelbarem Zwang in Anspruch nehmen (§ 892a ZPO, § 758 Abs. 3 ZPO).

> **Hinweis:**
> Zwar fehlt eine gesetzliche Regelung dergestalt, die Vollstreckungsprivilegien der im isolierten Verfahren ergangenen einstweiligen Anordnung (vgl. § 64b Abs. 3 Satz 3 ff. FGG) auch für Anordnungen nach § 620 Nr. 9 ZPO anwendbar zu erklären. Es spricht allerdings sachlich nichts gegen eine analoge Anwendung.

dd) Abänderungsmöglichkeiten

645 **Rechtsbehelfe** gegen einen Beschluss gem. § 620 Nr. 9 ZPO sind der Abänderungs- bzw. Aufhebungsantrag gem. § 620b Abs. 1 Nr. 1 ZPO, der im Fal-

le der **Wiederaufnahme des Täters in die Wohnung** nach Erlass der einstweiligen Anordnung in Betracht kommen könnte (BT-Drs. 14/5429, S. 35) und der Antrag auf erneute Beschlussfassung nach mündlicher Verhandlung gem. § 620b Abs. 2 ZPO.

ee) Sofortige Beschwerde

Der Anordnungsbeschluss nach § 620 Nr. 9 ZPO ist mit der sofortigen Beschwerde nach § 620c Satz 1 ZPO anfechtbar, und zwar unabhängig davon, ob einem Antrag stattgegeben oder dieser abgelehnt wurde. § 620c ZPO knüpft lediglich an die Entscheidung über einen Antrag nach §§ 1, 2 GewSchG an. 646

ff) Außer-Kraft-Treten der einstweiligen Anordnung

Eine einstweilige Anordnung nach § 620 Nr. 9 ZPO tritt außer Kraft bei Wirksamwerden einer gegenstandsgleichen Hauptsacheentscheidung. Wirksam wird die Hauptsacheentscheidung in aller Regel mit Rechtskraft (§ 16 Abs. 1, § 3 HausratsVO, § 64b Abs. 2 FGG). Wird hingegen in der Hauptsacheentscheidung nach dem GewSchG sofortige Wirksamkeit angeordnet (§ 64b Abs. 2 Satz 2 FGG), tritt Wirksamkeit mit Übergabe der gerichtlichen Entscheidung an die Geschäftsstelle zum Zwecke der Bekanntmachung ein. 647

> **Hinweis:**
>
> Ein **gegenstandsgleiches Hauptverfahren** bzgl. der **Wohnungsüberlassung** liegt nicht nur dann vor, wenn in diesem eine Entscheidung nach § 2 GewSchG getroffen worden ist, sondern auch dann, wenn die Zuweisung der Ehewohnung nach § 1361b BGB, § 14 LPartG oder nach den §§ 1, 3 ff. HausratsVO (§ 18 LPartG) angeordnet worden ist.

Davon ist lediglich dann eine Ausnahme zu machen, wenn ein Antrag auf endgültige Wohnungszuweisung nach der HausratsVO oder §§ 17, 18 LPartG rechtskräftig abgewiesen wird, soweit die Entscheidung auf Umständen beruht, die bei einer Regelung nach § 2 GewSchG keine Bedeutung haben. Das gilt etwa dann, wenn die Regelung im Hauptsacheverfahren auf die fehlende Zustimmungsvoraussetzung nach § 4 HausratsVO gestützt ist. 647a

Unerheblich ist auch, ob die Hauptsacheentscheidung wegen des mittlerweile erfolgten Ablaufes der 6-Monats-Frist der § 621 Abs. 1 Nr. 13, § 23b Abs. 1 647b

Nr. 8a GVG nicht mehr durch das Familiengericht, sondern das allgemeine Zivilgericht getroffen worden ist.

c) Einstweilige Anordnung gem. § 64b Abs. 3 FGG

648 Außerhalb der Laufzeit eines Eheverfahrens oder einer Lebenspartnerschaftssache gem. § 661 Abs. 1 Nr. 1, 2 ZPO, aber auch neben einem solchen Verfahren, ist einstweiliger Rechtsschutz für Maßnahmen nach §§ 1, 2 GewSchG gegeben über § 64b Abs. 3 FGG möglich.

aa) Voraussetzungen

649 Notwendige Voraussetzung für den Erlass einer einstweiligen Anordnung nach § 64 Abs. 3 FGG ist die Anhängigkeit eines isolierten gegenstandsgleichen Hauptsacheverfahrens nach den §§ 1, 2 GewSchG oder eines darauf gerichteten PKH-Antrages.

649a Die notwendige Deckungsgleichheit ist z.B. nicht gegeben bei einem Hauptverfahren i.S.d. § 1 GewSchG, dessen Gegenstand **Belästigungs-** oder **Kontaktverbote** sind und einer per einstweiliger Anordnung beantragten **vorläufigen Wohnungszuweisung** gestützt auf § 2 GewSchG. Deckungsgleichheit kann allerdings im umgekehrten Fall anzunehmen sein, wenn nämlich per einstweiliger Anordnung verfolgte Belästigungen und Kontaktverbote der Sicherung einer Wohnungsüberlassung im Hauptverfahren nach § 2 GewSchG dienen sollen.

> **Hinweis:**
>
> Eine wichtige Einschränkung enthält die Regelung des § 64 b Abs. 3 FGG insoweit, als entsprechende Anordnungen nur das Familiengericht erlassen kann, was gleichzeitig bedeutet, dass die Voraussetzungen der § 23b Nr. 8a GVG, § 621 Abs. 1 Nr. 13 ZPO vorliegen müssen. Die Parteien müssen also innerhalb der letzten sechs Monate vor Antragstellung einen gemeinsamen Haushalt geführt haben. Ist das nicht der Fall, dann kommt keine einstweilige Anordnung nach § 64b Abs. 3 FGG in Betracht, sondern nur der Erlass einer einstweiligen Verfügung.

bb) Regelungsbedürfnis

649b Hierzu wird auf die Ausführungen oben bei Rn. 643 verwiesen.

cc) Vollstreckung

Gem. § 64b Abs. 4 FGG wird die einstweilige Anordnung nach § 64b Abs. 3 FGG nach den Vorschriften der ZPO vollstreckt, also nach den §§ 885, 890, 891 und 892a ZPO. 649c

Wegen der durch das GewSchG eingefügten Neuregelungen in § 885 Abs. 1, 3 und 4 ZPO ist ein **mehrfacher Vollzug der einstweiligen Anordnung** während der festgesetzten Wirkungsdauer möglich. Eine erneute Zustellung des Titels an den Antragsgegner ist nicht erforderlich. Damit wird die Durchsetzung des Anspruches auf Überlassung der Wohnung erleichtert, wenn der Antragsgegner eigenmächtig in diese zurückkehren sollte.

Ferner erlaubt es § 64b Abs. 3 Satz 2 FGG, die Vollziehung der Anordnung bereits vor deren Zustellung zu bewirken, womit die Vollstreckung auch in Abwesenheit des Antragsgegners zulässig wird.

dd) Abänderungsmöglichkeiten

Kraft der Verweisung in § 64b Abs. 3 Satz 2 FGG ist die Aufhebung und Abänderung des Anordnungsbeschlusses gem. § 620b Abs. 1 ZPO zulässig sowie der Antrag auf erneute Entscheidung nach mündlicher Verhandlung gem. § 620b Abs. 2 ZPO. Dazu gelten die obigen Ausführungen zu Rn. 645 entsprechend. 649d

ee) Sofortige Beschwerde

Gegen einen Beschluss nach § 64b Abs. 3 Satz 1 FGG ist die sofortige Beschwerdemöglichkeit gegeben (§ 64b Abs. 3 Satz 2 FGG, § 620c Satz 1 ZPO), unabhängig davon, ob ein Antrag abgelehnt oder erfolgreich beschieden worden ist. 649e

Auf die obigen Ausführungen zu Rn. 646 kann Bezug genommen werden.

ff) Außer-Kraft-Treten der einstweiligen Anordnung

Die einstweilige Anordnung gem. § 64b Abs. 3 FGG tritt außer Kraft, wenn eine Entscheidung in einem mit dem Gegenstand der einstweiligen Anordnung deckungsgleichen Hauptsacheverfahren wirksam wird (§ 64b Abs. 3 Satz 2 FGG, § 620f Abs. 1 Satz 1 ZPO). 649f

Dazu wird auf die obigen Ausführungen unter Rn. 647 ff. verwiesen.

> **Hinweis:**
>
> Das Hauptsacheverfahren muss grundsätzlich rechtskräftig abgeschlossen sein, § 64b Abs. 2 Satz 1 FGG. Ordnet jedoch das Familiengericht gem. § 64b Abs. 2 Satz 2 FGG die sofortige Wirksamkeit der Entscheidung an, tritt die einstweilige Anordnung bereits zu diesem Zeitpunkt außer Kraft.

d) Konkurrenzen

650 Grundsätzlich besteht ein Wahlrecht, ob eine einstweilige Anordnung nach § 620 Nr. 9 ZPO (bei Vorliegen der verfahrensrechtlichen Voraussetzungen) beantragt oder ein Hauptsacheverfahren gem. §§ 1, 2 GewSchG eingeleitet wird.

Es besteht auch ein **Wahlrecht** zwischen der Anordnung nach § 620 Nr. 9 ZPO und derjenigen nach § 64b Abs. 3 FGG. Ist jedoch eine der beiden Alternativen gewählt worden, kommt eine einstweilige Anordnung nach der jeweils anderen Vorschrift nicht mehr in Betracht.

Die **Möglichkeit für eine einstweilige Anordnung** besteht ebenfalls nicht mehr, wenn ein gegenstandsgleiches Hauptverfahren rechtskräftig abgeschlossen oder ein Beschluss in der Hauptsache für sofort wirksam erklärt wird.

Soweit einstweiliger Rechtsschutz im Zusammenhang mit der Überlassung oder Zuweisung der Ehewohnung begehrt wird, ist die einstweilige Anordnung gem. § 620 Nr. 7 ZPO vorrangig vor der gem. § 620 Nr. 9 ZPO. Derselbe Vorrang gilt für eine im isolierten Verfahren ergangene Anordnung gem. § 621g i.V.m. § 621 Nr. 7 ZPO. Letztere ist vorrangig auch gegenüber einer Regelung nach § 64b Abs. 3 FGG.

> **Hinweis:**
>
> Allgemein besteht ein Vorrang der einstweiligen Anordnung vor der einstweiligen Verfügung. Sobald also eine einstweilige Anordnung nach § 620 Nr. 9 ZPO oder § 64b Abs. 3 FGG möglich ist, scheidet ein Verfügungsverfahren aus. Damit ist der Anwendungsbereich der einstweiligen Verfügung bei Maßnahmen nach §§ 1, 2 GewSchG auf diejenigen Fälle beschränkt, in denen eine Familiensache nicht oder nicht mehr (§ 621 Abs. 1 Nr. 13 ZPO) vorliegt.

III. Kosten und Gebühren, Prozesskostenhilfe
1. Streitwert
a) Unterhaltsanordnung

Der **Gebührenstreitwert** einer Unterhaltsanordnung richtet sich gem. §§ 17 Abs. 1, 20 Abs. 2 Satz 1 GKG nach dem sechsfachen des mit dem ursprünglichen Antrag verlangten Monatsbetrages. Eine **Erhöhung der Forderung** zu einem späteren Zeitpunkt des Anordnungsverfahrens berührt den Gebührenstreitwert nicht (§ 17 Abs. 1, Satz 1 GKG). 651

Für den **Streitwert eines Hauptsacheverfahrens** ist es ohne Bedeutung, wenn ein Teil des insgesamt begehrten Unterhaltsbetrages bereits durch einstweilige Anordnung tituliert ist. Der Streitwert der Hauptsache richtet sich auch dann nach dem insgesamt begehrten Unterhalt und nicht nur nach der Differenz zwischen voller Unterhaltsforderung und dem durch Anordnung titulierten Betrag (OLG Karlsruhe, FamRZ 1999, 606).

Wird **Kindesunterhalt in dynamischer Form** (§§ 1612a – 1612c BGB) verlangt, ist zur **Bemessung des Monatsbetrages** nach § 17 Abs.1 Satz 1 GKG der Regelbetrag nach der maßgeblichen Altersstufe zum Zeitpunkt der Klage oder des Antrages zugrundezulegen, § 17 Abs. 1 Satz 2 GKG.

b) Prozesskostenvorschussanordnung

Der **Gebührenstreitwert** einer Prozesskostenvorschussanordnung richtet sich nach dem verlangten Prozesskostenvorschuss. 652

c) Einstweilige Verfügung

Der **Streitwert** bestimmt sich nach §§ 20 Abs. 1 Satz 1 GKG, 3 ZPO nach freiem Ermessen des Gerichts. 653

d) Einstweilige Anordnung in FGG-Verfahren
aa) Ehewohnung und Hausrat

Bei einer Ehewohnungsanordnung gem. § 620 Nr. 7 oder Nr. 9 ZPO entspricht der Wert demjenigen des dreimonatigen Mietwerts. Der Wert einer Hausratsanordnung gem. § 620 Nr. 7 ZPO ist nach freiem Ermessen zu schätzen, § 20 Abs. Satz 2 GKG. 654

bb) Sorgerecht, Umgangsrecht, Kindesherausgabe, Maßnahmen nach den §§ 1, 2 GewSchG

654a Für die einstweiligen Anordnungen nach § 620 Nr. 1 – 3 ZPO, § 621g ZPO und § 64b FGG gilt ein Streitwert von 500,- € (§ 8 Abs. 3 BRAGO).

> **Hinweis:**
>
> Dann, wenn im Fall des § 621g ZPO bzw. § 64b FGG eine Familiensache des § 621 Nr. 7 ZPO betroffen ist (Ehewohnung oder Hausrat), gelten die Wertansätze des § 20 Abs. 2 GKG (vgl. oben Rn. 654, § 8 Abs. 3 BRAGO).

2. Gerichtskosten und Anwaltsgebühren

655 Die im Verfahren der einstweiligen Anordnung entstehenden Kosten gelten für die Kostenentscheidung als Teil der Hauptsache (§ 620g ZPO)

a) Gerichtskosten
aa) Unterhaltsanordnung

656 Für Entscheidungen gem. §§ 620 Nr. 4, Nr. 6 – 10, 621 f., 641d und 644 ZPO entsteht eine **halbe Gerichtsgebühr** (Nr. 1700 – 1704 des Kostenverzeichnisses) nach dem sechsfachen Monatswert des verlangten Unterhaltes (§ 20 Abs. 2 Satz 1 GKG). Entscheidungen gem. §§ 620b oder 620e ZPO sind davon umfasst, nicht aber sofortige Beschwerden (etwa nach § 641d Abs. ZPO), für diese entsteht eine volle Gerichtsgebühr (Nr. 1951 des Kostenverzeichnisses).

bb) Prozesskostenvorschussanordnung

656a Für Entscheidungen nach §§ 127a, 621 f, 620 Nr. 10 ZPO entsteht eine halbe Gerichtsgebühr nach dem Kostenstreitwert (Nr. 1700 – 1702 des Kostenverzeichnisses). Entscheidungen gem. §§ 620b oder 620e ZPO sind davon umfasst.

cc) Einstweilige Verfügung

656b Vgl. oben Rn. 393 ff.

dd) Einstweilige Anordnung im FGG-Sachen

656c Es besteht Gerichtskostenfreiheit für FGG-Anordnungen, § 91 Satz 2 KostO.

b) Anwaltsgebühren
aa) Die Regelung des § 41 BRAGO

Gem. § 41 Abs. 1 BRAGO gelten die in erster Instanz anhängigen Verfahren auf Erlass einer einstweiligen Anordnung nach den §§ 127a, 620, 620b Abs. 1, 2 ZPO (auch i.V.m § 661 Abs. 2 ZPO), 621f ZPO (auch i.V.m § 661 Abs. 2 ZPO), 621g ZPO, 641d ZPO, § 644 ZPO und § 64b FGG als jeweils besondere Angelegenheit, für die besondere Gebühren (§ 31 BRAGO) entstehen.

657

> **Hinweis:**
>
> Für die unter einem Buchstaben zusammengefassten Verfahren des § 41 Abs. 1 BRAGO erhält der Rechtsanwalt die Gebühren in jedem Rechtszug allerdings nur einmal (§ 41 Abs. 1 Satz 2 BRAGO). Demzufolge gelten der Anordnungsantrag nach § 620 ZPO und das Verfahren auf Aufhebung oder Abänderung nach § 620b Abs. 1 ZPO bzw. die mündliche Verhandlung gem. § 620b Abs. 2 ZPO als einheitliche Angelegenheit, sie sind nur einmal abrechenbar. Die Werte für Anordnungsanträge betreffend verschiedene Streitgegenstände werden zusammengerechnet (§ 7 Abs. 2 BRAGO).

Bei einer **Einigung der Parteien** verdient der Anwalt die Prozess- oder Geschäftsgebühr nur zur Hälfte, wenn ein Antrag nach den in § 41 Abs. 1 BRAGO genannten Vorschriften nicht gestellt worden ist. Entsprechendes gilt, wenn lediglich beantragt wird, eine Einigung der Parteien zu Protokoll zu nehmen.

bb) Gebühren in ZPO-Anordnungssachen

Die **Höhe der Gebühren** richtet sich nach den für die Hauptsache geltenden Vorschriften. In ZPO-Anordnungssachen erhält der Anwalt in erster Instanz 10/10 der vollen Gebühr (§ 11 Abs. 1 Satz 1 BRAGO). Für ein in der zweiten Instanz geführtes Anordnungs-verfahren erhöhen sich die Anwaltsgebühren gem. § 11 Abs. 1 Satz 4 BRAGO um 3/10.

658

cc) Gebühren in FGG-Anordnungssachen

In isolierten FGG-Verfahren entstehen in jeder Instanz nur die Gebühren des § 118 BRAGO.

659

dd) Gebühren in einstweiligen Verfügungssachen

659a Vgl. oben Rn. 403 ff.

3. Prozesskostenhilfe

660 Die im Scheidungsverbundverfahren bewilligte PKH erstreckt sich nur auf die Folgesachen des Zwangsverbundes, also seit dem 1.7.1998 nur auf den Versorgungsausgleich (§ 624 Abs. 2 ZPO).

Für gewillkürte Folgesachen (Scheidungsunterhalt, Zugewinnausgleich, Sorge- und Umgangsrecht, Ehewohnung und Hausrat, Kindesunterhalt) ist PKH gesondert zu beantragen und bei zu bejahender Erfolgsaussicht der Rechtsverfolgung zu bewilligen.

Auch dann erstreckt sich die PKH-Bewilligung aber noch nicht auf ein im Rahmen des Verbundes betriebenes Anordnungsverfahren. Für dieses ist neben der Erfolgsaussicht jeweils auch das Regelungsbedürfnis zu prüfen. Stets ist für eine prozesskostenhilfebedürftige Partei also für ein Anordnungsverfahren gesondert PKH zu beantragen.

Wird für dieses Anordnungsverfahren PKH bewilligt, erstreckt sich diese auch auf Rechtsbehelfe gem. § 620b ZPO, solange dort nicht etwa der Antrag erweitert wird. Anordnungs- und Abänderungsverfahren sind gebührenrechtlich eine Angelegenheit (§ 41 Abs. 1 b BRAGO).

Die PKH-Bewilligung umfasst allerdings nicht das sofortige Beschwerdeverfahren des § 620c ZPO, auch nicht, soweit für das erkennende Gericht noch eine Abhilfemöglichkeit besteht.

Für den zweiten Rechtszug ist ohnehin ein erneuter PKH-Antrag zu stellen.

661 Gem. § 121 Abs. 1 ZPO ist für ein **Anordnungsverfahren im Scheidungsverbund** der prozesskostenarmen antragstellenden Partei ein Rechtsanwalt beizuordnen, weil für dieses Verfahren Anwaltszwang besteht. Unerheblich ist in diesem Zusammenhang, dass die bloße Anbringung des Anordnungsantrages noch nicht dem Anwaltszwang unterliegt (OLG Bamberg FamRZ 1979, 527).

662 In **isolierten Familiensachen** gilt das Vorstehende sinngemäß. Die PKH-Bewilligung im Hauptsacheverfahren umfasst also nicht automatisch das Anordnungsverfahren.

Die Gericht neigen vielfach dazu, PKH für ein isoliertes Hauptsacheverfahren wegen Mutwilligkeit der Rechtsverfolgung zu verweigern, wenn eine Anordnung mit praktisch identischem Inhalt gem. § 620 ZPO möglich ist, das erstrebte Ziel also kostengünstiger erreicht werden kann.

Dieser Handhabung sollte entgegengetreten werden, weil eine Partei sich nicht mit einer summarischen Regelung zufrieden geben muss. Eine Regelung im Hauptsacheverfahren ist üblicherweise, insbesondere nach durchgeführter Beweisaufnahme, fundierter und verlässlicher und eröffnet regelmäßig weitergehende Rechtsmittelmöglichkeiten. Das gilt vor allem im Unterhaltsbereich.

Ob dagegen einstweiliger Rechtsschutz nach § 620 ZPO oder im Rahmen eines schon anhängigen isolierten Hauptsacheverfahrens gem. §§ 644, 621g ZPO oder § 64b Abs. 3 FGG begehrt wird, macht in kostenrechtlicher Hinsicht keinen Unterschied; in beiden Fällen entstehen identische Gebühren.

IV. Checkliste

- **Sicherungsmittel** ☑

Zu klären ist zunächst, ob das Gesetz für das begehrte Petitum eine Sicherungsmöglichkeit durch einstweilige Anordnung vorsieht (z.B. §§ 620, 644, 621g, 641d, 127a, 621f ZPO, § 64b Abs. 3 FGG i.V.m. §§ 620a bis 620g ZPO). Ist das nicht der Fall, kann der subsidiäre Rechtsschutz durch einstweilige Verfügung in Betracht gezogen werden (z.B. zur Sicherung einer Zugewinnausgleichsforderung oder im Falle des § 1615o BGB).

Für die Fälle, in denen einstweiliger Rechtsschutz durch einstweilige Verfügung möglich ist, wird zur Vermeidung von Wiederholungen auf die obigen Ausführungen unter den Rn. 301 ff. verwiesen.

- **Rechtshängigkeit eines Scheidungsverfahrens oder einer Lebenspartnerschaftssache gem. § 661 Abs. 1 Nr. 1 und 2 ZPO** ☑

Ist ein Scheidungsverfahren oder eine der Lebenspartnerschaftssachen des § 661 Abs. 1 Nr. 1 und 2 ZPO rechtshängig oder wegen eines solchen Verfahrens ein PKH-Gesuch gestellt, dann stehen die Möglichkeiten der einstweiligen Anordnung gem. § 620 Nr. 1 bis 10 ZPO zur Verfügung, ohne dass es der zusätzlichen Einleitung eines Hauptverfahrens mit dem Gegenstand der einstweiligen Anordnung bedarf (§ 620a Abs. 2 Satz 1 ZPO).

Wird kein Scheidungsverfahren betrieben, ist einstweilige Rechtsschutz nur im Rahmen eines isolierten Hauptverfahrens gewährleistet. Dieses muss den gleichen Gegenstand haben wie die einstweilige Anordnung und entweder bereits rechtshängig sein oder zumindest im Stadium des PKH-Verfahrens (§§ 644 Satz 1, 621g Satz 1 ZPO, § 64b Abs. 3 Satz 1 FGG).

- **Anordnungsanspruch** ☑

Vorzutragen und glaubhaft zu machen sind die Voraussetzungen der Anspruchsnorm, auf die sich materiell-rechtlich das Anordnungsbegehren stützt. Anspruchsnormen sind

- im Unterhaltsbereich die §§ 1361, 1360a Abs. 4, 1570 ff., 1601 ff., 1615l BGB,
- zum Sorgerecht §§ 1666, 1666a, 1671, 1672 BGB,
- im Bereich des Umgangsrechts die §§ 1684, 1685 BGB,
- zur Kindesherausgabe § 1632 BGB,
- zur vorläufigen Regelung der Benutzung von Hausrat § 1361a BGB,
- zur vorläufigen Benutzung der Ehewohnung § 1361b BGB
- sowie im Bereich des Gewaltschutzgesetzes die §§ 1, 2 GewSchG.

In den so genannten ZPO-Sachen ist stets ein konkreter vollstreckbarer Antrag zu stellen. Die FGG-Sachen der § 621g ZPO, § 64b Abs. 3 FGG erfordern zwar auch den Antrag einer Partei, dieser muss allerdings weniger konkret gefasst sein.

- **Regelungsbedürfnis** ☑

Dieses ist gegeben, wenn ein bisher ungeregelter Zustand besteht. Eine Entscheidung in der Hauptsache darf also noch nicht vorliegen.

Dagegen ist kein besonderes Eilbedürfnis erforderlich.

- **Glaubhaftmachung** ☑

Sind die anspruchsbegründenden Tatsachen im Einzelnen dargelegt und hinreichend glaubhaft gemacht? Wenn möglich, sollten Urkunden vorgelegt werden, ansonsten genügen aussagekräftige eidesstattliche Versicherungen. Glaubhaft zu machen ist auch das Regelungsbedürfnis.

- **Zuständiges Gericht** ☑

Bei anhängigen Scheidungsverfahren immer das Gericht der Ehesache nach § 606 ZPO, in isolierten Verfahren das für die Entscheidung des Hauptverfahrens zuständige Gericht (vgl. §§ 12 ff. ZPO, 642, 35a ZPO, §§ 36, 45, 64b Abs. 1 FGG, § 11 Abs. 2 HausratsVO).

Besonders zu beachten sind die Zuständigkeitsvorschriften des § 620a Abs. 4 ZPO.

- **Rechtsbehelfe** ☑

Ist die einstweilige Anordnung aufgrund mündlicher Verhandlung ergangen?

Wenn ja, ist zu prüfen, ob sofortige Beschwerde gem. § 620c ZPO in Betracht kommt (bei Regelung der elterlichen Sorge für ein gemeinschaftliches Kind, bei Anordnung der Kindesherausgabe an den anderen Elternteil, bei Entscheidung über einen Antrag nach §§ 1, 2 GewSchG oder über einen Antrag auf Zuweisung der Ehewohnung).

Wenn bisher nicht mündlich verhandelt worden ist, ist gegebenenfalls ein Antrag nach § 620b Abs. 2 ZPO stellen.

Bei Rechtsfehlern des Anordnungsbeschlusses oder nachträglicher Tatsachenveränderung ist jederzeit der Abänderungsantrag gem. § 620b Abs. 1 ZPO möglich.

Alle Unterhaltsanordnungen nach mündlicher Verhandlung sind mit anordnungsrechtlichen Rechtsbehelfen nicht mehr anfechtbar. Das Außer-Kraft-Treten der einstweiligen Anordnung gem. § 620f ZPO ist nur noch über den rechtskräftigen Abschluss eines Hauptverfahrens zu erreichen, welches gegebenenfalls mit einem negativen Feststellungsantrag eingeleitet werden kann.

- **Mündliche Verhandlung und Vergleichsabschluss** ☑

Können für eine mündliche Verhandlung gem. § 620b Abs. 2 ZPO gegebenenfalls präsente Zeugen gestellt werden?

Bei Vergleichsabschluss in Anordnungsverfahren ist zu beachten, ob lediglich eine vorläufige Regelung bis zur Rechtskraft der Scheidung getroffen werden soll oder eine dauerhafte Regelung.

Soll der Gegenstand eines (eventuell erst im PKH-Stadium befindlichen) Hauptverfahrens mitgeregelt werden? Bei Unterhaltssachen ist darauf zu achten, dass aufgelaufene Unterhaltsrückstände nicht Gegenstand eines einstweiligen Anordnungsverfahrens sein können.

Beim Umgangsrecht ist zu berücksichtigen, dass eine Umgangsregelung, um vollstreckbar zu sein (§ 33 FGG), vom Gericht als eigene übernommen werden muss, zweckmäßigerweise die Einigung also zum Gegenstand eines gerichtlichen Beschlusses gemacht wird.

Bei Hausratsregelungen an die Titulierung eines entsprechenden Herausgabeanspruches denken, bei Regelungen betreffend die Ehewohnung an die Aufnahme eines Räumungsanspruches.

- **Vollziehung** ☑

Besondere Vollziehungserfordernisse bestehen bei der einstweiligen Anordnung nicht. Vollstreckbar nach ZPO-Vorschriften sind alle in § 794 Abs. 1 Satz 1 Nr. 3, 3a genannten einstweiligen Anordnungen. Für Anordnungen auf der Basis von §§ 1, 2 GewSchG ist § 64 Abs. 2 Satz 2 bis 4 und Abs. 4 FGG zu beachten.

V. Muster

Muster 1: Antrag auf vorläufige Zuweisung der Ehewohnung im isolierten FGG-Verfahren gem. §§ 1361b BGB mit Antrag auf Erlass einer einstweiligen Anordnung gem. § 621g ZPO

An das
Amtsgericht ...
-Familiengericht-

*Antrag auf vorläufige Wohnungszuweisung gem. § 1361b BGB
nebst Antrag auf Erlass einer einstweiligen Anordnung gem. § 621g ZPO*

In der Familiensache (volles Rubrum)

*der Frau A...
– Antragstellerin –*

Verfahrensbevollmächtigte: Rechtsanwälte ...

gegen

*Herrn B...
– Antragsgegner –*

***wegen** Wohnungszuweisung*

beantrage wir namens und in Vollmacht der Antragstellerin,

ihr für die Trennungszeit die im Haus ... in ..., 1. Obergeschoss rechts liegende Ehewohnung für die Trennungszeit zur alleinigen Nutzung zuzuweisen und dem Antragsgegner aufzugeben, die eheliche Wohnung sofort zu räumen.

Gleichzeitig beantrage ich,

im Wege der einstweiligen Anordnung die im Haus ... in ... 1. Obergeschoss rechts liegende Ehewohnung der Antragstellerin für die Trennungszeit zur alleinigen Nutzung zuzuweisen und dem Antragsgegner aufzugeben, die Ehewohnung sofort zu räumen.

Begründung:

1.

Die Parteien leben seit dem ... innerhalb der oben bezeichneten ehelichen Wohnung getrennt. Aus der Ehe der Parteien stammen die beiden noch nicht schulpflichtigen Kinder K1, geb. am ..., und K2, geb. am ..., die von der Antragstellerin versorgt und betreut werden.

Der Antragsgegner hat sich in der vergangenen Woche mehrfach erheblich betrunken, so am ... und am ...; er ist jeweils danach gegenüber der Antragstellerin tätlich geworden. So hat er am ... um ... Uhr und am ... um ... Uhr die Antragstellerin grundlos geschlagen und, als diese sich wehrte, gewürgt.

*Die Antragstellerin hat ihre Verletzungen ärztlich behandeln lassen müssen. Zur Glaubhaftmachung fügen wir ein ärztliches Attest vom ... bei (**Anlage VK 1**).*

*Zu den Einzelheiten der vom Antragsgegner gegenüber der Antragstellerin verübten Tätlichkeiten verweisen wir im übrigen auf die beigefügte eidesstattliche Versicherung der Antragstellerin, die als **Anlage VK 2** beigefügt ist.*

Die Antragstellerin hat den Antragsgegner am ... vergeblich aufgefordert, die eheliche Wohnung zu verlassen. Zur Vermeidung einer unbilligen Härte i.S.d. § 1361b BGB ist es notwendig, dass der Antragsgegner der Antragstellerin die eheliche Wohnung zur alleinigen Benutzung überlässt. Die Antragstellerin hat bereits vergeblich versucht, eine andere Wohnung zu finden. Alle bisher angesprochenen Vermieter haben eine Vermietung an die Antragstellerin abgelehnt. Entweder wegen deren Mittellosigkeit oder aber wegen des Vorhandenseins zweier kleiner Kinder. Das folgt aus der beigefügten eidesstattlichen Versicherung der Antragstellerin.

2.

Der zusätzliche Anordnungsantrag der Antragstellerin rechtfertigt sich daraus, dass der Antragsgegner die Antragstellerin in den letzten beiden Tagen wieder bedroht hat. Er hat sogar geäußert, die Antragstellerin bei nächster Gelegenheit erschießen zu wollen. Die Antragstellerin weiß, dass der Antragsgegner aus den Beständen seines Vaters über eine Pistole verfügt.

Glaubhaftmachung: *beiliegende eidesstattliche Versicherung der Antragstellerin vom ...(Anlage VK 2)*

Damit ist sofortiges Einschreiten des Gerichtes geboten, bis zur Entscheidung in der Hauptsache kann nicht abgewartet werden.

Rechtsanwalt

Muster 2: Einstweilige Anordnungsanträge gem. §§ 644, 127a ZPO

An das Amtsgericht ...
-Familiengericht-

Antrag auf Erlass einstweiliger Anordnungen gemäß §§ 644, 127a ZPO

In der Familiensache

der Frau A ....
- Antragstellerin –

Prozessbevollmächtigter: Rechtsanwalt ...

gegen

Herrn B ...
- Antragsgegner –

Prozessbevollmächtigter: Rechtsanwalt ...

wegen *Trennungsunterhalt und Prozesskostenvorschuss*

beantrage ich namens und in Vollmacht der Antragstellerin, dem Antragsgegner im Wege einstweiliger Anordnung aufzugeben,

1. *an die Antragstellerin ab Zustellung dieses Antrages monatlichen Trennungsunterhalt von 1.270,- € zu zahlen,*
2. *an die Antragstellerin zu Händen ihres Prozessbevollmächtigten einen Prozesskostenvorschuss von 1.092,43 € zu zahlen.*

Begründung:

Die Parteien sind seit dem 1.3.1991 verheiratet. Aus ihrer Ehe ist der Sohn Daniel, geb. 20.12.1991, hervorgegangen.

Die Parteien leben seit dem 1.2.2002 getrennt. Zu diesem Zeitpunkt hat der Antragsgegner die eheliche Wohnung auf Dauer verlassen.

Daniel lebt bei der Antragstellerin, die seit 1.3.2002 das staatliche Kindergeld von derzeit monatlich 154,- € erhält.

Der Antragsgegner zahlt seit der Trennung Kindesunterhalt nach Einkommensgruppe 11 der Düsseldorfer Tabelle (Stand 1.1.2002) in Höhe von monatlich 334,- € (411,- € Tabellenunterhalt abzüglich 77,- € Kindergeldanteil). Dagegen blieb die Aufforderung der Antragstellerin vom 5.2.2001 zur Zahlung monatlichen Ehegattenunterhaltes in Höhe von 1.270,- € erfolglos. Daher ist gleichzeitig das ordentliche Trennungsunterhaltsverfahren anhängig gemacht worden.

Der Antragsgegner verfügt über monatliche Nettoeinkünfte von 3.700,- €.

Teil 5: § 1 Einstweiliger Rechtsschutz im Familienrecht

Glaubhaftmachung: anliegende Gehaltsabrechnung des Antragsgegners für Dezember 2001 mit den aufgelaufenen Jahresbeträgen als **Anlage VK 1**

Berufsbedingte Aufwendungen fallen nicht an, der Antragsgegner fährt einen Firmenwagen.

Die Antragstellerin hat aus einer nach Trennung aufgenommenen Teilzeittätigkeit monatliche Nettoeinkünfte von 325,- €.

Glaubhaftmachung: anliegende eidesstattliche Versicherung der Antragstellerin vom ... *(Anlage VK 2)*

Nach Abzug des Kindestabellenunterhaltes und der nach Differenzmethode zu berücksichtigenden Eigeneinkünfte der Antragstellerin (BGH-Urteil vom 13.6.2001, Az. XII ZR 343/99) errechnet sich ein Aufstockungsunterhalt von monatlich 1.270,- €.

Die Antragstellerin ist auf Unterhaltszahlungen des Antragsgegners dringend angewiesen. Sie verfügt über kein Vermögen und über keine sonstigen Einkünfte. Der Lebensunterhalt der Antragstellerin ist seit Trennung der Parteien mit Hilfe ihrer Eltern finanziert worden, deren Mittel nun erschöpft sind.

Zum Zwecke der Glaubhaftmachung liegt die eidesstattliche Versicherung der Antragstellerin vom ... an Anlage VK 3.

Der Antragsgegner ist auch verpflichtet, der Antragstellerin die Kosten des Anordnungsverfahrens gemäß § 644 ZPO zu bevorschussen, §§ 1361 Abs. 4 Satz 3, 1360a Abs. 4 BGB. Zusätzlich hat er die Kosten der Prozesskostenvorschuss-anordnung gemäß § 127a ZPO zu tragen, da er wie aus der Anlage ersichtlich vergeblich zur Zahlung des jetzt begehrten Prozesskostenvorschusses aufgefordert worden ist.

Der Prozesskostenvorschuss errechnet sich wie folgt:

1. Kosten des Verfahrens gemäß § 644 ZPO

Streitwert 1.270,- € x 6 =	7.620,00 €
Gebühr gem. § 31 Abs. 1 BRAGO	412,00 €
Gebühr gem. § 31 Abs. 2 BRAGO	412,00 €
Auslagenpauschale	20,00 €
16 % Mehrwertsteuer	<u>135,00 €</u>
	979,00 €

2. Kosten des Verfahrens gemäß § 127a ZPO

Gegenstandswert 979,04 €

Gebühr gem. § 41b BRAGO	85,00 €
Auslagenpauschale	12,75 €
16 % Mehrwertsteuer	<u>15,64 €</u>
	113,39 €

Rechtsanwalt

Muster 3: Sicherung des Anspruches auf Sicherheitsleistung gem. § 1389 BGB

An das
Amtsgericht ...

– Familiengericht –

Antrag auf Erlass einer einstweiligen Verfügung

In der Familiensache

der Frau ...
– Antragstellerin –

Prozessbevollmächtigter: Rechtsanwalt ...

gegen

Herrn ...
– Antragsgegner –

Prozessbevollmächtigter: Rechtsanwalt ...

beantrage ich namens und in Vollmacht der Antragstellerin – wegen der Dringlichkeit der Sache ohne mündliche Verhandlung – den Erlass folgender einstweiliger Verfügung:

Dem Antragsgegner wird aufgegeben, an die Antragstellerin wegen eines voraussichtlichen Anspruches auf Zugewinnausgleich in Höhe von 50.000,- € Sicherheit zu leisten.

Sollte das Gericht entgegen dem Eingangsersuchen einen Termin zur mündlichen Verhandlung anberaumen, beantragen wir ferner,

die Ladungsfrist gem. § 226 Abs. 1 ZPO möglichst weitgehend abzukürzen.

Begründung:

Die Parteien haben am 20.12.1976 geheiratet. Der Antragsgegner hat am 1.6.2000 die räumliche Trennung dadurch vollzogen, dass er in die Mietwohnung seiner neuen Partnerin gezogen ist.

Unter dem 2.6.2001 ist der Scheidungsantrag des Antragsgegners zugestellt worden. Die Antragstellerin hat alsdann ihrerseits Scheidungsantrag gestellt. Das Scheidungsverfahren wird beim Amtsgericht ... zu Aktenzeichen ... geführt.

Die Antragstellerin hat gegen den Antragsgegner einen Zugewinnausgleichsanspruch von 50.000,- €. Zum Zeitpunkt der Eheschließung verfügte keine der Parteien über Anfangsvermögen. Die Antragstellerin hat auch kein Endvermögen. Allerdings hat der Antragsgegner während der Ehe Vermögensbildung betrieben durch Bedienung zweier während der Ehe abgeschlossener Lebensversicherungen, deren Rückkaufswert bei Zustellung des Scheidungsantrages bei rund 100.000,- € lag.

Wie die Antragstellerin bei einem kürzlich mit dem Versicherungsagenten der Parteien geführten Gespräch erfahren hat, sind die beiden Lebensversicherungen vom Antragsgegner gekündigt worden und werden innerhalb der nächsten 14 Tage mit einem Betrag von rund 105.000,- € ausgezahlt.

Die Antragstellerin hat vom Antragsgegner gestern erfahren, dass er das Geld aus seinen Lebensversicherungen seiner Lebensgefährtin für die Anschaffung einer Eigentumswohnung zur Verfügung stellen will.

Daraus folgt, dass der sich zugunsten der Antragstellerin ergebende Zugewinnausgleichsanspruch von 50.000,- € in erheblichem Maße gefährdet ist. Danach steht der Antragstellerin ein Anspruch auf Sicherheitsleistung gemäß § 1389 BGB zu.

Eine Entscheidung über diesen Anspruch im ordentlichen Klageverfahren würde zu spät kommen, denn die Anschaffung der Eigentumswohnung steht unmittelbar bevor. Daher ist die Antragstellerin zur Wahrung ihrer Rechte auf eine Entscheidung im einstweiligen Verfügungsverfahren angewiesen. Über weitere Vermögenspositionen außer den beiden genannten Lebensversicherungen verfügt der Antragsgegner nicht.

Zur Glaubhaftmachung der obigen Angaben liegt eine eidesstattliche Versicherung der Antragstellerin bei **(Anlage VK 1)**.

Rechtsanwalt

Muster 4: Einstweilige Anordnung gem. § 620 Nr. 1 ZPO zur Regelung des Sorgerechts

An das
Amtsgericht
-Familiengericht-

In dem Scheidungsverfahren

X gegen Y

Az. 5 F 100/2002

wegen vorläufiger Regelung des Sorgerechts

beantrage ich,

das Sorgerecht für das Kind Alexander, geb. am .... einstweilen allein der Kindesmutter zu übertragen.

Begründung:

Der Ehe der Parteien, zwischen denen das oben bezeichnete Scheidungsverfahren anhängig ist, entstammt das minderjährige Kind Alexander.

Die Parteien haben sich über das Sorgerecht für Alexander nicht verständigen können.

Die Aufhebung der gemeinsamen elterlichen Sorge und die Übertragung der Alleinsorge auf die Kindesmutter entsprechen dem Kindeswohl am besten.

Die Aufhebung der gemeinsamen elterlichen Sorge hat zu erfolgen, weil zwischen den Parteien hinsichtlich der Belange des Kindes keine Kooperationsfähigkeit bzw. Kooperationswilligkeit besteht

(das ist näher auszuführen, z.B.: Zum ... steht die Umschulung des Kindes Alexander nach Abschluss der vierten Grundschulklasse an. Der Kindesvater ist mit der von der Grundschule erarbeiteten Realschulempfehlung für Alexander nicht einverstanden. Er will, dass das Kind zum Gymnasium geht – womit es nach seinem gegenwärtigen Leistungsvermögen überfordert wäre – und weigert sich, die Anmeldung zur Realschule zu unterschreiben. Daher ist ein Bedürfnis für eine Sorgerechtsregelung gegeben.).

Die Übertragung der alleinigen elterlichen Sorge auf die Kindesmutter ist aus folgenden Gründen geboten:

(hier folgen Ausführungen zur Erziehungsfähigkeit, Geschwisterbindung, Kontinuität der Kindesentwicklung, Förderungsprinzip und ggfls. zum Willen des Kindes).

Zum Zwecke der Glaubhaftmachung überreiche ich anliegend die eidesstattliche Versicherung der Kindesmutter vom ....

Rechtsanwalt

Muster 5: Vorläufige Zuweisung der Ehewohnung gem. § 620 Nr. 7 ZPO

An das
Amtsgericht
-Familiengericht-

In dem Scheidungsverfahren

X gegen Y

Az. 5 F 100/2002

wegen vorläufiger Zuweisung der Ehewohnung

beantrage ich,

die im Haus Beethovenstraße 13, 59065 Hamm, erstes Obergeschoss rechts liegende Ehewohnung der Antragstellerin X vorläufig zur alleinigen Nutzung zuzuweisen und dem Antragsgegner aufzugeben, die Ehewohnung sofort zu räumen.

Begründung:

Zwischen den Parteien, die seit dem ... innerhalb der oben bezeichneten ehelichen Wohnung getrennt leben, ist das Scheidungsverfahren anhängig.

Die Antragstellerin hat den Antragsgegner unter dem ... vergeblich aufgefordert, die eheliche Wohnung zu räumen. Zur Vermeidung einer unbilligen Härte i.S.d. § 1361b BGB ist es notwendig, dass der Antragsgegner der Antragstellerin die eheliche Wohnung zur alleinigen Benutzung überlässt.

Der Antragsgegner hat sich in der vergangenen Woche, so am... und am...erheblich betrunken und ist gegenüber der Antragstellerin mehrfach tätlich geworden. So hat er am ... und ... die Antragstellerin grundlos geschlagen und, als diese sich wehrte, gewürgt.

Die Antragstellerin hat ihre Verletzungen ärztlich behandeln lassen müssen. Zur Glaubhaftmachung fügen wir ein ärztliches Attest vom ... bei **(Anlage VK 1)**.

Zu den Einzelheiten der vom Antragsgegner gegenüber der Antragstellerin verübten Tätlichkeiten verweisen wir im übrigen auf die beigefügte eidesstattliche Versicherung der Antragstellerin **(Anlage VK 2)**.

Da weitere Übergriffe des dem Alkohol zuneigenden Antragsgegners wahrscheinlich sind, ist die Ehewohnung der Antragstellerin vorläufig zur alleinigen Nutzung zuzuweisen und dem Antragsgegner die sofortige Räumung der Ehewohnung aufzugeben.

Rechtsanwalt

Muster 6: Einstweilige Unterhaltsanordnung gem. § 620 Nr. 6 ZPO

*An das
Amtsgericht
-Familiengericht-*

In dem Scheidungsverfahren

X gegen Y

Az. 5 F 100/2002

wegen *einstweiliger Unterhaltsanordnung*

beantrage ich,

dem Antragsgegner im Wege einstweiliger Anordnung aufzugeben, an die Antragstellerin monatlichen Ehegattenunterhalt von 870,- € als Teilunterhalt ab Zugang dieses Antrages zu zahlen.

Begründung:

Die Parteien leben seit dem .... getrennt. Die Antragstellerin hat das oben bezeichnete Scheidungsverfahren eingeleitet.

Sie betreut das minderjährige Kind Alexander, geb. am ..., welches noch zur Grundschule geht.

Zu einer Erwerbstätigkeit ist die Antragstellerin angesichts des Alters des betreuten Kindes nicht verpflichtet. Sie verfügt über keinerlei Eigeneinkünfte.

Durch Schreiben vom ... ist der Antragsgegner außergerichtlich vergeblich aufgefordert worden, Ehegattenunterhalt zu zahlen.

Beweis: *anliegendes Aufforderungsschreiben vom ... (**Anlage VK1**)*

Der Antragsgegner verfügt ausweislich der beigefügten Verdienstabrechnung für Dezember letzten Jahres über ein monatliches Nettoeinkommen von 2.600,- €. Nach Abzug berufsbedingter Fahrtkosten von 100,- € sowie des Kindestabellenunterhaltes für Alexander in Höhe von 444,- € verbleibt ein restliches Nettoeinkommen von 2.056,- €. Daraus errechnet sich ein 3/7-Elementarbedarf der Antragstellerin von 881,- €. Dieser Betrag liegt oberhalb des mit dem Anordnungsantrag verlangten Unterhaltes.

Der Antragsgegner ist auch leistungsfähig. Kreditverbindlichkeiten bestehen nicht. Berufsbedingte Aufwendungen außer den Fahrtkosten gibt es nicht.

Das vorstehende Vorbringen machen wir glaubhaft durch beiliegende eidesstattliche Versicherung der Antragstellerin vom ..., welche als Anlage VK 2 beigefügt ist.

Rechtsanwalt

§ 2 Einstweiliger Rechtsschutz im Arbeitsrecht

I. Anwendungsbereich

666 Verfahren vor den ArbG standen auch in der Vergangenheit unter einem besonderen Beschleunigungsgrundsatz, welcher sich in §§ 56, 61a ArbGG ausdrückte.

667 1979 trat das Gesetz zur Beschleunigung und Bereinigung des arbeitsgerichtlichen Verfahrens in Kraft; Ziel der Überarbeitung des ArbGG war die Beschleunigung der Verfahren durch die Konzentration des Rechtsstreits im erstinstanzlichen Verfahren auf möglichst eine streitige Verhandlung, eine Beschleunigung des Kündigungsschutzverfahrens, die Neuordnung und Entlastung des Rechtsmittelrechts sowie die Verbesserung des Beschlussverfahrens.

In der Folgezeit ist jedoch durch die gesellschaftlichen und wirtschaftlichen Veränderungen eine zunehmende **Überlastung der Arbeitsgerichtsbarkeit** zu verzeichnen gewesen. Strukturkrisen in einzelnen Branchen – Globalisierung der Wirtschaft; sei es im produzierenden Bereich, im Handel oder im Dienstleistungsbereich – durch Übernahme und Fusionen mit entsprechenden Einspareffekten = Personalabbau – Outsourcing – Massenarbeitslosigkeit in einer nicht bekannten Größenordnung – um nur einige Stichpunkte zu nennen. Die hierdurch verursachte zusätzliche Belastung der Arbeitsgerichtsbarkeit führte zum Gesetz zur Vereinfachung und Beschleunigung des arbeitsgerichtlichen Verfahrens, welches am 1.5.2000 in Kraft trat. Auch diese Gesetzesnovelle wird nicht dazu führen, dass der einstweilige Rechtsschutz im Arbeitsrecht an Bedeutung verliert.

668 Die Tatsache, dass **Kündigungsschutzprozesse** – mit starken regionalen Unterschieden – durchaus neun bis zwölf Monate dauern können, dass auch noch so eindeutige und klare Zahlungsklagen – die Lohnabrechnungen des Arbeitgebers liegen vor, werden jedoch nicht gezahlt – ebenfalls mehrere Monate dauern, führt dazu, dass effektiver Rechtsschutz teilweise nur über den einstweiligen Rechtsschutz zu gewährleisten ist.

669 Gerade im **Individualarbeitsrecht** kann mit Hilfe des einstweiligen Rechtsschutzes häufig der Rechtsfrieden wiederhergestellt oder erheblicher Schaden abgewendet werden. Es geht hier zunächst um die klassischen Beispiele der **Urlaubsgewährung** bzw. der kurzfristigen Versagung bereits zugesagten Urlaubs, die **Herausgabe von Arbeitspapieren**, die Durchsetzung des be-

triebsverfassungsrechtlichen **Weiterbeschäftigungsanspruchs**, die **Konkurrentenklage** etc.

Sich häufende **Insolvenzverfahren**, die **Öffnung der Märkte dem Ausland** 670 **gegenüber** mit der Folge, dass aus dem Ausland kommende Arbeitgeber kurzfristig ihre Tätigkeit im Gebiet der BRD im Einzelfall einstellen führt dazu, dass auch dem Rest eine im Arbeitsrecht zunehmende Bedeutung zukommt.

Im **Betriebsverfassungsrecht** hat der vorläufige Rechtsschutz ebenfalls erhebliche Bedeutung. Beschlussverfahren dauern bereits in der ersten Instanz mehrere Monate. Schöpft eine der beteiligten Parteien den möglichen Rechtsweg vollständig aus, können sich diese Verfahren ebenfalls über Jahre hinziehen. Dies hat wiederum zur Folge, dass nicht reparable **Nachteile für die Beteiligten** entstehen, dass Rechte des Arbeitgebers, des Betriebsrates, des einzelnen Betriebsratsmitgliedes, der Gewerkschaft durch das langwierige Verfahren de facto verhindert werden. 671

Nachdem das BAG in seiner Entscheidung vom 3.5.1994 (AP Nr. 28 zu § 23 BetrVG 1972) den allgemeinen betriebsverfassungsrechtlichen Unterlassungsanspruch des Betriebsrates anerkannt hat, ist die **Bedeutung des vorläufigen Rechtsschutzes** im Betriebsverfassungsrecht erheblich gestärkt worden. 672

Zu berücksichtigen ist des Weiteren, dass es Konstellationen gibt, die für den gesamten Betrieb, den Unternehmer und die Belegschaft von existentieller Bedeutung sind – es sei hier nur verwiesen auf die streitig diskutierte Frage der Statthaftigkeit einer einstweiligen Verfügung auf Unterlassung von Kündigungen vor dem Abschluss von Verhandlungen über einen Interessenausgleich. 673

Geht es um die Frage der **Zulässigkeit von Arbeitskampf – Streikmaßnahmen –**, kann nur eine kurzfristige Entscheidung i.d.R. dazu führen, dass nicht zu ersetzende Nachteile für die Beteiligten eintreten. Der Umstand, dass die Rechtsfrage erst nach Jahren und nach Ausschöpfung des Rechtsweges geklärt ist, führt im Einzelfall zu durchaus unbefriedigenden Ergebnissen. 674

Schließlich ist zu berücksichtigen, dass in einer Vielzahl der Fälle die kurzfristig anberaumte mündliche Verhandlung die streitenden Parteien an einen Tisch bringt. Das Gericht hat nunmehr die Möglichkeit, den Parteien zu verdeutlichen, dass eine langjährige Auseinandersetzung im Zweifel nicht im Interesse beider Beteiligter ist, so dass durch den Abschluss eines Vergleichs, 675 einer Einigung, dem Verfahren im vorläufigen Rechtsschutz ein sehr hoher Befriedigungseffekt zu Gute kommt.

II. Einstweiliger Rechtsschutz im Urteilsverfahren

676 § 62 Abs. 2 Satz 1 ArbGG regelt, dass im Urteilsverfahren auf den Arrest und die einstweilige Verfügung die Vorschriften des 8. Buches der ZPO (§§ 704 ff.) Anwendung finden.

677 Bei arbeitsrechtlichen Auseinandersetzungen, die sich ohne weiteres über mehrere Jahre erstrecken können und deshalb ein ausreichender Rechtsschutz durch die lange Verfahrensdauer nicht gewährleistet ist, erklärt § 62 Abs. 2 Satz 1 ArbGG für das gerichtliche Verfahren die Vorschriften der ZPO zum Arrest und zur einstweiligen Verfügung für anwendbar. Sowohl das Arrest-, als auch das einstweilige Verfügungsverfahren können parallel zu einem laufenden Hauptsacheverfahren anhängig gebracht werden.

1. Arrest

678 Zuständig ist gem. § 919 ZPO grundsätzlich das **Gericht der Hauptsache**. Gericht der Hauptsache ist das ArbG, welches auch im Hauptsacheverfahren die Entscheidung über das streitige Rechtsverhältnis zu treffen hätte.

679 Entsteht während des **Berufungsverfahrens** ein Regelungsbedürfnis zum Erlass eines Arrestes, folgt die **Zuständigkeit** für dieses Arrestgesuch des LAG aus § 943 Abs. 1 ZPO.

680 Obwohl nach der Neufassung von § 48 ArbGG und des § 17a GVG durch das 4. VwGO-ÄndG ab dem 1.1.1991 die **Eilzuständigkeit des AG** für arbeitsrechtliche Streitigkeiten nicht mehr begründet ist, wird vereinzelt doch noch eine gegenteilige Auffassung vertreten. So hat das LG Fulda in seiner Entscheidung vom 18.8.1995 (NJW 1996, 265 f.) ausgeführt, dass auch nach der Änderung des § 48 ArbGG eine Zuständigkeit des AG als Arrestgericht der belegenen Sache in Arbeitssachen angenommen werden könne; *Germelmann/Matthes/Prütting* (ArbGG, § 62 Rn. 67) weisen zu Recht jedoch darauf hin, dass hierbei übersehen werde, dass nach der Änderung der §§ 17 ff. GVG die Frage der Rechtswegzuständigkeit geklärt sei.

681 Gem. § 921 Abs. 1 ZPO kann über das Arrestgesuch ohne mündliche Verhandlung entschieden werden. **Findet eine mündliche Verhandlung** wegen der Dringlichkeit oder zur Erreichung eines effektiven Rechtsschutzes **nicht statt,** entscheidet der Vorsitzende allein durch Beschluss, § 922 Abs. 1 ZPO.

Gegen den Beschluss, durch den der Arrest angeordnet wird, kann **Widerspruch** eingelegt werden, § 924 Abs. 1 ZPO. Durch die Erhebung des Widerspruchs wird die Vollziehung des Arrestes nicht gehemmt, § 924 Abs. 3 Satz 1 ZPO; das Gericht kann jedoch eine **einstweilige Anordnung nach § 707 ZPO** treffen. Über den Widerspruch entscheidet das ArbG in mündlicher Verhandlung durch Endurteil, hiergegen ist Berufungseinlegung möglich. Ein **weiteres Rechtsmittel** auf die Entscheidung des LAG ist nicht zulässig, § 72 Abs. 4 ArbGG. 682

Das ArbG kann den Antrag auf Erlass eines Arrestes durch Beschluss ohne mündliche Verhandlung zurückweisen, § 921 Abs. 1 ZPO; hiergegen kann die **einfache Beschwerde** nach § 567 ZPO eingelegt werden. 683

In der arbeitsrechtlichen Praxis haben **Arreste** keine wesentliche Bedeutung. 684

Gem. § 916 Abs. 1 ZPO hat sich der Arrest grundsätzlich auf eine Geldforderung zu beziehen oder einen Anspruch, der in eine Geldforderung übergehen kann. 685

Der Arrest ist nur zulässig, wenn ein Arrestgrund besteht. Ein Arrestgrund kann darin gesehen werden, dass der Schuldner wesentliche Vermögenswerte verschiebt, dass er entsprechende Handlungen ankündigt; nach der Entscheidung des LAG Frankfurt vom 12.1.1965 (NJW 1965, 989) ist ein Arrestgrund regelmäßig dann gegeben, wenn der Schuldner durch strafbare Handlung vorsätzlich das Vermögen des Gläubigers geschädigt hat. 686

§ 917 Abs. 1 ZPO regelt, dass der dingliche Arrest stattfindet, wenn zu besorgen ist, dass ohne dessen Verhängung der Vollstreckung das Urteil vereitelt oder wesentlich erschwert würde. 687

Durch das **Zusammenwachsen der Märkte** ist im Arbeitsrecht auch zunehmend eine **Auslandsbeteiligung** festzustellen. § 917 Abs. 2 ZPO regelt, dass ein zureichender Arrestgrund anzusehen ist, wenn das Urteil im Ausland vollstreckt werden müsste. Dies gilt nicht, wenn das Urteil nach dem Übereinkommen vom 27.9.1968 über die gerichtliche Zuständigkeit und die Vollstreckung gerichtlicher Entscheidungen in Zivil- und Handelssachen und dem Beitrittsübereinkommen dazu oder dem Übereinkommen vom 16.9.1998 über die gerichtliche Zuständigkeit und die Vollstreckung gerichtlicher Entscheidungen in Zivil- und Handelssachen (BGBl. 1994 II, S. 2658, 3772) vollstreckt werden müsste. 688

Mitgliedsstaaten des EuG-Übereinkommen über die gerichtliche Zuständigkeit und die Vollstreckung gerichtlicher Entscheidungen in Zivil- und Handelssachen (EuGVÜ) sind kein Ausland i.S.d. § 917 Abs. 2 ZPO. Der EuGH hat in seiner Entscheidung vom 10.2.1994 (NJW 1994, 1271) entschieden, dass die Regelung des Abs. 2 eine nach Gemeinschaftsrecht unzulässige Diskriminierung darstelle, sofern Mitgliedsstaaten des EuGVÜ als Ausland i.S.d. Bestimmung angesehen würden. Dies bedeutet für die Praxis, dass § 917 Abs. 2 ZPO unabwendbar ist, wenn der Arrestantrag darauf gestützt wird, dass die Zwangsvollstreckung in einem EuGVÜ-Mitgliedsstaat zu erfolgen hätte.

689 Der **persönliche Sicherungsarrest** findet nur statt, wenn er erforderlich ist, um die gefährdete Zwangsvollstreckung in das Vermögen des Schuldners zu sichern, § 918 ZPO.

690 Nach der Entscheidung des LAG Hamm vom 9.7.1998 (Az. 17 Sa 733/98, n.v.) steht dem Arbeitgeber für den **arbeitsgerichtlichen Erlass eines Arrestes** in das bewegliche sowie das unbewegliche Vermögen seines bisherigen Arbeitnehmers ein Arrestgrund i.S.d. § 917 Abs. 1 ZPO i.d.R. ohne Hinzutreten weiterer Umstände dann zu, wenn dieser bisherige Arbeitnehmer seinem Arbeitgeber während des bestandenen Arbeitsverhältnisses sowie in Ausübung seiner vertraglichen Tätigkeiten aus diesem Arbeitsverhältnis und zudem unter Ausnutzung des jedem Arbeitsverhältnis innewohnenden Vertrauens des Arbeitgebers auf die Redlichkeit seiner Arbeitnehmer durch vorsätzliche, strafbare, betrügerische Handlungen einen nicht unerheblichen Vermögensschaden beigefügt hat.

691 Eine **drohende Verschlechterung der Vermögenslage** und damit ein Arrestgrund i.S.d. § 917 Abs. 1 ZPO kann dann nicht angenommen werden, wenn die Verschlechterung bereits eingetreten ist, so LAG München vom 29.11.1973 (Az. 6 Sa 195/72 N, n.v.); ein Arrestgrund ist nach dieser Entscheidung nicht gegeben, wenn eine drohende Zwangsvollstreckung von dritter Seite droht, da durch den Arrest nicht die Lage des Gläubigers verbessert werden soll.

692 Das LAG Hamm hat in seiner Entscheidung vom 31.3.1977 (MDR 1977, 611) einen Arrestgrund verneint, wenn an die Stelle des sicheren Schuldners ein überschuldeter Erbe tritt.

2. Einstweilige Verfügung

Ebenfalls für den Erlass einer einstweiligen Verfügung ist wie beim Arrest das ArbG (§ 931 Abs. 1 ZPO) zuständig, bei dem die Hauptsache anhängig ist bzw. anhängig zu bringen wäre. 693

Der Antrag auf Erlass einer einstweiligen Verfügung hat drei Voraussetzungen: 694

- Verfügungsanspruch (betr. die Begründetheit des Anspruchs);
- Verfügungsgrund (betr. dessen Zulässigkeit);
- Glaubhaftmachung.

Es ist zu differenzieren nach dem im einzelnen Verfügungsverfahren verfolgten Zweck. 695

Zu unterscheiden ist zwischen der

- **Sicherungsverfügung** gem. § 935 ZPO;
- **Regelungsverfügung** gem. § 940 ZPO;
- **Leistungsverfügung**, welche es nur in Ausnahmefällen gestattet, schon die Befriedigung des Gläubigers durchzuführen.

Vom Grundsatz her ist über eine einstweilige Verfügung aufgrund mündlicher Verhandlung zu entscheiden. § 62 Abs. 2 Satz 2 ArbGG erlaubt, dass in **dringenden Fällen ohne mündliche Verhandlung** entschieden werden kann, auch wenn der Antrag zurückzuweisen ist (LAG Nürnberg, Beschl. v. 27.4.1998, Az. 5 Ta 42/98, n.v.; Sächsisches LAG, NZA 1998, 223). 696

> **Hinweis:** 697
>
> Zu beachten ist, dass die Vollziehung des Arrestbefehls ebenso wie die einstweilige Verfügung als Leistungsverfügung **binnen eines Monats** stattzufinden hat, danach ist sie unstatthaft; eine durch Urteil erlassene einstweilige Verfügung ist auf Berufung von dem Berufungsgericht aufzuheben, wenn sie nicht gem. § 929 Abs. 2 ZPO fristgerecht vollzogen ist (LAG Frankfurt, 12.10.1996, Az. 9 SaGA 1383/96, n.V.).

Bezüglich der **Rechtsmittel** vgl. die vorstehenden Ausführungen zum Arrest (s. Rn. 682 f.). 698

699 Ist jedoch durch die einstweilige Verfügung eine **endgültige Erfüllung**, Befriedigung des Gläubigeranspruchs eingetreten, so fehlt es für das weitere Verfahren an dem erforderlichen **Rechtsschutzinteresse** (vgl. hierzu *Germelmann/Matthes/Prütting*, ArbGG, § 62 Rn. 79). Danach ist ein weder Widerspruch (§ 924 ZPO) noch eine Aufhebung wegen veränderter Umstände (§ 927 ZPO) möglich. Die Frage der Berechtigung der einstweiligen Verfügung kann nur noch im Hauptsacheverfahren geklärt werden bzw. im **Schadensersatzverfahren** gem. § 945 ZPO.

Nachstehend werden Einzelfälle behandelt.

a) Arbeitspapiere

700 In der Praxis recht häufig ist der Fall, dass ein Arbeitnehmer anlässlich des Antritts eines neuen Arbeitsverhältnisses die erforderlichen Unterlagen wie **Lohnsteuerkarte, Zeugnis** beim neuen Arbeitgeber nicht vorlegen kann, da der alte Arbeitgeber mit der Ausstellung oder Übergabe der Papiere säumig ist. Dem Arbeitnehmer drohen in diesem Falle konkrete, im Einzelfall durchaus nicht wieder auszugleichende **Nachteile**, wenn der neue Arbeitgeber die Aufnahme des Arbeitsverhältnisses ohne Vorlage der Papiere ablehnt. Für diesen Sachverhalt ist die Zulässigkeit einer **Leistungsverfügung** i.S.d. § 940 ZPO anerkannt. Der alte Arbeitgeber ist verpflichtet, die erforderlichen Papiere auszustellen und zu übergeben; es handelt sich um eine Holschuld.

701 Der Arbeitnehmer hat zum Verfügungsgrund darzulegen, dass der neue Arbeitgeber die Einstellung von der Vorlage der Arbeitspapiere abhängig macht oder die Versteuerung nach der Steuerklasse VI vornimmt, oder der Arbeitnehmer die Lohnsteuerkarte benötigt für die Durchführung des Lohnsteuerjahresausgleiches.

> **Hinweis:**
> Nicht im Wege der einstweiligen Verfügung kann der Arbeitnehmer die **Herausgabe des Versicherungsnachweisheftes** verlangen. Es liegt **kein Verfügungsgrund** vor, da der neue Arbeitgeber dieses von der Sozialversicherung anfordern kann.

702 Es wird als ausreichend für die Glaubhaftmachung angesehen, dass der Arbeitnehmer an Eides statt versichert, dass der vorherige Arbeitgeber nach der Beendigung des Arbeitsverhältnisses, trotz Aufforderung, die erforderlichen

Papiere nicht übergibt und der Arbeitnehmer diese benötigt, um das neue Arbeitsverhältnis aufnehmen zu können (vgl. *Germelmann/Matthes/Prütting*, ArbGG, § 62 Rn. 90).

b) Arbeitsentgelt

Eine einstweilige Verfügung gegen den Arbeitgeber auf **Auszahlung von Lohnansprüchen** führt zu einer **Befriedigung** des Gläubigers. 703

Es wird deshalb gefordert, dass der Arbeitnehmer in seinem Antrag darzulegen und glaubhaft zu machen hat, dass er sich ohne Zahlung des Entgeltes in einer **Notlage** befindet (vgl. hierzu LAG Düsseldorf, DB 1976, 587; LAG Frankfurt, NJW 1977, 269 f. und LAG Frankfurt, NJW 1978, 76). Nach wohl h.M. ist der Arbeitnehmer nicht auf die Inanspruchnahme von Sozialhilfe oder Arbeitslosengeld zu verweisen, da diese **subsidiär** sind (vgl. bzgl. des Arbeitslosengeldes § 143 Abs. 1 SGB III, *Grunsky*, ArbGG § 62 Rn. 22; *Vossen*, RdA 1991, 222; *Germelmann/Matthes/Prütting*, ArbGG, § 62 Rn. 82). 704

Bezieht der Arbeitnehmer jedoch bereits **Arbeitslosengeld** oder **Arbeitslosenhilfe** oder den Notbedarf deckende **Sozialhilfe, fehlt** es an dem für den Erlass einer Leistungsverfügung erforderlichen **Verfügungsgrund**, da der Arbeitnehmer sich nicht in einer Notsituation befindet (*Gift/Baur*, Urteilsverfahren, S. 1480, Rn. 111). Verfügt der Arbeitnehmer über andere Forderungen, besteht eine solche Notlage nicht, wenn die Forderungen leicht zu realisieren sind (LAG Hamburg, DB 1986, 1629). Dies ist der Fall, wenn die Geldmittel etwa von gesetzlichen Unterverpflichteten so schnell zu erlangen sind, dass der Arbeitnehmer sie noch zum Bestreiten seines Lebensunterhaltes in dem Zeitabschnitt verwenden kann, für den er an sich die Arbeitsvergütung benötigt. Diese Möglichkeit scheidet allerdings aus, wenn der Arbeitnehmer den anderen Anspruch ebenfalls einklagen oder mit einer einstweiligen Verfügung durchsetzen müsste (*Vossen*, RdA 91, 221 f.). Die Glaubhaftmachung einer Notlage setzt daher eine umfassende und nachvollziehbare Schilderung voraus, dass dem Arbeitnehmer zustehende Ansprüche gegen Dritte jedenfalls nicht innerhalb eines zumutbaren Zeitraums erlangt werden können, (ArbG Frankfurt, DB 1999, 289). 705

> **Hinweis:** 706
> Häufig ist zu beobachten, dass der **gesamte Bruttolohnanspruch** des streitigen Zeitraums im Wege der einstweiligen Verfügung begehrt wird.

> Es besteht Einigkeit darüber, dass wegen der ausnahmsweisen Befriedigungswirkung der einstweiligen Verfügung dem Arbeitnehmer durch das Eilverfahren nicht der gesamte Bruttolohnanspruch zuzusprechen ist; ihm ist zu bewilligen, was er notwendigerweise zum **Bestreiten seines Lebensunterhaltes** benötigt.

707 Wird hierzu nichts konkret vorgetragen, kann das Gericht entsprechend der Höhe des Pfändungsfreibetrages zusprechen; das LAG Baden-Württemberg vertritt in seiner Entscheidung vom 24.11.1967 (BB 1968, 335) die Auffassung, dass Bemessungsrahmen die **Höhe des fiktiven Arbeitslosengeldes** ist.

c) Durchsetzung des Anspruchs auf Beschäftigung

708 Im bestehenden Arbeitsverhältnis hat der Arbeitnehmer einen Anspruch auf tatsächliche Beschäftigung. Dieser Anspruch kann im Wege der Leistungsverfügung durchgesetzt werden. Die Vollstreckung dieses Anspruchs richtet sich nach § 888 ZPO.

709 Zu differenzieren ist jedoch, wenn der **Arbeitgeber** die vom Arbeitnehmer aufgrund des Arbeitsvertrags geschuldete Leistung im Wege der einstweiligen Verfügung durchsetzen will.

Es ist zu unterscheiden, ob der Arbeitnehmer **vertretbare** oder **unvertretbare Dienste** schuldet.

710 Die **Durchsetzung einer unvertretbaren Handlung** kann mit Hilfe einer einstweiligen Verfügung nicht erreicht werden, da eine Vollstreckung nach § 888 Abs. 2 ZPO nicht möglich ist. Eine einstweilige Verfügung ist deshalb in einem solchen Fall unzulässig. Dies ist jedoch sehr streitig. Nach den Entscheidungen des LAG Baden-Württemberg vom 9.4.1963 (AP Nr. 5 zu § 940 ZPO) und LAG Bremen vom 9.11.1955 (AP Nr. 3 zu § 611 BGB) soll ein vertragsbrüchiger Arbeitnehmer durch einstweilige Verfügung zur Rückkehr an den Arbeitsplatz veranlasst werden können, obwohl weder die Möglichkeit besteht, eine Vollstreckung nach § 888 Abs. 2 ZPO vorzunehmen, noch die Möglichkeit besteht, eine Entschädigungszahlung gem. § 61 Abs. 2 ArbGG festsetzen zu lassen.

711 Schuldet der Arbeitnehmer **vertretbare Dienste**, ist somit eine **Ersatzvornahme gem. § 887 ZPO** möglich, es scheidet der Erlass einer einstweiligen Verfügung ebenfalls aus. Es fehlt am Verfügungsgrund für die Ersatzvornah-

me. Der Arbeitgeber ist auf den Weg des Schadensersatzprozesses zu verweisen (vgl. zur Problematik *Germelmann/Matthes/Prütting*, ArbGG, § 62 Rn. 85).

Der allgemeine **Weiterbeschäftigungsanspruch während der Dauer eines Kündigungsschutzprozesses** des Arbeitnehmers, ist nach der Entscheidung des großen Senates des BAG vom 27.2.1985 (NZA 1985, 702 ff.) im Wege der einstweiligen Verfügung nur unter gewissen Voraussetzungen möglich. 712

Entweder ist die Kündigung offensichtlich unwirksam oder es erging ein die Unwirksamkeit der Kündigung feststellendes Urteil und es liegen keine besonderen Umstände vor, welche ein überwiegendes Interesse des Arbeitgebers begründen, die der Weiterbeschäftigung des Arbeitnehmers entgegensteht (*Germelmann/Matthes/Prütting*, ArbGG, § 62 Rn. 86). 713

> **Hinweis:** 714
>
> Es ist darauf zu achten, dass der Beschäftigungsanspruch **parallel** zur Kündigungsschutzklage im Wege der einstweiligen Verfügung anhängig gebracht werden kann.

Das Zurückstellen des Antrages auf Erlass einer einstweiligen Verfügung mit dem Inhalt, den Arbeitgeber zu verpflichten, den Arbeitnehmer während der Dauer des Kündigungsschutzprozesses weiterzubeschäftigen nach erstinstanzlichem obsiegenden Urteil, ist zurückzuweisen, da ein Verfügungsgrund zu verneinen ist. Hier fehlt es an der Eilbedürftigkeit. Der Arbeitnehmer bzw. sein Prozessbevollmächtigter sind gehalten, zugleich mit der Erhebung der Kündigungsschutzklage den Anspruch auf Weiterbeschäftigung anhängig zu machen. 715

Der große Senat des BAG lässt den Anspruch nur bei **offensichtlich unwirksamer Kündigung** oder wenn ausnahmsweise besonders **schutzwürdige Belange** des gekündigten Arbeitnehmers zu bejahen sind zu, die das Interesse des Arbeitgebers an der Nichtbeschäftigung des Arbeitnehmers im konkreten Einzelfall verdrängen. 716

Die Entscheidung des ArbG Leipzig vom 8.8.1996 (BB 1997, 367 f.) wonach der im bestehenden Arbeitsverhältnis grundsätzlich zu bejahende Anspruch auf tatsächliche vertragsgemäße Beschäftigung auch nach Ausspruch einer Kündigung bis zum Ablauf der Kündigungsfrist bestehe, ist deshalb abzulehnen. 717

718 Das LAG Rheinland-Pfalz hat in seiner Entscheidung vom 21.8.1986 (LAGE § 611 BGB Beschäftigungspflicht Nr. 19) deshalb auch zu Recht ausgeführt, dass wenn ein Arbeitnehmer im Wege der einstweiligen Verfügung seine Weiterbeschäftigung für die Zeit zwischen der Kündigung des Arbeitsverhältnisses und der rechtskräftigen Beendigung des Kündigungsschutzprozesses begehre, so müsse er als Verfügungsgrund ein besonderes, objektiv bestehendes Beschäftigungsinteresse vortragen und glaubhaft machen, welches im Rahmen einer Abwägung der Interessen von Arbeitnehmer und Arbeitgeber gegenüber dem Arbeitgeberinteresse am Unterbleiben der einstweiligen Verfügung überwiege. Ein solches Beschäftigungsinteresse könne sich nur im Hinblick auf den mit der rechtlichen Anerkennung des allgemeinen Weiterbeschäftigungsanspruchs bezweckten Schutz der Persönlichkeitsrechte des Arbeitnehmers ergeben; daher können nur ideelle und nicht auch materielle Belange geltend gemacht werden. Ein spezifisches, objektiv bestehendes **Beschäftigungsinteresse** des Arbeitnehmers liegt nach dieser Entscheidung nicht vor, wenn der Arbeitnehmer lediglich vorträgt, es gehe ihm um die Erhaltung seines Arbeitsplatzes.

719 Das LAG Hamm hat in seiner Entscheidung vom 18.2.1998 (NZA-RR 1998, 422) ausgeführt, dass ein Arbeitnehmer seinen Beschäftigungsanspruch auch in der Kündigungsfrist nur dann im Wege der einstweiligen Verfügung durchsetzen kann, wenn er darlegt, dass er auf dessen sofortige Erfüllung dringend angewiesen ist, dass er sich in einer **Notlage** befindet. Dass der Arbeitnehmer gravierende **Eingriffe in sein Persönlichkeitsrecht** glaubhaft zu machen hat (z.B. Erhaltung und Sicherung der Qualifikation seiner Eigenschaft als Arbeitnehmer) und dass eine bevorstehende Fortbildungsveranstaltung diesen Anforderungen nicht genügt, führt das LAG Köln in seiner Entscheidung vom 9.6.1997 (Az. 10 (9) Ta 92/97, n.v.) aus.

720 Bei einer einstweiligen Verfügung auf **Beschäftigung mit konkreten Tätigkeiten** stehen Verfügungsgrund und Verfügungsanspruch dergestalt zueinander in Beziehung, dass die Anforderungen an den Verfügungsgrund umso geringer sind, desto schwerer und offensichtlicher die drohende oder bestehende Rechtsverletzung ist. Ein Ansehensverlust für eine vorgenommene Änderung der Arbeitsinhalte ist i.d.R. im Rahmen einer Leistungsverfügung kein ausreichender Verfügungsgrund (LAG Köln, NZA 1999, 1008).

721 Hat der Arbeitgeber eine **offensichtlich unwirksame Änderungskündigung** ausgesprochen, kann der Anspruch des Arbeitnehmers auf Weiterbeschäfti-

gung auf dem alten Arbeitsplatz im Wege der einstweiligen Verfügung geltend gemacht werden. Das LAG Potsdam hat in seiner Entscheidung vom 28.1.1997 (MedR 1997, 368 f.) den **Weiterbeschäftigungsanspruch eines Chefarztes** bei einer offensichtlich unwirksamen Änderungskündigung bejaht, ein Weiterbeschäftigungsanspruch könne auch dann anerkannt werden, wenn der Arbeitnehmer Gründe geltend machen kann, die in dieser typischen Interessenlage zur Anerkennung des Weiterbeschäftigungsanspruchs führen. Hierzu kommen nach der Entscheidung des LAG Potsdam solche Umstände in Betracht, die das **ideelle Beschäftigungsinteresse** des Arbeitnehmers noch verstärken, (z.B. die Anerkennung im Berufsfeld, die Erhaltung von Fachkenntnissen, im speziellen Fall die Durchführung von Operationen, der Ansehensverlust nach 25-jähriger Tätigkeit, möglicherweise eintretende nachteilige Veränderungen der Arbeitsbedingungen in der Abteilung).

d) Weiterbeschäftigungsanspruch gem. § 102 Abs. 5 BetrVG

Hat der Betriebsrat einer ordentlichen Kündigung frist- und ordnungsgemäß widersprochen und hat der Arbeitnehmer nach dem KSchG Klage auf Feststellung erhoben, dass das Arbeitsverhältnis durch die Kündigung nicht aufgelöst ist, so muss der Arbeitgeber auf Verlangen des Arbeitnehmers diesen nach Ablauf der Kündigungsfrist bis zum rechtskräftigen Abschluss des Rechtsstreits bei unveränderten Bedingungen weiterbeschäftigen.

Voraussetzung des Anspruchs auf Weiterbeschäftigung ist, dass der Betriebsrat aus den Gründen des § 102 Abs. 3 BetrVG widersprochen hat, sich auf einen der gesetzlich normierten Widerspruchsgründe des Abs. 3 beruft; der Arbeitnehmer hat dann binnen drei Wochen Klage zu erheben und **ausdrücklich** vorläufige Weiterbeschäftigung zu verlangen.

Hinweis:

Es ist anerkannt, dass bei besonderer Eilbedürftigkeit dieser Anspruch im Wege der **einstweiligen Verfügung** durchgesetzt werden kann. Der Verfügungsanspruch sei bei Vorliegen der drei Voraussetzungen ohne weiteres gegeben, als Verfügungsgrund genüge z.B. die Glaubhaftmachung der vorgesehenen neuen Besetzung des Arbeitsplatzes durch einen anderen Arbeitnehmer (*Fitting/Kaiser/Heither/Engels*, BetrVG, § 102 Rn. 67; vgl. ebenfalls LAG München, LAGE § 102 BetrVG 1972 Beschäftigungspflicht Nr. 19).

725 Nach § 102 Abs. 5 Satz 2 BetrVG hat der Arbeitgeber die Möglichkeit, sich durch einstweilige Verfügung von der Verpflichtung zur Weiterbeschäftigung **entbinden** zu lassen, wenn

- die Klage des Arbeitnehmers **keine ausreichende Aussicht auf Erfolg** bietet und/oder mutwillig erscheint;
- die Weiterbeschäftigung des Arbeitnehmers zu einer **unzumutbaren wirtschaftlichen Belastung** des Arbeitgebers führen würde oder
- der Widerspruch des Betriebsrats **offensichtlich unbegründet** war.

726 Die **Darlegungs- und Beweislast** für die vorgenannten Voraussetzungen obliegt dem **Arbeitgeber** (vgl. LAG München, a.a.O.). Nach h.M. geht die Entscheidung über den Antrag des Arbeitgebers ihn von der Weiterbeschäftigungspflicht zu entbinden im Urteils- und nicht im Beschlussverfahren (*Germelmann/Matthes/Prütting*, ArbGG, § 62 Rn. 89 m.w.N.).

e) Direktionsrecht

727 Nicht atypisch ist der Fall, dass im Zusammenhang mit dem Ausspruch einer Kündigung der Arbeitgeber den Arbeitnehmer zugleich auffordert, unter Berufung auf ein ihm vermeintlich zustehendes Direktionsrecht, ab sofort **andere Tätigkeiten** auszuüben und eine Änderungskündigung für nicht erforderlich hält. Hier besteht die Möglichkeit, dass den Arbeitnehmer, insbesondere, wenn es sich um einen Provisionsvertreter handelt, nicht unerhebliche finanzielle Nachteile entstehen.

728 Wie zurückhaltend bei dem Erlass einer einstweiligen Verfügung ArbG sein können, zeigt die Entscheidung des ArbG Hamm vom 4.12.1998 (Az. 2 (1) Ga 37/98, n.v.). Im dort entschiedenen Falle wurde einem Automobilverkäufer zugleich mit der Übergabe der Kündigung die schriftliche Anweisung gegeben, mit sofortiger Wirkung seine Tätigkeit im angestammten Verkaufsgebiet seiner Heimatgemeinde zu beenden und stattdessen ab sofort als Ladeverkäufer in der Ausstellungshalle tätig zu sein. Das Gericht hat in seiner Entscheidung den Verfügungsanspruch auf Weiterbeschäftigung im alten Verkaufsgebiet bejaht, da im konkreten Falle der Arbeitgeber vernünftig und nachvollziehbare Gründe für die Umsetzung des Provisionsvertreters nicht vortrug. Es verneinte jedoch den Verfügungsanspruch, da seine Verweisung auf das Urteilsverfahren **nicht zu einer unbilligen Härte** i.S.d. §§ 935, 940 ZPO führe. Verdienstausfälle könne der Kläger im Wege der Schadensersatzklage geltend machen.

> **Hinweis:** 729
>
> Vertritt der Rechtsanwalt einen auf Provisionsbasis arbeitenden Vertreter, ist auf jeden Fall bei entsprechendem Sachverhalt vorzutragen als Verfügungsgrund, dass der Vertreter den Kontakt zu den Kunden verliert, und so durch unmittelbar finanzielle Nachteile drohen, die auch durch die Folgen, die sich aus dem Annahmeverzug des Arbeitgebers ergeben, nicht ausgeglichen werden können.

f) Urlaubsgewährung

Von erheblicher praktischer Bedeutung ist die Gewährung von Urlaub durch einstweilige Verfügung. Ergeht in diesen Fällen eine Entscheidung, handelt es sich um den klassischen Fall einer **Erfüllungsverfügung**, wird dem Arbeitnehmer im Wege der einstweiligen Verfügung die Erfüllung des streitigen Urlaubsanspruches zugesprochen, ist eine **Rückabwicklung** einer späteren negativen Entscheidung nicht mehr möglich. 730

Aus diesem Grunde wird auch gefordert, an den **Verfügungsgrund** besonders **strenge Anforderungen** zu stellen. Der Arbeitnehmer hat vorzutragen, dass für ihn keine andere Möglichkeit besteht, die Festlegung des Urlaubszeitraums zu erlangen, insbesondere in Betrieben mit einem Betriebsrat die Möglichkeit ausscheidet, gem. § 87 Abs. 1 Nr. 5 BetrVG eine Festsetzung der zeitlichen Lage des Urlaubs zu bewirken. Hierbei ist zu beachten, dass der Arbeitnehmer nicht durch eigenes Abwarten erst die **Eilbedürftigkeit** geschaffen hat, etwa durch nicht rechtzeitige Anrufung des ArbG. 731

> **Hinweis:** 732
>
> Auch wenn besonders strenge Anforderungen wegen der Erfüllungswirkung zu stellen sind, kann nur jedem Arbeitnehmer und seinem Prozessbevollmächtigten geraten werden, bei Streit über die Gewährung von Urlaub zu einem bestimmten Zeitpunkt das **ArbG** im Wege der einstweiligen Verfügung **anzurufen**. Dieser Hinweis erfolgt nicht nur aus der pragmatischen Überlegung, dass häufig die ArbG den Rechtsfrieden herstellen durch eine vergleichsweise Regelung; scheitert dieser Versuch und obsiegt der Arbeitnehmer im einstweiligen Verfügungsverfahren, wird es dem Arbeitgeber nicht möglich sein, das Arbeitsverhältnis fristlos zu kündigen bei

> Urlaubsantritt mit der Begründung, dass diese eigenmächtig erfolgt, da die einstweilige Verfügung den Arbeitnehmer insoweit **berechtigt**.

733 Ein Verfügungsgrund ist auch dann nicht anzunehmen, wenn der Urlaubsantrag des Arbeitnehmers zunächst vom Arbeitgeber positiv beschieden wurde, der Arbeitnehmer daraufhin buchte und nunmehr der Arbeitgeber dem Arbeitnehmer untersagen will in Urlaub zu fahren, da betriebliche Interessen dem Urlaubsantritt des Arbeitnehmers entgegenstehen.

734 > **Hinweis:**
>
> Hierzu ist zu bedenken, dass die **Urlaubsgewährung/-bewilligung** eine **Willenserklärung** ist, die nicht einseitig widerrufen werden kann. Die Vertragsparteien einigen sich auf die Fixierung des konkreten Urlaubszeitpunktes. Es erscheint deshalb sehr zweifelhaft, einen Verfügungsgrund zu bejahen, wenn der Arbeitnehmer aufgrund **bewilligten Urlaubs** eine Urlaubsreise gebucht hat, die Urlaubsgewährung jedoch vom Arbeitgeber aus betrieblichen Gründen „widerrufen" wurde. Vorsorglich sollte jedoch auch in diesen Fällen versucht werden durch einen entsprechenden Antrag auf Erlass einer einstweiligen Verfügung in der mündlichen Verhandlung den Rechtsfrieden wiederherzustellen.

735 Hat ein Arbeitgeber gegenüber einem Arbeitnehmer die **zeitliche Lage des Urlaubs festgelegt** und machen nachträglich eingetretene betriebliche Interessen von besonderem Gewicht die Anwesenheit des Arbeitnehmers im Betrieb während dieses Zeitraums notwendig, kann der Arbeitnehmer verpflichtet sein, einer Aufhebung der Festlegung zuzustimmen. Der Arbeitgeber ist nach § 130 Abs. 1 BGB nicht berechtigt, einen solchen Anspruch durch eine einstweilige Widerrufserklärung durchzusetzen; erforderlich ist eine Zustimmung des Arbeitnehmers. Verweigert der Arbeitnehmer die Zustimmung obliegt es dem Arbeitgeber, die Zustimmung – erforderlichenfalls mit einer einstweiligen Verfügung – gerichtlich geltend zu machen (ArbG Frankfurt, ARST 1999, 133).

736 Hohe Anforderungen an den Verfügungsgrund stellt das LAG Hamm (LAGE § 7 BUrlG Nr. 33). Das LAG Hamm bejaht die Möglichkeit, einstweilige Verfügungen im Bereich des Urlaubsrechtes anzuwenden, möchte diese jedoch auf **Ausnahmefälle** beschränkt wissen. Grundsätzlich könne der Arbeitnehmer nicht im Wege der einstweiligen Verfügung fordern, dass ihm Urlaub für

einen bestimmten Zeitraum zu gewähren ist. Eine Ausnahmesituation sei jedoch dann vorhanden, wenn ohne einstweilige Verfügung für den Verfügungsgläubiger ein wesentlicher Schaden oder der Verlust des geltend gemachten Anspruchs erfolge.

Corts (NZA 1988, 357) weist mit beachtlichen Argumenten darauf hin, dass das Begehren nicht auf die Gewährung von Urlaub, sondern auf **Gestattung des Fernbleibens** von der Arbeit gerichtet werden kann. Die sonst in der Urlaubsgewährung liegende Erlaubnis, der Arbeit fernzubleiben, würde dann durch die vom Gericht getroffene Regelung **ersetzt**. Damit würde einerseits eine Erfüllung des Urlaubsanspruchs vermieden, andererseits aber erreicht, dass der Arbeitnehmer seine an sich fortbestehende Arbeitspflicht nicht verletze. Kündigungsrechtliche Konsequenzen hätte der Arbeitnehmer nur in dem Ausnahmefall zu befürchten, wenn er die einstweilige Verfügung durch bewusst falsche Angaben gegenüber dem Gericht erschlichen hat (so *Corts*, a.a.O.).

g) Konkurrenztätigkeit und Wettbewerbsverbot

Ein **vertragliches Wettbewerbsverbot** für Arbeitnehmer ergibt sich aus den §§ 60, 61 HGB, aus einem Arbeitsvertrag i.V.m. § 74 HGB oder aus der ihm obliegenden allgemeinen Treuepflicht. Der dem Arbeitgeber zustehende Anspruch darauf, dass der Arbeitnehmer Wettbewerbshandlungen gem. der vertraglichen Regelungen unterlässt, kann im Wege der einstweiligen Verfügung geltend gemacht werden. Auch hierbei ist erneut auf die Erforderlichkeit der Vollziehung gem. § 929 Abs. 2 ZPO hinzuweisen. Versäumt die obsiegende Partei diese Frist, verliert die einstweilige Verfügung ihre Wirkung und ist aufzuheben. Eine einstweilige Verfügung kann jedoch unter den Voraussetzungen des § 935 ZPO erneut ergehen; die **Nichtvollziehung der Erstverfügung** kann jedoch die Dringlichkeit entfallen lassen, weil der Gläubiger trotz des bestehenden Regelungsbedürfnisses untätig blieb und damit die Annahme, der Erlass einer einstweiligen Verfügung sei notwendig, selbst widerlegt. Dies ist jedoch dann nicht anzunehmen, wenn der Schuldner die Erstverfügung befolgt und der Gläubiger im Rechtsmittelverfahren in angemessener Frist zum Ausdruck bringt, dass er seine Rechte aus der erlassenen einstweiligen Verfügung weiter in Anspruch nimmt, (vgl. LAG Hamm, DB 1995, 1871 f.) 737

Der Anspruch des Arbeitgebers aus einem **nachvertraglichen Wettbewerbsverbot**, kann ebenfalls im Wege der einstweiligen Verfügung durch- 738 gesetzt werden (vgl. *Hiekel* in: *Tschöpe*, Anwaltshandbuch Arbeitsrecht, 734; Rn. 73). Zu beachten ist zunächst, dass das nachträgliche Wettbewerbsverbot die Voraussetzungen der §§ 74 ff. HGB erfüllt. Die Wettbewerbsvereinbarung bedarf der Schriftform und der Aushändigung einer vom Arbeitgeber unterzeichneten, die vereinbarten Bestimmungen enthaltene Urkunde an den Mitarbeiter. Das Wettbewerbsverbot ist nur verbindlich, wenn sich der Arbeitgeber verpflichtet, für die Dauer des Verbotes eine Entschädigung zu zahlen, die der Hälfte der zuletzt bezogenen Vergütung entspricht. Ein Wettbewerbsverbot ist unverbindlich, wenn es nicht zum Schutz eines berechtigten geschäftlichen Interesses des Arbeitgebers dient und den Arbeitnehmer nicht unbillig in seinem beruflichen Fortkommen und seiner Entwicklung beschwert (§ 74a Abs. 1 HGB). Ein Wettbewerbsverbot darf nicht allein den Zweck verfolgen, einen Arbeitsplatzwechsel des Arbeitnehmers zu verhindern. An dieser Stelle sei angemerkt, dass die Praxis zeigt, dass Arbeitgeber viel zu häufig Wettbewerbsverbote vereinbaren in völliger Überbewertung ihrer Eigeninteressen. Gerade bei der Bearbeitung und bei der Beratung des Anwaltes auf Arbeitgeberseite zu Musterarbeitsverträgen ist hierauf hinzuweisen, den Arbeitgeber dahingehend zu belehren, welche erheblichen finanziellen Folgen dies für ihn haben kann, obwohl er im konkreten Falle vielleicht auch gar kein Interesse mehr daran hat, dass der Arbeitnehmer nach seinem Ausscheiden wirklich irgendeine spezielle Tätigkeit unterlässt.

739 **Hinweis:**

Wettbewerbsverbote erscheinen nur sinnvoll bei den „geistigen Köpfen" und „den Herzen eines Unternehmens". Wenn diese Voraussetzung zum Abschluss des Arbeitsvertrages zu bejahen ist, so sollten auch diese Verträge regelmäßig überprüft werden um zu klären, ob das Wettbewerbsverbot im unternehmerischen Interesse noch gerechtfertigt ist. Einigen Arbeitgebern ist häufig die Vorschrift des § 75a HGB unbekannt, wonach der Arbeitgeber vor der Beendigung des Arbeitsverhältnisses durch schriftliche Erklärung auf das Wettbewerbsverbot mit der Wirkung verzichten kann, dass er mit dem Ablauf eines Jahres seit der Erklärung von der Verpflichtung zur Zahlung einer Entschädigung frei wird.

h) Herausgabeansprüche

740 Anlässlich der Beendigung des Arbeitsverhältnisses hat der Arbeitnehmer die ihm vom Arbeitgeber **zur Verfügung gestellten Arbeitsmittel herauszuge-**

ben. Dies ist bei Montagearbeiten nicht nur das Werkzeug, sondern geht bei Reisenden und Vertretern über das Handy bis zum Laptop, überlassene Musterverkaufslisten, Werbematerial etc. Der Herausgabeanspruch des Arbeitgebers ergibt sich aus § 985 BGB. Erfüllt der Arbeitnehmer diesen Anspruch nicht, begeht er **verboten Eigenmacht**. Der Arbeitgeber kann Herausgabe der Arbeitsmittel an sich selbst verlangen. Es ist streitig, ob es eines besonderen Verfügungsgrundes bedarf (verneinend: *Korinth*, Einstweiliger Rechtsschutz Arbeitsgerichtsverfahren, Anhang zu §§ 935, 940 Rn. 146, a.A. LAG Hamm, DB 1973, 2306). Das LAG Hamm fordert vom Arbeitgeber die Glaubhaftmachung der **Dringlichkeit des Herausgabebegehrens und des Kündigungsgrundes**.

> **Hinweis:** 741
>
> Bei der Antragsfassung ist dabei zu achten, die herauszugebenden Gegenstände möglichst präzise zu beschreiben, (z.B. Laptop, Hersteller TARGA, Serie 47/11, Gerätenummer 0815/914/6). Nur präzise gestellte Anträge und entsprechende Ausurteilung geben dem Gerichtsvollzieher die Möglichkeit, die begehrten Gegenstände beim Arbeitnehmer zu identifizieren.

Häufig herrscht auch Streit bzgl. des überlassenen **Dienstwagens**. Hier hat 742 der beratende Anwalt den Arbeitgeber zu fragen, ob im Arbeitsvertrag oder in einer Nebenabrede, in einer gesonderten Urkunde, etwa präzise zwischen den Parteien vereinbart wurde, dass jederzeit der Arbeitgeber das Fahrzeug herausverlangen kann, im Falle der Kündigung der Arbeitnehmer verpflichtet ist, das Fahrzeug vor Ablauf der Kündigungsfrist herauszugeben. Ist im Überlassungsvertrag geregelt, dass der Arbeitnehmer das Fahrzeug während des Arbeitsverhältnisses auch zur privaten Nutzung erhält, müssen schon besondere Umstände eintreten, um einen Herausgabeanspruch des Arbeitgebers vor Ablauf der Kündigungsfrist zu begründen.

i) Konkurrentenklage

Zunehmende Bedeutung kommt der Konkurrentenschutzklage zu. Es handelt 743 sich um eine spezielle Problematik des Arbeitsrechtes im öffentlichen Dienst. Nach Art. 33 Abs. 2 GG hat jeder Deutsche nach seiner Eignung, Befähigung und fachlichen Leistung gleichen Zugang zu jedem öffentlichen Amte. Diese Vorschrift regelt den gesamten öffentlichen Dienst und somit auch die Einstellung und Beförderung von Arbeitnehmern.

744 Ein **Anspruch auf Einstellung oder Beförderung** ist jedoch nur dann anzunehmen, wenn im konkreten Einzelfall jede andere Entscheidung rechtswidrig oder ermessensfehlerhaft ist und unter Berücksichtigung der Qualifikation und der Situation des konkreten Bewerbers die einzige rechtmäßige Entscheidung darstellen würde, da er absolut und im Verhältnis zu den Mitbewerbern der in jeder Hinsicht am besten Geeignete ist (vgl. zuletzt BAG, NZA 1998, 884). Art. 33 Abs. 2 GG soll somit ein faireres Bewerbungsverfahren garantieren. Da nach der Rechtsprechung des BAG die **Konkurrentenklage auf Unterlassung** aber ausgeschlossen ist, wenn die Beförderung in der Zwischenzeit erfolgt, d.h. die Stelle bereits besetzt ist, ist es Ziel, dieses zunächst zu verhindern. Die Rechtsprechung billigt dem Bewerber ein **Auskunftsrecht** gegen seinen Arbeitgeber zur **Darlegung der Auswahlkriterien** zu, um so beurteilen zu können, ob das Bewerbungsverfahren fair, rechtmäßig und ermessensfehlerfrei durchgeführt wurde, (vgl. zur Gesamtproblematik *Schaub*, Arbeitsrechtshandbuch, § 108 Abs. V 3; *Korinth*, Einstweiliger Rechtsschutz Arbeitsgerichtsverfahren, 295 f.). **Ziel der Konkurrentenschutzklage** ist, im Wege der einstweiligen Verfügung es dem Arbeitgeber zu untersagen, eine endgültige Besetzung der Stelle vorzunehmen bis eine Entscheidung im Hauptverfahren getroffen ist. Der Verfügungsanspruch ist begründet, wenn die vom Dienstherrn/Arbeitgeber getroffene Auswahlentscheidung sich als fehlerhaft herausstellt.

j)   Anspruch nach dem Teilzeit- und Befristungsgesetz

745 In Umsetzung der Richtlinie 97/81/EG des Rats vom 15.12.1997 über Teilzeitarbeit ist ab dem 1.1.2001 das TzBfG in Kraft getreten.

746 Gem. § 1 TzBfG ist Ziel des Gesetzes, Teilzeitarbeit zu fördern und die Diskriminierung von teilzeitbeschäftigten Arbeitnehmern zu verhindern. Nach § 8 Abs. 1 i.V.m. Abs. 7 TzBfG kann ein Arbeitnehmer, dessen Arbeitsverhältnis länger als sechs Monate bestanden hat, verlangen, dass seine vertraglich vereinbarte Arbeitszeit verringert wird, wenn der Arbeitgeber unabhängig von der Anzahl der Personen in Berufsausbildung, i.d.R. mehr als 15 Arbeitnehmer beschäftigt. Gem. § 8 Abs. 2 TzBfG muss der Arbeitnehmer die Verringerung seiner Arbeitszeit und den Umfang der Verringerung spätestens drei Monate vor deren Beginn geltend machen, er soll dabei die gewünschte Verteilung der Arbeitszeit angehen. Nach § 8 Abs. 3 TzBfG haben die Vertragsparteien die gewünschte Verringerung der Arbeitszeit mit dem Ziel zu erörtern, zu einer Vereinbarung zu gelangen. Gem. § 8 Abs. 4 TzBfG hat der

Arbeitgeber der Verringerung des Arbeitszeit zuzustimmen und ihrer Verteilung entsprechend den Wünschen des Arbeitnehmers festzulegen, soweit betriebliche Gründe nicht entgegen stehen.

Gem. § 8 Abs. 5 TzBfG hat der Arbeitgeber die Entscheidung über die Verringerung der Arbeitszeit und ihre Verteilung dem Arbeitnehmer spätestens einen Monat vor dem gewünschten Beginn der Verringerung schriftlich mitzuteilen. Haben sich die Vertragsparteien nicht nach Abs. 3 Satz 1 über die **Verringerung der Arbeitszeit** geeinigt und hat der Arbeitgeber die Arbeitsverringerung nicht spätestens einen Monat vor deren gewünschten Beginn schriftlich abgelehnt, verringert sich die Arbeitszeit in dem vom Arbeitnehmer gewünschten Umfang. Haben Arbeitgeber und Arbeitnehmer über die **Verteilung der Arbeitszeit** kein Einvernehmen nach Abs. 3 Satz 2 erzielt und hat der Arbeitgeber nicht spätestens einen Monat vor dem gewünschten Beginn der Arbeitszeitverringerung die gewünschte Verteilung der Arbeitszeit schriftlich abgelehnt, gilt die Verteilung der Arbeitszeit entsprechend den Wünschen des Arbeitnehmers als festgelegt. 747

Lehnt der Arbeitgeber form- und fristgerecht ab, kann der Arbeitnehmer **Klage auf Abgabe einer Willenserklärung** gem. § 894 ZPO erheben. 748

> **Hinweis:** 749
>
> Lehnt der Arbeitgeber ab, so darf der Arbeitnehmer seinen Anspruch auf Verringerung der Arbeitszeit nicht durch entsprechendes Fernbleiben von der Arbeit durchsetzen. Dies käme – wie etwa im Urlaubsrecht – einer Arbeitsverweigerung gleich und kann den Arbeitgeber zum Ausspruch einer fristlosen Kündigung gem. § 626 BGB berechtigen.

Da sich die Vertragsparteien sowohl über die Arbeitszeitverringerung als auch über die Verteilung der Arbeitszeit verständigen müssen, sind verschiedene Streitvarianten möglich: 750

- der Arbeitgeber lehnt generell ab;
- der Arbeitgeber widerspricht dem vom Arbeitnehmer gewünschten Volumen der Verringerung und ihrer Verteilung;
- der Arbeitgeber ist mit dem vom Arbeitnehmer gewünschten Volumen der Verringerung einverstanden, widerspricht jedoch der gewünschten Verteilung der reduzierten Arbeitszeit.

751 Ein derartiges Streitverfahren kann sich über mehrere Instanzen und damit mehrere Jahre hinziehen bis schließlich geklärt ist, ob sich die Arbeitszeit entsprechend dem Wunsche des Arbeitnehmers verringert und wie sich die Arbeitszeit verteilt.

752 Der Arbeitnehmer muss grundsätzlich seinen Wunsch auf Verringerung der Arbeitszeit nicht begründen, es ist Aufgabe des Arbeitgebers, entgegenstehende betriebliche Gründe darzulegen und zu beweisen, die der gewünschten Verringerung und Verteilung entgegenstehen. Der Arbeitnehmer ist somit nicht gehalten, selbst wichtige seine Person betreffende Gründen vorzutragen, die die betrieblichen Belange des Arbeitgebers überwiegen.

753 Im Verfahren auf Erlass einer **einstweiligen Verfügung zur Verringerung und Verteilung der Arbeitszeit** entsprechend den Wünschen des Arbeitnehmers wird man jedoch differenzieren müssen. Eine Regelungsverfügung gem. § 940 ZPO führt zunächst zu einer Befriedigung in der Hauptsache. Die Eilbedürftigkeit kann kaum damit begründet werden, dass bei einer frist- und formgerechten Ablehnung durch den Arbeitgeber das Recht des Arbeitgebers unwiderruflich für den Zeitraum verloren geht, bis rechtskräftig das Hauptsacheverfahren – ggf. erst nach Jahren – entschieden ist.

754 Verschiedene Varianten sind hier denkbar; § 8 Abs. 5 Satz 2 TzBfG fordert vom Arbeitgeber eine schriftliche Ablehnung. Das Gesetz fordert vom Arbeitgeber nicht, dass er seine **Entscheidung begründet**. Erst im anschließenden gerichtlichen Verfahren muss der Arbeitgeber entgegenstehende betriebliche Gründe darlegen und beweisen. Der Antrag auf Erlass einer einstweiligen Verfügung kann somit nicht darauf gestützt werden, der Arbeitgeber habe seine Ablehnung nicht begründet.

755 Auch wenn der Arbeitgeber, trotz fehlenden Begründungszwang, seine schriftliche Ablehnung taktisch unklug begründen sollte,

- mit betriebliche Gründe, die er später im Verfahren ausführen würde, stünden entgegen und er lehne darüber hinaus es aus grundsätzlichen Überlegungen ab mit Teilzeitkräften zu arbeiten oder

- der Arbeitgeber teilt nur mit – ohne sich auf betriebliche Gründe zu berufen –, dass er Teilzeitarbeitsverhältnisse in seinem Betrieb nicht dulde, es sei seine freie unternehmerische Entscheidung, nur mit Vollzeitkräften zusammen zu arbeiten,

erscheint zumindest die zweite Alternative fraglich.

II. Einstweiliger Rechtsschutz im Urteilsverfahren

Der Gesetzgeber hat durch das TzBfG dem **Arbeitnehmer das Recht eingeräumt, die Arbeitszeit zu verringern** – soweit nicht betriebliche Belange des Arbeitgebers entgegenstehen. Verweist man den Arbeitnehmer im Falle der vorstehenden zweiten Alternative auf den jahrelangen Klageweg, besteht für den Arbeitgeber – grundsätzlich sanktionslos – die Möglichkeit, das Recht des Arbeitnehmers zu verhindern. Im Nachhinein kann eine Arbeitszeit nicht mehr verringert werden. Eine Begründung, wie in der zweiten Alternative dargelegt, kann im Einzelfall nichts anderes bedeuten, als dass der Arbeitgeber in einem solchen – zugegebenermaßen extremen – Einzelfall vorträgt, er werde sich dem gesetzgeberischen Willen widersetzen. In einem Fall wird man die Eilbedürftigkeit m.E. annehmen können. 756

Lehnt der Arbeitgeber ohne Begründung ab oder trägt er lediglich pauschal unsubstantiiert entgegenstehende betriebliche Gründe vor, wird eine Eilbedürftigkeit zu verneinen sein. 757

Lehnt der Arbeitgeber fristgerecht schriftlich ab (ohne oder mit einem pauschalen Hinweis auf entgegenstehende betriebliche Gründe), ist es Aufgabe des Arbeitnehmers, besondere Gründe für eine Eilbedürftigkeit vorzutragen. 758

Dies bedeutet, dass im Verfahren auf Erlass einer einstweiligen Verfügung anzunehmen sein wird, dass im Gegensatz zum Hauptverfahren der Arbeitnehmer seinen **Wunsch auf Verringerung der Arbeitszeit** und deren möglicher **Verteilung begründen muss**, um das Gericht so in die Lage zu versetzen, eine Interessenabwägung vorzunehmen. 759

Beispiele:

Ein allein erziehender Elternteil hat nicht mehr die Möglichkeit, sein Kind im bisherigen Umfang während der Arbeitszeit von Dritten betreuen zu lassen.

Ein im Haushalt lebender Familienangehöriger bedarf auf Grund einer Erkrankung auf Dauer der Betreuung und Pflege durch den Arbeitnehmer, die bei einer Aufrechterhaltung der bisherigen Arbeitszeit nicht gewährleistet ist.

Im Sinne des vorstehenden Beispiels äußern sich auch *Grobys/Brahm* (Die prozessuale Durchsetzung des Teilzeitanspruchs, NZA 2001, 1175, 1181), wonach im Rahmen der §§ 935, 940 ZPO eine Abwägung der beiderseitigen Interessen stattzufinden habe. Der Maßstab der Beschränkung auf Notfälle erscheine zu eng. Voraussetzung sei, dass die Interessen des Arbeitnehmers an der Reduzierung der Arbeitszeit überwiegen. Als derartige Interessen kämen Kinderbetreuung, der Pflege erkrankter Angehöriger, eine Ausbildung usw. ein Betracht. *Gotthardt* (Teilzeitanspruch und einstweiliger Rechtsschutz, NZA 2001, 1183) will die Zulässigkeit der einstweiligen Verfügung beim Anspruch auf Verringerung der Arbeitszeit nur ausnahmsweise bejahen, wenn der Arbeitnehmer seinerseits dringend auf die Änderung der Arbeitszeit angewiesen ist. Diese Dringlichkeit könne sich nur aus dem Abschluss des Arbeitsvertrages veränderten Umständen ergeben; dringende Umstände könnten etwa familiäre Notlagen sein. Diese Grundsätze gelten nach *Gotthardt* auch für den Anspruch auf Festlegung der Lage der Arbeitszeit.

760 In diesen Fällen wird es Aufgabe des Arbeitnehmers und seinen Bevollmächtigten sein, substantiiert vorzutragen. Derartige Fälle zeigen jedoch auch die besondere Problematik des TzBfG. Das Gesetz begründet den grundsätzlichen **Anspruch des Arbeitnehmers auf Verringerung der Arbeitszeit**. Der Arbeitgeber hat das Recht, Einwendungen gegen diesen Anspruch zu erheben, wenn betriebliche Gründe entgegenstehen. Die Gesetzesfassung gibt jedoch in ihrer beispielhaften Aufzählung in § 8 Abs. 4 Satz 2 TzBfG zahlreiche Fragen vor, ohne sie zu beantworten:

- Wann führt die Verringerung der Arbeitszeit zu wesentlichen Beeinträchtigungen der Organisation, des Arbeitsablaufs oder der Sicherheit?
- Wann sind solche Beeinträchtigungen nur unwesentlich?
- Wann werden durch Sie unverhältnismäßig hohe Kosten verursacht?
- Wann hat der Arbeitgeber solche Kosten noch zu tragen?

761 Bei einem florierenden Unternehmen wird die Rechtsprechung ggf. dazu neigen, eine zusätzliche Kostenbelastung als verhältnismäßig und vom Arbeitgeber zu tragen, einzustufen. Wie verhält es sich bei Betrieben, die ohne Gewinn oder mit Verlust arbeiten – welche Kosten sind diesen Betrieben zuzumuten? Das Gesetz redet im Gegensatz zum Referentenentwurf nicht von „dringenden" betrieblichen Erfordernissen, sondern von entgegenstehenden „betrieblichen Gründen".

762 Nach der Gesetzesbegründung reichen **„rationale, nachvollziehbare Gründe"** zur Ablehnung durch den Arbeitgeber. Ist ein Arbeitgeber jedoch in der Lage, seinen Einwand, keine zusätzliche Arbeitskraft für die vakant werdende Arbeitszeit finden zu können darzulegen und weist er nach, dass der Arbeitsmarkt in seiner Region es nicht ermöglicht, durch eine Verkürzung entstehende Vakanz aufzufüllen, hat der Arbeitnehmer keinen Anspruch auf Ver-

kürzung. In einem solchen Fall droht dem Betrieb ein unmittelbarer Schaden, der ihn auch in seiner Substanz gefährden kann.

Die scheinbar eindeutigen vorstehend erwähnten Beispielsfälle zeigen, dass der zumindest teilweise bereits eine Befriedigung in der Hauptsache auslösender Erlass einer einstweiligen Verfügung erhebliche betriebliche Beeinträchtigungen mit sich bringen kann. Der Arbeitgeber muss somit auch im Verfahren auf Erlass einer einstweiligen Verfügung bereits substantiiert entgegenstehende betriebliche Belange darlegen und nachweisen. Gelingt dem Arbeitgeber dies, wird auch in den Beispielsfällen der Erlass einer einstweiligen Verfügung zurückzuweisen sein. Das Eilverfahren darf nicht dazu führen, es eine auf Arbeitnehmer eingetretene Verhinderung zur Erbringung der vertraglich geschuldeten Arbeitszeit es ihm zumindest vorübergehend gestattet, die Arbeitszeit zu verringern. 763

Der Erlass einer einstweiligen Verfügung ist abzulehnen, wenn der **Arbeitgeber verspätet ablehnt** und den Arbeitnehmer unter **Androhung einer fristlosen Kündigung** auffordert, im bisherigen Umfang zu arbeiten. Gem. § 8 Abs. 5 Satz 2 und Satz 3 TzBfG hat der Arbeitgeber sowohl bezüglich der Verringerung als auch der Verteilung der Arbeitszeit spätestens einen Monat vor dem gewünschten Beginn schriftlich abzulehnen. Versäumt der Arbeitgeber diese Frist, verringert sich die Arbeitszeit in dem vom Arbeitnehmer gewünschten Umfang und die Verteilung der Arbeitszeit gilt als entsprechend den Wünschen des Arbeitnehmers als festgelegt. Durch diese gesetzliche Fiktion besteht somit keine Rechtsunsicherheit. Der Arbeitnehmer hat seine Arbeit nur in dem von ihm gewünschten Umfang zu erbringen. Allein die Androhung eines arbeitgeberseitigen Fehlverhaltens durch Ausspruch einer fristlosen Kündigung rechtfertigt den Erlass einer einstweiligen Verfügung nicht. 764

Gem. § 8 Abs. 5 TzBfG hat die **Ablehnung** sowohl bezüglich der Verringerung als auch der Verteilung **schriftlich zu erfolgen**. Gem. § 126 BGB muss die schriftliche Ablehnung von dem Arbeitgeber eigenhändig durch Namensunterschrift oder mittels notariell beglaubigten Handzeichens unterzeichnet werden. Lehnt der Arbeitgeber fristgerecht schriftlich ab ohne Unterschrift oder nur mit einer Paraphe unterzeichnet, liegt eine wirksame Ablehnung nicht vor. Es besteht keine Rechtsunsicherheit, es bedarf nicht des Erlasses einer einstweiligen Verfügung. Gleiches gilt, wenn die Ablehnung vor Ablauf der Frist nur per Fax zugeht und die formgültige Erklärung nach Ablauf der Frist nachfolgt. 765

766 Das Gesetz normiert das Recht zur **Änderung der Arbeitszeitverteilung durch den Arbeitgeber**. § 8 Abs. 5 Satz 4 TzBfG regelt, dass der Arbeitgeber die nach Satz 3 oder Abs. 3 Satz 2 festgelegte Verteilung der Arbeitszeit wieder ändern kann, wenn das betriebliche Interesse daran das Interesse des Arbeitnehmers an der Beibehaltung erheblich überwiegt und der Arbeitgeber die Änderung spätestens einen Monat vorher angekündigt hat. Hier findet nunmehr im Gegensatz zur Anmeldung des Teilzeitanspruchs durch den Arbeitnehmer eine Abwägung der beiderseitigen Interessen statt. Das Gesetz fordert bezüglich der Änderung der Verteilung der Arbeitszeit keine Vereinbarung. Dem Arbeitgeber wird ein einseitiges Veränderungsrecht eingeräumt. Diese Möglichkeit des Arbeitgebers kann zu erheblicher Rechtsunsicherheit im Arbeitsverhältnis führen.

> *Beispiel:*
>
> *Die Vertragsparteien hatten sich einvernehmlich im Wege der Reduzierung der Arbeitszeit von 40 auf 20 Wochenstunden bezüglich der Verteilung dahingehend geeinigt, dass der Arbeitnehmer montags und dienstags je acht Stunden und Mittwochmorgens je vier Stunden arbeitet. Nunmehr ändert der Arbeitgeber die Verteilung der Arbeitszeit dahingehend, dass der Arbeitnehmer nunmehr montags bis freitags vormittags jeweils vier Stunden zu arbeiten hat. Bei der ursprünglich getroffenen einvernehmlichen Verringerung und Verteilung der Arbeitszeit musste der Arbeitnehmer nicht offenbaren, dass er sich ab Mittwochmittags einem pflegebedürftigen Familienangehörigen widmet, dessen Versorgung durch Dritte nur in der ersten Wochenhälfte sichergestellt ist. Für den Fall der Nichtbefolgung der Änderung droht der Arbeitgeber eine fristlose Kündigung wegen Arbeitsverweigerung an.*

767 Da der Gesetzgeber dem Arbeitgeber ein einseitiges Änderungsrecht einräumt und nicht regelt, dass binnen einer gewissen Frist der Arbeitnehmer dem Änderungswunsch zuzustimmen hat bzw. der Arbeitnehmer dann auf Abgabe einer entsprechenden Willenserklärung durch den Arbeitnehmer zu klagen hat, würde in einem solchen Falle erst im Bestandsschutzprozess die Interessenabwägung zwischen Arbeitnehmer- und Arbeitgeberinteressen erfolgen. Diese ist m.E. unzumutbar. Auch wenn der Gesetzgeber es unterlassen hat, die Mitteilung der Änderung an eine Form zu binden, ist der Arbeitnehmer gut beraten, wenn er sofort schriftlich mit entsprechender Begründung der ggf. mündlich zugegangenen Änderungsaufforderung widerspricht und zugleich dem Arbeitgeber eine Erklärungsfrist selbst abgibt, wonach es bei der bisherigen Arbeitszeitverteilung bleibt. Reagiert der Arbeitgeber dann ablehnend,

erscheint eine Regelungsverfügung i.S.d. § 940 ZPO geboten zur vorläufigen Sicherung des Rechtsfriedens (s.a. *Gotthardt*, NZA 2001, 1183 [1188]).

§ 9 TzBfG regelt, dass der Arbeitgeber einen teilzeitbeschäftigten Arbeitnehmer, der ihm den Wunsch nach einer Verlängerung seiner vertraglich vereinbarten Arbeitszeit angezeigt hat, bei der Besetzung eines entsprechenden freien Arbeitsplatzes bei gleicher Eignung bevorzugt zu berücksichtigen hat, es sei denn, dass dringende betriebliche Gründe oder Arbeitszeitwünsche anderer teilzeitbeschäftigter Arbeitnehmer entgegenstehen. Zur Durchsetzung dieses Rechtes wird man die Zulässigkeit einer einstweiligen Verfügung bejahen müssen, die entsprechend der arbeitsrechtlichen Konkurrentenklage im öffentlichen Dienst auch in der Privatwirtschaft darauf zu richten ist, dass es dem Arbeitgeber aufgegeben wird es zu unterlassen, die freie Stelle zu besetzen. Verfügungsgrund ist in diesen Fällen die Gefahr, dass der Anspruch des teilzeitbeschäftigten Arbeitnehmers auf bevorzugte Behandlung durch die Besetzung der freien Stelle endgültig erlischt (s.a. *Gotthard*, NZA 2001, 1183 1189).

k) Bundeserziehungsgeldgesetz

Nach dem Bundeserziehungsgeldgesetz (BErzGG) i.d.F. vom 5.12.2000 haben in Betrieben mit mehr als 15 Arbeitnehmern die Arbeitnehmer einen Anspruch auf Verkürzung der Arbeitszeit (§ 15 Abs. 5 – 7 BerzGG). Hier trägt die Ankündigungsfrist acht Wochen. Die verringerte Arbeitszeit muss sich in einem Zeitrahmen zwischen 15 und 30 Wochenstunden bewegen. Eine Verringerung während der Elternzeit ist bis zu zweimal möglich und muss für mindestens drei Monate erfolgen. 768

Der Arbeitgeber kann den Anspruch nur beim Vorliegen **dringender** betrieblicher Gründe abwehren. Die Ablehnung muss innerhalb von vier Wochen mit **schriftlicher Begründung** erfolgen. 769

> **Hinweis:** 770
>
> Reagiert der Arbeitgeber nicht, so wird die Zustimmung im Gegensatz zum TzBfG nicht fingiert – der Arbeitnehmer wird auf den Klageweg verwiesen.

Die vorgenannten Ausführungen zum TzBfG zur Frage der Durchsetzung des Anspruchs auf Verringerung der Arbeitszeit durch Erlass einer einstweiligen 771

Verfügung gelten sinngemäß. Ergänzend ist jedoch anzumerken, dass der Gesetzgeber es zwar regelt, dass falls der Arbeitgeber die beanspruchte Verringerung der Arbeitszeit ablehnen will, er dies innerhalb von vier Wochen mit schriftlicher Begründung zu tun hat. Stimmt der Arbeitgeber der Verringerung der Arbeitszeit nicht oder nicht rechtzeitig zu, kann der Arbeitnehmer Klage vor dem ArbG erheben. Eine **Fiktion der Zustimmung** hat der Gesetzgeber nicht vorgesehen. Bedenkt man, dass bis zu einem rechtskräftigen Abschluss über ein Verfahren zur Verringerung der Arbeitszeit im Zweifel der Erziehungsurlaub des Arbeitnehmers beendet ist und dem Arbeitnehmer möglicherweise nur noch Schadensersatzansprüche wegen vermehrter Aufwendung für Kinderbetreuung verbleiben, erscheint es geboten, durch Erlass einer einstweiligen Verfügung bei Vorlage entsprechender Voraussetzungen den Anspruch auf Verringerung der Arbeitszeit zu sichern.

l) Arbeitskampf

772 Der Erlass einer einstweiligen Verfügung ist grundsätzlich zulässig. Das LAG Hamm hat in seiner Entscheidung vom 17.3.1987 (DB 1987, 846) ausgeführt, dass ein **Verbot gewerkschaftlicher Warnstreiks** sich im Verfahren über eine einstweilige Verfügung nicht allein auf den Gesichtspunkt der Friedenspflicht stützt. Eine einstweilige Verfügung kann auch im Arbeitskampf nur ergehen, wenn sie zur Abwendung wesentlicher Nachteile **dringend erforderlich** erscheint. Davon könne jedoch z.B. nicht ausgegangen werden, wenn eine Gewerkschaft die Belegschaften wechselnder Betrieb zu rund einstündigen Warnstreiks aufrufe, an denen lediglich ein verhältnismäßig geringer Teil der in Frage kommenden Arbeitnehmer teilnehme. Das LAG Schleswig-Holstein (NZA Beilage 1988 Nr. 2, 31 f.) führt zu dieser Problematik – Warnstreik – aus, dass der Verfügungsgrund für den Erlass einer Leistungsverfügung erfordere, eine **umfassende Abwägung** der Interessen beider Parteien; dabei gehe es darum, die Nachteile gegenüberzustellen, die sich für Antragsteller und Antragsgegner jeweils daraus ergeben können, dass die einstweilige Verfügung zu Unrecht erlassen wird.

773 In derartigen Konfliktsituationen stehen sich das **Recht der Arbeitnehmerschaft** aus Art. 9 Abs. 3 GG unter Beachtung der von der Rechtsprechung gezogenen Grenzen sowie die **Interessen des Unternehmers** aus den §§ 823 Abs. 1 BGB und 1004 BGB, Abwehr von Eingriffen in den eingerichteten und ausgeübten Gewerbebetrieb gegenüber. *Germelmann/Matthes/Prütting* (ArbGG, § 62 Rn. 92) weisen darauf hin, dass ein Schadensersatzanspruch

gem. § 945 ZPO bei einem Erfolg des Verfügungsgegners im Hauptprozess nicht mehr in der Lage ist, die entstandenen Nachteile auszugleichen; deshalb sei bei Erlass einer einstweiligen Verfügung grundsätzlich besondere Zurückhaltung geboten.

> **Hinweis:** 774
>
> Voraussetzung für den Erlass einer einstweiligen Verfügung ist, dass die **Rechtswidrigkeit** der speziellen vom Antragsteller angegriffenen Arbeitskampfmaßnahme bzw. des Arbeitskampfes konkret darzulegen und glaubhaft zu machen ist. Hierbei wird es nicht für notwendig erachtet, dass die Durchführung der einzelnen Maßnahmen zu einer Existenzgefährdung des Betriebes führen muss.

Sowohl Gewerkschaften als auch der Einzelne betroffene Arbeitnehmer sind 775 berechtigt, bei drohender Aussperrung durch einstweilige Verfügung ihren Unterlassungsanspruch geltend zu machen (vgl. *Grunsky*, ArbGG, § 62 Rn. 26).

3. Schadensersatzpflicht

Der Anwalt hat seinem Mandanten – sei es nun Arbeitgeber oder Arbeitneh- 776 mer – darauf hinzuweisen, dass er Gefahr läuft, sich schadensersatzpflichtig zu machen, wenn die einstweilige Verfügung später aufgehoben wird.

§ 945 ZPO regelt, dass (wenn sich die Anordnung des Arrestes oder einer 777 einstweiligen Verfügung als von Anfang an **ungerechtfertigt** erweist, oder die angeordnete Maßregel aufgrund des § 926 Abs. 2 ZPO oder des § 942 Abs. 3 ZPO **aufgehoben** wird) die Partei, welche die Anordnung erwirkt hat, verpflichtet ist, dem Gegner den **Schaden zu ersetzen**, der ihm aus der Vollziehung der angeordneten Maßregel oder dadurch entsteht, dass er Sicherheit leistet, um die Vollziehung abzuwenden oder die Aufhebung der Maßregel zu erwirken.

Voraussetzung ist, dass die **tatsächlichen oder rechtlichen Voraussetzun-** 778 **gen** im Zeitpunkt des Erlasses des Arrestes oder der einstweiligen Verfügung nicht vorlagen, dies gilt auch dann, wenn sie nicht nachgewiesen werden können. Der Antragsteller, der die Anordnung erwirkte, trägt die **Beweislast** dafür, dass der Antrag auf Erlass des Arrestes bzw. der einstweiligen Verfügung von Anfang an gerechtfertigt war (BGH, NJW-RR 1992, 998).

779 Der **Umfang** der Schadensersatzpflicht richtet sich nach den §§ 249 ff. BGB, nach der Entscheidung des BGH vom 28.11.1980 (NJW 1981, 2579) sind der Gegenseite auch die Nachteile zu ersetzen, die durch eine zweite Fassung als Unterlassungsbegehren verursacht wurden.

780 Als **Verjährungsfrist** ist für die Schadensersatzansprüche § 195 i.V.m. §§ 199, 203 BGB (= § 852 BGB a.F.) entsprechend anzuwenden (BGH, NJW 1992, 2297).

III. Einstweiliger Rechtsschutz im Beschlussverfahren

1. Allgemeines

781 **Kollektivrechtliche Streitigkeiten** fallen in die Zuständigkeit der Gerichte für Arbeitssachen und werden im sog. Beschlussverfahren verhandelt (vgl. § 2a Abs. 2 ArbGG). Abs. 1 dieser Vorschrift regelt, dass die ArbG ausschließlich zuständig sind für Streitigkeiten aus dem BetrVG, nach dem SprAuG, nach dem MitbestG, in Angelegenheit nach dem EBRG sowie über Entscheidungen über die Tariffähigkeit und Tarifzuständigkeit einer Vereinigung.

782 § 85 Abs. 2 ArbGG regelt für das Beschlussverfahren, dass der Erlass einer einstweiligen Verfügung zulässig ist. Für das Verfahren gelten die **Vorschriften** des 8. Buches der ZPO über die einstweilige Verfügung **entsprechend** mit der Maßgabe, dass die Entscheidungen durch Beschluss der Kammer ergehen, erforderliche Zustellungen von Amts wegen erfolgen und ein Anspruch auf Schadensersatz nach § 945 ZPO in Angelegenheiten des BetrVG nicht besteht.

2. Arrest

783 § 85 Abs. 2 ArbGG erwähnt nicht ausdrücklich den Arrest. Nach h.M. handelt es sich jedoch insoweit um eine **Gesetzeslücke**. Auch im Beschlussverfahren sind Arreste zulässig (vgl. *Schaub*, Arbeitsrechtliche Formularsammlung, § 118 I 1; *Germelmann/Matthes/Prütting*, ArbGG, § 85 Rn. 28).

784 Der Erlass eines Arrestes, kommt im Beschlussverfahren nur in Betracht insoweit es um **Kostenerstattungsansprüche** der betriebsverfassungsrechtlichen Organe oder ihrer Mitglieder gegen den Arbeitgeber geht. Es geht somit um die Sicherung von **Geldforderungen aus Kostenerstattungsansprüchen** i.S.d. § 40 BetrVG (z.B. für die Kosten der Geschäftsführung, des Betriebsrates oder der Kosten für Schulungen einzelner Betriebsratsmitglie-

der, die Absicherung der Zahlung dieser entsprechenden Kostenzuschüsse, aber auch für die Freistellung von Verbindlichkeiten, die z.B. durch die Beratung oder Beauftragung eines Anwaltes entstehen).

In der Praxis spielt das Arrestverfahren im Beschlussverfahren lediglich eine **untergeordnete Rolle**. 785

3. Einstweilige Verfügung

a) Das Verfahren

Das **zuständige Gericht** für den Erlass einer einstweiligen Verfügung im Beschlussverfahren ist das Gericht der Hauptsache gem. §§ 937, 943 ZPO. Das ist das **ArbG**, ist die Hauptsache bereits in der Berufungsinstanz anhängig, ist Gericht der Hauptsache das Berufungsgericht, somit das **LAG**, § 943 Abs. 1 ZPO. 786

Germelmann/Matthes/Prütting (ArbGG, § 85 Rn. 42) halten in dringenden Fällen nach § 942 Abs. 1 ZPO auch das **AG** zuständig. Hiergegen bestehen Bedenken aufgrund der Neufassung von § 48 ArbGG, §§ 17 ff. GVG. *Schaub* (Arbeitsrechtliche Formularsammlung, § 118 III 1) nimmt deshalb die alleinige Zuständigkeit der ArbG an und lehnt die Zuständigkeit des AG ab. Ebenfalls von einer Zuständigkeit des ArbG geht *Ascheid* (Urteils- und Beschlussverfahren im Arbeitsrecht, Rn. 1829) aus. 787

Da das einstweilige Verfügungsverfahren ein **Erkenntnisverfahren** und kein Zwangsvollstreckungsverfahren ist, gelten die Vorschriften der §§ 80 f. ArbGG. Gem. § 83 ArbGG erforscht das Gericht den Sachverhalt im Rahmen der gestellten Anträge von Amts wegen. Die am Verfahren Beteiligten haben an der Aufklärung des Sachverhaltes mitzuwirken. Das Gericht kann zur Aufklärung des Sachverhaltes Urkunden einsehen, Auskünfte einholen, Zeugen, Sachverständige und Beteiligte vernehmen und der Augenschein angenommen werden. 788

Gem. § 920 Abs. 2 ZPO sind der **Verfügungsanspruch** und der **Verfügungsgrund** glaubhaft zu machen. Diese Verpflichtung hat der Antragsteller für die tatsächlichen Umstände, aus denen sich der Verfügungsanspruch als auch der Verfügungsgrund ergeben sollen. Da im Beschlussverfahren gem. § 83 ArbGG der **Amtsermittlungsgrundsatz** dient, hat das ArbG den Sachverhalt von Amts wegen zu erforschen und diejenigen Erhebungen zum Sachverhalt vorzunehmen, die unter Berücksichtigung der Dringlichkeit eines einstweiligen Verfügungsverfahrens in vertretbarer Zeit durchgeführt werden können. 789

Teil 5: § 2 Einstweiliger Rechtsschutz im Arbeitsrecht

790 Gem. § 937 Abs. 2 ZPO kann in dringenden Fällen die Entscheidung **ohne mündliche Verhandlung** ergehen. Sie hat jedoch nach der Auffassung von *Germelmann/Matthes/Prütting* (ArbGG, § 85 Rn. 45) durch die vollbesetzte **Kammer** des Gerichtes zu erfolgen. Auch *Ascheid* (a.a.O.) hält die Regelung des § 94 ZPO, wonach in dringenden Fällen der **Vorsitzende** allein entscheidet für nicht anwendbar. Eine differenzierte Auffassung vertritt hierzu *Schaub* (Arbeitsrechtliche Formularsammlung, § 118 III 2) welcher eine Entscheidung durch den Vorsitzenden allein für zulässig hält. Sachdienlich sei das Postulat, das die gesamte Kammer zu entscheiden habe nicht, da ehrenamtliche Richter häufig nicht rechtzeitig hinzugezogen werden könnten. Es müssen jedoch wirklich dringliche Fälle vorliegen und eine weitere Sachverhaltsaufklärung nicht erforderlich sein.

791 Über den Antrag auf Erlass einer einstweiligen Verfügung wird durch **Beschluss** entschieden.

792 In Anwendung des § 926 ZPO ist auf Antrag des Verfügungsgegners vom ArbG auszusprechen, dass dem Antragsteller eine **Frist** gesetzt wird innerhalb derer er das Hauptsacheverfahren anhängig zu bringen hat.

793 Ist der Antrag ohne mündliche Verhandlung abgewiesen worden ist hiergegen das Rechtsmittel der **einfachen Beschwerde** nach § 567 ZPO gegeben.

794 Hat das Verfügungsgericht die einstweilige Verfügung ohne mündliche Anhörung erlassen, besteht für den Antragsgegner die Möglichkeit, gem. § 927 ZPO **Widerspruch** einzulegen. Das Verfügungsgericht entscheidet über diesen Widerspruch aufgrund mündlicher Verhandlung durch Beschluss, § 925 ZPO, § 84 ArbGG.

795 Der Beschluss ist von Amts wegen gem. § 85 Abs. 2 Satz 2 ArbGG zuzustellen ArbGG. Eine Ausnahme besteht nur dann, wenn der Antrag zurückgewiesen wurde, § 922 Abs. 3 ZPO. Nicht unumstritten ist, ob mit der Zustellung von Amts wegen die Unterlassungsverfügung auch **vollzogen** ist i.S.d. § 929 Abs. 2 ZPO (so *Germelmann/Matthes/Prütting*, ArbGG, § 85 Rn. 45 mit Hinweis auf LAG Hamm, NZA 1987, 825 f.; a.A. *Schaub*, Arbeitsrechtliche Formularsammlung, § 118 V).

796 Ist über den Antrag durch mündliche Verhandlung entschieden worden, kann gegen den Beschluss gem. § 87 ArbGG **Beschwerde** beim LAG eingelegt werden.

III. Einstweiliger Rechtsschutz im Beschlussverfahren

§ 85 Abs. 2 Satz 2 ArbGG bestimmt, dass der Anspruch auf Schadensersatz nach § 945 ZPO **ausgeschlossen** ist, auch wenn die Anordnung der einstweiligen Verfügung als von Anfang an ungerechtfertigt aufgehoben wird. 797

> **Hinweis:** 798
>
> Die besondere praktische Bedeutung einer einstweiligen Verfügung im Beschlussverfahren ist darin zu sehen, dass diese **sofort vollstreckbar** ist, sei es eine Sicherungsverfügung nach § 935 ZPO, eine Regelungsverfügung nach § 940 ZPO oder soweit zulässig eine Leistungs-/Befriedigungsverfügung.

Beschlüsse, die im „normalen" Beschlussverfahren vom ArbG erlassen werden, sind gem. § 85 Abs. 1 Satz 2 ArbGG nur **vorläufig vollstreckbar**, wenn es sich um Beschlüsse in vermögensrechtlichen Streitigkeiten handelt. 799

Vermögensrechtliche Streitigkeiten im Beschlussverfahren, in Verfahren über Streitigkeiten im Betriebsverfassungs- oder Personalvertretungsrecht sind nur dann als solche anzusehen, wenn es sich um Streitigkeiten über **Sachmittel** oder **Kosten** der Tätigkeit des Betriebsrates handelt oder um **Wahlkosten** (vgl. *Germelmann/Matthes/Prütting*, ArbGG, § 85 Rn. 6). 800

Da **sonstige Auseinandersetzungen** zwischen Arbeitgeber und Betriebsrat darüber, ob Rechte bestehen (z.B. Informationen an den Betriebsrat gegeben werden müssen), Unterlagen eingesehen werden können oder Mitbestimmungsrechte vom Arbeitgeber überhaupt nicht beachtet werden, **nichtvermögensrechtliche** Streitigkeiten sind – die erstinstanzlichen Entscheidungen des ArbG – rechtsmittelfähig und somit nicht vollstreckbar sind, erkennt man die besondere Brisanz und Relevanz der einstweiligen Verfügung im Beschlussverfahren, welche eben dann sofort vollstreckbar ist. 801

b) Der Verfügungsanspruch

Ist der Rechtsanwalt mit der Prüfung der Frage befasst, ob ggf. das verfolgte Ziel durch Einreichung eines Antrages auf einstweilige Verfügung im Beschlussverfahren realisiert werden kann, sind folgende **Prüfungsschritte** zu durchlaufen: 802

- **Verfügungsanspruch** (betr. die Begründetheit des Antrages)
- **Verfügungsgrund** (betr. dessen Zulässigkeit)
- **Ausschluss der einstweiligen Verfügung**

803 Der **Verfügungsanspruch** kann zunächst **jeder betriebsverfassungsrechtliche Anspruch** sein, unabhängig davon, ob es um Ansprüche von Organen der Betriebsverfassung geht, ihren Mitgliedern, der Gewerkschaften oder einzelner Mitglieder oder des Arbeitgebers. Der Verfügungsanspruch ist eine Frage des materiellen Rechts (BAG, AP Nr. 19 zu § 80 BetrVG 1972). Der betriebsverfassungsrechtliche Anspruch ergibt sich aus Gesetzen, Tarifverträgen oder aus Betriebsvereinbarungen. Der Hauptanwendungsfall für einstweilige Verfügungsverfahren für Beschlussverfahren ist die Konstellation, dass der Betriebsrat betriebsverfassungsrechtliche Rechte gegen den Arbeitgeber geltend macht. Es gibt jedoch auch Konstellationen, bei denen sich der Arbeitgeber gezwungen sieht, im Wege des Eilverfahrens vorzugehen.

aa) Anspruch des Arbeitgebers

804 Das LAG Düsseldorf hat in seiner Entscheidung vom 24.10.1972 (DB 1972, 2212) den Anspruch des Arbeitgebers auf Untersagung einer Betriebsversammlung durch einstweilige Anordnung anerkannt. Eine solche Fallkonstellation ist z.B. möglich, wenn durch die Durchführung einer Betriebsversammlung zu einem bestimmten Termin dem Arbeitgeber nicht mehr zu ersetzende Nachteile entstehen und kein sachlicher Grund es gebietet, die Betriebsversammlung gerade zu dem vom Betriebsrat favorisierten Zeitpunkt durchzuführen. Ein solcher Fall wäre anzunehmen, wenn ein Betriebsrat eines Einzelhandelsgeschäftes die Betriebsversammlung auf einen der umsatzstarken Samstage im Dezember des Weihnachtsgeschäftes terminiert und die Betriebsversammlung z.B. am darauf folgenden Montag unter Vermeidung gravierender Nachteile für den Arbeitgeber ohne weiteres durchgeführt werden kann.

805 Ist **ein Amtsenthebungsverfahren gegen ein Betriebsratsmitglied** eingeleitet worden, so kann dem Betriebsratsmitglied auf Antrag durch einstweilige Verfügung die weitere Amtsausübung untersagt werden; das setzt voraus, dass die weitere Zusammenarbeit mit dem Betriebsratsmitglied unter Anlegung eines strengen Maßstabs nicht einmal mehr vorübergehend zumutbar erscheint (LAG Hamm, EzA § 23 BetrVG 1972 Nr. 2).

806 Der Arbeitgeber ist bei Verstößen des Betriebsrates gegen die diesem obliegende betriebsverfassungsrechtliche Friedenspflicht berechtigt, die Unterlassung solcher Handlungen zu verlangen. § 74 Abs. 2 Satz 2 BetrVG, wonach sowohl Arbeitgeber und Betriebsrat Betätigungen zu unterlassen haben, durch die der Ablauf oder der Frieden des Betriebes beeinträchtigt wird, enthält einen solchen eigenständigen Anspruch, der unabhängig neben § 23 Abs. 1 BetrVG besteht (BAG, DB 1981, 481 f.).

Das ArbG Wuppertal (ArbuR 1998, 426) hatte den Fall zu entscheiden, dass 807 ein Arbeitgeber im Wege der einstweiligen Verfügung Streikmaßnahmen zur Durchsetzung eines Firmentarifvertrages durchsetzen wollte; der Arbeitgeber war Mitglied eines Arbeitnehmerverbandes in einem anderen Tarifbezirk, die tarifzuständige Gewerkschaft plante Arbeitskampfmaßnahmen zur Durchsetzung eines Firmentarifvertrages.

In seinem den Antrag zurückweisenden Beschluss hat das ArbG Wuppertal 808 ausgeführt, dass an eine begehrte einstweilige Verfügung zur Untersagung von Streikmaßnahmen besonders strenge Anforderungen an Verfügungsgrund und Verfügungsanspruch zu stellen sind.

bb) Anspruch des Betriebsrates und der im Betrieb vertretenen Gewerkschaft

(1) Materielles Recht

Wie bereits vorstehend unter Rn. 811 ff. ausgeführt, ergibt sich zunächst der 809 Verfügungsanspruch des Betriebsrates regelmäßig aus **materiellem Recht**. So etwa aus Gesetzen, Tarifverträgen oder Betriebsvereinbarungen.

Darüber hinaus ist seit der Entscheidung des BAG vom 3.5.1994 (NZA 1995, 40 f.) der **allgemeine Unterlassungsanspruch**, welcher zuvor äußerst umstritten war, von der Rechtsprechung anerkannt worden. Dieser bezieht sich auf die Sicherung der Mitwirkungsrechte, Beteiligungsrechte des Betriebsrates.

Beispiele:

- *Das Zugangsrecht eines Gewerkschaftsbeauftragten einer im Betrieb vertretenen Gewerkschaft hat bejaht das LAG Hamm (AP Nr. 1 zu § 2 BetrVG 1972). Das gewerkschaftliche Zugangsrecht zum Betrieb kann zur Gewährleistung der vom Betriebsrat für erforderlich gehaltenen gewerkschaftlichen Unterstützung durch einstweilige Verfügung geregelt werden; dass damit das Endergebnis des Hauptverfahrens vorweggenommen wird, stehe dem nicht entgegen. Das gewerkschaftliche Zutrittsrecht zum Betrieb aus § 2 Abs. 2 BetrVG diene auch der in § 2 Abs. 1 BetrVG geregelten Unterstützung der Betriebsratstätigkeit (LAG Hamm, a.a.O.; ebenso ArbG Elmshorn, Aib 2000, 521; LAG Nürnberg, Aib 2000, 35).*

- *Bejaht worden ist der Anspruch auf Duldung von Betriebsrats- oder Wahlvorstandstätigkeit nach Kündigung des Arbeitsverhältnisses ohne Zustimmung des Betriebsrates. In seiner Entscheidung vom 27.4.1972 (DB 1972, 1119) hat das LAG Hamm ausgeführt, dass das Zutrittsrecht des Betriebsratsmitgliedes zum Betrieb nicht schon dadurch in Frage gestellt werde, dass der Arbeitgeber sich wegen eines angeblichen Diebstahls um die Zustimmung zur fristlosen Entlassung des Betriebsratsmitgliedes bemühe und vorläufig ein Hausverbot erteile; für das Zutrittsrecht eines Wahlbewerbers (vgl. LAG Düsseldorf, NJW 1976, 386). Weitergehend ist die Entscheidung des ArbG Hamburg vom 16.6.1997 (AiB 1997, 659 f.), wonach ein gekündigtes Betriebsratsmitglied sein Amt im Betriebsrat bis zur rechtskräftigen Entscheidung des ArbG über die Wirksamkeit der Kündigung weiter ausübt. Nur die wirksame Kündigung führt zum Erlöschen des Betriebsratsamtes. Der Arbeitgeber ist nach dieser Entscheidung verpflichtet, dem gekündigten Betriebsratsmitglied bis zur rechtskräftigen Auflösung des Arbeitsverhältnisses Zutritt zum Betrieb zu gewähren.*

- *Der Anspruch des Betriebsrates auf Durchführung von Betriebsratswahlen (BAG, AP Nr. 5 zu § 80 ArbGG 1953) ist zu bejahen. Eine Aussetzung des Wahlverfahrens wird grundsätzlich verneint. Besteht Streit darüber, ob in einem Unternehmen mehrere Betriebsräte zu wählen sind und ist zur Klärung dieses Streits das Verfahren nach § 18 Abs. 2 BetrVG anhängig gemacht, so können anstehende Betriebsratswahlen gleichwohl regelmäßig nicht im Wege der einstweiligen Verfügung bis zum Abschluss des Verfahrens untersagt werden; eine solche Entscheidung liefe auf eine vorläufige Suspendierung des BetrVG im betroffenen Unternehmen hinaus. Eine derartig schwer wiegende Anordnung könne nur in entsprechend schwer wiegenden Fällen getroffen werden (LAG Hamm, DB 1975, 1176). Ebenso LAG München (LAGE § 19 BetrVG 1972 Nr. 7) wonach ein Verbot der Durchführung einer Betriebsratswahl im Wege der einstweiligen Verfügung nur für den Fall der Nichtigkeit der beabsichtigten Wahl in Betracht komme, nicht bei bloßer Anfechtbarkeit der Wahl. Nach LAG Stuttgart (AiB 1998, 401 f.) kommt der Abbruch einer laufenden Betriebsratswahl durch einstweilige Verfügung nicht bereits in Betracht bei ersichtlich drohender Anfechtbarkeit, sondern nur dann, wenn bereits zuverlässig feststellbar ist, dass die Wahl nichtig sein wird.*

  Anderer Auffassung ist in ständiger Rechtsprechung das LAG Hamm, in besonderen Ausnahmefällen kann durch einstweilige Verfügung ein vorzeitiger Abbruch der Betriebsratswahl vorgeschrieben werden, dann nämlich, wenn der festgestellte Rechtsmangel nicht korrigierbar und die Weiterführung der Wahl mit Sicherheit eine erfolgreiche Anfechtung oder Nichtigkeit der Betriebsratswahl zur Folge hätte (LAG Hamm, BB 1996, 2622 f.; und BB 1995, 260).

- *Bejaht wurde der Anspruch auf Freistellung eines Betriebsratsmitgliedes zum Besuch einer Schulung- und Bildungsveranstaltung (LAG Hamm, DB 1972, 2489, ArbG Detmold, AiB 1998, 405 f.).*

  Anderer Auffassung ist das LAG Düsseldorf (NZA-RR 1996, 12 f.). Es lehnt eine einstweilige Verfügung zur Feststellung der Erforderlichkeit einer Schu-

lungsmaßnahme ab. Habe der Betriebsrat die Entsendung eines Mitgliedes zu einer Schulung gem. § 37 Abs. 6 BetrVG beschlossen, und bestreitet der Arbeitgeber die Erforderlichkeit der Schulungsmaßnahme, könne nicht im Wege der einstweiligen Verfügung das Teilnahmerecht des Betriebsratsmitgliedes abgesichert werden. Für eine solche Verfügung, die auf keine Regelung, sondern lediglich auf eine Feststellung gerichtet wäre, fehle es am Verfügungsgrund.

- Die Durchsetzung eines Spruchs der Einigungsstelle im einstweiligen Verfügungsverfahren hat das LAG Berlin (DB 1991, 1288) bejaht. Der Betriebsrat hat nach § 77 Abs. 1 BetrVG einen Anspruch gegen den Arbeitgeber auf Durchführung von Einigungsstellenansprüchen. Dieser Anspruch besteht auch bei Anfechtung des Spruchs durch den Arbeitgeber. Eine Suspendierung kann nur in Betracht kommen, wenn der Spruch offensichtlich rechtswidrig ist.

- Weicht ein Arbeitgeber von der Durchführung und Umsetzung einer Betriebsvereinbarung ab und ergreift er betriebsvereinbarungswidrige Maßnahmen, so kann ihm dies auf Antrag des Betriebsrates durch einstweilige Verfügung untersagt werden (BAG, NZA 1988, 255 f.).

- Möglich sind auch einstweilige Verfügungen im Zusammenhang mit dem Anspruch des Betriebsrates aus Überlassung geeigneter Räume und Ausstattung (vgl. hierzu Herbst/Bertelsmann/Reiter, Arbeitsgerichtliches Beschlussverfahren, 264 f. m.w.N.)

- Einem Arbeitgeber kann im Wege der einstweiligen Verfügung untersagt werden, den Zugriff des Betriebsrates auf dessen eigenen PC zu erschweren (ArbG Düsseldorf, Aib 1999, 649 mit Anm. Malottke).

(2) Allgemeiner Unterlassungsanspruch

Es war lange umstritten, ob auch die **Beteiligungsrechte** des Betriebsrates auf Anhörung, Beratung und Mitbestimmung Ansprüche begründen, die Gegenstand einer einstweiligen Verfügung auf Unterlassung oder Aufhebung der Maßnahme seitens des Arbeitgebers sein können. 810

In seiner Entscheidung vom 3.5.1994 (AP Nr. 23 zu § 23 BetrVG 1972) hat das BAG unter Aufgabe seiner bisherigen Rechtsprechung dem Betriebsrat bei Verletzung seiner Mitbestimmungsrechte aus § 87 BetrVG einen **Anspruch auf Unterlassung** der mitbestimmungspflichtigen Maßnahme zugebilligt. Dieser Anspruch setzt **keine grobe Pflichtverletzung** des Arbeitgebers i.S.d. § 23 Abs. 3 BetrVG voraus. Zuvor hatte das BAG für den Bereich des erzwingbaren Mitbestimmungsrechtes nach § 87 BetrVG einen Unter- 811 lassungsanspruch nur bejaht, wenn der Arbeitgeber grob gegen seine Pflichten aus dem BetrVG verstoße. Die generelle Verneinung eines Unterlassungsanspruchs neben dem Sondertatbestand des § 23 Abs. 3 BetrVG wird jedoch nun nicht mehr aufrechterhalten. Das BAG stellt in der vorgenannten Entscheidung fest, dass § 23 Abs. 3 BetrVG keine abschließende Regelung mit Ausschlusswirkung ist, vielmehr müsse für jeden Mitbestimmungstatbestand **besonders geprüft** werden, ob dieser dem Betriebsrat einen Unterlassungsanspruch gebe oder nicht. Der Betriebsrat hat bei Verstößen gegen sein Mitbestimmungsrecht nach § 87 Abs. 1 BetrVG einen Unterlassungsanspruch gegen den Arbeitgeber. § 87 BetrVG regelt die erzwingbare Mitbestimmung, Maßnahmen in diesem Bereich soll der Arbeitgeber nach dem eindeutigen Willen des Gesetzgebers nur mit Zustimmung des Betriebsrates durchführen können. Verstößt der Arbeitgeber hiergegen, entsteht eine **betriebsverfassungswidrige Lage**. Dem lasse sich nicht entgegenhalten, dass § 87 Abs. 2 BetrVG eine andere Konfliktlösung vorsehe; danach entscheide bei fehlender Einigung die Einigungsstelle verbindlich. Diese Konfliktregelung betreffe nicht den betriebsverfassungswidrigen Zustand, der durch das Verhalten des Arbeitgebers bis zur Entscheidung der Einigungsstelle entstehe. Der Betriebsrat könne zwar die Einigungsstelle anrufen, aber dadurch allein Rechtsnachteile nicht abwenden. Bei kurzfristigen Maßnahmen lasse sich eine **Entscheidung der Einigungsstelle** oft nicht rechtzeitig herbeiführen. Auch bei längerfristigen Maßnahmen werden durch den betriebsverfassungsrechtlichen Vollzug häufig Fakten gesetzt, die nachträglich dann nur schwer zu beseitigen seien. Der Betriebsrat selbst müsse daher eine wirksame Möglichkeit haben, aktiv für die Einhaltung seines Mitbestimmungsrechts Sorge zu tragen (BAG, a.a.O.).

812 *Germelmann/Matthes/Prütting* (ArbGG, § 85 Rn. 32) weisen darauf hin, dass einstweilige Verfügungen zur Sicherung der Beteiligungsrechte, welche etwa dem Arbeitgeber aufgeben, eine Maßnahme mit dem Betriebsrat zu beraten oder die Einigungsstelle anzurufen oder ein Zustimmungsersetzungsverfahren durchzuführen, keinen Sinn geben und in der Praxis keine Rolle spielen. Die effektive **Sicherung der Beteiligungsrechte** des Betriebsrates durch eine einstweilige Verfügung werde dann jedoch erreicht, wenn dem Arbeitgeber durch einstweilige Verfügung aufgegeben wird eine Maßnahme so lange zu unterlassen, bis die erforderliche Beteiligung des Betriebsrates erfolgt ist, oder es wird ihm aufgegeben, dass eine ohne Beachtung von Beteiligungsrechten durchgeführte Maßnahme aufgehoben wird.

III. Einstweiliger Rechtsschutz im Beschlussverfahren

In den Fällen des § 87 Abs. 1 BetrVG, dem Mitbestimmungsrecht in sozialen Angelegenheiten, wird man deshalb grundsätzlich den Verfügungsanspruch bejahen müssen, da ansonsten der Arbeitgeber in der Lage ist, das obligatorische Mitbestimmungsrecht des Betriebsrats zu unterlaufen und diesen vor vollendete Tatsachen setzt. Von erheblicher Relevanz sind in diesem Zusammenhang die Fälle des **§ 87 Abs. 1 Nr. 2 BetrVG** (Beginn und Ende der täglichen Arbeitszeit einschließlich der Pausen sowie Verteilung der Arbeitszeit auf die einzelnen Wochentage, also die Veränderung der Arbeitszeit), **§ 87 Abs. 1 Nr. 3 BetrVG** (vorübergehende Verkürzung oder Verlängerung der betriebsüblichen Arbeitszeit, z.B. Anordnung von Sonderschichten, Mehrarbeit, Inventur etc. außerhalb der regulären Arbeitszeit) und des **§ 87 Abs. 1 Nr. 5 BetrVG** (Aufstellung allgemeiner Urlaubsgrundsätze oder „Verkündung" eines Urlaubsplans) sowie des **§ 87 Abs. 1 Nr. 6 BetrVG** (Einführung und Anwendung von technischen Einrichtungen, die dazu bestimmt sind, das Verhalten oder die Leistung der Arbeitnehmer zu überwachen); (vgl. zur Rechtsprechungsübersicht *Herbst/Bertelsmann/Reiter*, Arbeitsgerichtliches Beschlussverfahren, 286 ff). 813

Besondere Relevanz hat die Frage der Zulässigkeit einer einstweiligen Verfügung auf Unterlassung der Durchführung einer Betriebsänderung vor Abschluss des Verfahrens um den **Interessenausgleich** gem. § 111 BetrVG. 814

§ 111 Satz 1 BetrVG regelt, dass der Unternehmer in Betrieben mit mehr als 20 wahlberechtigten Arbeitnehmern den Betriebsrat über **geplante Betriebsänderungen**, die wesentlichen Nachteile für die Belegschaft oder erhebliche Teile der Belegschaft zur Folge haben können, rechtzeitig und umfassend zu unterrichten und die geplanten Betriebsänderungen mit dem Betriebsrat zu beraten hat. 815

Kommt ein Interessenausgleich über die geplante Betriebsänderung nicht zustande, so können der Unternehmer oder der Betriebsrat dem Präsidenten des Landesarbeitsamtes um Vermittlung ersuchen; geschieht dies nicht oder bleibt der Vermittlungsversuch ergebnislos, so können beide Seiten die Einigungsstelle anrufen, § 112 Abs. 2 BetrVG. Führt der Unternehmer eine geplante Betriebsänderung durch ohne über sie einen Interessenausgleich mit dem Betriebsrat versucht zu haben, und hat infolge dessen Arbeitnehmer entlassen, oder haben diese andere wirtschaftliche Nachteile erlitten, begründet § 113 Abs. 3 BetrVG einen Schadensersatzanspruch (**Nachteilsausgleich**) der betroffenen Arbeitnehmer. Das BeschFG vom 25.9.1996 hatte § 113 Abs. 3 BetrVG ergänzt und so dem Arbeitgeber ermöglicht, nach Ablauf von zwei

Monaten, nach ordnungsgemäßer Unterrichtung des Betriebsrates die Betriebsänderung ohne betriebsverfassungsrechtliche Sanktionen durchzuführen. Wurde innerhalb der Zwei-Monats-Frist die Einigungsstelle angerufen, endete die Frist einen Monat nach Anrufung. Das Gesetz zu Korrekturen in der Sozialversicherung und zur Sicherung der Arbeitnehmerrechte vom 19.12.1998 (BGBl. I 1998, 3843 ff.) hatte diese „Beschleunigungsmöglichkeit" wiederum aufgehoben.

816 Das LAG Hamburg hat in seiner Entscheidung vom 26.6.1997 (NZA-RR 1997, 296) ausgeführt, dass der Betriebsrat im Falle einer Betriebsänderung nach § 111 Satz 1 BetrVG ein im Wege der einstweiligen Verfügung **durchsetzbarer Anspruch** auf Unterlassung betriebsbedingter Kündigung bis zum Abschluss des Interessenausgleichsverfahrens zustehe. Dieser Anspruch ende aber mit Ablauf der Frist des § 113 Abs. 3 Satz 2 BetrVG (ebenso LAG Hamburg, LAGE § 111 BetrVG 1972 Nr. 15; ArbG Hamburg, NZA-RR 1998, 127 f.).

817 Einen solchen Anspruch verneinte das LAG Hamm (InVo 1997, 323 f) ebenso das LAG Kiel (BB 1992, 1210 f.), das ArbG Dresden (25.7.1997, Az. 16 BV Ga 9/97, n.v.); ArbG Schwerin (NZA-RR 1998, 448 f.) (zur weiteren Rechtsprechungsübersicht vgl. *Herbst/Bertelsmann/Reiter,* Arbeitsgerichtliches Beschlussverfahren, 320 f.).

M.E. ist der Rechtsprechung zu folgen, die einen Unterlassungsanspruch bei einer geplanten Betriebsänderung verneint, wenn der Arbeitgeber Kündigungen ausspricht, ohne über sie einen Interessenausgleich mit dem Betriebsrat versucht zu haben.

818 Das Beteiligungsrecht des Betriebsrates beschränkt sich bei einer **Betriebsänderung** auf die Pflicht des Unternehmers, den Betriebsrat rechtzeitig und umfassend zu unterrichten und mit dem Betriebsrat zu beraten. Aus dieser Verpflichtung folgert *Matthes* (Brennpunkte des Arbeitsrechtes 1997, 229), dass Zweck der Beratung sei, die **Interessen der Arbeitnehmer** am Unterbleiben oder an der möglichst schonenden Durchführung der Betriebsänderung in den Entscheidungsprozess des Unternehmers einzubringen, um deren Berücksichtigung überhaupt zu ermöglichen. Diese vom BetrVG dem Betriebsrat eingeräumte Chance, im Interesse der Arbeitnehmer auf die Betriebsänderung und deren Durchführung Einfluss zu nehmen, würde vereitelt, wenn der Unternehmer die Betriebsänderung vor einer solchen Beratung durchführen und damit vollendete Tatsachen schaffen könnte. Aus diesem

Grunde seit mit der Entscheidung des BAG vom 3.5.1994 davon auszugehen, dass der Betriebsrat vom Unternehmer verlangen könne, dass er jede der Durchführung der geplanten Betriebsänderung dienende Maßnahme solange unterlasse, bis die Betriebsänderung mit dem Betriebsrat beraten worden sei (so *Matthes*, a.a.O.). Zu § 113 Abs. 3 BetrVG a.F. nahm *Matthes* dann nach Ablauf der 2-3-Monatsfrist an, dass die Durchführung der Betriebsänderung nicht mehr untersagt werden könne. In der Kommentierung von *Germelmann/Matthes/Prütting* (ArbGG, § 85 Rn. 34), wird klar herausgestellt, dass der Betriebsrat anlässlich der Betriebsänderung **keinen Anspruch** auf einen Interessenausgleich sondern nur auf Unterrichtung und Beratung durch den Arbeitgeber hat. Die Annahme einer Unterlassungsverfügung führe nicht zur Befriedigung des Verfügungsanspruchs, da dieser nicht auf Unterlassung, sondern auf Beteiligung an der Maßnahme gehe, die mit der einstweiligen Verfügung gerichtlich ermöglicht werden solle.

> **Hinweis:**
>
> Der Beschluss des BAG vom 3.5.1994 zum allgemeinen Unterlassungsanspruch bezog sich auf einen Fall der Verletzung des **erzwingbaren Mitbestimmungsrechtes** des Betriebsrats in **sozialen Angelegenheiten**, § 87 BetrVG. Das Recht des Betriebsrates im Zusammenhang mit § 111 BetrVG ist jedoch wesentlich schwächer „nur" ein **Mitwirkungsrecht**, welches jedoch in § 113 BetrVG eine Sanktion enthält für betriebsverfassungswidriges Handeln des Unternehmers (ebenso LAG Köln, 1.9.1995, Az. 13 Ta 223/95, Vorinstanz ArbG Bonn, 23.8.1995, Az. 4 BV Ga 5/95, NZA 1995, 966 f.).

819

Beachtet der Arbeitgeber das **Mitwirkungsrecht** des Betriebsrates – Anspruch auf Unterrichtung und Beratung – wird der Unterlassungsanspruch auf jeden Fall zu verneinen sein.

820

(3) Verfügungsgrund

Jeder Erlass einer einstweiligen Verfügung erfordert einen Verfügungsgrund; es muss somit die Besorgnis bestehen, dass ohne den Erlass der einstweiligen Verfügung die **Verwirklichung** des geltend gemachten Rechtes **verhindert** oder **gravierend erschwert** wird. Wenn dies droht, kann eine einstweilige Verfügung erforderlich sein.

821

822 Es ist jedoch zu berücksichtigen, dass im normalen Beschlussverfahren die Zwangsvollstreckung erst aus rechtskräftigen Beschlüssen möglich ist (§ 85 Abs. 2 Satz 1 ArbGG) und der Erlass einer einstweiligen Verfügung für die Vergangenheit, für den von ihr geregelten Zeitraum i.d.R. einen nicht mehr zu beseitigenden Zustand schafft; sowie das ein Anspruch auf Schadensersatz nach § 945 ZPO nicht besteht (vgl. § 85 Abs. 2 Satz 2 ArbGG). Deshalb wird auch zu Recht eine **Interessenabwägung** hinsichtlich der konkreten Vor- und Nachteile gefordert (vgl. *Herbst/Bertelsmann/Reiter*, Arbeitsgerichtliches Beschlussverfahren, 337).

823 Es ist höchst streitig, welche **Maßstäbe** anzulegen sind, um einen Verfügungsgrund zu bejahen. *Herbst/Bertelsmann/Reiter* (Arbeitsgerichtliches Beschlussverfahren, 351) vertreten z.B. die Auffassung, dass das Verhältnis zwischen der **Schwere der gerügten Rechtsverletzung** und den sich aus der Rechtsverletzung ergebenden **Folgen** ein wesentliches Kriterium sei. Dieser Grundsatz sei für sämtliche Verfügungsansprüche zugrunde zu legen, bei den Anforderungen, die an den Verfügungsgrund zu stellen sind, können das Gewicht des drohenden Verstoßes und die Bedeutung der umstrittenen Maßnahme für den Arbeitgeber und andererseits für die Belegschaft berücksichtigt werden (so BAG v. 3.5.1994, a.a.O.). Die **Eindeutigkeit** des zu erwartenden Ausgangs des Hauptsacheverfahrens sei ein weiteres Indiz, je zweifelhafter der Verfügungsanspruch sei, desto höher könnten die Ansprüche an den Verfügungsgrund sein.

824 Hiergegen bestehen m.E. erhebliche Bedenken. Die einstweilige Verfügung im Beschlussverfahren dient der Sicherung der Beteiligtenrechte des Betriebs- oder des Personalrates. Dass durch eine Unterlassungsverfügung zu sichernde Beteiligungsrecht des Betriebsrates ist **kein subjektives, absolutes Recht** des Betriebsrates (*Germelmann/Matthes/Prütting*, ArbGG, § 85 Rn. 37), sondern eine Berechtigung des Betriebsrates zum Schutz der von ihm vertretenen Arbeitnehmer, zu verhindern, dass diesen unwiederbringliche Nachteile entstehen. Man kann das Vorliegen eines Verfügungsgrundes verneinen, wenn die betroffenen Arbeitnehmer anders hinreichend geschützt sind, dies ist z.B. der Fall, wenn der Arbeitgeber meint, ohne Anhörung des Betriebsrates gem. § 102 BetrVG Kündigungen aussprechen zu müssen; diese sind unwirksam.

825 Es wird ebenfalls für sinnlos gehalten, eine einstweilige Verfügung auf Untersagung der **Einführung von Kurzarbeit**, da die Arbeitnehmer bei Nichtbe-

achtung des Mitbestimmungsrechts durchgeführter Kurzarbeit ihren vollen Lohnanspruch behalten, (vgl. LAG Frankfurt, BB 1979, 942).

Man kann bei der Prüfung der Frage, ob ein Verfügungsgrund vorliegt, m.E. keine festen Grundsätze aufstellen; es wird stets auf den Einzelfall ankommen, es erscheint auch zweifelhaft, den Verfügungsgrund deshalb entfallen zu lassen, da ein ausreichender Schutz des einzelnen Arbeitnehmers gewährleistet ist. 826

> *Beispiel:*
>
> *Will der Arbeitgeber die Inventur außerhalb der betrieblichen Arbeitszeit durchführen oder erhält er kurzfristig einen lukrativen Zusatzauftrag, welcher aufgrund der anderen Termine nicht während der regulären Arbeitszeit erledigt werden kann, und will deshalb bei Zugrundelegung einer 5-Tage-Woche zusätzlich am „kommenden Samstag" einen vollen Arbeitstag von seiner Belegschaft fordern, so ist dies zweifelsohne ein Fall der obligatorischen Mitbestimmung gem. § 87 Abs. 1 Nr. 3 BetrVG. Leugnet der Arbeitgeber in einem solchen Fall trotz Hinweis durch den Betriebsrat, dass diesem zustehende Mitbestimmungsrecht und droht gegenüber dem Betriebsrat und den Arbeitnehmern, dass jeder, der nicht am Samstag zur Arbeit erschiene, dann spätestens am darauf folgenden Montag seine fristlose Kündigung erhalte, ist der Verfügungsgrund zu bejahen. Dem Arbeitgeber wird so unmissverständlich vom Gericht klargemacht, dass er das Mitbestimmungsrecht des Betriebsrates zu beachten hat, man wird davon ausgehen müssen, dass durch diese „gerichtliche Abmahnung" der Arbeitgeber nicht noch so dreist ist, gleichwohl fristlose Kündigungen auszusprechen; es erscheint nicht realistisch, den Verfügungsgrund etwa mit der Argumentation zu verneinen, der fristlos gekündigte Arbeitnehmer habe wegen offensichtlicher Unbegründetheit der Kündigung keinen entscheidenden Rechtsverlust zu befürchten, er werde das Verfahren auf jeden Fall gewinnen; die Praxis zeigt, dass durch gerichtliche Auseinandersetzungen, d.h. allein durch das Gerichtsverfahren sich die Fronten auch zusätzlich verhärten, das Arbeitsverhältnis zusätzlich belastet wird, und eben deshalb irreparable Schäden entstehen, die auch nicht durch arbeitgeberseitige Abfindungszahlungen ausgeglichen werden.*

Dies ist auch kein Widerspruch zu der vorstehend getätigten Auffassung zum Unterlassungsanspruch einer Betriebsänderung; bei einer Betriebsänderung besteht der Anspruch des Betriebsrates nur auf Information und gemeinsame Beratung (§ 111 Satz 1 BetrVG). Der Gesetzgeber hat durch seine Regelung des § 113 Abs. 3 BetrVG bewusst in Kauf genommen, dass der Arbeitgeber – dann mit entsprechenden Sanktionen versehen – Kündigungen vorzeitig 827 ausspricht. Auch dieses ist selbstverständlich, wie vorstehend dargestellt, streitig. Natürlich könnte man auch dahingehend argumentieren, dass es ebenfalls unbillig ist, wenn das Vorliegen eines Verfügungsgrundes bei unterlassener Betriebsratsanhörung gem. § 102 BetrVG verneint wird, da der Arbeitnehmer wegen der Unwirksamkeit der Kündigung nichts zu befürchten hat. Auch wenn der Arbeitnehmer in einem solchen Fall nicht an die Klagefrist des § 4 KSchG gebunden ist, wird in der Praxis der einfache Hinweis des Arbeitnehmers auf den Verstoß gegen § 102 BetrVG nicht genügen; er wird in die Situation kommen, dass der Arbeitgeber ihm spätestens nach Ablauf der Kündigungsfrist den Zutritt zum Betrieb verwehrt. Der Arbeitnehmer ist dann gezwungen, Klage zu erheben mit der Kostenfolge des § 12a Abs. 1 Satz 1 ArbGG. Die finanzielle Folge erscheint sicherlich unbillig, es tritt jedoch für den betroffenen Arbeitnehmer ebenso wenig wie für den Betriebsrat ein endgültiger nicht zu reparierender Rechtsverlust ein, da der Arbeitnehmer das Verfahren gewinnen wird. Sämtliche Begriffsdefinitionen wie „nicht zu ersetzende Nachteile" oder „unwiederbringlicher Rechtsverlust" sind sicherlich normative Begriffe, zeigen jedoch, dass stets eine Einzelfallprüfung erforderlich und auch sachgerecht ist.

828 | **Hinweis:**
Sehr problematisch ist auch die Annahme eines Verfügungsgrundes bei einer Betriebsratswahl. Wird die Wahl fehlerhaft durchgeführt, ist zu Bedenken, dass Wahlrechte oder Wahlvorschlagsrechte für diese Wahl nicht mehr berücksichtigt werden können.

829 Liegen **Fehler im Wahlverfahren** vor, kann dies zur Anfechtbarkeit oder zur Nichtigkeit der Wahl führen mit der Folge, dass im Falle der Wiederholung zusätzliche Kosten für den Arbeitgeber anfallen. Andererseits kann das Aussetzen eines Wahlverfahrens zu einem betriebslosen Zustand führen, was sicherlich auch nicht im Interesse der Belegschaft ist (vgl. hierzu BAG, AP Nr. 5 zu § 80 ArbGG 1953, LAG Hamm, DB 1972, 1297). *Germelmann/Matthes/Prütting* (ArbGG, § 85 Rn. 38) nehmen deshalb die Möglichkeit einer Aussetzung einer Wahl wegen eines Wahlfehlers im Wege des einstweiligen Verfügungsverfahrens nur dann an, wenn entweder der Fehler in kurzer Zeit beseitigt werden kann, oder wenn mit hoher Wahrscheinlichkeit anzunehmen ist, dass die Wahl wegen des Wahlfehlers mit Erfolg angefochten werden könne.

(4) Ausschluss einstweiliger Verfügungen

Betriebsverfassungsrechtliche Regelungen ergeben im Einzelfall, dass die Verletzung von Rechten des einen betriebsverfassungsrechtlichen Partners durch den anderen abschließend geregelt ist und daher einstweilige Verfügungen nicht in Betracht kommen. Dies kann z.B. bei **Missachtung des Zustimmungsrechtes des Betriebsrates gem. § 99 BetrVG** angenommen werden. Unterlässt der Arbeitgeber die Mitbestimmung bei personellen Einzelmaßnahmen oder die Durchführung betrieblicher Bildungsmaßnahmen, so hat der Betriebsrat die Rechte des § 69 Abs. 5 BPersVG bzw. des § 101 BetrVG. Eine einstweilige Verfügung scheidet ebenfalls aus, wenn der Arbeitgeber für die **vorläufige personelle Maßnahme** berechtigt ist, da dringende sachliche Gründe vorliegen, die personelle Maßnahme i.S.d. § 99 Abs. 1 Satz 1 BetrVG vorläufig durchzuführen (§ 100 BetrVG). Nach der Entscheidung des LAG Hamm (NZA-RR 1998, 421) ist ein Antrag auf Erlass einer einstweiligen Verfügung, mit dem dem Arbeitgeber die vorläufige Aufhebung einer personellen Einzelmaßnahme i.S.d. § 99 Abs. 1 BetrVG aufgegeben werden soll unzulässig, weil dadurch die in § 101 BetrVG enthaltene gesetzliche Regelung unterlaufen würde. Das LAG Hamm (a.a.O.) lässt offen, ob für krasse Fälle der Missachtung des Mitbestimmungsrechtes eine Aufhebung von personellen Maßnahmen im Wege der einstweiligen Verfügung zuzulassen ist. 830

Nach h.M. ist kein Raum für einstweilige Verfügung auf **vorläufige Regelung einer mitbestimmungspflichtigen Angelegenheit**. Dies gilt selbst für die Zeit, bis die Betriebspartner sich geeinigt haben (vgl. *Germelmann/Matthes/Prütting*, ArbGG, § 85 Rn. 40). In diesen Fällen soll das Verfahren vor der **Einigungsstelle** durchgeführt werden, in Eilfällen kann die Einigungsstelle auch eine vorläufige Regelung bis zum ihrem endgültigen Spruch treffen (so *Fitting/Kayser/Heither/Engels*, BetrVG, § 76 Rn. 43a, m.w.N.). 831

Besondere Zurückhaltung ist geboten, wenn durch die einstweilige Verfügung das Mitwirkungsrecht des Betriebsrates endgültig realisiert wird, z.B. durch **Einsicht in Gutachten** einer Unternehmensberatung, so der Fall des ArbG Wetzlar in seiner Entscheidung vom 2.3.1989 (NZA 1989, 443 f.). Für Streitigkeiten über das Vorliegen von Betriebs- oder Geschäftsgeheimnissen sei nach § 109 BetrVG die Einigungsstelle zuständig, daher bestehe für eine einstweilige Verfügung, mit der das Einsichtsrecht durchgesetzt werden solle, kein Verfügungsanspruch. 832

(5) Antragsformulierung

833 Der den Betriebsrat beratende Anwalt muss erhebliche Mühe auf die **korrekte Formulierung** seines Antrages verwenden. Zahlreiche Verfahren scheitern daran, dass ein sog. Globalantrag, ein viel zu weit gehender Antrag, gestellt wird. Zwar ist im einstweiligen Verfügungsverfahren das erkennende Gericht nicht strikt an den Antrag gebunden und kann im Rahmen des Antrages auch ein Minus zusprechen, hat darüber hinaus die Pflicht gem. § 139 ZPO darauf hinzuwirken, dass sachdienliche Anträge gestellt werden. Welche Bedeutung der richtigen Formulierung eines Antrages jedoch zukommt, sei an einigen Rechtsprechungsbeispielen dargestellt. Nach der Entscheidung des 6. Senats des BAG vom 22.7.1980 (DB 1981, 481 f.) erfordert die Geltendmachung eines Unterlassungsanspruchs im arbeitsgerichtlichen Beschlussverfahren, dass der Antrag auf einzelne, **tatbestandlich umschriebene Handlungen** als Verfahrensgegenstand bezogen ist. Für einen Antrag im arbeitsgerichtlichen Beschlussverfahren, mit dem die Feststellung der Grenzen eines allgemein nicht näher konkretisierten Handlungsrahmens für den Antragsgegner begehrt wird, fehlt das Rechtsschutzinteresse. Das ArbG Bielefeld (NZA-RR 1997, 94 f.) fordert beim Verletzungs- und Unterlassungsanspruch, dass der Unterlassungsanspruch auf die **konkrete Verletzungshandlung** bezogen wird; eine gewisse Verallgemeinerung gegenüber der konkreten Verletzungshandlung sei zulässig, sofern darin das Charakteristische der Verletzungshandlung zum Ausdruck komme. Ein Globalantrag sei nur dann begründet, wenn der Antragsteller die Unterlassung aller erfassten Fallgestaltungen verlangen könne. Sei dies auch nur teilweise nicht der Fall, müsse der Antrag im Ganzen als unbegründet zurückgewiesen werden.

834 **Hinweis:**

Man kann deshalb dem beratenden Anwalt nur empfehlen, wie im Wettbewerbsrecht, möglichst konkret die angegriffene vermeintliche Verletzungshandlung, den Verstoß gegen ein Mitbestimmungs-/Mitwirkungsrecht zu bezeichnen.

Beispiel:

Will der Betriebsrat verhindern, dass der Arbeitgeber unter Missachtung des Mitbestimmungsrechtes des Betriebsrates am 4.12. d.J. eine Inventur außerhalb der regulären Dienstzeit anordnen, so ist dies auch so konkret im Antrag zu formulieren und nicht etwa ein Antrag dahingehend zu fassen, dass dem Arbeitgeber untersagt werden soll „ohne Beteiligung des Betriebsrates Mehrarbeit anzuordnen".

Es sind nämlich Konstellationen möglich, nach denen eine kurzfristige Anordnung von Mehrarbeit **ohne Beteiligung** (z.B. aufgrund tarifvertraglicher Vorschriften) so dass der Betriebsrat eine globale Unterlassung nicht verlangen kann. Nach der Entscheidung des BAG vom 10.3.1992 (NZA 1992, 952 f.) ist der zu weit gehende Antrag im Ganzen als unbegründet zurückzuweisen. Der Antrag ist deshalb möglichst bestimmt und konkret zu fassen, ggf. zeitlich zu begrenzen. *H. Bauer* (Brennpunkte des Arbeitsrechtes 1996, 128 f.) führt deshalb zutreffend aus, dass nach der Entscheidung des BAG vom 3.5.1994 (AP Nr. 28 zu § 23 BetrVG 1972 zum allgemeinen Unterlassungsanspruch) die Herleitung des Unterlassungsanspruchs als Nebenleistungspflicht zur Sicherung des erzwingbaren Mitbestimmungsrechts bis zum ordnungsgemäßen Abschluss des Mitbestimmungsverfahrens zugleich dessen **Reichweite** bestimmt; er besteht nur solange, als der Betriebsrat seine Zustimmung nicht erteilt oder die Einigungsstelle die fehlende Zustimmung nicht durch Spruch ersetzt hat. 835

H. Bauer (a.a.O.) empfiehlt deshalb, dass zu prüfen ist, ob nicht mit einem **Hilfsantrag**, ggf. mit mehreren gestaffelten Hilfsanträgen zu arbeiten ist, wenn zu befürchten ist, dass ein Globalantrag zu weit geht, eben Ausnahmetatbestände mit vom Globalantrag erfasst würden und dieser deshalb unbegründet ist. Man habe deshalb darauf zu achten, dass Hilfsanträge Auffangstellungen schaffen, die nur noch das Verbot derjenigen Verletzungshandlung anstreben, für die konkret die Vermutung der Wiederholungsgefahr besteht. 836

4. Kosten und Gebühren

a) Gerichtskosten

Die Gebühren über Anträge auf Anordnung, Abänderung oder Aufhebung eines Arrests oder einer einstweiligen Verfügung richten sich nach Abschnitt III des Gebührenverzeichnisses der Anlage 1 zu § 12 Abs. 1 ArbGG. Die Höhe der Gebühr richtet sich hierbei nicht nach der Verfahrenspauschgebühr in der Tabelle der Anlage 2 zu § 12 Abs. 2 ArbGG sondern nach der Gebührenberechnung in der Tabelle in der Anlage 2 des GKG. Hieraus ergibt sich, dass die Gerichtskosten somit im Einzelfall höher liegen als im Hauptverfahren (vgl. hierzu *Eberle*, JurBüro 1991, 169 ff.) 837

b) Kostenerstattung

838 Im Eilverfahren nach den §§ 916 ff. ZPO regelt sich die Frage der Kostenerstattung nach der gesetzlichen Regelung der Kostentragungspflicht gem. § 12a ArbGG. Danach ist in Urteilsverfahren des ersten Rechtszuges **kein Erstattungsanspruch** der obsiegenden Partei auf Entschädigung wegen Zeitversäumnis oder Erstattung der Kosten für die Zuziehung eines Prozessbevollmächtigten oder Beistands gegeben. Das Arrestverfahren und das Verfahren über den Erlass einer einstweiligen Verfügung ist in der ZPO im Zwangsvollstreckungsrecht eingeordnet. Es handelt sich jedoch nach h.M. um ein summarisches Erkenntnisverfahren, für welches die für das arbeitsgerichtliche Urteilsverfahren getroffene kostenrechtliche Sondernorm des § 12a ArbGG unmittelbar gilt (vgl. *Wenzel*, GK-ArbGG, § 12 a Rn. 76 m.w.N.). Wird der Antrag auf Erlass eines Arrestes oder einer einstweiligen Verfügung beim Berufungsgericht als Gericht der Hauptsache beantragt, so richtet sich die Kostenerstattung nach den für das zweitinstanzliche Verfahren geltenden Bestimmungen (vgl. *Wenzel*, a.a.O.).

839 Wird gegen ein Resturteil oder ein Urteil auf Erlass einer einstweiligen Verfügung Rechtsmittel eingelegt, findet eine Kostenerstattung statt.

840 Es ist grundsätzlich zu empfehlen, vor Erteilung des Mandats, den Mandanten hierauf hinzuweisen und sich dies zur anwaltlichen Absicherung schriftlich bestätigen zu lassen.

c) Anwaltsgebühren im Eilverfahren

841 Nach § 40 Abs. 1 BRAGO handelt es sich bei Arrest und einstweiliger Verfügung um besondere Angelegenheiten, so dass die in diesen Verfahren anfallenden Gebühren **neben** den Gebühren des sich eventuell anschließenden Hauptprozesses anfallen. Wegen der **Prozess-, Verhandlungs-** und **Erörterungsgebühr** ergeben sich keine Besonderheiten. Eine **Beweisgebühr** fällt an bei Zeugenvernehmung oder durch Parteivernehmung. Die Vorlage eidesstattlicher Versicherungen löst keine Beweisgebühr aus.

842 Im arbeitsgerichtlichen **Beschlussverfahren** gem. der §§ 80 ff. ArbGG erhält der Rechtsanwalt gem. § 62 Abs. 1 BRAGO die Gebühr entsprechend §§ 31 ff. BRAGO, somit wie im **Prozessverfahren** die **Prozessgebühr**, die **Erörterungsgebühr**, ggf. die **Beweisgebühr** und/oder die **Vergleichsgebühr**.

d) Streitwerte im Eilverfahren

Die nachstehend zitierten Entscheidungen sind noch zu Zeiten der DM ergangen und werden deshalb in Euro nicht umgerechnet. Zu beachten ist jedoch, dass bei denjenigen Entscheidungen, bei denen die Gerichte den Auffangtatbestand des § 8 BRAGO zugrunde legen, nach der Einführung des Euro der Betrag nunmehr 4.000,- € lauten muss. 843

aa) Allgemeines

Gem. § 20 Abs. 1 GKG bestimmt sich im Verfahren über ein Antrag auf Anordnung, Abänderung oder Aufhebung eines Arrests oder einer einstweiligen Verfügung der Wert nach § 3 ZPO. 844

Der Streitwert ist somit vom Gericht nach freiem Ermessen zu bestimmen. Dies entbindet das Gericht jedoch nicht von seiner Verpflichtung, den Verfahrenswert objektiv festzulegen. Maßgebend ist das Interesse des Antragstellers im Zeitpunkt der Antragseinreichung.

> **Hinweis:** 845
> Vielfach wird wegen der nur vorübergehenden Bedeutung der Anordnung des Eilverfahrens gefordert, den Wert der Hauptsache zu unterschreiten. Als Richtschnur kann man die Hälfte oder 2/3 des Hauptsacheverfahrensgegenstandswerts ansetzen. In Einzelfällen kann jedoch der Streitwert dem Hauptsacheverfahren entsprechen wie z.B. im Eilverfahren auf Zahlung von Arbeitsentgelt.

Dem Antrag auf Erlass eines dinglichen Arrests bzw. eines persönlichen Arrests würde man deshalb von dem wirtschaftlichen Interesse des Antragstellers einen gewissen Abschluss vornehmen müssen. Im Allgemeinen gilt, dass im Eilverfahren der Wert der Hauptsache nicht zu überschreiten ist. 846

bb) Einzelfälle

• **Arbeitspapiere**

Der Anspruch auf Ausfüllung und Herausgabe der **Lohnsteuerkarte** und des **Versicherungsnachweises** sowie der Anspruch auf Erteilung einer **Arbeitsbescheinigung** nach § 133 AFG und einer Verdienstbescheinigung zwecks Verlangung von Konkursausfallgeld werden mit **je 500,- DM** bewertet (LAG Bad.-Württ., BB 1984, 1234; a.A. LAG Düsseldorf, LAGE § 2 ZPO Nr. 2: je 300,- DM). 847

848 Nach der Rechtsprechung des LAG Hamm ist der **Wert für die Klage** auf Ausfüllung und Herausgabe der Arbeitspapiere mit einem Wert von 500,- DM zusammenzufassen, die Arbeitsbescheinigung nach § 133 AFG und die Verdienstbescheinigung zur Erlangung des Konkursausfallgeldes rechtfertigt jedoch Einzelwerte von 500,- DM (LAG Hamm, LAGE § 3 ZPO Nr. 1).

849 Das LAG Düsseldorf hatte in ständiger Rechtsprechung seit seiner Entscheidung vom 11.4.1985 (LAGE § 3 ZPO Nr. 2) einen Wert i.H.v. 300,- DM für angemessen erachtet. Nunmehr hat jedoch das LAG Düsseldorf in seiner Entscheidung vom 16.12.1996 (AnwBl. 1997, 290), unter ausdrücklichem Hinweis auf die bisherige Rechtsprechung, diese geändert und den Wert auf jeweils 500,- DM pro begehrtem Papier erhöht. Im konkret entschiedenen Fall des LAG Düsseldorf vom 16.12.1996 ging es um die Ausfüllung und Herausgabe von Lohnsteuerkarten für drei Jahre, so dass insgesamt ein Gegenstandswert von 1.500,- DM festgesetzt wurde.

- **Arbeitsentgelt**

850 Beim Antrag auf Erlass einer einstweiligen Verfügung wegen Arbeitsentgelt richtet sich der Streitwert nach der Höhe der geltend gemachten Forderung. Ein Abschlag wegen der eintretenden Befriedigung durch einstweilige Verfügung ist nicht vorzunehmen.

- **Beschäftigung**

851 Das ArbGG kennt keine dem § 12 Abs. 7 ArbGG entsprechende Bestimmung über den Streitwert hinsichtlich der Geltendmachung von Weiterbeschäftigungsansprüchen. Aus der **gesetzlichen Limitierung von Bestandsschutzstreitigkeiten** auf grundsätzlich drei Monatsentgelte ist jedoch zu entnehmen, dass der Streitwert in einem Verfahren, welches ausschließlich die Beschäftigung zum Inhalt hat, der festzusetzende Verfahrenswert und die Höchstgrenze bei einem Vierteljahresentgelt liegt. Die Streitwertfestsetzung beim Weiterbeschäftigungsanspruch im Hauptverfahren bewegt sich i.d.R. in einem Rahmen von einem Monatsentgelt bis zu drei Monatsbezügen, wobei sich die nordrhein-westfälischen LAG auf zwei Monatsbezüge geeinigt haben (anzumerken ist, dass die Streitwertfestsetzung fast grundsätzlich von LAG zu LAG unterschiedlich ist, vgl. zur Rechtsprechungsübersicht: *Ennemann/Griese*, Taktik des Arbeitsgerichtsprozesses, 484 ff.). Unter Berücksichtigung des Umstandes, dass es sich im Eilverfahren nur um eine vorläu-

fige Regelung handelt, wird deshalb ein Gegenstandswert von einem bis 1 1/2 Monatsgehältern als angemessen zu erachten sein.

- **Direktionsrecht**

Streiten die Vertragsparteien um den Umfang des **Weisungsrechts des Arbeitgebers**, wird zu unterscheiden sein, ob es sich um einen Streit um eine bestimmte – eventuelle einmalige – Arbeitseinweisung handelt oder bereits um eine Versetzung, Zuweisung eines anderen Aufgabenbereichs, Zuweisung anderer Arbeitsart oder eines anderen Arbeitsortes. 852

Das BAG hat in seiner Entscheidung vom 28.9.1989 (NZA 1990, 202) in einem Fall, in dem der Umfang des Weisungsrechts streitig war, bei dem die nicht vermögensrechtliche Seite des Arbeitsverhältnisses im Vordergrund stand, ein Drittel Monatsgehalt als Gegenstandswert für gerechtfertigt erachtet. Für ein Bruttomonatsgehalt haben sich das LAG Nürnberg (ARST 1995, 142) und das Sächsisches LAG (AE 1999, 186) ausgesprochen. Für 2,5 Bruttomonatsgehälter sprach sich das LAG Hamm (DB 1986, 1932) aus; im dort entschiedenen Fall entzog der Arbeitgeber dem Arbeitnehmer ohne Kürzung der Bezüge die Leitung der Abteilung Revision, um ihn künftig mit nachgeordneten Sachbearbeiteraufgaben des Bankbetriebes zu beschäftigen.

Im Eilverfahren wäre ein Abschlag von einem Drittel gerechtfertigt.

- **Arbeitszeitreduzierung nach TzBfG**

Da eine spezielle Streitwertvorschrift fehlt, ist der Streitwert nach § 3 ZPO zu bestimmen. Bei einer Teilzeiterzwingungsklage ist ebenso wie beim Eilverfahren auf das wirtschaftliche Interesse des Arbeitnehmers abzustellen, welches sich aus der erstrebten inhaltlichen Änderung der Arbeitsbedingungen ergibt. Vom Dogmatischen her ist der Fall vergleichbar mit der Situation einer Änderungskündigung, bei der z.B. der Arbeitgeber die Arbeitszeit aufgrund einer unternehmerischen Entscheidung reduzieren möchte; der Streitwert bestimmt sich somit, wie bei einer Änderungskündigung, nach § 12 Abs. 7 Satz 1 ArbGG. Gegenstandswert für die anwaltliche Tätigkeit ist somit unter Berücksichtigung der jeweiligen örtlichen LAG-Rechtsprechung das zwei- oder dreifache Bruttomonatsentgelt, gekürzt um ein Drittel im Eilverfahren (vgl. *Ennemann*, NZA 2001, 1190; LAG Düsseldorf NZA-RR 2002, 103; LAG Berlin NZA-RR 2002, 104; LAG Hessen NZA-RR 2002, 327). 852a

- **Urlaubsgewährung**

853 Teilweise wird bei Streit über die Urlaubsgewährung der Regelstreitwert gem. § 8 BRAGO von derzeit 8.000,- DM (4.000,- €) zugrunde gelegt (vgl. LAG Köln, LAGE § 3 BRAGO Nr. 16; ArbG Arnsberg, 29.3.2001, Az. 4 Ga 5/01 n.v.; *Korinth*, Einstweiliger Rechtsschutz Arbeitsgerichtsverfahren, 277 Rn. 128 vertritt die Auffassung, dass der Streitwert auf die Höhe der Vergütung festzusetzen ist, die der Arbeitnehmer für den begehrten Urlaubszeitraum zu beanspruchen hat; ebenso ArbG Bielefeld, AiB 199, 479).

- **Konkurrenztätigkeit und Wettbewerbsverbot**

854 Wie sich der **Streitwert** für einen Antrag auf Unterlassung von Konkurrenztätigkeit zu bemessen hat, ist streitig. Herrscht Streit zwischen den Parteien über die Gültigkeit eines nachvertraglichen Wettbewerbsverbotes mit der in der Praxis üblichen Laufzeit von 2 Jahren, so entspricht der vom Gericht nach § 3 ZPO festzusetzende Streitwert im Allgemeinen der vom Arbeitgeber zu zahlenden Entschädigung. Gem. § 74 Abs. 2 HGB ist dies i.d.R. ein Jahreseinkommen. Unterstellt man, dass das zwischen den Parteien vereinbarte und im Streit befindliche Wettbewerbsverbot sich auf eine Zeitdauer von zwei Jahren erstrecken sollte, ist deshalb bei einer derartigen Dauer der Streit nach dem Wert der zu zahlenden Karenzentschädigung festzusetzen, folglich ein Jahresgehalt (so auch LAG Düsseldorf, EzA § 12 ArbGG 1979, Streitwert Nr. 2; ebenso LAG Hamm, LAGE § 61 ArbGG 1979 Nr. 4). Diese letztgenannte Entscheidung hält auch eine entsprechende Streitwertfestsetzung in einem Verfahren über eine einstweilige Verfügung für angemessen, in dem der Arbeitgeber den Arbeitnehmer auf Unterlassung einer bereits aufgenommenen Tätigkeit in Anspruch nimmt. Anderer Auffassung jedoch *Dunkel/Möller/Baur/Feldmeier* (Handbuch des vorläufigen Rechtsschutzes, Teil B. Rn. 75) wonach sich der Streitwert über einen Antrag auf Verbot der Konkurrenztätigkeit sich nach dem wirtschaftlichen Interesse des die Unterlassung begehrenden Arbeitgebers zu orientieren hat (ebenso ArbG München, AE 2001, 45). Die Beeinträchtigung entspricht nach Auffassung des ArbG München regelmäßig dem, dem Arbeitgeber durch die Wettbewerbstätigkeit des Arbeitnehmers entgangenen Ertrag. Zu seiner Schätzung ist von dem in der Vergangenheit erwirtschafteten Ertrag auszugehen.

III. Einstweiliger Rechtsschutz im Beschlussverfahren

- **Herausgabeansprüche**

Bei Herausgabeansprüchen ist grundsätzlich nach § 6 ZPO der Verkehrswert zugrunde zu legen. Dieser ist nach § 3 ZPO nach freiem Ermessen zu schätzen (vgl. *Wenzel*, GK-ArbGG, § 12 Rn. 156). Streiten die Vertragsparteien auf Herausgabe eines Firmen-Pkw z.B. bei einem unklaren Pkw-Überlassungsvertrag im Eilverfahren ist der Zeitwert des Pkw zugrunde zu legen und mit einem Abschlag zu versehen. 855

- **Konkurrentenklage**

Legt man den Hilfsstreitwert von 4.000,- € gem. § 8 BRAGO zugrunde, wäre bei einem Abschlag von 1/3 für das Eilverfahren ein Gegenstandswert von ca. 2.650,- € angemessen. *Korinth* (Einstweiliger Rechtsschutz Arbeitsgerichtsverfahren, 301 Rn. 182) weist jedoch zu Recht darauf hin, dass bei einer Klage auf erstmaligen Abschluss eines Arbeitsvertrages auch in entsprechender Anwendung von § 12 Abs. 7 ArbGG der Streitwert auf die Höhe des Betrages festzusetzen ist, den der Bewerber in der begehrten Position als Entgelt für ein Vierteljahr verdienen würde. Begehrt der Kläger ein Beförderungsamt, so ist m.E. nach wie bei Eingruppierungsstreitigkeiten auf die 36-fache monatliche Differenz abzustellen, gekürzt um 1/3 im Eilverfahren. 856

- **Arbeitskampf**

Begehrt ein Arbeitgeber Unterlassung, ist dessen wirtschaftliches Interesse zugrunde zu legen, wobei zu differenzieren ist, ob ein Arbeitskampf insgesamt oder einzelne Maßnahmen unterlassen werden sollen. Die wirtschaftliche Beeinträchtigung des beantragenden Arbeitgebers ist der zugrundelegende Maßstab. 857

e) **Streitwert im Beschlussverfahren**

aa) **Allgemeines**

Das arbeitsgerichtliche Beschlussverfahren ist gerichtsgebührenfrei, § 12 Abs. 5 ArbGG. Sieht ein gerichtliches Verfahren eine Gegenstandswertfestsetzung im Interesse der Justizkasse nicht vor, regelt § 8 Abs. 2 Satz 2 BRAGO „soweit sich der Gegenstandswert aus diesen Vorschriften nicht ergibt und auch sonst nicht feststeht, ist er nach billigem Ermessen zu bestimmen; in Ermangelung genügender tatsächlicher Anhaltspunkte für eine Schätzung und bei nicht vermögensrechtlichen Gegenständen ist der Gegenstandswert auf 858

4.000,- €, nach Lage des Falles niedriger oder höher, jedoch nicht um über 500.000,- € anzunehmen".

859 Berücksichtigt man, dass gem. § 40 BetrVG die durch die Tätigkeit des Betriebsrats entstandenen Kosten der Arbeitgeber zu tragen hat, hat dies zur Folge, dass der Arbeitgeber im Beschlussverfahren unabhängig von seinem Ausgang stets die Anwaltsvertretungskosten seines Betriebsrates zu tragen hat. Diese Rechtslage scheint bei einigen Gerichten dazu geführt zu haben, dass die Gegenstandswerte des Beschlussverfahrens häufig auf 4.000,- € und darunter festgesetzt werden.

860 In der anwaltlichen Literatur wird diese Rechtsprechungspraxis deshalb – zu Recht – heftigst kritisiert (vgl. *Bertelsmann*, Gegenstandswert arbeitsgerichtlicher Beschlussverfahren, Einleitung S. 1 – 5; *Meier*, Lexikon der Streitwerte, 18 f.).

Man wird sicherlich bei der Feststellung des Gegenstandswertes auf Grund der Regelung des § 40 BetrVG in konkreten Fällen eine geminderte finanzielle Leistungsfähigkeit des Arbeitgebers zum Schutz des Betriebes und somit der Arbeitsplätze berücksichtigen dürfen. Pauschal jedoch die Gegenstandswerte im Beschlussverfahren gem. § 8 Abs. 2 BRAGO auf 4.000,- € oder darunter zu setzen, ist abzulehnen.

Die Richterschaft muss zur Kenntnis nehmen, dass bei einer derartigen pauschalen Handhabung eine Chancengleichheit der Verfahrensparteien nicht gewährleistet ist. Dies ergibt sich daraus, dass der den Betriebsrat vertretene Anwalt an die gerichtliche Gegenstandswertfestsetzung gebunden ist und keine Honorarvereinbarung mit dem – vermögenslosen – Betriebsrat treffen kann. Hingegen treffen auf das kollektive Arbeitsrecht spezialisierte Anwälte häufig mit den Arbeitgebern Honorarvereinbarungen mit der Folge, dass die Arbeitgeberanwälte für die gleiche Tätigkeit ein Mehrfaches an Honorar bekommen. Man muss deshalb zur Kenntnis nehmen, dass die Vertretung eines Betriebsrates im Beschlussverfahren aus anwaltlicher Sicht finanziell im Zweifel deshalb höchst uninteressant ist. Mag man den Anwalt auch als Organ der Rechtspflege einstufen, ändert dies nichts an der Tatsache, dass der Anwalt unternehmerisch tätig ist und mit seiner Berufsausübung das Einkommen für sich und seine Familie sichert, ebenso Verantwortung für seine Angestellten trägt.

Um nicht missverstanden zu werden – es geht nicht um anwaltliche Gewinnmaximierung -, dass aus durchaus nachvollziehbaren sozialpolitischen Gründen Kosten privilegierte Verfahren von der Anwaltschaft nicht gerade gestürmt werden, verdeutlicht die Zurückhaltung der Anwaltschaft auf dem Gebiet des Sozialrechts. Dort spezialisierte Kollegen arbeiten ohnehin im erheblichen Umfang wie auf dem Gebiet des Verwaltungsrechts mit Honorarvereinbarungen.

Die Kritik an der Praxis mancher Richter erfolgt jedoch nicht nur seitens der Anwaltschaft, wie die lesenswerte Entscheidung des ArbG Lübeck vom 11.5.1998 (ArbuR 1998, 380, 381) zeigt: 861

"Die Festsetzung des Gegenstandswerts im Beschlussverfahren gleicht somit sowohl für die erstinstanzlichen ArbG des Landes Schleswig-Holstein als auch für die Beteiligten einem Würfelspiel, mit dem damit verbundenen Risiko und einem zweifelhaften Unterhaltungswert."

Man kann deshalb nur den Ausführungen des LAG München (NZA-RR 1996, 419 f.) zustimmen, wenn es ausführt, dass es sich bei dem in § 8 Abs. 2 Satz 1 BRAGO genannten Betrag von (damals) 6.000,- DM nicht um einen sog. Regelwert handelt, welcher nur in besonderen Ausnahmefällen zu unter- oder überschreiten ist.

Zu beachten ist des Weiteren, dass die besondere Kostenpriviligierung nach Auffassung von *Germelmann/Matthes/Prütting* (ArbGG, § 12 Rn. 132) nicht dazu führt, dass die Streitwertbeschwerde ebenfalls kostenfrei ist; wenn der vom Betriebsrat beauftragte Rechtsanwalt erfolglos Streitwertbeschwerde einlege, betreffe es nicht die betriebsverfassungsrechtliche Stellung des Betriebsrates, sondern allein die gebührenrechtliche Stellung des Rechtsanwaltes, so dass ihn die Kostentragungspflicht für das Beschwerdeverfahren treffe (a.A. ist hier jedoch *Wenzel*, GK-ArbGG Gebührenverzeichnis, Rn. 64 mit Überblick über die Rechtsprechung, ebenso LAG Mecklenburg-Vorpommern, MDR 2001, 337 f., beachte jedoch die Auffassung des LAG Köln, 31.3.2000, Az. 10 Ta 50/00, Juris). 862

Man wird die schier unübersichtliche Rechtsprechung dahingehend zusammenfassen können, dass § 8 Abs. 2 BRAGO kein Regelwert, sondern ein Hilfswert ist. *Germelmann/Matthes/Prütting* (ArbGG, § 12 Rn. 132 f.) sprechen sich deshalb auch zu Recht für eine entsprechende Anwendbarkeit des § 12 Abs. 7 ArbGG im betriebsverfassungsrechtlichen Beschlussverfahren aus; mit der Folge, dass die Streitwertregelungen des § 12 Abs. 7 ArbGG in diesem Verfahren entsprechend anzuwenden sind (ebenso *Wenzel*, GK-ArbGG § 12 Rn. 265). 863

864 Kolleginnen und Kollegen, die sich erstmals mit Beschlussverfahren befassen müssen, sollten wegen der schier unübersichtlichen Einzelfallentscheidungen versuchen, sich in den erwähnten Publikationen von *Meier* (Lexikon der Streitwerte im Arbeitsrecht) und *Bertelsmann* (Gegenstandswerte im arbeitsgerichtlichen Beschlussverfahren) zu orientieren. Diese Empfehlung wird nicht nur im Interesse der Anwaltschaft gegeben, sondern auch der den Arbeitgeber beratende und vertretene Anwalt sollte in der Lage sein, die Frage nach den auf den Arbeitgeber zukommenden Kosten zu beantworten.

865 Das zunehmend – und dies sei positiv herausgestellt – Widerstand geleistet wird hinsichtlich einer Regelwertfestsetzung in Höhe von 4.000,- € dokumentiert die Entscheidung des LAG Mecklenburg-Vorpommern vom 16.11.2000 (MDR 2001, 337). Nach dieser Entscheidung ist der Gegenstandswert eines – nicht vermögensrechtlichen Verfahrens, durch das der Betriebsrat der Arbeitgeberin durch einstweilige Verfügung untersagen lässt, eine Niederlassung vor Durchführung eines Interessenausgleichs unter Entlassung von Arbeitnehmern zu schließen, hauptsächlich nach der Bedeutung der Sache für den um seine Beteilungsrechte besorgten Betriebsrats zu messen ist, wobei dieses jedenfalls 8.000,- DM nicht unterschreiten, Interesse auch an der Größe des betroffenen Betriebs(teils) und der Zahl des zu kündigenden Arbeitnehmer – jeweils in Relation zum Gewicht der Maßnahme insgesamt – geprägt wird. Im vorliegenden Fall war nach einer Streitwertbeschwerde der Wert von 24.000,- DM auf 213.333,32 DM erhöht worden.

bb) Einzelfälle

• **Betriebsversammlung**

866 Wird nichts konkret zum Interesse vorgetragen, ist der Hilfsstreitwert gem. § 8 BRAGO i.H.v. 4.000,- € zu Grunde zu legen (so Thüringer LAG, ArbuR 2000, 39).

Finden Betriebsversammlungen jedoch während der Arbeitszeit statt, ist mit erheblichen Produktionsausfällen zu rechnen. Wird hier zu den wirtschaftlichen Interessen konkret vorzutragen, ist der Hilfsstreitwert zu multiplizieren (vgl. *Bertelsmann*, Gegenstandswert arbeitsgerichtlicher Beschlussverfahren , 46 f.).

III. Einstweiliger Rechtsschutz im Beschlussverfahren

- **Zugang eines Gewerkschaftsbeauftragten**

Das LAG Düsseldorf (JurBüro 1985, 712) hat bei einer Auseinandersetzung um den Zugang eines Gewerkschaftsbeauftragten zu einer Betriebsratssitzung den doppelten Hilfswert angenommen.

867

- **Betriebsratswahl-Durchführung**

Hilfswert gem. § 8 BRAGO; bei entsprechendem wirtschaftlichen Interesse Erhöhung.

868

- **Betriebsratswahl-Anfechtung**

Hier ist nach der Größe des Betriebes zu differenzieren. Bei kleineren Betrieben mit 70 Arbeitnehmern 10.000,- DM (LAG Hamm, MDR 1975, 260). Betriebe bis zu 285 Arbeitnehmern 15.000,- DM (LAG Hamm, 29.3.1976, zit. bei *Wenzel,* DB 1977, 722), bei 3.600 Arbeitnehmer, 75.000,- DM (LAG Hamm, DB 1976, 1920).

869

Nach der Entscheidung des LAG Brandenburg vom 21.9.1995 (NZA 1996, 112) orientiert sich der Wert anwaltlicher Tätigkeit bei einem Streit um die Nichtigkeit einer Betriebsratswahl und deren Anfechtung in typisierender Betrachtung an der Staffel des § 9 BetrVG, wobei § 8 BRAGO den dazu gehörenden Ansatz durch den dort enthaltenen Auffangwert von 8.000,- DM je Betriebsratsmitglied ergibt. Bis zur 5. Staffel ist dabei der vollen Auffangwert anzusetzen. Dies entspricht der Bedeutung derartiger Verfahren, in denen es um die Legitimation des Betriebesrates und letztlich um die Geltendmachung aller jemals von ihm gefassten Beschlüsse und die Wirksamkeit aller jemals abgeschlossenen Betriebsvereinbarungen geht.

Ebenso vom Grundsatz her LAG Berlin (NZA 1992, 327): Bei einem Betriebsrat mit einem Mitglied beträgt der Gegenstandswert i.d.R. 9.000,- DM, für jedes weitere Betriebsratsmitglied erhöht sich der Gegenstandswert i.d.R. um 1.500,- DM; Gegenstandswert somit bei drei Betriebsratsmitgliedern 12.000,- DM, bei fünf Mitgliedern 15.000,- DM, bei sieben Mitgliedern 18.000,- DM usw.

Das LAG Hamm hat bei einem Antrag auf Auflösung eines neunköpfigen Betriebsrates in einem Betrieb mit 320 wahlberechtigten Arbeitnehmern den Wert auf 22.500,- DM festgesetzt (BB 1994, 291). Ebenfalls bei einem neunköpfigen Betriebsrat legt das LAG Niedersachsen den Gegenstandswert auf 30.000,- DM – den fünffachen Hilfswert – fest (DB 1996, 1632).

- **Freistellung eines Betriebsratsmitglieds**

870 Für den Regelwert spricht sich das LAG Baden-Württemberg (JurBüro 1991, 1483) und das LAG Düsseldorf (JurBüro 1992, 94) aus. Für ein dreifaches Bruttomonatsgehalt analog § 12 Abs. 7 Satz 7 ArbGG sprechen sich das LAG Baden-Württemberg (BB 1980, 1695) und LAG Rheinland-Pfalz (ARST 1994, 14) aus.

- **Sachmittel für den Betriebsrat**

871 Zugrunde zu legen ist der Wert der entsprechenden Sachmittel (vgl. *Wenzel*, GK-ArbGG § 12 Rn. 287) wobei Folgekosten angemessen zu berücksichtigen sind (bei Zeitschriften z.B. der dreifache Jahresbezugspreis, ebenso Hessisches LAG, AE 2001, 45).

- **Einigungsstelle – Bestellungsverfahren**

872 Bei Streit über die Person des Vorsitzenden und die Zahl der Beisitzer, Hilfswert gem. § 8 BRAGO (LAG Hamm, 25.3.1976, zit. bei *Wenzel*, DB 1977, 722 [727]). Ebenso LAG Niedersachsen (LAGE § 8 BRAGO Nr. 40).

- **Sicherung der Beteiligungsrechte**

873 Allgemeiner Unterlassungsanspruch – Hilfswert des § 8 BRAGO. Unterlassung der Anordnung von Überstunden – Berücksichtigung des Lohnvolumens somit durchaus ein mehrfaches des Hilfsstreitwertes des § 8 BRAGO, für doppelten Regelstreitwert LAG Düsseldorf (JurBüro 1989, 953).

- **Personelle Einzelmaßnahmen – Einstellung**

874 Für ein Bruttomonatsgehalt nach § 8 Abs. 2 BRAGO spricht sich das LAG Hamburg, (NZA-RR 1996, 307 und NZA-RR 1996, 267) aus.

Richtigerweise ist jedoch § 12 Abs. 7 Satz 1 ArbGG entsprechend anzuwenden, so dass ein dreifaches Bruttomonatsgehalt zugrunde zu legen ist (so *Wenzel*, GK-ArGG § 12 Rn. 298 m.w.N.)

In einem einstweiligen Verfügungsverfahren, in dem um das Mitbestimmungsrecht des Betriebsrates gem. § 99 BetrVG gestritten wird, wird der Streitwert in Höhe der Hälfte des Wertes des Hauptsacheverfahrens festgesetzt (so LAG Hamm, LAGE § 8 BRAGO Nr. 22).

Personelle Maßnahme – Untersagung des Abschlusses von Aufhebungsverträgen. Nach LAG Kiel (13.3.1997, Az. 4 Ta 115/96, n.v.) soll der Streitwert eines Beschlussverfahrens mit dem Ziel der Untersagung des Abschlusses von Aufhebungsverträgen, wenn sie ohne Zustimmung des Betriebsrates vereinbart werden sollen, regelmäßig das 1,5-fache des Regelwertes für nicht vermögensrechtliche Streitigkeiten betragen = 12.000,- DM; wird das Verfahren aber im Eilverfahren der §§ 935, 940 ZPO betrieben, rechtfertigt sich wegen des vorläufigen Charakters der beantragten Unterlassungsverfügung eine Reduzierung des Streitwertes um 1/3 auf 8.000,- DM. 875

- **Unterlassung, Durchführung einer Betriebsänderung vor Abschluss der Verfahrens um den Interessenausgleich gem. § 111 BetrVG**

Bei der Bemessung des Gegenstandswertes ist an die wirtschaftliche Bedeutung der Angelegenheit für den Betrieb und die Betroffenen anzuknüpfen. Das Spektrum der Streitwertrechtsprechung reicht vom doppelten Hilfswert bis zu 800.000,- DM bei einer Teilstilllegung einer Maschinenfabrik mit 478 beabsichtigten Kündigungen (so LAG Schleswig-Holstein, 31.5.1995, Az. 4 Ta 71/85 n.v.; zit. bei *Bertelsmann*, Gegenstandswert arbeitsgerichtlicher Beschlussverfahren, 69). Vgl. hierzu auch die bereits zitierte Entscheidung des LAG Mecklenburg-Vorpommern vom 16.11.2000 (MDR 2001, 337 f.). In diesem Fall hatte der Betriebsrat vergeblich versucht, durch einstweilige Verfügung die Stilllegung der Niederlassung und die damit verbundene Entlassung von 80 Arbeitnehmern bis zum Abschluss eines Verfahren über ein Interessenausgleich untersagen zu lassen; Streitwertanhebung nach der erstinstanzlichen Entscheidung in Höhe von 24.000,- DM auf 213.333,32 DM. 876

877 **IV. Muster**

Muster 1: Antrag auf Erlass eines dinglichen Arrestes

An das

Arbeitsgericht ...

Antrag auf Erlass eines
dinglichen Arrestes

des Arbeiters ....
– Antragsteller –

Verfahrensbevollmächtigte:

gegen

die Firma......
– Antragsgegner –

wegen *Erlass eines dinglichen Arrestes*

Namens und im Auftrag des Antragstellers beantragen wir, gegen die Antragsgegnerin, wobei wir wegen der Dringlichkeit anregen ohne mündliche Verhandlung und durch den Vorsitzenden allein zu entscheiden, den Erlass folgenden Arrestbefehls:

1. zur Sicherung der Zwangsvollstreckung den dinglichen Arrest in das bewegliche und unbewegliche Vermögen des Schuldners wegen eines Betrages in Höhe von ... € und eines entsprechenden Kostenansatzes anzuordnen.

2. Die Vollziehung des Arrestes wird durch Hinterlegung durch den Antragsgegner in Höhe von ... € gehemmt.

3. In Vollziehung des Arrestes wird die Forderung des Antragsgegners ... nebst ... Zinsen gegen ... bis zum Höchstbetrag von ... gepfändet.

Sollte das Gericht, entgegen dem Eingangsersuchen, einen Termin zur mündlichen Verhandlung anberaumen beantragen wir ferner,

die Ladungsfrist gemäß § 226 Abs. 1 ZPO weitgehend abzukürzen.

Begründung:

Der Antragsteller ist durch Arbeitsvertrag vom ... bei dem Antragsgegner als ... beschäftigt. Er ist verheiratet und hat ... unterhaltsberechtigte Kinder. Nach dem als Anlage beigefügten Arbeitsvertrag hat der Antragsteller Anspruch auf monatliche Vergütung in Höhe von ... €.

Glaubhaftmachung*: Arbeitsvertrag (**Anlage VK 1**)*

Der Antragsgegner hat die Vergütung für den Monat ... nicht gezahlt. Die Forderung ist fällig.

Für die Sicherung der Arrestforderung besteht ein Arrestgrund. Der Antragsgegner versucht, Vermögensstücke beiseite zu schaffen und der Zwangsvollstreckung zu entziehen. So hat der Antragsgegner den Lastkraftwagen und die EDV-Anlage seiner Ehefrau zur Sicherheit tatsächlich nicht bestehender Darlehnsforderungen übertragen ... (an dieser Stelle ist der Arrestgrund eingehend darzustellen).

Weitere Arrestgründe sind ...

Arrestforderung und Arrestgrund werden glaubhaft gemacht durch die beigefügte eidesstattliche Versicherung der ... (eidesstattliche Versicherung z.B. des Antragstellers, Dritter und soweit vorhanden, sind evtl. Urkunden beizufügen).

Rechtsanwalt

Muster 2: Antrag auf Erlass eines persönlichen Arrestes

An das
Arbeitsgericht ...

**Antrag auf Erlass eines
persönlichen Arrestes**

des Kraftfahrers ....
– Antragsteller –

Verfahrensbevollmächtigte:

gegen

Herrn.......
– Antragsgegner –

wegen Erlasses eines persönlichen Arrestes

Namens und im Auftrage des Antragstellers beantragen wir, gegen den Antragsgegner, wobei wir wegen der Dringlichkeit anregen ohne mündliche Verhandlung und durch den Vorsitzenden allein zu entscheiden, den Erlass folgenden Arrestbefehls:

> Zur Sicherung der Zwangsvollstreckung, der dem Antragsteller gegen den Antragsgegner zustehenden Forderungen in Höhe von ... € sowie eines Kostenanschlages in Höhe von ... € den persönlichen Arrest gegen den Antragsgegner anzuordnen

Begründung:

Der Antragsgegner ist ägyptischer Staatsbürger. Er war vom ... bis zum ... für den Antragsteller als Kraftfahrer mit Inkassovollmacht tätig. Aus dem Arbeitsverhältnis schuldet der Antragsgegner dem Antragsteller noch 2.000,- € Schadensersatz wegen nicht abgeführter Gelder (detailliert den Grund für die Schadensersatzforderung darlegen und glaubhaft machen).

Der Antragsgegner beabsichtigt, in seine Heimat zurückzukehren. Er hat einen Kleinbus erworben und will diesen mit in seine Heimat nehmen um dort ein Transportunternehmen zu eröffnen. Kehrt der Antragsgegner zurück, so werden Vollstreckungsversuche erfolglos bleiben. Im Falle der Anordnung des persönlichen Arrestes des Antragsgegners wird dieser die Forderung begleichen, *da er eigene Ersparnisse besitzt. Dem Antragsteller ist nicht genau bekannt, wo er diese verwahrt. (Sachverhalt näher ausführlich beschreiben)*

Zur Glaubhaftmachung wird überreicht ...

Rechtsanwalt

Hinweis:

Besondere Sorgfalt ist zu verwenden bei der Bezeichnung des Antragsgegners. In derartigen Eilverfahren haben Arbeitnehmer häufig nur unzureichende Unterlagen. Ist nicht klar, ob der Antragsgegner eine Einzelperson oder eine juristische Person ist, hilft es häufig mit der zuständigen Industrie- und Handelskammer Kontakt aufzunehmen um dort Auskunft zu erhalten, wer hinter der Einzelfirma/Geschäftsbezeichnung steht, wer Inhaber ist, ob es sich um eine juristische Person handelt.

Muster 3: Herausgabe der Arbeitspapiere

An das

Arbeitsgericht ...

Antrag auf Erlass
einer einstweiligen Verfügung

des Angestellten.....

– Antragsteller –

Verfahrensbevollmächtigte:

gegen

die Firma........

– Antragsgegnerin –

wegen *Herausgabe der Arbeitspapiere*

Namens und im Auftrag des Antragstellers beantragen wir, im Wege der einstweiligen Verfügung, wegen der besonderen Dringlichkeit vorrangig ohne mündliche Verhandlung für Recht zu erkennen:

1. *Die Antragsgegnerin im Wege der einstweiligen Verfügung zu verpflichten, dem Antragsteller die Arbeitspapiere, bestehend aus*

   - *Lohnsteuerkarte für das Kalenderjahr ...*
   - *Versicherungsnachweisheft;*
   - *Arbeitsbescheinigung*

   herauszugeben.

2. *Des Weiteren wird schon jetzt für den Fall des Obsiegens beantragt, eine vollstreckbare Kurzausfertigung der Entscheidung zu erteilen.*

Sollte das Gericht, entgegen dem Eingangsersuchen, einen Termin zur mündlichen Verhandlung anberaumen, beantragen wir ferner,

   die Ladungsfrist gem. § 226 Abs. 1 ZPO weitgehend abzukürzen

Begründung:

Der Antragsteller war im Zeitraum vom ... bis ... bei der Antragsgegnerin beschäftigt. Trotz der Beendigung des Arbeitsverhältnisses wurden dem Antrag-

steller die im Antrag näher bezeichneten Arbeitspapiere nicht ausgehändigt. Der Antragsteller hat diese mehrfach vergeblich angefordert.

Glaubhaftmachung: 1. *beigefügte eidesstattliche Versicherung des Antragstellers* ***(Anlage VK 1)****;*

                               2. *Kopien der Mahnschreiben des Antragstellers vom ...* ***(Anlagenkonvolut VK 2)***

Die Verpflichtung der Antragsgegnerin zur Herausgabe ergibt sich als Nebenpflicht aus dem beendeten Arbeitsverhältnis.

Der Antragsgegnerin steht ein Zurückbehaltungsrecht nicht zu.

Der Verfügungsgrund ist gegeben, da der Antragsteller ein neues Arbeitsverhältnis antreten kann. Der neue Arbeitgeber macht die Begründung des neuen Arbeitsverhältnisses jedoch davon abhängig, dass der Antragsteller die Arbeitspapiere vor Arbeitsbeginn vorlegt.

Glaubhaftmachung: 1. *beigefügte eidesstattliche Versicherung des Antragstellers* ***(Anlage VK 3)***

                               2. *beigefügtes Schreiben des neuen Arbeitgebers vom ...* ***(Anlage VK 4)***

Rechtsanwalt

Hinweis:

Häufig ist zu beobachten, dass in den zum Zwecke der Glaubhaftmachung gefertigten eidesstattlichen Versicherung des Antragstellers pauschal auf die Antragsschrift Bezug genommen wird mit der Erklärung, dass die dort gemachten Angaben zutreffend sind. Dies ist nicht ausreichend. In der eidesstattlichen Versicherung des Antragstellers hat dieser den Sachverhalt glaubhaft zu machen; es ist deshalb dringend anzuraten, noch einmal kurz gemäß dem vorstehenden Muster in der eidesstattlichen Versicherung auszuführen, dass der Antragsteller in einem Arbeitsverhältnis zum Antragsgegner vom ... bis ... stand. Das Arbeitsverhältnis ist beendet. Mehrfach ist der Antragsgegner zur Herausgabe der Arbeitspapiere sowohl mündlich als auch mit Schreiben vom ... aufgefordert worden; dem Antragsteller ist es gelungen, einen neuen Arbeitgeber zu finden, der jedoch die Neueinstellung von der vorherigen Vorlage der Arbeitspapiere abhängig macht.

Muster 4: Zahlung eines Abschlags auf den Gehaltsanspruch

An das
Arbeitsgericht ...

Antrag auf Erlass einer
einstweiligen Verfügung

des ...
– Antragsteller –
Verfahrensbevollmächtigte: ...

gegen

Firma ...
– Antragsgegnerin –

wegen Zahlung eine Abschlags auf den Gehaltsanspruch

Namens und in Auftrage des Antragstellers beantragen wir, im Wege der einstweiligen Verfügung wegen Dringlichkeit vorrangig ohne mündliche Verhandlung für Recht zu erkennen:

1. *Die Antragsgegnerin wird verurteilt, an den Antragsteller für den Monat ... als Abschlag auf die Vergütung zu zahlen ... €.*

2. *Weiter wird schon jetzt für den Fall des Obsiegens beantragt, eine vollstreckbare Kurzausfertigung der Entscheidung (ohne Tatbestand und Entscheidungsgründe) zu erteilen.*

Sollte das Gerichts, entgegen dem Eingangsersuchen, einen Termin zur mündlichen Verhandlung anberaumen, beantragen wir ferner,

    die Ladungsfrist gem. § 226 Abs. 1 ZPO möglichst weitgehend abzukürzen.

Begründung:
Der Antragsteller macht im Wege des Antrags auf Erlass einer einstweiligen Verfügung geltend seinen Gehaltsanspruch für den Monat ...

Der Antragsteller verweist auf die vor dem hiesigen Arbeitsgericht ... anhängige Bestandsschutzklage ... (Aktenzeichen).

Aus dieser Gerichtsakte ergibt sich, dass die Antragsgegnerin das Arbeitsverhältnis gekündigt hat zum Ablauf des Monats ... Das Arbeitsverhältnis dauert somit noch zwei Monate fort.

Gleichwohl hat die Antragsgegnerin für den abgelaufenen Monat ... kein Gehalt mehr überwiesen und mit Schreiben vom ... mitgeteilt, dass sie die beiden letzten Monate bis zur Beendigung des Arbeitsverhältnisses, dem Auslauf der Kündigungsfrist keine Zahlung mehr vornehme. Zur Begründung führt sie in ihrem Schreiben vom ... aus, dass der Antragsteller sich schadensersatzpflichtig gemacht habe und es ihr zweifelhaft erscheine, ob nach Beendigung des Arbeitsverhältnisses Schadensersatzforderungen bei dem Antragsteller zu realisieren sind.

Glaubhaftmachung: beigefügtes Schreiben der Antragsgegnerin vom ... **(Anlage VK 1)**

Wir überreichen als Anlage Kopie des Arbeitsvertrages, des Kündigungsschreibens der Antragsgegnerin vom ... sowie Kopien der letzten Gehaltsabrechnungen.

Der Antrag auf Erlass einer einstweiligen Verfügung ist begründet, da der Antragsteller zur Deckung seines und des Lebensunterhaltes seiner Familie einen Betrag von ... € benötigt.

Glaubhaftmachung: beigefügte Aufstellung über die monatlichen Fixkosten im Haushalt des Antragstellers (monatliche Miete, monatliche Abschlagszahlung an die Stadtwerke, monatliche Abbuchung der Bank zu Rückführung eines Kredites etc.) als **Anlage VK 2**

Der Antragsteller verfügt über keinerlei Ersparnisse. Da er auch nach Auffassung der Antragsgegnerin noch im Arbeitsverhältnis steht, hat er keinen Anspruch auf Arbeitslosengeld oder Arbeitslosenhilfe. Die Antragstellerin missachtet durch ihr Verhalten nicht nur die gesetzlichen Regelungen der Pfändungsgrenzen, darüber hinaus hat sie auch keinerlei Schadensersatzansprüche gegen den Antragsteller, da das in dem Schreiben vom ... erwähnte Schadensereignis vom Antragsteller nicht zu vertreten ist.

Glaubhaftmachung: beigefügte eidesstattliche Erklärung des Antragstellers vom ... als Anlage VK 3 (mehr ausführen und nicht nur auf die Angaben in der Antragsschrift Bezug nehmen)

Rechtsanwalt

Muster 5: Weiterbeschäftigung gem. § 102 Abs. 5 BetrVG

An das

Arbeitsgericht ...

**Antrag auf Erlass
einer einstweiligen Verfügung**

der Angestellten.......

– Antragstellerin –

Verfahrensbevollmächtigte:

gegen

die Firma......

– Antraggegnerin –

wegen Weiterbeschäftigung gem. § 102 Abs. 5 BetrVG

Wir beantragen namens und in Vollmacht des Antragstellers wegen Dringlichkeit des Falles ohne mündliche Verhandlung durch den Vorsitzenden allein, hilfsweise unter Abkürzung der Ladungsfrist aufgrund einer unverzüglich anzuberaumenden mündlichen Verhandlung zu erkennen:

> Der Antragsgegnerin wird aufgegeben, die Antragstellerin bis zum rechtskräftigen Abschluss des Kündigungsschutzverfahrens ArbG ... (Az: ... Ca .../..) gem. dem Arbeitsvertrag vom ... als Lohnbuchhalterin weiterzubeschäftigen.

Begründung:

Die Antragstellerin ist bei der Antragsgegnerin in deren Betrieb in ..., welcher mehr als 5 Arbeitnehmer beschäftigt, seit dem ... als Lohnbuchhalterin beschäftigt.

Glaubhaftmachung: beigefügte Kopie des Arbeitsvertrages vom ... **(Anlage VK 1)**

Die Antragsgegnerin hat das Arbeitsverhältnis ordentlich mit Schreiben vom ... zum ... gekündigt.

Glaubhaftmachung: *beigefügte Kopie des Kündigungsschreibens vom ... **(Anlage VK 2)***

Die Antragstellerin hat hiergegen beim Arbeitsgericht ... Kündigungsschutzklage eingereicht.

Glaubhaftmachung: *beigefügte Kopie der Klageschrift als **Anlage VK 3***

Der Betriebsrat der Antragsgegnerin hat mit Schreiben vom ... der beabsichtigten Kündigung widersprochen. Bezüglich der Widerspruchsgründe wird auf das in Kopie beigefügte Schreiben verwiesen.

Die Antragstellerin hat mit Schreiben vom ... ihre Weiterbeschäftigung mit dem Hinweis auf § 102 Abs. 5 BetrVG von der Antragsgegnerin begehrt.

Glaubhaftmachung: *beigefügte Kopie des Schreibens der Antragstellerin vom ... **(Anlage VK 4)***

Die Antragsgegnerin verwehrt der Antragstellerin nach Ablauf der Kündigungsfrist, seit dem ... die Weiterbeschäftigung.

Glaubhaftmachung: *beigefügte eidesstattliche Versicherung der Antragstellerin als **Anlage VK 5***

Der Verfügungsgrund ist gem. § 102 Abs. 5 BetrVG anzunehmen, da die dort skizzierten Tatbestandsvoraussetzungen erfüllt sind. (an dieser Stelle ist näher auszuführen und zu begründen)

Rechtsanwalt

Muster 6: Duldung des Fernbleibens von der Arbeit

An das

Arbeitsgericht ...

**Antrag auf Erlass
einer einstweiligen Verfügung**

des Schlossers ....

– Antragsteller –

Verfahrensbevollmächtigte:

gegen

die Firma ....

– Antragsgegnerin –

wegen Duldung des Fernbleibens von der Arbeit

beantragen wir namens und in Vollmacht des Antragstellers wegen Dringlichkeit des Falles ohne mündliche Verhandlung durch den Vorsitzenden allein, hilfsweise unter Abkürzung der Ladungsfrist aufgrund einer unverzüglich anzuberaumenden mündlichen Verhandlung:

> Dem Antragsteller wird gestattet, in der Zeit vom ... bis ... der Arbeit fernzubleiben.

Begründung:

Der Antragsteller ist als Schlosser seit dem ... bei der Antragsgegnerin beschäftigt. Das Arbeitsverhältnis wird am ... aufgrund einer Eigenkündigung des Antragstellers enden. Für das laufende Kalenderjahr hat der Antragsteller noch einen Anspruch auf Gewährung von ... Tagen Erholungsurlaub.

Mit Schreiben vom ... hat der Antragsteller beantragt, ihm Erholungsurlaub zu gewähren für den Zeitraum vom ... bis .... Die Antragsgegnerin hat dies ohne nähere Begründung abgelehnt und mitgeteilt, dass sie Resturlaubsansprüche abgelten werde.

Glaubhaftmachung: 1. *Urlaubsantrag des Antragstellers vom .*
*(**Anlage VK 1**)*

2. *Antwortschreiben der Antragsgegnerin vom ...*
*(**Anlage VK 2**)*

Die Antragsgegnerin hat keine dringenden betrieblichen Gründe genannt, die einer Urlaubsgewährung entgegen stehen. Urlaubsgewährung geht vor dem Ersatzanspruch auf Urlaubsabgeltung.

Der Verfügungsgrund ergibt sich aus dem drohenden Zeitablauf.

Rechtsanwalt

Muster 7: Unterbindung von Wettbewerb bei nachvertraglichem Wettbewerbsverbot

An das

Arbeitsgericht ...

Antrag auf Erlass

einer einstweiligen Verfügung

der Firma ......

– Antragstellerin –

Verfahrensbevollmächtigte:

gegen

Herrn ....

wegen *Unterbindung von Wettbewerb aufgrund eines nachvertraglichem Wettbewerbsverbots*

Namens und in Vollmacht der Antragstellerin beantragen wir, wegen Dringlichkeit des Falles ohne mündliche Verhandlung durch den Vorsitzenden allein, hilfsweise unter Abkürzung der Ladungsfrist aufgrund einer unverzüglich anzuberaumenden mündlichen Verhandlung, zu erkennen:

> *Dem Antragsgegner wird zur Vermeidung eines für jeden Fall der Zuwiderhandlung festzusetzenden Ordnungsgeldes von bis zu 250.000,- €, ersatzweise Ordnungshaft bis zu sechs Monaten, untersagt, bis zum ... für das ... Unternehmen tätig zu sein, welches ... entwickelt, herstellt und/oder vertreibt.*

Begründung:

Der Antragsteller betreibt in ... ein Unternehmen mit eigener Softwareentwicklung und des Vertriebes fremder Software. Der Antragsgegner war bis zum ... als Leiter des Entwicklungsteams beschäftigt.

Glaubhaftmachung: *Vorlage des Arbeitsvertrages vom ... als* **Anlage VK 1**

Gem. § ... des Arbeitsvertrages war zwischen den Parteien ein nachvertragliches Wettbewerbsverbot für die Dauer von ... Jahren vereinbart. Das Arbeits-

verhältnis wurde beendet durch eine fristgemäße Eigenkündigung des Antragsgegners. Wie der Antragsteller nunmehr erfahren musste, hat der Antragsgegner bei dem Arbeitgeber ... einen neuen Arbeitsvertrag abgeschlossen. Dieser neue Arbeitgeber steht in unmittelbarer Konkurrenzsituation zu dem Antragsteller (näheren Sachverhalt substantiiert darlegen).

Wie der Antragsteller durch Geschäftskunden, mit denen er in langjähriger Verbindung steht erfahren musste, hat sich der Antragsgegner bereits bei diesen Geschäftskunden gemeldet und unter Hinweis auf seinen Wechsel mitgeteilt, dass er vergleichbare Software wie vom Antragsteller vertrieben entwickle ...

Der Antragsgegner verstößt somit gegen das vertraglich wirksam vereinbarte Wettbewerbsverbot des Arbeitsvertrages vom ... Aufgrund der intimen Kenntnisse des Marktes, insbesondere der vollständigen Kundenliste, droht dem Antragsteller ein unmittelbarer nicht zu ersetzender Schaden in Verlust von Aufträgen, wenn der Antragsgegner seine Tätigkeit fortsetzt, da ... (nähere Ausführungen hinsichtlich des drohenden Verlustes)

Sofort nach Kenntnis der Tätigkeit am ... ist der Antragsgegner vergeblich aufgefordert worden, seine wettbewerbswidrige Tätigkeit einzustellen.

Glaubhaftmachung: beigefügtes Schreiben des Antragstellers vom ... als **Anlage VK 2**

Der Antragsgegner hat hierauf nicht reagiert.

Mit gleicher Post reichen wir beim Arbeitsgericht Unterlassungsklage zur Hauptsache ein. Selbst bei zügiger Bearbeitung des Arbeitsgerichtes und kurzfristiger Anberaumung eines Kammertermins nach gescheiterter Güteverhandlung, werden die vorstehend bezeichneten Nachteile dem Antragsteller eintreten. Die Eilbedürftigkeit ergibt sich auch aus dem Umstand, dass der Antragsgegner trotz Hinweis auf das Wettbewerbsverbot nicht reagierte, seine Tätigkeit fortsetzte.

Rechtsanwalt

Muster 8: Herausgabe eines Firmenfahrzeuges

An das
Arbeitsgericht ...

Antrag auf Erlass einer
einstweiligen Verfügung

der Firma .....
– Antragstellerin –
Verfahrensbevollmächtigte:

gegen

Herrn ......
– Antragsgegner –

wegen *Herausgabe eines Firmensfahrzeugs*

Namens und in Vollmacht des Antragstellers beantragen wir wegen Dringlichkeit des Falles ohne mündliche Verhandlung durch den Vorsitzenden allein, hilfsweise unter Abkürzung der Ladungsfrist, aufgrund einer unverzüglich anzuberaumenden mündlichen Verhandlung zu erkennen:

> *Der Antragsgegner wird verurteilt, an den Antragsteller den Pkw Opel Astra Kombi, amtl. Kennzeichen ..., Fahrgestell-Nr. ... herauszugeben.*

Begründung:

Der Antragsgegner war vom ... bis ... als so genannter Kundendienstberater im Außendienst des Antragstellers beschäftigt.

*Gemäß dem in Kopie beigefügten Arbeitsvertrag (**Anlage VK 1**) erhielt der Antragsgegner den im Antrag näher bezeichneten Pkw für die Erledigung seiner dienstlichen Fahrten. Des Weiteren wurde ihm vertraglich das Recht eingeräumt, das Fahrzeug auch für Privatfahrten zu nutzen. Das Arbeitsverhältnis endete am ... ohne dass der Antragsgegner das Fahrzeug zurückgegeben hat. Durch Einwurf/Einschreiben vom ...(in Kopie als **Anlage VK 2** beigefügt) wurde der Antragsgegner aufgefordert, nach der Beendigung des Arbeitsverhältnisses das Fahrzeug zurückzugeben. Er reagierte nicht. Gegenüber einer ehe-*

maligen Arbeitskollegin hat sich der Antragsgegner dahingehend eingelassen, dass er in der Vergangenheit unterbezahlt gewesen sei. Er wolle das Firmenfahrzeug jetzt noch für einen mehrwöchigen Auslandsaufenthalt rund um das Mittelmeer nutzen.

Glaubhaftmachung: beigefügte eidesstattliche Versicherung der Mitarbeiterin ... als **Anlage VK 3**

Ein Verfügungsanspruch ergibt sich aus § 985 BGB. Das Vorliegen eines Verfügungsgrundes ist zu bejahen, da der Antragsteller bereits für den bisher vom Antragsgegner bereisten Bezirk eine Nachfolgerin eingestellt hat und diese für die Erledigung ihrer Aufgaben das Fahrzeug dringend benötigt.

Rechtsanwalt

Muster 9: Untersagung der Besetzung einer ausgeschriebenen Stelle

An das
Arbeitsgericht ...

Antrag auf Erlass
einer einstweiligen Verfügung

des Herrn ....
– Antragsteller –
Verfahrensbevollmächtigte:

gegen

......
– Antragsgegnerin –

wegen *Untersagung der Besetzung einer ausgeschriebenen Stelle*

Namens und in Vollmacht des Antragstellers beantragen wir wegen Dringlichkeit des Falles ohne mündliche Verhandlung durch den Vorsitzenden allein, hilfsweise unter Abkürzung der Ladungsfrist aufgrund einer unverzüglich anzuberaumenden mündlichen Verhandlung wie folgt zu erkennen:

Der Antragsgegnerin wird zur Vermeidung eines in das Ermessen des Gerichts gestellten Ordnungsgeldes untersagt, die im Justizministerialblatt vom ... Nr. ... ausgeschriebene Stelle eines ... vor Abschluss des Hauptverfahrens mit einem anderen Bewerber als dem Antragsteller zu besetzen.

Begründung:
Der Antragsteller ist seit ... bei der Antragsgegnerin beschäftigt. Zurzeit übt er die Tätigkeit als ... aus und erhält eine Vergütung nach der Vergütungsgruppe ... BAT.

Glaubhaftmachung: *beigefügte Kopie des Anstellungsvertrages vom ... als* ***Anlage VK 1***

Im Justizministerialblatt vom ... Nr. ... wurde die Stelle eines ... ausgeschrieben. Der Antragsteller hat sich hierauf sofort schriftlich beworben.

Glaubhaftmachung: beigefügte Ablichtung der Mitteilung aus dem Justizministerialblatt ... *(**Anlage VK 2**) sowie beigefügte Kopie des Bewerbungsschreibens (**Anlage VK 3**)*

Der Antragsteller erfüllt aufgrund seiner Ausbildung die in der ausgeschriebenen Stelle geforderten laufbahnrechtlichen Voraussetzung ...

Die Antragsgegnerin hat dem Antragsteller mit Schreiben vom ... mitgeteilt, dass zu ihrem Bedauern die Bewerbung nicht erfolgreich gewesen sei, man habe sich für einen anderen Mitbewerber entschieden. Eine nähere Begründung wurde nicht gegeben.

Glaubhaftmachung: beigefügte Kopie des Schreibens der Antragsgegnerin vom ... als **Anlage VK 4**

Der Antragsteller hat daraufhin der Antragsgegnerin unter Fristsetzung zum ... aufgefordert, ihre Entscheidung zu begründen und vorläufig davon Abstand zu nehmen, die Stelle zu besetzen.

Glaubhaftmachung: beigefügte Kopie des Schreibens des Antragstellers vom ... *(**Anlage VK 5**)*

Die Antragsgegnerin hat hierauf nicht geantwortet – keine Auskunft erteilt.

Der Antragsteller begehrt im vorliegenden Verfahren zunächst von der Antragsgegnerin die Informationen zu erteilen, damit er die getroffene Entscheidung nachvollziehen, insbesondere jedoch überprüfen kann. Da eine Konkurrentenklage auf Unterlassung aber ausgeschlossen ist, wenn die Beförderung in der Zwischenzeit erfolgte (siehe Entscheidung des BAG vom 2.12.1997, NZA 1998, 884) und die Antragsgegnerin trotz Aufforderung nicht erklärt hat, die Stelle vorläufig nicht zu besetzen, ist dringendes Handeln geboten. Die Sicherung eines fairen Bewerbungsverfahrens ist nur durch einen vorläufigen Besetzungsstopp möglich.

Rechtsanwalt

Muster 10: Untersagung einer Betriebsversammlung

An das
Arbeitsgericht ...

__Antrag auf Erlass__
__einer einstweiligen Verfügung__

der Firma ...
– Antragstellerin –
Verfahrensbevollmächtigte: ...

gegen

den Betriebsrat der Firma ...
– Antragsgegner –

wegen *Untersagung einer Betriebsversammlung*

Names und im Auftrage des Antragstellers beantragen wir im Wege der einstweiligen Verfügung wegen Dringlichkeit des Falles ohne mündliche Anhörung, hilfsweise unter Abkürzung der Ladungsfrist aufgrund einer unverzüglich anzuberaumenden mündlichen Anhörung zu erkennen:

> *Im Wege der einstweiligen Verfügung wird dem Antragsgegner untersagt, eine Betriebsversammlung am ... in der Zeit von ... bis ... durchzuführen.*

Begründung:

Die Antragstellerin betreibt in der Innenstadt von ... , gelegen am Marktplatz im unmittelbaren Zentrum der Gemeinde ..., ein mittelständisches Warenhaus.

Am ... findet ein historisches Altstadtfest statt.

Die Gemeinde als auch der örtliche Wirtschafts- und Verkehrsverein bewerben diese Veranstaltung überregional. Aufgrund der Erfahrungen in den letzten Jahren mit diesem historischen Altstadtfest ist an diesem Samstag mit einem überdurchschnittlichen Besucher- und Kundenaufkommen in der Innenstadt zu rechnen. Der Antragstellerin ist an diesem Tage gestattet, nach dem Ladenschlussgesetz ihr Warenhaus für den Verbraucher zu öffnen von 8.00 bis 16.00 Uhr.

Der Antragsgegner hat die Belegschaft an diesem Tage zu einer Betriebsversammlung aufgerufen für die voraussichtliche Dauer von 11.00 bis 15.00 Uhr. Nach der Erfahrung der letzten Jahre fallen 80% des Umsatzes an diesem Tage in den vorgenannten Zeitraum von 11.00 bis 15.00 Uhr.

Glaubhaftmachung: 1. *beigefügte eidesstattliche Versicherung des Buchhalters der Antragstellerin (**Anlage VK 1**);*

2. *beigefügte eidesstattliche Versicherung des Wirtschaftsprüfungs- und Steuerberatungsbüros ..., welches die Antragstellerin seit Jahren betreut (**Anlage VK 2**)*

Sollte die Betriebsversammlung im vorgenannten Zeitraum durchgeführt werden, wird der Antragstellerin ein nicht wieder gut zu machender Schaden entstehen, da eine Kundenauswertung ergeben hat, dass 70% des Umsatzes in dem Zeitraum zwischen 11.00 und 15.00 Uhr von auswärtigen Kunden getätigt werden, die nur wegen des historischen Altstadtfestes zu diesem Zeitpunkt sich in der Stadt aufhalten.

Dem Antragsgegner ist seitens der Geschäftsführung alternativ vorgeschlagen worden, am Tage zuvor oder an dem Montag der darauf folgenden Woche die Betriebsversammlung durchzuführen. Dies ist ohne Angabe von näheren Gründen zurückgewiesen worden.

Glaubhaftmachung: 1. *beigefügtes Schreiben der Geschäftsführung der Antragstellerin vom ... (**Anlage VK 1**)*

2. *beigefügtes Antwortschreiben des Antragsgegners vom ... (**Anlage VK 2**)*

Rechtsanwalt

Muster 11: Teilnahme eines Gewerkschaftsbeauftragten an einer Betriebsversammlung

An das
Arbeitsgericht ...

* **Antrag auf Erlass**
einer einstweiligen Verfügung</div>*

Im Beschlussverfahren
mit den Beteiligten

1. Gewerkschaft Handel, Banken und Versicherungen (HBV), vertreten durch den Vorstand

– Antragstellerin und Beteiligte zu 1) –

2. Betriebsrat der Firma ..., vertreten durch den Vorsitzenden

– Beteiligter zu 2) –

Verfahrensbevollmächtigte: ...

gegen

die Firma ...

– Antragsgegnerin und Beteiligte zu 3) –

und dem weiteren Beteiligten, dem Gewerkschaftssekretär der HBV (Name)

– Beteiligter zu 4) –

wegen *Teilnahme eines Gewerkschaftsbeauftragten an einer Betriebsratsversammlung*

Namens und im Auftrage des Antragstellers beantragen wir, im Wege der einstweiligen Verfügung wegen der Dringlichkeit des Falles ohne mündliche Verhandlung, hilfsweise unter Abkürzung der Ladungsfrist aufgrund einer unverzüglich anzuberaumenden mündlichen Anhörung zu erkennen:

1. Der Beteiligten zu 3) wird im Wege der einstweiligen Verfügung aufgegeben, den Zugang dem Gewerkschaftssekretär ... der Gewerkschaft HBV (Betei-

ligter zu 4) zur Betriebsversammlung vom ..., einberufen durch die Beteiligte zu 3) am ... auf dem Betriebsgelände ... zu dulden.

2. Für jeden Fall der Zuwiderhandlung gegen die Verpflichtung aus Nr. 1.) wird der Beteiligten zu 3) ein Ordnungsgeld von bis zu 250.000,- €, ersatzweise Ordnungshaft, zu vollziehen an dem Geschäftsführer der Beteiligten zu 3) angedroht.

Begründung:

Die Beteiligte zu 3) hat zu einer Betriebsversammlung zur Information über die bevorstehenden Tarifverhandlungen ihre Belegschaft eingeladen am ... in den Betriebsräumen...

Die Antragstellerin ist in dem Betrieb der Beteiligten zu 3) als Gewerkschaft vertreten. Ihr gehören insgesamt 10 Arbeitnehmer des Betriebes an (ein Arbeitnehmer ist ausreichend), welche keine leitenden Angestellten i.S.d. § 5 Abs. 3 BetrVG sind.

Glaubhaftmachung: ...

Nachdem der Beteiligte zu 4) über den Beteiligten zu 2) seine Teilnahme an der Betriebsversammlung ankündigte, hat die Beteiligte zu 3) dem Beteiligten zu 4) eine Teilnahme untersagt und Hausverbot angesprochen; zur Begründung wurde ausgeführt, dass die Beteiligte zu 3) eine „ausgewogene" Information ihrer Belegschaft sicherstellen wolle; die Beteiligte zu 1) sei der Beteiligten zu 3) bereits im Vorfeld der Tarifverhandlungen mit überzogenen unrealistischen Forderungen aufgefallen; darüber hinaus wurde der Beteiligte zu 3) von dem Beteiligten zu 2) mit Schreiben vom ... erklärt, dass nach seiner Kenntnis die Beteiligte zu 1) nicht im Betrieb vertreten sei und das kein Belegschaftsmitglied Mitglied der Beteiligten zu 1) sei.

Glaubhaftmachung: beigefügte Kopie des Schreibens der Beteiligten zu 3) vom ...

Der Verfügungsgrund ergibt sich aus § 46 BetrVG, wonach an Betriebsversammlungen Beauftragte der im Betrieb vertretenen Gewerkschaften beratend teilnehmen können. Da mit dem Abschluss eines Hauptverfahrens nicht zu rechnen ist vor der auf den .... anberaumten Betriebsversammlung und somit das gesetzlich verbriefte Teilnahmerecht vereitelt würde, ist der Erlass einer einstweiligen Verfügung geboten.

Rechtsanwalt

Muster 12: Anordnung der Mehrarbeit durch den Arbeitgeber

An das
Arbeitsgericht ...

*<center>**Antrag auf Erlass**
einer einstweiligen Verfügung</center>*

des Betriebsrats der Firma ...
– Antragsteller –
Verfahrensbevollmächtigte: ...

und

die Firma ...
– Antragsgegnerin –

wegen *Anordnung von Mehrarbeit durch den Auftraggeber*

Namens und im Auftrage des Antragstellers beantragen wir, im Wege der einstweiligen Verfügung, wegen Dringlichkeit des Falles ohne mündliche Verhandlung wie folgt zu erkennen:

1. Der Antragsgegnerin wird aufgegeben es zu unterlassen, Überstunden ohne Beachtung des Mitbestimmungsrechtes des Antragstellers für den ... (Datum, Zeitraum) anzuordnen oder zu dulden*

---

* Korinth (Einstweiliger Rechtsschutz Arbeitsgerichtsverfahren, 385) schlägt vor, den Antrag zu 1) dahingehend zu erweitern ... zu dulden, „sofern nicht die Zustimmung des Betriebsrats dazu erteilt ist oder die fehlende Zustimmung des Betriebsrates durch den Spruch der Einigungsstelle ersetzt ist oder Notstandsfälle vorliegen".

Läge eine einmalige Situation, z.B. ein Notstandsfall vor, müsste die Annahme eines Verfügungsgrundes zu verneinen sein, vgl. etwa ArbG Bielefeld, NZA-RR 1997, 94 – den Verfügungsgrund verneinend wegen fehlender Wiederholungsgefahr.

2. Für jeden Fall der Zuwiderhandlung gegen die Verpflichtung aus Nr. 1. wird der Antragsgegnerin – bezogen auf jeden Tag und jeden Arbeitnehmer – ein Ordnungsgeld, dessen Höhe in das Ermessen des Gerichts gestellt wird, ersatzweise Ordnungshaft, angedroht.

Sollte das Gericht, entgegen dem Eingangsersuchen, einen Termin zur mündlichen Verhandlung anberaumen, beantragen wir ferner,

die Ladungsfrist gem. § 226 Abs. 1 ZPO möglichst weitgehend abzukürzen.

Begründung:

Der Antragsteller ist der Betriebsrat in dem Betrieb der Antragsgegnerin in ...

Die Antragsgegnerin hat durch Aushang am schwarzen Brett am ... gegenüber den Arbeitnehmern angekündigt, dass am ... (Tag) ... von ... bis ... (Uhrzeit) aufgrund eines zusätzlich kurzfristig erteilten Auftrages Mehrarbeit zu leisten ist.

Die Beteiligte zu 2) hat nicht versucht, mit dem Beteiligten zu 1) unter Beachtung des Mitbestimmungsrechtes des § 87 Abs. 1 Nr. 3 BetrVG eine Einigung zu erzielen – vielmehr hat der Beteiligte zu 1) ebenfalls erst durch den Aushang am schwarzen Brett hiervon erfahren. (Sachverhalt weiter ausführen)

Glaubhaftmachung: eidesstattliche Versicherung des ... **(Anlage VK 1)**

Der Verfügungsgrund ist anzunehmen da das obligatorische Mitbestimmungsrecht des Betriebsrates bei der Anordnung von Überstunden ins Leere geht, wenn die Rechtskraft eines Hauptverfahrens vom Antragsteller abgewartet werden müsste.

§ 3 Einstweiliger Rechtsschutz im Mietrecht

I. Einleitung

878 Auch im Mietrecht ist einstweiliger Rechtsschutz möglich (*Herold*, DWW 1976, 107; *MietPrax/Fritz*, F. 10, Rn. 103 ff.). Voraussetzung ist neben dem Verfügungs- bzw. Arrestanspruch auch hier, dass ein Verfügungs- bzw. Arrestgrund vorliegt. Dabei darf auch unter Berücksichtigung des Dauerschuldcharakters des Mietrechts regelmäßig keine **Vorwegnahme der Hauptsache** eintreten. Im Wohnraummietrecht sind zusätzlich die Besonderheiten des sozialen Mietrechts und seine Schutzfunktion zu berücksichtigen.

879 Einstweiliger Rechtsschutz ist dabei möglich zur Sicherung und Durchsetzung von **Ansprüchen**

- des Vermieters gegenüber dem Mieter,
- des Mieters gegenüber dem Vermieter,
- von Mietern untereinander,
- von Mietern gegenüber Dritten.

II. Ansprüche des Vermieters gegenüber dem Mieter

1. Räumung

880 Nach dem erst 1964 in die ZPO eingefügten § 940a ZPO ist eine einstweilige Verfügung auf **Räumung von Wohnraum** grds. unzulässig, es sei denn, es liegt ein Fall der verbotenen Eigenmacht vor. Für den Fall der Räumungsvollstreckung hat der Gesetzgeber somit die **verbotene Eigenmacht** zum einzigen Verfügungsgrund erklärt (*Walker*, Der einstweilige Rechtsschutz, Rn. 253). Die Vorschrift ist auch dann einschlägig, wenn das Sozialamt den Bewohner in die Wohnung eingewiesen hat (AG Neuss, WuM 1991, 704). Auch gegen die in der Wohnung verbliebene Lebensgefährtin des Mieters, der selbst aufgrund eines Räumungstitels bereits ausgezogen ist, ist eine einstweilige Verfügung auf Räumung ausgeschlossen. Die Lebensgefährtin ist nicht durch verbotene Eigenmacht gegenüber dem Vermieter nach der Räumung des Mieters unmittelbare Besitzerin der Wohnung geworden (LG Arnsberg, WuM 1999, 418; AG Menden, NZM 1999, 416).

Verbotene Eigenmacht liegt gem. § 858 Abs. 1 BGB vor, wenn der Bewohner gegen den Willen des Berechtigten, i.d.R. des Vermieters von der Wohnung Besitz ergriffen hat, ohne dass dies durch ein Gesetz gestattet wurde. Ein solcher Besitz ist fehlerhaft und darf bereits nach allgemeinen Regeln, §§ 858 ff. BGB, wieder entzogen werden. Hier gilt bei Wohnraum nichts anderes. Es ist nicht erforderlich, dass dem Vermieter/Eigentümer außerdem noch ein weiterer Nachteil entstanden ist oder droht (*Fischer* in: *Bub/Treier*, Handbuch der Geschäfts- und Wohnraummiete, 3. Aufl., VIII, Rn. 113; a.A. LG Frankfurt, NJW 1980, 1758 mit abl. Anm. *Wolf*). In Betracht kommen hier insbesondere die Fälle der **Hausbesetzungen**. Ein Antrag auf Erlass einer einstweiligen Räumungs- und Herausgabeverfügung gegen unbekannte Hausbesetzer ist nicht bereits deshalb unzulässig, weil der Antragsteller die Namen der betreffenden Personen nicht nennen kann, denn insbesondere dann, wenn dem Antragsteller die Namen der Antragsgegner auf arglistige Weise verschwiegen werden und er diese auch nicht auf zumutbare Weise ermitteln kann, muss ihm gestattet werden, ein **Verfügungsverfahren gegen „Unbekannt"** einzuleiten. Allerdings muss er dann die betroffenen Personen anderweitig hinreichend individualisieren (LG Kassel, NJW 1991, 381; LG Bremen, WuM 1990, 527). An einer solchermaßen hinreichend konkreten Parteibezeichnung soll es aber fehlen, wenn der Antragsteller die betreffenden Hausbesetzer lediglich nach Personenzahl und ihrem Aufenthaltsort angeben kann, denn die Gruppe der Hausbesetzer kann sich jederzeit hinsichtlich ihrer einzelnen Mitglieder und/oder ihres Bestandes ändern. In diesem Fall soll eine Antragstellung gegen „Unbekannt" unzulässig sein (OLG Potsdam, GE 1999, 339; a.A. LG Kassel, NJW-RR 1991, 381). 881

> **Hinweis:** 882
>
> Ist im Wege einer einstweiligen Verfügung gem. § 940a ZPO auf Räumung von Wohnraum erkannt worden, so kann eine **Räumungsfrist** nach § 721 ZPO nicht gewährt werden, weil andernfalls die besondere Dringlichkeit zu verneinen wäre und eine einstweilige Verfügung nicht hätte ergehen dürfen (LG Hamburg, NJW-RR 1993, 1233).

2. Betreten der Wohnung

Dem Mieter kann durch einstweilige Verfügung aufgegeben werden, bei **dringenden Instandsetzungsarbeiten** Zutritt zu seiner Wohnung zu gewähren (AG Hohenschönhausen, GE 1997, 1175; LG Frankfurt, MDR 1968, 328; AG 883

Neuss, WuM 1986, 244). Auch der Anspruch des Vermieters auf Duldung von Instandsetzungsmaßnahmen kann gem. § 940 ZPO im einstweiligen Verfügungsverfahren durchgesetzt werden, wenn die Maßnahme zur Beseitigung einer akuten Gefahr für das Gebäude oder für Leib und Leben erforderlich ist (*Fischer*, a.a.O., Rn. 116). Ein Mieter muss bei dieser Sachlage dafür sorgen, dass Bauhandwerker zum geplanten und angekündigten Termin für die Sanierung der Wasserrohre seine Wohnung betreten können, auch wenn er sich unerwartet zur stationären Behandlung in ein Krankenhaus begeben muss (LG Berlin, GE 1997, 245). Ansonsten kann der materiell-rechtliche Anspruch auf Betreten der Wohnung per einstweiliger Verfügung nur durchgesetzt werden, wenn dies zur Beseitigung von erheblichen Gefahren für Sachen oder Personen erforderlich ist (*Fischer*, a.a.O., Rn. 119). Diesen Fällen gleichgestellt ist nach der Rechtsprechung auch das Betreten zum Zwecke des **Ablesens von Heizkostenverteilern** oder Wärmezählern (LG Hamburg, DWW 1987, 169). Eine bloße turnusmäßige Besichtigung der Wohnung kann ebenso wenig mittels einstweiliger Verfügung durchgesetzt werden wie eine solche nach Kündigung der Wohnung zum Zwecke der Weitervermietung (AG Ibbenbüren, WuM 1991, 360) oder zur Überprüfung, ob Schäden vorhanden sind und die vertraglich übernommenen Schönheitsreparaturen ausgeführt worden sind (AG Spandau, GE 1994, 711). Dies gilt auch nach Beendigung des Mietverhältnisses während der bewilligten Räumungsfrist (AG Spandau, GE 1999, 711).

3. Modernisierung

884 Keiner Mietvertragspartei ist es gestattet, weniger oder mehr als vereinbart zu leisten. Deshalb darf der Vermieter grds. auch nicht durch eine Modernisierung des Wohnraums seine Leistung verbessern – ggf. mit der Folge, dass der Mieter dann anschließend gem. § 559 BGB eine höhere Miete zu zahlen hat. Gem. § 554 Abs. 2 BGB steht dem Vermieter jedoch gegenüber dem Mieter ein Anspruch auf Duldung von bestimmten Modernisierungsmaßnahmen zu. Dadurch soll der Wohnungsbestand in einem zeitgemäßen Zustand erhalten bleiben und die dauerhafte Vermietbarkeit gesichert sein. Der Vermieter muss dazu eine **gesetzlich zulässige Modernisierungsmaßnahme** vornehmen wollen und diese in einem formalisierten Verfahren ankündigen. Als Rechtsfolge ordnet das Gesetz an, dass der Mieter verpflichtet ist, die Arbeiten zu dulden.

885 Wenn der Mieter nicht bereit ist, die Arbeiten zu dulden, muss unterschieden werden, ob der Vermieter die Arbeiten auch **ohne Duldung des Mieters** durchführen kann. Das hängt davon ab, ob es sich um Maßnahmen in der

Wohnung des Mieters handelt oder außerhalb. Maßnahmen außerhalb der Wohnung kann der Vermieter auch ohne ausdrückliche Zustimmung oder Duldung durch den Mieter durchführen (z.B. Anlage eines Kinderspielplatzes, Dachisolierung usw.). Maßnahmen innerhalb der Wohnung kann der Vermieter aber nur durchführen, wenn der Mieter sie geduldet hat, anderenfalls liegt auf jeden Fall verbotene Eigenmacht auf Seiten des Vermieters vor. Außerhalb der Wohnung kann der Vermieter demgegenüber aber einseitig tätig werden. Trotzdem ist anschließend in diesen Fällen regelmäßig keine Mieterhöhung möglich (*Schmidt-Futterer/Börstinghaus*, Mietrecht, § 3 MHG, Rn. 12 ff.).

Hierzu muss bei entgegenstehendem Willen des Mieters zunächst ein **Duldungstitel** erwirkt werden. Dies gilt erst recht für Maßnahmen innerhalb der Wohnung. In all den Fällen muss der Vermieter seinen Duldungsanspruch zunächst titulieren, und zwar in einem Hauptsacheverfahren, wenn er sich die Mieterhöhungsmöglichkeit des § 559 BGB vorbehalten will (OLG Stuttgart, NJW 1973, 908; LG Braunschweig, NJW 1975, 782; *Schmidt-Futterer/ Eisenschmid*, a.a.O., § 541b BGB Rn. 230). Eine einstweilige Verfügung ist nicht möglich (AG Neuss, WuM 1986, 244; AG Dortmund, WuM 1979, 38; BezG Potsdam, WuM 1993, 599; *Schmidt-Futterer/Eisenschmid*, a.a.O., Rn. 231; *Sternel*, Mietrecht, II Rn. 352; *Fischer*, a.a.O., Rn. 116; a.A. *MünchKomm/Voelskow*, BGB, § 541b Rn. 24). Durch eine einstweilige Verfügung würde eine endgültige Regelung erreicht, so dass hier eine Vorwegnahme der Hauptsache eintreten würde. Diese gilt selbst dann, wenn durch die Weigerung eines Mieters dem Vermieter nicht unerhebliche Nachteile entstehen würden. Das ist z.B. dann der Fall, wenn bei einer großflächigen Sanierung ein Baustillstand eintreten würde, weil ein Mieter nicht zugestimmt hat (AG Görlitz, WuM 1993, 390) oder wenn bewilligte Modernisierungsfördermittel verfallen würden (LG Frankenthal, WuM 1993, 418; a.A. LG Köln, WuM 1978, 8). 886

4. Vermieterpfandrecht

Dem Vermieter von Wohn- und Geschäftsräumen steht an den eingebrachten Sachen des Mieters, soweit sie der Pfändung unterliegen ein Pfandrecht zu. Zur Durchsetzung dieses Pfandrechts kann mittels einer einstweiligen Verfügung dem Mieter untersagt werden, Sachen, die in seinem Eigentum stehen oder an denen er ein Anwartschaftsrecht besitzt und die infolgedessen dem Vermieterpfandrecht unterliegen, aus den angemieteten Räumen zu schaffen 887

(OLG Celle, NJW-RR 1987, 447; OLG Stuttgart, NJW-RR 1997, 221). Eine Gefährdung des **besitzlosen Pfandrechts** ist bereits dann gegeben, wenn der Mieter erklärt, er werde das Mietobjekt räumen, da hier das Selbsthilferecht gem. § 562 c BGB allein nicht ausreicht (*Fischer*, a.a.O., Rn. 120). Da der Vermieter die dem Vermieterpfandrecht unterliegenden Sachen mangels Kenntnis i.d.R. nicht konkret beschreiben kann, sind an die Glaubhaftmachung und Bestimmtheit des Vermieterpfandrechts im Verfügungsantrag, -ausspruch und -urteil keine zu hohen Anforderungen zu stellen (OLG Hamm, MDR 2000, 386; OLG Stuttgart, NJW-RR 1997, 221).

5. Vertragswidriger Gebrauch

888 Macht der Mieter von der Mietsache vertragswidrig Gebrauch, kann der Vermieter nach einer **Abmahnung** gem. § 541 BGB auf Unterlassung klagen. Damit ist grds. eine ordentliche Klage gemeint. Nur wenn der vertragswidrige Gebrauch zu einem Zustand führt, der auch nicht kurzfristig hingenommen werden kann, ist in **Ausnahmefällen** eine einstweilige Verfügung möglich (OLG Düsseldorf, NJWE-MietR 1996, 126; *Fischer*, a.a.O., Rn. 118; *Wolf/Eckert*, Handbuch des gewerblichen Miet-, Pacht- und Leasingrechts, Rn. 202).

So handelt es sich um einen vertragswidrigen Gebrauch der Mietsache, wenn der ausziehende Mieter zu einer Auszugsparty 120 Jugendliche einlädt. Der Vermieter kann im einstweiligen Rechtsschutzverfahren eine Beschränkung auf 40 Personen verlangen (AG Bad Homburg, NJW-RR 1992, 335). Die teilweise Nutzung eines zum Betrieb eines Frisörsalons vermieteten Ladenlokals zum Verkauf von Sportartikeln rechtfertigt keine durch einstweilige Verfügung ausgesprochene Unterlassungsverfügung des Vermieters wegen vertragswidrigen Gebrauchs (OLG Düsseldorf, NJWE-MietR 1996, 126).

III. Ansprüche des Mieters gegenüber dem Vermieter

1. Besitzeinräumung

889 Hat der Vermieter die Wohnung aus irgendwelchen Gründen **zweimal vermietet,** stehen beiden Mietern gegenüber dem Vermieter Erfüllungsansprüche zu. Der Vermieter kann nur einen Vertrag erfüllen und macht sich dem anderen Mieter gegenüber schadensersatzpflichtig. In diesem Fall kann **keiner der Mieter** durch eine einstweilige Verfügung seinen Anspruch gegenüber dem Vermieter durchsetzen (OLG Stuttgart, MDR 2000, 1428; OLG Frankfurt, NJW-RR 1997, 77 = ZMR 1997, 22 mit Anm. *Wichert*, ZMR 1997,

16; OLG Brandenburg, MDR 1998, 98; LG München, WuM 1991, 577; AG Schöneberg, ZMR 1999, 643; a.A. *Fischer*, a.a.O., Rn. 118), und zwar weder als Leistungs- noch als Unterlassungsverfügung. Nur der Vermieter kann entscheiden, welchen von beiden Verträgen er erfüllt und welchem der Vertragspartner er ggf. Schadensersatz leistet. In dieses System darf nicht durch einstweilige Verfügungen in der Weise eingegriffen werden, dass der Vermieter gezwungen wird, an den Mieter zu leisten, der als Erster eine einstweilige Verfügung erwirkt und vollzieht. Anderenfalls würde unter Verzicht auf jedes Sachargument nur der Zufall entscheiden.

Nach einer **vorgetäuschten Eigenbedarfskündigung** steht dem Mieter gegenüber dem Vermieter ein Schadensersatzanspruch zu. Dieser geht im Wege der Naturalrestitution auch dahin, dem Mieter wieder den Besitz an der Wohnung einzuräumen. Steht die Wohnung noch leer, kann der Mieter mittels einstweiliger Verfügung dem Vermieter verbieten lassen, die Wohnung einem Dritten zu übergeben (LG Bonn, WuM 1988, 402; a.A. LG München I, WuM 1991, 557).   890

2. Besitzschutzansprüche

Wechselt der Vermieter nach Erlass eines Räumungsurteils das **Türschloss** aus, um die Benutzung der Wohnung durch den Mieter im Wege der Selbsthilfe zu verhindern, so begeht er eine rechtswidrige verbotene Eigenmacht, die einen im Wege einer einstweiligen Verfügung durchsetzbaren Anspruch des Mieters auf Wiedereinräumung des Besitzes an der Wohnung begründet (AG Ulm, WuM 1999, 433).   891

Gestattet ein Eigentümer und Vermieter die Aufstellung von **Blumenkübeln** zur Begrünung des Hofs seines Anwesens durch die Mieter bzw. durch einen von den Mietern gebildeten Verein, so stellt die spätere Androhung des Vermieters, die Blumenkübel eigenmächtig zu entfernen, eine Besitzstörung dar, gegen die im Wege der einstweiligen Verfügung vorgegangen werden kann (AG Schöneberg, ZMR 2000, 230).

Der Mieter soll auch im Wege einer einstweiligen Verfügung die Beseitigung eines **Baugerüsts** verlangen können, auch wenn er zur Duldung nach § 554 BGB verpflichtet wäre (AG Berlin-Mitte, GE 1999, 984), wenn der Lichteinfall in die Wohnung beeinträchtigt wird und Staub und Schmutz in die Wohnung eindringen. Der Vermieter müsse seinen Duldungsanspruch zuvor einklagen, anderenfalls liege eine Besitzstörung vor.   892

Bereits das Betreten des Daches eines Mietshauses zum Zwecke der Anbringung einer **Satellitenanlage** stellt einen Eingriff in das Eigentum des Vermieters und eine Besitzstörung i.S. von § 862 BGB dar, so dass es durch einstweilige Verfügung untersagt werden kann (BezG Halle, NJ 1991, 415).

3. Mietzahlung durch Einzugsermächtigung

893 Das Mietrecht unterscheidet sich auch nach der Schuldrechtsreform bei den Rechtsfolgen mietrechtlicher Mängel von den übrigen Vertragsformen mit Gewährleistungsrechten. Anders als beim Kauf- und Werkvertrag tritt die Minderung bei der Miete automatisch, d. h. ohne weiteres kraft Gesetzes ein, sobald und solange die Gebrauchstauglichkeit der Sache durch einen Mangel aufgehoben oder herabgesetzt ist (BGH, NJW-RR 1991, 779 m. Anm. *Teubner*, EWiR 1991, 1177; BGH, NJW 1987, 544). Das Recht auf **Minderung des Mietzinses** ist seiner Natur nach, anders als beim Kauf das Recht zur Minderung des Kaufpreises, **kein Anspruch,** sondern bewirkt **kraft Gesetzes** eine Änderung der Vertragspflichten (BGB, NJW 1987, 432, 433; OLG Düsseldorf, MDR 1990, 930). Liegt ein Mangel i.S.d. § 536 BGB vor, dann tritt die teilweise oder vollständige Befreiung von der Mietzinspflicht ein, solange die Gebrauchstauglichkeit der Sache herabgesetzt oder aufgehoben ist, ohne dass sich der Mieter darauf berufen muss (vgl. BGH, NJW 1987, 432; OLG Düsseldorf, MDR 1990, 930; AG Schwerin, WuM 1994, 530; *MünchKomm/Voelskow*, BGB, 2. Aufl., § 537 Rn. 11). Die Minderung gem. § 536 BGB ist also weder ein Gestaltungsrecht noch ein Anspruch und kann daher nicht verjähren. Aus demselben Grund kann sich der Mieter gegenüber der Zahlungsklage des Vermieters noch nachträglich auf die Minderung wegen früherer Mängel berufen, sofern kein Ausschlusstatbestand eingreift. Der Mieter muss also nur eine geminderte Miete zahlen. Problematisch sind dabei die Fälle, in denen der Mieter nicht selbst zahlt, sondern der Vermieter die fälligen Beträge einzieht oder abbucht. Beachtet der Vermieter in einem solchen Fall den **Widerruf der Einzugsermächtigung** nicht, kann der Mieter im Wege einstweiliger Verfügung Unterlassung verlangen (LG Berlin, GE 1996, 805).

4. Modernisierung

894 Gem. § 554 Abs. 2 BGB steht dem Vermieter gegenüber dem Mieter ein Anspruch auf Duldung von bestimmten Modernisierungsmaßnahmen zu. Liegen die formalen oder materiellen Voraussetzungen des § 554 Abs. 2 BGB nicht vor, dann hat dies zunächst zur Folge, dass der Vermieter, selbst wenn er die

Arbeiten durchgeführt hat, keine Mieterhöhung nach § 559 BGB vornehmen kann (LG Berlin MM 1998, 390; WuM 1996, 407; GE 1996, 679; *Schmidt-Futterer/Börstinghaus*, a.a.O., § 3 MHG, Rn. 12 ff.). Für die Abwehransprüche des Mieters gegenüber dem Vermieter kann deshalb nicht auf die ansonsten mögliche Mieterhöhung abgestellt werden (LG Berlin, GE 1999, 317). Der Mieter hat deshalb grds. kein Rechtsschutzinteresse auf Erlass einer einstweiligen Verfügung auf Unterlassung von Modernisierungsmaßnahmen im Außenbereich, denn er wird durch eine **Außenmodernisierung** nicht unmittelbar, sondern allenfalls mittelbar berührt. Da der Vermieter bei einer Außenmodernisierung auch nicht verpflichtet ist, die Duldungspflicht des Mieters gem. § 554 Abs. 2 BGB vorab im ordentlichen Klageverfahren klären zu lassen, hat der Mieter deshalb auch kein rechtliches Interesse daran, eine Außenmodernisierungsmaßnahme durch einstweilige Verfügung untersagen zu lassen, allein um den Vermieter zur Duldungsklage zu zwingen (LG Berlin, WuM 1996, 407; a.A. LG Gera, Urt. v. 10.4.1995, Az. 5 T 152/95, n.v.; *Fischer*, a.a.O., Rn. 118) oder die spätere Mieterhöhung zu verhindern. Etwas anderes kann aber dann gelten, wenn die Außenmodernisierung nicht nur zu einer mittelbaren Störung des Gebrauchs der Mietsache führt, sondern zu direkten Eingriffen in die Mietsache, z.B. bei Zumauern eines Fensters oder bei ernsthaften Gesundheitsbeeinträchtigungen des Mieters (LG Berlin, MM 1998, 390). Deshalb kann der Mieter eine Modernisierung im Außenbereich, z.B. einen Fahrstuhleinbau, durch einstweilige Verfügung nur dann verhindern, wenn in sein Besitzrecht eingegriffen wird oder ihm wesentliche Nachteile drohen (LG Berlin, a.a.O.; LG Berlin, MDR 1996, 899; *MietPrax/Fritz*, F. 10, Rn. 107; a.A. *Schmidt-Futterer/Eisenschmid*, a.a.O., § 541b BGB Rn. 233). In diesen Fällen ist in diesen Grenzen aber eine einstweilige Verfügung möglich. Vermieter und Mieter haben einen bestimmten Zustand als vertraglich geschuldet vereinbart. Keiner Partei ist es gestattet, weniger oder mehr als vereinbart zu leisten.

Einstweiliger Rechtsschutz kommt deshalb vor allem bei **Innenmodernisierungen** zum Tragen, die der Vermieter entweder nicht formgerecht angekündigt hat (§ 554 Abs. 3 BGB), die die materiellen Voraussetzungen, die an eine Modernisierung zu stellen sind, nicht erfüllen oder die der Mieter, selbst wenn die Voraussetzungen alle vorliegen, nicht zu dulden bereit ist. Dabei kommt es nicht darauf an, ob der Mieter sich auf bestimmte Härtegründe i.S.d. § 554 Abs. 2 BGB beruft oder ob er schlicht „den Kopf in den Sand steckt". In all den Fällen darf der Vermieter nicht einseitig tätig werden, sondern muss seinen Duldungsanspruch zunächst titulieren, und zwar in einem Hauptsacheverfahren (vgl. o. Rn. 894). Führt der Vermieter Modernisierungsarbeiten durch, die den Mieter auch tatsächlich in der Ausübung seines ihm zustehenden vertragsgemäßen Gebrauchs beeinträchtigen, dann kann der Mieter diese Maßnahmen ggf. durch eine einstweilige Verfügung untersagen lassen. Es fehlt dem Mieter aber dann ein Rechtsschutzbedürfnis, wenn er die Arbeiten auch allein dadurch verhindern kann, dass er den Vermieter oder die von ihm beauftragten Handwerker nicht in die Wohnung lässt (AG Tiergarten, GE 1986, 47; *Schmidt-Futterer/Eisenschmid*, a.a.O., § 541b BGB, Rn. 233).

896 Führt der Vermieter, ohne dazu berechtigt zu sein, **bauliche Maßnahmen** an den gemieteten Wohnräumen durch, kann der Mieter per einstweiliger Verfügung die **Wiederherstellung** eines der bisherigen Wohnqualität entsprechenden Wohnungszustandes erzwingen (AG Wolgast, WuM 1994, 265).

5. Versorgung mit Wasser und Gas

897 Der Vermieter schuldet aus dem Mietvertrag die Versorgung der Wohnung mit Wasser und Heizenergie. Kommt der Vermieter aus irgendwelchen Gründen dieser Verpflichtung nicht nach, kann der Mieter eine einstweilige Verfügung gegen den Vermieter auf **Versorgung** mit Wasser und Gas beantragen (AG Leipzig, NZM 1998, 716; LG Mannheim, WuM 1975, 11; *Sternel*, a.a.O., V Rn. 56). Hier geht es darum, die Minimalanforderungen an eine Gebrauchsmöglichkeit der Wohnung sicherzustellen. Die einstweilige Verfügung kann auch darauf gerichtet sein, dass der Vermieter durch **Bezahlung** der Gasrechnungen dafür sorgt, dass die Unterbrechung der Gaslieferung für die Gasheizung und die Warmwasserversorgungsanlage der Wohnanlage nicht durch das Gasversorgungsunternehmen angedroht oder durchgeführt wird. Dabei kann dahinstehen, ob der Vermieter berechtigt ist, die Gasrechnungen nicht mehr zu bezahlen, weil die Mieter mit der Zahlung der Nebenkosten im Rückstand sind (AG Ludwigsburg, NZM 1999, 122). Es handelt sich zwar um eine **Leistungsverfügung,** die zu einer Vorwegnahme der Hauptsache führt, jedoch ist diese hier ausnahmsweise zulässig, weil die mit einem ordentlichen Klageverfahren verbundene Zeitverzögerung für den Mieter regelmäßig zu unerträglichen Gebrauchsbeeinträchtigungen bezüglich der Wohnung führen würden (*Fischer*, a.a.O., Rn. 117).

III. Ansprüche des Mieters gegenüber dem Vermieter

6. Ausübung des Vorkaufsrechts

Dem Mieter steht gegenüber dem Vermieter nach einer Umwandlung der vermieteten Wohnung in Wohnungseigentum ein Vorkaufsrecht zu. Für den Bereich des **sozialen Wohnungsbaus** ergibt sich dies aus § 2b WobindG und für den Bereich des **freifinanzierten Wohnungsbaus** aus § 577 BGB. Der Zweck der Vorschrift liegt dabei offensichtlich eher darin, die Umwandlung zu verhindern, als den Mieter tatsächlich zu schützen. Dies Vorkaufsrecht (hierzu umfassend *Brambring*, ZAP F. 4, S. 325 ff.; *Beuermann*, GE 1993, 951; *Langhein*, DNotZ 1993, 650; *Schmidt*, DWW 1994, 65; *Commichau*, NJW 1995, 1010; *Derleder*, NJW 1996, 2817) setzt voraus: 898

- Das Wohnungseigentum muss **nach** Überlassung der Wohnung an den Mieter begründet worden sein,

- es muss sich um ein **Wohnraummietverhältnis** handeln,

- es muss ein **Kaufvertrag** geschlossen worden sein,

- der Kaufvertrag über die Wohnung muss nach dem **31.8.1993** (Art. 6 4. MRÄndG) abgeschlossen worden sein und

- die Veräußerung darf nicht an **Hausstands- oder Familienangehörige** erfolgt sein.

Das Vorkaufsrecht muss binnen einer Frist von **zwei Monaten** (§ 469 Abs. 2 Satz 1 BGB) ausgeübt werden. Dabei beginnt die Frist mit dem **Zugang der Mitteilung** über den erfolgten (nicht beabsichtigten) Verkauf beim Mieter; diese Mitteilung muss gem. § 577 BGB mit einer **Unterrichtung des Mieters** über sein Vorkaufsrecht verbunden sein. Der Mieter einer öffentlich geförderten Mietwohnung hat hingegen eine **sechsmonatige Frist** zur Ausübung des Vorkaufsrechts. Der Mieter kann das Vorkaufsrecht durch Erklärung gegenüber dem Verkäufer ausüben. Eine besondere Form, insbesondere eine notarielle Beurkundung i.S.d. § 313 BGB war bisher nicht erforderlich (BGH, MDR 2000, 1184; *Brambring*, ZAP F. 4, S. 330; *Langhein*, DNotZ 1993, 650); seit dem 1.9.2001 muss das Vorkaufsrecht jedoch schriftlich ausgeübt werden. 899

Durch die Ausübung des Vorkaufsrechts wird zwischen dem Vorkaufsberechtigten (Mieter) und dem Verpflichteten (Vermieter) ein **selbstständiger Kaufvertrag** neu begründet, und zwar zu den gleichen Bedingungen, wie er zwischen dem Verpflichteten und dem Dritten abgeschlossen war. Danach hat der Vorkaufsberechtigte nicht nur den Kaufpreis zu zahlen, sondern schlecht- 900 hin diejenigen Leistungen zu erbringen, die dem Erstkäufer nach dem Kaufvertrag oblegen hätten (BGHZ 77, 359, 362; BGH, MDR 1996, 250). Insgesamt ist der Schutz der Mieter gering. Es handelt sich nur um ein **schuldrechtliches Vorkaufsrecht.** Der erste Erwerber kann deshalb, soweit die Parteien auch die Auflassung erklärt haben, die Eintragung ins Grundbuch betreiben. Bevor der Mieter von seinem Vorkaufsrecht Gebrauch gemacht hat, kann deshalb der erste Erwerber bereits im Grundbuch eingetragen sein. Ein Anspruch des Mieters auf Eintragung einer Vormerkung zur Sicherung seines **Anspruchs auf Eintragung als Eigentümer** ist erst möglich, wenn er sein Vorkaufsrecht schon ausgeübt hat. Dieser Anspruch ist ggf. auch durch eine einstweilige Verfügung durchsetzbar (OLG München, NZM 1999, 797; LG Köln, NJW-RR 1995, 135). Wenn der Veräußerer jedoch dem ersten Erwerber bereits eine Auflassungsvormerkung bewilligt hat und diese im Grundbuch eingetragen ist, geht diese dem Range nach vor.

7. Untervermietung

901 Der Mieter darf ohne Zustimmung des Vermieters die Räumlichkeiten nicht untervermieten. Ggf. hat der Mieter gegenüber dem Vermieter einen Anspruch auf eine solche Untervermietungserlaubnis. Der Anspruch auf Erteilung einer Untermieterlaubnis kann aber grds. nicht im Verfahren auf Erlass einer einstweiligen Verfügung geltend gemacht werden (LG Hamburg, WuM 2000, 303).

IV. Ansprüche der Mieter/Bewohner untereinander

902 Ansprüche der Mieter/Bewohner untereinander richten sich grds. nicht nach Mietrecht, sondern nach dem Innenverhältnis zwischen den Mietern bzw. Bewohnern. Für **Eheleute** gilt in diesen Fällen die HausratVO. Es besteht die Möglichkeit, dass das Familiengericht einem Ehepartner die Wohnung ganz oder teilweise, endgültig oder vorläufig nach den §§ 3 ff. HausratVO zur alleinigen Nutzung zuweist. Es ist h.M., dass diese Vorschriften auf nichteheliche Lebensgemeinschaften nicht entsprechend angewandt werden können, da es an dem entscheidenden Tatbestandsmerkmal der Ehe fehlt (*Finger*, JZ 1981, 497, 509; *Diederichsen*, NJW 1983, 1017, 1018; *Meyer*, ZMR 1990, 444, 445).

903 Hinsichtlich einer **nichtehelichen Lebensgemeinschaft** kommt es bei der Beantwortung der Frage, wer einen Anspruch auf alleinige Nutzung der Wohnung hat, darauf an, wer Vertragspartner des mit dem Vermieter bestehenden

Mietvertrages ist. Nur dieser hat gegenüber dem Vermieter ein Besitzrecht. Es fragt sich aber, ob dem anderen Partner bei Auflösung der nichtehelichen Lebensgemeinschaft gegenüber dem Ex-Partner (nicht gegenüber dem Vermieter) ein Besitzrecht zusteht. Vereinzelt wird in der Literatur ein zeitlich begrenztes Besitzrecht für die Übergangszeit bejaht (so *Diederichsen*, NJW 1980, 545, 551). Auf diese Weise soll faktisch eine geordnete Abwicklung möglich werden. Überwiegend ist die Auffassung aber wegen fehlender rechtlicher Anknüpfung auf Ablehnung gestoßen (*Finger*, WuM 1982, 257, 259; *Meyer*, a.a.O.). Nach h.M. ist die Gestattung des Mitwohnens jederzeit frei widerruflich (AG Hamburg, NJW-RR 1989, 271; LG Wiesbaden, FamRZ 1960, 152; AG Köln, ZMR 1969, 275). Daraus folgt, dass derjenige Partner, der Mieter ist, grds. jederzeit ohne Angabe von Gründen die Räumung verlangen kann. Seine Grenze findet dieses Räumungsbegehren nach richtiger Auffassung lediglich in § 671 BGB. Eine Räumung zur Unzeit ist deshalb ausgeschlossen (*Meyer*, a.a.O.).

Da die verschiedengeschlechtliche nichteheliche Lebensgemeinschaft selbst nicht rechtlich geregelt ist (anders jetzt die gleichgeschlechtliche Lebenspartnerschaft, die durch das LPartG im Wesentlichen – auch bezüglich der Wohnung – der Ehe gleichgestellt ist), gelten für ihre Partner bezüglich der **Räumung** von Wohnraum die allgemeinen Vorschriften. Soweit also keine einverständliche Lösung des Problems zwischen den Partnern erfolgt, bedarf es eines gerichtlichen Titels auf Räumung, ohne den der räumende Partner eine verbotene Eigenmacht begehen würde. Ein solcher **gerichtlicher Titel** ist zunächst einmal ein Räumungsurteil. Da die Auflösung einer nichtehelichen Lebensgemeinschaft oft erhebliche Emotionen freisetzt, die sich dann in unüberlegten spontanen und u.U. auch gewalttätigen Aktionen entladen, stellt sich hier häufig die Frage, inwieweit kurzfristiger Rechtsschutz im Wege einer einstweiligen Verfügung zu erhalten ist. Grds. scheitert auch der Antrag eines Wohnungsinhabers/Vermieters auf Erlass einer einstweiligen Verfügung an **§ 940a ZPO,** wonach die Räumung von Wohnraum durch einstweilige Verfügung nur bei **verbotener Eigenmacht** ausgesprochen werden darf. 904

Seit dem 1.1.2002 hat das Gewaltschutzgesetz (GewSchG) vom 11.12.2001 (BGBl 2001 I, 3513) jedoch Änderungen gebracht. So ist jetzt eine einstweilige Verfügung auf Räumung auch **bei konkreter Gefahr für Leib oder Leben** zulässig. Damit werden die Fälle des gewalttätigen Mitbewohners in Zukunft auch im Wege des einstweiligen Rechtschutzes geregelt werden kön- 905 nen (dazu *Schumacher*, NZM 2001, 572). Im Übrigen regelt das GewSchG eigene Unterlassungsansprüche zum Schutz der Rechtsgüter Leben, Körper, Gesundheit und Freiheit. Danach hat auf Antrag einer an Körper, Gesundheit oder Freiheit widerrechtlich und vorsätzlich verletzten Person das Gericht die erforderlichen Maßnahmen zu treffen, um weitere Verletzungen zu verhindern (Satz 1). Für solche Schutzanordnungen nach § 1 GewSchG ist ein besonderes Näheverhältnis zwischen Opfer und Täter nicht Voraussetzung. Die Vorschrift ist also nicht nur bei häuslicher Gewalt, sondern bei Gewalttaten allgemein anwendbar. Das Gesetz enthält in Abs. 1 einen – nicht abschließenden – Katalog möglicher Schutzanordnungen. Hierzu zählen:

- das Verbot, die Wohnung des Opfers zu betreten,

- das Verbot, sich der Wohnung auf einen vom Gericht zu bestimmenden Umkreis zu nähern,

- das Verbot andere genau zu bestimmende Orte aufzusuchen, an denen sich das Opfer regelmäßig aufhalten muss,

- das Verbot, Verbindungen zum Opfer aufzunehmen und zwar auch mittels Telefon u.Ä.

- sowie das Verbot, ein Zusammentreffen mit der verletzten Person herbeizuführen.

Das Gericht kann eine oder mehrere dieser oder anderer Schutzanordnungen treffen, um einen möglichst guten Schutz des Opfers sicherzustellen. Dies kann nicht nur bei vollendeten Gewalttaten, sondern bereits bei widerrechtlichen Drohungen mit solchen Taten sowie in den Fällen, in denen der Täter in die Wohnung des Opfers eindringt bzw. ihm sonstwie nachstellt, erfolgen. Die Anordnungen sollen befristet werden. Bedeutsam ist ferner, dass die Anordnungen auch dann möglich sind, wenn der Täter die Tat in einem Zustand der Unzurechnungsfähigkeit, auf Grund von Alkohol oder Drogen, begangen hat.

906 Das neue Gesetz sieht auch Änderungen im Verfahrensrecht vor. Die Verfahren sollen vor den Familiengerichten nach den Grundsätzen des Verfahrens der freiwilligen Gerichtsbarkeit durchgeführt werden, wenn die Beteiligten einen auf Dauer angelegten gemeinsamen Haushalt führen oder innerhalb von sechs Monaten vor Antragstellung geführt haben. In diesem Fall kommt der Erlass einer **einstweiligen Anordnung** in Betracht. Hierfür sieht § 64b FGG Sonderregeln vor.

In den Fällen, in denen die parteien keinen gemeinsamen Haushalt führen 907
oder in den letzten sechs Monaten geführt haben, ist die Zivilabteilung für
den Erlass der einstweiligen Verfügung zuständig. Auch hier können die oben
(Rn. 905) beschriebenen Schutzanordnungen ergehen. Einer Räumungsverfügung bzw. einem Betretungsverbot steht § 940a ZPO nicht mehr entgegen,
da nach der Neuregelung eine Räumung von Wohnraum durch einstweilige
Verfügung auch bei einer konkreten Gefahr für Leib oder leben des Antragstellers angeordnet werden kann.

V. Ansprüche der Mieter gegenüber Dritten

Einem Mieter in einem Mehrfamilienhaus, dessen Vermieter gegenüber dem 908
Gas- oder Wasserversorgungsunternehmen in Zahlungsverzug geraten ist,
steht gegen das Versorgungsunternehmen kein eigener Anspruch auf Belieferung oder auf Aufhebung einer Gas- und Wasserliefersperre zu, den er im
Wege einer einstweiligen Verfügung durchsetzen könnte, denn Vertragspartner des Versorgungsunternehmens ist sein Vermieter (LG Gera, NZM 1998,
715; LG Frankfurt, WuM 1998, 495; AG Siegen, ZMR 1999, 645; a.A. AG
Gera, WuM 1998, 496; AG Frankfurt, WuM 1998, 42). Demgegenüber ist eine einstweilige Verfügung des Mieters gegen den Vermieter auf Versorgung
mit Wasser und Gas möglich (vgl. Rn. 897).

VI. Besonderheiten im gewerblichen Mietrecht

§ 940a ZPO gilt vom Wortlaut her nur für Wohnraum. Daraus kann aber nicht 909
geschlossen werden, dass bei anderen Räumen, insbesondere Gewerberäumen, eine **Räumung** durch einstweilige Verfügung möglich ist. Vielmehr ist
auch bei Gewerberäumen ebenso wie bei gepachteten Räumlichkeiten (OLG
Celle, OLGR Celle 1994, 274) eine Räumung durch einstweilige Verfügung
schon aus allgemeinen Regelungen regelmäßig nicht durchsetzbar, da es sich
um eine Vorwegnahme der Hauptsache handeln würde (*MietPrax/Fritz*, F. 10
Rn. 105). Nur in ganz extremen Ausnahmefällen kann zur Verhinderung eines noch größeren Schadens ausnahmsweise eine Räumung von Gewerberäumen auch durch einstweilige Verfügung in Betracht kommen. Dazu reichen aber wirtschaftliche Interessen nie aus. Denkbar sind Fälle, in denen von
den Räumlichkeiten eine konkrete Gefahr für Leib und Leben von Mitbewohnern ausgeht, z.B. weil auf den Mieter ein Sprengstoffanschlag verübt
wurde und Wiederholungsgefahr besteht (LG Wiesbaden, WuM 1997, 447).

910 Im Gewerberaummietrecht wird es häufig eher um den Betrieb des Gewerbes und der damit in Zusammenhang stehenden Fragen gehen:

911 So kann der Mieter mittels einer einstweiligen Verfügung dem Vermieter eine **Vermietung an einen Konkurrenten** bei entsprechender mietvertraglicher Konkurrenzschutzklausel untersagen lassen (OLG Hamm, NJW-RR 1990, 1236). Ein solcher Unterlassungsanspruch kann auch zur **Verhinderung einer Doppelvermietung** im einstweiligen Rechtsschutzverfahren geltend gemacht werden (OLG Düsseldorf, NJW-RR 1991, 137, nicht aber bei bereits erfolgter Doppelvermietung). Demgegenüber bestehen im einstweiligen Rechtsschutzverfahren durchsetzbare Ansprüche des Gewerbemieters gegen den konkurrierenden Mieter aus dem Mietvertrag nicht (*MietPrax/Fritz*, F. 10, Rn. 113).

912 Umstritten ist demgegenüber, ob die mietvertragliche **Betriebspflicht** im einstweiligen Verfügungsverfahren verfolgt werden kann: Während das OLG Naumburg (NZM 1998, 575) diese Frage verneint hat, weil eine solche vertragliche Verpflichtung weder als vertretbare Handlung nach § 887 ZPO noch als unvertretbare Handlung § 888 ZPO vollstreckt werden könne, weil Gegenstand einer einstweiligen Verfügung nur vollstreckungsfähige Ansprüche sein könnten, haben das OLG Düsseldorf (NJW-RR und 1997, 648) und das OLG Celle (NJW 1996, 585) die Frage bejaht, da die Vollstreckung nach § 888 bzw. § 890 ZPO möglich sei (so auch *MietPrax/Fritz*, F. 10, Rn. 110).

VII. Verfahrensfragen

913 Zuständig für Verfahren des einstweiligen Rechtsschutzes ist in Wohnraummietsachen das AG, in dessen Bezirk die vermietete Wohnung liegt. Dies gilt sowohl für die Verfahren des Vermieters gegen den Mieter wie auch umgekehrt. In den Verfahren der Mieter/Bewohner untereinander und gegen Dritte sowie in Gewerberaummietsachen gelten die **allgemeinen Zuständigkeitsregelungen**. Auch wenn der Streitwert je nach Bundesland unter 750 € liegt, ist eine vorgerichtliche Streitschlichtung gem. § 15a EGZPO nicht erforderlich.

VIII. Checkliste
☑ 914

Handelt es sich um Ansprüche aus einem Wohnraummietvertrag? Die besondere örtliche und sachliche Zuständigkeit beachten. Zuständig ist immer das AG der belegenen Sache.

Als Antragsteller alle Mieter/Vermieter aufgenommen?

Als Antragsgegner alle Mieter/Vermieter aufgenommen?

Wird unmittelbar oder mittelbar Räumung von Wohnraum verlangt, z.B. Betretungsverbote?

Wenn ja, ist ein Fall verbotener Eigenmacht gegeben.?

Oder liegt eine konkrete Gefahr für Leib oder Leben vor?

Wenn ein Fall der konkreten Gefahr für Leib oder Leben gegeben ist, haben die Parteien in den letzten sechs Monaten zusammen gelebt? Dann Zuständigkeit des Familiengerichts, sonst Zivilabteilung?

Ist bei Antrag gegen gewalttätigen Mitbewohner die Schutzanordnung befristet?

Ist wegen der negativen Kostenfolge gem. § 93 ZPO ggf. eine Abmahnung vorausgegangen?

915 IX. Muster

Muster 1: Unterlassung von Modernisierungsarbeiten

AG

......

Antrag auf Erlass einer
einstweiligen Verfügung

des Herrn .....
– Antragsteller –
Verfahrensbevollmächtigte:

gegen

Herrn .....
– Antragsgegner –

wegen Unterlassung von Modernisierungsarbeiten

vorläufiger Streitwert: 1.000,- €

Namens und im Auftrage der Antragsteller beantragen wir im Wege der einstweiligen Verfügung wegen Dringlichkeit, mit der Bitte um Verzicht auf die mündliche Verhandlung, den Erlass einer einstweiligen Verfügung mit folgenden Anträgen:

1. Dem Antragsgegner wird aufgegeben, die Bauarbeiten, insbesondere die Arbeit zur Installation einer Etagenheizung in der Wohnung der Antragsteller sofort einzustellen.

2. Dem Antragsgegner wird für jeden Fall der Zuwiderhandlung gegen die Verpflichtung aus Ziffer 1 ein Ordnungsgeld in Höhe von 5.000,- € und für den Fall, dass dieses nicht beigetrieben werden kann, für je 250,- € ein Tag Ordnungshaft angedroht.

Sollte das Gericht, entgegen dem Eingansersuchen, einem Termin zur mündlichen Verhandlung anberaumen, beantragen wir ferner,

die Ladungsfrist gem. § 226 Abs. 1 ZPO möglichst weitgehend abzukürzen.

Begründung:

Der Antragsteller hat die sich aus dem Rubrum ergebende Wohnung vom Beklagten gemietet.

Glaubhaftmachung: In der Anlage überreichte Kopie des Mietvertrages **(Anlage VK 1)**

Die Wohnung ist bisher mit Kohleöfen ausgestattet. Der Antragsgegner hat dem Antragsteller schriftlich mitgeteilt, dass er eine Gasetagenheizung einbauen werde.

Glaubhaftmachung: In der Anlage überreichte Kopie des Ankündigungsschreibens **(Anlage VK 2)**

Der Antragsteller hat dem Einbau der Heizung widersprochen, da der Einbau der Heizung für die Antragsteller eine besondere Härte bedeuten würde.

Glaubhaftmachung: In der Anlage überreichte Kopie des Schreibens der Antragsteller an den Antragsgegner **(Anlage VK 3)**

Heute Morgen nun erschienen bei dem Antragsteller Mitarbeiter einer Heizungsfirma. Sie erklärten, sie müssten sich wegen eines Heizungseinbaus die Wohnung ansehen. Der Antragsteller ließ die Mitarbeiter deshalb in die Wohnung. Diese begannen daraufhin sofort, Mauerdurchbrüche zu stemmen, um Heizungsleitungen verlegen zu können. Nur mit Hilfe anderer Mieter gelang es dann den Antragstellern, die Handwerker aus der Wohnung zu vertreiben. Die Handwerker haben angekündigt, morgen wieder zu kommen. Der Antragsteller ist nicht verpflichtet, die Maßnahmen zu dulden. Er hat auch seine Zustimmung gem. § 554 BGB nicht erteilt. Es wäre Sache des Antragsgegners, zunächst eine Zustimmung/Duldung des Antragstellers zu den Modernisierungsarbeiten – ggf. gerichtlich – zu erreichen. Der Antragsteller ist nicht verpflichtet, die Baumaßnahmen – zumindest zum jetzigen Zeitpunkt – zu dulden.

Zur Glaubhaftmachung wird ferner in der Anlage eine eidesstattliche Versicherung beider Antragsteller **(Anlagen VK 4 und VK 5)** überreicht.

Rechsanwalt

Muster 2: Betreten einer Wohnung, um dringend erforderliche Reparaturarbeiten durchzuführen

AG

.....

Antrag auf Erlass einer einstweiligen Verfügung

des Herrn......

– Antragsteller –

Verfahrensbevollmächtigte:

gegen

Herrn....

– Antragsgegner –

wegen *Betreten der Wohnung zur Durchführung von Reparaturarbeiten*

vorläufiger Streitwert: 1.000,- €

Namens und im Auftrage des Antragstellers beantragen wir, im Wege der einstweiligen Verfügung wegen der Dringlichkeit mit der Bitte um Verzicht auf die mündliche Verhandlung den Erlass einer einstweiligen Verfügung mit folgenden Anträgen:

1. *Die Antragsgegner werden verpflichtet, die Reparatur des Wasserrohres im Bad ihrer Wohnung zu dulden und zu diesem Zweck dem Antragsteller oder den von ihm beauftragten Fachhandwerkern das Betreten der Mietwohnung ... in ..., Erdgeschoss links, zu gestatten.*

2. *Den Antragsgegnern wird für den Fall einer Zuwiderhandlung gegen die Verpflichtung gem. Ziffer 1 dieser Verfügung ein Ordnungsgeld in Höhe von 500,- € und für den Fall, dass dies nicht beigetrieben werden kann, für je 100,- € einen Tag Ordnungshaft angedroht.*

Sollte das Gericht, entgegen dem Eingangsersuchen, einen Termin zur mündlichen Verhandlung anberaumen, beantragen wir ferner,

die Ladungsfrist gem. § 226 ZPO auf ein Mindestmaß abzukürzen.

Begründung:

Der Antragsteller ist Eigentümer und Vermieter der von den Auftragsgegnern innegehaltenen Wohnung.

*Glaubhaftmachung: In der Anlage überreichte Kopie des Mietvertrages (**Anlage VK 1**)*

Im Keller des Hauses, und zwar genau unterhalb der Wohnung, die die Antragsgegner gemietet haben, tritt Wasser aus. Der Schaden wurde vorgestern bemerkt. Der Antragsteller beauftragte sofort ein Installationsunternehmen mit der Beseitigung des Schadens. Die Handwerker haben festgestellt, dass der Schaden in der Wohnung der Antragsgegner liegen muss.

*Glaubhaftmachung: In der Anlage überreichte eidesstattliche Versicherung des beauftragten Handwerkunternehmens als **Anlage VK 2***

Die Handwerker haben versucht, in die Wohnung der Antragsgegner zu kommen. Die Antragsgegner haben den Handwerkern den Zutritt verwehrt. Auch der Antragsteller hat mehrfach versucht, die Antragsgegner dahin zu bewegen, die Handwerker in die Wohnung zu lassen. Die Antragsgegner haben sich aber grundsätzlich geweigert, die Handwerker in die Wohnung zu lassen. Es ist dringend erforderlich, die Ursache des Schadens festzustellen, da ansonsten der Schaden sich weiter vergrößert. Die Alternative wäre allenfalls, die Hauptwasserleitung abzudrehen, was zur Folge hätte, dass nicht nur die Antragsgegner, sondern auch alle anderen Mieter im Hause ohne Wasserversorgung dastünden.

Nach den mietvertraglichen Vereinbarungen sind die Beklagten verpflichtet, die Handwerker in die Wohnung zu lassen.

*Glaubhaftmachung: In der Anlage überreichte Kopie des Mietvertrages (**Anlage VK 3**)*

Dabei ergibt sich hier die Verpflichtung auch aus einer mietvertraglichen Nebenverpflichtung. Die Antragsgegner sind verpflichtet, grundsätzlich Schaden von der gemieteten Sache und den übrigen Räumen des Hauses abzuwenden.

Rechtsanwalt

Muster 3: Freigabe von Waren eines Vermieters gegen Sicherungsgläubiger aus Vermieterpfandrecht

An das
Landgericht

Antrag auf Erlass einer
einstweiligen Verfügung

des Herrn....
– Antragsteller –
Verfahrensbevollmächtigte:

gegen

die .... Bank AG ......
– Antragsgegnerin –

wegen *Unterlassung*

vorläufiger Streitwert: 12.500,- €

Namens und im Auftrage des Antragstellers beantragen wir, im Wege der einstweiligen Verfügung wegen der Dringlichkeit mit der Bitte um Verzicht auf die mündliche Verhandlung den Erlass einer einstweiligen Verfügung durch den Vorsitzenden allein mit folgenden Anträgen:

Der Antragsgegnerin wird untersagt, den Lagerbestand des Möbelhauses Schlaf-Gut GmbH, ... aus den Geschäftsräumen zu entfernen bzw. entfernen zu lassen und über den Lagerbestand in irgendeiner Form zu verfügen.

Sollte das Gericht, entgegen dem Eingangsersuchen, einen Termin zur mündlichen Verhandlung anberaumen, beantragen wir ferner,

die Ladungsfrist gem. § 226 ZPO auf ein Mindestmaß abzukürzen.

Begründung:

I. Zum Verfügungsanspruch

Der Antragsteller hatte 1995 an die Schlaf-Gut GmbH einen Laden zum Betrieb eines Möbelgeschäftes vermietet. Ca. 1997 nahm die Schlaf-Gut GmbH bei der Antragsgegnerin einen Kredit auf, zu dessen Sicherung sie der Bank sämtliche Waren übereignete, die sich „gegenwärtig in den Geschäftsräumen befinden" oder" künftig dorthin verbracht werden".

Glaubhaftmachung: *In der Anlage überreichte Kopie des Darlehns- und Sicherungsübereignungsvertrages* **(Anlage VK 1)**

Als die Schlaf-Gut GmbH Anfang dieses Jahres in Zahlungsschwierigkeiten geriet, kündigte die Antragsgegnerin den Darlehensvertrag und verlangte die Rückzahlung des Darlehns. Als dies nicht erfolgte, kündigte sie die Verwertung des Lagerbestandes an.

Glaubhaftmachung: *In der Anlage überreichte Kopie des Schreibens vom 1.9.2002 an die Schlaf-Gut GmbH als* **Anlage VK 2.**

Der Antragsteller wandte sich daraufhin an die Antragsgegnerin und wies darauf hin, dass er ein Vermieterpfandrecht wegen einer noch offen stehenden Mietforderung von 25.000,- € geltend mache.

Glaubhaftmachung: *In der Anlage überreichte Kopie des entsprechenden Schreibens* **(Anlage VK 3)**

Die Antragsgegnerin lehnte die Berücksichtigung des Vermieterpfandrechtes ab und vertrat die Auffassung, dass der Antragsteller an den unter Eigentumsvorbehalt gelieferten Waren nie ein Vermieterpfandrecht gehabt hätte, zumindest sei dies allenfalls gleichzeitig mit dem Sicherungseigentum der Antragsgegnerin entstanden.

II. Glaubhaftmachung

Zur Glaubhaftmachung wird in der Anlage eine eidesstattliche Versicherung des Antragstellers überreicht **(Anlage VK 3)**

III. Zur Rechtslage

Entgegen der Ansicht der Antragsgegnerin steht dem Antragsteller an den eingebrachten Sachen und auch an dem Warenbestand im Lager ein Vermieterpfandrecht zu. Zwar standen hier die Sachen bei Einbringung nicht im Eigentum des Mieters, da die Waren von den Herstellern an den Mieter unter Eigentumsvorbehalt geliefert worden sind, nach Erlöschen des Eigentumsvorbehalts geht jedoch das Vermieterpfandrecht dem Range nach dem Sicherungseigentum vor. Dies ergibt sich daraus, dass nach Absicht des Gesetzgebers dem Vermieter eine bevorzugte Sicherung verschafft werden sollte (so ausdrücklich BGH, NJW 1992, 1156 = BGHZ 117, 200 mit Anm. von Hennrichs, DB 1993, 1707). Der BGH hat in dieser Entscheidung seiner Rechtsprechung über den

Vorrang des verlängerten Eigentumsvorbehaltes auf das Vermieterpfandrecht ausgedehnt. Andernfalls bestünde nämlich die Gefahr, dass das Vermieterpfandrecht auf Grund der die Miete meist weit übersteigenden Kreditsummen völlig ausgehölt würde.

IV. Zum Verfügungsgrund

Da die Antragsgegnerin völlig uneinsichtig ist und die Verwertung des Warenbestandes unbedingt durchführen will, ist der Erlass der einstweiligen Verfügung geboten. Der Antragsteller kann auch nicht darauf verwiesen werden, dass die Antragsgegnerin ggf. Schadensersatzansprüche oder Ansprüche aus ungerechtfertigter Bereicherung gegen die Antragsgegnerin hätte. Das Verhalten der Antragsgegnerin greift in die Rechtsposition des Antragstellers ein, was dieser nicht verpflichtet ist zu dulden. Ein Verwertungsrecht der Antragsgegnerin besteht zumindest zurzeit nicht.

Rechtsanwalt

Muster 4: Stromversorgung/Stromsperre wegen Altschulden

An das
Amtsgericht

Antrag auf Erlass einer
einstweiligen Verfügung

der Frau....
– Antragstellerin –
Verfahrensbevollmächtigte:

gegen

die Firma ....
– Antragsgegnerin –

wegen *Stromsperre auf Grund von Altschulden*

Namens und im Auftrage der Antragstellerin beantragen wir, im Wege der einstweiligen Verfügung wegen der Dringlichkeit mit der Bitte um Verzicht auf die mündliche Verhandlung den Erlass einer einstweiligen Verfügung mit folgenden Anträgen:

Der Antragsgegnerin wird aufgegeben, unverzüglich die Stromversorgung für die Wohnung der Antragstellerin, ... in ....., Erdgeschoss links, wieder in Betrieb zu nehmen und aufrecht zu erhalten.

Sollte das Gericht, entgegen dem Eingangsersuchen, einen Termin zur mündlichen Verhandlung anberaumen, beantragen wir ferner,

die Ladungsfrist gem. § 226 ZPO auf ein Mindestmaß abzukürzen.

Begründung:

Die Antragstellerin ist Mieterin der sich aus dem Rubrum ergebenden Wohnung. Sie hat mit der Antragsgegnerin diesbezüglich einen Stromversorgungsvertrag abgeschlossen. Die Antragsgegnerin hat die monatlichen Abschlagszahlungen auf 100,- € festgesetzt. Die Antragstellerin ist ihren Zahlungsverpflichtungen für die Abnahmestelle in der ..... immer nachgekommen.

Glaubhaftmachung: In der Anlage überreichte Kopien der Einzahlungsbelege für die letzten 6 Monate **(Anlage VK 1)**

Eidesstattliche Versicherung der Antragstellerin **(Anlage VK 2)**.

Eine Abschlussrechnung für diese Abnahmestelle ist bisher noch nicht erfolgt, da der Abrechnungszeitraum bisher noch nicht beendet ist.

Die Antragsgegnerin hat der Antragstellerin jedoch für die Abnahmestelle ..... in .... eine Abschlussrechnung zukommen lassen, die mit einem Nachzahlungsbetrag in Höhe von 824,90 € abschließt. Hierauf hat die Antragstellerin wegen fehlender Leistungsfähigkeit bisher keine Zahlungen erbracht. Hierzu muss noch bemerkt werden, dass es sich bei der Anschrift ...... um die ehemalige Ehewohnung handelte, aus der die Antragstellerin ausgezogen ist. Der getrennt lebende Ehemann der Antragstellerin wohnt noch in dieser Wohnung. Auf Grund des mit der Antragsgegnerin abgeschlossenen Versorgungsvertrages haftet die Antragstellerin für die Verbindlichkeiten jedoch noch gesamtschuldnerisch.

Wegen dieser „Altschulden" hat die Antragsgegnerin nunmehr die Versorgung der Antragstellerin in ihrer neuen Wohnung eingestellt.

Dies ist nicht möglich. Die Antragsgegnerin kann insofern bzgl. der Durchsetzung ihrer Forderungen nicht besser gestellt werden, als jeder andere Gläubiger. Die Antragstellerin kommt ihren Zahlungsverpflichtungen aus dem laufenden Vertragsbeziehungen nach. Sie bestreitet ihre grundsätzliche Zahlungsverpflichtung auch nicht, sie ist lediglich nicht leistungsfähig.

Der Erlass einer einstweiligen Verfügung ist auch geboten. Die Antragstellerin lebt in der Wohnung ...... mit ihren beiden Kindern. Sie ist dringend auf die Stromversorgung angewiesen, damit sie zum einen Kochen kann und den Kühlschrank betreiben kann und zum anderen um überhaupt in der Wohnung leben zu können. Aus diesen Umstände ergibt sich auch die Dringlichkeit. Das Sozialamt der Stadt ...... hat sich i.Ü. geweigert, die Altschulden aus der Wohnung Breite Str. 19 zu übernehmen.

Zur Glaubhaftmachung überreiche ich in der Anlage eine umfassende eidesstattliche Versicherung der Antragstellerin (bereits vorgelegte **Anlage VK 2**).

Rechtsanwalt

Muster 5: Abwehr Hausverbot gegen einen Besucher eines Mieters

An das

Amtsgericht

In dem einstweiligen Verfügungsverfahren

..... ./. ......

melden wir uns als Verfahrensbevollmächtigte des Antragsgegners und beantragen

> *den Antrag auf Erlass einer einstweiligen Verfügung zurückzuweisen.*

Begründung:

Mit dem vorliegenden Antrag auf Erlass einer einstweiligen Verfügung beantragt der Antragsteller gegen den Antragsgegner ein Hausverbot auszusprechen. Der Antragsteller ist der nach den Vorschriften des Wohnungseigentumsrecht gewählte Verwalter des Hauses. Der Antragsgegner ist ein Bekannter eines Mieters und Besucher im Haus.

Der Antrag des Antragstellers auf Erlass einer einstweiligen Verfügung ist aus Rechtsgründen zurückzuweisen.

Die Berechtigung, ein Hausverbot auszusprechen, steht allenfalls dem Eigentümer zu (§ 1004 BGB). Dem Verwalter des Wohnungseigentums steht ein Hausrecht nicht zu, ihm kann lediglich die Befugnis von sämtlichen Miteigentümern übertragen werden. Hierfür hat der Antragsteller in seiner Antragsschrift jedoch nichts vorgetragen.

I.Ü. kann auch der Vermieter eines Hauses oder einer Eigentumswohnung dessen Betreten durch Besucher eines Mieters i.d.R. nicht verbieten. Da ein Hausverbot gegenüber dem Antragsgegner diese Mieter in ihrem „Besuchsempfangsrecht" beeinträchtigen würde, darf es nur bei ganz wesentlichen Beeinträchtigungen des Vermieters erfolgen. Allein der Umstand, dass der Antragsgegner sich mit dem Mieter und anderen Bewohnern über den Antragsteller unterhält, stellt keine wesentliche Beeinträchtigung dar, die ein Hausverbot rechtfertigen würden.

Rechtsanwalt

§ 4 Einstweiliger Rechtsschutz im Wohnungseigentumsrecht

916 Das Wohnungseigentumsverfahren ist ein Verfahren der freiwilligen Gerichtsbarkeit. Es handelt sich aber um ein echtes privatrechtliches Streitverfahren in Angelegenheiten der freiwilligen Gerichtsbarkeit. Dabei handelt es sich regelmäßig um Streitigkeiten zwischen Wohnungseigentümern untereinander oder solche mit dem Verwalter. Für diese Verfahren gelten aber häufig die Vorschriften der ZPO entsprechend, soweit sich aus den Vorschriften des WEG nichts abweichendes ergibt.

917 Auch im WEG-Verfahren gibt es einen einstweiligen Rechtsschutz, jedoch nicht in der Form der zivilprozessualen einstweiligen Verfügung oder des Arrestes. Vielmehr bestimmt § 44 Abs. 3 WEG, dass der Richter für die Dauer des Verfahrens eine einstweilige Anordnung treffen kann. Diese einstweiligen Anordnungen verdrängen die einstweilige Verfügung und den Arrest in den wohnungseigentumsrechtlichen Verfahren vollständig.

918 Zu prüfen ist deshalb zunächst immer, ob wirklich ein WEG-Verfahren vorliegt, das nicht von den Prozessgerichten zu entscheiden ist. Dies bestimmt sich nach § 43 WEG. Nicht zu den WEG-Verfahren zählen insbesondere (ausführlich dazu *Bärmann/Seuß*, Praxis des Wohnunngseigentums, E 11):

- Aufhebung der Gemeinschaft;

- Entziehung des Wohnungseigentums;

- Verfahren gegen ehemalige Wohnungseigentümer;

- Verfahren über den Umfang und die Grenzen des einzelnen Sondereigentums;

- Verfahren, die ihren Ursprung und ihre Anspruchsgrundlage im Kaufvertrag haben.

919 Bei diesen Verfahren handelt es sich um Zivilverfahren, für die die Prozessgerichte zuständig sind. Dort gilt die ZPO uneingeschränkt, also auch die Vorschriften über den einstweiligen Rechtsschutz.

920 In den übrigen von § 43 WEG erfassten Verfahren kann nur der Erlass einer einstweiligen Anordnung beantragt werden. Einstweilige Anordnungen in Wohnungseigentumssachen sind nur innerhalb eines anhängigen Hauptverfahrens nach § 43 WEG zulässig, da sie für die Dauer des Verfahrens erge-

hen und mit dessen Aufhebung wirkungslos werden (OLG Celle, OLGR Celle 1995, 97, BayObLG, WuM 1993, 309). Die Anordnung nach § 44 Abs. 3 WEG tritt nicht automatisch mit Erlass der Entscheidung in der Hauptsache außer Kraft. Sie bleibt bis zum rechtskräftigen Abschluss des Verfahrens wirksam, wenn nicht vorher etwas geändert worden ist (OLG Düsseldorf, ZMR 1995, 216). Nicht nur der Erlass, sondern auch die Ablehnung einer einstweiligen Anordnung ist unanfechtbar. Ausnahmsweise ist der Erlass, nicht aber auch die Ablehnung einer einstweiligen Anordnung anfechtbar, wenn die einstweilige Anordnung ohne anhängiges Hauptsacheverfahren erlassen worden ist (BayObLG, WuM 1993, 309). Durch die einstweilige Anordnung darf deshalb auch eine Regelung getroffen werden, die über die Hauptsache hinausgeht (*Bärmann/Seuß*, a.a.O., E 200). Das Gericht entscheidet dann sowohl über ausdrücklich formulierte Anträge auf Erlass einer einstweiligen Anordnung als auch von Amts wegen.

Die Hauptanwendungsfälle der einstweiligen Anordnung in WEG-Sachen sind:

I. Vorläufige Vollstreckbarkeit von Hauptsacheentscheidungen

Da WEG-Beschlüsse erst mit Rechtskraft vollstreckbar sind, gibt es grundsätzlich keine vorläufige Vollstreckbarkeit von WEG-Beschlüsse. Um die gleiche Vollstreckbarkeit zu erreichen, wie durch die vorläufige Vollstreckbarkeit einer zivilprozessualen Entscheidung, kann das WEG-Gericht neben der Hauptsachenentscheidung auch die vorläufige Vollstreckbarkeit der Entscheidung durch einstweilige Anordnung anordnen. 921

II. Notverwalterbestellung

Um die Handlungsfähigkeit der Gemeinschaft zu erhalten kann das Gericht einen Notverwalter auch durch einstweilige Anordnung bestellen. Möglich ist auch die Ermächtigung eines Wohnungseigentümers oder eines Dritten, zu einer Versammlung einzuladen, in der sich die verwalterlose Gemeinschaft einen neuen Verwalter wählt. 922

III. Verwaltungsregelungen

Schließlich kann das Gericht auch durch einstweilige Anordnung bestimmte Gebrauchsrecht durchsetzen oder unzulässige Gebrauchsausübungen verbieten. 923

IV. Arrest

924 Im WEG-Verfahren gibt es zwar keinen dinglichen Arrest; durch die einstweilige Anordnung können aber Wirkungen erreicht werden, die einem Arrest vergleichbar sind. Es lief hier aber den elementaren Gerechtigkeitserwägungen zuwider, wenn eine solche einstweilige Anordnung mit Arrestwirkung nicht anfechtbar wäre (OLG Hamburg, WuM 1999, 598; NZM 2000, 98).

V. Checkliste ☑

925 Ist ein Hauptsacheverfahren schon anhängig?

Wenn nein, ist es zumindest mit dem Antrag auf Erlass der einstweiligen Anordnung anhängig gemacht worden?

Sind die Beteiligten alle Beteiligte i.S.d. § 43 WEG, also Wohnungseigentümer oder Verwalter?

Bei Antrag auf Notverwalterbestellung: Genügt ggf. die Ermächtigung eines Wohnungseigentümers zu einer Eigentümerversammlung einzuladen, auf der dann ein Verwalter gewählt wird?

Soll im Zahlungsverfahren eine vorläufige Vollstreckbarkeit erreicht werden?

§ 5 Einstweiliger Rechtsschutz im Grundbuchrecht

Regelungen zu einstweiligen Verfügungen im Bereich des Grundbuchrechtes finden sich für die Vormerkung, den Widerspruch und das Veräußerungsverbot im Gesetz. Daneben hat die Rechtsprechung eine weitere Fallgruppe erarbeitet, das sog. Erwerbsverbot. 926

I. Vormerkung

Gem. § 883 Abs. 1 Satz 1 BGB **sichert die Vormerkung einen Anspruch** auf Einräumung oder Aufhebung eines Rechtes an einem Grundstück oder an einem das Grundstück belastenden Recht oder auf Änderung des Inhaltes oder des Ranges eines solchen Rechtes. Der bekannteste Fall ist die sog. Auflassungsvormerkung. Das ist die Vormerkung zur Sicherung des Eigentumsverschaffungsanspruches an einem Grundstück. Praktisch dürfte insoweit eine einstweilige Verfügung kaum vorkommen. In den notariellen Kaufverträgen wird nämlich i.d.R. bereits die Eintragung der Auflassungsvormerkung bewilligt. Gesichert können neben dem „ursprünglichen" Anspruch auf Übertragung des Grundstückes auch der Anspruch auf Rückauflassung, etwa für den Fall eines vereinbarten Rücktrittsrechts, aber auch der Rückgewähranspruch nach § 7 Abs. 1 AnfG (*Baumbach/Lauterbach/Albers/Hartmann*, ZPO, § 935 Rn. 12 m.w.N., zu Letzterem a.A. *Schuschke/Walker*, ZPO, Vorbemerkung zu § 935 Rn. 45: Veräußerungsverbot – hierzu Rn. 939 ff.). Gem. § 883 Abs. 1 Satz 2 BGB ist eine Vormerkung auch zulässig zur Sicherung eines erst künftigen oder bedingten Anspruches. 927

Die Sicherungsfunktion der Vormerkung bewirken § 883 Abs. 3 und Abs. 2 BGB: Danach bestimmt sich der Rang des Rechtes, auf deren Einräumung der durch die Vormerkung gesicherte Anspruch gerichtet ist, nach dem Rang der Eintragung der Vormerkung. Verfügungen, die nach der Eintragung der Vormerkung getroffen werden, sind **insoweit** unwirksam, als sie den Anspruch vereiteln oder beeinträchtigen würden, und zwar auch dann, wenn sie im Wege der Zwangsvollstreckung oder der Arrestvollziehung etc. erfolgen. Die Vormerkung selbst ist nach h.M. in Rechtsprechung und Lehre weder ein dingliches Recht noch verschafft sie ein solches, auch nicht lediglich aufschiebend bedingt. Sie ist vielmehr ein mit gewissen dinglichen Wirkungen ausgestattetes Sicherungsmittel eigener Art für einen schuldrechtlichen Anspruch, der auf eine der in § 883 Abs. 1 Satz 1 BGB genannten Rechtsfolgen gerichtet ist (vgl. beispielhaft *Palandt/Bassenge*, BGB § 883 Rn. 2). 928

929 Abweichend von § 873 Abs. 1 BGB entsteht die Vormerkung mit ihrer Eintragung auf der Grundlage einer dahin gehenden – bloßen – **Bewilligung** in notarieller Form (§§ 19, 29 GBO). Anstelle der Bewilligung kann die Eintragung auch aufgrund einer **einstweiligen Verfügung** erfolgen. Nicht ganz gewöhnlich wird diese Möglichkeit in § 885 Abs. 1 Satz 1 BGB als Erste genannt, d.h. vor der einvernehmlichen, nämlich durch Bewilligung bewirkten Eintragung. Nach Bewilligung scheidet der Erlass einer einstweiligen Verfügung aus. *Palandt/Bassenge* (BGB, § 885 Rn. 4) begründet dies mit dem Wegfall des Rechtsschutzinteresses. Gem. Satz 2 wird trotz des insoweit abweichenden Wortlautes, wie bei § 25 UWG, der **Verfügungsgrund vermutet**. Wie bei § 25 UWG ist diese Vermutung widerleglich (so jetzt auch *Palandt/Bassenge*, BGB, § 885 Rn. 5 im Anschluss an OLG Düsseldorf, NJW-RR 2000, 825, 826 ff.) und in ausdrücklicher Abkehr von der bis zur 59. Aufl. vertretenen Auffassung). Hat der Verpflichtende die Bewilligung erteilt, ist die Vermutung des Verfügungsgrundes entfallen. Eines Rückgriffes auf die (Auffang-)Voraussetzung des Rechtsschutzbedürfnis (dazu s.o. Rn. 83 ff.) bedarf es also nicht.

930 Der **Verfügungsanspruch** ergibt sich i.d.R. aus der Vereinbarung einer Vormerkung, etwa in dem notariellen Grundstückkaufvertrag, oder auch aus Gesetz (vgl. dazu Rn. 948 ff. zur Bauhandwerkersicherungshypothek). Ein Anspruch kann sich auch aus einem Vorvertrag ergeben, soweit die Forderung bereits einklagbar ist (*Baumbach/Lauterbach/Albers/Hartmann*, ZPO, § 935 Rn. 12).

931 Streitig ist, ob eine einstweilige Verfügung zur Eintragung einer Vormerkung, die **künftige Ansprüche** sichern soll, ergehen kann (s. mit Hinweisen zu beiden Auffassungen *Palandt/Bassenge*, BGB § 885 Rn. 5). Die ablehnende Auffassung wird damit begründet, entgegen § 926 ZPO könne bei einem erst künftigen Anspruch noch keine Hauptsacheklage erhoben werden. Diese Auffassung überzeugt nicht. § 885 BGB stellt die Eintragung durch einstweilige Verfügung und Bewilligung gleich, führt sogar die einstweilige Verfügung als Erste an. Soweit eine Vormerkung durch Bewilligung eingetragen werden kann, was auch bei erst künftigen Ansprüchen nicht in Zweifel gezogen wird, ist auch eine Eintragung aufgrund einstweiliger Verfügung möglich. U.a. wegen § 163 BGB gibt es für den Erlass einer einstweiligen Verfügung keine substantiierten Unterschiede zwischen künftigen und aufschiebend bedingten Ansprüchen, gegen deren Sicherung auch durch einstweilige Verfügung keine Bedenken gesehen werden. Schließlich kann ein künftiger An-

spruch nur aus einem Rechtsverhältnis entstehen. Insoweit ist zumindest Feststellungsklage als Hauptsacheklage möglich (so auch *MünchKomm/Wacke*, BGB, § 885 Rn. 5 in Fn. 14).

II. Widerspruch

Gem. § 894 BGB steht dem Berechtigten wenn die Eintragung im Grundbuch 932 von der tatsächlichen Rechtslage abweicht, ein Anspruch auf Zustimmung des durch die falsche Eintragung Begünstigten zur Berichtigung des Grundbuches zu, der sog. **Grundbuchberichtigungsanspruch**. Zur Vermeidung zwischenzeitlichen gutgläubigen Erwerbes gem. § 892 Abs. 1 BGB bis zur Änderung der Eintragungen im Grundbuch und damit zur Sicherung des Grundbuchberichtigungsanspruches kann gem. § 899 Abs. 1 BGB ein **Widerspruch gegen die Richtigkeit des Grundbuches** eingetragen werden. Gem. Abs. 2 erfolgt die Eintragung – auch hier wählt das Gesetz dieselbe Reihenfolge wie bei § 885 Abs. 1 BGB – auf der Grundlage einer einstweiligen Verfügung oder aufgrund einer Bewilligung des durch die unzutreffende Grundbucheintragung Begünstigten. Gem. § 899 Abs. 2 Satz 2 BGB wird in Übereinstimmung mit der Formulierung bei § 885 Abs. 1 Satz 2 BGB der Verfügungsgrund – widerleglich – vermutet.

III. Erwerbs- und Veräußerungsverbot

Das **Veräußerungsverbot** betreffend Grundstücke hat im Bereich der Vor- 933 merkung in § 888 Abs. 2 BGB gesetzlichen Niederschlag gefunden. Es handelt sich dabei um das relative Veräußerungsverbot der §§ 135, 136 BGB. Praktische Relevanz haben generell lediglich die gerichtlichen und behördlichen Verfügungsverbote des § 136 BGB (vgl. *Palandt/Heinrichs*, BGB, § 136 Rn. 4). Es handelt sich dabei u. a. um Grundstücksbeschlagnahmen gem. §§ 20, 23, 146 ZVG oder Veräußerungsverbote gem. § 21 Abs. 2 Nr. 2 InsO (vormals § 106 Abs. 1 Satz 2 KO) i.V.m. §§ 24, 81 InsO (*Palandt/Heinrichs*, a.a.O., sowie Rn. 2b). Das Verfügungsverbot des § 21 Abs. 2 Nr. 2 InsO erstreckt sich auf bewegliche und unbewegliche Gegenstände. Das Veräußerungsverbot kann zur Sicherung schuldrechtlicher Ansprüche jeglicher Art, z.B. auch auf Duldung der Zwangsvollstreckung, auch zur Sicherung dinglicher Ansprüche ergehen (*Palandt/Bassenge*, BGB, § 888 Rn. 10). Korrespondierende Norm im Bereich der einstweiligen Verfügung ist § 938 Abs. 2 ZPO: Hier ist ausdrücklich als Gegenstand einer einstweiligen Verfügung u. a. das Verbot, Grundstücke pp. zu veräußern, zu belasten oder zu verpfänden, vorgesehen.

934 **Veräußerungs- und Erwerbsverbot schließen** gem. §§ 136, 135 Abs. 2 BGB den **gutgläubigen Erwerb eines Dritten nicht aus**. Um einem Ausschluss gutgläubigen Erwerbs zu erreichen, empfiehlt es sich für den Antragsteller, bei beweglichen Sachen zusätzlich deren Siegelung anordnen zu lassen. Es entsteht dann eine Sicherung wie bei der Pfändung von Gegenständen, die im Besitz des Schuldners verbleiben.

935 Eine **Eintragung des Veräußerungsverbotes betreffend Grundbesitz** ist nicht notwendig, aber möglich (vgl. *Palandt/Bassenge*, BGB, § 888 Rn. 10). Sie empfiehlt sich aber ebenfalls zur Verhinderung gutgläubigen Erwerbes (§ 892 Abs. 1 Satz 2 BGB). Dies gilt insbesondere wegen der Folgen aus der bloßen Anmeldung des Veräußerungsverbotes: Nach überwiegender Auffassung muss das Grundbuchamt – sogar gegenüber einem vorherigen Eintragungsantrag – ein ihm bekanntes Veräußerungsverbot beachten und zwar auch schon vor dessen Eintragung. Faktisch entsteht dadurch eine **Grundbuchsperre** (*Palandt/Bassenge*, a.a.O.). Dies gilt uneingeschränkt, wenn man in Übereinstimmung mit der Rechtsprechung seit dem Reichsgericht § 878 BGB bei absoluten und relativen Erwerbsbeschränkungen nicht anwendet (vgl. bei *Palandt/Bassenge*, BGB, § 878 Rn. 2).

936 **Wirksam** wird das Veräußerungsverbot bereits **mit der Zustellung** innerhalb der Vollziehungsfrist gem. § 929 Abs. 2 ZPO.

937 Ausgehend von dem Veräußerungsverbot hat die Rechtsprechung parallel hierzu ein weiteres Sicherungsmittel i.S.d. § 938 ZPO erarbeitet, das **Erwerbsverbot**. Das Erwerbsverbot korrespondiert mit dem Veräußerungsverbot, richtet sich jedoch an den anderen Vertragsteil. Das **Erwerbsverbot** ist ebenfalls sowohl bei beweglichen als auch bei unbeweglichen Gegenständen einsetzbar: Bei beweglichen Gegenständen etwa, wenn auf der Grundlage eines unwirksamen Kausalgeschäftes bei bereits vollzogener dinglicher Einigung der Besitzübergang i.S.d. §§ 929 ff. BGB noch nicht abschließend vollzogen ist oder der Besitzwechsel bereits vollzogen ist, aber die dingliche Einigung noch nicht wirksam geworden ist, etwa weil sie unter eine Bedingung gestellt war.

938 Auch das Erwerbsverbot wird **mit der Zustellung** der einstweiligen Verfügung innerhalb der Vollziehungsfrist des § 929 Abs. 2 ZPO **wirksam**. Mit der einstweiligen Verfügung wird dem potentiellen Erwerber im grundbuchrechtlichen Bereich verboten, einen Eintragungsantrag zu stellen bzw. einen bereits gestellten Eintragungsantrag aufrechtzuerhalten. Das Grundbuchamt muss auch ein ihm bekanntes Erwerbsverbot, das durch Zustellung wirksam

geworden ist, beachten und eine widersprechende Eintragung ablehnen. § 878 BGB ist ebenfalls nach der Rechtsprechung seit Reichsgericht nicht anwendbar. Eine gleichwohl erfolgte Eintragung ist dem Geschützten gegenüber nicht wirksam. Demzufolge wird das Grundbuch unrichtig, so dass der Antragsteller einen Anspruch auf Grundbuchberichtigung gem. § 894 BGB hat, der seinerseits durch einen Widerspruch aufgrund einer einstweiligen Verfügung gem. § 899 BGB gesichert werden kann (nach a.A. analog § 888 Abs. 2 BGB; vgl. insgesamt bei *Palandt/Bassenge*, BGB § 888 Rn. 11). Das Erwerbsverbot an sich ist nicht eintragungsfähig. Denn es richtet sich gegen einen Betroffenen, der nicht voreingetragen ist. Eintragungsfähig ist es deshalb, wenn für den Antragsgegner bereits eine Auflassungsvormerkung eingetragen ist. Es wird dann bei der Vormerkung eingetragen (*Schönke/Stöber*, Grundbuchrecht, Rn. 1649 m.w.N.).

Eingesetzt wird das Erwerbsverbot bei unbeweglichen Gegenständen etwa zur Verhinderung der Heilung eines nichtigen Kaufvertrages gem. § 313 Satz 2 BGB. Die Nichtigkeit kann auf Formnichtigkeit zurückzuführen sein, z.B. weil nicht der gesamte Kaufpreis beurkundet worden ist, oder auf Anfechtung des Kaufvertrages. Unwirksamkeit kann auch durch Ausübung eines Rücktrittsrechtes entstanden sein. 939

IV. Formelle Besonderheiten

Wichtig ist auch und gerade im Bereich des sehr formalen Grundbuchrechts, den Berechtigten und den Antragsgegner richtig zu bezeichnen (s. *Schöner/Stöber*, Grundbuchrecht, Rn. 1548 m.w.N. und Rn. 1644). Zielt die einstweilige Verfügung auf eine Eintragung im Grundbuch ab, kann Antragsgegner nur derjenige sein, der auch die Eintragung bewilligen könnte. Das ist etwa gem. § 885 Abs. 1 Satz 1 a.E. BGB derjenige „dessen Grundstück oder dessen Recht von der Vormerkung betroffen wird". Bei § 899 Abs. 2 Satz 1 a.E. BGB ist das derjenige, „dessen Recht durch die Berichtigung des Grundbuches betroffen wird." Ist dieser nicht identisch mit dem materiell Anspruchsverpflichteten, scheidet eine einstweilige Verfügung aus. Das wird anscheinend bei Antragstellung nicht immer berücksichtigt (vgl. bei *Palandt/Bassenge*, BGB, § 885 Rn. 4 und *Schuschke/Walker*, ZPO, Vorbemerkung zu § 935 Rn. 45). 940

Zuständig ist das Prozessgericht i.S.d. § 937 Abs. 1 ZPO (s.o. Rn. 90 f.). Wenn der Antragsteller beabsichtigt, das Ersuchen des erkennenden Gerichtes an das 941

Grundbuchamt i.S.d. § 941 ZPO (dazu Rn. 196) anzuregen, kann es sich wegen der Tätigkeit desselben Gerichtes empfehlen, den Antrag an das AG als belegenes Gericht gem. § 942 Abs. 1 ZPO zu richten (s. Rn. 92 ff.) – auch wenn dann zwingend das Rechtfertigungsverfahren durchgeführt werden muss.

942 Wegen des sehr formalen Grundbuchrechts bedarf es auch der bereits mehrfach empfohlenen Sorgfalt bei der Formulierung der Sachanträge in besonderem Maße: Bereits die Anträge sollten trotz der Umformulierungsmöglichkeit durch das Gericht (s.o. Rn. 98 ff.) – so abgefasst sein, dass die einstweilige Verfügung alle Erfordernisse erfüllt, die für eine Grundbucheintragung erforderlich sind. Insbesondere sind der Berechtigte (Antragsteller = Gläubiger), der Verpflichtete (Antragsgegner = Schuldner = Betroffener i.S.d. Grundbuchs) sowie der betroffene Gegenstand (Grundstück nach genauer grundbuchrechtlicher Bezeichnung oder genau bezeichnetes Recht in einem derart genau bezeichneten Grundbuch) ausreichend konkret zu beschreiben unter Verwendung der individualisierenden Merkmale.

943 Der **Verfügungsanspruch** muss wie üblich dargelegt und glaubhaft gemacht werden. Nach der hier vertretenen Auffassung (s.o. Rn. 929) vermuten § 885 Abs. 1 Satz 2 BGB und § 899 Abs. 1 BGB den **Verfügungsgrund**. Der Wortlaut („nicht erforderlich, dass eine Gefährdung ... glaubhaft gemacht wird") lässt auch ein weniger weitgehendes Verständnis zu: Der Verfügungsgrund muss dargelegt aber nicht glaubhaft gemacht werden (keine Festlegung insoweit bei *Schuschke/Walker*, ZPO, Vorbemerkung zu § 935 Rn. 45). Sofern die Rechtsauffassung des angerufenen Gerichts nicht bekannt ist, empfiehlt es sich neben der Darlegung der vertretenen Rechtsauffassung vorsorglich, eine Gefährdung darzulegen.

944 Aus den unter Rn. 121 ff. dargelegten Gründen sollte die **Glaubhaftmachung** möglichst weitgehend durch Urkunden, z.B. durch Vorlage eines notariellen Vertrages, eines Grundbuchauszuges oder des maßgeblichen Beschlusses etwa gem. § 21 InsO geführt werden.

945 Die **Vollziehung** (dazu s.o. Rn. 187 ff.) insbesondere der einstweiligen Verfügung, die auf Eintragung einer Vormerkung oder eines Widerspruches gerichtet ist, bedarf des fristgerechten Eintragungsersuchens an das Grundbuchamt (s. Rn. 193 sowie auch *Palandt/Bassenge*, BGB, § 885 Rn. 5). Der Eingang des Antrags wahrt die Frist (s. *Palandt/Bassenge*, BGB, a.a.O.). Der Antrag auf Eintragung bedarf nicht der Form des § 29 GBO (*Schöner/Stober*, Grundbuchrecht, Rn. 1548 und 1644).

V. Checkliste

☑ 946

Welches ist das richtige Instrumentarium: Vormerkung zur Sicherung eines Anspruches auf Grundbuchänderung, Widerspruch zur Sicherung des Anspruches auf Grundbuchberichtigung oder Veräußerungs- oder Erwerbsverbote zur Sicherung des bisherigen Status?

Woraus ergibt sich jeweils der Verfügungsanspruch: Aus Vertrag oder aus Gesetz?

Wird der Verfügungsgrund vermutet oder muss insoweit etwas vorgetragen werden?

Ist der Antrag so bestimmt abgefasst, dass er den strengen grundbuchrechtlichen Anforderungen standhält? Sind die Parteien vor dem Hintergrund des formellen Grundbuchrechtes richtig gewählt und auch richtig bezeichnet?

Soll die einstweilige Verfügung bei dem Gericht der belegenen Sache beantragt werden im Hinblick auf eine Erleichterung bei dem Verfahren gem. § 941 ZPO?

947 VI. Muster

Muster 1: Eintragung einer Auflassungsvormerkung

An das
Amtsgericht

**Antrag auf Erlass einer
einstweiligen Verfügung**

der Frau ....

– Antragstellerin –
Prozessbevollmächtigte:

gegen

Herrn ....
– Antragsgegner –

wegen Eintragung einer Auflassungsvormerkung
vorläufiger Streitwert: 50.000,- €

Namens und im Auftrage der Antragstellerin beantragen wir, im Wege der einstweiligen Verfügung wegen der Dringlichkeit vorrangig ohne mündliche Verhandlung für Recht zu erkennen:

1. Für die Antragstellerin ist im Grundbuch des Amtsgerichts ... Band 007 Blatt 1 ... an bereiter Stelle eine Vormerkung zur Erhaltung des Rechts auf Auflassung des Grundstücks einzutragen.

2. Der Antragsgegner trägt die Kosten des Verfahrens nach einem Streitwert von 50.000,- €.

Des Weiteren beantragen wir,

   das Grundbuchamt zu ersuchen, die Eintragung zu bewirken.

Sollte das Gericht, entgegen dem Eingangsersuchen, einen Termin zur mündlichen Verhandlung anberaumen, beantragen wir ferner,

   die Ladungsfrist gem. § 226 Abs. 1 ZPO möglichst weitgehend abzukürzen.

Begründung:

Der Antragsgegner ist eingetragener Eigentümer des sich aus dem Antrag ergebenden Grundstücks.

Glaubhaftmachung: 1. In der Anlage überreichte beglaubigte Kopie eines Grundbuchauszuges (**Anlage VK 1**)

2. Beiziehung der Grundakten des Amtsgerichts ....., Band 007 Blatt 1 (**Anlage VK 2**)

Der Antragsgegner hat durch notariellen Vertrag vom 13.9.2001 das Grundstück mit aufstehendem Gebäude an die Antragstellerin verkauft.

Glaubhaftmachung: In der Anlage überreichte Ausfertigung des notariellen Vertrages des Notars Dr. .... ,UR-Nr: 444/01 (**Anlage VK 3**).

Die Auflassung ist noch nicht erfolgt.

Die Antragstellerin hat nunmehr erfahren, dass der Antragsgegner in aktuellen Finanznöten ist und deshalb mit anderen Interessenten über den Erwerb des Grundstück zu einem ggf. höheren Preis verhandelt.

Glaubhaftmachung: In der Anlage überreichte eidesstattliche Versicherung der Antragstellerin (**Anlage VK 4**).

Hieraus ergibt sich die Dringlichkeit für die Entscheidung auch ohne mündliche Verhandlung und durch das Amtsgericht als Gericht der belegenen Sache gem. § 942 ZPO.

Gem. § 941 ZPO wird beantragt, das Grundbuchamt unmittelbar von dort aus um Eintragung zu ersuchen.

Das Rechtfertigungsverfahren vor dem zuständigen Landgericht .... mag angeordnet werden.

Muster 2: Eintragung eines Widerspruchs

AG
......

**Antrag auf
Erlass einer einstweiligen Verfügung
zur Eintragung eines Widerspruchs**

des Studienrates A.B., I-str. in ......
– Antragstellers –
Verfahrensbevollmächtigte: RAe ...

gegen

den Journalisten J.K., A-str. in ..., vertreten durch den Berufsbetreuer L.N., P-str. in ...
– Antragsgegner –

wegen Eintragung eines Widerspruchs.
vorläufiger Streitwert: 25.000,- €

Namens und im Auftrage des Antragstellers beantragen wir den Erlass der nachstehenden einstweiligen Verfügung:

1. Die Eintragung eines Widerspruchs gegen die für den Antragsgegner bei dem Grundbuch des AG ... in ... Band ..., Bl. ..., Flur ..., Flurstück ... am 1.3.2001 in Abt. I erfolgte Eintragung als Eigentümer wird angeordnet.

2. Das Grundbuchamt wird um die Eintragung des Widerspruchs gem. vorstehender Ziffer 1. ersucht.

3. Der Antragsgegner hat die Kosten des Verfahrens zu tragen.

Begründung:

Der Antragsteller hat an den Antragsgegner durch Urkundes des Notares ... vom ... UR-Nr. ... sein im Antrag zu I. näher bezeichnetes Baugrundstück in ... verkauft. Gleichzeitig hat er in der notariellen Urkunde die Auflassung erklärt und deren Eintragung beantragt. Der Antragsgegner ist zwischenzeitlich im Grundbuch als Eigentümer eingetragen.

Glaubhaftmachung: Vorlage der zitierten Urkundenrolle in beglaubigte Fotokopie als Anlage VK 1 sowie einer beglaubigten Fotokopie des Grundbuchauszuges als Anlage VK 2

Obwohl der Abschluss des schuldrechtlichen Vertrages als auch der dinglichen Einigung sind gem. § 104 Nr. 2 i.V.m. § 105 Abs. 1 BGB nichtig.

Der Antragsteller befand sich 1999 berufsbedingt in Jugoslawien im Einsatzgebiet. Während eines Bombardements seines Stützpunktes der jugoslawischen Armee ist es zu Treffern an dem dortigen Munitionsdepot gekommen. Der Antragsteller befand sich zum damaligen Zeitpunkt in der Nähe dieses Standortes. Wie sich im Nachhinein herausgestellt hat, waren in diesem Munitionsdepot auch gefährliche Nervengase deponiert. Diese sind infolge eines Treffers frei geworden.

Glaubhaftmachung: Vorlage einer Presseerklärung der Natostreitkräfte in Brüssel, in Kopie als **Anlage VK 3** beigefügt

Infolgedessen hat sich bei dem Antragsteller eine dauerhafte krankhafte Störung seiner Geistestätigkeit eingestellt.

Glaubhaftmachung: Vorlage einer ärztlichen Bescheinigung des Amtsarztes der Stadt ..., in beglaubigter Kopie als **Anlage VK 4** beigefügt

Demzufolge ist durch Beschluss des AG ... vom ... Betreuung angeordnet worden mit umfassendem Aufgabenkreis.

Glaubhaftmachung: Vorlage des Beschlusses, in beglaubigter Kopie als **Anlage VK 5** beigefügt

Der Antragsgegner hat auf Aufforderung zur Rückauflassung und Rückabwicklung des Kaufvertrages

Glaubhaftmachung: Vorlage des Anschreibens, Kopie der Durchschrift als **Anlage VK 6** beigefügt

mitgeteilt, er stünde bereits in aussichtsreichen Kaufverhandlungen mit einem Investor: Deshalb könne der Vorgang nicht rückgängig gemacht werden.

Glaubhaftmachung: Vorlage des Antwortschreibens, beglaubigte Kopie als **Anlage VK 7** beigefügt

Die Geschäftsunfähigkeit des Antragstellers führt nicht nur zur Unwirksamkeit des schuldrechtlichen Kaufvertrages, sondern auch zur Unwirksamkeit der dinglichen Einigungserklärung. Das Grundbuch weist gegenwärtig den Antragsgegner als Eigentümer auf. Diese Eintragung ist mithin unrichtig i.S.d. § 894 Satz 1 BGB. Zur Vermeidung eines gutgläubigen Erwerbes von dem Antragsgegner als dem gegenwärtig eingetragenen Eigentümer bedarf es dringend der Eintragung eines Widerspruches in das Grundbuch. Dies gilt umso mehr, als ausweislich des Antwortschreibens des Antragsgegners dieser bereits in von ihm selbst als aussichtsreich bewerteten Gesprächen mit einem potentiellen Erwerber steht. Von daher rechtfertigt sich auch die Anrufung des AG als dem Gericht der belegenen Sache i.S.d. § 942 ZPO. Aus demselben Grund wird das angerufene Gericht zur Vermeidung von Postlaufzeiten gebeten, die Eintragung des Widerspruches gem. § 941 ZPO unmittelbar bei dem Grundbuchamt zu veranlassen.

Rechtsanwalt

Muster 3: Eintragung eines Verfügungsverbots aus gepfändetem Recht mit Streitverkündung

An das
Amtsgericht

Antrag auf Erlass einer einstweiligen Verfügung

des Kaufmannes ....

– Antragstellers –
Verfahrensbevollmächtigte:

gegen

Frau ...

– Antragsgegnerin –

wegen *Verfügungsverbot.*

Namens und im Auftrage der Antragstellerin beantragen wir, im Wege der einstweiligen Verfügung wegen der Dringlichkeit vorrangig ohne mündliche Verhandlung für Recht zu erkennen:

Der Antragsgegnerin wird unter Androhung eines Ordnungsgeldes bis zum 250.000,- € und für den Fall, dass dieses nicht beigetrieben werden kann, eine Ordnungshaft bis zu sechs Monaten, aufgegeben, es zu unterlassen über ihren Erbteil an dem Nachlass des Einzelhandelskaufmannes .... über das im Grundbuch des Amtsgerichtes ...., Band 1 Blatt 007, eingetragene Grundstück anderweitig zu verfügen.

Sollte das Gericht, entgegen dem Eingangsersuchen, einen Termin zur mündlichen Verhandlung anberaumen, beantragen wir ferner,

die Ladungsfrist gem. § 226 Abs. 1 ZPO möglichst weitgehend abzukürzen.

Ferner verkünde ich namens und im Auftrage des Antragstellers dem

Herrn ......

den Streit, *mit der Aufforderung, im Verfahren auf Seiten des Antragstellers beizutreten.*

Begründung:

I. Zum Verfügungsanspruch

Der Streitverkündungsempfänger schuldet dem Antragsteller 4.500,- € auf Grund eines rückabzuwickelnden Pkw-Kaufvertrages. Der Antragsteller hat gegen den Streitverkündungsempfänger einen entsprechenden Vollstreckungsbescheid erwirkt. Auf Grund dieses Titels hat er den Anspruch des Streitverkündungsempfängers gegen die Antragsgegnerin auf Übertragung ihres Erbteils an dem Nachlass des Einzelhandelskaufmannes Uwe Litter gepfändet und sich zur Einziehung überweisen lassen.

Glaubhaftmachung: *1. In der Anlage überreichte Kopie des Pfändungs- und Überweisungsbeschlusses des Amtsgerichts ...Az. 9 M 555/02 (**Anlage VK 1**)*

                                  *2. Vorlage des Pfändungs- und Überweisungsbeschlusses im Original im Termin (**Anlage VK 2**).*

                                  *3. Beiziehung der Akten des Amtsgerichts...., Az. 9 m 555/02 (**Anlage VK 3**).*

Der Pfändungs- und Überweisungsbeschluss wurde Herrn ..... am 5.10.2002 und der Antragsgegnerin am 6.10.2002 zugestellt.

Die Pfändung ging auch nicht ins Leere. Dem Streitverkündungsempfänger steht gegenüber der Antragsgegnerin ein Anspruch auf Übertragung des Erbteils nach dem verstorbenen Einzelhandelskaufmannes ..... zu. Die Antragsgegnerin ist gemeinsam mit dem Streitverkündungsempfänger Miterbin des verstorbenen Einzelhandelskaufmannes .... . Einziger Vermögenswert des Nachlasses ist das sich aus dem Antrag ergebende unbelastete Grundstück in Fixhausen. Die Antragsgegnerin und Herr .... sind dem gemäß als Miterben zu je 1/2 inzwischen im Grundbuch eingetragen.

Glaubhaftmachung: *1. In der Anlage überreichte Kopie eines Grundbuchauszuges (**Anlage VK 4**).*

                                  *2. Beiziehung der Grundakten des Amtsgerichtes ..... Band 1 Blatt 007 (**Anlage VK 5**).*

Anfang Januar 2002 verkaufte die Antragsgegnerin ihren Erbteil durch notariell beurkundeten Vertrag für 100.000,- € an den Streitverkündungsempfänger.

Glaubhaftmachung: *In der Anlage überreichte Kopie des notariellen Kaufvertrages (**Anlage VK 6**).*

Nachdem der Antragsteller den Anspruch aus dem Kaufvertrag des Herrn .... gepfändet hatte, wandte sich der Antragsteller dementsprechend an die An-

tragsgegnerin. *Die Antragsgegnerin erklärte bei dieser Gelegenheit, sie wolle an dem Kaufvertrag mit dem Streitverkündungsempfänger nicht festhalten sondern ihren Erbteil anderweitig veräußern.*

II. Zum Verfügungsgrund

Der Erlass einer einstweiligen Verfügung ist geboten. Dem Antragsteller steht ein entsprechender Verfügungsgrund zur Seite. Wenn nämlich die Antragsgegnerin tatsächlich ihre Pläne durchführt, kann der Antragsteller aus der Pfändung keine Befriedigung mehr erlangen. Bei einer entsprechenden Verfügung ggf. allein oder im Zusammenwirken mit dem anderen Miterben würde der wirtschaftliche Wert des Erbteils völlig ausgehölt. Das dann ggf. Schadensersatzansprüche entsprechend § 1287 BGB in Betracht kämen ändert am vorliegen eines Verfügungsgrundes nicht, da äußerst fraglich ist, ob ein solcher Schadensersatzanspruch überhaupt realisiert werden kann. Das verlangte Verfügungsverbot ist deshalb i.S.d. § 938 Abs. 1 ZPO erforderlich, da ein milderes Mittel nicht ersichtlich ist.

III. Zur Zuständigkeit des angerufenen Gerichts

Die Zuständigkeit des angerufenen Gerichts ergibt sich daraus, dass das Amtsgericht .... auch Hauptsachegericht wäre. Der Streitwert der Hauptsache bemisst sich hier gem. § 6 Satz 1 ZPO am Interesse der Sicherstellung. Dieses Interesse ist hier in der Höhe der sich aus dem Vollstreckungsbescheid gegen den Streitverkündungsempfänger ergebenden Forderung von 4.500,- €, also der Zuständigkeit der Amtsgerichte, gegeben.

IV. Zur Streitverkündung

Die Verpflichtung zur Streitverkündung ergibt sich vorliegend aus § 841 ZPO.

V. Glaubhaftmachung

*Zur Glaubhaftmachung wird in der Anlage eine eidesstattliche Versicherung des Antragstellers zu den Akten gereicht (**Anlage VK 7**)*

Rechtsanwalt

Muster 4: Eintragung eines dinglichen Erwerbsverbots

An das
Amtsgericht
......

***Antrag auf Erlass einer
einstweiligen Verfügung***

der Frau....

– Antragstellerin –
Verfahrensbevollmächtigte:

gegen

1. Frau ....

2. Herrn ....

– Antragsgegner –

Namens und im Auftrage der Antragstellerin beantragen wir, im Wege der einstweiligen Verfügung wegen der Dringlichkeit vorrangig ohne mündliche Verhandlung für Recht zu erkennen:

Den Antragsgegnern wird bei Vermeidung von Ordnungsgeld bis zu 250.000,- € oder Ordnungshaft untersagt, dass im Grundbuch des Amtsgerichtes ... Blatt 007 eingetragene Grundstück, Gemarkung ..., Flur ... Flurstück..., Hof- und Gebäudefläche .... zu erwerben und ihren Antrag aufrecht zu erhalten, dieses Grundstück auf sich umzuschreiben.

Sollte das Gericht, entgegen dem Eingangsersuchen, einen Termin zur mündlichen Verhandlung anberaumen, beantragen wir ferner,

die Ladungsfrist gem. § 226 Abs. 1 ZPO möglichst weitgehend abzukürzen.

Begründung:

Die Antragstellerin war zusammen mit ihrem im Jahre 1990 verstorbenen Ehemann Eigentümerin zu je 1/2 des Grundstücks .... in ..... Nach dem Tode des Ehemannes der Antragstellerin trat gesetzliche Erbfolge ein, so dass die Antragstellerin Erbin zu 1/2 und die drei Töchter der Antragstellerin und des verstorbenen Ehemannes zu je 1/6 wurden. Im Rahmen der Erbauseinandersetzung übertrug die Antragstellerin ihren halben Miteigentumsanteil sowie ihren Anteil an der Erbengemeinschaft auf ihre Tochter Gerda. Auch die Antragsgeg-

nerin zu 1., die ebenfalls eine Tochter der Antragstellerin ist, übertrug ihren Anteil an der Erbengemeinschaft, genauso wie eine weitere Tochter auf Frau Gerda. Eine Gegenleistung wurde nicht vereinbart.

Das Grundstück ist mit einem Dreifamilienhaus bebaut, wobei im Erdgeschoss die Mutter der Antragstellerin wohnt, in der ersten Etage die Antragstellerin und in der Dachgeschosswohnung die Eigentümerin Frau Gerda. Anfang 1993 kam es zu erheblichen Streitigkeiten zwischen den Familienangehörigen. Dies beruht darauf, dass die Antragsgegnerin zu 1. zusammen mit ihrem Lebensgefährten, dem Antragsgegner zu 2., eine Wohnung suchte, wobei beide Antragsgegner ihre alten Mietverhältnisse bereits aufgelöst hatten. Die Antragsgegner sprachen darauf hin die Antragstellerin an, inwieweit die Möglichkeit bestünde in die Wohnung der Antragstellerin zu ziehen, wobei die Antragstellerin in die Wohnung im Erdgeschoss ziehen sollte. In der Folgezeit wurden dann von den Antragsgegnern sowohl in der Erdgeschosswohnung wie auch in der Wohnung der Antragstellerin Arbeiten durchgeführt. Dabei kam es auch dazu, dass Möbel der Antragstellerin im Freien bzw. unter einem Vordach im Hof abgestellt wurden. Der Antragstellerin wurde der Zutritt zu ihren Räumlichkeiten durch die Antragsgegner teilweise untersagt. Außerdem wurden von den Antragsgegnern in den Räumlichkeiten der Antragstellerin insbesondere auch im Schlafzimmer, Arbeiten durchgeführt, obwohl die Antragstellerin die Wohnung noch nicht geräumt hatte.

Auf Grund dieser Vorfälle ließ die Antragstellerin die Eigentümerin des Hauses, Frau...., auffordern, für ein ungestörtes Miteinander im Hause zu sorgen und die Belästigungen durch den Antragsgegner zu 2. zu unterbinden. Bereits in diesem Schreiben hat die Antragstellerin den Widerruf der Schenkung als möglich bezeichnet.

Am 3.10.2000 übertrug Frau .... den Antragsgegnern unentgeltlich das Grundstück. Unter dem 14.10.2000 erklärte die Antragstellerin den Widerruf der Schenkung gegenüber Frau Gerda. Dies war erforderlich, weil der Übertragungsvertrag vom 3.10.2000 nur geschlossen wurde, um die Antragstellerin zu schädigen. Dies ergibt sich auch daraus, dass die Antragsgegnerin zu 1. der Antragstellerin nach Abschluss des Vertrages sinngemäß sagte „Du siehst ja nun wie das jetzt läuft, jetzt musst Du raus!".

Zur Glaubhaftmachung wird in der Anlage eine eidesstattliche Versicherung der Antragstellerin (**Anlage VK 1**) überreicht.

Zur Rechtslage:

Vorliegend ist ein entsprechendes Erwerbsverbot für das hier strittige Grundstück gegenüber den Antragsgegnern auszusprechen. Ein anderes Mittel, insbesondere die Eintragung eines Widerspruchs schied vorliegend aus, da die Antragsgegner bisher noch nicht im Grundbuch eingetragen sind, auch eine Auflassungsvormerkung noch nicht eingetragen ist.

Der Antragstellerin steht auch gegenüber den Antragsgegnern ein entsprechender Verfügungsanspruch zu. Auf Grund der Umstände war die Antragsgegnerin berechtigt, die Schenkung wegen groben Undanks gem. § 530 BGB zu widerrufen. Die Antragsgegner verfolgen ausschließlich Eigeninteresse ohne Rücksicht zu nehmen auf die Interessen der Antragstellerin, die zusammen mit ihrem Ehemann das Haus erbaut und jahrelang erhalten hat.

Die Übertragung des Grundstücks erfolgte hier in Kenntnis des drohenden Widerrufs. Damit sollte ein eventueller Rückgewähranspruch gem. § 531 Abs. 2 BGB unmöglich gemacht werden. In einem solchen Fall widerspräche es Treu und Glauben, wenn die Antragsgegner durch Eintragung ihrer Person als Eigentümer diesen Herausgabeanspruch tatsächlich unmöglich machen könnten.

Rechtsanwalt

§ 6 Einstweiliger Rechtsschutz im Baurecht

I. Allgemeines

948 Zur Sicherung baurechtlicher Ansprüche kommt neben der hier näher zu besprechenden einstweiligen Verfügung auch der Arrest in Betracht.

> **Hinweis:**
>
> Durch **Arrest** können **Geldforderungen** (s.o. Rn. 323 ff.), wie der Anspruch auf den Werklohn gem. § 631 BGB, der Anspruch auf Vorschuss für eine Ersatzvornahme gem. § 633 Abs. 3 BGB oder Schadenersatz gem. § 635 BGB gesichert werden. Gesichert werden können auch Ansprüche, die in Geldforderungen übergehen können, wie etwa die Ansprüche auf Nachbesserung gem. § 633 Abs. 2 BGB, Wandlungen und Minderungen gem. § 634 BGB.

949 Mit der einstweiligen Verfügung wird vor allem der Anspruch auf Eintragung einer **Bauunternehmer-/Handwerkersicherungshypothek** gesichert, sofern nicht der Besteller bereits anderweitig Sicherheit geleistet hat (vgl. § 648a Abs. 4 BGB). Daneben kommen einstweilige Verfügungen im Rahmen ihres gesamten Spektrums in Betracht, u.a. auf **Unterlassung von Störungen** auf der Baustelle sowie zugunsten der Lieferanten auf Herausgabe von unter **Eigentumsvorbehalt gelieferten Materials** an einen Sequester (s. § 9 Muster 2) oder evtl. auch an den Lieferanten selbst.

II. Sicherungshypothek i.S.d. § 648 BGB

950 Einige **Besonderheiten ergeben sich für die Sicherungshypothek** i.S.d. § 648 BGB. Die Sicherungshypothek kann der Bauunternehmer oder Errichter eines einzelnen Teiles eines Bauwerkes für seine vertraglichen Ansprüche gem. § 648 Abs. 1 Satz 1 BGB verlangen – und zwar gem. Satz 2 insoweit, wie er seinerseits das Werk erbracht hat oder für in der Vergütung nicht inbegriffene Auslagen. Mit der Formulierung „Unternehmer eines Bauwerkes" knüpft § 648 Abs. 1 BGB an die Differenzierung zwischen beweglichen Sachen, Grundstücken und Bauwerken in § 638 BGB an (vgl. *Palandt/Sprau*, BGB, § 648 Rn. 2 i.V.m. § 638 Rn. 9 ff.). Erfasst sind Neu-, Auf-, Um-, An-, Einbau-, Hoch-, und Tiefbauarbeiten. Desweiteren werden sämtliche Arbeiten an einer unbeweglichen, durch Verwendung von Arbeit und Material

II. Sicherungshypothek i.S.d. § 648 BGB

i.V.m. dem Erdboden hergestellten Sache erfasst. Zu den einzelnen Abgrenzungen und den dabei von der Rechtsprechung entwickelten Fallgruppen vgl. *Palandt/Sprau* (BGB, § 638 Rn. 10 ff.). Die **Eintragung der Sicherungshypothek** setzt gem. der generellen Regelung in § 873 BGB eine Einigung und eine Eintragungsbewilligung des Grundstückseigentümers im Sinne und in der Form der §§ 19, 29, 39 GBO voraus. Gibt der Grundstückseigentümer nicht die entsprechenden Erklärungen ab, müssen diese gerichtlich durchgesetzt werden. Wegen der Gefahr zwischenzeitlicher Veräußerungen oder vorrangiger Belastungen des Grundstückes kann vorab eine **Vormerkung zur Sicherung des Anspruches** auf Eintragung der Sicherungshypothek in das Grundbuch eingetragen werden. Es gelten hierfür die bereits oben unter Rn. 927 ff. dargelegten Grundsätze zur **Eintragung einer Vormerkung auf der Grundlage einer einstweiligen Verfügung** gem. § 885 Abs. 1 Satz 1 und 2 BGB. Die einstweilige Verfügung ersetzt die ansonsten in notarieller Form (§§ 19, 29 GBO) erforderliche Bewilligung. Zur Erlangung der einstweiligen Verfügung muss der Gläubiger lediglich den **Verfügungsanspruch** darlegen und glaubhaft machen, d.h. den Anspruch auf die Sicherungshypothek. Da es sich hierbei um einen gesetzlichen Anspruch handelt, bedeutet dies, dass die Tatbestandsvoraussetzungen des § 648 Abs. 1 BGB dargelegt und glaubhaft gemacht werden müssen. Wie bereits oben unter Rn. 929 dargelegt, wird das Vorliegen des **Verfügungsgrundes** gem. § 885 Abs. 1 Satz 2 BGB **vermutet** (so auch *Schuschke/Walker*, ZPO, Vorbemerkung zu § 935 Rn. 42).

951 Die erforderliche Sicherung wird dabei durch die rangwahrende Wirkung der Vormerkung gem. § 883 Abs. 3 BGB erzielt. Die Eintragung der Sicherungshypothek erfolgt dann auf der Grundlage eines im Zivilprozess, dem Hauptsacheverfahren, erstrittenen Titels auf Einigung und Bewilligung der Eintragung der Sicherungshypothek gem. § 648 BGB i.V.m. § 894 ZPO (vgl. *Schuschke/Walker*, ZPO, Vorbemerkung zu § 935 Rn. 43, insbesondere zu Fn. 192 ff.).

952 **Hinweis:**

Nach diesem System wird durch die einstweilige Verfügung also **nicht** der **materiell-rechtliche** Anspruch **auf Eintragung einer Sicherungshypothek unmittelbar** im Wege der einstweiligen Verfügung durchgesetzt. Vielmehr wird der materielle Anspruch auf Eintragung einer Sicherungshypothek mittels eines weiteren Rechtsinstitutes, der Vormerkung gesichert, indem ihm der zeitgerechte Rang gewahrt wird. Dadurch wird letztlich er-

> reicht, dass die einstweilige Verfügung noch nicht zu einer vorzeitigen Erfüllung und damit **nicht zu einer Vorwegnahme der Hauptsache** führt.

953 Im Einzelfall wird es für den Bauhandwerker zu überlegen sein, ob sich dieses Vorgehen für ihn empfiehlt. Der Aufwand aus einstweiligen Verfügungsverfahren zur Erlangung der Vormerkung, Hauptsacheprozess zur Erlangung der Sicherungshypothek sowie Hauptsacheprozess auf Duldung der Zwangsvollstreckung gem. § 1147 BGB und sich anschließender Zwangsversteigerung nach §§ 864 ff. ZPO i.V.m. den Vorschriften der ZVG ist nicht unerheblich. Hinzu kommen wirtschaftliche Überlegungen: Bereits die rangwahrende Eintragung der Vormerkung auf die Sicherungshypothek führt faktisch zu einem Ausschluss von Nachfinanzierungen, auf die der Bauherr evtl. angewiesen ist, um die evtl. fällige Abschlagszahlung auf den Werklohnanspruch oder den ausstehenden Restwerklohn zu begleichen. Zudem empfiehlt es sich, auch und gerade wegen der Frage der Vollstreckung der durch das Verfahren ausgelösten Kosten, zu überprüfen, ob eine Sicherungshypothek überhaupt noch einem Sicherungswert zukommt: Daran fehlt es, wenn das Grundstück bereits mit vorrangigen dinglichen Rechten stark belastet ist. Unter taktischen Gesichtspunkten wäre dann für den Bauhandwerker zu überlegen, ob er unter Hinweis auf die Möglichkeit einer Sicherungshypothek gem. § 648 BGB i.V.m. einer diesbezüglichen Vormerkung nach § 885 BGB in Verhandlung mit dem Bauherrn und evtl. dessen Bank eine für ihn befriedigende Lösung erzielen kann.

954 **In der Praxis schwindet die Bedeutung der Bauhandwerkersicherungshypothek** daneben noch aus einem anderen Grund: Wie aus dem eingangs referierten Gesetzestext ersichtlich, besteht der Anspruch auf Bauhandwerkersicherungshypothek lediglich **zwischen den Vertragsparteien** eines Werkvertrages, von denen die eine Vertragspartei der Werkunternehmer und die andere Vertragspartei der Bauherr und zugleich Grundstückseigentümer sein muss. Auf beiden Seiten der Vertragsparteien treten infolge zwischenzeitlicher Entwicklungen sehr häufig abweichende Konstellationen auf. Wird das Grundstück unternehmerisch genutzt, steht es sehr häufig, z.B. wegen einer Betriebsaufspaltung, zivilrechtlich nicht im Eigentum des Unternehmensträgers, etwa der betriebsführenden GmbH. In vielen Fällen wird gleichwohl dann wegen der Betriebsführung durch die GmbH – und damit nicht immer zwingend um dem Bauunternehmer Haftungssubstrat vorzuenthalten – der Vertrag zwischen der betriebsführenden GmbH und dem Bauunterneh-

mer geschlossen. Der Vertragspartner ist in diesem Fall nicht Eigentümer des Grundstückes. Der Anspruch richtet sich jedoch gem. § 648 Abs. 1 BGB nur auf **Einräumung einer Sicherungshypothek an dem Baugrundstück des Bestellers.** Zum anderen hat sich auf der Seite der Bauunternehmen in den letzten Jahren verstärkt die Praxis herausgebildet, dass der (General-)Unternehmer nicht alle oder gar keine der vertraglich vereinbarten Werkleistungen eigenständig ausführt, sondern insoweit Werkverträge mit Subunternehmern abschließt. Sehr verbreitet ist in der Praxis ein mehrfach gestuftes Subunternehmersystem. Diese Subunternehmer sind jedoch ihrerseits nicht Vertragspartner des Bauherrn und damit nicht Vertragspartner des Bestellers i.S.d. § 648 Abs. 1 BGB.

Vor diesem Hintergrund relativiert sich die praktische Auswirkung des Streites darum, ob Voraussetzung für den Erlass einer einstweiligen Verfügung wie für den Hauptsacheanspruch der Beginn mit den Arbeiten ist oder nicht (umfassend *Schuschke/Walker*, ZPO, Vorbemerkung zu § 935 Rn. 43). 955

> **Hinweis:** 956
>
> Schwer durchsetzbar wird die einstweilige Verfügung, wenn die Arbeiten so weit vorangeschritten sind, dass der Bauherr in der Lage ist, Mängelrügen zu erheben.

Macht er Mängel glaubhaft, kann dies je nach ihrem Ausmaß einer einstweiligen Verfügung auf Eintragung der Vormerkung zur Sicherung der Sicherungshypothek entgegenstehen (vgl. umfangreich *Schuschke/Walker*, ZPO, Vorbemerkung zu § 935 Rn. 43 f.).

Wegen der verfahrensrechtlichen Besonderheiten gilt das vorstehend unter Rn. 940 ff. und Rn. 945 Gesagte. 957

III. Checkliste ☑

Was konkret ist das Ziel des Antragstellers: Die Sicherung von Geldforderungen? Dann Arrest! Oder die Sicherung von sonstigen Ansprüchen? Dann einstweilige Verfügung, etwa zur Unterlassung von Störungen auf der Baustelle, Zurückholung von unter Eigentumsvorbehalt gelieferten Materials! 958

Besonderheiten bei der Sicherung der Bauunternehmersicherungshypothek des § 648 BGB: Keine Eintragung der Sicherungshypothek als solche, sondern lediglich Sicherstellung einer späteren Eintragung der Sicherungshypothek durch jetzige Eintragung einer Vormerkung auf der Grundlage einer einstweiligen Verfügung.

Ist der Vertragspartner zugleich Grundstückseigentümer?

Empfiehlt sich die Bauhandwerkersicherungshypothek trotz der damit häufig faktisch verbundenen Verhinderung von Nachfinanzierungen?

V. Muster: Eintragung einer Vormerkung für Bauhandwerkersicherungshypothek

959

AG

...

*Antrag auf Erlass einer
einstweiligen Verfügung*

der Firma.....

– Antragstellerin –

Verfahrensbevollmächtigte: RAe ...

gegen

1. Herrn Armin H., B-str.1 in ...
2. Frau Elsbeth H., ebenda
3. Herrn Siegfried Sch., Am M. 2, ...
4. Herrn Stefan G., Am H. 1, ...
5. Herrn Aribert D., T-str. 2, ...

– Antragsgegner zu 1) – 5) –

wegen: Vormerkung zur Sicherung einer Bauunternehmer-Sicherungshypothek.

vorläufiger Streitwert: 21.000,- €

Namens und im Auftrage der Antragstellerin beantragen wir im Wege der einstweiligen Verfügung wegen Dringlichkeit mit der Bitte um Verzicht auf die mündliche Verhandlung und vor dem AG als dem Gericht der belegenen Sache, für Recht zu erkennen:

1. Im Grundbuch von ..., Flur 1, Flurstück 111, Hof- und Gebäudefläche X-str. wird zu Lasten der Wohnungseigentumseinheiten der Antragsgegner

- Grundbuchheft 1 unter lfd. Nr. 1 des Bestandsverzeichnisses 200/1000 Miteigentumsanteile, verbunden mit dem Sondereigentum an der Wohnung Nr.1 gem. Aufteilungsplan,

- *Grundbuchheft 1 unter lfd. Nr. 2 des Bestandsverzeichnisses 200/1000 Miteigentumsanteile, verbunden mit dem Sondereigentum an der Wohnung Nr.2 gem. Aufteilungsplan,*

- *Grundbuchheft 1 unter lfd. Nr. 3 des Bestandsverzeichnisses 200/1000 Miteigentumsanteile, verbunden mit dem Sondereigentum an der Wohnung Nr.3 gem. Aufteilungsplan,*

- *Grundbuchheft 1 unter lfd. Nr. 4 des Bestandsverzeichnisses 200/1000 Miteigentumsanteile, verbunden mit dem Sondereigentum an der Wohnung Nr.4 gem. Aufteilungsplan,*

- *Grundbuchheft 1 unter lfd. Nr. 5 des Bestandsverzeichnisses 200/1000 Miteigentumsanteile, verbunden mit dem Sondereigentum an der Wohnung Nr.5 gem. Aufteilungsplan,*

zugunsten der Antragstellerin eine Vormerkung eingetragen zur Sicherung des Anspruchs der Antragstellerin auf Einräumung einer Sicherungshypothek für die Forderungen aus dem Bauvertrag vom 2.10.2001 gem. der Schlussrechnung vom 8.5.2002 i.H.v. 60.000,- € sowie wegen eines Kostenbetrages von 3.158,48 € und zwar anteilig (jeweils 1/5), d.h. i.H.v. jeweils 12.631,70 €.

2. Die Antragsgegner tragen die Kosten des Verfahrens.

Es wird ferner beantragt,

den Antrag auf Eintragung der Vormerkung durch das Gericht beim zuständigen Grundbuchamt einzureichen und den Zeitpunkt der Versendung zu bescheinigen.

Begründung:

Mit Vertrag vom 2.10.2001 beauftragten die Antragsgegner, vertreten durch ihren Verwalter .... bei der Ersterrichtung der Anlage die Antragstellerin mit der Durchführung von Arbeiten an den Außenanlagen zu ihrem Bauvorhaben, nämlich der Hofpflasterung aus Betonformsteinen und der Errichtung von Garagen.

Glaubhaftmachung: *Vorlage des von dem bauleitenden Architekten erstellten Leistungsverzeichnisses mit den handschriftlich eingetragenen Einheitspreisen der Antragstellerin, in Kopie als Anlage* **VK 1** *beigefügt sowie des Auftrages vom 2.10.2001, in Kopie als Anlage* **VK 2** *beigefügt*

Während der Durchführung der Arbeiten stellte sich heraus, dass weitere Arbeiten, über den bisherigen Vertragsumfang hinausgehend, erforderlich waren, nämlich ... Auf Bitten des bauleitenden Architekten hat die Antragstellerin an den Vertreter der Antragsgegner diesbzgl. Nachtragsangebote erstellt und zwar unter dem 16.10. und 4.11.2001.

Glaubhaftmachung: Vorlage der Nachtragsangebote, Kopien als Anlagen **VK 3** und **VK 4** beigefügt

Nach Rücksprache zwischen dem Vertreter der Antragsgegner und dem bauleitenden Architekten ist dann der Auftrag jeweils an die Antragstellerin erteilt worden.

Glaubhaftmachung: Vorlage einer Versicherung an Eides statt durch den bauleitenden Architekten, Herrn Dipl.-Ing. Architekt Wilhelm E., als Anlage **VK 5** beigefügt

Die Antragstellerin hat die Arbeiten vollständig und ordnungsgemäß erbracht. Die Arbeiten wurden am 30.4.2002 von dem bauleitenden Architekten E., der hierzu ausdrücklich in dem Vertrag vom 2.10.2001, vgl. dort die Klausel 8.3, bevollmächtigt war, abgenommen.

Glaubhaftmachung: Vorlage des Abnahmeprotokolls, in Kopie als Anlage **VK 6** beigefügt

Am 5.5.2002 fand eine weitere Begehung zwischen dem bauleitenden Architekten E. sowie dem von den Antragsgegnern beauftragten Bauingenieur, Maurermeister und Betontechnologen N. statt. In dieser Besprechung bestätigte der Letztgenannte die Ordnungsgemäßheit des Werkes der Antragstellerin.

Glaubhaftmachung: Versicherung an Eides statt des bauleitenden Architekten E., bereits als Anlage **VK 5** vorgelegt

Nach der förmlichen Abnahme erstellte die Antragstellerin ihre Schlussrechnung unter dem 8.5.2002. Unter Berücksichtigung der Abschlagszahlungen verblieb ein zu zahlender restlicher Werklohn i.H.v. **60.000,- €**.

Glaubhaftmachung: Vorlage der Schlussrechnung, in Kopie als Anlage **VK 7** beigefügt

Auf diesen Restwerklohn haben die Antragsgegner trotz Schreibens vom 27.5.2002 an ihren Vertreter

Glaubhaftmachung: Vorlage des Schreibens, in Kopie als Anlage **VK 8** beigefügt und trotz eines weiteren Aufforderungsschreibens an die Bevollmächtigten der Antragsgegner vom 7.6.2002

Glaubhaftmachung: Vorlage des Schreibens, in Kopie als Anlage **VK 9** beigefügt

bisher keine weiteren Zahlungen erbracht. Die Antragsgegner haben auch nicht die in dem Schreiben vom 7.6.2002 (Anlage **VK 9**) erbetene Sicherheitsleistung gestellt.

Die Schlussrechnung ist von dem bauleitenden Architekten E. geprüft und als ordnungsgemäß „abgenommen" worden.

Glaubhaftmachung: Vorlage der eidesstattlichen Versicherung, bereits als Anlage **VK 5** erfolgt

Die Antragsgegner sind jeweils Eigentümer des im Antrag genannten Wohnungseigentums.

Glaubhaftmachung: Vorlage von Grundbuchauszügen, in Kopie als Anlagen **VK 10 bis VK 15** beigefügt

Der Anspruch auf Vormerkung zur Sicherung der Bauhandwerkersicherungshypothek besichert auch die Kosten, die durch das Verfahren entstehen (vgl. Palandt/Sprau, BGB, § 648 Rn. 4 m.w.N.). Für Vormerkungen zur Sicherung einer Bauhandwerkersicherungshypothek ist der Streitwert mit rund 1/3 anzusetzen (vgl. hierzu Baumbach/Lauterbach/Albers/Hartmann, ZPO, Anh. § 3 Rn. 35).

Der Antragsteller hat wegen seiner restlichen Vergütungsforderung gegen die Antragsgegner gem. § 648 Abs. 1 BGB Anspruch auf Einräumung einer Sicherungshypothek. Zu deren Sicherung kann er aufgrund §§ 883, 885 BGB die Eintragung einer Vormerkung verlangen. Der **Verfügungsanspruch** ist vorstehend glaubhaft gemacht. Der **Verfügungsgrund** bedarf gem. § 885 Abs. 1 Satz 2 BGB keiner Darlegung, ergibt sich i.Ü. daraus, dass weder bisher die Restwerklohnforderung ausgeglichen, noch die verlangte Sicherheit geleistet worden ist, obwohl die Arbeiten der Antragstellerin von dem bauleitenden Architekten als ordnungsgemäß abgenommen worden sind. Die Arbeiten sind bei der Ersterrichtung der Anlage erbracht worden. Nach der Rechtsprechung des BGH haften die Wohnungseigentümer deshalb nicht als Gesamtschuldner (s. BGH, NJW 1980, 993), sondern pro rata. Dem ist mit Fassung des Antrages zu 1. a.E. Rechnung getragen. Wie sich aus dem Schreiben der Antragsgegner vom 12.6.2002 (Anlage **VK 12**) ergibt, hat es zumindest zwischenzeitlich ein Liquiditätsproblem bei den Antragsgegnern gegeben. Ob dieses wirklich und endgültig beseitigt sind, entzieht sich der Kenntnis des Antragstellers.

*Das besondere Eilbedürfnis ergibt sich daraus, dass auch auf das letzte Schreiben nicht die dort angeforderte Sicherheitsleistung gestellt oder auch nicht angekündigt oder auch nicht eine anderweitige Sicherheitsleistung angeboten haben. Hieraus ergibt sich zunächst die Notwendigkeit, ohne mündliche Verhandlung die beantragte einstweilige Verfügung zu erlassen, zumal der Antragsteller in Vorleistung gegangen ist und sämtliche Arbeiten erbracht hat. Zugleich ergibt sich hieraus die Notwendigkeit, dass das AG als Gericht der belegenen Sache gem. § 942 ZPO zu entscheiden hat. Soweit das AG der Antragstellerin aufgibt, ein Rechtfertigungsverfahren durchzuführen, geht die Antragstellerin davon aus, dass insoweit örtlich zuständiges Gericht das LG ... ist. Für die Hauptsacheklage auf Bewilligung der Eintragung einer Handwerkersicherungshypothek ist anerkannt, dass insoweit der **gemeinsame Erfüllungsort** desjenigen Ortes, **an dem sich das Bauwerk befindet,** besteht (Zöller/Vollkommer, ZPO, § 29 Rn. 25 s.v. „Bauwerkvertrag"). Diese Bewertung ist generell zutreffend wegen der für die Durchführung von Verfahren dieser Art erforderlichen Nähe zum Bauwerk für evtl. Augenscheinseinnahmen; aber auch speziell im vorliegenden Fall im Hinblick darauf, dass die einzelnen Antragsgegner in unterschiedlichen Gerichtsbezirken ansässig sind.*

Der Antrag, das Gericht möge das zuständige Grundbuchamt um Eintragung ersuchen, rechtfertigt sich gem. § 941 ZPO.

Die voraussichtlichen Verfahrenskosten ermitteln sich wie folgt:

- *3 Gerichtsgebühren bei Streitwert bis 21.000 €:* 864,- €
- *3 Anwaltsgebühren gem. § 31 Abs. 1 Nr. 1 und 2 BRAGO:* 2294,48 €

  3158,48 €

Rechtsanwalt

§ 7 Einstweiliger Rechtsschutz im Gesellschaftsrecht

960 Die veröffentlichten Entscheidungen der OLG zum Erlass einer einstweiliger Verfügung im Rahmen gesellschaftsrechtlicher Streitfälle sind sehr stark einzelfallgeprägt. Das bedingen bereits die Besonderheiten der jeweiligen Gesellschaftsformen: Personengesellschaften oder juristische Personen einschließlich der Unterschiede von GmbH und AG. Die Aussagen der Entscheidungen lassen sich deshalb nur eingeschränkt verallgemeinern. Zudem macht sich das Fehlen einer Vereinheitlichung durch den BGH infolge des Revisionsausschlusses aus § 542 Abs. 2 ZPO (§ 545 Abs. 2 ZPO a.F.) besonders bemerkbar. Im Folgenden werden einige immer wiederkehrende Problembereiche erörtert. **Übersichten** befinden sich u.a. bei:

- *Baumbach/Lauterbach/Albers/Hartmann* (ZPO, § 940 Rn. 29 m.w.N.),
- *MünchKomm/Heinze* (ZPO, § 935 Rn. 134 ff.),
- *Zöller/Vollkommer*, (ZPO, § 940 Rn. 8 s.v. Gesellschaftsrecht),
- *Schuschke/Walker* (ZPO, Vorbemerkung zu § 935 ZPO Rn. 58 ff.),
- *Baumbach/Hueck* (GmbH-Gesetz, § 38 Rn. 36 und insbes. Anh. § 47 Rn. 936b ff.),
- *Lutter/Hommelhoff*, GmbH-Gesetz, § 38 Rn. 36 ff.),
- siehe ferner die instruktive Zusammenstellung von *Lutz* (BB 2000, 833 f.).

Mit Ausnahme bei *MünchKomm/Heinze* und *Baumbach/Hueck* sind diese Übersichten eher punktuell angelegt als in anderen Bereichen. Evtl. ist dies darauf zurückzuführen, dass einstweilige Verfügungen im Gesellschaftsrecht längere Zeit allenfalls in spektakulären Großverfahren, nicht aber in einer breiten Weise, beantragt wurden (vgl. auch *MünchKomm/Heinze*, ZPO, § 935 Rn. 134 ff.). Zudem wirkt sich sowohl in den ZPO als auch in den gesellschaftsrechtlichen Abhandlungen das Fehlen einer Verbindung von materiell- und verfahrensrechtlichen Grundsätzen aus.

961 Bei Meinungsverschiedenheiten zwischen Gesellschaftern stehen im Vordergrund Fragen der **Abberufung des Geschäftsführers** bzw. der **Entziehung der Vertretungsmacht** sowie vor allem im Zusammenhang hiermit Fragen, ob und unter welchen Voraussetzungen **Anträge und Abstimmungen** in Haupt- und Gesellschafterversammlungen verhindert werden können und ob

evtl. Korrekturen über die **Verhinderung der Eintragung** trotz stattgefundener Versammlungen und Beschlüsse möglich sind. Bei nochmals gesteigertem Misstrauen und Meinungsverschiedenheiten wird der **Ausschluss** des betroffenen Gesellschafters aus der Gesellschaft diskutiert.

I. Abberufung eines Geschäftsführers bzw. Entziehung der Geschäftsführungsbefugnis und Vertretungsmacht

Bei nicht unerheblichen Meinungsverschiedenheiten über die Geschäftsführung, insbesondere aber nach Unregelmäßigkeiten in der Geschäftsführung und Vertretung der Gesellschaft (z.B. Unterschlagungen, Bestechung etc.) stellt sich für die übrigen Gesellschafter immer die Frage nach der Abberufung des Betroffenen als Geschäftsführer bei der GmbH bzw. nach der Beendigung seiner Geschäftsführungs- und Vertretungsbefugnis bei der Personengesellschaft. Verhindert werden soll auf Seiten der Gesellschaft und/oder der restlichen Gesellschafter, dass trotz unterschiedlicher Bewertungen über die künftige Geschäftsführung bzw. nach bereits zutage getretenem rechtswidrigen Verhalten die bestehende Vertretungsbefugnis einseitig i.S.d. Vertretungsberechtigten ausgeübt oder gar weiterhin missbraucht wird. Demgegenüber steht das Bemühen des Betroffenen um Aufrechterhaltung seines Status, insbesondere wenn er das ihm vorgeworfene Verhalten bestreitet oder anders bewertet. 962

1. Personengesellschaft

Bei der **Personengesellschaft** richtet sich die Entziehung von Geschäftsführungsbefugnis und Vertretungsmacht wegen des Prinzips der Selbstorganschaft zwingend **gegen einen Mitgesellschafter**. Gleichwohl ist die Möglichkeit, Geschäftsführungsbefugnis und Vertretungsmacht im Wege der einstweiligen Verfügung zu entziehen, allgemein anerkannt (vgl. nur *Schuschke/Walker*, ZPO, Vorbemerkung zu § 935 Rn. 60 m.w.N.). Der BGH (z.B. veröffentlicht in NJW 1960, 1997 ff.) hatte in einer (Hauptsache-)Leistungsklage zu prüfen, ob eine Gesellschaft bei Abschluss des maßgeblichen Vertrages wirksam vertreten worden war. Dafür kam es darauf an, ob eine im Wege der einstweiligen Verfügung ergangene Vertretungsregelung anzuerkennen war. Der BGH hat in dieser grundlegenden Entscheidung die Möglichkeit der Entziehung von Geschäftsführungsbefugnis und Vertretungsmacht nicht als fraglich diskutiert oder argumentativ begründet, sondern **als feststehend**, weil allgemein anerkannt, **vorausgesetzt**. Diskutiert und sodann bejaht hat der BGH in dieser Entscheidung zwei Besonderheiten: 963

- Zum einen hat der BGH entschieden, dass auch eine bereits als Hauptsacheklage anhängige Ausschlussklage gem. § 140 HGB der Entziehung von Geschäftsführungsbefugnis und Vertretungsmacht im einstweiligen Rechtsschutz nicht entgegensteht.

- Zum anderen hat der BGH sich mit einer in der einstweiligen Verfügung erfolgten Einsetzung eines Dritten als „Geschäftsführer" intensiv auseinander gesetzt: Derjenige Gesellschafter, gegen den sich das Absetzungsgesuch in der Entscheidung des BGH richtete, war der alleinige zur Geschäftsführung und Vertretung Berufene. Trotz des für die Personengesellschaft bestimmenden Grundsatzes der **Selbstorganschaft** (§§ 114 f., 125 ff. HGB) billigte der BGH (NJW 1960, 1997, 1998) sogar die – wegen der Ausschlussklage als vorläufig bezeichnete – zusätzlich per einstweilige Verfügung erfolgte Betrauung eines Nichtgesellschafters mit der Geschäftsführung und Vertretung (dagegen wohl auch *MünchKomm/Heinze*, ZPO, § 935 Rn. 146 ff.).

964 Nicht thematisiert hat der BGH die in der früher ergangenen einstweiligen Verfügung liegende **Vorwegnahme der Hauptsache** durch die bereits in der einstweiligen Verfügung angeordnete Entziehung der Geschäftsführungsbefugnis und Vertretungsmacht gem. §§ 117, 127 HGB. Da der BGH nicht selbst in dem einstweiligen Verfügungsverfahren zu entscheiden hatte (s.o. Rn. 960 zu § 942 Abs. 2 ZPO n.F. bzw. § 545 Abs. 2 ZPO a.F.), war dies auch nicht (primäre) Aufgabe des BGH. Im konkreten Fall scheint der BGH darüber hinaus im Hinblick auf die als Hauptsacheklage anhängige Ausschließungsklage eine der einstweiligen Verfügung immanente zeitliche Beschränkung gesehen zu haben. Dafür spricht jedenfalls eine beiläufige Bemerkung des BGH (NJW 1960, 1997, 1999 l. Sp. gegen Ende von 3). Soweit mitgeteilt, hatte eine solche Begrenzung aber anscheinend keinen Eingang in die Tenorierung der einstweiligen Verfügung gefunden. Eine Vorwegnahme der Hauptsache lässt sich jedenfalls nicht damit verneinen, der Entzug von Geschäftsführungsbefugnis und Vertretungsmacht sei ein Minus gegenüber der Ausschlussklage (so aber z.B. *MünchKomm/Heinze*, ZPO, § 935 Rn. 144). Vergleichspunkt ist nämlich die auf Entziehung von Geschäftsführungsbefugnis und Vertretungsmacht gerichtete Hauptsacheklage. Zu überlegen wäre, ob zur Wahrung des grds. Verbotes der Vorwegnahme der Hauptsache – wie auch in anderen Fällen (s.o. Rn. 195 ff.) – eine **zeitliche Befristung** ausreichend, aber auch notwendig ist. Keine Überlegungen in dieser Hinsicht befinden sich etwa bei *Schuschke/Walker* (ZPO, Vorbemerkung zu § 935 ZPO Rn. 60). Da-

bei versuchen gerade erstinstanzliche Gerichte die Reichweite einer einstweiligen Verfügung für den betroffenen Gesellschafter zu begrenzen. Es ist dann jeweils im Einzelfall zu überlegen, **wie** eine angemessene zeitliche Begrenzung festgelegt werden kann.

Denkbar wäre, je nachdem durch welches Verhalten bzw. Verhalten in einem bestimmten Bereich der wichtige Grund i.S.d. §§ 117, 127 HGB verwirklicht ist, den **Entzug** der Geschäftsführungsbefugnis und Vertretungsmacht **auf diesen „einen" Bereich zu beschränken.** Denkbar wäre auch, die Geschäftsführungsbefugnis und Vertretungsmacht des betroffenen Gesellschafters, wenn dieser einzelgeschäftsführungsbefugt und einzelvertretungsberechtigt ist, in der einstweiligen Verfügung auf eine Gesamtgeschäftsführungsbefugnis und Gesamtvertretungsmacht mit einem oder mehreren anderen Gesellschaftern herabzustufen (so etwa *Lutter/Hommelhoff*, GmbH-Gesetz, § 38 Rn. 37). Diese Möglichkeiten der Beschränkung der einstweiligen Verfügung dürften in der Praxis jedoch auf nicht unerhebliche Schwierigkeiten und damit Bedenken stoßen: 965

- Die Herabstufung der Befugnisse des betroffenen Gesellschafters von einer Einzelgeschäftsführungsbefugnis und Einzelvertretungsmacht auf eine Gesamtgeschäftsführungsbefugnis und Gesamtvertretungsmacht kommt überhaupt nur dann in Betracht, wenn die Gesellschafter bisher einzelgeschäftsführungsbefugt und -vertretungsberechtigt waren. Auch bei bisher bestehender Gesamtgeschäftsführungsbefugnis und -vertretungsmacht ist jedoch gem. § 117 HGB und § 127 HGB eine Entziehung von Geschäftsführungsbefugnis und Vertretungsmacht möglich. Zumindest in diesen Fällen käme es dann mangels einer anderweitigen „geringerwertigen" Form von Geschäftsführungsbefugnis und Vertretungsmacht zu einer Vorwegnahme der Hauptsache.

- Gerade dann, wenn in der Person des betroffenen Gesellschafters ein wichtiger Grund mit der durch die gesetzlichen Beispiele vorgegebenen Bedeutung vorliegt, liegt es nicht im Interesse einer künftig einwandfreien Arbeit in der Gesellschaft, wenn die anderen geschäftsführungsbefugten und vertretungsberechtigten Gesellschafter gezwungen werden, mit demjenigen Gesellschafter, in dessen Person ein solcher wichtiger Grund gegeben ist, zusammenzuarbeiten, etwa wenn es sich um einen schuldhaft herbeigeführten Grund, wie etwa Unterschlagung oder Veruntreuung in erheblichem Umfang handelt. Durch eine erzwungene „Zusammenarbeit" wäre zwar die

Gefahr von Eigenmächtigkeiten begrenzt, aber nicht ausgeschlossen: Bis zur Eintragung in das Handelsregister, die zugleich mit beantragt und mit in die einstweilige Verfügung aufgenommen werden müsste (s.o. Rn. 193 zu § 941 ZPO), könnten evtl. Vertragspartner der Gesellschaft sich auf § 15 HGB berufen. Auch nach der Eintragung wäre wegen der weiteren Tätigkeit des betroffenen Gesellschafters eine Anwendung der Grundsätze der Anscheins- und Duldungsvollmacht nicht ausgeschlossen. Darüber hinaus dient es i.d.R. nicht dem geordneten Geschäftsgang, wenn bei Vorfällen dieser Art eine Weiterarbeit des betreffenden Gesellschafters noch dazu mit zwangsweise engerer Zusammenarbeit mit den restlichen Gesellschaftern durch das Gericht im Hinblick auf das Verbot der Vorwegnahme der Hauptsache „erzwungen" wird.

- Eine Beschränkung der Vertretungsmacht nur auf bestimmte Rechtsbereiche, in denen etwa der wichtige Grund i.S.d. §§ 117 und 127 HGB verwirklicht worden ist, passt an sich nicht in die gesetzliche Systematik: Zur Vereinfachung des Rechtsverkehres sieht § 125 Abs. 1 HGB im Interesse der Vertragspartner vor, dass im Grundsatz jeder Gesellschafter zur Einzelvertretung befugt ist. Ausschluss der Vertretungsmacht und die möglichen Einschränkungen der Vertretungsmacht durch (echte oder unechte) Gesamtvertretung unter Berücksichtigung des Grundsatzes der Selbstorganschaft sind in § 125 Abs. 2 HGB geregelt. Eine Einschränkung auf ein bestimmtes Rechtsgebiet ist dabei nicht vorgesehen. Gegen eine solche ausnahmsweise Einschränkung durch gerichtliche Anordnung im Wege einer einstweiligen Verfügung sprechen mithin erhebliche Bedenken hinsichtlich der gesetzlichen Zulässigkeit. Allerdings hat der (BGH, BB 2002, 423, 424) aus Gründen der Verhältnismäßigkeit eine teilweise Entziehung von Geschäftsführungsbefugnis und Vertretungsmacht zugelassen. Der BGH sieht die teilweise Entziehung nicht als bloßes „Minus" i.S.d. § 308 Abs. 1 ZPO. Wer also vorrangig die vollständige Entziehung von Geschäftsführungsbefugnis und Vertretungsmacht beantragt, sollte sich überlegen, ob er vorsorglich einen Hilfsantrag auf teilweise Entziehung der Geschäftsführungsbefugnis und Vertretungsmacht stellt.

966 Andererseits ist Folgendes zu überlegen: Wie oben bei Rn. 78 ff. ausgeführt, ist eine Vorwegnahme der Hauptsache nicht generell, schlechthin ausgeschlossen, sondern wird in Einzelfällen toleriert. Die §§ 117 und 127 HGB verlangen übereinstimmend einen „wichtigen Grund". Beide Normen legen den Maßstab hierfür hoch, indem sie **beispielhaft** eine „**grobe** Pflichtverlet-

zung" oder „**Unfähigkeit** zur ordnungsgemäßen Geschäftsführung" anführen. Dem Schutz des betroffenen Gesellschafters wird über das Verbot der Vorwegnahme der Hauptsache deshalb mit angemessenen zeitlichen Befristungen i.d.R. ausreichend Rechnung getragen.

Insbesondere dann, wenn ein Gesellschafter infolge gesundheitlicher Erkrankung, etwa einer nicht ohne weiteres erkennbaren psychotischen Erkrankung oder Ähnlichem auf weiteres nicht in der Lage ist, die Geschäfte ordnungsgemäß zu führen, kommt eine – befristete – Entziehung von Geschäftsführungsbefugnis und Vertretungsmacht per einstweiliger Verfügung in Betracht und zwar gerade dann, wenn infolge der Erkrankung die Einsicht in die Nichtausführbarkeit der Geschäfte nicht mehr besteht. Dies gilt auch dann, wenn etwa bei besonders grob pflichtwidrigen Handlungen, etwa Unterschlagungen, Veruntreuungen oder Betrügereien auf Kosten der Gesellschaft zu eigenem Gewinn, die u.U. die Gesellschaft an den Rande der Insolvenz gebracht ist.

Nur scheinbar hat das OLG Köln (BB 1977, 464 f.) diese Grundsätze zur einstweiligen Verfügung betreffend der Personengesellschaft in der GmbH & Co. KG rechtsformübergreifend auf die GmbH ausgedehnt, wenn diese persönlich haftende Gesellschafterin der KG ist: 967

Das OLG Köln (a.a.O.) hat zwar für eine Sonderkonstellation entschieden, dass dem Geschäftsführer einer GmbH, wie in der Personengesellschaft, **nur durch gerichtliche Entscheidung**, und zwar auch im Wege der einstweiligen Verfügung, Geschäftsführungsbefugnis und Vertretungsmacht entzogen werden können. Erfolge diese Entziehung durch bloßen Gesellschafterbeschluss sei bereits deshalb ein dagegen gerichteter Antrag auf Erlass einer einstweiligen Verfügung erfolgreich. Im Hinblick auf die ungewöhnliche gesellschaftsrechtliche Situation – die GmbH & Co. KG war nur gegründet worden, um den paritätischen Einfluss von zwei Gesellschafterstämmen auf eine weitere GmbH sicherzustellen – ist diese Entscheidung jedoch nicht verallgemeinerungsfähig. Sie stellt lediglich in einer Sondersituation eine Beschränkung der Abberufbarkeit eines GmbH-Geschäftsführers dar (dazu s. sogleich unten).

2. GmbH

Die rechtliche Situation bei der **GmbH** ist nämlich im Ausgangspunkt anders als bei der Personengesellschaft: Gem. § 46 Nr. 5 GmbHG können **Ge-** 968

schäftsführer von der Gesellschafterversammlung abberufen werden. Dies kann nach § 38 Abs. 1 GmbHG jederzeit geschehen.

969 | **Hinweis:**
Eine einstweilige Regelung kommt zunächst in Betracht, wenn die **Gesellschafterversammlung zur Beschlussfassung nicht kurzfristig abgehalten** werden kann, zur Vermeidung zwischenzeitlicher Maßnahmen durch den betroffenen Geschäftsführer.

970 Eine Abberufung des Geschäftsführers lässt sich **nicht durchsetzen**, wenn der abzuberufende Geschäftsführer als **Gesellschafter-Geschäftsführer** mit den auf ihn entfallenen Stimmen einen entsprechenden Beschluss verhindert. Dies ist insbesondere in der 2-Personen-Gesellschaft bei Stimmengleichheit und in Mehrpersonengesellschaften bei Stimmenmehrheit des „Hauptgesellschafters" möglich. Grds. besteht nämlich kein Verlust des Stimmrechts über § 47 GmbHG. Ein **Stimmverbot besteht für den Gesellschafts-Geschäftsführer lediglich**, wenn er gem. § 38 Abs. 2 GmbHG **aus wichtigem Grund abberufen** werden soll (*Lutter/Hommelhoff*, GmbHG, § 47 Rn. 19 und 24). Wie die §§ 117, 127 HGB konkretisiert § 38 Abs. 2 GmbHG den wichtigen Grund mit den Beispielen „grobe Pflichtverletzung" und „Unfähigkeit zur ordnungsgemäßen Geschäftsführung". Soll trotz der Stimmenmehrheit des Gesellschafter-Geschäftsführers ein entsprechender Beschluss gefasst werden, hätte dies wegen des Stimmverbotes also nur Aussicht auf Erfolg, wenn die Abberufung aus wichtigem Grund erfolgen soll. Dabei ist streitig, ob dafür der wichtige Grund tatsächlich vorliegen muss oder die bloße Behauptung genügt (zum Meinungsstand vgl. z.B. OLG Zweibrücken, GmbHR 1998, 373, 374).

971 Vor diesem rechtlichen Hintergrund konzentriert sich die Notwendigkeit einstweiligen Rechtsschutzes auf Fälle der verbotswidrigen Mitwirkung bei der Abstimmung über die Abberufung des Geschäftsführers bei Abberufung aus wichtigem Grund und dort im Wesentlichen auf die folgenden Konstellationen:

- Der an der Abstimmung teilnehmende Gesellschafter-Geschäftsführer ist Mehrheitsgesellschafter und verhindert mit seinen Stimmen einen gegen ihn gerichteten Beschluss.

972 - Problematisch ist die Situation auch dann, wenn der Geschäftsführer entgegen dem (klaren) Beschluss der Gesellschafter in Fällen des § 38 Abs. 2

GmbHG das Vorliegen eines wichtigen Grundes verneint und seine Tätigkeit fortsetzt.

- Der an der Abstimmung teilnehmende Gesellschafter-Geschäftsführer ist zwar Minderheitsgesellschafter-Geschäftsführer, aber durch seine Stimmausübung ist der (Abberufungs-)Beschluss unklar und unwirksam geworden.

Unklar ist das „Beschlussergebnis" insbesondere dann, wenn bei der Beschlussfassung nicht ausreichend sicher festgestellt ist, ob wegen des bestehenden Stimmverbotes die Stimme des betroffenen Gesellschafter-Geschäftsführers nicht mitgezählt ist und in welcher Weise sich die evtl. Mitzählung auf das Beschlussergebnis auswirkt. Relevanz erlangt dies vor allem, wenn auch weitere Gesellschafter i.S.d. Betroffenen abstimmen. Bei **unklarem „Beschlussergebnis"** ist der Abberufungsbeschluss von Anfang an ungültig (vgl. *Lutter/Hommelhoff*, Gmbh-Gesetz, Anhang § 47 Rn. 42 allg. für Beschlüsse jeglicher Art sowie *Lutz*, BB 2000, 833, 834, jeweils m.w.N.). Lediglich soweit § 84 Abs. 3 Satz 4 AktG in diesen Fällen generell oder zumindest z.T. anwendbar sein sollten (s. z.B. OLG Stuttgart, BB 1985, 879 f., 879; verneinend jedenfalls für die 2-Personen-GmbH, BGH NJW 1983, 938 ff., 939), kann dieses Sonderproblem der GmbH nicht eintreten (so zutreffend *Schuschke/Walker*, ZPO, Vorbemerkung zu § 935 Rn. 61). Gleichwohl wird z.T. auch bei Anwendbarkeit des § 84 Abs. 3 Satz 4 AktG einstweiliger Rechtsschutz zugelassen (zum Diskussionsstand s. *Lutter/Hommelhoff*, GmbH-Gesetz, § 38 Rn. 36 m.w.N.; generell zur Situation bei nichtigen und anfechtbaren Beschlüssen s. *Lutter/Hommelhoff*, GmbH-Gesetz, Anhang § 47 GmbHG). 973

In den („Not"-)Fällen der soeben vorgestellten Fallgruppen kommt einstweiliger Rechtsschutz sowohl **vorbeugend als auch im Nachgang zu einem nicht klaren „Beschlussergebnis"** in Betracht – und zwar entweder gegen den betroffenen (Gesellschafter-)Geschäftsführer oder ist von diesem zu erheben. 974

a) Einstweiliger Rechtsschutz gegen den (Gesellschafter-)Geschäftsführer kann darauf gerichtet sein, **einstweilen die Geschäftsführungs- und Vertretungsmacht nicht auszuüben**, d.h. befristet für die Zeit bis zu der Abhaltung der Gesellschafterversammlung. Eine einstweilige Verfügung, mit der dem betroffenen Gesellschafter-Geschäftsführer **die Stimmabgabe in der Gesellschafterversammlung untersagt wird**, wird nur von einem Teil der Recht- 975 sprechung zugelassen (OLG Zweibrücken, GmbHR 1998, 373 und OLG Hamburg, NJW 1992, 186 f.: Letzteres in ausdrücklicher Auseinandersetzung mit der Gegenauffassung, die Eingriffe in die Willensbildung per einstweiliger Verfügung fast gänzlich ausschließt [s. Rn. 977]). Da der Antrag vor der Beschlussfassung der Gesellschaft bei Gericht anhängig gemacht wird, genügt es, wenn dies durch die die Abberufung betreibenden Gesellschafter erfolgt (OLG Frankfurt, GmbHR 1998, 1126 m.w.N.; *Schuschke/Walker,* ZPO, Vorbemerkung zu § 935 Rn. 61; *Lutter/Hommelhoff,* GmbHG, § 38 Rn. 5).

976 In den vorstehend geschilderten Fällen, in denen ein **Abberufungsbeschluss** wegen der verbotswidrigen Teilnahme des betroffenen Gesellschafter-Geschäftsführers an der Abstimmung **gescheitert** ist oder wenn der Beschluss zwar wirksam zustande gekommen ist, der (Gesellschafter-)Geschäftsführer diesen jedoch nicht beachtet, ist die **einstweilige Verfügung** ebenfalls auf Nichtausübung der Geschäftsführungsbefugnis und Vertretungsmacht gerichtet. Die zeitliche Beschränkung wegen des Verbotes der Vorwegnahme der Hauptsache (s.o. Rn. 964) durch Befristung der einstweiligen Verfügung bis zu einer gerichtlichen Entscheidung über die Ordnungsgemäßheit des Beschlusses oder zum Vorliegen des wichtigen Grundes im Hauptsacheverfahren (vgl. *Lutz,* BB 2000, 833, 835) stellt m.E. nur dann eine Beschränkung dar, wenn die Hauptsache zugleich anhängig gemacht ist oder die Erhebung der Hauptsacheklage in der einstweiligen Verfügung angeordnet wird. Letzteres ist gem. § 926 Abs. 1 ZPO jedoch nur auf Antrag des Verfügungsgegners möglich.

977 b) Der **betroffene Gesellschafter-Geschäftsführer** kann zur Verhinderung seiner Abberufung – wenn auch im Falle des § 38 Abs. 2 GmbHG (Rn. 970) in rechtswidriger Weise – an der Abstimmung teilnehmen. Befürchtet der betroffene Gesellschafter-Geschäftsführer entweder wegen seines Verzichtes auf Mitwirkung an der Abstimmung oder im Hinblick auf die Stimmenverhältnisse trotz seiner Teilnahme an der Abstimmung, dass ein ausreichend klarer Abberufungsbeschluss ergeht, bietet sich für ihn an, per einstweiliger Verfügung ein Verbot zu Lasten der die Abberufung betreibenden Mitgesellschafter zu erwirken: Da ein Grund für eine Nicht-Teilnahme der anderen Gesellschafter an der Abstimmung nicht besteht, wäre die einstweilige Verfügung auf ein **Verbot der Stimmabgabe** zu richten, etwa mit der Begründung, die Voraussetzungen für eine vorzeitige Abberufung lägen nicht vor. Insoweit ist die **Rechtsprechung sehr zurückhaltend** (vgl. *Lutz,* BB 2000, 833, 836 f.).

Nach zunächst vollständiger Ablehnung einer solchen Möglichkeit (Nachweise bei *Baumbach/Hueck*, GmbHG, Anhang § 47 Rn. 93k) wird eine solche einstweilige Verfügung nunmehr zwar durchaus zugelassen, im Wesentlichen aber nur dann, wenn 978

- die Rechtslage zugunsten des betroffenen (Gesellschafter-)Geschäftsführers eindeutig ist oder
- für ihn ein besonderes Schutzbedürfnis besteht und
- es keine weniger gravierenden Maßnahmen gibt

(*Lutz*, BB 2000, 833, 837 m.w.N. aus der Rechtsprechung der OLG in Fn. 26; s. auch unten Rn. 991 ff.). Unter denselben strengen Voraussetzungen hält das OLG Hamm (DB 92, 2129) sogar eine einstweilige Verfügung mit dem noch weiterreichenderen Verbot, eine **Gesellschafterversammlung überhaupt abzuhalten**, für möglich. *Baumbach/Lauterbach/Albers/Hartmann* (ZPO, § 940 Rn. 29 s.v. Gesellschafterbeschluss) hingegen scheinen insoweit nicht dieselben strengen Voraussetzungen anlegen zu wollen; sie bewerten die Ablehnung eines Abstimmungsverbotes als gravierender, weil generell keine einstweiligen Verfügungen, die auf die **konkrete** Willensbildung der Gesellschaft bei der Beschlussfassung Einfluss nehmen sollen, zulässig seien. In dieser Pauschalität lässt sich dies nicht aufrechterhalten. Dass die Nichtteilnahme eines einzelnen Gesellschafters an der Abstimmung eine Beeinflussung der Abstimmung bedeutet, ist wohl unbestritten. Dies ist schließlich der Sinn des Verbots der Teilnahme an einer Abstimmung. Das Verbot, eine Gesellschafterversammlung überhaupt abzuhalten, hindert sämtliche Gesellschafter an einer Stimmabgabe, stellt mithin die weitergehende Form von Einwirkung auf das Stimmverhalten dar.

Als **weniger gravierende Maßnahme** oder, wenn die Abberufung bereits beschlossen ist, kommt vor allem in Betracht ein per einstweiliger Verfügung zu erwirkendes **Verbot, den Abberufungsbeschluss zur Eintragung beim Handelsregister anzumelden und den Abberufungsbeschluss im Außenverhältnis umzusetzen** (s. z.B. OLG Frankfurt, Rpfleger 1982, 154; OLG Koblenz, NJW-RR 1986, 1039, 1039 m.w.N.; OLG Hamm, GmbHR 1993, 163, 164, zustimmend *Baumbach/Lauterbach/Albers/Hartmann*, ZPO, § 940 Rn. 29 s.v. Gesellschafterbeschluss; *Lutz*, BB 2000, 833, 837) Vorgelagert vor einem solchen Verbot durch einstweilige Verfügung ist auch denkbar eine einstweilige Verfügung zur Klärung der **Berechtigung des Be-** 979 schlusses herbeizuführen. Z.T. wird dies zugelassen aber nur bei besonders schwerer Beeinträchtigung der Antragstellerinteressen (zum Meinungsstand s. bei *Lutter/Hommelhoff*, GmbHG, § 38 Rn. 30 m.w.N.). Dabei handele es sich um eine feststellende einstweilige Verfügung (zu den Beschränkungen bei deren Anerkennung s.o. Rn. 58 f.).

980 Die Literatur favorisiert das Verbot, den Abberufungsbeschluss zur Eintragung anzumelden. Sie begründet ihre Auffassung damit, dass bei Anordnung eines bestimmten Abstimmungsverhaltens durch einstweilige Verfügung die Hauptsache in unzulässiger Weise vorweggenommen werde. I.Ü. weist die Literatur darauf hin, dass andernfalls im einstweiligen Verfügungsverfahren „oft recht diffizile Rechtsfragen zu beantworten" seien. Als weniger gravierende Maßnahmen – ohne Vorwegnahme der Hauptsache – werden in der Literatur vorgeschlagen, die einstweilige Verfügung **auf zeitlichen Aufschub der Gesellschafterversammlung** oder **die Aussetzung der Gesellschafterversammlung** oder **die Aussetzung der Beschlussfassung zum TOP „Abberufung"** zu richten (zum Ganzen *Schuschke/Walker*, ZPO Vorbemerkung zu § 935 Rn. 59; *MünchKomm/Heinze*, ZPO, § 935 Rn. 141 f.).

3. Aktiengesellschaft

981 In der **AG** ist die Situation anders als in der Personengesellschaft und in der GmbH. Gem. dem bereits angesprochenen § 84 Abs. 3 AktG kann der Aufsichtsrat die Bestellung zum Vorstandsmitglied und die Ernennung zum Vorsitzenden des Vorstandes widerrufen, wenn ein wichtiger Grund vorliegt. Neben den aus §§ 117, 127 HGB, § 38 Abs. 2 GmbHG bekannten konkretisierenden Beispielen „grobe Pflichtverletzung" und „Unfähigkeit zur ordnungsgemäßen Geschäftsführung" nennt § 84 Abs. 3 Satz 2 AktG den „Vertrauensentzug durch die Hauptversammlung", soweit dieser nicht aus offenbar unsachlichen Gründen geschehen ist. Gem. § 84 Abs. 3 Satz 4 AktG ist der Widerruf wirksam, bis seine Unwirksamkeit **rechtskräftig** festgestellt ist. Für den Betroffenen scheidet infolgedessen Hilfe per einstweiligem Rechtsschutz aus: Auch eine (materielle) Unwirksamkeit des Abberufungsbeschlusses ist jedenfalls bis zur Rechtskraft einer entsprechenden Entscheidung unbeachtlich, setzt also den Abschluss des Hauptsacheverfahrens voraus. Eine einstweilige Verfügung ist wegen der Tatbestandsvoraussetzung „rechtskräftig" ausgeschlossen (s. im Grundsatz auch OLG Stuttgart, BB 1985, 879 f.). Das OLG Stuttgart (a.a.O.) hat – übrigens für eine GmbH auf

die es über § 31 Abs. 1 MitbestG den § 84 Abs. 3 Satz 4 AktG prüfte – darauf hingewiesen, dass Voraussetzung für diese Wirkung des § 84 Abs. 3 Satz 4 AktG das Zustandekommen eines **formell ordnungsgemäßen** Beschlusses ist. Das OLG Stuttgart hat dies im konkreten Fall verneint und damit eine einstweilige Verfügung zugunsten der Arbeitnehmervertreter im Aufsichtsrat gegen die Gesellschaft zugelassen mit dem **Verbot, den Beschluss** der übrigen Aufsichtsratsmitglieder **festzustellen oder zu vollziehen** sowie mit dem **Gebot, die Tätigkeitsausübung der betroffenen Geschäftsführer bis zum Vorliegen eines ordnungsgemäßen Beschlusses zu dulden.**

> **Hinweis:**
>
> Durch die Verlagerung des Widerrufes der Bestellung zum Vorstandsmitglied auf ein anderes Gremium, den Aufsichtsrat, sind die bei der GmbH problematischen Fälle eines Mitstimmens durch den Betroffenen ausgeschlossen. Durch die vorstehend beschriebene Wirkung kann im Anwendungsbereich des § 84 Abs. 3 Satz 4 AktG der Bedarf auf einstweilige Verfügungen allenfalls auf Seiten der Abberufungswilligen auftreten.

982

Wird eine einstweilige Verfügung beantragt zu einem Umstand, der eintragungsfähig oder eintragungspflichtig ist, empfiehlt es sich, wenn der Eintragung sämtliche Gesellschafter zustimmen bzw. sie beantragen müssen, die Eintragung als (Neben-)Ausspruch der einstweiligen Verfügung mit zu beantragen, evtl. auch die Veranlassung der Eintragung durch das Gericht analog § 941 ZPO anzuregen (s.o. Rn. 193 ff.). Denn jedenfalls wegen des Widerstandes des betroffenen Gesellschafters würde die Eintragung sich ansonsten verzögern.

983

II. Ausschluss eines Gesellschafters

Der zwangsweise Ausschluss eines Gesellschafters ist bei den **Personengesellschaften gem. § 140 HGB durch Ausschließungsklage** möglich.

984

Eine vergleichbare Norm fehlt bei der **GmbH**. Die **Satzungen** sehen i.d.R. den zwangsweisen Ausschluss durch **Gesellschafterbeschluss** vor, entweder in der Form der Zwangseinziehung des GmbH-Anteiles oder der zwangsweisen Abtretung des GmbH-Anteils. Der Ausschluss erfolgt durch Beschluss. Selbst wenn der betroffene Gesellschafter an dem Beschluss teilnimmt, soll der Beschluss dadurch nicht unwirksam werden (vgl. mit kriti-

985

scher Anm. hierzu *Lutz*, BB 2000, 833, 834). Fehlt es an einer entsprechenden Satzungsregelung wird von der Rechtsprechung eine Ausschlussklage als Gestaltungsklage zugelassen (vgl. grundlegend BGH, BB 1953, 332), wenn in der Person des Gesellschafters ein wichtiger Grund vorliegt (*Lutter/Hommelhoff*, GmbHG, § 34 Rn. 25 und 29 ff.).

986 Ein **Ausschluss durch einstweilige Verfügung** kommt in Betracht, wenn ein Beschluss nicht die Ausschlusswirkung herbeiführen kann, es also einer gerichtlichen (Gestaltungs-)Entscheidung bedarf. Ein Ausschluss durch einstweilige Verfügung nimmt die Hauptsache vorweg. Es besteht deshalb und wegen der vermögensmäßigen, aber auch persönlichen Auswirkungen eines zwangsweisen Ausschlusses Einigkeit, dass eine auf Ausschluss gerichtete einstweilige Verfügung nicht ergehen darf (vgl. umfassend bei *Zöller/Vollkommer*, ZPO, § 938 Rn. 3 m.w.N.). Anders als bei der Entziehung von Geschäftsführungsbefugnis und Vertretungsmacht erwächst aus der bloßen Mitgliedschaft keine besondere „Gefahrensituation" für die Gesellschaft, es fehlt mithin auch am Verfügungsgrund.

987 Auf Seiten des von einer Ausschließung durch bloßen Gesellschafterbeschluss bedrohten Gesellschafters ist eine einstweilige Verfügung wie folgt denkbar: Ein **Ausschlussbeschluss** soll unabhängig von der Teilnahme des betroffenen Gesellschafters wirksam sein (s.o. Rn. 985). Der betroffene Gesellschafter könnte deshalb eine einstweilige Verfügung auf **Feststellung der Unwirksamkeit dieses Beschlusses** beantragen und darauf abstellen, ob der von den beschließenden Gesellschaftern angenommene **wichtige Grund** für die Ausschließung **tatsächlich vorlag**. Auch insoweit würde bei einer einstweiligen Verfügung bereits über die Hauptsache vorweg entschieden. Deswegen wird weitgehend eine einstweilige Verfügung, gerichtet auf Feststellung der Unwirksamkeit des Beschlusses abgelehnt (vgl. beispielhaft *Zöller/Vollkommer*, ZPO, § 940 Rn. 8 s.v. Gesellschaftsrecht m.w.N.; a.A. Schuschke/Walker, ZPO, Vorbemerkung zu § 935 Rn. 65). Stattdessen wird teilweise – allerdings (wie o. Rn. 980) auch nur in Fällen besonderer Schutzwürdigkeit und eindeutiger Rechtslage und beim Fehlen anderweitiger Abhilfemöglichkeiten – dem betroffenen Gesellschafter eine **einstweilige Verfügung bewilligt darauf gerichtet, den anderen Gesellschaftern die Stimmabgabe** beim TOP Abberufungsbeschluss zu untersagen (*Zöller/Vollkommer*, ZPO, § 940 Rn. 8 s.v. Gesellschaftsrecht m.w.N.). In Betracht kommt jedenfalls eine einstweilige Verfügung gerichtet auf einen **Aufschub der Vollziehung des Beschlusses** (s.u. Rn. 993 f.).

III. Verhinderung der Umsetzung eines Gesellschafterbeschlusses/ Löschungen im Handelsregister

Dem von einer Abberufung als Geschäftsführer betroffenen Gesellschafter-Geschäftsführer wird anstelle einer einstweiligen Verfügung auf Verbot der Abstimmung bei der Abberufung u.a. die Möglichkeit einer **Unterbindung der Eintragung der Abberufung** in das Handelsregister eröffnet. Ebenso kommt (s. Rn. 987) eine einstweilige Verfügung gerichtet auf einen Aufschub der Vollziehung eines Ausschlussbeschlusses in Betracht. Auch insoweit wird der Verfügungsanspruch aus der gesellschaftsrechtlichen Treuepflicht hergeleitet. Der Verfügungsgrund wird in dem persönlichen Schaden des betroffenen Gesellschafter-Geschäftsführers gesehen, der durch die Eintragung im Handelsregister und deren Veröffentlichung bei Mitarbeitern und Vertragspartnern der GmbH entstehen würde (vgl. insbesondere *Lutz*, BB 2000, 833, 837). 988

Darüber hinaus kommt generell eine einstweilige Verfügung zur **Verhinderung der Umsetzung von Gesellschafterbeschlüssen** in Betracht (vgl. *Baumbach/Lauterbach/Albers/Hartmann*, ZPO, § 940 Rn. 29 s.v. Gesellschaft/Gesellschafterbeschluss; *Schuschke/Walker*, ZPO, Vorbemerkung zu § 935 Rn. 64), befürwortet als vorrangiges Mittel bei: *Baumbach/Hueck*, GmbH-Gesetz, Anh. § 47 Rn. 93e bei Beschlüssen, deren Eintragung konstitutiv wirkt, und i.Ü. Rn. 93g. 989

Einstweilige Verfügungen werden ferner zugelassen, obwohl Leistungsverfügung und Vorwegnahme der Hauptsache, **um eine Anmeldung eines eintragungspflichtigen Vorganges zum Handelsregister** anzuordnen, etwa den Eintritt in die Abwicklung der Firma. Begründet wird dies damit, dass die Eintragung eintragungspflichtiger Tatsachen zum Ausschluss des guten Glaubens erforderlich ist (*Baumbach/Lauterbach/Albers/Hartmann*, ZPO, § 938 Rn. 11 s.v. Handelsregister). 990

IV. Abstimmungsverhalten und Sonstiges

Wie bereits oben (s. Rn. 978 ff.) dargelegt, bestehen gegen einstweilige Verfügungen, mit denen Gesellschaftern ein **bestimmtes Abstimmungsverhalten** auferlegt werden soll wegen der Vorwegnahme der Hauptsache (dazu s.o. Rn. 78 ff.) grds. Bedenken. Über die dort referierten eng begrenzten Konstellationen hinaus werden auch nach der strengeren Auffassung einstweilige Verfügungen zugelassen in den allerdings ebenfalls seltenen Fällen, in de- 991 nen **feststeht**, „dass jede andere Abstimmung als im Sinne der Antragstellung inhaltlich unzulässig wäre" oder eine Hauptsacheentscheidung „zu spät käme" (*Schuschke/Walker*, ZPO, Vorbemerkung zu § 935 Rn. 59 sowie *Michalski* in Anm. zu OLG Hamm, GmbHR 1993, 164, jeweils m.w.N. mit folgenden Fallgruppen:

- vertragliche Stimmbindung (zustimmend insoweit selbst *MünchKomm/Heinze*, § 935 ZPO Rn. 140);

- kurzfristige Satzungsanpassung an veränderte Umstände, wenn sonst der Fortbestand der Gesellschaft gefährdet wäre, jedenfalls bei der personalistisch ausgestalteten GmbH (in Anlehnung an BGHZ 98, 276, 278 ff.);

- geplanter Beschluss, z.B. Gewinnauszahlung, gefährdet den Bestand der Gesellschaft.

992 Soweit eine Vorwegnahme der Hauptsache mit dem Hinweis, dies geschehe „nicht irreversibel", verneint – oder nur relativiert wird (so *Schuschke/Walker*, a.a.O.), überzeugt dies nicht. Das Verbot der Vorwegnahme ist jedoch keine absolute Sperre. Wie bereits (s. Rn. 78 ff.) dargelegt, verhindert es nicht zwingend der Erlass einstweiliger Verfügungen: Voraussetzung ist dann aber eine besondere Situation mit einer Dringlichkeit, die über die allgemeine für §§ 935, 940 ZPO erforderliche hinausgeht. Die gesteigerte Dringlichkeit hat der Antragsteller darzulegen und glaubhaft zu machen. Denn sie gehört mit zum Prüfungsmaßstab für das Gericht (so i.E. auch *Schuschke/Walker*, ZPO, Vorbemerkung zu § 935 Rn. 65).

993 Eine derartige einstweilige Verfügung soll ihre Wirkung wie folgt entfalten: Über § 928 ZPO wird analog § 894 ZPO das Abstimmungsverhalten des Antragsgegners **fingiert, und zwar über den Wortlaut des § 894 ZPO hinaus**, nach einer Auffassung bereits mit Erlass der einstweiligen Verfügung, auch wenn dies durch Beschluss geschieht (*Schuschke/Walker*, ZPO § 928 Rn. 13 m.w.N. auch zur Gegenauffassung in Fn. 22). Gerade die „Umsetzung" der einstweiligen Verfügung über § 894 ZPO zeigt die Problematik eines solchen Weges und die Berechtigung der sehr restriktiven Zubilligung einer einstweiligen Verfügung, die auf ein Abstimmungsverhalten gerichtet ist.

994 Vorbereitend vor Entzug von Geschäftsführungsbefugnis und/oder Vertretungsmacht oder begleitend hierzu sind je nach Situation möglich einstweilige Verfügungen zum **Verbot**

- des **Betretens** der Geschäftsräume,

- der **Kontaktaufnahme** mit bestimmten Kunden,
- der **Einsichtnahme** in die Geschäftsbücher

oder zur

- Durchsetzung eines Wettbewerbsverbotes (vgl. umfassend bei *Schuschke/ Walker*, ZPO, Vorbemerkung zu § 935 Rn. 63; *MünchKomm/Heinke*, § 935 ZPO Rn. 151 m.w.N.

Umgekehrt können auch solche Aspekte der **Geschäftsführerkompetenz** wie das Betreten der Geschäftsräume, die Einsicht in die Geschäftsunterlagen etc. durch einstweilige Verfügung gesichert werden (vgl. *Baumbach/Hueck*, GmbHG, § 38 Rn. 36 m.w.N.; *Lutter/Hommelhoff*, GmbHG, § 38 Rn. 37 m.w.N.). 995

> **Hinweis:** 996
>
> Wegen der geringen Zeit zwischen Ladung zur Hauptversammlung der **AG** und deren Abhaltung ist eine einstweilige Verfügung auf Verpflichtung des Vorstandes einer AG zur **Mitteilung auch von Gegenanträgen** i.S.d. §§ 125 f. AktG möglich (OLG Frankfurt a.M., NJW 1975, 392).

V. Beschlussverfahren gem. § 16 Abs. 3 UmwG

Seit der Neufassung des UmwG sieht § 16 Abs. 2 Satz 2 UmwG bei Anfechtung eines Verschmelzungsbeschlusses eine grds. **Eintragungssperre** vor. Diese Eintragungssperre kann insbesondere durch einen **Unbedenklichkeitsbeschluss** gem. § 16 Abs. 3 UmwG aufgehoben werden. Mit der dann wieder möglich gewordenen Eintragung in das Handelsregister wird die Verschmelzung gem. § 20 Abs. 1 UmwG wirksam. Etwaige Mängel der Verschmelzung lassen gem. § 20 Abs. 2 UmwG die Wirkung der Eintragung unberührt. Die Anteilsinhaber des jeweiligen Rechtsträgers sind dann gem. § 16 Abs. 3 Satz 6 i.V.m. §§ 25 ff. UmwG auf die Geltendmachung von Schadenersatzansprüchen verwiesen. Gem. §§ 125 Satz 1 UmwG gelten diese Regelungen für fehlerhafte Spaltungsbeschlüsse entsprechend. 997

Dem Unbedenklichkeitsbeschluss, mit dem die Registersperre überwunden wird, kommt also im Falle der Anfechtung der Beschlüsse sowohl für den Vollzug der Verschmelzung oder Spaltung als auch für die Rechtsposition des betroffenen Gesellschafters eine erhebliche Bedeutung zu (zu den Einzelhei- 998 ten insoweit vgl. *Schöne* in *Semmler/Volhardt,* Arbeitshandbuch für Unternehmensübernahmen, § 39 Rn. 59). Dies gilt umso mehr, als der Unbedenklichkeitsbeschluss im Hinblick auf § 20 Abs. 2 und § 131 Abs. 2 UmwG **irreversibel** wird (vgl. hierzu *Schöne,* a.a.O., Rn. 76). Materielle Voraussetzungen für den Undenklichkeitsbeschluss sind gem. § 16 Abs. 3 Satz 2 UmwG entweder

- die Unzulässigkeit der Klage gegen die Wirksamkeit des Verschmelzungsbeschlusses oder

- offensichtliche Unbegründetheit der Klage oder

- der Vorrang des alsbaldigen Wirksamwerdens der Verschmelzung unter Berücksichtigung der Schwere der mit der Klage geltend gemachten Rechtsverletzung

(wegen der Einzelheiten hierzu vgl. *Schöne,* a.a.O., insbesondere Rn. 72 m.w.N.; sowie *Bork* in: *Lutter,* UmwG, § 16 Rn. 18 ff.).

999 In prozessualer Hinsicht sind die **Besonderheiten des Verfahrens** zur Erlangung des Unbedenklichkeitsbeschlusses zu beachten:

Der Beschluss ergeht gem. § 16 Abs. 3 Satz 1 UmwG **nur auf Antrag** des Rechtsträgers, gegen dessen Beschluss sich die Klage richtet. Zuständig für den Undenklichkeitsbeschluss ist das Prozessgericht, das über die Anfechtungsklage zu entscheiden hat, § 16 Abs. 3 Satz 1 UmwG. Gem. § 16 Abs. 3 Satz 3 kann der Beschluss in dringenden Fällen **ohne mündliche Verhandlung** ergehen. Gem. § 16 Abs. 3 Satz 4 UmwG sind die vorgebrachten Tatsachen **glaubhaft** zu machen. Satz 5 sieht gegen den Beschluss als Rechtsbehelf die sofortige Beschwerde vor. Satz 6 enthält eine materielle Anspruchsgrundlage für denjenigen Schaden, der dem Antragsgegner nach Erlass des Unbedenklichkeitsbeschlusses und anschließendem Erfolg der Anfechtungsklage **aus der auf dem Beschluss beruhenden Eintragung** der Verschmelzung entstanden ist.

1000 **Hinweis:**

Die vorstehend geschilderten Elemente des Verfahrens zur Erlangung eines Undenklichkeitsbeschlusses sind sehr stark den Voraussetzungen für eine einstweilige Verfügung nachempfunden. Das geht bishin zur Schaffung der Anspruchsgrundlage in Anlehnung an § 945 ZPO. Gleichwohl

> verweist das Gesetz nicht auf das einstweilige Verfügungsverfahren. Auch in der Literatur wird anscheinend nicht diskutiert, ob es sich hierbei um einen Spezialfall des einstweiligen Verfügungsverfahrens handelt (vgl. etwa *Bork*, a.a.O., § 16 UmwG Rn. 16 ff.). Das Verfahren ist als streitiges Verfahrens ausgerichtet. Es handelt sich deshalb nicht um ein Verfahren der freiwilligen Gerichtsbarkeit (so auch *Bork*, a.a.O., § 16 UmwG Rn. 26).

Vorbehaltlich einer dogmatischen Aufarbeitung des § 16 Abs. 3 UmwG besteht deshalb einstweilen Grund zur Annahme, dass der Gesetzgeber, hier ein **selbstständiges, dem einstweiligen Verfügungsverfahren jedoch stark nachempfundenes Verfahren normiert** hat. Unter Beachtung der Besonderheiten dieses Verfahrens sind deshalb zumindest bei der Auslegung der einzelnen Tatbestandsmerkmale sowie der Verfahrensdurchführung die Grundsätze des einstweiligen Verfügungsrechtsschutzes ergänzend heranzuziehen. 1001

VI. Formelle und weitere materielle Besonderheiten bei einstweiligen Verfügungsverfahren im Gesellschaftsrecht

An der Verfahrensvoraussetzung „Rechtsweg der ordentlichen Gerichtsbarkeit im Verfahren der streitigen Gerichtsbarkeit" (dazu s.o. Rn. 35) fehlt es, soweit das Registergericht im Verfahren gem. §§ 145 f. FGG zuständig ist. Demzufolge ist insoweit der Erlass einstweiliger Verfügungen ausgeschlossen. Dies gilt etwa für die Bestellung von Liquidatoren gem. § 146 Abs. 2 HGB oder deren Abberufung gem. § 147 2. Halbsatz HGB. Im **FGG-Verfahren** sind im Rahmen des Hauptsachverfahrens sozusagen als **Zwischenentscheidung im Eilfall einstweilige (vorläufige) Anordnungen** möglich (vgl. *Schuschke/Walker*, ZPO, Vorbemerkung zu § 935 Rn. 10 f. m.w.N.). 1002

Soweit eine einstweilige Verfügung ergehen kann und erlassen werden soll, ergeben sich im Bereich des Gesellschaftsrechtes ferner folgende Besonderheiten: 1003

Gem. § 937 Abs. 1 ZPO sind i.d.R. die LG für Fragen dieser Art **zuständig**: Z.T. wegen des Streitwertes oder gem./analog §§ 246 Abs. 3 Satz 1, 249 Abs. 1 AktG. **Funktionell zuständig** sind gem. § 95 Abs. 1 Nr. 4 GVG die Kammern für Handelssachen. Z.T. machen die Instanzgerichte ihre funktionale Zuständigkeit wohl analog § 95 Abs. 1 Nr. 1 GVG von einer Eintragung abhängig (z.B. LG Hagen, Beschl. v. 5.1.2001, Az. 21 O 226/00, n.v.). Dies überzeugt nicht. Bereits der Wortlaut von Nr. 4 gibt dafür keinen Anhaltspunkt. In Nr. 4 ausdrücklich einbezogen ist die stille Gesellschaft, die gem. § 230 HGB nicht eintragungsfähig ist. Wenig sachgerecht wäre es zudem, Auseinandersetzungen in der Vor-GmbH trotz deren weitgehender Gleichstellung mit der GmbH (dazu z.B. *Lutter/Hommelhoff*, GmbHG, § 11 Rn. 3 ff.), aber auch materielles Personenhandelsgesellschaftsrecht vor den Zivilkammern zu verhandeln. Wegen des mit einer Verweisung von der KfH an die Zivilkammer verbundenen Zeitverlustes empfiehlt es sich, vorsorglich die Auffassung des anzurufenden Gerichts vorab abzuklären. Örtlich zuständig ist das LG am Sitz der Gesellschaft, gem./analog § 246 Abs. 3 Satz 1 AktG oder gem. § 17 Abs. 1 ZPO.

1004 **Hinweis:**

Schiedsverfahren, wie sie häufig in Gesellschaftsverträgen vereinbart sind, schließen einstweilige Verfügungen nicht aus. Dies hat § 1033 ZPO nunmehr klargestellt. Gem. § 1041 ZPO ist zudem einstweiliger Rechtsschutz auch durch das Schiedsgericht eröffnet.

1005 Schwierigkeiten bereitet im Einzelfall die **Bestimmung der Parteien**: Bei allen **Personengesellschaften** werden überwiegend die einzelnen Gesellschaftergruppen Parteien des Verfahrens sein, ggf. über die Rechtsfigur der actio pro socio (*MünchKomm/Heinze*, ZPO, § 935 Rn. 146). Das gilt auch für die **GmbH** bei Anträgen, bevor der beabsichtigte Gesellschafterbeschluss gefasst ist (OLG Frankfurt a.M., GmbHR 1998, 1126 f.).

1006 Bei Anträgen des von der Abberufung betroffenen (Gesellschafter-)Geschäftsführers auf Erlass einer einstweiligen Verfügung ist die GmbH Gegner des Antrages. Sie wird ggf. durch evtl. vorhandene weitere Geschäftsführer oder ansonsten durch einen von der Gesellschafterversammlung entsprechend § 46 Nr. 8 2. Halbsatz GmbHG zu bestellenden Bevollmächtigten im Verfahren vertreten. Dies gilt in vergleichbarer Weise, wenn die GmbH ihrerseits Antragsteller im einstweiligen Verfügungsverfahren ist, etwa bei der Beschränkung einzelner Kompetenzen des Gesellschafter-Geschäftsführers oder nach Abberufung eines Gesellschafter-Geschäftsführers durch (schwebenden) Gesellschafterbeschluss (OLG Karlsruhe, GmbHR 1993, 154, 155). Abweichend wird die Antragstellung durch den oder die die Abberufung betreibenden Mitgesellschafter zugelassen in der 2-Personengesellschaft (OLG Karlsruhe, GmbHR 1993, 154 f.) sowie dann, wenn der Antrag der einstweiligen Verfügung vor der maßgeblichen Beschlussfassung in der Gesellschafterversammlung gestellt wird (s. Rn. 974 ff.) oder es gerade um die Beschränkung der Mitwirkung des betroffenen Gesellschafter-Geschäftsführers bei der notwendigen Beschlussfassung geht (OLG Frankfurt a. M., GmbHR 1998, 1126).

Wegen des **grds. Verbotes der Vorwegnahme der Hauptsache** bestehen Bedenken gegen eine Reihe von aus Sicht der Parteien wünschenswerten Anträgen. Inwieweit bei Verwendung eines für unzulässig gehaltenen Antrages (s. hierzu insbesondere unter Rn. 977 f., 986, 991) wegen § 938 ZPO das Gericht berechtigt ist, die einstweilige Verfügung mit einem aus Sicht des Gerichtes zulässigen Inhalt zu erlassen oder ob auch insoweit die Beschränkung aus § 308 Abs. 1 ZPO besteht, wird anscheinend nicht diskutiert (zur grds. Situation insoweit Rn. 102 ff.). Jedenfalls sollten Probleme insoweit durch eine sorgfältige Formulierung der Anträge, ggf. durch Hilfsanträge möglichst vermieden oder zumindest verringert werden. 1007

Der jeweilige **Verfügungsanspruch** im Gesellschaftsrecht gründet sich, soweit nicht ausdrücklich gesetzlich oder im Gesellschaftsstatut geregelt, i.d.R. auf der gesellschaftsrechtlichen Treuepflicht und muss im Einzelnen ausgerichtet an dem jeweiligen Antrag konkretisiert werden. Auch die Darlegung des **Verfügungsgrundes** hat sich an dem jeweiligen Antrag auszurichten und das jeweilige Eilinteresse darzulegen. Wird etwa ein Verbot der Mitwirkung des betroffenen Gesellschafter-Geschäftsführers an einem TOP Abberufung aus wichtigem Grund beantragt, muss im Einzelnen dargelegt werden, dass der betroffene Gesellschafter-Geschäftsführer unzulässigerweise an der Abstimmung teilnehmen will; dargelegt werden muss ferner, weshalb nicht bis zur Hauptsacheentscheidung über die Wirksamkeit des Abberufungsbeschlusses abgewartet werden kann. 1008

Analog § 941 ZPO kann angeregt werden, dass das entscheidende Gericht das zuständige Register um Eintragung ersucht, wenn aufgrund der einstweiligen Verfügung eine Eintragung zu erfolgen hat. Wegen der Nähe zwischen entscheidendem und Registergericht bietet sich dies insbesondere an, wenn das AG der belegenen Sache gem. § 942 Abs. 1 ZPO die einstweilige Verfügung erlassen hat. Gegen eine analoge Anwendung des § 941 ZPO, obwohl diese an sich begrüßt wird *Baumbach/Lauterbach/Albers/Hartmann*, ZPO, § 941 Rn. 2. 1009

VII. Checkliste ☑

1010 Welche Auswirkungen hat die konkrete Gesellschaftsform (Personengesellschaft, GmbH oder Aktiengesellschaft) auf die anstehenden Fragenkreise?

Was ist das vom Antragsteller gewünschte Ziel? Lässt sich dieses direkt „ansteuern" oder muss wegen des Verbotes der Vorwegnahme der Hauptsache – zumindest im Wege eines Hilfsantrages (allerdings dann mit anteiliger Kostentragung) – eine weniger gravierende Maßnahme beantragt werden?

Welche Maßnahme kann jeweils als weniger gravierend gegenüber dem Hauptsacheantrag eingeschätzt werden, bei gleichzeitiger Wahrung der schützenswerten Interessen des Antragstellers?

Genügt eine rein zeitliche Beschränkung des Antrages oder ist (zusätzlich?) eine inhaltliche Beschränkung gegenüber dem Hauptsacheanspruch erforderlich, ggf. welche?

Soll neben dem (Haupt-)Antrag zugleich Eintragung des (Haupt-)Antrages in das zugehörige Register mit beantragt werden? Soll in diesem Fall zugleich Veranlassung der Eintragung durch das Gericht analog § 941 ZPO angeregt werden?

Soll bei einem etwaig in dem Gesellschaftsvertrag vorgesehenen Schiedsverfahren im Bereich des Schiedsverfahrens der einstweilige Rechtsschutz gesucht werden?

Welches sind im Hinblick auf den konkreten Antrag die richtigen Parteien des einstweiligen Verfügungsverfahrens?

Wie ist der Verfügungsanspruch zu begründen: Mit Regelungen des Gesellschaftsvertrages, des Gesetzesrechtes oder mit Auffanggesichtspunkten, wie der allgemeinen gesellschaftsrechtlichen Treuepflicht?

VIII. Muster: Entziehung der Geschäftsführungsbefugnis und der Vertretungsmacht

1011

Landgericht
– Kammer für Handelssachen –

Antrag auf Erlass
einer einstweiligen Verfügung

des Architekten ...

– Antragsteller –

Verfahrensbevollmächtigte:

gegen

Herrn ...

– Antragsgegner –

w e g e n *Entziehung von Geschäftsführung und Vertretung.*

vorläufiger Streitwert: *40.000,- €*

Namens und im Auftrage des Antragstellers beantragen wir den Erlass folgender einstweiliger Verfügung – im Hinblick auf das Eilinteresse – vorrangig ohne mündliche Verhandlung und durch den Vorsitzenden allein:

1. *Dem Antragsgegner wird die Befugnis, die Geschäfte der Firma E. oHG mit Sitz in L. zu führen und diese Gesellschaft zu vertreten, entzogen und auferlegt, jegliche Geschäftsführungsmaßnahmen für die Gesellschaft sowie jeglichen Geschäftsabschluss zugunsten und zulasten der Gesellschaft zu unterlassen bis zur Rechtskraft der Entscheidung in dem am heutigen Tage parallel eingeleiteten Hauptsacheverfahren.*

2. *Die Entziehung gem. vorstehender Nr. 1 wird in das Handelsregister in L. zu HRA ... eingetragen.*

3. *Dem Antragsgegner wird angedroht, dass für jeden Fall der Zuwiderhandlung gegen die in Nr. 1 ausgesprochene Verpflichtung ein Ordnungsgeld bis 250.000,- € und für den Fall, dass dieses nicht beigetrieben werden kann, Ordnungshaft bis 6 Monaten festgesetzt werden kann.*

4. Der Antragsgegner hat die Kosten des Verfahrens zu tragen.

Begründung:

Der Antragsteller und der Antragsgegner sind die alleinigen Gesellschafter der in dem Antrag zu 1. bezeichneten Gesellschaft. Diese ist beim AG in ... unter HRA-Nr. ... in das dortige Handelsregister eingetragen.

Glaubhaftmachung*: Vorlage der Gewerbeanmeldung als **Anlage VK 1** sowie Kopie der Handelsregister zu HRA ... als **Anlage VK 2** sowie Versicherung an Eides statt, **Anlage VK 3***

Infolge von vertrags- und gesetzeswidrigen Handlungen, insbesondere wegen Veruntreuungen, muss zur Sicherstellung der Fortexistenz der Gesellschaft sowie der Erfüllung eingegangener Verpflichtungen dem Antragsgegner die Geschäftsführungs- und Vertretungsbefugnis entzogen werden. Im Einzelnen:

I. Zuständigkeit des angerufenen Gerichts

*Die Gesellschaft ist ausweislich der **Anlage VK 2** seit dem 1.1.2000 in das Handelsregister von L. zur HRA ... als oHG eingetragen.*

Die begehrte Entziehung von Geschäftsführungsbefugnis und Vertretungsmacht gemäß der §§ 117, 127 HGB betrifft das Rechtsverhältnis zwischen dem Antragsteller und dem Antragsgegner als Mitgliedern dieser Handelsgesellschaft. Gemäß § 95 Abs. 1 Nr. 4 lit. a) GVG ist deshalb die Kammer für Handelssachen funktional zuständig. Zu berücksichtigen ist bei der Anwendung der vorstehend zitierten Norm, dass selbst die Klage eines Gesellschafters gegen einen Mitgesellschafter aus einem der Gesellschaft gewährten Darlehen von dieser Norm erfasst ist. Denn der Gesellschaftsvertrag selbst muss nicht unmittelbare Anspruchsgrundlage sein; es genügt, dass der Anspruch gesellschaftsspezifische Rechte und Pflichten unmittelbar berührt (vgl. beispielhaft Zöller/Gummer, ZPO, § 95 GVG Rn.. 8). Geschäftsführung und Vertretungsmacht sind angesichts der grundsätzlichen Ausgestaltung in der oHG gemäß §§ 115 und 125 Abs. 1 HGB zu Gunsten eines jeden Gesellschafters solche gesellschaftsspezifischen Rechte und Pflichten in der Personenhandelsgesellschaft.

II. Begründetheit

Die Entziehung der Befugnis zur Geschäftsführung kann gemäß § 117 HGB ebenso wie die Entziehung der Vertretungsmacht nach § 127 HBG lediglich durch gerichtliche Entscheidung erfolgen. Diese gerichtliche Entscheidung kann auch durch einstweilge Verfügung erfolgen. Der BGH hat in der Grund-

satzentscheidung hierzu (BGHZ 33, 105; NJW 1960, 1997 ff.) folgendes ausgeführt:

> *„Es unterliegt keinen rechtlichen Bedenken, daß dem geschäftsführenden und vertretungsberechtigten Gesellschafter R.L. durch einstweilige Verfügung die Geschäftsführungs- und Vertretungsbefugnis entzogen worden ist."*

*Die Zulässigkeit einer solchen einstweiligen Verfügung entspricht einer völlig gefestigten Auffassung im gesellschaftsrechtlichen Schrifttum. Die Möglichkeit, die Entziehung von Geschäfts- und Vertretungsbefugnis auch durch einstweilige Verfügung vorzunehmen, ist in Literatur und Rechtsprechung unbestritten. Wir überreichen beispielhaft als **Anlage VK 4** Kopie der entsprechenden Kommentierung aus (...).*

Tatbestandlich setzen § 117 HGB und § 127 HGB übereinstimmend das Vorliegen eines wichtigen Grundes voraus und bestimmen insoweit ebenfalls übereinstimmend, dass ein solcher insbesondere bei grober Pflichtverletzung vorliegt:

Der Antragsteller und der Antragsgegner hatten im Hinblick auf ihre Gewinnerwartung nach Abschluss der ersten Verträge mündlich vereinbart, dass die Gesellschafter jeweils monatlich eine Entnahme in einer Größenordnung von 10.000,- € tätigen durften.

Glaubhaftmachung: *Versicherung an Eides statt des Antragstellers, als **Anlage VK 3** beigefügt*

Der Antragsteller hatte sich gem. der internen Aufgabenverteilung bisher ausschließlich mit der technischen Abwicklung von Bauvorhaben befasst. Vor genau 14 Tagen hat der Antragsteller zufällig einen Blick auf Kontenunterlagen, die auf dem Schreibtisch des Antragsgegners lagen, geworfen. Bei genauerem Hinsehen sowie dann erfolgter Durchsicht der Kontenunterlagen musste der Antragsteller feststellen, dass der Antragsgegner eigenmächtig weit höhere Entnahmen getätigt hat. Nach Berechnung des Antragstellers belaufen sich die Fehlbeträge infolge der unberechtigten Entnahmen auf   1.070.956,71 €.

Unter Berücksichtigung des auf den Antragsgegner bis zum Tag der Erstellung dieser Aufstellung entfallenden Gewinnanteiles von   110.000,00 €

*ergab sich damit eine Überentnahme durch den Antragsgegner in Höhe von   **960.956,71 €.***

Glaubhaftmachung: *Vorlage der Aufstellung des Antragstellers, in Kopie als **Anlage VK 5** für das Gericht beigefügt*

Konfrontiert mit dieser Aufstellung hat der Antragsgegner erhebliche und unberechtigte Überentnahmen eingeräumt und dem Antragsteller am 13.12. eine Liste übergeben, auf deren Seite 1 er unter den Rubriken Vermietung und Verpachtung, Sonstiges und Privat/mtl. seine Entnahmen mit

487.468,14 €
+ 115.249,15 € und
+ 174.842,36 €

insgesamt also   777.559,65 €

bezeichnet.

Glaubhaftmachung: *Vorlage der eigenen Aufstellung des Antragsgegners, in Kopie als **Anlage VK 5** für das Gericht beigefügt sowie ergänzend bereits als **Anlage VK 3** vorgelegte Versicherung an Eides statt des Antragstellers*

Gemessen an dem auf den Antragsgegner entfallenden Gewinnanteil ergibt sich somit nach den von dem Antragsgegner eingeräumten Entnahmen immer noch eine eigenmächtige und damit rechtswidrige Überentnahme in einer Größenordnung von über einer halben Million Euro!

*Im Rahmen der Bauabwicklung werden die Gelder dringend benötigt für die Ausgleichung von Verbindlichkeiten der Gesellschaft gegenüber den Subunternehmern. Wir überreichen als **Anlagenkonvolut VK 6** zur Glaubhaftmachung einiger Rechnungen von Subunternehmern, die fällig sind.*

Der Antragsgegner versprach daraufhin dem Antragsteller, er werde binnen Kürze in seinem Bekanntenkreis ausreichend Geldmittel zur Wiedereinlage in die Gesellschaft auftreiben. Dies ist bisher nicht geschehen.

Im Gegenteil hat der Antragsgegner, wie der Antragsteller vor zwei Tagen hat feststellen müssen, auf dem Konto der V-Bank durch Geldeingänge (neu)entstandenes Guthaben in einer Größenordnung von 100.000,- € durch private Verfügungen aufgebraucht, mithin also erneut eine unberechtigte Privatentnahme getätigt hat.

Glaubhaftmachung: *Vorlage der entsprechenden Kontoauszüge, in Kopie als **Anlagenkonvolut VK 7** für das Gericht beigefügt*

Bei den gekennzeichneten Positionen handelt es sich um Privatentnahmen.

Glaubhaftmachung: *Bereits als **Anlage VK 3** vorgelegte Versicherung an Eides statt des Antragstellers*

Zunächst muss umgehend verhindert werden, dass der Antragsgegner auch weiterhin nachteilige Verfügungen durch Balastungen von Konten etc. bewirken kann. Ferner muss verhindert werden, dass der Antragsgegner noch offene Ansprüche der Gesellschaft in sonstiger Weise einzieht. Um den Geschäftsbetrieb der Gesellschaft aufrechtzuerhalten, insbesondere die vorhanden Bauvorhaben abzuwickeln, muss sodann eine Reihe von Verhandlungen mit den Bauherren einerseits sowie auch mit den Subunternehmern und den Banken andererseits geführt werden. Insoweit muss klar sein, dass ausschließlich die Gespräche und Verhandlungsergebnisse des Antragstellers maßgeblich sind und Bestand haben.

Im Hinblick auf die Höhe der in Rede stehenden Beträge ist eine kurzfristige Entscheidung unbedingt erforderlich.

Eine mildere Maßnahme als die beantragte Entziehung der Geschäftsführungsbefugnis und Vertretungsmacht kommt nicht in Betracht: ... (es folgen Ausführungen i.S.v. Rn. 964 ff.)

Die parallele Hauptsacheklage ist ebenfalls beim LG ... eingereicht.

Glaubhaftmachung: *Vorlage einer Abschrift mit dem Eingangsstempel der Wachtmeisterei; als* **Anlage VK 8** *beigefügt*

Der Streitwert ist gebildet zum einen unter Berücksichtigung eines gewissen Abschlages wegen der gewählten Verfahrensart einstweiliger Rechtsschutz, zum anderen unter Berücksichtigung auf die Bedeutung der Verhinderung von Maßnahmen der Geschäftsführung und Vertretung durch den Antragsgegner, aber auch unter Berücksichtigung der gegenwärtigen finanziellen Situation der Gesellschaft nach den unberechtigten Privatentnahmen des Antragsgegners. Von daher rechtfertigt sich auch der Antrag, möglichst auf Entscheidung im Beschlusswege und durch den Vorsitzenden allein und zudem möglichst ohne vorherige Anhörung des Antragsgegners. Nach den bisherigen rechtswidrigen Maßnahmen insbesondere der zuletzt unterschlagenen weiteren € 100.000,- kann nicht ausgeschlossen werden, dass der Antragsgegner, wenn er zunächst von dem Verfahren Kenntnis erlangt, die verbleibende Zeit noch zu weiteren rechtswidrigen Maßnahmen nutzen wird.

Zur beschleunigten Zustellung bitten wir nach Erlass der einstweiligen Verfügung um telefonische Mitteilung. Wir werden dann die vollsteckbare Ausfertigung auf der Geschäftsstelle abholen, um kurzfristige Zustellung veranlassen zu können.

Die Entziehung der Vertretungsmacht ist zur Vermeidung eines Rechtsscheines ggf. über § 15 HGB kurzfristig in das Handelsregister einzutragen.

Im Hinblick auf das bisherige rechtswidrige Verhalten des Antragsgegners besteht die erhebliche Gefahr, dass der Antragsgegner entgegen den mit der Untersagung verbundenen Unterlassungsverpflichtungen handeln wird. Damit bei einem evtl. Verstoß sofort die Ordnungsstrafe festgesetzt werden kann, ist diese bereits jetzt anzudrohen, §§ 890 f. ZPO.

Rechtsanwalt

Versicherung an Eides statt

In Kenntnis der Bedeutung einer Versicherung an Eides statt und im Wissen um die Strafbarkeit bei Abgabe einer falschen Versicherung an Eides statt versichere ich, Herr M., O-str. 1 in ... zur Vorlage bei Gericht an Eides statt:

Es ist richtig:

- *Die als Anlage VK 1 vorgelegte Gewerbeanmeldung und der als Anlage VK 2 vorgelegte Handelsregisterauszug betreffend die E. oHG, deren einzige Gesellschafter der Antragsgegner und ich sind.*

- *Der Antragsgegner und ich hatten im Hinblick auf unsere Gewinnerwartung nach Abschluss der ersten Verträge mündlich vereinbart, dass die Gesellschafter jeweils monatlich eine Entnahme in einer Größenordnung von 10.000,- € tätigen durften.*

- *Nach meiner Berechnung belaufen sich die Überentnahmen des Antragsgegners verglichen mit dem auf ihn entfallenden Gewinnanteil auf € 960.956,71.*

- *Der Antragsgegner hat mir am 13.12. die als Anlage VK 5 dem Antragsschriftsatz beigefügte, von ihm gefertigte Liste übergeben, um nachzuweisen, dass er „lediglich" Privatentnahmen von € 777.559,65 getätigt hat.*

- *Vor zwei Tagen hat der Antragsgegner trotz unserer vorherigen Gespräche nochmals € 100.000,- von unserem Geschäftskonto privat entnommen.*

- *Bei den auf dem Anlagenkonvolut VK 7 gekennzeichneten Positionen handelt es sich um Privatentnahmen des Antragsgegners.*

- *Im Rahmen der Bauabwicklung werden die Gelder dringend benötigt für die Ausgleichung von Verbindlichkeiten der Gesellschaft gegenüber den Subunternehmern.*

Ort, den

Unterschrift

§ 8 Einstweiliger Rechtsschutz im Wettbewerbsrecht nebst Ausblick auf die gewerblichen Schutzrechte

Das Wettbewerbsrecht – ähnlich auch das Urheber-, Marken-, Geschmacks- und Gebrauchsmusterrecht ist von der Art seiner Materie her auf schnelle Entscheidungen angelegt.   1012

I. Dringlichkeit

Bei unerlaubter Verwendung von nach § 2 UrhG, § 14 MarkenG, § 15 GeschmacksmusterG, §§ 9b PatentG und §§ 1 und 11 GebrauchsmusterG geschützten Rechtspositionen sowie auch bei unerlaubter Werbung liegt das dringende Interesse des Urhebers bzw. Wettbewerbers an möglichst schneller Einstellung der verbotswidrigen Handlungen auf der Hand. Bei längerer Verfahrensdauer könnte der Rechtsverletzer einen derartigen wirtschaftlichen Vorteil und der Geschädigte einen so starken wirtschaftlichen aber auch immateriellen Schaden erlitten haben, dass der Rechtsverletzer sich trotz einer späteren Entscheidung – einschließlich einer evtl. Gewinnabschöpfungsmöglichkeit, wie sie § 97 Abs. 1 Satz 2 UrhG vorsieht – für die Zukunft zu derartigen Rechtsverletzungen animiert fühlen könnte. Demzufolge ist durch § 25 UWG, der im Patentrecht nach h.M. nicht anwendbar ist (s. *Baumbach/Lauterbach/Albers/Hartmann,* ZPO, § 936 Rn. 2 m.w.N.; zum Meinungsstand s. ferner *Zöller/Vollkommer,* § 940 Rn. 8 s.v. gewerblicher Rechtsschutz m.w.N.) generell auf die Darlegung und Glaubhaftmachung eines Verfügungsgrundes i.S.d. §§ 935, 940 ZPO verzichtet worden. Das Gesetz **nimmt in Wettbewerbssachen generell an, dass ein Eilbedürfnis besteht**. Eine vergleichbare Norm existiert im UrhG nicht. Die Vermutung des § 25 UWG ist im Grundsatz widerleglich, z. B. wenn nicht innerhalb der oben unter Rn. 73 ff. dargelegten Fristen der spätere Antragsteller die jeweils notwendigen Handlungen ergriffen hat. Will der Antragsgegner die Vermutung des § 25 UWG entkräften, muss er Tatsachen vortragen und ggf. glaubhaft machen, aus denen sich ergibt, dass die Angelegenheit trotz § 25 UWG nicht dermaßen eilig ist, dass im einstweiligen Verfügungsverfahren entschieden werden muss. Ist dem Antragsgegner dies gelungen, obliegt es nunmehr wiederum dem Antragsteller im Rahmen des Verfügungsgrundes das Eilbedürfnis darzulegen und glaubhaft zu machen. Dies wird dem Antragsteller umso schwerer fallen, je gravierender die Gründe für die Widerlegung der kraft Gesetzes vermuteten Dringlichkeit durch den Antragsgegner ausgefallen sind. Eine   1013

Widerlegung der Dringlichkeitsvermutung wird bei **befristeten Wettbewerbsverstößen**, wie etwa bei Werbungen für Winter- und Sommerschlussverkauf oder sonstigen befristeten Veranstaltungen wie Jubiläums- und Sonderverkäufen, diskutiert (vgl. *Pastor/Ahrens/Traub*, Wettbewerbsprozeß, Kap. 49 Rn. 12 m.w.N.): Verneint wird in Fällen dieser Art ein Eilinteresse, wenn nach der Prognose des Gerichtes bis zu der nächsten Möglichkeit einer solchen Veranstaltung im Hauptsacheverfahren ein Unterlassungstitel bewirkt werden kann.

1014 **Hinweis:**

Für den Antragsteller empfiehlt es sich deshalb, noch während der laufenden Veranstaltung die einstweilige Verfügung zu beantragen. In diesem Falle wird die Dringlichkeit auch dann bejaht, wenn die mündliche Verhandlung erst nach dem Abschluss dieser Veranstaltung stattfindet (vgl. OLG Stuttgart, WRP 1988, 398, 400; OLG München, WRP 1987, 694, 695 f.).

1015 Wettbewerbsrechtliche Verfahren kommen nur unter Kaufleuten in Betracht. Im Hinblick auf deren besonderen Kenntnisse ist nach den Darlegungen unter Rn. 73 ff. von den jeweils kürzeren Fristen auszugehen, wenn nicht eine bestimmte Rechtspraxis bei dem angerufenen Gericht feststeht und bekannt ist.

1016 Die weiteren Besonderheiten für einstweilige Verfügungsverfahren in diesem Bereich betreffen das Abmahnverfahren, die Abschlusserklärung, die Verjährung, Fälle bereits anderweitig abgegebener Unterlassungserklärungen sowie die bereits vorstehend besprochenen Schutzschrift (s. Rn. 271 ff.).

II. Abmahnung

1017 I.d.R. erfahren die Wettbewerber bzw. der Urheber nichts von einer bevorstehenden Rechtsverletzung. Die vorbeugende Geltendmachung von Unterlassungsansprüchen spielt deshalb nur eine untergeordnete Rolle. In der Praxis knüpfen die **Unterlassungsansprüche** also an eine bereits begangene Rechtsverletzung an. Durch diese Rechtsverletzungen wird die für die Existenz des Unterlassungsanspruches erforderliche Wiederholungsgefahr vermutet (*Pastor/Ahrens/Traub*, Wettbewerbsprozeß, Kap. 48 Rn. 38). Häufig sind die Wettbewerbsverletzungen zudem dokumentiert, etwa bei einer inkriminierten Werbung durch Anzeigen, Werbeprospekte oder andere schriftliche Unterlagen oder im Bereich des Urheberrechtes durch Verkaufskataloge etc.

Ziel einer Abmahnung ist mithin nicht, eine Wiederholungsgefahr nachweisen zu können. Die Ablehnung bzw. Nichtreaktion auf ein Abmahnschreiben bestätigt aber die bereits vermutete Wiederholungsgefahr. Insoweit handelt es sich lediglich um einen Nebeneffekt. Ziel der Abmahnung im Wettbewerbs-/Urheberrecht ist vielmehr eine andere: Die Abmahnung gibt dem Rechtsverletzter die Möglichkeit, eine **strafbewehrte Unterlassungserklärung** abzugeben und damit den Streitfall außergerichtlich abschließend zu regeln. Es kommt dann bei Einigung der Parteien ein entsprechender Unterwerfungsvertrag zustande (z.B. *Pastor/Ahrens/Schulte*, Wettbewerbsprozeß, Kap. 15 Rn. 1). Zugleich verschließt das Abmahnschreiben dem Störer im einstweiligen Verfügungsverfahren den Weg zum sofortigen Anerkenntnis mit der für den Störer günstigen Kostenfolge des § 93 ZPO (s.o. Rn. 236). 1018

Das Abmahnschreiben besteht aus der **Aufforderung des Gläubigers**, die inkriminierte Werbung bzw. gegen ein gewerbliches Schutzrecht verstoßende Handlung zu unterlassen, i.d.R. ergänzt um eine vorbereitete strafbewehrte Unterlassungserklärung. Nur eine mit ausreichender Vertragsstrafe bewehrte Unterlassungserklärung ist geeignet, die Wiederholungsgefahr auszuschließen (vgl. *Pastor/Ahrens/Deutsch*, Wettbewerbsrecht, Kap. 5 Rn. 8). Die **Höhe der Vertragsstrafe** richtet sich nach den Umständen des Einzelfalles, wie der Reichweite und Ausgestaltung des zu unterlassenden Verhaltens, der finanziellen Situation des Schuldners, den Vorteilen aus einem möglichen Verstoß etc. Die Abmahnung ist nicht an eine Form gebunden. Üblicherweise und zur späteren Beweisbarkeit erfolgt sie in schriftlicher Form. Inhaltlich muss das Abmahnschreiben den Vorwurf so genau beschreiben, dass dem Angeschriebenen und evtl. Antragsgegner eine Einordnung sowie Überprüfung möglich ist. Einer rechtlichen Würdigung bedarf es nicht. 1019

Die **(Vor-)Formulierung der Unterlassungsverpflichtung** bedarf besonderer Sorgfalt; insoweit gilt das für den Verfügungsantrag unter Rn. 102 ff. Ausgeführte entsprechend: Einerseits darf die vorbereitete Unterlassungserklärung keine unzulässigen Verallgemeinerungen enthalten. Andererseits muss sie so formuliert sein, dass sie – in Übereinstimmung mit der „**Kerntheorie**" (dazu *Baumbach/Hefermehl*, Wettbewerbsrecht, Einl. UWG, Rn. 480, 485) alle Verletzungsformen erfasst, die der konkreten Verletzungsform wesensgleich sind. Ist die Unterlassungserklärung unklar vorformuliert, läuft der Gläubiger Gefahr, dass eine erneute „einschlägige" Handlung gleichwohl eine Vertragsstrafe nicht verwirkt, jedenfalls nicht gerichtlich durchsetzbar ist. Trotz der Eile, die aus der Vorwegschaltung des Abmahnschreibens vor dem Verfügungsantrag 1020 resultiert, ist deshalb die entsprechende Sorgfalt auf die Formulierung der Unterlassungserklärung zu verwenden – und zwar insbesondere für den Fall, dass der Aufgeforderte die vorbereitete Erklärung unterschreibt. Im einstweiligen Verfügungsverfahren sind demgegenüber i.d.R. noch Änderungen möglich. Evtl. sind diese vom Gericht im Hinblick auf § 938 Abs. 1 ZPO vorzunehmen. Insoweit trifft den Antragsteller bei Anerkenntnis nach Umstellung allenfalls ein Kostenrisiko gem. § 93 ZPO (s. Rn. 236).

1021 Für den Antragsgegner besteht die Möglichkeit, entweder diese Formulierung so, wie vom Gläubiger vorgeschlagen, zu akzeptieren oder, wenn er diese Formulierung für zu weitreichend oder nicht angemessen oder nicht zutreffend hält, seinerseits die künftige Verpflichtung zu formulieren (s.u. Rn. 1030 ff.). Nimmt der Schuldner Abänderungen gegenüber dem Vorschlag des Gläubigers vor, gilt es für diesen zu prüfen, ob die Veränderungen eine **einstweilige Verfügung hinsichtlich des veränderten Teiles tragen**. In diesem Verfahrensstadium besteht also für beide Parteien die Möglichkeit, in Autarkie die rechtlichen Meinungsverschiedenheiten zu einem Ergebnis zu führen. Die notwendige **Vertragsstrafe** übernimmt die Funktion, wie die **Androhung des Ordnungsmittels** im Rahmen des einstweiligen Verfügungsverfahrens ein. Auch insoweit gibt es für beide Parteien einen Vorteil: Der Schuldner kennt die in der Unterwerfungserklärung vereinbarte Höhe der Vertragsstrafe und kann sich auf diese einstellen. Demgegenüber wird in der Praxis das Ordnungsmittel nicht konkret mit einem bestimmten Geldbetrag bzw. einer bestimmten Haftstrafe angedroht, sondern lediglich mit dem gesetzlichen Rahmen entlang der Formulierung des § 888 Abs. 1 ZPO. Für den Gläubiger hat die Vertragsstrafe den „Charme", dass sie, anders als das Ordnungsmittel, das von dem Staat vollstreckt wird, an ihn fällt. Die Geltendmachung weitergehender Schäden bleibt ihm gem. § 340 Abs. 2 Satz 2 BGB unbenommen.

1022 In der Praxis behaupten Schuldner, die nach Zustellung der Antragsschrift und eingeholter Beratung den Unterlassungsanspruch des Gläubigers anerkennen wollen, immer wieder, das Abmahnschreiben sei nicht zugegangen. Grundsätzlich ist der Gläubiger für den Zugang von Schreiben darlegungs- und „beweis"verpflichtet. Ein ausreichend sicherer Nachweis kann ausschließlich durch Zustellung des Abmahnschreibens per Gerichtsvollzieher geführt werden. Sehr häufig wird von diesem Weg in der Praxis kein Gebrauch gemacht, weil dieser Weg (zeit-)aufwendiger ist und sich dies mit dem Eilcharakter weniger vereinbaren lässt. In der Praxis werden stattdessen häufig die Schreiben per Einwurfeinschreiben versandt. Gegenüber der bloßen Übersendung des

Abmahnschreibens stellt dies bereits einen wesentlich sichereren Weg dar. Große Teile der Rechtsprechung **entbinden** den Antragsteller zumindest im Bereich des § 93 ZPO und zutreffenderweise auch im Bereich des § 91a ZPO von dem **Nachweis des Zuganges des Abmahnschreibens**. Danach muss der Gläubiger nur die ordnungsgemäße Versendung des Schreibens glaubhaft machen (vgl. OLG Karlsruhe, WRP 1997, 477 sowie OLG Stuttgart, WRP 1996, 477, 478 f., zustimmend nach Erörterung der Argumente der Gegenmeinung *Pastor/Ahrens/Deutsch*, Wettbewerbsprozeß, Kap. 6 Rn. 2 m.w.N.).

> **Hinweis:** 1023
>
> Zur Vermeidung einer Zurückweisung gem. § 174 BGB empfiehlt es sich für den Bevollmächtigten, eine **Original-Vollmacht** beizulegen und zwar unabhängig davon, ob und in welchem Umfang in Literatur und Rechtsprechung die Verzichtbarkeit des Vollmachtsnachweises diskutiert wird (zum Meinungsstand vgl. *Ulrich*, WRP 1998, 258 m.w.N. in Fn. 2 und 3). Letztlich ist es für den außerprozessualen (Miss-)Erfolg unerheblich, ob die bloße Zurückweisung eines Abmahnschreibens unter Hinweis auf die fehlende Vollmacht vor dem Hintergrund des § 93 ZPO zur Einleitung eines einstweiligen Verfügungsverfahrens „berechtigt" (so etwa *Ulrich*, a.a.O., S. 261). Denn jedenfalls wäre es nicht zu einer außerprozessualen Erledigung gekommen.

Das Hauptziel des Abmahnschreibens für den Gläubiger besteht in der **Vermeidung des Kostenrisikos** aus § 93 ZPO (s. Rn. 33 und 236): Leitet der Gläubiger nach dem Rechtsverstoß des Antragsgegners das einstweilige Verfügungsverfahren sofort ein, riskiert er, dass bei sofortigem Anerkenntnis des Antragsgegners gem. § 93 ZPO trotz des Rechtsverstoßes des Antragsgegners, ihm, dem Antragsteller, die Kosten auferlegt werden. Hieraus einerseits sowie dem Eilbedürfnis andererseits resultiert für den Gläubiger das Problem der Bestimmung der Frist, bis zu der er den Eingang der Unterwerfungserklärung erwartet: Wird die Frist zu lang bewilligt, setzt sich der Gläubiger, der jedenfalls die Fristen für die Einleitung des einstweiligen Verfügungsverfahrens – vorsorglich ausgerichtet an der von der Rechtsprechung vertretenen strengeren Frist (s.o. Rn. 73 ff.) – wahren will, zu sehr unter Druck. Bemisst der Gläubiger andererseits die Frist zu kurz, läuft er Gefahr, dass er mit seinem Abmahnschreiben lediglich eine **angemessene Frist** in Gang gesetzt hat (vgl. BGH, GRUR 1990, 381, 382). Leitet der Gläubiger dann vor Ablauf 1024 der „angemessenen" Frist das einstweilige Verfügungsverfahren ein, kann der Schuldner trotz des Abmahnschreibens in der Hauptsache anerkennen und den Kostenantrag gem. § 93 ZPO stellen. Streitig ist, ob der spätere Antragsgegner bei einer zu kurz gesetzten Frist zunächst eine Antwort in Aussicht stellen muss (so OLG Hamburg, GRUR 1989, 297). Eine a.A. hat das OLG Frankfurt (WRP 1996, 1194 f.) vertreten, allerdings zu einem Extremfall (Frist von einer Stunde für den Eingang der Unterwerfungserklärung). Unabhängig davon bleibt die Frage, ob es sich aus taktischen Gründen empfiehlt, eine solche Ankündigung zu versenden. Nach Auffassung des OLG Hamburg (WRP 1989, 325) darf nämlich eine erbetene Fristverlängerung „nicht ohne sachlichen Grund" verweigert werden.

1025 Umstritten ist ferner, ob und ggfs. unter welchen Voraussetzungen der Gläubiger/Antragsteller **von einer Abmahnung** ohne das Risiko der Kosten gem. § 93 ZPO zu tragen, **freigestellt** werden kann: Z.T. wird eine Abmahnung für entbehrlich gehalten, wenn sie **voraussichtlich erfolglos** sein wird, etwa dann, wenn der Schuldner bereits eine Unterwerfungserklärung abgegeben hat und dann erneut einen Verstoß begeht (BGH, GRUR 1990, 542, 543 – bei „etwas abgeändterte[r] Werbung", s.a. KG, NJW-RR 2000, 516). Z.T. ist dies auch bei **vorsätzlichen** Wettbewerbsverstößen angenommen worden. In der Zwischenzeit haben sich die Bedenken gegen eine solche Ausnahme mit zwei Argumenten durchgesetzt:

- Wettbewerbsverstöße werden fast immer vorsätzlich begangen, so dass der Vorsatz kein geeignetes Unterscheidungskriterium ist.

- Die innere Einstellung des Schuldners (Vorsatz, Fahrlässigkeit, Gutgläubigkeit) ist für den Gläubiger – vor allem bei Eilverfahren – nur selten zu erkennen und i.Ü. auch nicht für den materiell-rechtlichen Anspruch von Relevanz (umfassend *Pastor/Ahrens/Deutsch*, Wettbewerbsprozeß, Kap. 9 Rn. 9 m.w.N.).

1026 Diskutiert worden ist ferner, ob wegen **Unzumutbarkeit eine Abmahnung** dann nicht erforderlich ist, wenn ein schädigendes Verhalten des Schuldners sonst nicht mehr durch das Gericht unterbunden werden konnte, wie etwa bei Messen, Sonderveranstaltungen und vor allem bei Schlussverkäufen (vgl. beispielhaft OLG Hamm, WRP 1982, 674).

1027 Den besonderen Interessen des Antragstellers kann jedoch durch knapp gefasste Fristsetzungen in der Abmahnung ausreichend Rechnung getragen werden, insbesondere angesichts des Einsatzes von Kommunikationsmitteln wie Telefax, Fax per EDV und Internet. Jedenfalls in der beratenden Tätigkeit durch einen Bevollmächtigten bedarf es einer ausreichenden Abwägung, wenn auf eine vorherige Abmahnung verzichtet werden soll.

III. Unterlassungserklärung

Bei seiner Entscheidung, ob er einem Abmahnschreiben folgen und eine – strafbewehrte – **Unterlassungserklärung** abgeben wird, wird der Adressat eines solchen Schreibens u.a. die möglichen **Kosten** berücksichtigen: 1028

Ein Anerkenntnis in einem nachfolgenden einstweiligen Verfügungsverfahren löst Mehrkosten aus. Denn der Weg zu § 93 ZPO ist durch das Abmahnschreiben verbaut. Selbst bei Anerkenntnis im Gerichtsverfahren fällt eine Gerichtsgebühr an. Hinzu kommt, dass bei Anwaltsprozessen das Anerkenntnis nur durch einen Bevollmächtigten abgegeben werden kann. Zudem führt das Anerkenntnis im einstweiligen Verfügungsverfahren nicht zum endgültigen Abschluss. Vielfach versuchen Antragsteller eine „Neben-Strafe", insbesondere bei deutlichen Unterschieden in dem wirtschaftlichen Kräfteverhältnis zwischen Antragsteller und Antragsgegner, herbeizuführen durch die Angabe eines besonders **hohen Streitwertes**. Dem könnte der Antragsgegner entgegentreten mit Hinweis auf für eine Absenkung des Streitwertes sprechenden Umstände, wie etwa auf geringere Auswirkungen für den Antragsteller im Hinblick auf die schwache wirtschaftliche Position des Antragsgegners. Den Versuch, dem Gegner einen spürbaren wirtschaftlichen Nachteil durch isolierte Geltendmachung des Unterlassungsanspruchs durch eine Vielzahl von Konzerntöchtern zuzufügen, hat der BGH mit der Missbrauchsregelung aus § 13 Abs. 5 UWG unterbunden (BGH, ZAP F. 1, EN-Nr. 671/2000). 1029

Geht das Unterlassungsbegehren des Gläubigers, vor allem im Hinblick auf die konkrete Verletzungshandlung, zu weit oder ist die von dem Gläubiger verlangte Vertragsstrafe zu hoch bemessen, kann sich der Verletzte den Weg zu § 93 ZPO nicht erhalten, indem er nicht reagiert. 1030

Hinweis: 1031

Es empfiehlt sich vielmehr, eine **Unterlassungserklärung mit der angemessenen Reichweite** und/oder einer angemessen hohen Vertragsstrafe abzugeben (vgl. OLG Karlsruhe, WRP 1997, 477; OLG Hamburg, WRP 1989, 32, 33). Die Möglichkeit, eine unangemessen hohe Vertragsstrafe gem. § 343 Abs. 1 Satz 1 BGB **auf einen angemessenen Betrag herabzusetzen,** besteht gem. § 348 HGB nicht für Kaufleute. In der Praxis lässt sich von einer solchen „Absenkung" der Erklärung auch Gebrauch machen, wenn der evtl. Antragsgegner ernstliche Zweifel an einem für ihn komplett günstigen Ausgang im einstweiligen Verfügungsverfahren hat. Denn es begrenzt einerseits materiell-rechtlich sein Risiko durch die Beschränkung der Unterlassungserklärung und/oder Vertragsstrafe. Zugleich verlagert er das Risiko eines Verfahrens wegen des von dem evtl. Antragsteller verlangten „Mehr" auf diesen. Evtl. sieht dieser sodann von einer Einleitung eines einstweiligen Rechtsschutzverfahrens ab.

1032 Weitere Beschränkungen der Unterwerfungserklärung, von denen in der Praxis gelegentlich Gebrauch gemacht wird, sind **Befristung** und **Bedingung**:

Die **Befristung** wird in die Unterwerfungserklärung in der Praxis dann häufig aufgenommen, wenn innerhalb der – angemessenen – Frist zur Abgabe der Unterwerfungserklärung nicht abschließend die Verpflichtung zur Abgabe dieser Erklärung geprüft und/oder nicht ausreichend Glaubhaftmachungsmittel für ein einstweiliges Verfügungsverfahren, dessen sofortige Einleitung bei Verweigerung der Unterlassungserklärung befürchtet wird, zur Verfügung stehen. Fraglich ist, ob die Unterwerfungserklärung die mit ihr verbundene Wirkung mit einer solchen Befristung entfalten kann: Ausgehend davon, dass jedenfalls der Vorbehalt eines jederzeitigen **Widerrufs** durch den Erklärenden dazu führt, dass die Unterwerfungserklärung nicht zur Vermeidung der Wiederholungsgefahr geeignet ist, halten *Pastor/Ahrens/Schulte*, (Wettbewerbsprozeß, Kap. 14 Rn. 81) eine Befristung generell für schädlich. Für zulässig halten sie eine Befristung lediglich dann, wenn bereits der der Unterwerfungserklärung zugrunde liegende Unterlassungsanspruch als solcher befristet ist, wie dies etwa bei einem zeitlich befristeten vertraglichen Wettbewerbsverbot der Fall ist. Erhält der Abmahnende also eine Unterwerfungserklärung mit einer Befristung, stellt sich für ihn die Frage, ob die Befristung zulässig ist oder nicht. Stellt sich die Befristung als unzulässig dar, muss zur Vermeidung der Widerlegung des Eilinteresses aus § 25 UWG bereits unmittelbar nach Ablauf der von dem Erklärenden gesetzten Frist die einstweilige Verfügung beantragt werden.

1033 In der Problematik ähnlich stellt sich die Situation bei **Bedingungen** dar. Wegen der grundsätzlichen Möglichkeit, Willenserklärungen gem. §§ 158 ff.

BGB bedingt abzugeben, kann die Bedingung einer Unterwerfungserklärung nicht schlechthin als unzulässig angesehen werden. Prüfungsmaßstab ist jedenfalls, ob die Unterwerfungserklärung trotz der Bedingung geeignet ist, die Wiederholungsgefahr zu beseitigen. Dies ist dann der Fall, wenn einerseits der Schuldner einen anerkennenswerten sachlichen Grund für die Bedingung hat und ihm demzufolge die bedingungslose Unterwerfung nicht zuzumuten ist und andererseits dem Gläubiger gleichwohl die erforderliche Sicherheit vor zukünftigen Zuwiderhandlungen gewährt wird (*Pastor/Ahrens/Schulte*, Wettbewerbsprozeß, Kap. 14 Rn. 79 m.w.N.). Generell verneint wird die Eignung einer Unterwerfungserklärung, die Wiederholungsgefahr auszuräumen, wenn die Unterwerfungserklärung nicht sofort, sondern erst zu einem späteren Zeitpunkt Wirkung entfalten soll, wie dies bei aufschiebenden Bedingungen der Fall ist (*Pastor/Ahrens/Schulte*, Wettbewerbsprozeß, Kap. 14 Rn. 80 m.w.N.). Anerkannt in der Rechtsprechung sind insbesondere Bedingungen, durch die die Fortsetzung der Gültigkeit der Unterwerfungserklärung von der wettbewerbsrechtlichen Beurteilung in einem anderen Rechtsstreit abhängig ist (wegen der Einzelheiten vgl. *Pastor/Ahrens/Schulte*, Wettbewerbsprozeß, Kap. 14 Rn. 82 ff. m.w.N.). Zugrunde liegt dem die Überzeugung, dass Bedingungen, die lediglich darauf ausgerichtet sind, die Unterwerfungserklärung an die tatsächliche materielle Rechtslage anzupassen, zulässig sind (*Pastor/Ahrens/Schulte*, Wettbewerbsprozeß, a.a.O.).

Ob sich der Schuldner in seiner Unterwerfungserklärung eine **Aufbrauchfrist** vorbehalten darf, ist umstritten (vgl. z.B. *Pastor/Ahrens/Schulte*, Wettbewerbsprozeß, Kap. 14 Rn. 86 f. m.w.N. sowie Kap. 29 Rn. 3 ff.). Soweit dies zur Vermeidung unverhältnismäßiger Nachteile erforderlich ist, ist einem entsprechenden Ersuchen sowohl vorprozessual als auch noch während eines **einstweiligen Verfügungsverfahrens** stattzugeben. 1034

Insgesamt kann jedenfalls **festgehalten** werden: Durch die Aufnahme von materiellen Einschränkungen der Unterwerfungserklärung gegenüber dem Vorschlag des Abmahnenden, die Aufnahme von Bedingungen und Befristungen sowie die Vorbehalte wie Ausbrauchfristen etc. ist es dem Schuldner im Grundsatz möglich, nicht nur seine eigene materielle Position zu verbessern, sondern zugleich auch einen Teil der Ungewissheit der Situation und des daraus folgenden Kostenrisikos an den Abmahnenden „zurückzugeben". 1035

Ein wesentlicher Nachteil, der früher in der Abgabe einer strafbewehrten Unterlassungserklärung gesehen wurde, die dauerhafte **vertragliche Bin-** 1036

Teil 5: § 8 Einstweiliger Rechtsschutz im Wettbewerbsrecht/gewerbliche Schutzrechte

dung ohne Änderungsmöglichkeit, ist nach entsprechenden Vorarbeiten durch *Teplitzki* (zuletzt WRP 1996, 1004 ff.) in der Zwischenzeit durch die Rechtsprechung des BGH in den Entscheidungen Altunterwerfung I und II (z.B. NJW 1997, 1702, 1703 f. und 1998, 2439) weggefallen. Durch diese Entscheidung ermöglicht der BGH dem Versprechenden nunmehr, bei Änderung der Verhältnisse (z.B. Änderung der Rechtsprechung oder Gesetzgebung) ein **abgegebenes Unterlassungsversprechen** bzw. den daraus resultierenden **Unterlassungsvertrag** zu kündigen. In der erwähnten Entscheidung des BGH hatte sich die Rechtslage insofern geändert, als das durch die Neufassung des § 13 Abs. 2 UWG die Sachbefugnis entfallen war. Der BGH hat diese Rechtsprechung dann nochmals in seiner Entscheidung vom 5.3.1998 (Az. I ZR 202/95 – Altunterwerfung III mit Anm. *Enders*, ZAP Entscheidungsreport Wirtschaftsrecht 13/1998, 100 f.) bestätigt.

1037 Der Versprechende muss nach einer Kündigung allerdings damit rechnen, dass der Versprechensempfänger diese Kündigung zum Anlass für ein erneutes Vorgehen nehmen wird, wenn er die Änderung der Verhältnisse anders bewertet als der Kündigende. Aus der Kündigungserklärung lässt sich eine Wiederholungsgefahr entnehmen. Strittig diskutiert werden dürfte in einem solchen Fall, jedenfalls dann, wenn der Gläubiger nicht durch zu langes Abwarten nach der Kündigungserklärung ohnehin das von § 25 UWG vermutete Eilinteresse widerlegt, ob allein durch den Zeitablauf seit der Erstverletzung bis zu der Kündigungserklärung das Eilinteresse widerlegt ist. Gegen eine solche Annahme spricht, dass der bisher durch ein vertragsstrafebewehrtes Unterlassungsversprechen gesicherte Gläubiger auf den Zeitpunkt der Kündigungserklärung sowie evtl. Vorbereitungshandlung des Kündigenden keinen Einfluss hat und ihm auch die Kenntnis über evtl. kurzfristig folgende Maßnahmen auf dessen Seite fehlen. Dies spricht dafür, Kündigungserklärung als Antragsgrund genügen zu lassen.

1038 Bei der Abwägung, ob die angeforderte strafbewehrte Unterlassungserklärung abgegeben werden soll, sind auch noch drei weitere Gesichtspunkte mit zu berücksichtigen. Die **strafbewehrte Unterlassungserklärung** schafft eine **schuldrechtliche Sonderbeziehung** zwischen den Parteien. Demzufolge haftet der Versprechende gem. § 278 BGB auch für **Verstöße seiner Erfüllungsgehilfen.** Angedrohte Ordnungsmittel können demgegenüber lediglich bei eigenen Verstößen des Antragsgegners festgesetzt werden (vgl. BVerfG, NJW 1981, 2457). Zudem muss im Festsetzungsverfahren der Gläubiger das Verschulden nachweisen. Wegen § 282 BGB muss dagegen beim Vertragsstrafeversprechen der Schuldner das Fehlen eines Verschuldens darlegen und beweisen. Es wird deshalb diskutiert, der Schuldner solle zur Gleichstellung mit der Situation nach Erlass einer einstweiligen Verfügung der Haftung für die Erfüllungsgehilfen in der Unterwerfungserklärung ausschließen und die Gleichstellung mit der Beweissituation im Rahmen eines Festsetzungsverfahrens festlegen (*Crückeberg*, Vorläufiger Rechtsschutz, § 4 Rn. 37 f.; *Pastor/Ahrens/Deutsch*, Wettbewerbsprozeß, Kap. 3 Rn. 3).

Um eine Mehrbelastung aus einer strafbewehrten Unterlassungserklärung, im Vergleich zu einer Unterlassungserklärung, zu vermeiden, hat der BGH auf die aus der Unterwerfungsvereinbarung resultierenden Ansprüche (Ansprüche auf Unterlassen der vertragswidrigen Verhaltensweise die sich aus der Unterlassungserklärung ergeben, sowie Schadensersatzansprüche aus pFV) nicht die lange Verjährungsfrist des § 195 BGB a.F. angewendet, sondern die kurze Verjährungsfrist nach § 21 UWG (BGH, WRP 1995, 820, 822 f.). Es bleibt abzuwarten, ob der BGH an dieser Rechtsprechung festhält, auch wenn die Regelverjährung auf drei Jahre verkürzt worden ist. Hiervon zu unterscheiden ist der grundsätzliche vertragliche Unterlassungsanspruch aus der Unterwerfungserklärung. Dieser besteht fort, solange die Unterwerfungserklärung und damit die vertragliche Unterlassungsvereinbarung wirksam sind (*Pastor/Ahrens/Deutsch*, Wettbewerbsprozeß, Kap. 14 Rn. 122). Ordnungsmittel dürfen nur binnen zwei Jahren nach der Zuwiderhandlung verhängt werden, Art. 9 Abs. 1 EGStGB. In Kenntnis dieses Umstandes hat der BGH (a.a.O., 823 r. Sp. o.) gleichwohl und abweichend von dem zuvor Dargelegten den Anspruch auf die verwirkte Vertragsstrafe erst nach 30 Jahren gem. § 195 BGB a.F. verjähren lassen. Bleibt es bei der Anwendung der regelmäßigen Verjährungsfrist verkürzt diese sich seit dem 1.1.2002 gem. § 195 BGB auf 3 Jahre. Der BGH hat aber zugleich die Möglichkeit einer Abkürzung im Vertragsstrafeversprechen angedeutet. 1039

Ein neuer, weiterer Wettbewerbsverstoß trotz strafbewehrter Unterlassungserklärung, begründet i.d.R. erneut eine Wiederholungsgefahr. Da die bisherige **Vertragsstrafe** zur Durchsetzung der Unterlassung nicht ausgereicht hat, ist sie in einer weiteren Unterlassungserklärung **erheblich zu erhöhen**. 1040

Ist der mit der Abmahnung geltend gemachte Unterlassungsanspruch aus Sicht des möglichen Antragsgegners unbegründet, kann er auf das Abmahnschreiben schweigen oder erwidern., evtl. kombiniert mit einer Schutzschrift sowie auch selbst aktiv werden. Zur Vorbereitung einer negativen Feststel- 1041 lungsklage kann er den Auffordernden seinerseits abmahnen, und zwar dahin gehend, den geltend gemachten Unterlassungsanspruch innerhalb einer angemessenen Frist fallen zu lassen.

IV. Kosten und Kostenerstattung der Abmahnung

1042 Der Schuldner muss dem Gläubiger die **Kosten einer berechtigten Abmahnung** nach ständiger Rechtsprechung des BGH zumindest unter dem Gesichtspunkt der **GoA** gem. §§ 683 Satz 1, 677, 670 BGB **erstatten**, evtl. auch als Schadenersatz. Wettbewerbsvereinigungen wurde für eine erste Abmahnung lediglich eine Kostenpauschale in einer Größenordnung von 300,- DM (ca. 150,- €) zzgl. Umsatzsteuer zugebilligt (vgl. *Baumbach/Hefermehl*, Wettbewerbsrecht, Einl. UWG, Rn. 556 sowie *Pastor/Ahrens/Scharen*, Wettbewerbsprozeß, Kap. 18 Rn. 34). Mitbewerber erhalten das Anwaltshonorar nach BRAGO (5/10 bis 10/10 Gebühr gem. § 118 Abs. 1 Nr. 1 BRAGO) erstattet. Bei zugleich erteiltem Prozessauftrag beschränkt sich die Gebühr gem. §§ 37 Nr. 1, 32 Abs. 1 BRAGO auf 5/10. Wenn der Abmahnende über eine eigene Rechtsabteilung mit Volljuristen verfügt, erhält er die Anwaltskosten nicht erstattet. Ob dies ähnlich gilt, wenn das abmahnende Unternehmen nicht über eine eigene Rechtsabteilung verfügt, hängt davon ab, ob das Unternehmen nach seiner personellen und sachlichen Ausstattung sowie der Art und der Bedeutung des Verhaltens des Abzumahnenden davon ausgehen durfte, nicht ohne Rechtsanwalt auszukommen (s.a. *Pastor/Ahrens/Scharen*, Wettbewerbsprozeß, Kap. 18 Rn. 20).

1043 Gibt der Abgemahnte zwar die Unterlassungserklärung ab, verweigert er aber das Anerkenntnis, die Anwaltsgebühren zu erstatten, können diese isoliert streitig im Mahn- oder Hauptsacheverfahren durchgesetzt werden. Zu beachten ist, dass auch insoweit die 6-monatige Verjährungsfrist des § 21 UWG gilt (BGH, NJW 1992, 429, 430).

1044 Umgekehrt wird dem **ungerechtfertigt Abgemahnten nicht ohne weiteres** aus demselben Rechtsgrund **ein Kostenerstattungsanspruch** zugebilligt. *Baumbach/Hefermehl* (Wettbewerbsrecht, Einl. UWG, Rn. 560 m.w.N.) begründen dies damit, dass der Abgemahnte mit der Abwehr des Anspruchs ausschließlich eigene Interessen wahrt. Ein Erstattungsanspruch wird jedoch zugesprochen, wenn keine vernünftigen Überlegungen ersichtlich sind, die die Abmahnung rechtfertigen (*Baumbach/Hefermehl*, a.a.O.).

V. Verjährung

Die Verjährungsfrist bei Ansprüchen nach dem UWG beläuft sich gem. § 21 Abs. 1 UWG auf sechs Monate. Anderes gilt jedoch für die Ansprüche aus Urheberrecht. § 102 UrhG a.F. orientierte sich an § 852 BGB a.F. In Übereinstimmung mit diesem Grundgedanken verweist § 102 UrhG n.F. auf die im allgemeinen Teil des BGB neugefassten Verjährungsregeln, die sich an § 852 BGB a.F. orientieren (s. insbesondere §§ 195 und 199 Abs. 2 BGB n.F.). Wegen des Herausgabeanspruches des Verletzten verweist § 102 Satz 2 UrhG n.F. auf § 852 BGB n.F. und erreicht damit eine Verlängerung der Verjährungsfrist insoweit auf jedenfalls 10 Jahre. Die Verjährung beginnt mit der Kenntnis von der Handlung und von der Person des Verpflichteten. Ohne Rücksicht auf diese Kenntnis beträgt die Frist längstens 3 Jahre von der Begehung der Handlung an. — 1045

Nach inzwischen gefestigter Rechtsprechung erstreckt sich die kurze Verjährungsfrist auch auf Schadenersatzansprüche außerhalb des UWG, insbesondere auf die §§ 823 Abs. 1 und Abs. 2 BGB (vgl. *Baumbach/Hefermehl*, Wettbewerbsrecht, § 21 UWG Rn. 5 ff.). Lediglich bei vorsätzlich sittenwidriger Schädigung i.S.d. § 826 BGB soll dem Verletzten die in der kurzen Verjährungsfrist liegende Begünstigung nicht zukommen (vgl. *Baumbach/Hefermehl*, Wettbewerbsrecht, § 21 UWG Rn. 8). Die kurze Verjährung des § 21 UWG beginnt gem. § 21 Abs. 2 UWG jedoch bei Schadenersatzansprüchen erst, wenn der Schaden entstanden ist. — 1046

Baumbach/Hefermehl (Wettbewerbsrecht, § 21 UWG Rn. 2) qualifizieren auch den wettbewerbsrechtlichen Unterlassungsanspruch als deliktischen Anspruch. Dadurch sind § 852 Abs. 2 und 3 BGB a.F. bzw. § 199 Abs. 2 BGB n.F. insoweit auf wettbewerbsrechtliche Unterlassungsansprüche anwendbar. **Schwebende Vergleichsverhandlungen** hemmen mithin die Verjährung dieser Unterlassungsansprüche. Das aus einer unlauteren Wettbewerbshandlung Erlangte, ist selbst nach Verjährung des Schadenersatzanspruches herauszugeben – und zwar als ungerechtfertigte Bereicherung. Sind UWG und UrhG zugleich verletzt, verkürzt sich die Verjährungsfrist des § 102 UrhG nicht auf diejenige des § 21 UWG (*Baumbach/Hefermehl*, Wettbewerbsrecht, § 21 UWG Rn. 4). — 1047

Hinweis:

Auch das Verjährungsrecht hat im Zuge der Schuldrechtsreform erhebliche Änderungen erfahren. Ob altes oder neues Verjährungsrecht Anwen- — 1048

> dung findet, richtet sich nach der Übergangsvorschrift in Art. 229 § 6 EGBGB. Nach der **Rechtslage bis zum 31.12.2001** galt Folgendes:
>
> Die Verjährung wird gem. § 208 BGB durch das in dem strafbewehrten Unterlassungsversprechen liegende Anerkenntnis unterbrochen. Von da ab läuft die 30-jährige Verjährungsfrist des § 195 BGB, es sei denn, der Versprechende hat wirksam eine abweichende Frist erklärt (s.o. Rn. 1032).

1049 Wird die Abgabe einer strafbewehrten Unterlassungserklärung verweigert, tritt durch das einstweilige Verfügungsverfahren keine Hemmung oder Unterbrechung der Verjährungsfrist ein. Das einstweilige Verfügungsverfahren ist keine (Hauptsache-)Klage i.S.d. § 209 Abs. 1 BGB a.F. und durch die abschließend aufgezählten Beispiele des § 209 Abs. 2 BGB a.F. auch nicht einer Klage gleichgestellt (OLG Hamm, MDR 1977, 491).

1050 Verjährungsunterbrechung trat gem. § 209 Abs. 2 Nr. 5 BGB a.F. mit der Vornahme einer Vollstreckungshandlung ein oder (wenn die Zwangsvollstreckung Gerichten oder anderen Behörden zugewiesen ist) mit der Stellung des Antrages auf Zwangsvollstreckung. Dies gilt auch dann, wenn der Vollstreckung eine einstweilige Verfügung zugrunde liegt (*Palandt/Heinrichs*, BGB, 60. Auflage, § 209 Rn. 21). Die einstweilige Verfügung selbst ist noch keine Vollstreckungshandlung. Im Wettbewerbsrecht kommen i.d.R., da es sich um Unterlassungsverfügungen handelt, die allgemein üblichen Vollstreckungshandlungen nicht zum Tragen (s.o. Rn. 187 ff.). Demzufolge kommt es darauf an, ob die Strafandrohung i.S.d. § 890 Abs. 2 ZPO als Vollstreckungshandlung i.S. § 209 Abs. 2 Nr. 5 BGB a.F. anzusetzen ist. Unstreitig wird dies bei einer Strafandrohung bejaht, die erst **nach** dem Erlass der einstweiligen Verfügung verhängt wird (*Palandt/Heinrichs*, BGB, 60. Auflage, § 209 Rn. 22). Ist die Androhung wie i.d.R. bereits in die einstweilige Verfügung mitaufgenommen, ist die verjährungsunterbrechende Wirkung umstritten: Bejaht worden ist sie von OLG Hamm (NJW 1977, 2319), weil der Antragsgegner die einstweilige Verfügung befolgte, so dass es neben der Vollziehung keiner weiteren Maßnahmen bedurfte. Der BGH hat in NJW 1979, 217 diese Auffassung in Auseinandersetzung mit einem weiteren Urteil des OLG Hamm abgelehnt mit dem zutreffenden Hinweis, dass die Aufnahme des Antrages in die einstweilige Verfügung auf Zweckmäßigkeitserwägungen beruht, aber nicht bereits konkret ein Schritt der Zwangsvollstreckung ist. Dies ist auch noch nicht möglich. Ein Titel, auf den sich eine Zwangsvollstreckung stützen könnte, liegt ja noch nicht vor. In der Praxis wurde – trotz des Widerspruches von *Pa-*

landt/Heinrichs (BGB, 60. Auflage, § 209 Rn. 22) i.S.d. BGH verfahren (Hinweise z.B. bei *Baumbach/Hefermehl*, Wettbewerbsrecht, § 21 UWG Rn. 1b). In der Praxis empfahl es sich deshalb bzw. empfiehlt es sich unter der Geltung alten Rechts, rechtzeitig – anderweitige – verjährungshemmende und/oder unterbrechende Maßnahmen zu ergreifen (so auch *Pastor/Ahrens/Ulrich*, Wettbewerbsprozeß, Kap. 38 Rn. 27, trotz seiner Kritik in Rn. 26 an der von ihm als formalistisch empfundenen BGH-Entscheidung). Zutreffend ist der Hinweis von *Pastor/Ahrens/Ulrich* (a.a.O., Rn. 27), dass die Anwälte des Antragstellers infolge dieser Rechtsprechung des BGH zu „größter Sorgfalt" gezwungen sind/waren.

Droht während des laufenden einstweiligen Verfügungsverfahrens der Eintritt der Verjährung und ist der Ausgang nicht nur des einstweiligen Verfügungsverfahrens, sondern (auch) eines Hauptsacheverfahrens nicht derart sicher, dass der Antragsteller das Kostenrisiko eines Hauptsacheverfahrens neben dem einstweiligen Verfügungsverfahren eingehen will, empfahl es sich deshalb, den Antragsgegner zu einem Verzicht auf die Einrede der Verjährung aufzufordern. Gem. § 225 Satz 1 BGB a.F. konnte die Verjährung weder erschwert noch ausgeschlossen werden; allerdings war unstreitig der – auch zeitlich befristete – Verzicht auf die Einrede der Verjährung über § 242 BGB zu berücksichtigen. Verweigert der Antragsgegner den Verzicht auf die Einrede der Verjährung, bleibt, sofern nicht wegen Verstöße gegen die einstweilige Verfügung die Zwangsvollstreckung eingeleitet werden kann, gleichwohl nur die Erhebung der Hauptsacheklage.

Das seit dem 1.1.2002 geltende Verjährungsrecht hat demgegenüber – trotz noch bestehender teilweiser Unsicherheiten in der Anwendung – deutliche Vereinfachungen für die praktische Handhabung gebracht. Wohl aus der Grundtendenz heraus, zur Kostenreduzierung die Belastung der Justiz zu verringern, ist in § 204 Abs. 1 Nr. 9 BGB ausdrücklich eine Hemmung der Verjährung durch das einstweilige Rechtsschutzverfahren – auch das Arrestverfahren – geregelt. Damit ist im Ergebnis in Übereinstimmung mit der Zielsetzung der Vorschläge von Heinrichs, der der Schuldrechtsreformkommission angehörte, in dessen Kommentierung im Palandt (s.o. Rn. 1050) verhindert, dass allein aus verjährungsrechtlichen Gründen bereits während des noch laufenden einstweiligen Verfügungsverfahrens die Hauptsacheklage anhängig gemacht werden muss. Im Zusammenspiel mit § 199 Abs. 1 und 5 BGB stellt sich nach gegenwärtiger Einschätzung damit folgende Situation dar:

Die Verjährung von Ansprüchen, die nicht der regelmäßigen Verjährungsfrist unterliegen, wie es wegen § 21 UWG im Wettbewerbsrecht der Fall ist, beginnt mit der Entstehung des Anspruchs, § 200 Satz 1 BGB. Gleichgestellt ist über § 200 Satz 2 BGB i.V.m. § 199 Abs. 5 BGB bei Unterlassungsansprüchen die Zuwiderhandlung. *Bereska* in *Henssler/Graf von Westphalen,* Praxis der Schuldrechtsreform, Teil 2 Rn. 78 weist darauf hin, dass dies der bisherigen Rechtslage entspricht und deshalb keine Probleme bereiten dürfte.

Die Hemmung der Verjährung gem. § 204 Abs. 1 Nr. 9 beginnt

- entweder mit der Zustellung des Antrags auf Erlass der einstweiligen Verfügung (oder des Arrests), so dass § 270 Abs. 3 ZPO gilt, (s. *Bereska* in: *Henssler/Graf von Westphalen,* Praxis der Schuldrechtsreform, Teil 2 Rn. 160),

- oder, wenn der Antrag nicht zugestellt wird, das ist wohl in dem Sinne zu verstehen, dass nicht gesondert nach Einreichung zugestellt wird, etwa weil eine einstweilig Verfügung im Beschlusswege ergeht, wenn die einstweilige Verfügung (der Arrest) innerhalb eines Monats seit Verkündung (wohl gemeint der Fall der Urteilsverfügung: dann hätte es allerdings eine gesonderte Zustellung des Antrags geben müssen) oder Zustellung an den Gläubiger (Beschlussverfügung) dem Schuldner zugestellt wird.

Im letzteren Fall ist die Frist an die Vollziehungsfrist (s.o. Rn. 177 ff.) angeglichen. Diese muss ohnehin eingehalten werden. *Bereska* (a.a.O., Rn. 162) hält deshalb die Regelung für in sich schlüssig.

1052 Die Hemmung endet gem. § 204 Abs. 2 BGB sechs Monate nach der rechtskräftigen Entscheidung oder „anderweitigen" Beendigung des Verfahrens. Meint die 1. Alt. eine materielle Rechtskraft, kann auf sie nicht abgestellt werden. Denn das einstweilige Verfügungsverfahren kann allenfalls in formeller, nicht aber in materieller Rechtskraft enden, arg. e §§ 926, 927 und 945 ZPO. In Betracht kommt also die „anderweitige" Beendigung des Verfahrens. Insoweit stellt sich aber wegen §§ 924, 926 und 927 ZPO die Frage, wann tatsächlich das Verfahren beendet ist. Zweifelnd insoweit auch *Bereska* (a.a.O., Rn. 164) trotz des Rückgriffs auf RegE BR-Drucks. 338/01, S. 263: „Ende nach den prozessordnungsrechtlichen Vorschriften".

Vorsorglich sollte der anwaltliche Berater auf den frühestmöglichen Zeitpunkt abstellen. Zu beachten ist insbesondere: Die kurze Verjährungsfrist des § 21 UWG wird auch durch eine – formell(!) – rechtskräftige Entscheidung nicht verlängert. § 197 Abs. 1 Nr. 3 ZPO ist nicht anwendbar (vgl. *Palandt/Heinrichs*, BGB, Ergänzungsband, § 197 Rn. 11 ff. Kritisch deshalb gegenüber der Neufassung des Verjährungsrechts *Baronikians,* WRP 2001, 121, 122). Insgesamt kann jedoch festgehalten werden, dass die Neuregelung wegen der Hemmung der Verjährung während des Verfügungsverfahrens eine erhebliche Erleichterung bringt.

In der Praxis wird im Hinblick auf das Verjährungsproblem bei Akzeptanz des Abschlusses im einstweiligen Verfügungsverfahren zur Vermeidung eines Hauptsacheverfahrens das Ergebnis des einstweiligen Verfügungsverfahrens oft in einer Abschlusserklärung (dazu sogleich unter Rn. 1059 ff.) fortgeschrieben. 1053

Tritt während des noch laufenden Verfügungsverfahrens Verjährung ein, ist diese bereits in dem Verfügungsverfahren zu berücksichtigen. Eine einstweilige Verfügung ergeht dann nicht mehr; eine zuvor ergangene einstweilige Verfügung wird aufgehoben. Tritt die Verjährung nach formellem Abschluss des einstweiligen Verfügungsverfahrens ein, stellt sie einen Aufhebungsgrund i.S.d. § 927 ZPO dar (vgl. o. Rn. 245 ff.). 1054

VI. Schutzschrift

Insoweit wird auf die Ausführungen unter Rn. 271 ff. Bezug genommen. 1055

VII. Abschlusserklärung

Die Abschlusserklärung dient nach Durchführung des einstweiligen Verfügungsverfahrens der **Vermeidung eines Hauptsacheprozesses.** 1056

I.d.R. schreibt die Abschlusserklärung das Ergebnis des einstweiligen Verfügungsverfahrens, das keiner materiellen Rechtskraft fähig ist, als endgültige Regelung zwischen den Parteien fest. Die Abschlusserklärung nimmt damit eine **ähnliche Funktion ein wie die strafbewehrte Unterlassungserklärung**. Von dieser unterscheidet sich die Abschlusserklärung im Wesentlichen durch zwei Umstände: 1057

Zum einen erfolgt die Abschlusserklärung nach Durchführung des einstweiligen Verfügungsverfahrens, entweder lediglich des erstinstanzlichen Verfahrens, evtl. aber auch nach Abschluss des Berufungsverfahrens. Im ersteren Falle hat die Abschlusserklärung dann zugleich auch die Funktion, die Berufung auszuschließen. Zum anderen wird in der Abschlusserklärung das – bis- 1058 herige – Ergebnis des einstweiligen Verfügungsverfahrens festgeschrieben. Dadurch kommt es i.d.R. nicht zur Vereinbarung einer Vertragsstrafe, sondern es bleibt bei der Androhung eines Ordnungsmittels. Vereinbarungen einer Vertragsstrafe sind aber möglich (z.B. BGH, GRUR 1990, 282, 285).

1059 Ob der Antragsgegner noch in diesem Stadium und damit anstelle der Abschlusserklärung eine strafbewehrte Unterlassungserklärung abgeben kann, ist umstritten (bejahend *Schuschke/Walker*, ZPO, Anhang zu § 935 Rn. 12 m.w.N. aus der Rechtsprechung in Fn. 38; a.A. OLG Köln, WRP 1996, 333, LS 4 und 338). Die vorstehend aufgeführten Unterschiede zwischen Abmahnschreiben und strafbewehrter Unterlassungserklärung einerseits sowie Abschlusserklärung andererseits schließen eine strafbewehrte Unterlassungserklärung noch in diesem Verfahrensstadium nicht aus. Maßgeblich ist, dass durch eine vertraglich bindende Erklärung des Antragsgegners der Rechtsstreit einem verbindlichen Ergebnis zugeführt wird. Die konkrete Ausgestaltung ist demgegenüber zweitrangig.

1060 In der Abschlusserklärung **erkennt** der Antragsgegner den Inhalt der einstweiligen Verfügung als **endgültige Regelung an**. Zur Flankierung dieses Anerkenntnisses ist zugleich auf das Recht zur Fristsetzung hinsichtlich der Erzwingung der Hauptsacheklage gem. § 926 ZPO und auf das Recht zur Aufhebung gem. § 927 ZPO zu verzichten. Erfolgt die Abschlusserklärung nach einer Beschlussverfügung, ist die Verzichtserklärung auf den Widerspruch gem. § 924 ZPO zu erstrecken. Ggf. ist zudem auf das Rechtsmittel Berufung zu verzichten.

1061 Wie das Abmahnschreiben ist letztlich auch die Aufforderung des Antragstellers an den Antragsgegner, eine Abschlusserklärung abzugeben im Hinblick auf § 93 ZPO geboten: Erhebt nämlich der Antragsteller Hauptsacheklage, ohne zuvor den Antragsgegner zur Abgabe einer Abschlusserklärung aufgefordert zu haben, läuft er im Hauptsacheverfahren Gefahr, die **Kosten** gem. § 93 ZPO zu tragen, wenn der Antragsgegner den Hauptsacheanspruch sofort anerkennt. Hatte der Antragsteller bereits nach Eingang der Beschlussverfügung den Antragsgegner zu einem Abschlussschreiben aufgefordert, entbindet ihn dies nach durchgeführter mündlicher Verhandlung und bestätigender Urteilsverfügung nicht von einer **zweiten Aufforderung zur Abgabe einer Abschlusserklärung,** um die für ihn negative Kostenfolge des § 93 ZPO zu vermeiden (OLG Köln, WRP 1987, 188, 190 f. sowie OLG Hamburg, WRP 1986, 289, 290 und OLGR Hamburg 2000, 23).

Bei der **Aufforderung zur Abgabe der Abschlusserklärung** sind zweierlei 1062
Fristen zu beachten. Die Dauer beider Fristen wird unabhängig davon, ob es
sich um eine Beschluss- oder Urteilsverfügung handelt, an der Monatsfrist
für die Berufung ausgerichtet. Die sog. **Wartefrist** meint den Zeitraum bis
zur Versendung der Aufforderung durch den Antragsteller an den Antragsgegner. Sie beginnt mit der Zustellung der Beschluss- oder begründeten Urteilsverfügung. Bei der Bemessung der **angemessenen Frist**, die der Antragsteller dem Antragsgegner **zur Abgabe der Erklärung in dem Aufforderungsschreiben** setzt, wird die vorherige Wartefrist berücksichtigt (vgl.
KG, WRP 1989, 659, 661). Eine kürzere Frist kommt z.B. bei drohender Verjährung in Betracht (*Schuschke/Walker*, ZPO, Anhang zu § 935 Rn. 17).

Das Abschlussschreiben und die Aufforderung hierzu ersetzen das Hauptsa- 1063
cheverfahren. Sie gehören deshalb nicht zum Verfügungsverfahren. Demzufolge ist eine **separate Honorarberechnung** insoweit möglich. Damit einher geht eine **separate Kostenerstattungspflicht** durch den Antragsgegner
nach denselben Grundsätzen der GoA wie oben unter Rn. 1042 dargelegt
(BGH, GRUR 1973, 384, 385) und zudem ggf. im Wege des Schadenersatzes. Allerdings besteht ein Kostenerstattungsanspruch nach allgemeiner Auffassung dann nicht, wenn der Antragsteller die Aufforderung zur Abschlusserklärung vor Ablauf der Wartefrist versandt hat (vgl. *Schuschke/Walker*,
ZPO, Anhang zu § 935 Rn. 21 m.w.N.).

Im Hinblick auf die gem. § 21 UWG drohende Verjährung wird häufig zu- 1064
sammen mit dem Auftrag, den Antragsgegner zur Abgabe der Abschlusserklärung aufzufordern, bereits der Klageauftrag für den Fall des nicht fristgerechten Einganges des Abschlussschreibens erteilt. Zu beachten ist, dass sich
in diesem Fall die Rahmengebühr des § 118 Abs. 1 Satz 1 Nr. 1 BRAGO auf
die 5/10-Gebühr gem. §§ 37 Nr. 1, 32 Abs. 1 BRAGO ermäßigt.

Bei einem Streit betreffend den Zugang des Abschlussschreibens gilt dassel- 1065
be wie für das Abmahnschreiben: Demnach muss der Gläubiger beweisen,
dass er das Abschlussschreiben abgesandt hat. Dann trifft das Risiko des Verlustes und auch der Verzögerung den Schuldner (*Schuschke/Walker*, ZPO, Anhang zu § 935 Rn. 18 m.w.N.).

VIII. Bereits abgegebene Unterlassungserklärung

Bei entsprechender rechtlicher Bewertung ist es sinnvoll, die strafbewehrte 1066
Unterlassungserklärung möglichst frühzeitig abzugeben. Dadurch soll der

Gefahr, dass weitere Gläubiger wegen desselben Verstoßes vorgehen, begegnet werden. Wenn der konkrete Inhalt der Erklärung, insbesondere die Höhe der Vertragsstrafe sowie die Person und die Eigenschaften des Vertragsstrafegläubigers ausreichen, entfällt auch gegenüber weiteren Gläubigern die Wiederholungsgefahr durch die erste Abgabe einer mit Vertragsstrafe bewehrten Unterlassungserklärung (vgl. z.B. BGH, NJW 1987, 3251, 3252). Ob dies auch bei rechtkräftigem Abschluss eines einstweiligen Verfügungsverfahrens, evtl. sogar ergänzt durch eine Abschlusserklärung der Fall ist, ist umstritten. Diese Frage wird selbst an demselben Gerichtskörper unterschiedlich beantwortet. Bejaht wird die Frage etwa von OLG Hamm, WRP 1991, 125 ff., 126, verneint hingegen von demselben Senat in WRP 1992, 397 ff., 398 (insgesamt s. *Baumbach/Hefermehl*, Wettbewerbsrecht, Einl. UWG Rn. 288). Hat der Abgemahnte bereits ein mit einer ausreichenden Vertragsstrafe bewehrtes Unterlassungsversprechen abgegeben, obliegt es ihm, auf die Abmahnung eines weiteren Gläubigers diesen darauf hinzuweisen. Unternimmt er dies erst in einem Verfügungsverfahren, hat er dem Gläubiger die Kosten des Rechtsstreites gem. § 286 Abs. 1 BGB zu ersetzen (BGH, GRUR 1990, 381, 382 sowie OLG Hamm, WRP 1992, 397, 399). Unabhängig hiervon empfiehlt sich dies aus tatsächlichen Gründen: der Vermeidung eines für den evtl. Antragsgegner zeit- und kostenintensiven Verfahrens, wenn nach eigener Bewertung das Verhalten wettbewerbswidrig ist.

IX. Checkliste

1067 Soll im Hinblick auf die negative Kostenfolge bei einem evtl. sofortigen Anerkenntnis des Gegners gem. § 93 ZPO zunächst abgemahnt werden?

Ist noch ausreichend Zeit für eine Abmahnung oder droht sonst eine Widerlegung der Dringlichkeitsvermutung? Wie lang ist hierfür vor dem Hintergrund der konkret gerügten Wettbewerbsverletzung die Frist anzusetzen?

Ist die dem Abmahnschreiben beigelegte Unterwerfungserklärung ausreichend sorgfältig durchformuliert: Einerseits Erfassung der nach der Kerntheorie mit erfassten zukünftigen Verhaltensweisen, andererseits nicht zu weitgehend; dabei zugleich verständlich und für künftige Vertragsverletzungen auch ausreichend klar formuliert?

Ist die vorgesehene Vertragsstrafe angemessen?

Soll eine Original-Vollmacht beigelegt werden? Bejahendenfalls: Ist dies geschehen?

Ist Vorsorge getroffen, dass zumindest die ordnungsgemäße Versendung des Abmahnschreibens glaubhaft gemacht werden kann?

Empfiehlt es sich für den Abgemahnten, eine Unterlassungserklärung generell abzugeben?

Sind Beschränkungen gegenüber der von dem Abmahnenden überreichten Unterwerfungsvereinbarung erforderlich, etwa weil diese zu weit reicht oder die Vertragsstrafe zu hoch bemessen ist?

Ist die Aufnahme einer Bedingung oder Befristung zulässig und/oder empfehlenswert – auch im Hinblick auf das damit verbundene Risiko eines einstweiligen Verfügungsverfahrens trotz Abgabe der Unterwerfungserklärung?

Benötigt der Erklärende eine Aufbrauchfrist?

Soll ein Vorbehalt für eine Änderung der Verhältnisse aufgenommen werden?

Soll durch Einschränkungen darauf hingewirkt werden, dass die strafbewehrte Unterlassungserklärung nicht weitergehende Folgen hat als ein angedrohtes Ordnungsmittel: Soll etwa die Haftung gem. § 278 BGB für Erfüllungsgehilfen und die Umkehr der Darlegungs- und Beweislast aus § 282 BGB hinsichtlich des Verschuldens abbedungen werden?

Sollen Regelungen zur Verjährungsfrist aufgenommen werden, insbesondere zur Begrenzung der Verjährung einer verwirkten Vertragsstrafe?

Soll zur Vermeidung mehrfacher Unterwerfungserklärungen nur eine Unterwerfungserklärung gegenüber einem ausreichend eingerichteten Gläubiger in einer ausreichenden Form abgegeben werden unter entsprechender Benachrichtigung der sonstigen Gläubiger? Für welche der geltend gemachten oder geltend zu machenden Ansprüche gilt die sechsmonatige Verjährungsfrist des § 21 Abs. 1 UWG direkt oder analog? Ist eine Verhinderung des Eintritts der Verjährung bereits sichergestellt, ggf. wie soll diese sichergestellt werden?

Soll eine Schutzschrift hinterlegt werden?

Soll auf Seiten des Antragstellers eine Abschlusserklärung von dem Antragsgegner angefordert werden bzw. soll von Seiten des Antragsgegners eine solche Abschlusserklärung abgegeben werden?

Welche „formelle" Reichweite muss die Abschlusserklärung haben: Neben endgültiger Anerkennung der Regelung, Verzicht auf Hauptsacheklage gem. § 926 ZPO, Aufhebungsverfahren gem. § 927 ZPO, auch noch Verzicht auf Widerspruch gem. § 924 ZPO und Berufung notwendig?

Sind die sog. Wartefrist und auch die angemessene Frist in dem Aufforderungsschreiben zur Abgabe der Abschlusserklärung gewahrt?

Sind die Kosten für das Verfahren zur Abschlusserklärung gesondert erstattungsfähig? Sollen diese mit angefordert werden?

X. Muster: Unterlassung wettbewerbswidriger Werbung/Abschlussschreiben und -erklärung

1068

Antragsschrift mit Versicherung an Eides statt

vorab per Telefax

Landgericht
– Kammer für Handelssachen –
...

Eilt sehr!

Antrag auf Erlass einer einstweiligen Verfügung

1. des Kaufmannes ...
– Antragsteller zu 1) –

2. der Firma ....
– Antragstellerin zu 2) –

gegen

den Kaufmann ....
– Antragsgegner –

wegen: *Unterlassung unlauteren Wettbewerbes, Persönlichkeitsrechtsverletzung und kreditgefährdenden Verhaltens*

Namens und im Auftrage der Antragsteller beantragen wir, wobei wir wegen der **besonderen Dringlichkeit** eine Entscheidung **ohne mündliche Verhandlung** und durch **den Vorsitzenden allein** anregen, den **Erlass folgender einstweiliger Verfügung:**

I. Dem Antragsgegner wird es bei Meidung eines für jeden Fall der Zuwiderhandlung fälligen Ordnungsgeldes bis zu 250.000,- €, ersatzweise Ordnungshaft bis zu 6 Monaten, oder Ordnungshaft bis zu 6 Monaten, im Wieder-

Enders

holungsfall Ordnungshaft bis zu 2 Jahren, untersagt, im geschäftlichen Verkehr zu Wettbewerbszwecken

1. zu behaupten,

a) er, der Antragsgegner, sei „Europas erster und führender Anbieter der Z-Batterien",

*b) die Antragstellerin zu 2) befasse sich „laut Gewerberegistereintrag der Stadt ... **angeblich** mit der „Herstellung und Entwicklung" von Z-Batterien",*

c) die Antragstellerin zu 2) verfüge über ein „bisher wenig wettbewerbsfähiges Sortiment",

d) „eine wirtschaftliche rentable Produktion der Z-Batterien mit Weltstandard in Westeuropa aus Kostengründen nicht möglich ist.",

2. über den Antragsteller zu 1) wörtlich oder sinngemäß zu erklären,

a) „... wo gegen Herrn B. & Co., ein umfangreiches Ermittlungsverfahren wegen betrügerischem Bankrotts etc. anhängig ist."

b) „..., etwaige Kredit-/Fördermittelanträge des Herrn B., gleich unter welcher Firmierung, im Interesse der Steuerzahler mit größter Vorsicht zu behandeln, da sonst akute Gefahr besteht, dass Steuermittel in Millionenhöhe ersatzlos und unwiederbringlich verloren sind."

II. Dem Antragsgegner werden die Kosten des einstweiligen Verfügungsverfahrens auferlegt.

Sollte das Gericht, entgegen dem Eingangsersuchen, einen Termin zur mündlichen Verhandlung anberaumen, beantragen wir ferner,

die Ladungsfrist gem. § 226 Abs. 1 ZPO möglichst weitgehend abzukürzen.

Begründung:

Der Antragsteller zu 1) ist einzelvertretungsbefugter Geschäftsführer der Antragstellerin zu 2). Gegenstand des Unternehmens der Antragstellerin zu 2) sind die „Herstellung und Entwicklung (Innovation) von Z-Batterien, der Handel mit Batterien, Batterie-Ladegeräten und sonstigen batteriebetriebenen Handelswaren aller Art."

Glaubhaftmachung: *Vorlage einer Kopie des Handelsregisters als Anlage VK 1*

Der Antragsgegner ist Wettbewerber.

Glaubhaftmachung: *Vorlage eines Verkaufsprospektes des Antragsgegner, als Anlage **VK 1a** beigefügt*

*2. Der Antragsgegner hat mit dem als Anlage **VK 2** diesem Antrag beigefügten Schreiben vom 22.5.2002 die in dem Antrag zu I. genannten Äußerungen hinsichtlich der Antragsteller getan vor dem Hintergrund des konkreten Wettbewerbsverhältnisses, wie er z.B. Seite 2 oben ausdrücklich beschreibt: „..., wenn eine Neugründung der **Konkurrenz** ...", gemeint ist damit die Antragstellerin zu 2).*

Dieses Schreiben ist an das Büro des Ministerpräsidenten des Bundeslandes N. gerichtet. Sein einziger Inhalt ist zur Verhinderung einer bereits mündlich erteilten Förderzusage

Glaubhaftmachung: *Vorlage der eidesstattlichen Versicherung des Antragstellers zu 1) als Anlage **VK 3***

den Antragsteller zu 1) persönlich zu diffamieren sowie die Antragstellerin zu 2) in undifferenzierter Weise mit nicht belegten und unzutreffenden Tatsachen als nicht förderwürdiges Unternehmen darzustellen. Der Antragsgegner verstößt damit sowohl gegen die Vorschriften zu Bekämpfung des unlauteren Wettbewerbes als auch gegen das Persönlichkeitsrecht des Antragstellers zu 1), gegen das Verbot übler Nachrede i.V.m. § 186 StGB i.V.m. § 823 Abs. 2 BGB und verbreitet der Wahrheit zuwider Tatsachen, die geeignet sind, Nachteile für Erwerb und Fortkommen der Antragsteller i.S.d. § 824 Abs. 1 BGB herbeizuführen. Hieraus resultiert der geltend gemachte Unterlassungsanspruch, soweit er sich auf Vorschriften des BGB stützt i.V.m. § 1004 BGB.

Den Antragsgegner belastet entsprechend den Rechtsprechungsgrundsätzen zu § 186 BGB (vgl. Tröndle/Fischer, StGB, § 186 Rn. 11) das Misslingen des Beweises für die Richtigkeit seiner Behauptungen (vgl. ferner Palandt/Thomas, BGB, Einf. vor § 823 Rn. 20 m.w.N.). Denn im Hinblick auf die durch die Gesamtanlage des Schreibens und die Einzelnen hierzu beitragenden Äußerungen kann der Antragsgegner sich in keiner Weise auf die Wahrnehmung berechtigter Interessen berufen. Dasselbe gilt auch im Rahmen des § 824 BGB (vgl. Palandt/Thomas, BGB, § 824 Rn. 12 f.). Die Beweislast des Antragsgegners gilt insbesondere auch im Hinblick auf § 14 UWG (vgl. generell hierzu Baumbach/Hefermehl, UWG, § 14 Rn. 26 f.). Die Richtigkeit seiner Behauptungen wird der Antragsgegner nicht beweisen können. Denn sie sind – unabhängig, dass sie von einer bewusst diffamierenden Darstellungsweise geprägt sind – inhaltlich unzutreffend:

Bereits die Eingangsbehauptung des Antragsgegners, er sei „erster und führender Anbieter der Z-Batterien" stellte sich nach dem Kern seiner Aussage bei verständiger Auslegung für den Adressaten des Schreibens als unzulässige Alleinstellungsbehauptung (vgl. hierzu Baumbach/Hefermehl, UWG, § 3 Rn. 69 ff., insbesondere 75 m.w.N.). Der Antragsgegner ist weder führender Anbieter noch erste Adresse für Z-Batterien. Dies ergibt sich bereits daraus, dass dem Antragsgegner durch einstweilige Verfügung des LG ... vom 9.4.1998 (Az. 1 O 12/98) untersagt worden ist, bei Z-Batterien der Marke R. „deren Marke und Umhüllung zu entfernen bzw. entfernen zu lassen und sie unter der eigenen Bezeichnung „B." anzubieten und/oder zu vertreiben."

Glaubhaftmachung: Vorlage einer Kopie der einstweiligen Verfügung als Anlage **VK 4**

Ein Marktführer mit Alleinstellung auf dem Markt gibt nicht fremde Ware durch Entfernen der Marke und Umhüllung des Herstellers und Anbringung eigener Kennzeichnung auf den Markt.

Die behauptete Alleinstellung des Antragsgegner ist auch deshalb unzutreffend, weil der Antragsgegner keine wesentlich größeren Marktanteile an dem inländischen Markt hat als die Antragstellerin zu 2). Zudem gibt es weitere Anbieter die ebenfalls in einer relevanten Größenordnung auf dem Markt tätig sind, wie etwa die bereits benannten Fa. R.

Glaubhaftmachung: Versicherung an Eides statt, bereits als Anlage **VK 3** vorgelegt

Eine marktführende Stellung kommt dem Antragsgegner auch deshalb nicht zu, weil nicht dieser, sondern vielmehr die Antragstellerin zu 2) im Hinblick auf die Umweltfreundlichkeit ihrer Produkte als erstes Unternehmen in dieser Produktkategorie die Berechtigung erlangt hat, den blauen Umweltengel zu führen.

Glaubhaftmachung: Vorlage der entsprechenden Zertifizierung vom 26.10./ 2.11.98, in Kopie als Anlage **VK 5** beigefügt sowie ergänzend Versicherung an Eides statt, bereits als Anlage **VK 3** vorgelegt

*Ausweislich des bereits als Anlage **VK 1** vorgelegten Handelsregisterauszuges gehören auch Herstellung und Entwicklung zum Gegenstand des Unternehmens der Antragstellerin zu 2). Die Verwendung des Begriffes „angeblich" in diesem Zusammenhang ist deshalb gänzlich unangebracht und stellt ebenfalls eine bewusste Diffamierung dar. Erinnert sei in diesem Zusammenhang daran, dass der Antragsgegner sich mit seinem Schreiben vom 22.5. (Anlage **VK 2**) gegen Fördermittel zur Errichtung einer Produktionsstätte wenden will!*

Die bewusst herabsetzende Behauptung, die Antragstellerin verfüge nur über ein bisher wenig wettbewerbsfähiges Sortiment, ist bereits durch die Vorlage der Zertifizierung für den blauen Umweltengel widerlegt. Gerade im Batteriebereich spielt die Umweltverträglichkeit gefördert durch den Staat eine besondere Rolle. Dies ergibt sich insbesondere durch die Verordnung über die Rücknahme und Entsorgung gebrauchter Batterien und Akkumulatoren, die sog. Batterieverordnung (BGBl. I 1998, 658). Diese auf der Grundlage einer europäischen Richtlinie ergangene Verordnung legt z.B. als abfallwirtschaftliches Ziel in § 1 BattV fest, dass bestimmte schadstoffhaltige Batterien nicht in den Verkehr gebracht werden dürfen.

***Glaubhaftmachung**: Vorlage einer Kopie der Verordnung als Anlage **VK 6** für das Gericht*

Die Wettbewerbsfähigkeit der Produkte der Antragstellerin zu 2) ergibt sich auch und gerade daraus, dass die Antragstellerin zu 2) neben oder anstelle des Antragsgegners bei Kunden, die früher allein der Antragsgegner beliefert hat, zur Belieferung „gelistet" ist, in jüngerer Zeit etwa bei der Fa. W. mit Sitz in H., die sowohl über ihre Geschäftsstelle in H. als auch insbesondere über ihren Versandhandel einen erheblichen Vertrieb von Batterien vorweisen kann.

***Glaubhaftmachung**: bereits als Anlage **VK 3** vorgelegte Versicherung an Eides statt*

Soweit der Antragsgegner sodann behauptet, eine wirtschaftlich rentable Produktion von Z-Batterien mit Weltstandard in Westeuropa sei aus Kostengründen nicht möglich, stellt er bewusst eine wertende und von ihm nicht belegbare These dar, die inhaltlich unzutreffend ist und ebenfalls lediglich der Verunsicherung des Fördergebers mit der Zielsetzung der Verhinderung der Fördermittel dient. Die Aussage des Antragsgegners ist falsch. Die Antragstellerin hat dem Fördergeber ein schlüssiges Konzept vorgelegt, dass zu dessen positiver Einschätzung und der mündlichen Förderzusage geführt hat.

***Glaubhaftmachung**: bereits als Anlage **VK 3** vorgelegte Versicherung an Eides statt*

Wegen der Größe des Absatzmarktes verweisen die Antragsteller auf die Darlegungen des Umweltbundesamtes in einer von diesem herausgegebenen Broschüre zu dem Thema „Wiederaufladbar oder Ex und Hopp? – mobile Stromversorgung in Kleingeräten". In Kapitel 2 heißt es zu der Überschrift „Umweltrelevanz von Batterien/Akkumulatoren":

„In Deutschland wurden 1996 ca. 870 Millionen [!] Batterien und Akkumulatoren verkauft. Zu den Z-Batterien zählen davon 673 Mio. Stück [!] (ca. 77 % bzw. ca. 23.000 t). Die Verkaufsmenge an quecksilber- und cadmiumhaltigen Gerätebatterien beträgt ca. 65 Mio. Stück bzw. 2.350 t."

Glaubhaftmachung: Vorlage der Seiten 1, 4 und 5 sowie 20 aus der vorgenannten Broschüre, Kopien als Anlage **VK 7** beigefügt

Allein diese Zahlen belegen den enormen Markt und riesigen Bedarf für Produkte der von der Antragstellerin zu 2) vertriebenen Produkte.

Soweit der Antragsgegner **daneben auch versucht, den Antragsteller zu 1) persönlich zu diskreditieren**, geschieht dies zugleich im Hinblick darauf, dass der Antragsteller zu 1) als der Geschäftsführer der Antragstellerin zu 2), die Antragstellerin zu 2) bei sämtlichen Verhandlungen vertritt. Mit einer Diskreditierung der Person des Antragstellers zu 1) soll zugleich der Antragstellerin zu 2) ein erheblicher Schaden zugefügt werden.

Sämtliche in dem Antrag zu 2. zusammengefassten dargelegten Äußerungen befinden sich ebenfalls in dem bereits als Anlage **VK 2** vorgelegten Schreiben des Antragsgegners. Die Antragsteller sehen diese Äußerungen vor dem Hintergrund früherer gleich gelagerter Äußerungen des ebenfalls unter der Geschäftsbezeichnung B handelnden Vaters des Antragsgegners. Diesem war durch einstweilige Verfügung des Landgerichtes ... vom 29.2.1998 (Az. 37 O 2/98) u.a. untersagt, über den Antragsteller zu 1) zu behaupten

„Die B & Partner L-Gesellschaft ging mit Millionen DM in Konkurs",

„Just in dem Augenblick, wo die B.-Firma, B. & Partner L-Gesellschaft mit Millionen DM in Konkurs ging, kaufte B. eine gewisse Firma L. in H.K.",

„B. ist ein ungeheurer Blender",

„B. versucht, die Firma von ... nach D. zu verlegen, um dort wahrscheinlich Investionshilfen zu kassieren",

„Gegen B. laufen bei den Staatsanwaltschaften in K. und S. mehrere Ermittlungsverfahren wegen Konkurses usw.".

In dem Beschluss sind weitere Äußerungen derselben Art enthalten. Wegen sämtlicher Äußerungen wurde der Vater zur Unterlassung verurteilt bei Auferlegung der Verfahrenskosten und Androhung der üblichen Ordnungsmittel.

Glaubhaftmachung: Vorlage einer Kopie der einstweiligen Verfügung, Kopie als Anlage **VK 8** für das Gericht beigefügt

Der Sohn, der Antragsgegner, führt inhaltlich dieselben Vorwürfe fort, derentwegen der Vater verurteilt war. Mit Abschlusserklärung vom 12.6.1998 hatte der Vater des Antragsgegners dann die zitierte Unterlassungsverfügung des Landgerichtes S. ausdrücklich anerkannt als „endgültige und zwischen den Parteien verbindliche Regelung in dieser Sache."

Glaubhaftmachung: *Vorlage einer Kopie der Abschlusserklärung als Anlage **VK 9** für das Gericht*

Keiner der Vorwürfe ist dadurch richtiger geworden, dass mittlerweile der Sohn anstelle des Vaters die Vorwürfe erhebt. So wie bereits der Vater die entsprechenden Vorwürfe zu unterlassen hatte, hat auch der Sohn, der Antragsgegner dieses Verfahrens, dies zu tun.

Sämtliche unter Antrag 2 referierten Äußerungen aus dem Schreiben des Antragsgegners zielen ausschließlich unter dem durchsichtigen Vorwand des Schutzes der Interessen des Steuerzahlers darauf ab, den Antragsteller zu 1) persönlich und als Vertreter der Antragstellerin zu 2) herabzuwürdigen durch Verdächtigungen und unwahre Behauptungen (es folgen weitere Darlegungen unter Vorlage von Handelsregisterauszügen).

Das angerufene Gericht ist wegen des Sitzes des Antragsgegners örtlich zuständig. Funktionell zuständig ist gem. § 27 UWG i.V.m. § 95 Abs. 1 Nr. 5 GVG die Kammer für Handelssachen. Die Kammer für Handelssachen ist auch dann zuständig, wenn Antragsteller die Ansprüche auf UWG und BGB stützten (vgl. beispielhaft Baumbach/Hefermehl, UWG, § 27 Rn. 2 m.w.N.).

*Es besteht ein **besonderes Eilbedürfnis:** Gegenwärtig besteht eine mündliche Förderzusage. Der Antragsgegner hat sein Schreiben vom 22.5. geschickt im Landtags-Wahlkampf in N. platziert. Die Förderung ist damit kurz vor der am Sonntag, dem 10.6., anstehenden Wahl zu einem Wahlkampfthema geworden.*

Es besteht deshalb die Gefahr, dass allein aus diesem Grunde die mündliche Förderzusage

Glaubhaftmachung: *bereits als Anlage **VK 3** vorgelegte Versicherung an Eides statt*

durch die unzutreffenden, pauschalen unsubstantiierten und diffamierenden Behauptungen des Antragsgegners zurückgezogen wird, um eine Ausweitung dieser Diskussion im Wahlkampf zu verhindern. Der Antragsgegner hätte dann trotz der Unzutreffenheit der Behauptungen mit seinem Schreiben vom 22.5. sein Ziel erreicht. Es bedarf deshalb dringend zur Wiederherstellung der Rechtsordnung des Erlasses der beantragen einstweiligen Verfügung. Infolge dieses besonderen Eilbedürfnisses muss die Entscheidung ohne mündliche Verhandlung und vorherige Anhörung des Antragsgegners ergehen und auch durch den Vorsitzenden allein.

Im Hinblick darauf, dass der Antragsgegner trotz der Unterlassungsverfügungen durch das LG ..., die sein Vater mit der Abschlusserklärung ausdrücklich anerkannt hat, im Kern dieselben unzutreffenden Behauptungen wieder aufwirft, um den Antragstellern Schaden zuzufügen und damit sogar die Voraus-

setzungen des § 826 BGB erfüllt, belegt, dass es der **sofortigen Androhung** eines Ordnungsgeldes bedarf, um den Antragsgegner zur Einhaltung der Rechtsordnung zu bewegen.

Rechtsanwalt

Versicherung an Eides statt

In Kenntnis der Bedeutung einer Versicherung an Eides statt und in Wissen um die Strafbarkeit bei Abgabe einer falschen Versicherung an Eides statt versichere ich, A.B., Fluß-Str. 1 in ... an Eides statt:

Es ist richtig:

- Seitens des Landes N wurde mir eine Förderzusage mündlich erteilt.
- Der Antragsgegner hat keine wesentlich größeren Marktanteile an dem inländischen Markt als die von mir vertretene Antragstellerin zu 2).
- Es gibt weitere Anbieter, die ebenfalls in einer relevanten Größenordnung auf dem Markt tätig sind, wie etwa die Fa. R.
- Die Antragstellerin zu 2) ist im Hinblick auf die Umweltfreundlichkeit ihrer Produkte berechtigt ist, den blauen Umweltengel zu führen, den des Umweltbundesamt und der dt. RAL auf ihre Initiative für diese Produktkategorie geschaffen hat.
- Schwesterunternehmen der Antragstellerin zu 2) existieren sowohl in H.K. als auch in N.Y.
- Die Wettbewerbsfähigkeit der Produkte der Antragstellerin zu 2) ergibt sich auch und gerade daraus, dass die Antragstellerin zu 2) neben oder anstelle des Antragsgegners bei Kunden, die früher allein der Antragsgegner beliefert hat, zur Belieferung „gelistet" ist, in jüngerer Zeit etwa bei der Fa. W. mit Sitz in ..., die sowohl über ihre Geschäftsstelle in ... als auch insbesondere über ihren Versandhandel einen erheblichen Vertrieb von Batterien und insbesondere mit Z-Batterien vorweisen kann.
- Die Angabe des Antragsgegners, eine wirtschaftlich rentable Produktion von Z-Batterien mit Weltstandard in Westeuropa sei aus Kostengründen nicht möglich, ist unzutreffend.
- Die Antragstellerin hat dem Fördergeber ein schlüssiges Konzept vorgelegt, das zu dessen positiver Einschätzung und der mündlichen Förderzusage geführt hat.
- Gegen meine Person schwebt nach meinen derzeitigen Erkenntnisstand kein Ermittlungsverfahren, erst recht kein Ermittlungsverfahren wegen betrügerischen Bankrottes.

- Die mündliche Förderungszusage zugunsten der Antragstellerin zu 2) ist durch das Schreiben des Antragsgegners zum Gegenstand des Landtags-Wahlkampfes in N. geworden.
- Es besteht deshalb die Gefahr einer Rücknahme der Förderzusage.

Ort, den

Unterschrift

Abschlussschreiben

Rechtsanwälte

...

Ihr Zeichen: ...

Sehr geehrter Herr Kollege,

in vorstehend genannter Angelegenheit nehme ich Bezug auf Ihr Schreiben vom 11.7.2002 und die einstweilige Verfügung des Landgerichts ... vom 9.6.2002 (Az. 1 KfH O 17./02).

Namens und im Auftrag meines Mandanten gebe ich hiermit folgende

Abschlusserklärung

ab:

Mein Mandant anerkennt die vorstehend genannte einstweilige Verfügung des Landgerichts ... als endgültige und zwischen den Parteien verbindliche Regelung in dieser Sache an und verzichtet auf das Recht zur Fristsetzung zur Erzwingung der Hauptklage gem. § 926 ZPO und auf die Rechte des § 927 ZPO für solche Einwendungen, die schon im Zeitpunkt der Zustellung der einstweiligen Verfügung entstanden waren. Hinsichtlich der für Ihr Schreiben vom 11.7.2002 geltend gemachten Kosten teile ich mit, ...

Mit freundlichen kollegialen Grüßen

Rechtsanwalt

§ 9 Presserechtliche Gegendarstellung

1069 Der presserechtliche Gegendarstellungsanspruch ist in den Pressegesetzen geregelt. Es handelt sich dabei um Landesrecht. Bereits im Normausgangspunkt herrscht deshalb eine Vielfältigkeit, die sich zwangsläufig auch in den obergerichtlichen Entscheidungen fortsetzt. Eine allgemein geltende Darstellung ist deshalb nicht möglich.

I. Rechtliche Grundlage

1070 Allerdings ist eine gewisse Vergleichbarkeit einer Reihe von Landesgesetzen nicht zu verneinen. Nachdem die Bemühungen des Bundesgesetzgebers zu Beginn jeweils der fünfziger, sechziger und siebziger Jahre des 20. Jahrhunderts zur Schaffung eines Presserechtsrahmengesetzes gescheitert waren, fassten die meisten „alten Bundesländer Ende der siebziger, Anfang der achziger Jahre auf der Grundlage von Koordinierungsverhandlungen ihre Pressegesetze neu (vgl. umfassend *Bullinger* in: *Löffler*, Einl. LPG, Rn. 85 ff.).

1071 Im Folgenden wird beispielhaft anhand § 11 PresseG NRW gearbeitet. Vergleichbare Regelungen finden sich weitgehend in den anderen Landespressegesetzen, wenn auch mit Modifikationen im Einzelnen (vgl. die Übersicht bei *Sedelmeier* in: *Löffler*, § 11 LPG). Vergleichbare Regelungen finden sich für Radio und Fernsehen in den jeweiligen Landesmediengesetzen, z.B. § 3 Abs. 1, §§ 44 f. Landesmediengesetz NRW (C VBl NRW 2002, 334 ff.).

1072 **Hinweis:**

Die Gegendarstellung macht nur dann einen Sinn, wenn sie in einem so überschaubaren Zeitraum nach dem Bezugsbericht abgedruckt wird, dass die Leser sich bei Lektüre der Gegendarstellung noch an den Bezugbericht erinnern können.

1073 Diese Zielsetzung kann praktisch nur mit einem einstweiligen Rechtsschutzverfahren erreicht werden. § 11 Abs. 4 PresseG NRW schreibt deshalb, wie die meisten Landesgesetze, in Satz 1 nicht nur das Beschreiten des ordentlichen Rechtsweges vor, sondern regelt in Satz 3, dass **der Anspruch im einstweiligen Verfügungsverfahren geltend zu machen ist**. § 11 Abs. 4 Satz 5 Presse G NRW schließt sogar ausdrücklich die Durchführung eines

Hauptsacheverfahrens aus. Lediglich in Bayern, Hessen und Sachsen ist eine solche Beschränkung auf den einstweiligen Rechtsschutz nicht vorgesehen. Es stehen damit alle ZPO-Verfahrensarten zur Verfügung einschließlich des Hauptsacheverfahrens. In § 10 Abs. 3 LPG Bayern heißt es lediglich, der „Anspruch auf Aufnahme der Gegendarstellung kann auch im Zivilrechtsweg verfolgt werden." Hessen erleichtert in § 10 Abs. 4 Satz 2 LPG immerhin die einstweilige Verfügung, indem es auf eine Wiederholungsgefahr verzichtet. § 10 Abs. 5 Satz 2 LPG Sachsen vermutet mit einer Formulierung wie in § 885 Abs. 1 Satz 2 und § 889 Abs. 1 BGB den Verfügungsgrund.

Vergleichbar ist auch § 11 Abs. 4 Satz 4 PresseG NRW formuliert. Dahinter steckt zugleich eine **Fiktion des Bestehens eines Verfügungsgrundes**, soweit lediglich das einstweilige Verfügungsverfahren zulässig ist wie in NRW. Es bedarf dann auch keiner Darlegungen zum **Verfügungsgrund** (so auch *Sedelmeier* in: *Löffler*, § 11 LPG Rn. 188 f.). Soweit das Hauptsacheverfahren nicht ausgeschlossen ist, handelt es sich wie bei § 885 Abs. 1 Satz 2 BGB, § 899 Abs. 1 BGB sowie § 25 UWG um eine – widerlegbare – Vermutung des Verfügungsgrundes. 1074

> **Hinweis:** 1075
>
> Infolge des in einigen Bundesländern gesetzlich angeordneten **Fehlens des Hauptsacheverfahrens führt ausnahmsweise das einstweilige Verfügungsverfahren zwingend zu einem materiell-rechtlichen Abschluss.** Damit entfallen die Probleme, die sich aus dem Dualismus zwischen einstweiligen Verfügungsverfahren und Hauptsacheverfahren ergeben, wie etwa die Verjährungsproblematik bei nicht rechtzeitig eingeleitetem Hauptsacheverfahren, die Anordnung gem. § 926 ZPO, fristwahrend das Hauptsacheverfahren einzuleiten, die Aufhebung der einstweiligen Verfügung bei Verjährung.

Zu diesen Besonderheiten kommt etwa in § 11 Abs. 4 Satz 3 LPG NRW die Anordnung hinzu, auf das Verfahren zur Erlangung einer Gegendarstellung seien die Vorschriften der ZPO über das Verfahren auf Erlass einer einstweiligen Verfügung entsprechend anzuwenden. *Sedelmeier* (in: *Löffler*, § 11 LPG) bewertet das Verfahren deshalb als ein „spezifisches presserechtliches Verfahren, auf das lediglich die Vorschriften über die einstweilige Verfügung entsprechende Anwendung finden". 1076

II. Besonderheiten bei der Durchsetzung des Anspruchs auf Gegendarstellung

1077 Neben diesen grundsätzlichen Fragen enthält das Presserecht einige weitere Besonderheiten gegenüber den sonstigen einstweiligen Verfügungsverfahren. Diese können gerade bei der erstmaligen Beschäftigung mit dem Presserecht wegen der auch mit dem Gegendarstellungsanspruch verbundenen Eilbedürftigkeit leicht übersehen werden. Fehler in diesen Verfahren haben aber z.T. weitreichendere Folgen als in anderen einstweiligen Rechtsschutzverfahren, da sie z.T. nicht in demselben Verfahren korrigiert werden können. Im Einzelnen:

1078 Der **Gegendarstellungsanspruch** ist kein Schadenersatzanspruch. Er verpflichtet nicht zu einem künftigen Unterlassen einer inkriminierten Äußerung. Erst recht bedeutet er keinen Widerruf bereits abgegebener Erklärungen. Die Gegendarstellung beschränkt sich ausschließlich (vgl. beispielhaft § 11 Abs. 1 PresseG NW) darauf, **Tatsachenangaben**, nicht etwa Meinungsäußerungen, eine gegenläufige Darstellung des **Betroffenen** gegenüberzustellen, wenn diese Tatsachenangaben von der Presse abgegeben worden sind. Ob die Mitteilung im Bezugstext wahr oder unwahr ist, und ob sie objektiv betrachtet eine Tatsache ist, ist unerheblich. Maßgeblich ist nur, ob etwas als Tatsache mitgeteilt wird (*Sedelmeier* in: *Löffler*, § 11 LPG Rn. 113). Wer betroffen in diesem Sinne ist, bedarf im Einzelfall u.U. einer Prüfung (vgl. *Sedelmeier* in: *Löffler*, § 11 LPG Rn. 54 ff.).

1079 Ein Verschulden ist demzufolge nicht erforderlich.

1080 **Anspruchsverpflichtet** sind gem. § 11 Abs. 1 Satz 1 PresseG NRW lediglich der **verantwortliche Redakteur** und der **Verleger** und zwar auch nur von periodischen, d.h. regelmäßig wiedererscheinenden Druckwerken. Die Verpflichtung erstreckt sich gem. § 11 Abs. 1 Satz 2 PresseG NW auf alle Neben- und Unterausgaben des Druckwerkes.

1081 Die Gegendarstellung muss gem. § 11 Abs. 2 Satz 2 PresseG NRW einen **angemessenen Umfang** haben, d. h. sie darf nicht den Umfang des beanstandeten Textes überschreiten. Kleinere Überschreitungen, die durch die Bezugnahmen auf den Ausgangstext bedingt sind, werden allgemein akzeptiert (vgl. *Sedelmeier* in: *Löffler*, § 11 LPG Rn. 133 ff.).

1082 Die **Gegendarstellung** bedarf gem. § 11 Abs. 2 Satz 3 PresseG NRW der Schriftform und **muss von dem Betroffenen selbst** oder seinem **gesetz-**

II. Besonderheiten bei der Durchsetzung des Anspruchs auf Gegendarstellung

lichen Vertreter unterzeichnet sein. Das OLG Hamburg (NJW 1990, 1613) hat deshalb die Übersendung im Original verlangt und die Versendung per Fax als nicht ausreichend angesehen. Auch wenn dies angesichts der Weiterentwicklung des Faxeinsatzes als nicht mehr zeitgemäß erscheinen sollte (s.a. *GmS-OBG* zur Übersendung von Schriftsätzen per Computerfax, DAR 2000, 523), empfiehlt es sich, wenn nicht die Einschätzung der örtlich zuständigen Gerichte einschließlich des Berufungsgerichtes bekannt ist und feststeht, die Gegendarstellung zumindest auch im Original zu übersenden. Dem Eilinteresse lässt sich durch Vorab-Sendung per Fax ausreichend Rechnung tragen.

> **Hinweis:** 1083
>
> Abweichend von den sonstigen Möglichkeiten ist eine **gewillkürte Vertretung** bei der Unterschrift unter die Gegendarstellung also **nicht möglich.** Demzufolge **genügt auch nicht die Unterschrift des anwaltlichen Bevollmächtigten,** und zwar auch dann nicht, wenn die Vollmacht zugleich im Original überreicht wird. Hiergegen wird in der Praxis immer wieder verstoßen. Der Verstoß kann dann schnell nicht mehr heilbar sein und damit eine anwaltliche Schadenersatzpflicht auslösen.

Denn gem. § 11 Abs. 2 Satz 4 PresseG NRW muss die – ordnungsgemäß 1084 unterschriebene – Gegendarstellung **unverzüglich,** spätestens innerhalb von drei Monaten nach der Veröffentlichung, dem Redakteur oder Verleger zugehen. Ist diese Frist verfallen, kann eine Gegendarstellung nicht mehr zwangsweise durchgesetzt werden (wie hier insbesondere das OLG Hamburg in st. Rspr. z.B. NJW 1967, 159, 160 sowie NJW 1990, 1613 und AfP 1984, 155; weitere Fundstellen bei *Sedelmeier* in: *Löffler,* § 11 LPG Rn. 157 ff.). Eine Übersicht über Entscheidungen zur „Unverzüglichkeit", wenn eine zeitliche Grenze im LPG anders als in NRW nicht enthalten ist, befindet sich bei *Sedelmeier* (in: *Löffler,* § 11 LPG Rn. 157 ff.). Dort ist auch Übersicht zu landesrechtlicher Rechtsprechung enthalten, welche die Frist auch durch nicht ordnungsgemäße Gegendarstellungen als gewahrt ansieht.

Das **Abdruckverlangen**, d.h. die Geltendmachung des Anspruches auf Ab- 1085 druck der Gegendarstellung (*Sedelmeier* in: *Löffler,* § 11 LPG Rn. 155), bedarf hingegen keiner Form. Funktion des Abdruckverlangens ist wie die der Abmahnung (dazu s.o. Rn. 1027 ff.) die Vermeidung der Kostenfolge aus § 93 ZPO bei sofortigem Anerkenntnis durch den Gegner (s. *Sedelmeier,* a.a.O.).

Aus Beweisgründen empfiehlt sich auch insoweit die Schriftform. Das Abdruckverlangen kann auch von einem Vertreter, auch einem anwaltlichen Bevollmächtigten abgegeben werden.

1086 **Hinweis:**

Wird der Abdruck durch einen (anwaltlichen) Vertreter verlangt, empfiehlt sich, zumal streitig ist, ob es sich um eine Willenserklärung handelt (zum Meinungsstand s. *Sedelmeier* in: *Löffler*, § 11 LPG Rn. 155) im Hinblick auf § 174 BGB die **Beifügung einer Original-Vollmacht**.

1087 In der Übersendung einer Gegendarstellung liegt zugleich – konkludent – das Abdruckverlangen, wenn nicht – etwa wegen schwebender Vergleichsverhandlungen – bei Übersendung der Gegendarstellung mitgeteilt wird, eine Veröffentlichung werde im Augenblick noch nicht verlangt (s. *Sedelmeier* in: *Löffler*, § 11 LPG Rn. 155).

1088 Weil Zuleitung der Gegendarstellung und Abdruckverlangen i.d.R. zusammenfallen, ist die Frage, ob nicht die Zuleitung der Gegendarstellung, sondern erst das Abdruckverlangen die Abdruckverpflichtung der Presse auslöst, wie das *OLG Hamburg* meint, für die Praxis i.d.R. irrelevant (zum Meinungsstand s. *Sedelmeier* in: *Löffler*, § 11 LPG Rn. 155).

1089 Erfolgt auf das Abdruckverlangen nicht freiwillig eine Veröffentlichung der Gegendarstellung, muss das **einstweilige Verfügungsverfahren** ebenfalls **mit der erforderlichen Zügigkeit** eingeleitet werden. Insoweit hält die überwiegende Auffassung in Rechtsprechung und Literatur einen Zeitraum von einem Monat seit Zuleitung der Gegendarstellung oder des Abdruckverlangens für angemessen und erforderlich (vgl. *Sedelmeier* in: *Löffler*, § 11 LPG Rn. 161 m.w.N.). Bei monatlich erscheinenden Druckwerken scheinen auch längere Fristen geduldet zu werden, allerdings keine vier Monate (*Sedelmeier* in: *Löffler*, § 11 LPG Rn. 161).

1090 **Hinweis:**

Wenn die kürzeren Fristen bei Erhalt des Mandates noch eingehalten werden können, empfiehlt es sich, entsprechend dem Gebot des sicheren Vorgehens, sich an diesen zu orientieren (wegen der Fristen und ihrer Bedeutung für den Verfügungsgrund s. i.Ü. bereits o. Rn. 73 ff.).

II. Besonderheiten bei der Durchsetzung des Anspruchs auf Gegendarstellung

Den **Zugang** von Abdruckverlangen und insbesondere Gegendarstellungen muss der Betroffene, anders als im Wettbewerbsrecht, **darlegen** und mit den Mitteln des § 294 ZPO **glaubhaft machen** (*Sedelmeier* in: *Löffler*, § 11 LPG Rn. 206). 1091

> **Hinweis:** 1092
>
> Ist die Redaktion vor Ort, bietet sich die persönliche Übergabe durch einen Mitarbeiter des Bevollmächtigten an, der darüber eine Versicherung an Eides statt abgibt.

Die **Formulierung der Gegendarstellung** bedarf wie bei der wettbewerbsrechtlichen Unterlassungserklärung trotz des hohen zeitlichen Druckes **besonderer Genauigkeit**. Rein praktisch ergibt sich dies bereits daraus, dass gerade bei Veröffentlichung der Gegendarstellung die Zielsetzung erreicht werden muss, nämlich die Richtigstellung der Tatsachen, um den Betroffenen in dem richtigen Lichte erscheinen zu lassen. Dies ist per se schwierig: Die Gegendarstellung richtet sich ausschließlich gegen einzelne Tatsachenbehauptungen aus dem Bezugsbericht. Wenn möglich sollte die Gegendarstellung durch die Art der Formulierung über eine bloße Abfolge von richtig gestellten Tatsachen hinaus aus sich heraus einen verständlichen Text mit einem Gesamtzusammenhang ergeben. Dies ist umso wichtiger, wenn die Gegendarstellung nicht freiwillig, d.h. nicht kurzfristig nach Erscheinen des Artikels veröffentlicht wird, sondern erst auf der Grundlage einer einstweiligen Verfügung, evtl. sogar erst im Wege der Zwangsvollstreckung. Denn in diesem Fall ist der zeitliche Abstand zu dem Bezugsbericht in der Praxis bereits so groß, dass der Bezugstext den Lesern der Gegendarstellung in aller Regel nicht mehr präsent ist. Es empfiehlt sich deshalb, abzuwägen, ob auf einzelne Richtigstellungen verzichtet werden soll i.S. eines „Gesamttextes". Besonders schwierig wird die Aufgabe dann, wenn „presserechtlich erfahrene" Journalisten in die Tatsachenberichterstattung Wertungen und Meinungsäußerungen einfließen lassen, die wegen Art. 5 Abs. 1 GG nicht gegendarstellungsfähig sind. 1093

Aus rechtlicher Sicht muss bei Abfassung der Gegendarstellung folgendes beachtet werden: **Abdruckfähig** und damit den Anspruch auf Abdruck der Gegendarstellung auslösend ist eine Gegendarstellung erst dann, wenn die besonderen **formellen Anforderungen** gewahrt sind (*Sedelmeier* in *Löffler*, § 11 LPG, z.B. Rn. 218). Neben den bereits genannten (s.o. Rn. 1081, 1083, Rn. 1084 und Rn. 1091) sind dies nach § 11 LPG NRW: 1094

- Beschränkung auf tatsächliche Angaben;
- kein strafbarer Inhalt;
- keine bloße Anzeige, die ausschließlich dem geschäftlichen Verkehr dient
- Bezug zur Erstmitteilung (wegen der Einzelheiten s. *Sedelmeier* in: *Löffler*, § 11 LPG Rn. 106 ff. und 120 ff., 115 ff., 68 ff. sowie 126 ff.)

1095 Die Bedeutung der Einhaltung dieser Anforderungen lässt sich erst richtig vor dem Hintergrund einer weiteren Besonderheit des Presserechtes ersehen: Die wohl h.M. (vgl. *Sedelmeier* in: *Löffler*, § 11 LPG Rn. 214 m.w.N. zur Gegendarstellung, s.a. Rn. 210 m.w.N. sowie zur bewussten abweichenden gesetzlichen Regelung im Saarland s. Rn. 216a ff.) vertritt das sog. „**Alles-oder-Nichts-Prinzip**". *Sedelmeier* (in: *Löffler*, § 11 LPG Rn. 218 ff.) modifiziert diese Auffassung und lässt unter strengen Voraussetzungen Minimalveränderungen (z.B. kleinere Streichungen) zu.

1096 | **Hinweis:**

Nach dem **Alles-oder-Nichts-Prinzip** erfolgt, wenn die formalen Anforderungen nicht gewahrt sind, z.B. eine einzige Meinungsäußerung in der Gegendarstellung enthalten ist, **keine Reduzierung der Gegendarstellung auf einen abdruckfähigen Teil.**

1097 Es findet also – in der Terminologie des AGB-Gesetzes gesprochen – keine geltungserhaltende Reduktion statt. Wird die Unzulässigkeit der Gegendarstellung erst im Berufungsverfahren festgestellt, wird in aller Regel die 3-Monatsfrist, innerhalb der die abzudruckende Gegendarstellung dem Anspruchsverpflichteten gem. § 11 Abs. 2 Satz 5 PresseG NRW zugegangen sein muss, abgelaufen sein. Dann ist eine Gegendarstellung endgültig nicht mehr durchsetzbar. Nach dem Alles-oder-Nichts-Prinzip ist auch nicht unter Berufung auf § 938 Abs. 1 ZPO eine inhaltliche Veränderung des Gegendarstellungstextes möglich. Die Bedeutung des § 938 ZPO reduziert sich dann z.B. auf die Beseitigung von Schreib- oder Grammatikfehlern oder Fragen betreffend die Art der Veröffentlichung (*Sedelmeier* in: *Löffler*, § 11 LPG Rn. 215 und 207).

1098 | **Hinweis:**

Auch die für Fälle dieser Art im allgemeinen Zivilprozess – und insbesondere im einstweiligen Verfügungsverfahren (dort wegen § 938 ZPO) –

II. Besonderheiten bei der Durchsetzung des Anspruchs auf Gegendarstellung

> angewandte „Technik" von **Haupt- und Hilfsanträgen ist im Presserecht infolge des Alles-oder-Nichts-Prinzipes für den Betroffenen nicht ungefährlich.**

Besteht hinsichtlich der „Haupt-Gegendarstellung" keine Abdruckpflicht, so dass über die (erste) „Hilfs-Gegendarstellung" zu entscheiden ist, führt dies zu einer **Verdoppelung des Streitwertes**. Der Erfolg der (ersten) Hilfs-Gegendarstellung ändert nichts daran, dass der Anspruchsteller hinsichtlich der „Haupt-"Gegendarstellung die gesamten Verfahrenskosten tragen muss. Welche **wirtschaftlichen Auswirkungen dies bei mehrfach gestuften Hilfsanträgen haben kann**, wie sie im Bereich des Wettbewerbsrechtes üblich sind, lässt sich leicht absehen. Verschlechtert wird die Situation für den Betroffenen noch dadurch, dass er jedenfalls bis zur Durchführung des Verfahrens häufig genug keine Deckungszusage seines Rechtsschutzversicherers vorliegen haben wird. Die Rechtsschutzversicherer neigen nämlich dazu, selbst bei Verschulden des Presseorganes eine Deckungszusage auch nicht unter dem Gesichtspunkt des Schadenersatzes kurzfristig zu erteilen. Der Anspruchsteller befindet sich also insoweit zumindest in einer ungesicherten Situation. 1099

Hinzu kommt eine weitere Unsicherheit für den Antragsteller, die daraus resultiert, dass der **Inanspruchgenommene** nach verbreitet vertretener Meinung (vgl. *Sedelmeier* in: *Löffler*, § 11 LPG Rn. 182 f. zur Gegenansicht Rn. 181, jeweils m.w.N.) **nicht verpflichtet ist, evtl. bestehende Bedenken an der Gegendarstellung außerprozessual mitzuteilen**. Demzufolge sind die Antragsgegner im Rahmen der Grenzen für neues Vorbringen (s.o. Rn. 154 ff.) auch nicht gehindert, in dem einstweiligen Verfügungsverfahren, evtl. in gestufter Abfolge, immer weitere Unzulässigkeitsgründe für die Gegendarstellung vorzubringen. Dadurch können auch abgewandelte Gegendarstellungen, in denen ersten Rügen Rechnung getragen worden ist, immer neuen Angriffen hinsichtlich ihrer Zulässigkeit ausgesetzt sein – mit der vorstehend dargelegten Kostenfolge! Dabei erfolgt alles vor dem Hintergrund der bereits erörterten (3-Monats-)Frist. Demzufolge kann es durchaus sinnvoll sein, die Gegendarstellung auch unter diesem Gesichtspunkt auf wenige Positionen zu konzentrieren. 1100

Gem. § 11 Abs. 5 PresseG NRW ist zu beachten, dass vom Gegendarstellungsanspruch **„wahrheitsgetreue" Berichte über öffentliche Sitzungen** der gesetzlichen Organe des Bundes und der Länder und der Vertretung der Gemeinden sowie aus mündlichen Verhandlungen vor den Gerichten **ausge-** 1101

nommen sind. Wahrheitsgetreu bedeutet in diesem Zusammenhang: Der Bericht enthält Äußerungen, die in dieser Form in den Sitzungen gefallen sind. Selbst wenn die – so gefallenen – Äußerungen inhaltlich nicht zutreffend sind, eröffnen sie nicht einen Gegendarstellungsanspruch.

1102 Der Gegendarstellungsanspruch besteht unabhängig davon, ob die Berichterstattung der Presse objektiv wahr oder unwahr war. Er ist unabhängig von einem Verschulden bei evtl. objektiv unrichtiger Berichterstattung. Der Gegendarstellungsanspruch ist deshalb, wie bereits dargelegt, kein Schadenersatzanspruch. Deshalb besteht, wenn dem außerprozessualen Abdruckverlangen genüge getan wird, unter presserechtlichen Gesichtspunkten **kein Kostenerstattungsanspruch** des Betroffenen. Etwas anderes ist lediglich dann der Fall, wenn durch die Bezugsmitteilung zugleich die Voraussetzungen anderer Normen verwirklicht sind, aus denen sich ein Ersatzanspruch ergibt, z.B. § 823 Abs. 1 BGB. Bei erfolgreichem Abschluss des einstweiligen Verfügungsverfahrens erfolgt die Kostenfestsetzung nach den üblichen Grundsätzen der §§ 91 ff. ZPO.

1103 Die **Zwangsvollstreckung** erfolgt durch Festsetzung der Ordnungsmittel gem. § 890 Abs. 1 ZPO. Es empfiehlt sich, diese bereits in der einstweiligen Verfügung androhen zu lassen (es gilt insoweit das bereits o. bei Rn. 111 Ausgeführte).

1104 Soweit – wie in NRW – kein Hauptsacheverfahren stattfinden kann, ist streitig, ob ein **Schadenersatzanspruch analog § 945 ZPO** möglich ist (zum Meinungsstand s. *Sedelmeier* in: *Löffler*, § 11 LPG Rn. 226).

1105 Soweit – wie in NRW – das Hauptsacheverfahren ausgeschlossen ist und nur einstweiliger Rechtsschutz zur Verfügung steht, erübrigt sich eine über die Voraussetzungen des § 11 Abs. 2 Satz 4 PresseG NRW (s.o. Rn. 1084) hinausgehende **Glaubhaftmachung** zum Verfügungsgrund. Glaubhaft zu machen sind jedoch die anspruchsbegründenden Tatsachen. Wahrheit oder Unwahrheit der Tatsachenbehauptungen im Bezugsbericht und damit auch in der Gegendarstellung sind – wenn nicht offensichtlich – für den Anspruch unerheblich (s. *Sedelmeier* in: *Löffler*, § 11 LPG Rn. 206 und 63). Einer Glaubhaftmachung insoweit bedarf es also nicht (s.a. *Sedelmeier* in: *Löffler*: § 11 LPG Rn. 206). Glaubhaft zu machen sind die Bezugsveröffentlichung mit ihrem konkreten Inhalt sowie ihrer Erscheinungsform (Größe, Schriftart, Seitenzahl etc.). Gem. den Ausführungen unter Rn. 130 ff. ist hierfür letztlich die Vorlage der Bezugsveröffentlichung erforderlich. Glaubhaft zu machen sind ferner die eigene Betroffenheit des Anspruchstellers, sofern sich dies nicht ohne weiteres aus dem Bezugstext ergibt, die Passivlegitimation, die Zuleitung der Gegendarstellung, das Abdruckverlangen und die ablehnende Reaktion hierauf (s.a. *Sedelmeier* in: *Löffler*, § 11 LPG Rn. 206).

> **Hinweis:** 1106
>
> Unter taktischen Gesichtspunkten ist immer auch zu berücksichtigen, dass das Verbot die Gegendarstellung zu kommentieren, sehr häufig ignoriert wird. Jedenfalls hat der Betroffene sich je nach der Tendenz des Bezugsberichtes nach einer Gegendarstellung auf Folgeartikel einzustellen. Bereits die bloße Gegendarstellung reaktiviert die angegriffenen Vorwürfe! Dies gilt umso mehr, wenn diese vor ihrer jeweiligen „Richtigstellung" in der Gegendarstellung zunächst zitiert werden. Gerade bei der Berichterstattung über (vermeintliche) Skandale etc. ergibt sich damit ein „2:1-Verhältnis" zu Lasten des Betroffenen. Hieran sollten sich sowohl die Entscheidung über das „Ob?" als auch über das „Wie?" der Gegendarstellung orientieren.

III. Checkliste ☑

Entspricht es der Interessenlage des durch eine negative Presseberichterstattung Betroffenen, wenn überhaupt eine Gegendarstellung veröffentlicht wird? 1107

Wie ist die Gegendarstellung abzufassen, um weitere Beeinträchtigungen des Betroffenen möglichst gering zu halten? Ist die Gegendarstellung so formuliert, dass sie für die Leser aus sich heraus verständlich ist?

Ist der zeitliche Bezug zur Erstberichterstattung gewahrt?

Ist die Gegendarstellung von dem Betroffenen selbst unterschrieben?

Enthält die Gegendarstellung ausschließlich einen gegendarstellungsfähigen Inhalt?

Ist das erforderliche Eilinteresse sowohl bei der Übersendung der Gegendarstellung und dem Abdruckverlangen als auch bei der Einleitung des einstweiligen Verfügungsverfahrens gewahrt? Liegt dem Abdruckverlangen eine Original-Vollmacht bei? Ist sichergestellt, dass der Zugang des Abdruckverlangens und insbesondere der Gegendarstellung glaubhaft gemacht werden kann?

Empfiehlt sich trotz des Alles-oder-Nichtsprinzips und der daraus resultierenden Kostenlast eine Differenzierung zwischen einer hauptsächlich und einer oder mehreren hilfsweise beantragten Gegendarstellungen?

Lässt sich im Hinblick auf einen Schadenersatzanspruch ausnahmsweise bei außerprozessesualer Erfüllung des Abdruckverlangens einer Gegendarstellung eine Erstattung der Kosten begründen?

IV. Muster: Gegendarstellung

1108
- *Abdruckverlangen*

Verlags GmbH
Pressehausstr. 4
...

Veröffentlichung vom 18.3.2001, Ausgabe Nr. 65, Seite 1 und Lokal

Sehr geehrte Damen und Herren,

Frau A.B. hat uns mit der Wahrnehmung ihrer rechtlichen Interessen betraut. Wir überreichen in der Anlage eine auf uns lautende Vollmacht.

Namens und im Auftrage unserer Mandantin fordern wir Sie auf, die beigelegte, von unserer Mandantin unterschriebene Gegendarstellung in der nach Empfang der Einsendung nächstfolgenden, für den Druck nicht abgeschlossenen Nr. in dem gleichen Teil Ihres Druckwerkes, mithin auf Seite 1 der Lokalausgabe auf der oberen im zusammengefalteten Zustand sichtbaren Hälfte und mit gleicher Schrift (also Überschrift „Gegendarstellung" in Fettdruck mit Großformat) ohne Einschaltungen und Weglassungen abzudrucken.

Der verantwortliche Redakteur ist in derselben Weise aufgefordert worden.

Mit freundlichen Grüßen

Rechtsanwalt

Herrn
C.D.
als verantwortlicher Redakteur
...

Veröffentlichung vom 18.3.2001, Ausgabe Nr. 65, Seite 1 und Lokal

Sehr geehrter Herr D.,

Frau A.B. hat uns mit der Wahrnehmung ihrer rechtlichen Interessen betraut. Wir überreichen in der Anlage eine auf uns lautende Vollmacht.

Namens und im Auftrage unserer Mandantin fordern wir Sie auf, die beigelegte, von unserer Mandantin unterschriebene Gegendarstellung in der nach Empfang der Einsendung nächstfolgenden, für den Druck nicht abgeschlossenen Nr. in dem gleichen Teil Ihres Druckwerkes, mithin auf Seite 1 der Lokalausgabe auf der oberen im zusammengefalteten Zustand sichtbaren Hälfte und mit gleicher Schrift (also Überschrift „Gegendarstellung" in Fettdruck mit Großformat) ohne Einschaltungen und Weglassungen abzudrucken.

Die Verlags GmbH ist in derselben Weise aufgefordert worden.

Mit freundlichen Grüßen

Rechtsanwalt

Gegendarstellung

In der Ausgabe der ... vom 18.3.2002 auf Seite 1 und Lokal mit der Überschrift „Abteilungsleiterin verteilt – Ehegatte verdient" sind in dem Bericht und dem zugeordneten Kommentar folgende Tatsachen über mich behauptet worden, die unwahr sind.

1. In dem Bericht heißt es, dass auf beiden Seiten von Verträgen zwischen ... und der Firma meines Mannes der Familienname B. auftaucht. Dies ist unwahr. Richtig ist vielmehr, dass ich Verträge dieser Art nicht unterschrieben habe.

2. In dem Kommentar heißt es, dass ich darüber entscheide, ob ...gelder in die Firmenkassen meines Mannes fließen. Dies ist unwahr. Richtig ist vielmehr, dass Entscheidungen über Vergaben von Aufträgen meiner Abteilung, die die Firma meines Mannes erhalten hat, nicht von mir getroffen wurden.

3. In dem Kommentar heißt es, dass ich in einer Nacht-und-Nebel-Aktion die angeblich völlig verwahrloste Sammlung des ... habe aufräumen lassen und dann der schmunzelnden Öffentlichkeit wohlgeordnete Regale präsentiert habe. Dies ist unwahr. Richtig ist vielmehr, dass mein Vorgesetzter, Herr ..., und ich unmittelbar, auf damalige Behauptungen dieser Zeitung hin die Sammlung in dem Zustand, wie sie sich dauerhaft befanden, der Presse zugänglich gemacht haben, um die Vorwürfe auszuräumen.

Ort, den 25.3.2002

Unterschrift

- **Abdruck einer Gegendarstellung**

LG

...

Antrag
gemäß § 11 Abs. 4 Satz 3 LPG NRW
entsprechend den Vorschriften der ZPO über
das Verfahren auf
Erlass einer einstweiligen Verfügung

der Angestellten Frau ....

– Antragstellerin –

Verfahrensbevollmächtigte:

gegen

1. die VerlagsGmbH, ...

– Antragsgegnerin zu 1) –

und

2. Herrn C.D., ...

– Antragsgegner zu 2) –

wegen Veröffentlichung einer Gegendarstellung

Vorläufiger Streitwert: € 20.000,-

Namens und im Auftrage der Antragstellerin beantragen wir, wobei wir wegen der Dringlichkeit Entscheidung ohne mündliche Verhandlung anregen, den Erlass folgender einstweiliger Verfügung:

1. Es wird angeordnet, dass die Antragsgegner als Gesamtschuldner die Gegendarstellung der Antragstellerin vom 25.3.2002 mit dem nachstehend eingerückten Wortlaut in der nächsten, für den Druck nicht abgeschlossenen Nr. der von ihnen verlegten bzw. als verantwortlichem Redakteur geleiteten Zeitung ... auf Seite 1 der Lokalausgabe auf der oberen im zusammen-

gefalteten Zustand sichtbaren Hälfte mit derselben Schrift wie in der Erstmitteilung vom 18.3.2002, also die Überschrift „Gegendarstellung" in Fettdruck und mit Großformat, ohne Einschaltungen und Weglassungen abzudrucken haben.

„Gegendarstellung

In der Ausgabe der ... vom 18.3.2002 auf Seite 1 und Lokal mit der Überschrift „Abteilungsleiterin verteilt – Ehegatte verdient" sind in dem Bericht und dem zugeordneten Kommentar folgende Tatsachen über mich behauptet worden, die unwahr sind.

1. In dem Bericht heißt es, dass auf beiden Seiten von Verträgen zwischen ... und der Firma meines Mannes der Familienname B. auftaucht. Dies ist unwahr. Richtig ist vielmehr, dass ich Verträge dieser Art nicht unterschrieben habe.

2. In dem Kommentar heißt es, dass ich darüber entscheide, ob ...gelder in die Firmenkassen meines Mannes fließen. Dies ist unwahr. Richtig ist vielmehr, dass Entscheidungen über Vergaben von Aufträgen meiner Abteilung, die die Firma meines Mannes erhalten hat, nicht von mir getroffen wurden.

3. In dem Kommentar heißt es, dass ich in einer Nacht-und-Nebel-Aktion die angeblich völlig verwahrloste Sammlung des ... habe aufräumen lassen und dann der schmunzelnden Öffentlichkeit wohlgeordnete Regale präsentiert habe. Dies ist unwahr. Richtig ist vielmehr, dass mein Vorgesetzter, Herr ..., und ich unmittelbar, auf damalige Behauptungen dieser Zeitung hin die Sammlung in dem Zustand, wie sie sich dauerhaft befanden, der Presse zugänglich gemacht haben, um die Vorwürfe auszuräumen.

Ort, den 25.3.2002

gez. A.B."

2. Die Antragsgegner haben die Kosten des Verfahrens zu tragen.

3. Darüber hinaus beantragen wir bereits an dieser Stelle:

Es wird beschlossen, dass gegen die Antragsgegner zur Vornahme der in dem Antrag zu 1. benannten Handlung Zwangsgeld und für den Fall, dass dieses nicht beigetrieben werden kann, Zwangshaft oder Zwangshaft festgesetzt wird.

Sollte das Gericht, entgegen dem Eingangsersuchen, einen Termin zur mündlichen Verhandlung anberaumen, beantragen wir ferner,

die Ladungsfrist gem. § 226 Abs. 1 ZPO möglichst weitgehend abzukürzen.

Begründung:

Die Antragsgegner sind gemäß § 11 Abs. 1 LPG NRW zum Abdruck der Gegendarstellung verpflichtet. Beide Antragsgegner erhielten eine Original-Fassung der Gegendarstellung, von der Antragstellerin jeweils persönlich mit Vor- und Nachnamen unterzeichnet.

Die Antragsgegnerin zu 1) verlegt die Zeitung .... Der Antragsgegner zu 2) ist verantwortlicher Redakteur i.S.d. Presserechts.

Glaubhaftmachung: Vorlage der Ausgabe Nr. 72 von Donnerstag, dem 26.3.2002, für das Gericht als **Anlage VK 1**. Das Impressum befindet sich auf Seite 2 des Lokalteiles rechts unten

In der Ausgabe von Mittwoch, dem 18.3.2002 (Nr. 65), erschien auf Seite 1 der inkriminierte Artikel.

Glaubhaftmachung: Vorlage des Lokalteiles vom 18.3.2002, als **Anlage VK 2** für das Gericht beigefügt

Die Antragstellerin verlangte Gegendarstellung und zwar mit dem in dem Antrag zu 1) bezeichneten Wortlaut.

Glaubhaftmachung: Vorlage einer Kopie der beiden gleich lautenden Abdruckverlangen in Kopien als **Anlagen VK 3** und **VK 4** für das Gericht beigefügt

Das jeweilige Abdruckverlangen an die beiden Antragsgegner nebst jeweils einem Original der Gegendarstellung befand sich in jeweils einem Umschlag mit handschriftlich aufgesetzter Adressierung. Die Außenseite des Umschlags enthielt jeweils den Vermerk „Eilt sehr! Gegendarstellung."

Glaubhaftmachung: Vorlage des Aktenvermerkes des Zeugen E.F. sowie dessen angehängter Versicherung an Eides statt als **Anlage VK 5**

Die Antragsgegner bauen bereits seit Jahren eine Kette von Veröffentlichungen auf mit der – teilweise offen ausgesprochenen – Zielsetzung, die Antragstellerin zu einem Rücktritt zu bewegen. So beispielhaft im Mai 2000 betreffend angeblich verloren gegangene oder zerstörte Gegenstände aus dem ... (vgl. **Anlage VK 6**, in Kopie für das Gericht beigefügt) oder Veröffentlichung vom

21.9.2001 betreffend die angebliche Aufräumaktion im ...-Archiv, die auch in dem Punkt 3. der Gegendarstellung angesprochen wird (vgl. **VK 7**, in Kopie für das Gericht beigefügt).

Klarstellende Darstellungen seitens der Antragsgegner sind jeweils nach Aufklärung der unzutreffenden Vorwürfe nicht erfolgt, etwa nicht, nachdem die angeblich verschwundenen und zerstörten Gegenstände in ordnungsgemäßem Zustand der ... in ... präsentiert wurden (vgl. Artikel vom 23.5.2000 der ... (andere Tageszeitung), in Kopie als **Anlage VK 8** beigefügt) und auch nicht, nachdem das Archiv unmittelbar nach bekannt werden der Vorwürfe in einem geordneten Zustand öffentlich zugänglich gemacht wurde.

Der Versuch der Antragsgegner, der Antragstellerin durch Ausnutzung ihrer Einflussmöglichkeiten auf die öffentliche Meinung schweren Schaden zuzufügen und die daraus begründete Annahme, dass eine diesem Versuch entgegenstehende Gegendarstellung nicht zeitnah abgedruckt werden wird, ergibt sich insbesondere auch aus dem jetzigen Vorgehen der Antragsgegner: ...

Mitteilungen gegenläufiger Art werden unterschlagen. Wir nehmen beispielhaft Bezug auf die Berichterstattung in der ... (andere Tageszeitung) vom 14.3.2002 zu den Feststellungen des ... Sprechers der ... nach Akteneinsicht und der Nichterneuerung der Vorwürfe durch den ... Sprecher der ... nach ebenfalls dessen Akteneinsicht, Seite 1 des Lokalteiles für das Gericht in Kopie als **Anlage VK 9** beigefügt.

Unabhängig hiervon besteht jedenfalls in dem Fall der Antragstellerin dieses Verfahrens die Annahme, dass die Antragsgegner versuchen werden, einen zeitnahen Abdruck der Gegendarstellung auch nach deren Anordnung durch das Gericht zu vermeiden.

Die Antragstellerin ist deshalb dringend auf den Abdruck ihrer Gegendarstellung in der ... angewiesen zur Wahrung ihres Rufes gegenüber der bisher ausschließlich einseitig informierte Leserschaft der .... Auch hieraus resultiert die besondere Dringlichkeit i.S.d. § 937 Abs. 2 ZPO.

Aus diesen Gründen und wegen des systematischen Vorgehens der Antragsgegner ist bereits das festzusetzende Zwangsgeld so zu bemessen, dass hiervon eine die Antragsgegner zum Abdruck der Gegendarstellung anhaltende Wirkung ausgeht. Im Hinblick darauf, dass die ... zu einem der finanziell stärksten Zeitungsverlagsgruppe der Bundesrepublik, dem W.-Konzern, gehört, ist das Zwangsgeld im Bereich der gesetzlichen Obergrenze erforderlich, notwendig und angemessen.

Aktenvermerk

Ich habe die beiden Schreiben nebst anliegender Gegendarstellung, gerichtet an Herrn D. als verantwortlichen Redakteur und an die VerlagsGmbH bei der Lokalredaktion der ... in der Pressestr. 1 in ... um ca. 11.00 Uhr am heutigen Mittwoch, dem 25.3.2002, abgegeben. Herr D. war persönlich anwesend. Er hat das an ihn gerichtete Schreiben geöffnet.

Die Umschläge zu den Anschreiben waren mit dem Vermerk „Eilt sehr! Gegendarstellung." versehen.

Ort, den

Unterschrift

Versicherung an Eides statt

In Kenntnis der Bedeutung einer Versicherung an Eides statt und in Wissen um die Strafbarkeit bei Abgabe einer falschen Versicherung an Eides statt versichere ich, E.F., A-Str. in ... an Eides Statt, dass die vorstehenden, in meinem Aktenvermerk vom ... festgehaltenen Umstände richtig sind.

Ort, den

Unterschrift

Einstweilige Verfügung

Az.:

LANDGERICHT ...

BESCHLUSS

In Sachen

der Angestellten, ...

– Antragstellerin –

Verfahrensbevollmächtigte:

gegen

die VerlagsGmbH, ...

– Antragsgegnern zu 1) –

und

Herrn C.D., ...

– Antragsgegner zu 2) –

hat die Antragstellerin den aus anliegendem und hiermit in Bezug genommenen Antrag ersichtlichen Sachverhalt glaubhaft gemacht:

Auf ihren Antrag wird daher gemäß §§ 935 ff., 940 ZPO im Wege der einstweiligen Verfügung, und zwar wegen der Dringlichkeit des Falles ohne mündliche Verhandlung, folgendes angeordnet:

Es wird angeordnet, dass die Antragsgegner als Gesamtschuldner die Gegendarstellung der Antragstellerin vom 25.3.2002 mit dem nachstehend eingerückten Wortlaut in der nächsten, für den Druck nicht abgeschlossenen Nr. der von ihnen verlegten bzw. als verantwortlichem Redakteur geleiteten Zeitung ... auf Seite 1 der Lokalausgabe auf der oberen im zusammengefalteten Zustand sichtbaren Hälfte mit derselben Schrift wie in der Erstmitteilung vom 18.3.2001 also die Überschrift „Gegendarstellung" in Fettdruck und mit Großformat ohne Einschaltungen und Weglassungen abzudrucken haben:

„Gegendarstellung

In der Ausgabe der ... vom 18.3.2002 auf Seite 1 und Lokal mit der Überschrift „Abteilungsleiterin verteilt – Ehegatte verdient" sind in dem Bericht und dem zugeordneten Kommentar folgende Tatsachen über mich behauptet worden, die unwahr sind.

1. In dem Bericht heißt es, dass auf beiden Seiten von Verträgen zwischen ... und der Firma meines Mannes der Familienname B. auftaucht. Dies ist unwahr. Richtig ist vielmehr, dass ich Verträge dieser Art nicht unterschrieben habe.

2. In dem Kommentar heißt es, dass ich darüber entscheide, ob ...gelder in die Firmenkassen meines Mannes fließen. Dies ist unwahr. Richtig ist vielmehr, dass Entscheidungen über Vergaben von Aufträgen meiner Abteilung, die die Firma meines Mannes erhalten hat, nicht von mir getroffen wurden.

3. In dem Kommentar heißt es, dass ich in einer Nacht-und-Nebel-Aktion die angeblich völlig verwahrloste Sammlung des ... habe aufräumen lassen und dann der schmunzelnden Öffentlichkeit wohlgeordnete Regale präsentiert habe. Dies ist unwahr. Richtig ist vielmehr, dass mein Vorgesetzter, Herr ..., und ich unmittelbar, auf damalige Behauptungen dieser Zeitung hin die Sammlung in dem Zustand, wie sie sich dauerhaft befanden, der Presse zugänglich gemacht haben, um die Vorwürfe auszuräumen.

Ort, den 25.3.2002

gez. A.B."

Über den Antrag auf Festsetzung von Zwangsmitteln wird die Kammer am 6.4.2002 entscheiden.

Die Kosten des Verfahrens tragen die Antragsgegner.

Der Streitwert wird auf 20.000,- € festgesetzt.

Ort, den 30.3.2002

Landgericht, 1. Zivilkammer

... Vors. Richter am LG   Richter am LG ...   Richter am LG ...

Ausgefertigt

gez. Unterschrift als Urkundsbeamter der Geschäftsstelle des Landgerichts

§ 10 Widerruf

1109 Der Widerruf ist eine besondere Ausprägung des aus der vorbeugenden Unterlassungsklage entwickelten Anspruchs auf Beseitigung einer Beeinträchtigung/Störung entsprechend §§ 1004, 823 BGB (*Palandt/Thomas*, BGB, Einf. v. § 823 Rn. 26). Demzufolge wird der Widerruf nur gegen **unwahre Tatsachenbehauptungen** zugebilligt, nicht aber gegen Meinungsäußerungen (*Palandt/Thomas*, BGB, Einf. v. § 823 Rn. 27). Der presserechtliche Gegendarstellungsanspruch richtet sich zwar auch nur gegen Tatsachenschilderungen, ist aber weitergehend, da es auf die (Un-)Wahrheit nicht ankommt (Rn. 1078 und Rn. 1105).

1110 Eine einstweilige Verfügung, die zum Widerruf verpflichtet, enthält denselben Ausspruch wie die Hauptsache, nimmt diese also vorweg (zur grundsätzlichen Unzulässigkeit der Vorwegnahme der Hauptsache s.o. Rn. 78 ff.). Bei der Bestimmung, wann eine solche **Vorwegnahme der Hauptsache** vorliegt bzw. wie sie vermieden werden kann, ist speziell für das Institut Widerruf zu berücksichtigen, dass bereits im Hauptsacheverfahren statt des „vollen Widerrufes" auch weniger weitreichende Anordnungen erfolgen: So ergeht bereits im Hauptsacheverfahren ein nur „**eingeschränkter Widerruf**", d.h. die Erklärung, die Behauptung nicht aufrechtzuerhalten, wenn die Beweisaufnahme keine ernst zu nehmenden Anhaltspunkte für die Richtigkeit der Behauptung ergeben hat aber die Unwahrheit der angegriffenen Behauptung auch nicht positiv festgestellt werden konnte (*Palandt/Thomas*, BGB, Einf. v. § 823 Rn. 27). War die Behauptung nicht schlechthin unwahr, sondern „nur" unvollständig, übertrieben, missverständlich oder z.T. unwahr, reduziert sich bereits der Anspruch auf **Richtigstellung oder Ergänzung** (*Palandt/Thomas*, BGB, Einf. v. § 823 Rn. 28).

1111 **Hinweis:**

Allein mit einer Einschränkung des Widerrufes darauf, der Antragsgegner solle (lediglich) die Erklärung nicht aufrechterhalten oder mit einer bloßen Richtigstellung oder Ergänzung der Tatsachenbehauptungen des Antragsgegners, lässt sich also nicht eine Vorwegnahme der Hauptsache vermeiden.

1112 Um eine Vorwegnahme der Hauptsache auf jeden Fall zu vermeiden, wird vorgeschlagen, dem Schuldner die **Einschränkung** zu erlauben, **er sei durch**

einstweilige Verfügung zum Widerruf verpflichtet (so z.B. *Stein/Jonas/ Grunsky*, ZPO, Vor § 935 Rn. 52). Ein solcher Zusatz ist für Nicht-Juristen nicht verständlich, untergräbt das Vertrauen in den einstweiligen Rechtsschutz und ist deshalb nicht praktikabel. Der Vorschlag, den Schuldner zu verurteilen, die Behauptung **vorläufig nicht zu wiederholen** (*Stein/Jonas/Grunsky*, a.a.O.) ist praktisch kein Widerruf, sondern eine Unterlassungsverpflichtung. Deshalb empfiehlt es sich, dies offen auszuweisen und von vornherein die einstweilige Verfügung auf Unterlassung der Äußerung der unwahren Tatsachen zu richten. In diesem Falle entfiele auch die nicht immer einfache Abgrenzung zwischen Tatsachenbehauptungen und Meinungsäußerungen.

Etwas näher an den Widerruf angenähert wäre eine einstweilige Verfügung, die den Schuldner verpflichtet, die Behauptung **vorläufig**, d.h. bis zum Hauptsacheverfahren, **nicht aufrechtzuerhalten** (s. *Schuschke/Walker*, ZPO, Vorbemerkung zu § 935 Rn. 23). Allgemein verständlicher bleibt jedoch auch gegenüber einer solchen einstweilige Verfügung eine Unterlassungsverfügung. 1113

Insgesamt ist zu bedenken, dass die restriktive Handhabung des Ehrenschutzes im Gefolge verfassungsgerichtlicher Entscheidungen (Überblick bei *Palandt/Thomas*, BGB, § 823 Rn. 175 ff.) eher dem Erlass einstweiliger Verfügungen in diesem Bereich entgegensteht. 1114

Checkliste ☑

Richtet sich das Widerrufsbegehren ausschließlich gegen unwahre Tatsachenangaben? Wie kann die Unwahrheit glaubhaft gemacht werden? 1115

Wie kann ein Verstoß gegen das Verbot der Vorwegnahme der Hauptsache vermieden werden?

§ 11 Einstweiliger Rechtsschutz im Insolvenzverfahren

1116 Entsprechend den Sicherungsmaßnahmen in § 106 Abs. 1 Satz 2 KO, § 12 Satz 3 VglO i.V.m. §§ 60, 62 VglO sowie 13 VglO sieht § 21 InsO während des Insolvenzeröffnungsverfahrens Sicherungsmaßnahmen vor, um bis zur Entscheidung über den Insolvenzeröffnungsantrag eine dem Gläubiger nachteilige Veränderung in der Vermögenslage des Schuldners zu verhüten. Die bei demselben Grundansatz vorhandenen Detailabweichungen in § 21 InsO gegenüber den Vorgängernormen beruhen auf der Kritik an den Vorgängernormen. Der Gesetzgeber hat sich bei § 21 InsO nach Auffassung der Literatur um ein differenziertes aufeinander abgestimmtes Schutzsystem bemüht (vgl. *Mönning* in: *Nerlich/Römermann*, InsO, § 21 Rn. 2 ff.). Anders als in § 106 Abs. 1 Satz 2 KO **muss** das Gericht nunmehr gem. § 21 Abs. 1 InsO **alle Maßnahmen treffen, die zur Vermeidung einer nachteiligen Veränderung in der Vermögenslage des Schuldners erforderlich erscheinen.** Die „Kann-Befugnis" des § 21 Abs. 2 InsO beschränkt sich lediglich auf eine beispielhafte Aufzählung vorrangiger Sicherungsmaßnahmen.

1117 Als einschneidende Maßnahme kann das Insolvenzgericht dem Schuldner ein **allgemeines Verfügungsverbot** gem. § 21 Abs. 2 Nr. 2 1. Halbsatz InsO auferlegen. Dieses allgemeine Verfügungsverbot ist die umfassendste Maßnahme zur Massesicherung. Anders als § 106 Abs. 1 KO führt die Anordnung des allgemeinen Verfügungsverbotes zu einer **absoluten Verfügungsbeschränkung** über § 24 Abs. 1 InsO i.V.m. §§ 81 f. InsO (vgl. *Mönning* in: *Nerlich/Römermann*, InsO, § 21 Rn. 49).

1118 Möglich ist ferner, gem. § 21 Abs. 2 Nr. 2 InsO als weniger umfassende Maßnahme der Massesicherung anzuordnen, dass Verfügungen des Schuldners nur mit **Zustimmung** des vorläufigen Insolvenzverwalters wirksam sind. In diesem Fall sind die rechtsgeschäftlichen Handlungen des Schuldners nicht schlechthin unwirksam. Ihre Wirksamkeit hängt vielmehr von der Zustimmung des vorläufigen Insolvenzverwalters ab. Es besteht deshalb die Gefahr von Massemanipulationen. Für den Regelfall wird deshalb diese Möglichkeit als für den umfangreichen Sicherungszweck nur weniger ausreichende Maßnahme angesehen (*Mönning* in: *Nerlich/Römermann*, InsO, § 21 Rn. 53 ff., insbesondere Rn. 55).

1119 Als andere Sicherungsmaßnahmen i.S.d. § 21 Abs. 1 InsO kommt auch die Beschränkung der Verfügungsfähigkeit hinsichtlich **bestimmter Vermö-**

gensgegenstände in Betracht. Derartige Beschränkungen führen lediglich zu einem **relativen** Verfügungsverbot i.S.d. § 135 BGB (*Mönning* in: *Nerlich/ Römermann*, InsO, § 21 Rn. 60 f.).

Gem. § 21 Abs. 2 Nr. 3 InsO kann das Gericht ferner bereits eingeleitete Maßnahmen der Zwangsvollstreckung einstellen. Dann bleibt deren Rang gewahrt. Das Gericht kann auch künftige Vollstreckungsmaßnahmen untersagen. Bei unbeweglichen Gegenständen erfolgt die einstweilige Einstellung gem. § 30 d ZVG n.F. (zu allem vgl. *Mönning* in: *Nerlich/Römermann*, InsO, § 21 Rn. 77 ff.). 1120

Es handelt sich insoweit jeweils um vom Gericht anzuordnende Maßnahmen. Dabei steht der gesamte § 21 InsO unter der Verpflichtung des Gerichts aus § 21 Abs. 1 InsO. Abgesichert ist dies im Interesse der Gläubiger durch eine Haftung des Insolvenzgerichts bzw. der diese ersetzenden Staatshaftung gem. § 839 Abs. 3 BGB i.V.m. Art. 34 GG (dazu s. i.E. *Mönning* in: *Nerlich/Römermann*, InsO, § 21 Rn. 103 ff.) Dem Gläubiger verbleibt deshalb lediglich, im Vorfeld entsprechende Anordnungen anzuregen. Es findet aber kein **einstweiliges Rechtsschutzverfahren** i.e.S. statt. Ein solches kommt jedoch dann in Betracht, **wenn der Insolvenzschuldner entgegen den gerichtlichen Sicherungsmaßnahmen Vermögensübertragungen** einleitet. Es kommen dann zum Schutz und zur Verhinderung von Verstößen einstweilige Verfügungen in Form von **Veräußerungs- und Erwerbsverboten in Betracht** (s. Rn. 933 ff. und Rn. 937 ff.) 1121

Teil 6: Rechtsprechungslexikon

§ 1 Einstweilige Verfügung

Abänderung eines Beschlusses; Gegenvorstellung
Wird der Antrag auf Erlass einer einstweiligen Verfügung im Beschlussverfahren zurückgewiesen, ist eine Abänderung des Beschlusses auf Gegenvorstellung nicht möglich. Gleiches gilt für einen Beschluss, mit welchem die Beschwerde gegen den Nichterlass der einstweiligen Verfügung zurückgewiesen wird.

OLG Frankfurt, 28.7.1993, 6 W 4/93
OLGR Frankfurt 1993, 307

Anfechtungsgesetz; Verfügungsgrund; Rückgewähranspruch
Der Rückgewähranspruch nach § 7 Abs. 1 AnfG kann durch einstweilige Verfügung gesichert werden. Eine Gefährdung muss nicht glaubhaft gemacht werden, wenn er sich auf ein im Grundbuch eingetragenes Recht bezieht, § 885 Abs. 1 Satz 2 BGB.

OLG Koblenz, 12.11.1992, 6 U 1310/92
ZIP 1992, 1754 = EWiR 1993, 9 = Rpfleger 1993, 170

Antragsrücknahme
Für die Rücknahme des Antrags auf Erlass einer einstweiligen Verfügung ist auch nach mündlicher Verhandlung zur Hauptsache die Einwilligung des Beklagten nicht erforderlich.

OLG Koblenz, 10.2.1998, 4 U 1564/97
OLGR Koblenz 1998, 500

Antragsrücknahme; Kostenentscheidung; Schutzschrift
Der Senat hält an seiner Rechtsprechung fest, dass eine Entscheidung in analoger Anwendung des § 269 Abs. 3 ZPO zu treffen ist, wenn ein Antrag auf Erlass einer einstweiligen Verfügung zurückgenommen wurde, ohne dass er

vorher an den Antragsgegner zugestellt worden war, sofern vorher eine Schutzschrift eingereicht worden war.

OLG München, 2.11.1992, 6 W 2274/92

OLGR München 1993, 103 = NJW 1993, 1604 = MDR 1993, 687

Antragsrücknahme; Kostenentscheidung

Die Antragsrücknahme führt zum rückwirkenden Wegfall der Rechtshängigkeit und zu dem zwingenden, keinem gerichtlichen Ermessen zugänglichen deklaratorischen Kostenbeschluss gem. § 269 Abs. 3 ZPO, wonach der Antragsteller aller Kosten des Verfahrens aufzuerlegen sind, mögen diese im Einzelnen auch vom Antragsgegner verursacht sein. Für eine Anwendung des § 91a ZPO ist dabei kein Raum.

OLG Karlsruhe, 28.4.1994, 6 W 13/94

MDR 1994, 1245

Anwaltszwang; Beschwerdeverfahren

Die Beschwerde gegen einen vom LG ohne mündliche Verhandlung abgelehnten Antrag auf Erlass einer einstweiligen Verfügung kann auch durch einen bei diesem Gericht nicht zugelassenen Anwalt eingelegt werden.

OLG Karlsruhe, 5.5.1993, 6 W 23/93

NJW-RR 1993, 1470 = GRUR 1993, 697

Anwaltszwang; Zustellung

Im Verfügungsverfahren vor dem LG kommen bei dem Verfügungsgericht nicht zugelassene Rechtsanwälte als Prozessbevollmächtigte des Antragsgegners nicht in Betracht, sodass an sie die Beschlussverfügung nicht zugestellt werden muss. Die Vollziehung kann daher durch Zustellung an den Antragsgegner persönlich erfolgen, auch wenn sich für ihn in einer Schutzschrift Rechtsanwälte als Prozessbevollmächtigte bestellt haben, die jedoch beim Verfügungs-LG nicht zugelassen sind.

OLG Hamm, 21.7.1992, 4 U 128/92

WRP 1992, 724 = GRUR 1992, 887

Architektenvertrag; Herausgabe der Pläne
Der planende Architekt ist im Hinblick auf die erstellten Baupläne und sonstigen Unterlagen vorleistungspflichtig, sodass er sich nicht auf ein Zurückbehaltungsrecht oder sonstiges Leistungsverweigerungsrecht wegen noch offen stehender Honorarrechnungen berufen kann. Dies gilt auch bei einem vorzeitig gekündigten Architektenvertrag für die bis zur Kündigung erstellten Planungsleistungen. Der Bauherr kann deshalb im Wege der einstweiligen Verfügung von dem Architekten die Herausgabe der Planungsunterlagen (Mutterpausen) verlangen.

OLG Hamm, 20.8.1999, 25 U 88/99
BauR 2000, 295 = IBR 2000, 180

Aufhebungsverfahren; Abmahnung
Versäumt es der Antragsteller im Verfahren auf Aufhebung einer einstweiligen Verfügung wegen Versäumung der Vollziehungsfrist, den Antragsgegner vor Antragstellung auf den Aufhebungsgrund hinzuweisen, ist der Antragsteller im Falle des sofortigen Anerkenntnisses mit den Kosten des Aufhebungsverfahrens zu belasten.

OLG Frankfurt, 14.1.1999, 6 W 181/98
NJW-RR 1999, 1742

Aufhebungsverfahren; Feriensache
Auch das Aufhebungsverfahren nach § 926 ZPO ist Feriensache.

OLG München, 27.10.1992, 1 U 4889/92
OLGR München 1993, 155

Aufhebungsverfahren; Kosten des Anordnungsverfahrens
Im selbständigen Aufhebungsverfahren nach § 927 ZPO wird grundsätzlich nur über die Kosten dieses Verfahrens, nicht aber auch über die Kosten des Anordnungsverfahrens entschieden. Von diesem Grundsatz gibt es jedoch drei wesentliche Ausnahmen, und zwar in folgenden Fällen:

a) Die Hauptsacheklage ist rechtskräftig als von Anfang an unbegründet abgewiesen worden.
b) Der Gläubiger hat die Vollziehungsfrist des § 929 Abs. 2 ZPO versäumt.

c) Das der einstweiligen Verfügung zugrunde liegende Gesetz wird nachträglich vom Bundesverfassungsgericht mit ex-tunc-Wirkung aufgehoben.
OLG München, 12.7.1993, 29 W 1748/93
OLGR München 1993, 269

Aufhebungsverfahren; Kostentragungspflicht
Zur Vermeidung des Kostenrisikos muss der Unterlassungsschuldner nach Entfallen der Schutzbelange des Unterlassungsgläubigers diesen zum Verzicht auf die Rechte aus der einstweiligen Verfügung auffordern, bevor er das Aufhebungsverfahren betreibt. Dies gilt insbesondere nach rechtskräftiger Bestätigung des Unterlassungsanspruchs im Hauptverfahren.
LG Kiel, 23.7.1998, 15 O 95/95
WRP 1999, 879

Aufhebungsverfahren; Präklusion; Rechtsschutzbedürfnis
Ein Rechtsschutzbedürfnis für das Aufhebungsverfahren besteht auch dann, wenn noch ein Widerspruchs- oder Berufungsverfahren hinsichtlich der einstweiligen Verfügung möglich ist. Das Aufhebungsverfahren ist nur dann unzulässig, wenn zugleich ein Widerspruchs- oder Berufungsverfahren stattfindet. Nach Abschluss des Widerspruchs- bzw. Berufungsverfahrens kann der Antragsteller im Aufhebungsverfahren Gründe anführen, auf die er sich bereits im Widerspruchs- oder Berufungsverfahren hätte berufen können, die er aber tatsächlich nicht angeführt hat. Hat demnach hinsichtlich der einstweiligen Verfügung bereits ein Berufungsverfahren stattgefunden, so kann ein Aufhebungsantrag dann auf die Versäumung der Vollziehungsfrist gestützt werden, wenn die Fristversäumung nicht bereits Gegenstand des Berufungsverfahrens war.
OLG Düsseldorf, 1.12.1992, 20 U 140/92
WRP 1993, 327 = OLGR Düsseldorf 1993, 172

Aufhebungsverfahren; Rechtsschutzbedürfnis
Auch der Schuldner eines durch eine einstweilige Verfügung gesicherten Unterlassungsanspruchs muss vor Einleitung des Aufhebungsverfahrens grundsätzlich den Gläubiger abmahnen.
KG, 11.6.1999, 5 W 5376/98
GRUR 1999, 1133

Aufhebungsverfahren; Streitgegenstand; Hauptverfahren

Ein im Hauptsacheverfahren ergangenes, den Unterlassungsanspruch zu- oder aberkennendes Urteil ist nur dann geeignet, auf Antrag zur Aufhebung der zugrunde liegenden einstweiligen Verfügung zu führen, wenn der mit der Hauptklage verfolgte Unterlassungsanspruch und der Verfügungsanspruch im Streitgegenstand übereinstimmen.

KG, 23.7.1993, 5 U 24/93, n.v.

Aufhebungsverfahren; veränderte Umstände; Hauptverfahren

Wird nach Erlass einer einstweiligen Verfügung der zugrunde liegende Unterlassungsanspruch durch Hauptsache-Urteil rechtskräftig abgewiesen, so kann der Titelschuldner wegen eines „veränderten Umstandes" die Aufhebung der einstweiligen Verfügung nach § 927 ZPO verlangen. Das Rechtsschutzinteresse an einem solchen Verfahren wird durch den bloßen (außerprozessualen) Verzicht des Titelgläubigers auf seine Rechte aus dem Titel nicht beseitigt, solange er den Titel nicht herausgibt.

OLG Hamm, 25.6.1992, 4 U 109/92
EWiR 1992, 1037 = GRUR 1992, 888 = WRP 1993, 254

Aufhebungsverfahren; Zuständigkeit

Der Aufhebungsantrag nach § 926 Abs. 2 ZPO kann auch im Widerspruchsverfahren, und dort folglich auch im Berufungsverfahren beim Rechtsmittelgericht, gestellt werden (streitig).

OLG Bremen, 4.3.1993; 2 U 72/92
ZIP 1993, 1418

Auflassung; Vormerkung

Rechtsgrundlage für eine einstweilige Verfügung zur Sicherung eines Rückauflassungsanspruchs ist nicht § 940 ZPO, sondern §§ 935, 938 Abs. 2 ZPO.

OLG Karlsruhe, 20.2.1992, 9 U 294/91
ZMR 1992, 300 = WuM 1992, 310

Auskunft; Vorwegnahme der Hauptsache

Eine einstweilige Verfügung, durch die ein Schuldner zur Auskunftserteilung verpflichtet wird, ist ohne Unterschied, ob es sich um eine Haupt- oder eine die Hauptleistung vorbereitende Nebenpflicht handelt, als Vorwegnahme der Hauptsache grundsätzlich unzulässig, es sei denn, der Kläger hätte ohne die Auskunft existenzbedrohende Nachteile zu gegenwärtigen.

OLG Rostock, 21.4.1999, 2 U 79/98

OLGR Rostock 1999, 271

Auskunftsanspruch

Auskunftansprüche sind ihrem Wesen nach grundsätzlich nicht vorläufig vollstreckbar. Sie können daher grundsätzlich nicht Gegenstand eines Verfügungsverfahrens sein.

OLG Schleswig, 27.10.2000, 6 W Kart 35/00

GRUR-RR 2001, 70 = WRP 2001, 304

Bauhandwerkersicherungshypothek; Anwaltsgebühr

Ein Rechtsanwalt, der im Anschluss an eine einstweilige Verfügung die Eintragung der Vormerkung zur Sicherung des Anspruchs auf Eintragung einer Bauhandwerkersicherungshypothek beantragt, erhält hierfür eine gesonderte 3/10 Gebühr nach §§ 59 Abs. 1, 57 BRAGO.

OLG Köln, 19.8.1998, 17 W 250/98

JurBüro 1998, 639

Bauhandwerkersicherungshypothek; Aufhebungsverfahren

Eine einstweilige Verfügung auf Eintragung einer Vormerkung für eine Bauhandwerkersicherungshypothek ist grundsätzlich nicht schon dann aufzuheben, wenn der Besteller im Werklohnprozess eine selbstschuldnerische Bürgschaft stellt.

OLG Hamm, 27.10.1992, 26 U 132/92

OLGZ 1993, 331 = OLGR Hamm 1993, 18 = BauR 1993, 115

Bauhandwerkersicherungshypothek; Kostentragungspflicht

Hat ein Auftraggeber eines Bauhandwerkers im einstweiligen Verfügungsverfahren seine Pflicht zur Bewilligung der Grundbucheintragung einer Vormerkung für eine Bauhandwerkersicherungshypothek sofort anerkannt und seinen Widerspruch auf die Kosten beschränkt, ist die Kostenentscheidung nach § 93 ZPO zu treffen.

LG Berlin, 1.12.1998, 8 O 539/98
BauR 1999, 946

Bauhandwerkersicherungshypothek; Kostenwiderspruch; Anlass zur Klage

Der Widerspruch gegen eine einstweilige Verfügung kann auf den Kostenausspruch beschränkt werden. Über den Widerspruch ist durch Urteil zu entscheiden. Gegen dieses Urteil ist das Rechtsmittel der sofortigen Beschwerde gegeben (analog § 99 Abs. 2 ZPO). Der Schuldner einer Werklohnforderung gibt Veranlassung zur Einleitung eines einstweiligen Verfügungsverfahrens auf Eintragung einer Vormerkung zur Sicherung des Anspruchs auf Einräumung einer Bauhandwerkersicherungshypothek i.S.v. § 93 ZPO i.d.R. erst dann, wenn er der Aufforderung des Gläubigers, die Eintragung einer solchen Vormerkung zu bewilligen, nicht nachkommt; dass er die Forderung unter Berufung auf Werkmängel nicht erfüllt hat, reicht im Allgemeinen nicht aus.

OLG Frankfurt, 3.6.1992, 26 W 10/92
OLGZ 1993, 237

Bauhandwerkersicherungshypothek; Vollziehung

Hat ein Antragsteller einer einstweiligen Verfügung auf Grundbucheintragung einer Vormerkung für eine Bauhandwerkersicherungshypothek zwar die Eintragung der Vormerkung bewirkt, jedoch innerhalb der Vollziehungsfrist die Zustellung der einstweiligen Verfügung an den Schuldner unterlassen, kann dieser Mangel auch im Widerspruchsverfahren geltend gemacht werden und führt zur Aufhebung der einstweiligen Verfügung.

LG Düsseldorf, 5.11.1998, 21 S 416/98
NJW-RR 1999, 383

Bauhandwerkersicherungshypothek; Verfügungsgrund

Eine einstweilige Verfügung auf Eintragung für eine Sicherungshypothek zugunsten des Bauunternehmers ist zu versagen oder aufzuheben, wenn die Eintragung – sei es auch erst bei Schluss der Verhandlung im zweiten Rechtszug – nicht erforderlich erscheint. Der Bauhandwerker kann sich nicht darauf berufen, dass er die Gefährdung seines Anspruchs nach nicht glaubhaft zu machen brauche.

KG, 26.4.1994, 7 U 414/94

MDR 1994, 1011

Bauvertrag, Inbesitznahme

Haben die Vertragspartner im Bauvertrag die Zahlung der Restwerklohnforderung nach Abnahme vereinbart, ohne dass der Auftraggeber die umstrittene Werklohnforderung nach Abnahme zahlt, so stellt die Besitzergreifung des Bauwerks durch den Auftraggeber entgegen dem Willen des Auftragnehmers eine verbotene Eigenmacht i.S.d. § 858 BGB dar, so der so erlangte Besitz nicht schutzwürdig ist und der Auftragnehmer die Wiedereinräumung des Besitzes im Wege der einstweiligen Verfügung verlangen kann.

LG Braunschweig, 14.7.1999, 1 O 85/98

BauR 2000, 104 = ZAP EN-Nr. 78/2000

Bauvertrag, verbotene Eigenmacht, Herausgabeansprüche

Ein Bauherr, der einem Handwerker auf der Baustelle Werkzeuge wegnimmt, um vermeintliche Schadensersatzansprüche durchzusetzen, begeht eine verbotene Eigenmacht. Gegen den possessorischen Besitzschutzanspruch aus § 861 BGB sind Einwände aus dem materiellen Recht aufgrund von § 863 BGB ausgeschlossen. Der Handwerker kann im Eilverfahren die Herausgabe der Sache verlangen.

OLG Köln, 19.11.1999, 3 U 93/99

MDR 2000, 152

Beglaubigte Bankbürgschaft

Die in einer einstweiligen Verfügung angeordnete Vollziehungssicherheit durch Bankbürgschaft kann nicht durch die Zustellung einer beglaubigten Abschrift einer Bürgschaftsurkunde wirksam erbracht werden, nach deren Text die Bürgschaft durch Rückgabe der (Original-)Urkunde an die Bank erlischt.

OLG Hamm, 1.10.1992, 4 U 161/92

OLGR Hamm 1993, 93

Berufungsverfahren; Antragsänderungen

Antragsänderungen sind in einstweiligen Verfügungsverfahren in der Berufungsinstanz wegen der funktionellen Unzuständigkeit des Berufungsgerichts unzulässig.

OLG Hamm, 1.9.1992, 4 U 153/92
OLGR Hamm 1992, 349

Beschlagnahme; Staatsanwaltschaft; Rückgabe

Für den Antrag eines Dritten, der Staatsanwaltschaft durch einstweilige Verfügung die Rückgabe beschlagnahmter Sachen an den Beschuldigten zu untersagen, ist zwar der Zivilrechtsweg gegeben, es fehlt regelmäßig aber ein Verfügungsgrund, weil der Antragsteller auf den Weg einer unmittelbaren Rechtsverfolgung gegen den letzten Gewahrsamsinhaber verwiesen werden kann.

KG, 6.9.1993, 24 W 5841/93
MDR 1993, 1234

Beschwerde; Fristsetzung; Aufhebungsverfahren

Die Beschwerde gegen eine Fristsetzung gem. § 926 Abs. 1 ZPO, die nicht vom Rechtspfleger sondern vom Richter erfolgt ist, muss auch dann als unzulässig verworfen werden, wenn zweifelhaft ist, ob der Antragsgegner überhaupt noch ein Rechtsschutzbedürfnis bezüglich der Durchführung des Hauptsacheverfahrens hat. Im Aufhebungsverfahren muss ggf. inzidenter geprüft werden, ob die Fristsetzung rechtmäßig war.

LG Göttingen, 22.7.1993, 6 T 141/93
RPfleger 1993, 439

Beschwerde; Zulässigkeit

Die Beschwerde gegen die Zurückweisung eines Antrags auf Erlass einer einstweiligen Verfügung ist nur dann zulässig, wenn die Beschwer der antragstellenden Partei größer als 1500,- DM ist.

LG Konstanz, 29.1.1994, 6 T 87/94
NJW-RR 1995, 1102

Bürgschaft auf erstes Anfordern

Ein Hauptschuldner hat kein berechtigtes Interesse daran, einem Bürgen die Auszahlung einer Bürgschaftssumme aus einer Bürgschaft auf erstes Anfordern im Wege einer einstweiligen Verfügung gerichtlich verbieten zu lassen.

OLG Düsseldorf, 14.4.1999, 15 U 176/98
ZIP 1999, 1518

Die Inanspruchnahme eines Bürgen aufgrund einer Bürgschaft auf erstes Anfordern, die infolge einer AGB-Klausel gestellt wurde, kann von dem Hauptschuldner nicht mittels einer einstweiligen Verfügung untersagt werden.

OLG Stuttgart, 27.10.1993, 1 U 143/93
NJW-RR 1994, 1204 (mit Anmerkung in BauR 1994, 377)

Bürgschaft; Unterlassungsanspruch

Im Wege der einstweiligen Verfügung kann vom Gläubiger die Unterlassung der Inanspruchnahme eines Bürgen jedenfalls dann nicht verlangt werden, wenn diese zur Wahrung der Rechte aus der befristet erteilten Bürgschaft erforderlich ist; der Antrag ist auf Unterlassung der Einziehung des Garantiebetrages zu richten.

KG, 3.12.1998, 10 W 8766/98
KGR 1999, 203

Domainname; Internet

Es ist sehr zweifelhaft, ob eine einstweilige Verfügung auf Zustimmung zur Übertragung einer Internet-Domain überhaupt erlassen werden kann. Die Willenserklärung gilt nämlich gem. § 894 ZPO nur mit der Rechtskraft der Entscheidung als abgegeben zu der der Beschluss im einstweiligen Verfügungsverfahren wegen der Möglichkeit zur unbefristeten Einlegung des Widerspruchs einer formellen Rechtskraft gerade gar nicht fähig ist. Im Übrigen dürfte es sich auch um eine Vorwegnahme der Hauptsache handeln. Lediglich eine vorläufige Übertragung könnte dann in Betracht gezogen werden, wenn dies die einzige Möglichkeit wäre, die Erreichbarkeit des Antragstellers per E-Mail zu gewährleisten.

LG München I, 4.4.2000, 21 O 4375/00
MMR 2001, 61

Domainname; Internet

Die Aufgabe der Reservierung einer beanstandeten Internet-Domain kann i.d.R. nicht im Wege der einstweiligen Verfügung beansprucht werden.

OLG Frankfurt, 27.7.2000, 6 U 50/00

GRUR 2001, 443 = CR 2001, 412

Doppelvermietung; Mietrecht

Im Falle einer Doppelvermietung kann dem Vermieter nicht durch den Erlass einer einstweiligen Verfügung vorgeschrieben werden, an welchen der beiden Mieter er die Wohnung zu überlassen hat. Es ist weder ein Gebotsverfügung dahingehend möglich, die Räume dem Antragsteller zu überlassen noch eine Verbotsverfügung, die dem dem Antragsgegner untersagt, den anderen Mieter in den Besitz zu setzen.

OLG Frankfurt, 28.8.1996, 17 W 22/96

ZMR 1997, 22 (mit Anmerkung ZMR 1997, 16)

Dringlichkeitsvermutung; Computerprogramm

Der Berechtigte an einem Computerprogramm widerlegt die Dringlichkeitsvermutung des § 25 UWG, wenn er trotz der Überzeugung, dass sein Programm kopiert und unter anderer Bezeichnung angeboten wird, aus dem Grunde nicht gegen den Verletzer vorgeht, weil ihm die Kosten eines für die Glaubhaftmachung nötigen Testkaufs von ca. 30.000,- DM zu hoch ist.

OLG Hamm, 30.6.1992, 4 U 72/92

jur-pc 1993, 2209

Dringlichkeitsvermutung; Unterlassungsvertrag

Eine Selbstwiderlegung der Dringlichkeit tritt während eines Zeitraums, in dem die Parteien Vergleichsverhandlungen führen, nicht ein. Eine uneingeschränkte Vertragsannahme ist gegeben, wenn eine Partei den ihr unterbreiteten Formularvertrag unterzeichnet und lediglich in einem Begleitschreiben gegen einzelne Klauseln Wirksamkeitsbedenken erhebt.

OLG Saarbrücken, 7.7.1999, 1 U 235/99

OLGR Saarbrücken 1999, 379

Dringlichkeitsvermutung; Verlängerung Berufungsbegründung

Ein Antragsteller widerlegt die Vermutung der Dringlichkeit, wenn er einen Antrag auf Verlängerung der Frist zur Begründung der Berufung stellt, zumal wenn er die vom Gericht verlängerte Frist vollständig ausschöpft.

KG, 7.6.1999, 5 U 720/99

GRUR 1999, 1133

Dringlichkeitsvermutung; Verlängerung Berufungsfrist

Nicht nur in Wettbewerbssachen, sondern auch in „gewöhnlichen" Rechtsstreitigkeiten verliert der Antragsteller die Dringlichkeit für den Antrag auf Erlass einer einstweiligen Verfügung, wenn er sich zweimal die Berufungsbegründungsfrist um einen Monat verlängern lässt und diese Fristverlängerung auch voll ausschöpft.

OLG Köln, 5.7.1999, 16 U 3/99

OLGR Köln 1999, 416

Dringlichkeitsvermutung; Wettbewerbsrecht

Nimmt der Verfügungskläger, der in erster Instanz mit seinem Verfügungsantrag abgewiesen worden ist und hiergegen Berufung eingelegt hat, in zweiter Instanz seinen Verfügungsantrag zurück und erneuert er diesen Antrag vor einem anderen erstinstanzlichen Gericht, so kann durch dieses prozessuale Verhalten die Dringlichkeitsvermutung des § 25 UWG widerlegt sein.

OLG Karlsruhe, 12.11.1992, 4 U 144/92

NJW-RR 1993, 229 = GRUR 1993, 135 = WRP 1993, 257 = MDR 1993, 436

Liegen objektive, darauf hindeutende Umstände vor, dass der Verletzte bereits vor mehr als einem Monat vor Einleitung des Verfügungsverfahrens Kenntnis von der Verletzungshandlung erlangt hat, obliegt es ihm, vorzutragen und glaubhaft zu machen, dass dies nicht zutrifft.

OLG München, 29.10.1992, 6 U 4296/92

OLGR München 1993, 120 = MDR 1993, 688

Ein Grundsatz, wonach eine Frist von mehr als einem Monat Untätigkeit ausreicht, um die Vermutung der Eilbedürftigkeit nach § 25 UWG zu widerlegen, existiert nicht.

OLG Frankfurt, 8.10.1992, 6 W 109/92

EWiR 1992, 1225 = OLGR Frankfurt 1993, 8 = NJW-RR 1993, 557

Einstellung Zwangsvollstreckung, Titelerschleichung

Soll wegen eines möglicherweise gegebenen Anspruchs auf Titelherausgabe nach § 826 BGB die einstweilige Einstellung der Zwangsvollstreckung erreicht werden, geht dies nur in einem Verfahren auf Erlass einer einstweiligen Verfügung. Eine vorläufige Einstellung nach den Zwangsvollstreckungsvorschriften der §§ 707, 769 ZPO ist weder direkt noch analog möglich.

LG Bochum, 29.10.1998, 5 O 298/98

MDR 1999, 359

Einstweilige Anordnung; Berufung; Erwerbsverbot

Hebt das Gericht aufgrund des Widerspruchs des Verfügungsbeklagten nach mündlicher Verhandlung die einstweilige Verfügung wieder auf, durch die dem Verfügungsbeklagten untersagt war, seine Eintragung als Eigentümer im Grundbuch zu betreiben, kann es in analoger Anwendung der §§ 719, 707 ZPO geboten sein, auf Antrag des Verfügungsklägers für die Dauer des Berufungsverfahrens das Erwerbsverbot erneut einstweilen anzuordnen.

KG, 16.3.1994, 24 U 335/94

WuM 1994, 385

Erledigung; Kostenentscheidung; Glaubhaftmachung

Nach übereinstimmender Erledigung des Rechtsstreits in der Hauptsache kann eine vom Verfügungskläger nachgereichte eidesstattliche Versicherung nicht mehr berücksichtigt werden.

OLG München, 29.10.1992, 6 U 4296/92

OLGR München 1993, 120 = MDR 1993, 688

Erledigung; Vollziehungsfrist

Versäumt der Verfügungskläger aus ihm nicht zuzurechnenden Gründen die Vollziehungsfrist, und verzichtet er daraufhin zum frühest möglichen Zeitpunkt aus seine Rechte aus der erlangten einstweiligen Verfügung, kann er im Hinblick darauf die Hauptsache für erledigt erklären mit der Folge einer Kostenentscheidung nach dem Sach- und Streitstand bis dahin.

OLG Frankfurt, 9.2.1993, 3 UF 184/92

OLGZ 94, 91

Erledigungserklärung, einseitige

Auch im Verfahren auf Erlass einer einstweiligen Verfügung kann die Hauptsache im Sinne des begehrten vorläufigen Rechtsschutzes einseitig für erledigt erklärt werden, wenn der Antrag ursprünglich zulässig und begründet war und die Anordnung nur wegen eines nach Antragstellung eingetretenen Ereignisses nicht mehr erlassen werden kann.

OLG Köln, 20.4.1998, 5 W 22/98

OLGR Köln 1998, 304

Gerichtsgebühr

Im Verfahren über einen Antrag auf Erlass einer einstweiligen Verfügung fallen drei Gerichtsgebühren an, wenn das Gericht im Termin durch Erklärungen der Parteien in Anspruch genommen wird, auch wenn keine Anträge gestellt werden. Denn durch die Gerichtsgebühren soll die Mühewaltung des Gerichts abgegolten werden.

OLG Hamburg, 4.8.1998, 8 W 197/98

OLGR Hamburg 1998, 423

Ist eine einstweilige Verfügung wegen Dringlichkeit der Sache ohne mündliche Verhandlung und ohne die Gewährung rechtlichen Gehörs erlassen worden und ist dem Antragsgegner die einstweilige Verfügung bislang nicht zugestellt und damit nicht vollzogen worden, ist der Ansatz von Gerichtskosten gegen ihn aufzuheben.

AG Grevenbroich, 22.3.1999, 19 C 372/98

MDR 1999, 767

Gerichtskosten; Kostentragungspflicht

Der Antragsgegner muss die Belastung mit den Gerichtskosten im einstweiligen Verfügungsverfahren wegen Verletzung des Grundsatzes des rechtlichen

Gehörs nicht hinnehmen, wenn die einstweilige Verfügung ohne mündliche Verhandlung erlassen, aber vom Antragsteller nicht durch Zustellung vollzogen worden ist.

OLG Hamburg, 16.9.1998, 8 W 228/98

MDR 1999, 60

Gesellschaftsrecht; Geschäftsführerabberufung

Den die Abberufung eines GmbH-Geschäftsführers betreibenden Gesellschaftern ist es in dringenden Fällen aus eigenem Recht gestattet, eine einstweilige Verfügung mit dem Inhalt zu erwirken, dem Geschäftsführer bis zu dem Zeitpunkt, in dem die Gesellschafterversammlung über die Abberufung beschließen kann, die Geschäftsführung und Vertretung der Gesellschaft zu verbieten.

OLG Frankfurt, 19.9.1998, 5 W 22/98

NJW-RR 1999, 257

Gesellschaftsrecht; GmbH-Geschäftsführer; Abberufung

Wurde bei einer zweigliedrigen GmbH einer der beiden Geschäftsführer/Gesellschafter durch Beschluss der Gesellschafterversammlung aus wichtigem Grund abberufen, so ist ein Antrag auf Erlass einer einstweiligen Verfügung zur Regelung der Geschäftsführung und Vertretung der GmbH auch dann zulässig, wenn über die Berechtigung der Abberufung ein Hauptsacheprozess anhängig ist. Dabei bedarf die GmbH in einem Prozess gegen ihren Geschäftsführer eines besonderen, von der Gesellschafterversammlung zu bestellenden Prozessvertreters.

OLG Karlsruhe, 4.12.1992, 15 U 208/92

GmbH-Rdsch. 1993, 154

Gesellschaftsrecht; Stimmrechtsausübung; Beschlussausführung

Die Untersagung eines bestimmten Stimmverhaltens eines GmbH-Gesellschafters durch einstweilige Verfügung ist ausnahmsweise dann zulässig, wenn zugunsten des Antragstellers eine eindeutige Rechtslage oder ein überragendes Schutzbedürfnis besteht und die einstweilige Verfügung nicht am

Gebot des geringst möglichen Eingriffs scheitert. Die Untersagung der Beschlussausführung besitzt gegenüber der Untersagung der Beschlussfassung im Rahmen des einstweiligen Rechtsschutzes den Vorrang. Der Verfügungskläger kann daher gegen die Gesellschaft eine einstweilige Verfügung mit dem Verbot erwirken, den von ihm angefochtenen Beschluss zur Eintragung in das Handelsregister anzumelden. Das ist gegenüber dem Eingriff in die Willensbildungsfreiheit des Mitgesellschafters der geringere und damit der gebotene Eingriff.

OLG Hamm, 6.7.1992, 8 W 18/92

DB 1992, 2129 = GmbH-Rdsch. 1993, 163

Gesellschaftsrecht; Stimmrechtsausübung

Es ist nicht generell unzulässig, einem GmbH-Gesellschafter die Ausübung seines Stimmrechts in einem bestimmten Sinn durch einstweilige Verfügung zu verbieten. Der einstweilige Rechtsschutz setzt aber eine besonders schwere Beeinträchtigung der gesellschaftsrechtlichen Belange voraus. Unter besonderen Bedingungen ist es auch zulässig, einem GmbH-Gesellschafter eine bestimmte Ausübung seines Stimmrechts im Wege der einstweiligen Verfügung zu gebieten.

OLG Frankfurt, 1.7.1992, 17 U 9/91

GmbH-Rdsch. 1993, 161 = OLGR Frankfurt 1992, 211

Grundbuchberichtigung; Widerspruch

Die Eintragung eines Rechtshängigkeitsvermerks im Grundbuch kann gem. § 22 GBO i.V.m. § 29 GBO erreicht werden; der Erlass einer einstweiligen Verfügung ist hierfür nicht erforderlich.

OLG München, 5.11.99, 23 W 2894/99

RPfleger 2000, 106 = NJW-RR 2000, 384 = OLGR München 2000, 84

Handlungsvollstreckung; Vollziehungsfrist

Bei einer nach § 887 ZPO zu vollstreckenden einstweiligen Verfügung ist wie bei der Vollziehung eines Arrestes oder einer nach § 883 ZPO zu vollziehenden einstweiligen Verfügung neben der Zustellung des Titels zumindest ein rechtzeitiger Vollstreckungsantrag beim zuständigen Vollstreckungsorgan auf Vornahme von Vollstreckungshandlungen erforderlich.

OLG Hamm, 7.1.1993, 14 W 194/92
NJW-RR 1993, 959

Hauptsacheklage; Identität des Streitgegenstandes

Von der Erhebung einer Hauptsacheklage i.S.d. §§ 926, 936 ZPO kann auch ausgegangen werden, wenn sich der Antrag der Hauptsacheklage und der Wortlaut der einstweiligen Anordnung unterscheiden, die Rechtmäßigkeit der getroffenen Eilentscheidung jedoch im ordentlichen Verfahren inzident zu überprüfen ist. Dies ist bei einem Auskiesungsverbot und anschließender Räumungsklage nicht der Fall.

OLG Düsseldorf, 11.1.1996, 10 U 139/95
ZMR 1997, 24

Hauptsacheklage; Verjährung

Hatte der Kläger gegen den Beklagten eine einstweilige Verfügung auf Unterlassung einer Behauptung erwirkt und wurde nach Verjährungseintritt auf Antrag des Beklagten die Erhebung der Hauptsacheklage gem. § 21 UWG angeordnet, so hat der Kläger ein Feststellungsinteresse zur Feststellung der Verpflichtung des Beklagten zur Unterlassung bis zum Verjährungseintritt.

OLG München, 9.1.1992, 6 U 2607/91
MDR 1992, 864

Hauptsacheverfahren; Abschlussschreiben

Im Regelfall genügt eine Besinnungszeit von zwei Wochen für den Verletzer, um sich darüber schlüssig zu werden, ob er ein ihm zugestelltes gerichtliches Verbot als endgültig anerkennen will. Hat der Verletzte in diesem Zeitraum nichts vom Verletzer gehört, muss er seinerseits entscheiden, ob er eine endgültige Klärung im Hauptsacheverfahren herbeiführen will. Um das Kostenrisiko auszuschließen, muss er sich durch ein Abschlussschreiben Gewissheit verschaffen, dass der Verletzer nicht zu einer Abschlusserklärung bereit ist.

OLG Hamburg, 24.6.1999, 3 U 125/98
OLGR Hamburg 2000, 23

Herausgabe, Sequestration

Wird die Sequestration eines vom Antragsgegner herauszugebenden Kfz im Wege der einstweiligen Verfügung beantragt, liegt ein Verfügungsgrund vor, wenn der Antragsgegner sich den Besitz an dem Kfz durch falsche Angaben beim Kaufvertrag unredlich verschafft hat und deshalb zu befürchten ist, dass er mit dem Kfz in einer Art und Weise verfährt, durch die eine Verwirklichung des dem Antragsteller zustehenden Herausgabeanspruchs tatsächlich erheblich erschwert oder vereitelt werden kann.

OLG Koblenz, 29.4.1999, 8 W 287/99

OLGR Koblenz 1999, 455

Herausgabeverfügung; Antragsgegner

Berühmt sich jemand des Eigentums an einem Gemälde, so kann er darauf verwiesen werden, seinen angeblichen Eigentumsanspruch gegenüber demjenigen geltend zu machen, der sich als Eigentümer ansieht und Besitzer des Bildes ist. Ist das Bild vorübergehend verliehen und befindet sich an einem Ausstellungsort im Ausland, von dem aus es ohne Zweifel nach Ende der Leihfrist an den Verleiher zurückgegeben wird, so muss der Kläger eines einstweiligen Verfügungsverfahrens darlegen und glaubhaft machen, warum sein angeblicher Herausgabeanspruch des Bildes an ihn als Eigentümer gefährdet ist.

KG, 21.5.1992, 22 U 1922/92

NJW 1993, 1480

Herausgabeverfügung; Pkw; Erledigung

Verlangt der Verfügungskläger die Übergabe eines streitgegenständlichen Personenkraftwagens an den Gerichtsvollzieher bis zur Entscheidung im Hauptsacheverfahren, dann ist das Verfügungsverfahren in der Hauptsache erledigt, wenn der Personenkraftwagen dem Gerichtsvollzieher zur Sicherstellung und Aufbewahrung bis zur endgültigen Entscheidung übergeben wird.

OLG Hamm, 3.6.1993, 5 U 44/93

OLGR Hamm 1993, 219

Herausgabeverfügung, Sequestration; Kosten

Lautet eine einstweilige Verfügung auf Herausgabe eines Gegenstandes an den Gerichtsvollzieher als Sequester, sind die nach Besitzergreifung durch den Gerichtsvollzieher anfallenden Verwahrungs- und Verwaltungskosten (Pfandkammerkosten und Sequestrationsgebühren) nicht mehr Kosten der Vollziehung der einstweiligen Verfügung und damit keine notwendigen Zwangsvollstreckungskosten i.S.d. § 788 ZPO.

OLG Schleswig, 29.5.1992, 9 W 29/92

JurBüro 1992, 703

Sind aufgrund einer einstweiligen Verfügung bewegliche Sachen an einen Sequester herauszugeben, so gehören die mit der Sicherstellung verbundenen Auslagen (Fahrt-, Aufbewahrungskosten) nicht zu den Kosten der Zwangsvollstreckung.

OLG Schleswig, 9. Zivilsenat, 29.9.1992, 9 W 121/92

SchlHA 1993, 124

Herausgabeverfügung; verbotene Eigenmacht

Die Herausgabe einer Sache kann im Wege der einstweiligen Verfügung in der Regel nur verlangt werden, wenn der Verfügungsbeklagte sich durch verbotene Eigenmacht den Besitz daran verschafft hat.

OLG Düsseldorf, 19.2.1992, 11 U 68/91

OLGR Düsseldorf 1992, 150

Herausgabeverfügung; Vollziehung; Sequestration

Die auf Herausgabe bestimmter Gegenstände an einen Gerichtsvollzieher als Sequester gerichtete einstweilige Verfügung muss durch einen entsprechenden Auftrag an den Gerichtsvollzieher vollzogen werden; die bloße Parteizustellung genügt insoweit nicht.

OLG Hamm, 14.7.1992, 4 U 50/92

MDR 1993, 275 = GRUR 1992, 888

Herausgabevollstreckung; Aufbewahrung; Vorwegnahme der Hauptsache

Im einstweiligen Verfügungsverfahren kann der Verfügungskläger nicht Herausgabe von Gegenständen an sich „zum Zwecke der Aufbewahrung" verlangen. Ein solcher Antrag geht über die im einstweiligen Verfügungsverfahren allein zu erreichende Sicherung hinaus und stellt die Erfüllung des materiell-rechtlichen Anspruchs auf Herausgabe dar, über den grundsätzlich nur im ordentlichen Klageverfahren entschieden werden kann.

OLG Düsseldorf, 22.7.1992, 11 U 49/92
OLGR Düsseldorf 1992, 361

Herausgabevollstreckung; Kosten; Sequestration

Wenn ein Gläubiger im Wege der einstweiligen Verfügung die Herausgabe einer beweglichen Sache an den Gerichtsvollzieher als Sequester erwirkt hat, ist die mit dem Gerichtsvollzieher vereinbarte Sequestervergütung zu den notwendigen Kosten der Zwangsvollstreckung zu rechnen. Im Kostenfestsetzungsverfahren wird die Sequestervergütung gegen den Schuldner festgesetzt, wobei der Rechtspfleger zu entscheiden hat, ob die vereinbarte Vergütung angemessen ist.

OLG Karlsruhe, 29.7.1992, 3 W 63/92
DGVZ 1993, 26 = Justiz 1993, 260 = JurBüro 1993, 495

Jagdrecht; Abschussplan

Der Antrag des Jagdverpächters auf Erlass einer einstweiligen Verfügung gegen den Jagdausübungsberechtigten, wonach dieser verpflichtet werden soll, im gemeinsamen Jagdbezirk im Rahmen der Festsetzungen des Abschussplans die Jagd auf Schwarz-, Rot- und Rehwild auszuüben bzw. ausüben zu lassen, ist zulässig. Es ist Sache des ordentlichen Gerichts, im Rahmen des ihm bei der Regelungsverfügung eingeräumten Regelungsermessens die zur Sicherung des Anspruchs des Berechtigten notwendigen konkreten Maßnahmen anzuordnen und sie gegebenenfalls zeitlich zu befristen.

OLG Koblenz, 17.2.1992, 7 W 52/92, n.v.

Kartellrecht; Zuständigkeit

Die Vorschrift des § 88 GWB über die Verbindung der Klage wegen eines nichtkartellrechtlichen Anspruchs mit der Klage in einer Kartellrechtssache findet auf Anträge auf Erlass entsprechender einstweiliger Verfügungen analoge Anwendung. Ist das Kartell-Oberlandesgericht als Gericht der Hauptsache nach §§ 937 Abs. 1, 943 Abs. 1 ZPO zuständig, so kann bei ihm auch das mit der Kartellrechtssache in Zusammenhang stehende nichtkartell-rechtliche Verfügungsbegehren anhängig gemacht werden.

OLG Düsseldorf, Kartellsenat, 29.2.1992, AR (Kart 1/92), n.v.

Klagefrist; Prozesskostenhilfe

Hat die antragstellende Partei im Verfügungsverfahren innerhalb der angeordneten Frist die Klage bei Gericht nicht eingereicht, jedoch die Gewährung von Prozesskostenhilfe beantragt, reicht dies zur Fristwahrung nur aus, wenn sämtliche Voraussetzungen des § 114 ZPO dargetan worden sind.

OLG Hamm, 29.5.1998, 7 WF 164/98
FamRZ 1999, 1152

Klagefrist; Rechtsschutzbedürfnis

Ein Rechtsschutzbedürfnis für einen Antrag auf Fristsetzung zur Klageerhebung gem. § 926 Abs. 1 ZPO kann dem Verfügungsbeklagten nicht abgesprochen werden, wenn der Verfügungskläger lediglich ab einem bestimmten Zeitpunkt auf seine Rechte aus der einstweiligen Verfügung verzichtet hat und gleichzeitig ein Ordnungsmittelverfahren wegen eines Verstoßes gegen die einstweilige Verfügung betreibt.

OLG Karlsruhe, 11.3.1998, 6 U 226/97
OLGR Karlsruhe 1998, 404

Klagefrist; Zustellung „demnächst"

Allein der Umstand, dass die Klage zur Hauptsache erst am letzten Tag der nach § 926 Abs. 1 ZPO gesetzten Frist eingereicht worden ist, vermag eine dem Kläger vorwerfbare Verzögerung der Klageerhebung nicht zu begründen, denn jede Frist darf voll ausgeschöpft werden. Hat der Kläger alles Erforderliche getan, um für eine demnächstige Zustellung i.S.v. § 270 Abs. 3

ZPO Sorge zu tragen, hat er es nicht zu vertreten, dass seine eingegangene Zahlung erst 10 Tage später bei der zuständigen Kammer des LG bekannt wird.

OLG Köln, 23.6.1999, 6 W 12/99
OLGR Köln 1999, 400

Konkurrentenklage; Arbeitsrecht
Ein Verfügungsanspruch auf Beförderung kommt nur ganz ausnahmsweise in Betracht.

LAG Berlin, 12.7.1993, 9 Sa 67/93
NZA 1994, 526

Kostenentscheidung; Aufhebungsverfahren
Ist der dem Verfügungstitel zugrunde liegende Unterlassungsanspruch als von Anfang an unbegründet abgewiesen worden, so sind dem Antragsteller des Verfügungsverfahrens auch dessen Kosten durch im Aufhebungsverfahren ergehendes Urteil aufzuerlegen. Der (einfachere) Weg über eine Kostenentscheidung nach § 269 Abs. 3 ZPO ist nicht gangbar, wenn das Verfügungsverfahren formell rechtskräftig abgeschlossen ist.

OLG Hamm, 25.6.1992, 4 U 109/92
EWiR 1992, 1037 = GRUR 1992, 888 = WRP 1993, 254

Im Falle der Aufhebung einer einstweiligen Verfügung wegen Versäumung der Vollziehungsfrist muss der Antragsteller die Kosten des Anordnungsverfahrens tragen.

OLG Düsseldorf, 1.12.1992, 20 U 140/92
WRP 1993, 327 = OLGR Düsseldorf 1993, 172

Kostenerstattung; Antragsrücknahme
Wenn ein Antrag auf Erlass einer einstweiligen Verfügung ohne Anhörung des Antragsgegners zurückgewiesen worden ist und der Antragsgegner – zwar nicht von dem Gericht, aber auf andere Weise – von dem Verfahren Kenntnis erlangt hat, kann er diejenigen Rechtsanwaltskosten, die er in Unkenntnis der zwischenzeitlichen Verfahrensbeendigung nachträglich aufgewandt

hat, erstattet verlangen, wenn die Unkenntnis von der Verfahrensbeendigung als unverschuldet zu werten ist.

KG, 19.1.1993, 1 W 5005/92
MDR 1993, 481 = JurBüro 1993, 486

Kostenerstattung; Sachverständigengebühren

Die Kosten, die für die Teilnahme des Sachverständigen an der mündlichen Verhandlung im einstweiligen Verfügungsverfahren entstanden sind, sind auch dann zu erstatten, wenn der Sachverständige nicht gehört worden ist. Die Frage, ob die Teilnahme des Sachverständigen an der mündlichen Verhandlung zur zweckentsprechenden Rechtsverfolgung erforderlich war, ist aus der Sicht des Antragstellers (ex ante) zu beurteilen, der präsente Beweismittel stellen muss.

LG Düsseldorf, 20.10.1992, 2 W 59/92
WRP 1993, 138

Kostenfestsetzung; Parteigutachten

Die Erstattungsfähigkeit der Kosten für ein während des Prozesses eingeholtes Privatgutachten ist nur zu bejahen, wenn die Partei auf die Hinzuziehung eines Sachverständigen angewiesen ist, um ihrer Darlegungs- und Beweispflicht genügen oder um Beweisen des Gegners entgegentreten zu können. Gleiches gilt, wenn die Partei wegen fehlender eigener Sachkunde notwendigerweise darauf angewiesen ist, zur Überprüfung der Richtigkeit eines auf ihren Antrag eingeholten, aber für sie negativen Gutachtens sachverständige Hilfe in Anspruch zu nehmen. Im einstweiligen Verfügungsverfahren mag daneben die Einholung eines Privatgutachtens auch dann notwendig sein, wenn der Kläger nur auf diese Weise Verfügungsgrund oder Verfügungsanspruch glaubhaft machen kann.

OLG Koblenz, 15.1.1992, 14 W 701/91
JurBüro 1992, 611 = VersR 1992, 1277

Kostenfestsetzung; vorgerichtliche Kosten

Macht der Schuldner eines wettbewerbsrechtlichen Unterlassungsanspruchs im Kostenfestsetzungs-verfahren nach Erlass einer einstweiligen Verfügung geltend, er habe die Kosten der wettbewerblichen Abmahnung bereits vorprozessual bezahlt, und bezieht sich diese Zahlung weder auf die später festgesetzten Anwaltskosten noch überhaupt auf dem Antragsteller entstandene Anwaltskosten, sondern auf den mit der wettbewerblichen Abmahnung geltend gemachten Anspruch auf Ersatz unmittelbarer beim Antragsteller entstandener Kosten der Abmahnung, so kommt eine Anrechnung dieser Zahlung auf die Anwaltskosten nach § 118 Abs. 2 BRAGO nicht in Betracht.

KG Berlin, 18.2.1992, 1 W 788/92
AnwBl BE 1992, 348

Kostenwiderspruch; Anwaltsgebühr
Hat der Anwalt im Auftrag des Schuldners einen auf die Kosten beschränkten Widerspruch gegen eine im Beschlusswege ergangene einstweilige Verfügung auf wettbewerbsrechtliche Unterlassung eingelegt, so entsteht lediglich eine 10/10 Prozessgebühr nach dem Kostenstreitwert. Dem Prozessbevollmächtigten erwächst keine zusätzliche 5/10 Prozessgebühr aus dem Wert des Verfügungsanspruch.

OLG Köln, 17.5.1998, 17 W 135/98
JurBüro 1999, 244

Kostenwiderspruch; Rechtsmittel
Ein Urteil, das über einen auf die Kostenentscheidung einer einstweiligen Beschlussverfügung beschränkten Widerspruch entscheidet, ist entsprechend § 99 Abs. 2 ZPO mit der sofortigen Beschwerde anfechtbar. Der auf die Kostenentscheidung beschränkte Widerspruch des Antragsgegners ist als sofortiges Anerkenntnis des Verfügungsanspruchs i.S.d. § 93 ZPO zu werten.

OLG Stuttgart, 11.6.1999, 2 W 24/99
OLGR Stuttgart 1999, 328

Leistungsverfügung; Unterhalt
Nach In-Kraft-Treten des § 644 ZPO am 1.7.1998 ist eine einstweilige Verfügung zum Unterhalt nur zulässig, wenn triftige Gründe der Erhebung einer Unterhaltsklage, in deren Rahmen eine einstweilige Anordnung beantragt werden könnte, entgegenstehen. Die fehlende vollständige Auskunft des

Antragsgegners zu seinen Einkommensverhältnissen rechtfertigt die einstweilige Verfügung nicht, weil eine Stufenklage erhoben werden könnte.

OLG München, 10.8.1999, 26 UF 1338/99

EzFamR aktuell 2000, 6 = FuR 2000, 279

Sofern die Möglichkeit besteht, ggf. durch Einleitung eines Unterhaltsprozesses, gem. § 644 ZPO den Erlass einer einstweiligen Anordnung über den Trennungsunterhalt zu beantragen, fehlt einem Antrag auf Erlass einer einstweiligen Verfügung das Rechtsschutzbedürfnis.

OLG Köln, 14.6.1999, 27 WF 79/99

NJWE-FER 1999, 304

Leistungsverfügung; Unterhaltsvereinbarung

Aus einer wirksamen Unterhaltsvereinbarung ergibt sich ohne weiteres der Verfügungsanspruch.

AG Landstuhl, 26.3.1998, 1 F 288/97

FamRZ 1999, 243

Leistungsverfügung; Unterhalt; Verfügungsgrund

Der Verfügungsgrund i.S.v. § 940 ZPO entfällt, soweit Sozialhilfe gezahlt wird.

OLG Düsseldorf, 5.6.1992, 3 UF 48/92

FamRZ 1992, 1321

Leistungsverfügung; Zuständigkeit

Kann die Vaterschaft für ein nichteheliches Kind nur auf die Vermutung des § 1600d Abs. 2 BGB gestützt werden, ist örtlich zuständig für eine einstweilige Verfügung nach § 1615o Abs. 2 BGB das Wohnsitzgericht des Kindes oder der Kindesmutter, bei dem eine Vaterschaftsfeststellungsklage zu erheben wäre und nicht das Wohnsitzgericht des Mannes.

OLG Celle, 10.3.1999, 15 WF 45/99

OLGR Celle 1999, 158

Mietrecht; Anschluss an Gasleitung

Der Mieter kann mit einstweiliger Verfügung Wiederanschluss der Wohnung an die Erdgasleitung verlangen, wenn im Zuge von Modernisierungsmaßnahmen ohne Zustimmung des Mieters die Leitungen gekappt wurden.

LG Berlin, 6.11.2000, 67 S 67/00

GE 2001, 3

Mietrecht; Bauarbeiten; Zwangsvollstreckung

Der Schuldner eines Anspruchs auf Unterlassung von Bauarbeiten in der Mietwohnung kann sich nicht mit Erfolg darauf berufen, die – nach Erlass der entsprechenden einstweiligen Verfügung vorgenommenen – Bauarbeiten nicht selbst veranlasst zu haben, weil er die Miträume an eine Firma ausdrücklich zum Zwecke des Selbstausbaus vermietet hatte. Er hätte vielmehr in Erfüllung seiner Unterlassungsverpflichtung dafür Sorge tragen müssen, dass auch betreffende Firma die Unterlassungspflichten einhält, bzw. von seinem Kündigungsrecht Gebrauch machen müssen.

LG Berlin, 20.3.1992, 63 T 14/92

Grundeigentum 1992, 549

Mietrecht; Betreten der Wohnung durch Vermieter

Eine einstweilige Verfügung des Vermieters auf Betreten der Wohnung kommt nicht in Betracht, wenn der Vermieter

a) die Heizkörper entlüften will, obwohl Mängel an der Heizung nicht aufgetreten sind oder

b) die Wohnung nach Kündigung auf Wohnungsmängel untersuchen will, obwohl die Räumungsfrist noch nicht abgelaufen ist oder

ein Inventar über die Einrichtung erstellen will, um die sein Vermieterpfandrecht zu sichern ohne dass eine konkrete Gefährdung erkennbar ist.

AG Berlin-Spandau, 23.3.1994, 5 C 113/93

GE 1994, 711

Mietrecht; Doppelvermietung

Im Falle einer Doppelvermietung kann dem Vermieter nicht im Wege der einstweiligen Verfügung untersagt werden, das Mietobjekt dem anderen Mieter zu überlassen.

OLG Schleswig, 12.7.2000, 4 U 76/00

MDR 2000, 1428

Ein zukünftiger (Wohnungs-)Mieter kann aufgrund eines geschlossenen Vormietvertrages weder eine Besitzeinräumung noch die Abgabe einer Willenserklärung auf Abschluss des Mietvertrages im Eilverfahren der einstweiligen Verfügung durchsetzen.

AG Schöneberg, 16.6.1999, 7 C 208/99

ZMR 1999, 643

Die Durchsetzung des Besitzschutzanspruchs gem. § 861 BGB durch einstweilige Verfügung dient der sofortigen Wiederherstellung des unmittelbaren Besitzes. Eine einstweilige Verfügung gegen den Vermieter kommt selbst dann nicht in Betracht, wenn dieser den durch verbotene Eigenmacht erlangten unmittelbaren Besitz an den Räumen einem Dritten überlassen hat und nicht zur Herausgabe bereit ist.

KG, 19.11.1998, 8 U 6420/98

MDR 1999, 927

Mietrecht; Gartenbenutzung

Wird dem Mieter die ihm mietvertraglich zustehende Nutzung des Gartens während der Sommerzeit versagt, kann im Wege der einstweiligen Verfügung dem Vermieter die Wiedereinräumung der Nutzungsmöglichkeit aufgegeben werden. Da die überwiegende Möglichkeit der Gartennutzung jahreszeitlich bedingt im Sommer besteht, wäre die Nutzung des Gartens für den Mieter während der laufenden Sommers bei Durchführung eines ordentlichen Klageverfahrens ausgeschlossen, so dass der Erlass einer einstweiligen Verfügung zur Abwendung wesentlicher Nachteile seitens des Mieters nötig ist.

AG Köln, 20.7.1992, 213 C 312/92

ZMR Beilage 1993, XIII Ziff. 1

Mietrecht; Gefälligkeit; Brunnen

Hat der Vermieter dem Mieter gefälligkeitshalber die Nutzung eines Brunnens zur Gartenbewässerung über mehrere Jahre hinweg gestattet, so kann die weitere Gestattung nicht vor Beendigung einer laufenden Pflanzperiode eingestellt werden.

AG Warendorf, 23.7.1992, 5 C 319/92
WuM 1992, 598

Mietrecht; Liefersperre

Der Antrag eines Mieters auf Erlass einer einstweiligen Verfügung gegen den Vermieter ist zulässig, wenn der Mieter wegen der von dem Wasserversorgungsunternehmen dem Vermieter gegenüber angedrohten Liefersperre ohne den Erlass einer einstweiligen Verfügung in seiner Wohnung längere Zeit ohne Trinkwasser auskommen müsste.

AG Leipzig, 19.3.1998, 3 C 3421/98
WuM 1998, 495 = NZM 1998, 716

Mietrecht, Modernisierung

Der Mieter kann eine Modernisierung im Außenbereich (hier: Fahrstuhleinbau) durch einstweilige Verfügung nur dann verhindern, wenn in sein Besitzrecht eingegriffen wird oder ihm wesentliche Nachteile drohen.

LG Berlin, 3.9.1998, 62 S 183/98
GE 1999, 317

Mietrecht, Modernisierung; Duldung

Auch eine Verfristung öffentlicher Modernisierungszuschüsse oder die bevorstehende Beendigung des Mietvertrages erlauben keine einstweilige Verfügung auf Duldung des Einbaus einer Gasetagenheizung anstelle der Ofenheizung in die Mietwohnung.

LG Frankenthal, 12.5.1993, 2 S 3/93
WuM 1993, 418

Dem Mieter fehlt es sowohl an einem Rechtsschutzbedürfnis für eine Unterlassungsverfügung wie auch an der erforderlichen Eilbedürftigkeit, wenn er mit dem einstweiligen Rechtschutzverfahren die Durchführung von Außenmodernisierungsmaßnahmen verhindern will. Anders als bei der Modernisierung innerhalb der Wohnung, bei der für eine Mieterhöhung nach § 3 MHG ausreicht, dass der Mieter die Modernisierung rügelos hingenommen hat, muss bei einer Mieterhöhung wegen Modernisierung im Außenbereich geprüft werden, ob der Mieter verpflichtet gewesen war, die Maßnahme zu dulden.

LG Berlin, 8.2.1996, 61 S 343/95
GE 1996, 679

Die Durchsetzung der Duldung von Modernisierungs- oder Sanierungsmaßnahmen in der Wohnung mit einstweiliger Verfügung ist grundsätzlich auch dann nicht möglich, wenn der Vermieter die Arbeiten für die Wohnanlage terminlich projektiert hat.

AG Görlitz, 10.6.1993, 7 C 371/93
WuM 1993, 390

Mietrecht; Modernisierung; Heizung

Ist nach der vom Mieter geduldeten Modernisierung der Heizungsanlage noch der Umfang der Mieterhöhung im Streit und zahlt der Mieter deswegen noch keine Mieterhöhung, so ist der Vermieter dennoch zur Beheizung der Wohnung grundsätzlich verpflichtet.

AG Burg , 25.9.1992, 3 C 442/92
WuM 1992, 588

Mietrecht; Räumungsverfügung

Gegen die in der Wohnung verbliebene Lebensgefährtin des Mieters, der selbst aufgrund eines Räumungstitels bereits ausgezogen ist, ist eine einstweilige Verfügung auf Räumung ausgeschlossen; die Lebensgefährtin ist nicht durch verbotene Eigenmacht gegenüber dem Vermieter nach der Räumung des Mieters unmittelbare Besitzerin der Wohnung geworden.

LG Arnsberg, 29.1.1999, 6 T 62/99
WuM 1999, 418

Ein einstweiliger Verfügungsantrag gegen den in einer Mietwohnung nach Auszug des Mieters verbliebenen Lebensgefährten des Mieters ist gem. § 940a ZPO unzulässig, denn der Lebensgefährte besitzt die Wohnung nicht aufgrund verbotener Eigenmacht, weil er den Mitgebrauch an der Wohnung infolge der Gestattung seitens des Mieters mit dessen Willen erlangt hat. Allein die Fortsetzung des bisherigen Mitgebrauchs stellt gegenüber dem Vermieter keine selbständige Besitzentziehung dar.

AG Menden, 22.1.1999, 4 C 23/99

ZMR 1999, 344 = NZM 1999, 416 = WuM 1999, 418

Mietrecht; verbotene Eigenmacht; Räumungsvollstreckung

Derjenige, der eine vom Gerichtsvollzieher (auch unberechtigt) vorgenommene Räumung durch Auswechslung der Schlösser eigenmächtig rückgängig macht, begeht verbotene Eigenmacht. Er kann im Rahmen eines einstweiligen Verfügungsverfahrens gem. § 861 BGB auf Rückgabe des unrechtmäßig erlangten Besitzes in Anspruch genommen werden.

OLG Celle, 24.2.1999, 21 U 59/98

ZAP EN-Nr 410/99

Mietrecht; Vermieterpfandrecht

Da der Vermieter die dem Vermieterpfandrecht unterliegenden Sachen mangels Kenntnis i.d.R. nicht konkret beschreiben kann, sind an Glaubhaftmachung und Bestimmtheit des Vermieterpfandrechts im Verfügungsantrag, -ausspruch und -urteil keine zu hohen Anforderungen zu stellen.

OLG Hamm, 23.7.1999, 30 W 25/99

MDR 2000, 386

Mietrecht; Versorgungsunternehmen

Nach Einstellung der Gasversorgung eines Mehrfamilienhauses wegen Zahlungsverzugs des Vermieters (Vertragspartner des Gasversorgungsunternehmens) ist der im einstweiligen Verfügungsverfahren gegen das Unternehmen gestellte Antrag eines Mieters auf Abschluss eines gesonderten Gasversorgungsvertrages wegen Vorwegnahme der Hauptsache unzulässig.

LG Gera, 14.4.1998, 5 T 168/98

WuM 1998, 496 = NZM 1998, 715

Einem Mieter in einem Mehrfamilienhaus, dessen Vermieter gegenüber dem Gas- und Wasserversorgungsunternehmen in Zahlungsverzug geraten ist, steht gegen das Versorgungsunternehmen kein eigener Anspruch auf Belieferung oder Unterlassung einer Gas- und Wasserliefersperre zu, den er im Wege einer einstweiligen Verfügung durchsetzen könnte, denn Vertragspartner des Versorgungsunternehmens ist sein Vermieter.

AG Siegen, 24.7.1998, 7 C 388/98
ZMR 1999, 645

Mietrecht; vertragsgemäßer Zustand
Der Mieter kann im Wege einer einstweiligen Verfügung die Beseitigung eines Baugerüsts verlangen, auch wenn er zur Duldung nach § 541a BGB verpflichtet wäre.

AG Berlin-Mitte, 9.6.1999, 26 C 1003/99
GE 1999, 984

Mietrecht; Vorkaufsrecht
Das schuldrechtliche Vorkaufsrecht des Mieters gem. § 570b BGB ist eine gem. § 826 BGB geschützte Rechtsposition, sodass dem Mieter nicht nur Schadensersatzansprüche, sondern bei einer drohenden Umgehung des Vorkaufsrechts auch Beseitigungs- und Unterlassungsansprüche zustehen.

OLG München, 15.1.1999, 23 U 6670/98
ZMR 1999, 549 = NZM 1999, 797 = WuM 2000, 120

Mietrecht; Verkauf; Tatsachenbehauptung
Ein Wohnungsmieter ist auch dem veräußerndem Eigentümer gegenüber berechtigt, einen Kaufinteressenten auf Mängel der Wohnung hinzuweisen und klarzustellen, dass er ohne Räumungsprozess das Mietverhältnis nicht beenden werde.

AG Karlsruhe-Durlach, 30.1.1992, 1 C 25/92
WuM 1992, 376

Mietrecht; Wohnungsbesichtigung

Das Wohnungsbesichtigungsrecht muss der Vermieter mit Rücksicht auf die religiösen Belange des Mieters ausüben (hier: Überziehen von Filzpantoffeln vor Betreten der Wohnung).

AG Waldbröl , 24.4.1992, 6 C 106/92
WuM 1992, 599

Nichteheliche Lebensgemeinschaft; Wohnung

Die Wohnungsbenutzungsregelungen des § 1361b BGB sind zu und bei der Trennung einer nichtehelichen Gemeinschaft nicht entsprechend anwendbar.

LG Hagen, 5.8.1992, 3 T 596/92
FamRZ 1993, 187

Pachtrecht; Besitzschutz

Beantragt der Pächter im Wege der einstweiligen Verfügung, ihn nicht daran zu hindern, ihm gehörende Gegenstände aus den Pachträumen zu entfernen, so liegt hierin keine unzulässige Vorwegnahme der Hauptsache, wenn das Verhalten des Verpächters als verbotene Eigenmacht zu qualifizieren ist.

OLG Düsseldorf, 12.9.2000, 10 W 64/00
DWW 2001, 63 = GE 2000, 1620

Presserecht, Einstellung der Zwangsvollstreckung

Wird gegen ein Urteil, das eine zum Abdruck einer presserechtlichen Gegendarstellung verpflichtende Einstweilige Verfügung bestätigt hat, Berufung eingelegt, so kann eine einstweilige Einstellung der Zwangsvollstreckung in der Regel nur dann erfolgen, wenn zum Zeitpunkt der Entscheidung hierüber ohne weiteres feststeht, dass das angefochtene Urteil keinen Bestand haben kann.

OLG Karlsruhe, 2.8.1999, 14 U 106/99
AfP 1999, 506

Presserecht; Gegendarstellung

Im Verfahren nach Widerspruch gegen eine einstweilige Verfügung, mit der einem Gegendarstellungsverlangen stattgegeben wurde, ist das zur Entscheidung berufene LG nicht gehindert, nunmehr einem in der Fassung eines Hilfsantrages geänderten Gegendarstellungsverlangen zu folgen. Es bedarf dazu nicht unbedingt der Zuleitung einer formgerecht unterzeichneten Neufassung des Gegendarstellungsverlangens sowohl an den Prozessbevollmächtigten des Antragsgegners als auch an diesen selbst, wenn die Neufassung jedenfalls dem Verfahrensbevollmächtigten des Antragsgegners (schriftsätzlich) vorliegt.

OLG Brandenburg, 13.10.1999, 1 U 17/99

NJW-RR 2000, 326

Presserecht; Gegendarstellung; Entscheidung

Ein Gegendarstellungsanspruch ist insgesamt zurückzuweisen, auch wenn nur einzelne Punkte einer umfangreichen Gegendarstellung nicht den formellen Erfordernissen genügen. Der Gegendarstellungsanspruch kann nur einheitlich beurteilt werden. Das Gericht ist nicht befugt, die in sich geschlossene Gegendarstellung aufzubrechen und bestimmte Punkte abzutrennen oder auszuschließen (Anschluss OLG Köln, NJW-RR 1990, 1119).

LG Düsseldorf, 16.12.1992, 12 O 641/92

AfP 1993, 498

Presserecht; Gegendarstellung; Schriftform

Die für eine Gegendarstellung erforderliche Schriftform ist nicht gewahrt, wenn dem Verpflichteten nur eine anwaltlich beglaubigte Fotokopie der Gegendarstellung übersandt wird. Der Inanspruchgenommene kann eine ihm zustehende Überprüfung nur dann zuverlässig durchführen, wenn ihm die Gegendarstellung im Original zugeht (Anschluss OLG Hamburg, NJW 1990, 1613).

LG Düsseldorf, 16.12.1992, 12 O 641/92

AfP 1993, 498

Presserecht; Streitgegenstand

Bei jeder Fassung einer Gegendarstellung handelt es sich um einen selbständigen Streitgegenstand. Daher ist der durch eine unrichtige Presseveröffentlichung Verletzte nicht gehindert, trotz der Rechtshängigkeit einer aus mehreren Punkten bestehenden Gegendarstellung eine geänderte (z.B. verkürzte Gegendarstellung) auch in einem selbständigen Verfügungsverfahren geltend zu machen. Dem kann nicht der Einwand anderweitiger Rechtshängigkeit entgegengehalten werden.

OLG Hamburg, 22.1.1993, 3 W 14/93

AfP 1993, 591

Presserecht; Tatsachenbehauptung

Eine der Gegendarstellung nicht unterliegende Meinungsäußerung liegt auch dann vor, wenn sie das Ergebnis einer Wertung von in dem maßgeblichen Artikel nicht mitgeteilter Tatsachen ist.

OLG Karlsruhe, 16.4.1999, 14 U 187/98

Justiz 1999, 341

Prozesskostenhilfe; Aussicht auf Erfolg

Ob ein Antrag auf Erlass einer zweiten einstweiligen Verfügung auf Unterhalts hinreichende Aussicht auf Erfolg hatte oder nicht, kann dahingestellt bleiben, wenn im Zeitpunkt der Entscheidung über den Prozesskostenhilfeantrag die Bewilligung von Prozesskostenhilfe jedenfalls deshalb nicht mehr in Betracht kommt, weil der Antragsteller das Verfügungsverfahren bereits in der Hauptsache für erledigt erklärt und später dann dann den Verfügungsantrag zurückgenommen hat. Wenn das Verfahren nicht mehr durchgeführt werden soll, bedarf es auch keiner Prozesskostenbewilligung.

OLG Frankfurt, 24.6.1993, 3 WF 59/93

OLGR Frankfurt 1993, 266

Prozesskostenhilfe; Formular

Verbleiben dem Antragsgegner im einstweiligen Verfügungsverfahren zwischen der Zustellung der Antragsschrift und dem Termin zur mündlichen Verhandlung nur drei Werktage um einen Anwalt zu beauftragen und die Formulare für die Erklärung über die persönlichen und wirtschaftlichen Verhältnisse zu beschaffen und auszufüllen, kann es ihm nicht vorgeworfen werden, im Verhandlungstermin nur den Prozesskostenhilfeantrag ohne Einreichung der nach § 117 Abs. 2 ZPO erforderlichen Erklärung gestellt zu haben. Er hat damit in der allzu kurzen Zeit alles getan, was von ihm überhaupt zur sachgerechten Verfolgung seiner Interessen erwartet werden konnte.

OLG Frankfurt, 19.7.1993, 1 W 24/93

OLGR Frankfurt 1993, 278

Rechtfertigungsverfahren; Kostenentscheidung
Schließt sich an eine Entscheidung des Amtsgerichts gem. § 942 ZPO ein Rechtfertigungsverfahren vor dem Gericht der Hauptsache an, so liegt nur ein einheitliches Verfahren innerhalb einer Instanz vor. Das Gericht der Hauptsache hat auch die Nebenentscheidungen für den gesamten Rechtszug zu treffen.
OLG München, 15.4.1992, 21 W 672/92
OLGR München 1993, 44

Rechtsbehelf; Meistbegünstigung; Zwangsvollstreckung
Der Beklagte kann eine fehlerhafte Entscheidung des Gerichts sowohl mit Widerspruch als auch mit der sofortigen Beschwerde angreifen, wenn der Interventionskläger beantragt hat, die Zwangsvollstreckung durch einstweilige Anordnung einzustellen, das Gericht aber unkorrekterweise eine einstweilige Verfügung mit dem entsprechenden Inhalt erlassen hat.
OLG Karlsruhe, 10.1.1992, 3 W 91/91
MDR 1992, 808 = Justiz 1992, 390

Rechtsbehelf; Widerspruch; Kosten
Unzulässig ist ein auf die Kostenentscheidung der einstweiligen Verfügung beschränkter Widerspruch, soweit mit ihm eine Änderung der Kostenentscheidung wegen Unbegründetheit des Verfügungsantrages begehrt wird. Nicht minder ist auch eine nachträgliche Beschränkung des zunächst unbeschränkt eingelegten Widerspruchs auf die Kosten unzulässig, wenn die Anfechtung der Kostenentscheidung damit begründet wird, dass die einstweilige Verfügung nicht gerechtfertigt gewesen sei.
OLG Bremen, 5.2.1992, 2 W 70/91, n.v.

Rechtsschutzbedürfnis, Abmahnung
Zur Vermeidung der Kostenfolge eines sofortigen Anerkenntnisses ist vor Erhebung einer Klage zur Abwehr ehrverletzender Äußerungen die vorherige Abmahnung des Schuldners erforderlich. Dies gilt auch für das Verfahren des einstweiligen Rechtsschutzes. Einer vorherigen Abmahnung bedarf es jedoch

dann nicht, wenn sie aus Zeitgründen nicht mehr möglich erscheint oder keine Aussicht auf Erfolg verspricht.

KG, 11.6.1999, 9 W 2247/99
NJW-RR 2000, 516

Rechtshängigkeit; Antragsrücknahme
Im einstweiligen Verfügungsverfahren tritt die Rechtshängigkeit bereits mit Einreichung des Antrags bei Gericht ein. Nimmt der Antragsteller den Antrag zurück ist der Kostenerstattungsanspruch des Antragsgegners unabhängig davon entstanden, ob er durch förmliche Zustellung oder sonstwie vom Verfahren Kenntnis erlangen hat.

OLG Hamburg, 12.4.2000, 8 W 68/00
MDR 2000, 786

Rechtshängigkeit; neuer Antrag
Dem vom Antragsteller in der mündlichen Verhandlung über den Widerspruch für den Fall versäumter Vollziehung gestellten Hilfsantrag, die einstweilige Verfügung mit dem Inhalt der Beschlussverfügung erneut zu erlassen, steht die Rechtshängigkeit des der Beschlussverfügung zugrunde liegenden ersten Verfügungsantrages nicht entgegen; es ist also nicht erforderlich, dass zunächst das anhängige Verfahren durch Antragsrücknahme oder rechtskräftige Entscheidung beendet wird. Allerdings muss der Verfügungsgrund für den Zeitpunkt des neuen, hilfsweise gestellten Verfügungsgesuchs erneut geprüft werden.

OLG Hamm, 1.10.1992, 4 U 161/92
OLGR Hamm 1993, 93

Rechtshängigkeit; Rücknahme; Kostenentscheidung
Im Verfahren auf Erlass einer einstweiligen Verfügung tritt die Rechtshängigkeit bereits mit der Einreichung des Verfügungsantrags bei Gericht ein und trägt der Antragsteller bei Rücknahme des Verfügungsantrags nach diesem Zeitpunkt die Kosten des Antragsgegners in entsprechender Anwendung des § 269 Abs. 3 Satz 2 ZPO.

OLG Düsseldorf, 20.3.1992, 3 WF 7/92
FamRZ 1992, 961

Restitutionsverfahren; Verfügungsverbot
Sind die Tatbestandsvoraussetzungen des § 3 Abs. 3 Satz 1 VermG erfüllt und ist der Restitutionsantrag nicht offensichtlich unbegründet, kann der Antragsteller im Wege des einstweiligen Rechtsschutzes den Erlass eines Verfügungsverbotes erwirken.

OLG Dresden, 30.4.1999, 5 U 3223/98
NJ 2000, 46

Schadensersatz, Antragsrücknahme
Nimmt der Antragsteller einen Verfügungsantrag gegen einen Mitbewerber wegen Versäumung der Vollziehung zurück, und werden ihm sodann nach § 269 Abs. 3 ZPO die Kosten auferlegt, so kann er vom Antragsgegner nicht im Wege des Schadensersatzes (aus §§ 1, 3 UWG) Erstattung der Kosten des Verfügungsverfahrens verlangen (vgl. *BGHZ 45, 251*).

OLG Hamm, 29.9.1992, 4 U 48/92
OLGR Hamm 1993, 96

Schadensersatz; Bindungswirkung
Im Fall der Geltendmachung von Schadensersatzansprüchen nach § 945 ZPO scheidet eine Bindungswirkung des die Verfügung aufhebenden Urteils jedenfalls dann aus, wenn es sich um ein Verzichtsurteil handelt, das nicht mit Gründen versehen ist.

BGH, 15.1.1998, I ZR 282/95
NJW-RR 1998, 1651 = MDR 1998, 1428

Schadensersatz; Unterlassungsverfügung
Solange die auf Unterlassung gerichtete einstweilige Verfügung keine Strafandrohung enthält, entsteht aus der Erfüllung auch dann kein Schadensersatzanspruch nach § 945 ZPO, wenn die einstweilige Verfügung im Parteibetrieb zugestellt wurde. Dies gilt selbst dann, wenn der Antragsgegner seinen Sitz im Ausland hat.

BGH, 2.11.1995, IX ZR 141/94
MDR 1996, 451

Schadensersatzanspruch; Verjährung

Die Verjährung des Ersatzanspruchs aus § 945 ZPO beginnt nicht schon mit der Aufhebung des Vollzugs der einstweiligen Verfügung aufgrund außergerichtlicher Vereinbarung, wenn trotzdem eine streitige gerichtliche Entscheidung darüber, ob die Anordnung der einstweiligen Verfügung von Anfang an ungerechtfertigt war, möglich bleibt. Ruht das Verfahren der einstweiligen Verfügung, setzt i.d.R. weder eine den Anspruch des Verfügungsklägers abweisende nicht rechtskräftige Entscheidung in der Hauptsache noch die Unterlassung des Verfügungsbeklagten, daraufhin das Widerspruchsverfahren fortzuführen, die Verjährungsfrist in Lauf.

BGH, 26.3.1992; IX ZR 108/91

NJW 1992, 2297 = MDR 1992, 999 =DB 1992, 2341 = VersR 1993, 73

Schadensersatzanspruch; Vollzug

Der Gläubiger, der sich zum Vorgehen gegen seinen Schuldner eines staatlichen, gesetzlich eingerichteten und geregelten Verfahrens bedient, greift auch dann nicht unmittelbar und rechtswidrig in den geschützten Rechtskreis des Schuldners ein, wenn sein Begehren sachlich nicht gerechtfertigt ist und dem anderen Teil aus dem Verfahren Nachteile erwachsen. Der Gläubiger ist deshalb nicht verpflichtet, zuvor mit Sorgfalt zu prüfen, ob er sich zur Ingangsetzung des Verfahrens für berechtigt halten darf, oder gar seine Interessen gegen die des Schuldners abzuwägen. Diese Grundsätze gelten auch bei ausländischen Verfahren, die, wie in Italien, an rechtsstaatlichen Prinzipien ausgerichtet sind.

OLG Nürnberg, 10.3.1992, 1 U 2754/91

WRP 1992, 509

Schutzschrift; Kostenerstattung

Die Kosten einer Schutzschrift sind verfahrensbezogen und somit grundsätzlich erstattungsfähig. Weder ist hierfür eine vorangegangene Abmahnung erforderlich noch muss die Schutzschrift erkennbar vom Gericht bei seiner den Verfügungsantrag (zurückweisenden) Entscheidung einbezogen worden sein. Erstattungsfähig ist nur eine halbe Prozessgebühr gem. § 32 Abs. 1 BRAGO. Dies gilt auch dann, wenn in der Schutzschrift ein Antrag auf Zurückweisung des Verfügungsantrages enthalten ist.

KG, 26.2.1999, 25 W 3617/98

NJWE-WettbR 2000, 24

Zwar ist die „Schutzschrift" als Rechtsinstitut nicht gesetzlich vorgesehen; sie hat sich jedoch in der Praxis als ein anerkanntes Mittel durchgesetzt, Anträgen auf Erlass einer einstweiligen Verfügung vor einer unmittelbaren Beteiligung am Rechtsstreit vorbeugend zu begegnen. Insoweit angefallene (Rechtsanwalts-)Kosten kommen grundsätzlich als erstattungsfähige Kosten eines Rechtsstreits in Betracht. Enthält die Schutzschrift jedoch lediglich die Bitte, für den Fall des Antrags auf Erlass einer einstweiligen Verfügung nicht ohne Hauptverhandlung zu entscheiden, steht dem damit befassten Rechtsanwalt gemäß §§ 31 Abs. 1 Nr 1, 32, 40 Abs. 1 BRAGO nur eine 5/10 Gebühr zu.

OLG Saarbrücken, 6.4.1998, 6 W 91/98
OLGR Saarbrücken 1998, 336

Die Kosten einer Schutzschrift gehören zu den prozessbezogenen Aufwendungen des Antragsgegners. Sie werden daher von der Kostengrundentscheidung im einstweiligen Verfügungsverfahren mitumfasst. Dem steht es nicht entgegen, dass die Schutzschrift bereits einen Tag vor Einreichung des Antrags auf Erlass der einstweiligen Verfügung bei Gericht eingegangen ist (Anschluss OLG Bremen JurBüro 1991, 940 und OLG Koblenz JurBüro 1990, 1160). Der Antragsgegner kann indes für die Einreichung der Schutzschrift nicht eine 10/10-Gebühr, sondern nur eine 5/10-Gebühr nach § 32 Abs. 1 BRAGO ersetzt verlangen.

OLG Braunschweig, 12.10.1992, 2 W 118/92
JurBüro 1993, 218

Schutzschrift; Kostentragungspflicht

Die anwaltlichen Kosten für die Fertigung einer Schutzschrift, die vor Rechtshängigkeit des Antrages auf Erlass einer einstweiligen Verfügung bei Gericht eingeht, sind in Höhe einer halben Prozessgebühr nebst Auslagenpauschale erstattungsfähig.

OLG Düsseldorf, 30.9.1998, 20 W 51/98
OLGR Düsseldorf 1999, 211

Schutzschrift; Sorgfaltspflicht

Der Veranstalter einer Sonderverkaufsveranstaltung, der nach einer Abmahnung eine Schutzschrift durch einen Rechtsanwalt hat einreichen lassen, muss für eine Nachricht über den Eingang einer eventuellen einstweiligen Verfügung erreichbar sein oder kontrollieren, ob ihrem Rechtsanwalt eine solche zugestellt worden ist.

OLG Frankfurt,15.11.1999, 6 W 159/99

OLGR Frankfurt 2000, 18

Schutzschrift; Verfahrenszugehörigkeit

Die Verfahrenszugehörigkeit einer Schutzschrift setzt keine Identität des besorgten und des tatsächlichen Gegenstandes des Verfahrens der einstweiligen Verfügung voraus. Es genügt, dass sich die Schutzschrift hinsichtlich des tatsächlich anhängig gewordenen Verfügungsverfahrens als ein taugliches Mittel der vorbeugenden Rechtsverteidigung darstellt.

OLG Köln, 6.3.1995, 17 W 318/94

JMBl NW 1995, 154

Sequestration; Verwahrungskosten

Hat der Gerichtsvollzieher Waren auf Grund einer einstweiligen Verfügung in amtliche Verwahrung genommen, so handelt es sich bei den insoweit entstandenen Kosten um festsetzbare Kosten der Zwangsvollstreckung.

OLG Hamburg, 13.8.1999, 8 W 198/99

MDR 1999, 1403 = JurBüro 2000, 157

Sicherungshypothek; Anwaltsgebühr

Beantragt ein Rechtsanwalt aufgrund einer einstweiligen Verfügung die Eintragung einer Vormerkung zur Sicherung des Anspruchs auf Einräumung einer Sicherungshypothek, so fällt eine Vollstreckungsgebühr an, die nach § 788 ZPO erstattungsfähig ist.

OLG München, 20.2.1998, 11 W 3115/97

NJW-RR 1999, 79

Telefonsperre; Überhöhte Telefongebühren

Bei einem Streit zwischen der TELEKOM und dem Telefonkunden über die Berechtigung einer Telefonrechnung ist die TELEKOM nicht berechtigt, eine Telefonsperre durchzuführen. Ein Zurückbehaltungsrecht nach § 320 BGB kommt nicht in Betracht, da der Leistungsanbieter ein Monopolunternehmen betreibt und die Ausübung des Zurückbehaltungsrechts sich in der Weise auswirkt, dass der Kunde gezwungen ist, die für nicht berechtigt gehaltene Forderung zu begleichen, um den für ihn notwendigen Telefonanschluss zu erhalten. Die TELEKOM kann durch einstweilige Verfügung angehalten werden, den Anschluss wiederherzustellen.

AG Frankfurt, 2.2.1994, 29 C 276/94-32
NJW 1994, 2770

Titulierter Anspruch; Rechtsschutzbedürfnis

Liegt ein endgültiger (wenngleich noch nicht rechtskräftiger) Titel vor, bedarf es einer besonderen Begründung, weshalb gleichwohl eine vorläufige, sichernde Entscheidung im Eilverfahren erforderlich sein soll.

KG, 4.5.1999, 5 W 3450/99
NJWE-WettbR 1999, 293

Unlauterer Wettbewerb: e-mail-Werbung

Nach nur einmaliger unverlangter Zusendung geschäftlicher E-Mail-Werbung besteht keine Wiederholungsgefahr, sofern es sich um das Angebot einer einmaligen Dienstleistung (hier: Umgestaltung einer Website) handelte. Für eine einstweilige Unterlassungsverfügung fehlt es dann an einem Verfügungsgrund.

OLG Hamburg, 2.8.1999, 12 W 17/99
CR 2000, 183 = ZAP EN-Nr. 246/2000

Unterhaltsrecht; Notunterhalt

Eine einstweilige Verfügung wegen Notunterhalts wird nicht durch den Zeitablauf bis zur Berufungsentscheidung für den zurückliegenden Zeitraum unzulässig. Der Bezug von Erziehungsgeld mildert trotz § 9 BerzGG die Notlage als Voraussetzung einer Unterhaltsverfügung. Freiwillige Überbrückungsleistungen Dritter aus Gefälligkeit (hier: Wohnungsgewährung) berühren die Notlage nicht. Der Ehefrau, die ein nach der Eheschließung geborenes Kleinkind betreut und deren Versorgung nicht anderweitig sichergestellt ist, steht Trennungsunterhalt unabhängig davon zu, ob der Ehemann der Vater des Kindes ist. Vor rechtskräftigem Abschluss des Statusverfahrens ist die Berufung auf die Nichtehelichkeit eines Kindes im Sinne eines Unterhaltsverwirkungsgrundes nach § 1579 Nr. 6 und 7 BGB auch dann unstatthaft, wenn die Nichtehelichkeit zwischen den Parteien unstreitig ist.

OLG Düsseldorf, 10.11.1992, 1 UF 97/92

OLGR Düsseldorf 1993, 59

Unterlassungsverfügung; Aufhebung; Vollziehung

Eine einstweilige Verfügung kann wegen veränderter Umstände dann aufgehoben werden, wenn die Vollziehungsfrist fruchtlos verstrichen ist. Im Falle einer Unterlassungsverfügung wird die Vollziehungsfrist durch die Zustellung im Parteibetrieb unterbrochen. Zur Fristwahrung ist die Einreichung des Zustellungsauftrags bei der Gerichtsvollzieherverteilungsstelle des Vollstreckungsgerichts oder beim Gerichtsvollzieher selbst ausreichend, sofern die Zustellung demnächst erfolgt.

OLG Frankfurt, 10.9.1999, 24 U 58/99

OLGR Frankfurt 1999, 306

Unterlassungsverfügung; Vollziehung

Einstweilige Verfügungen, die lediglich ein Unterlassungsgebot enthalten, sind vollziehbar. Zwar können sie nicht durch unmittelbaren Zwang vollstreckt werden; wohl aber kann ihre Befolgung durch die Androhung und Festsetzung von Ordnungsmitteln mittelbar erzwungen werden.

BGH, 2.11.1995, IX ZR 141/94

MDR 1996, 451

Unterlassungsverfügung; Vollziehung; Zustellung

Eine durch Urteil erlassene Unterlassungsverfügung bedarf zur wirksamen Vollziehung innerhalb der Frist des § 929 Abs. 2 ZPO außer der von Amts wegen bewirkten Zustellung keiner zusätzlichen Manifestation des Gläubigerwillens zum Gebrauchmachen von dem Titel.

OLG Oldenburg, 12.3.1992, 1 U 3/92

OLGZ 1992, 467 = WRP 1992, 412 = MDR 1992, 903 = AfP 1992, 406 = JurBüro 1992, 495

Untersagungsverfügung; Ehrschutzverfahren; politische Auseinandersetzung

Ein Antrag gegen einen Abgeordneten des Saarländischen Landtags, ihm sowohl im Landtag als auch vor der Presse gemachte Äußerungen zu untersagen ist wegen der beruflichen Immunität gem. Art. 81 Abs. 1 SaarlVerf unzulässig.

OLG Saarbrücken, 22.10.1993, 3 U 263/93 – 49

NJW-RR 1994, 184

Unterschrift; Bezugnahme

Eine unterschriebene Beschlussverfügung, die in ihrer Urschrift auf einen eindeutig bestimmten Teil des Akteninhalts Bezug nimmt („einrücken, soweit rote Klammer") ist ordnungsgemäß und stellt nicht lediglich einen Entwurf dar.

OLG Hamm, 28.5.1998, 4 U 251/97

MDR 1999, 316

Unzuständigkeit; Verfahrensweise

Im Falle der erst im Widerspruchsverfahren erkannten Unzuständigkeit des Gerichts ist der Verfügungsbeschluss aufzuheben und das Verfahren der einstweiligen Verfügung auf Antrag des Verfügungsklägers an das zuständige Gericht zu verweisen.

LG Arnsberg, 22.10.1992,

NJW-RR 1993, 318

Vereinsrecht; Teilnahme an Mitgliederversammlung

Das Recht auf Zutritt zur Versammlung und Rederecht kann auch dann mit einer einstweiligen Verfügung durchgesetzt werden, wenn eine tatsächliche Teilnahme an der Versammlung unwahrscheinlich, jedoch nicht von vornherein völlig ausgeschlossen ist.

OLG München, 23.1.1992, 27 W 291/91

OLGR München 1992, 27

Vereinsstrafe; Verfügungsgrund

Der Antrag des Mitglieds eines Hundezuchtvereins, dem Verein im Wege der einstweiligen Verfügung aufzugeben, dem Antragsteller die – durch eine Vereinsstrafe für drei Monate untersagte – Nutzung des Übungsgeländes zu gestatten, ist weder deshalb unzulässig, weil der Antragsteller bis zum Verfügungsantrag sechs Wochen Zeit hat verstreichen lassen, um zuvor den nach der Satzung vorgeschalteten vereinsinternen Rechtsweg auszuschöpfen, noch deshalb, weil der Antragsteller theoretisch die Möglichkeit hat, mit seinem Hund auf dem Gelände eines anderen Vereins zu üben.

OLG Köln, 23.3.1993, 19 W 59/92

NJW-RR 1993, 891

Verfahren; Rechtswegbestimmung

Gegen die Vorabentscheidung über den Rechtsweg ist auf Zulassung durch das OLG die Beschwerde an den BGH auch dann statthaft, wenn Gegenstand des Ausgangsverfahrens eine einstweilige Verfügung ist.

BGH, 30.9.1999, V ZB 24/99

NJW 1999, 3785 = MDR 1999, 1521

Verfahren; Unterschrift

Eine einstweilige Beschlussverfügung ist unwirksam, wenn die Unterschriften der Richter nicht den gesamten Inhalt des Beschlusses decken, weil dieser teilweise in einer nicht unterschriebenen „Anlage" getrennt abgefasst wurde. Ausfertigungen und Abschriften von derartig mangelhaften Beschlüssen dürfen nicht hergestellt werden. Eine damit vorgenommene Zustellung ist fehlerhaft. Ob dasselbe auch für die Verweisung auf in den Akten enthaltene Schriftsätze (von ... bis ...) gilt, bleibt dahingestellt.

OLG Karlsruhe, 14.2.1992, 10 U 333/91

Justiz 1992, 409

Verfahrensvoraussetzungen; Anschrift

Auch im Eilverfahren nach §§ 916 ff. ZPO oder § 935 ff. ZPO gehört zur Ordnungsmäßigkeit des Verfahrensantrags, dass der Antragsteller seine ladungsfähige Anschrift angibt. Es fehlt an der Zulässigkeit des Verfahrens, wenn der Antragsteller von Anfang an seine Anschrift unzutreffend mitteilt und diesen

Mangel auch auf Rüge hin nicht behebt. Fehlt es wegen unzutreffender Anschrift des Antragstellers an der Ordnungsmäßigkeit des Verfahrensantrags, so ist im Falle der Säumnis der Antragsteller in der mündlichen Verhandlung nicht durch echtes Versäumnisurteil zu entscheiden, sondern der Eilantrag durch unechtes Versäumnisurteil als unzulässig zurückzuweisen.

OLG Frankfurt, 14.1.1992, 5 U 190/91
NJW 1992, 1178 = MDR 1992, 610

Verfahrensvoraussetzung; Parteibezeichnung; Hausbesetzer
Ein Antrag auf Erlass einer einstweiligen Räumungsanordnung gegen eine namentlich nicht näher bezeichnete Personenmehrheit (Hausbesetzer) ist hinreichend bestimmt, wenn der antragsgegnerische Personenkreis so bezeichnet ist, dass er nach räumlichen Kriterien abgrenzbar ist und zeitlich vorübergehend feststeht.

OLG Köln 14.1.1992, 3 W 2/92
OLGR Köln 1992, 165

Verfügungsanspruch; Vormerkung; Glaubhaftmachung
Die Eintragung einer Vormerkung nach § 883 Abs. 1 Satz 1 BGB setzt nicht die Rechtsbeständigkeit des Anspruchs in dem Sinne voraus, dass seine Berechtigung bereits feststeht. Damit würde der von § 883 BGB verfolgte Schutz des Vormerkungsberechtigten praktisch leer laufen. Für den Erlass einer die Eintragung einer Vormerkung anordnenden einstweiligen Verfügung ist daher ausreichend, dass der zu sichernde Anspruch glaubhaft gemacht wird.

OLG Frankfurt, 30.7.1992, 27 W 43/92
NJW-RR 1993, 473

Verfügungsanspruch; Wiederholungsgefahr; Unterlassungsanspruch
Die Wiederholungsgefahr ist nach h.M. materiellrechtliche Voraussetzung des erhobenen Unterlassungsanspruchs. Nach einer Rechtsverletzung kann zwar vermutet werden, dass eine Wiederholungsgefahr besteht, dies gilt aber dann nicht, wenn es zu den Äußerungen auf Grund ganz besonderer Umstände gekommen ist.

OLG Saarbrücken, 22.10.1993, 3 U 263/93 – 49
NJW-RR 1994, 184

Verfügungsgrund; Bankvertrag; Kontosperre

Eine Kontosperre durch die kontoführende Bank, die unter Verletzung des bestehenden Geschäftsbesorgungsvertrages und in Kenntnis einer fehlenden Rechtfertigung erfolgt, insbesondere der Vorbereitung der Befriedigung von Ansprüchen der Bank gegenüber Dritten dient, kann gegen § 266 StGB verstoßen. In einem solchen Verhalten liegt ein Verfügungsgrund i.S.d. § 935 ZPO. Dies gilt in verstärktem Maße, wenn die Bank die Umbuchung des Guthabens auf ein Drittkonto androht.

OLG Frankfurt, 27.4.1992, 4 U 103/91
OLGR Frankfurt 1992, 58

Verfügungsgrund; Berufungsinstanz

Befindet sich ein Hauptsacheverfahren wegen der Rückübertragung von Schutzrechten und Schutzrechtsanmeldungen in der Berufungsinstanz und wird der Erlass einer einstweiligen Verfügung auf Sequestration und Verwaltung dieser Schutzrechte begehrt, weil es dem Antragsgegner (z.B. durch Nichtzahlung der Jahresgebühren) möglich wäre, die Schutzrechte zum Erlöschen zu bringen, macht der Umstand, dass sich der Antragsgegner im Rahmen des Rechtsstreits gegen die begehrte Rückübertragung der Schutzrechte und Schutzrechtsanmeldungen gewehrt hat, eine Abmahnung vor Beantragung der einstweiligen Verfügung entbehrlich. Das Verhalten des Antragsgegners, der zudem in der Berufungsinstanz mehrfach darauf hingewiesen hat, dass die Umschreibung der gewerblichen Schutzrechte nur aufgrund eines rechtskräftigen Urteils erfolgen könne, kann bei dem Antragsteller auch bei Anlegung eines objektiven Maßstabes den Schluss rechtfertigen, dass sich der Antragsgegner auch gegen eine im Laufe des Prozesses verlangte Sequestrierung und Verwaltung der streitbefangenen Rechte wehren wird.

OLG Frankfurt, 5.3.1992, 6 U 137/91
GRUR 1992, 565 = OLGR Frankfurt 1992, 62

Verfügungsgrund; Dringlichkeit; Schriftsatzfrist

Die Dringlichkeit eines Verfügungsantrages ist widerlegt, wenn der Antragsteller wegen eines in der mündlichen Verhandlung eingereichten Schriftsatzes des Gegners eine Schriftsatzfrist beantragt und wegen einer Geschäftsreise um Verlegung des Verkündungstermins bittet.

OLG Hamm, 2.6.1992, 4 U 74/92
NJW-RR 1993, 366

Verfügungsgrund; Dringlichkeit; Urlaub
Die Dringlichkeit des Verfügungsbegehrens gem. § 25 UWG ist widerlegt, wenn der Gläubiger infolge des zweiwöchigen Sommerurlaubs seines Anwalts mehr als einen Monat lang untätig bleibt.

OLG Hamm, 25.3.1993, 4 U 36/93, n.v.

Verfügungsgrund; Eilbedürftigkeit; Versäumnisurteil
Eine den der Erlass einer einstweiligen Verfügung rechtfertigende Eilbedürftigkeit ist dann nicht – mehr – gegebene, wenn die antragstellende Partei Versäumnisurteil gegen sich ergehen lässt, um sich bis zur mündlichen Verhandlung über den Einspruch weitere Glaubhaftmachungsmittel zu besorgen.

OLG Frankfurt, 20.3.1995, 6 U 310/93
WRP 1995, 502

Verfügungsgrund; Herausgabe; Software; Beweissicherung
Für eine einstweilige Verfügung auf Herausgabe von Sicherungskopien von Individualsoftware besteht dann kein Verfügungsgrund, wenn die Antragstellerin ein Beweissicherungsverfahren zur Feststellung angeblicher Manipulationen an der Software eingeleitet hat.

OLG Köln, 17.12.1993, 19 U 206/93
OLGR Köln 1994, 60

Verfügungsgrund; Herausgabeverfügung
Die Fortsetzung der bestimmungsgemäßen Nutzung eines vom Eigentümer überlassenen Gebrauchsgegenstandes nach Wegfall des Nutzungsrechtes rechtfertigt für sich allein nicht die vorläufige Sicherstellung im Wege der einstweiligen Verfügung. Die Besorgnis der Vereitelung oder wesentlichen

Erschwerung eines Herausgabeanspruchs lässt sich nicht aus dem mit der Weiterbenutzung verbundenen Wertverlust herleiten.

OLG Düsseldorf, 30.3.1995, 11 W 10/95

MDR 1995, 635

Verfügungsgrund; Herausgabeverfügung; Leasingvertrag

Durch die bloße Weiterbenutzung eines geleasten Kfz trotz Nichtzahlung fälliger Leasingraten wird der Herausgabeanspruch des Antragstellers nicht beeinträchtigt. Ein Verfügungsgrund besteht daher nicht. Ein Verfügungsgrund für eine Regelungsverfügung i.S.d. § 940 ZPO ist nicht deshalb gegeben, weil bei der Weiterbenutzung des Kfz ein mögliches Unfallrisiko bestehen könnte.

OLG Hamm, 17.6.1992, 30 U 5/92

OLGR Hamm 1992, 351

Verfügungsgrund; verbotene Eigenmacht

Im einstweiligen Verfügungsverfahren braucht der frühere Besitzer, dem der Besitz durch verbotene Eigenmacht entzogen wurde (§ 861 BGB), einen besonderen Verfügungsgrund i.d.R. nicht darzulegen.

OLG Düsseldorf, 24.3.1993, 11 U 11/93

OLGR Düsseldorf 1993, 172

Verfügungsgrund; Versäumnisurteil

Lässt der in erster Instanz unterlegene Antragsteller in zweiter Instanz Versäumnisurteil gegen sich ergehen, so ist damit die Dringlichkeitsvermutung widerlegt.

OLG Hamm, 14.7.1992, 4 U 50/92

MDR 1993, 275

Verfügungsverbot; Briefgrundschuld

Auch eine Eintragung eines gerichtlichen Verfügungsverbots setzt bei einer Briefgrundschuld die Vorlage des Grundschuldbriefes voraus.

OLG Schleswig-Holstein, 27.5.1998, 2 W 60/98

ZfR 1998, 709

Vollziehung

Der Schuldner hat ein Verbot, das ihm im Verfahren der einstweiligen Verfügung durch Urteil auferlegt wird, erst nach wirksamer Vollziehung zu befolgen.

OLG Bamberg, 15.4.1998, 3 W 21/98
OLGR Bamberg 1998, 397

Eine erneute Vollziehung einer Unterlassungsverfügung nach einem Bestätigungsurteil ist notwendig, wenn es sich bei der in dem Urteil vorgenommenen Neufassung nicht um eine bloße Bestätigung des in der bereits vollzogenen Beschlussverfügung ausgesprochenen Verbots handelt, sondern um eine inhaltlich wesentlich geänderte und erweiterte Fassung.

OLG Köln, 31.7.1998, 6 U 205/97
GRUR 1999, 89

Vollziehung; Aufhebungsverfahren; Erledigung Hauptsacheklage

Der Grundsatz, wonach nach Ablauf der Vollziehungsfrist des § 929 Abs. 2 ZPO die einstweilige Verfügung ohne Prüfung ihrer materiellen Rechtmäßigkeit aufzuheben ist, gilt nicht, wenn die Vollziehung mangels Rechtsschutzbedürfnisses unzulässig geworden ist, weil zwischen Antragstellung und Beschlussfassung ein erledigendes Ereignis (hier: Erfüllung des zu sichernden Anspruches) eingetreten ist. Die Entscheidung über die Kostentragungspflicht richtet sich in diesem Fall nach den zur Erledigung der Hauptsache entwickelten Grundsätzen.

LG Zweibrücken, 25.8.1992, 3 S 120/92
MDR 1992, 1081

Vollziehung; Leistungsverfügung

Wird durch Urteil im Rahmen der einstweiligen Verfügung eine mehrmalige Geldleistung – hier: Unterhaltszahlung – angeordnet, ist die Vollziehung i.S.d. Vorschrift des § 929 Abs. 2 ZPO dann gewahrt, wenn der Gläubiger das Urteil im Parteibetrieb zustellt und innerhalb eines Monats ab Eintritt der Fälligkeit hinsichtlich der konkreten Teilforderung mit der Vollstreckung beginnt.

LG Aachen, 26.8.1992, 5 T 192/92

Vollziehung; Presserecht

Für die Vollziehung einer durch Urteil erlassenen auf Vornahme einer unvertretbaren Handlung gerichteten einstweiligen Verfügung reicht es aus, wenn die Zustellung von Amts wegen erfolgt, innerhalb der Vollziehungsfrist eine verfahrensfehlerhafte Zustellung im Parteibetrieb vorgenommen wurde und ein Antrag auf Festsetzung von Zwangsgeld oder Zwangshaft gestellt worden ist.

OLG Hamm, 14.10.1992

OLGR Hamm 1993, 174

Vollziehung; Unterlassungsverfügung

Eine Unterlassungsverfügung durch Urteil wird grundsätzlich durch Zustellung im Parteibetrieb vollzogen. Der Zustellung im Parteibetrieb stehen ausnahmsweise andere Handlungen des Antragstellers gleich. Es genügt aber nicht, dass der Antragsteller dem Antragsgegner innerhalb der Monatsfrist ein Abschlussschreiben schickt verbunden mit der Androhung eines Ordnungsmittelantrags, und/oder dass der Antragsgegner sich an die einstweilige Verfügung gehalten hat.

OLG Hamburg, 22.9.1999, 3 U 193/99

NJWE-WettbR 2000, 51 = OLGR Hamburg 2000, 109

Vollziehung; Urteil

Durch das auf Widerspruch ergangene Urteil im Verfügungsverfahren wird eine erneute Vollziehungsfrist nur in solchen Fällen in Gang gesetzt, in denen die ursprüngliche Verfügungsanordnung inhaltlich wesentlich geändert und nicht lediglich einer redaktionellen Klarstellung unterzogen wird.

OLG Hamburg, 2.4.1998, 3 U 274/97

OLGR Hamburg 1999, 180

Vollziehung; Verbotsverfügung; Urteilsverfügung

Soweit der Senat bisher die Auffassung vertreten hat, dass eine durch Urteil erlassene Verbotsverfügung bedarf keiner Vollziehung bedarf, erwägt der Senat eine Aufgabe seiner Rechtsprechung.

OLG Hamburg, 28.10.1993, 3 U 161/93

WRP 1994, 408

Vollziehung; Vollstreckung
Als Vollziehung i.S.d. §§ 929 Abs. 2, 936 ZPO ist nicht jedwede Bekundung des Willens des Antragstellers anzuerkennen, von der erwirkten einstweiligen Verfügung Gebrauch zu machen. Zu fordern ist vielmehr in jedem Fall eine Handlung in Bezug auf die Vollstreckung der einstweiligen Verfügung; denn das Gesetz meint mit der Vollziehung der einstweiligen Verfügung deren Vollstreckung (§§ 928, 936 ZPO). So reicht es aus, wenn der Antragsteller die Verurteilung des Antragsgegners zu Ordnungsmitteln beantragt.
OLG Düsseldorf, 1.12.1992, 20 U 140/92
WRP 1993, 327 = OLGR Düsseldorf 1993, 172

Vollziehung; Vormerkung; Parteizustellung
Zwar gilt bei einer einstweiligen Verfügung auf Eintragung einer Vormerkung im Grundbuch der Antrag auf Eintragung als Vollziehung der einstweiligen Verfügung. Die einstweilige Verfügung kann aber auch durch die Parteizustellung an den Gegner vollzogen werden und es genügt insoweit zur Einhaltung der Vollziehungsfrist die rechtzeitige Parteizustellung.
LG Frankfurt, 8.9.1992, 2/9 T 675/92
Rpfleger 1993, 254

Vollziehung; Widerspruch
Zum Zwecke der Vollziehung bedarf es der (erneuten) Zustellung einer einstweiligen Verfügung nach Erlass des Urteils im Widerspruchsverfahren nicht, wenn dieses die einstweilige Verfügung inhaltlich nicht verändert oder erweitert hat.
OLG Hamm, 28.5.1998, 4 U 243/97
NJW-RR 1999, 631

Vollziehung; Widerspruchsverfahren; Aufhebungsverfahren
Hat der Antragsgegner noch vor Ablauf der Vollziehungsfrist Widerspruch gegen die einstweilige Verfügung eingelegt, so muss die Versäumung der Vollziehungsfrist der §§ 936, 929 Abs. 2 ZPO im bereits anhängigen Widerspruchsverfahren berücksichtigt werden. Die nachträgliche Berücksichtigung dieses Aufhebungsgrundes im Widerspruchsverfahren lässt das Rechtsschutzinteresse für ein selbständiges Aufhebungsverfahren nach § 927 ZPO entfallen. Zwar kann der Schuldner, der die Einhaltung der Vollziehungsfrist

nach § 929 Abs. 2 ZPO arglistig vereitelt hat, sich auf die Fristversäumnis nicht berufen; die Aufnahme und Fortsetzung von Vergleichsgesprächen kann aber nicht als arglistiges Vereiteln einer fristgerechten Vollziehung einer einstweiligen Verfügung angesehen werden.

OLG Düsseldorf, 30.7.1992, 6 U 271/91, n.v.

Vollziehung; Zustellung

Die Vollziehungsfrist des § 929 Abs. 2 ZPO ist bei einer Unterlassungsverfügung, die durch Zustellung zu vollziehen ist, nur dann gewahrt, wenn die einstweilige Verfügung einschließlich der in den Tenor aufgenommenen beanstandeten Werbung oder Veröffentlichung erfolgt ist.

OLG Köln, 20.1.1995, 6 U 157/94
GRUR 1995, 284 = WRP 1995, 502

Zur wirksamen Vollziehung einer durch Urteil erlassenen und gem. § 317 ZPO von Amts wegen zugestellten Unterlassungsverfügung bedarf es nicht noch zusätzlich einer Zustellung im Parteibetrieb oder wenigstens einer vergleichbaren Manifestation des Willens des Gläubigers zum Gebrauchmachen von dem Titel.

OLG Oldenburg, 12.3.1992, 1 U 195/91
JurBüro 1992, 495 = OLGZ 1992, 467 = WRP 1992, 412 = MDR 1992, 903 = AfP 1992, 406

Für die fristwahrende Vollziehung einer einstweiligen Verfügung genügt die parteibetriebene Zustellung des Protokolls der mündlichen Verhandlung mit angeheftetem Tenor des Endurteils.

OLG München, 31.7.1992, 23 U 3891/92
OLGR München 1993, 124

Vollziehung; Zustellung; Antragsschrift

Eine Zustellung ist grundsätzlich unwirksam, wenn das Gericht, welches die Beschlussverfügung erlassen hat, die Antragsschrift und/oder deren Anlagen ausdrücklich zum Bestandteil der einstweiligen Verfügung gemacht hat und die Antragsschrift und/oder deren Anlagen nicht zugestellt worden sind. Eine Ausnahme gilt dann, wenn der Gläubiger alles in seiner Macht Stehende getan hat, um eine wirksame Zustellung zustande zu bringen, und wenn außerdem (kumulative Voraussetzung) der zugestellte Beschluss aus sich heraus verständlich ist und dem Schuldner Umfang und Inhalt des Verbots klar und zweifelsfrei vermittelt. Einer Zustellung der Anlagen bedarf es ausnahmsweise auch dann nicht, wenn diese (hier: Vorprozessuale Abmahnschreiben) sich schon im Besitz des Schuldners befinden.

OLG Frankfurt, 20.1.1992, 6 W 108/91

OLGZ 1993, 70 = GRUR 1992, 889 = Rpfleger 1993, 31

Wenn das in einer einstweiligen Verbotsverfügung ausgesprochene Verbot in sich verständlich ist, ist eine Zustellung der Antragsunterlagen zur Vollziehung nicht erforderlich.

OLG Hamm, 14.1.1992, 4 U 241/91

OLGR Hamm 1992, 133

Vollziehung; Zustellung; Ausland

Eine im Beschlussweg erlassene einstweilige Verfügung auf Unterlassung, die im Parteibetrieb im Ausland zugestellt worden ist, ist selbst dann wirksam vollzogen, wenn sie keine Ordnungsmittelandrohung i.S.d. § 890 ZPO, keine Vollstreckungsklausel gem. Art 31 GVÜ und keine Begründung gem. § 34 AGGVÜ enthält.

OLG München, 25.5.1994, 6 U 4622/93

MDR 1995, 1167

Vollziehung; Zustellung; auswärtiger Rechtsanwalt

Die Vollziehung einer im Beschlusswege erlassenen einstweiligen Verfügung (Unterlassungsverfügung) kann rechtswirksam durch Zustellung an den Antragsgegner persönlich erfolgen, wenn dieser das Verfahren durch einen auswärtigen Rechtsanwalt hat betreiben lassen, der bei dem Verfügungsgericht nicht zugelassen war.

OLG Köln, 14.1.1994, 6 U 225/93

WRP 1994, 322

Vollziehung; Zustellung von Amts wegen

Auch eine Urteilsverfügung muss vollzogen werden und zwar durch Parteizustellung oder Antrag nach § 890 ZPO; auf Grund des Formzwanges des

Zwangsvollstreckungsrechts reichen nicht irgendwelche Maßnahmen hierzu aus. Die Amtszustellung heilt keine misslungene Parteizustellung.

OLG München, 26.2.1998, 6 U 6085/97

MDR 1998, 1243

Die Heilung eines Vollziehungsmangels bei einer durch Urteil erlassenen einstweiligen Verfügung setzt entsprechend dem Zweck der Vollziehung voraus, dass dem Prozessbevollmächtigten der jeweiligen Instanz nicht nur sichere Kenntnis von dem Inhalt der einstweiligen Verfügung, sondern dass er zuverlässig auch von dem Vollziehungswillen des Antragstellers/Gläubigers unterrichtet wird. Zumindest die zuletzt genannte Kenntnis wird ihm allein durch die Amtszustellung der Entscheidung noch nicht verschafft.

OLG Düsseldorf, 30.6.1998, 20 U 13/98

NJW-RR 1999, 795

Auch eine Urteilsverfügung muss vollzogen werden und zwar durch Parteizustellung oder Antrag nach § 890 ZPO; auf Grund des Formzwanges des Zwangsvollstreckungsrechts reichen nicht irgendwelche Maßnahmen hierzu aus. Die Amtszustellung heilt keine misslungene Parteizustellung.

OLG München, 26.2.1998, 6 U 6085/97

MDR 1998, 1243

Vollziehungsfrist; Gerichtskostenschuldner

Vollzieht der Antragsteller einer einstweiligen Verfügung diese innerhalb der Monatsfrist des § 929 Abs. 2 ZPO nicht, so kann die Staatskasse den in die Verfahrenskosten verurteilten Verfügungsbeklagten nicht mehr als Entscheidungsschuldner auf Zahlung der Gerichtskosten in Anspruch nehmen. Dies gilt jedenfalls in den Fällen, in denen die Staatskasse Kenntnis vom Nichtvollzug hat.

OLG Koblenz, 28.6.1999, 5 W 404/99

OLGR Koblenz 2000, 202

Vollziehungsfrist; neue Verfügung

Wenn die Parteien in zweiter Instanz über die Versäumung der Vollziehungsfrist streiten, ist der Hilfsantrag des Verfügungsklägers auf Erlass einer neuen, inhaltsgleichen einstweiligen Verfügung durch das Berufungsgericht unzulässig, weil dem Berufungsgericht die funktionelle Zuständigkeit für den Erlass einer einstweiligen Verfügung fehlt.

OLG Brandenburg, 30.6.1999, 7 U 10/99

MDR 1999, 1219 = Rpfleger 1999, 553

Vollziehungsfrist; ordnungsgemäße Zustellung

Eine Beschlussverfügung ist grundsätzlich im Parteibetrieb zwecks Vollziehung dem Antragsgegner persönlich zuzustellen, sofern nicht ein Prozessbevollmächtigter wirksam bestellt ist.

KG, 27.11.1998, 5 U 7684/98

GRUR 1999, 778

Vollziehungsfrist, Sicherheitsleistung

Wird eine durch Beschluss ergangene einstweilige Verfügung durch Urteil bestätigt und dabei erstmals eine Sicherheitsleistung angeordnet, so beginnt eine neue Vollziehungsfrist von einem Monat ab Verkündung des Urteils. Innerhalb dieser Frist ist die einstweilige Verfügung erneut zu vollziehen und gem. § 751 Abs. 2 ZPO die angeordnete Sicherheit zu leisten.

OLG Oldenburg, 28.7.1999, 2 W 74/99

OLGR Oldenburg 2000, 44

Vollziehungsfrist; Zustellung von Amts wegen

Die gem. § 317 ZPO bewirkte Amtszustellung des die Verfügung enthaltenen Urteils wahrt die Vollziehungsfrist nicht.

OLG Thüringen, 28.4.1999, W 254/99

Vollziehungsfrist; Zustellung im Ausland

Bei einer Auslandszustellung einer einstweiligen Verfügung ist die Vollziehungsfrist des § 929 Abs. 2 ZPO bereits dann gewahrt, wenn das erforderliche Zustellungsgesuch innerhalb der Monatsfrist angebracht und die Zustellung tatsächlich erfolgt ist.

OLG Köln, 19.6.1998, 6 U 212/97

NJWE-WettbR 1999, 232

Vollziehungsfrist; Zustellung; Beglaubigungsvermerk

Erfolgt die Zustellung einer Urkunde auf Betreiben eines Rechtsanwalts, so kann die Beglaubigung des zuzustellenden Schriftstücks nach § 170 ZPO durch den Anwalt selbst erfolgen. Wird bei einer einstweiligen Verfügung nebst Antragsschrift der Beglaubigungsvermerk auf der letzten Seite als abschließende Bestätigung der Übereinstimmung der beglaubigten Abschrift mit der Ausfertigung festgelegt, so reicht dies aus, um eine beglaubigte Abschrift zu schaffen, die für die Zustellung nach § 170 ZPO geeignet ist. Die Beifügung von Anlagen zur Antragsschrift ist für eine wirksame Zustellung der einstweiligen Verfügung nicht erforderlich, wenn die Verfügung aus sich heraus ohne Anlagen verständlich ist und das Gericht in der Verfügung nicht gesondert auf sie Bezug genommen hat.

OLG Celle, 3.2.1999, 2 U 279/98
OLGR Celle 1999, 328

Vollziehungsfrist; Zustellung

Die ordnungsgemäße Zustellung einer einstweiligen Verfügung im Parteibetrieb liegt auch dann vor, wenn der Prozessbevollmächtigte des Antragsgegners eine Schutzschrift beim Gericht eingereicht hat, die die Bestellung seines Rechtsanwalts zum Prozessbevollmächtigten enthält, wenn der Antragsteller jedoch vom Inhalt der Schutzschrift keine Kenntnis hatte. In der vorgerichtlichen Vertretung durch einen Rechtsanwalt liegt noch nicht die Bestellung zum Prozessbevollmächtigten.

LG Freiburg, 23.4.1999, 12 O 1/99
WRP 2000, 252

Vollziehungsfrist; Zwangsvollstreckung

Eine aufgrund einer einstweiligen Verfügung durchgeführte Vollstreckungsmaßnahme ist unwirksam, wenn der Antragsteller die Zustellungsfrist gem. § 929 Abs. 3 ZPO versäumt hat.

BGH, 10.6.1999, VII ZR 157/98
MDR 1999, 1083 = NJW 1999, 3494

Vollziehungsfrist; Beginn

Ist die einstweilige Verfügung durch Beschluss erlassen, läuft die Vollziehungsfrist ab Zustellung an den Antragsteller. Das die einstweilige Verfügung ohne Änderungen bestätigende Urteil setzt keine neue Vollziehungsfrist in Lauf.

LG Kassel, 2.6.1993, 3 T 188/93
WuM 1993, 418

Vollziehungsschaden; Aufhebungsverfahren; Kosten

Die dem Schuldner aufgrund einer zu Unrecht erlassenen einstweiligen Verfügung entstandenen außergerichtlichen Kosten sind weder in unmittelbarer noch in entsprechender Anwendung des § 945 ZPO als Schaden ersetzbar. Wird im Hauptsacheverfahren rechtskräftig festgestellt, dass eine einstweilige Verfügung von Anfang an unberechtigt war, so kann der Schuldner die Erstattung seiner im Verfügungsverfahren entstandenen außergerichtlichen Kosten dadurch erreichen, dass er im Aufhebungsverfahren gem. § 927 Abs. 1 ZPO den unter diesen Umständen durchgreifenden Antrag auf Abänderung der Kostenentscheidung der aufzuhebenden einstweiligen Verfügung stellt. Ein solches Vorgehen gem. § 927 Abs. 1 ZPO bleibt ihm auch dann unbenommen, wenn der Verfügungsgläubiger zwar auf die Rechte aus dem Verfügungstitel verzichtet und diesen an den Schuldner herausgegeben hat, es jedoch ablehnt, den Kostenerstattungsanspruch des Schuldners anzuerkennen. Nach § 945 ZPO sind dem Schuldner als Vollziehungsschaden auch solche Aufwendungen zu ersetzen, die erforderlich waren, um die Schadensfolgen der zu Unrecht erlassenen einstweiligen Verfügung abzuwenden oder zu mindern; hierunter können die Kosten von Werbemaßnahmen fallen, die notwendig geworden sind, um gewinnschmälernde Folgen des Verbots einer bestimmten, besonders attraktiven Werbung zu mindern.

BGH, 1.4.1993, I ZR 70/91
GRUR, 1993, 203

Vollziehungsschaden; Feststellungsklage

Berühmt sich der Antragsgegner einer einstweiligen Verfügung eines Schadensersatzanspruchs nach § 945 ZPO und will der Antragsteller dagegen mit der Feststellungsklage vorgehen, so fehlt es für den auf (positive) Feststellung gerichteten Antrag, dass dem Antragsteller der Unterlassungsanspruch zugestanden habe, i.d.R. am Feststellungsinteresse, da auf diesem Wege der Streit nicht stets erschöpfend gelöst werden kann.

BGH, 7.7.1994, I ZR 63/92

ZAP EN-Nr. 744/94

Vollziehungsschadensersatzanspruch; Verjährungsbeginn

Hat der Schuldner gegen die im Wege des einstweiligen Rechtsschutzes ergangene Anordnung keinen Rechtsbehelf eingelegt, streiten die Parteien aber über den zugrunde liegenden Anspruch in der Hauptsache, so beginnt die Verjährungsfrist des Ersatzanspruchs aus § 945 ZPO i.d.R. nicht vor rechtskräftigem Abschluss dieses Rechtsstreits.

BGH 9. Zivilsenat , 12.11.1992, IX ZR 8/92

NJW 1993, 863 = WM 1993, 517 = VersR 1993, 619

Vollzugsschadensersatz; Bindungswirkung

Das Interesse an der Feststellung, ein Wettbewerber sei zu recht wegen eines Wettbewerbsverstoßes (hier: unzulässiger Räumungsverkauf) auf Unterlassung in Anspruch genommen worden, kann nicht damit begründet werden, ohne die begehrte Feststellung sei das Gericht im Schadenersatzprozess an die rechtskräftige Aufhebung einer einstweiligen Verfügung gebunden. Wegen des summarischen Charakters des Verfügungsverfahrens ist jede Bindung an eine Entscheidung im Verfügungsverfahren sowohl für das Hauptverfahren als auch für einen Schadenersatzprozess zu verneinen.

OLG Stuttgart, 21.2.1992, 2 U 185/91

WRP 1992, 518

Vormerkung; Gesamtvollstreckung

Vormerkungen, die in Vollziehung einer einstweiligen Verfügung eingetragen worden sind, verlieren in der Gesamtvollstreckung ihre Wirksamkeit.

BGH, 15.7.1999, IX ZR 239/98

BGHZ 142, 208 = NJW 1999, 3122 = MDR 1999, 1283

Vormerkung; Grundstückskauf; Vorkaufsrecht

Solange der Bescheid einer Gemeinde über die Ausübung ihres Vorkaufsrechts nicht rechtsbeständig ist, kann der Grundstückskäufer seine Rechte im einstweiligen Verfügungsverfahren sichern.

OLG Hamm, 17.3.1994, 22 U 231/93

NJW-RR 1994, 1042

Vormerkung; Löschung; Kostenerstattung

Die für die Löschung der bereits eingetragenen Vormerkung entstandenen Kosten des Verfahrensbevollmächtigten des Verfügungsbeklagten sind keine Kosten des Verfügungsverfahrens. Sie sind aber auch keine Kosten, die bei der Vollziehung entstanden sind und deshalb etwa in entsprechender Anwendung von § 788 Abs. 2 ZPO vom Verfügungskläger zu tragen wären.

OLG Düsseldorf, 25.2.1993, 10 W 109/92

AnwBl 1993, 400

Werbesendungen; Briefkasten

Wenn ein Mieter durch entsprechende Hinweise an seinem Briefkasten den Einwurf von Werbung untersagt, stellt ein Verstoß gegen diese Weisung zwar sowohl eine Besitzstörung als auch eine Persönlichkeitsrechtsverletzung dar. Für den Erlass einer einstweiligen Unterlassungsverfügung fehlt es beim Einwurf von Werbezetteln aber am Verfügungsgrund.

AG Charlottenburg, 13.11.1998, 24a C 1006/98

MDR 1999, 565

Wettbewerbsrecht; Abmahnung; Telekommunikationseinrichtungen

Bei der Schnelligkeit der durch die moderne Kommunikationstechnik eröffneten Nachrichtenübermittlungswege sind Fallgestaltungen, bei denen allein wegen der Dringlichkeit des Rechtsschutzanliegens die Abmahnung als unzumutbar angesehen werden könnte, nur mehr die Ausnahme. Der Gläubiger, der sich auf eine solche Ausnahme beruft, hat unter ins Einzelne gehenden Zeitangaben darzulegen, dass selbst für eine Abmahnung mit nur kurzer Unterwerfungsfrist, beispielsweise per Telefax mit Stundenfrist, kein Raum war.

KG, 2.2.1993, 5 W 6448/92

jur-pc 1993, 2094

Wettbewerbsrecht; Aufhebungsverfahren

Auf Antrag gem. § 927 ZPO muss die einstweilige Verfügung aufgehoben werden, wenn der Verletzer eine ausreichend strafbewehrte Unterlassungserklärung abgegeben hat, selbst wenn der Verletzte wegen des erneuten Verstoßes eine neue einstweilige Verfügung erwirken kann.

LG Berlin, 3.3.1992,

WRP 1992, 593 = AfP 1993, 522

Wettbewerbsrecht; Dringlichkeitsvermutung

Die Dringlichkeitsvermutung des § 25 UWG ist widerlegt, wenn der Unterlassungsgläubiger nach Kenntniserlangung von einem (angeblichen) Wettbewerbsverstoß ohne zwingende Gründe mehr als 5 Wochen bis zu Antragstellung abwartet.

OLG Köln, 3.9.1999, 6 U 96/99

GRUR 2000, 167

Für die Widerlegung der Dringlichkeitsvermutung des § 25 UWG kommt es allein auf den Zeitpunkt der positiven Kenntnis des Verletzten vom Wettbewerbsverstoß an. Bei fehlender positiver Kenntnis rechtfertigt die bloße Untätigkeit des Verletzten selbst dann nicht den Schluss, die Angelegenheit sei für diesen nicht dringend gewesen, wenn die Unkenntnis auf Fahrlässigkeit beruhte.

OLG Saarbrücken, 4.3.1992, 1 U 175/91

WRP 1992, 510 und 676

Auch in firmen- und warenzeichenrechtlichen Streitigkeiten bleibt es bei dem Grundsatz, dass der Verletzer die Dringlichkeitsvermutung des § 25 UWG zu widerlegen hat. Die Tatsache, dass der behauptete Wettbewerbsverstoß den Antragsteller ersichtlich über einen längeren Zeitraum hinweg nicht beeinträchtigt hat, widerlegt die Dringlichkeitsvermutung nicht.

OLG Hamburg, 27.2.1992, 3 U 179/91

WRP 1992, 493

Wettbewerbsrecht; Kostenentscheidung; Abmahnung

Geht im Anschluss an einen Wettbewerbsverstoß die per Einschreiben versandte Abmahnung dem Verletzer nicht zu, weil sie nach einem vergeblichen

Zustellversuch bei der Postanstalt niedergelegt und von dieser nach Ablauf der Wartefrist an den Verletzten zurückgeschickt wurde, braucht dieser zur Vermeidung der Kostenfolge des § 93 ZPO nicht grundsätzlich erneut abzumahnen (entgegen OLG Köln, WRP 1989, 47). Ob ihm ein erneuter Abmahnversuch zuzumuten ist, hängt vielmehr von den näheren Umständen des Falles ab. Ein erneuter Abmahnversuch ist jedenfalls nicht schon deshalb erforderlich, weil der Postbote bei dem Zustellversuch angeblich keinen Benachrichtigungszettel hinterlassen hat; denn der Verletzer trägt das Risiko, dass ihm die Abmahnung nicht zugeht, obwohl der Verletzte alles ihm Zumutbare getan hat, um den Zugang zu gewährleisten.

OLG Bremen, 21. 5.1993; 2 W 36/93, n.v.

Wettbewerbsrecht; Unterlassungserklärung

Ein Unterlassungsvertrag kommt auch dann zustande, wenn der Unterlassungsschuldner eine ihm mit der Abmahnung übersandte vorbereitete strafbewehrte Unterlassungserklärung abändert und im Begleitschreiben ausführt, sie gehe ihm „zu weit", und er gehe davon aus, dass mit der geänderten Erklärung die Abmahnung „als erledigt angesehen werden könne", andernfalls er um Rückruf bitte, und der Unterlassungsgläubiger die geänderte Unterlassungserklärung weder zurückweist, noch auf andere Weise deutlich zum Ausdruck bringt, dass ihm diese nicht ausreiche. In diesem Fall kommt dem Schweigen des Unterlassungsgläubigers die Wirkung einer stillschweigenden Annahme des (neuen) Angebots des Schuldners auf Abschluss des Unterwerfungsvertrages zu.

OLG Köln, 22.10.1999, 6 U 88/99
WRP 2000, 226

Wettbewerbsrecht; Verfügungsgrund

Die Dringlichkeitsvermutung des § 25 UWG entfällt, wenn ein Verband im Interesse eines bestimmten Mitbewerbers vorgeht, der seinerseits in Kenntnis des Verstoßes so lange zugewartet hat, dass in seiner Person die Dringlichkeitsvermutung nicht mehr gelten könnte.

OLG Karlsruhe, 5.5.1993, 6 W 23/93
GRUR 1993, 697

Wettbewerbsrecht; Verfügungsgrund; Verlegungsantrag

Die Dringlichkeit des Verfügungsverfahrens wird widerlegt, wenn nach Ausschöpfung der Berufungs- und Berufungsbegründungsfrist beantragt wird, den Berufungstermin vorzuverlegen oder auf einen späteren Termin zu verlegen, um einem auswärtigen Anwalt Gelegenheit zur Teilnahme zu geben.

OLG Hamm 28.7.1992, 4 U 83/92

WRP 1992, 725 = GRUR 1992, 864

Widerklage; Hauptsacheverfahren

Ein Antrag auf Erlass einer einstweiligen Verfügung kann in einem Hauptsacheverfahren nicht isoliert als Widerklage gestellt werden.

KG, 16.9.1998, 4 W 6134/98

KGR 1998, 421

Widerspruch; Wirkung des Urteils; Rechtskraft

Soweit umstritten ist, ob ein Urteil, das nach §§ 936, 925 ZPO auf Widerspruch des Verfügungsbeklagten die nach § 921 Abs. 1 ZPO ohne mündliche Verhandlung erlassene einstweilige Verfügung aufhebt, erst mit der Rechtskraft des Urteils seine Wirkung entfaltet oder ob ein solches Urteil, das nach § 708 Nr. 6 ZPO ohne Sicherheitsleistung für vorläufig vollstreckbar zu erklären ist, sofern wirksam ist, folgt der Senat letzterer Auffassung.

KG, 16.3.1994, 24 U 335/94

WuM 1994, 385

Wohnungseigentumsverfahren; Vollziehungsschadensersatz

Erweist sich die in einem sog. echten Streitverfahren in Wohnungseigentumssachen getroffene einstweilige Anordnung als von Anfang an ungerechtfertigt, kann der Beteiligte, der die Anordnung erwirkt hat, in entsprechender Anwendung des § 945 ZPO zum Schadensersatz verpflichtet sein.

BGH, 20.11.1992, V ZR 279/91

NJW 1993, 593 = ZAP F. 7, 151

Zuständigkeit; Feststellungsklage

Hauptsachegericht i.S.d. § 937 Abs. 1 ZPO ist auch das Gericht bei dem eine negative Feststellungsklage anhängig ist, wenn der Beklagte dieses Verfahrens für einen identischen Streitgegenstand eine positive einstweilige Verfügung begehrt.

OLG Frankfurt, 12.9.1995, 6 W 78/95
WRP 1996, 27

Zuständigkeit; Hauptsache

Nicht der in einer Klagebegründung vorgetragene Streitstoff ist die Hauptsache i.S.d. § 937 ZPO, sondern der zu sichernde Individualanspruch.

OLG Hamburg, 21.9.1995, 3 U 113/95
NJWE-WettbR 1996, 78 = WRP 1996, 215

Zustellung; Anwalt; Schutzschrift

Die Zustellung einer einstweiligen Verfügung an den Antragsgegner persönlich ist dann wirksam, wenn für diesen zwar ein Rechtsanwalt eine Schutzschrift bei Gericht eingereicht hat, wenn dem Antragsteller dies aber nicht bekannt war.

OLG Stuttgart, 20.10.1995, 2 U 50/95
WRP 1996, 60

Zustellung; Ausfertigung

Wenn die beglaubigte Abschrift einer Ausfertigung der einstweiligen Verfügung zugestellt werden soll, muss das dem Schuldner übergebene Exemplar auch den Ausfertigungsvermerk enthalten, da er der Ausfertigung die Eigenschaft einer öffentlichen Urkunde verleiht und die Übereinstimmung mit der Urschrift bestätigt. Die Zustellung einer Abschrift ohne Zustellungsvermerk führt zur Unwirksamkeit der Zustellung (Anschluss BGH VersR 1985, 358 und OLG Düsseldorf WRP 1990, 43).

OLG Celle, 29.10.1992, 13 U 158/92
WRP 1993, 181 = AfP 1993, 522

Zustellung; Beglaubigung; Heilung

Die Zustellung einer Beschlussverfügung durch Zustellung eines Urkundenkonvoluts, das mittels einer Schnur verbunden ist und die zuzustellende einstweilige Verfügung, die Antragsschrift nebst Anlagen und die Zustellungsbescheinigung enthält, wobei auf der Rückseite des vorletzten Blatts, einer Anlage zur Antragsschrift, sich der mit dem Dienstsiegel versehene Beglaubigungsvermerk „beglaubigt" mit der Unterschrift des Gerichtsvollziehers befindet, stellt mangels wirksamer Beglaubigung keine wirksame Zustellung der Beschlussverfügung dar. Dieser Zustellungsmangel ist im Rahmen der Frage der Vollziehung einer nach § 929 Abs. 2 ZPO dienenden Parteizustellung einer Unterlassungsverfügung nicht als heilbar nach ZPO § 187 Satz 1 ZPO anzusehen.

OLG Karlsruhe, 8.1.1992, 6 U 187/91

OLGZ 1992, 368 = WRP 1992, 339

Zustellung; Mängel; Heilung

Anders als bei Beschlussverfügungen sind Zustellungsmängel bei Urteilsverfügungen gem. § 187 Satz 1 ZPO heilbar. Dafür spricht entscheidend, dass diese Verfügungen durch ihre Verkündung bereits wirksam werden.

OLG Hamburg, 28.10.1993, 3 U 161/93

WRP 1994, 408

Zustellung; Schutzschrift

Hat der Antragsgegner durch einen Anwalt eine Schutzschrift hinterlegt und wird dem Antragsteller mit der einstweiligen Verfügung auch diese Schutzschrift zugestellt, so ist die einstweilige Verfügung nur dann wirksam vollzogen, wenn sie an den in der Schutzschrift angegebenen Anwalt zugestellt wird.

OLG Köln, 16.6.2000, 6 W 54/00

GRUR-RR 2001, 7

Zustellungsmangel; Heilung

Die Fehlerhaftigkeit der Zustellung einer Beschlussverfügung im Parteibetrieb ist unschädlich, wenn der Wille, von dem Titel Gebrauch zu machen, durch einen dem Gegner bzw. seinem anwaltlichen Bevollmächtigen innerhalb der Vollziehungsfrist bekannt gewordenen Antrag auf Festsetzung von Zwangsgeld oder Zwangshaft zum Ausdruck gebracht worden ist. Die fehlende Postulationsfähigkeit des Verfahrensbevollmächtigten bei der Antragstellung ist unschädlich. Die Fehlerhaftigkeit einer Zustellung im Parteibetrieb wird geheilt, wenn der Verfahrensbevollmächtigte des Verfügungsbeklagten fristgerecht in den Besitz einer beglaubigten Abschrift der Beschlussverfügung gelangt.

OLG Brandenburg, 11.8.1999, 1 U 7/99

OLG-NL 1999, 218 = NJW-RR 2000, 325

Zwangsvollstreckung; Erledigung

Nach dem Wegfall des Vollstreckungstitels aufgrund einer übereinstimmenden Erledigungserklärung kann ein zuvor ergangener Ordnungsmittelbeschluss keinen Bestand mehr haben, selbst wenn er rechtskräftig geworden ist. Der Gläubiger hat es in der Hand, den Umfang der Erledigungserklärung selbst zu bestimmen und diese in der Weise zu beschränken, dass sie nur den Zeitraum nach dem erledigenden Ereignis betrifft.

KG, 31.7.1998, 5 W 4012/98

NJW-RR 1999, 790

Zwangsvollstreckung; Herausgabevollstreckung; eidesstattliche Versicherung

Auch dann, wenn eine einstweilige Verfügung auf Herausgabe eines Gegenstandes durch einen nachfolgenden Prozessvergleich vollinhaltlich bestätigt und damit gegenstandslos wird, reicht der erfolglose Vollstreckungsversuch aufgrund der einstweiligen Verfügung als Voraussetzung für die Abgabe einer eidesstattlichen Versicherung nach § 883 Abs. 2 ZPO aus; einer erneuten Vollstreckung aus dem Vergleich bedarf es, da nicht Erfolg versprechend und lediglich kostenverursachend, nicht.

OLG Karlsruhe, 15.7.1992, 9 W 52/92

Rpfleger 1993, 79

Zwangsvollstreckung; Vollstreckungsgebühr

Handelt es sich bei allen in den Vollstreckungsanträgen genannten Verstößen des Verfügungsbeklagten gegen die einstweilige Verfügung um eine einzige Handlung im Rechtssinne, so fällt die Vollstreckungsgebühr nur einmal an.

OLG Bamberg, 18.5.1992, 3 W 45/92

JurBüro 1992, 607

§ 2 Arrestverfahren

Anwaltshonorar; Arrestgrund; Verschwiegenheit

Ein Rechtsanwalt ist zur Begründung des Arrestgrundes nach § 917 ZPO zur Offenbarung ihm im Rahmen des geschlossenen Rechtsanwaltsvertrages anvertrauter Tatsachen – hier Absicht zur treuhänderischen Vermögensübertragung zur Gläubigerbenachteiligung –, die zur Substantiierung der Honorar und Gebührenansprüche in einem Hauptprozess nicht offenbart werden müssen, nicht befugt. Die Verwertung eines solchen Sachvortrags ist wegen Verletzung des im Art. 1 GG und Art. 2 GG geschützten Persönlichkeitsrechts des Arrestbeklagten entsprechend der zu den Beweisverwertungsverboten entwickelten höchstrichterlichen Rechtsprechung nicht zulässig.

KG, 7.10.1993, 16 U 4836/93
NJW 1994, 462

Anwaltsgebühren; Beschwerdeverfahren

In Beschwerdeverfahren des Arrestes und der einstweiligen Verfügung erhält der Rechtsanwalt auch dann nur 5/10 der in § 31 BRAGO bestimmten Gebühren, wenn erst das Beschwerdegericht die mündliche Verhandlung anordnet und durchführt.

OLG Brandenburg, 30.4.1999, 8 W 453/98
NJW-RR 2000, 511

Arrest; Auslandsvollstreckung

Für den Arrestgrund des § 917 Abs. 2 ZPO genügt die zu erwartende Auslandsvollstreckung. Auf Inlandsvermögen des Schuldners bei Vertragsschluss kommt es nicht an.

OLG Frankfurt, 10.8.1998, 5 W 23/98
OLGR Frankfurt 1999, 11

Arrest; Vollziehung; Kosten

Die Kosten für die Vollziehung eines Arrest zählen nicht zu den Kosten des Rechtsstreits nach §§ 91 ff ZPO, sondern zu den Kosten der Vollstreckung nach § 788 ZPO.

OLG Braunschweig, 20.5.1998, 1 WF 42/98
OLGR Braunschweig 1999, 264

Arrest; Vollziehungsfrist
Unter Berücksichtigung des Schuldnerschutzes ist es geboten, die einwöchige Frist für die Zustellung des Arrestbefehls an den Schuldner erst mit dem bereits erfolgten Zugriff auf das Schuldnervermögen als in Gang gesetzt anzusehen. Erst ab diesem Zeitpunkt ist eine Information des Schuldners über die Grundlage der Vollstreckung erforderlich.
OLG Frankfurt, 6.10.1998, 26 W 121/98
NJW-RR 1999, 1446

Arrest; Zugewinnanspruch
Hat die Klage auf vorzeitigen Ausgleich des Zugewinns keine Erfolgsaussicht, so besteht auch kein Anspruch auf Sicherheitsleistung, der Grundlage für einen Arrest sein könnte. Ist ein Scheidungsverfahren noch nicht eingeleitet, so kann ein Arrest zur Sicherung nicht erlassen werden.
OLG Karlsruhe, 20.1.1998, 16 WF 133/97
FamRZ 1999, 663

Arrestgrund; Auslandsvollstreckung
Art. 7 EWG-Vertrag i.V.m. Art. 220 EWG-Vertrag und dem Brüsseler Übereinkommen vom 27.9.1968 über die gerichtliche Zuständigkeit und die Vollstreckung gerichtlicher Entscheidungen in Zivil- und Handelssachen steht einer nationalen Zivilprozessvorschrift entgegen, die bei einem Urteil, das im Inland vollstreckt werden müsste, den Arrest nur zulässt, wenn ohne dessen Verhängung die Vollstreckung wahrscheinlich vereitelt oder wesentlich erschwert werden würde, während sie bei einem Urteil, das in einem anderen Mitgliedsstaat vollstreckt werden müsste, den Arrest schon allein deshalb zulässt, weil die Vollstreckung im Ausland stattfinden müsste.
EuGH, 10.2.1994, C-398/92
MDR 1994, 300 = NJW 1994, 1271 = EuZW 1994, 216 (mit Anmerkung Thümmel EuZW 1994, 242)

Arrestgrund; Eingehungsbetrug
Der Verdacht strafbaren Verhaltens im Sinne eines Eingehungsbetrugs bedeutet für sich genommen jedenfalls keinen Arrestgrund, wenn die Parteien

nach Vertragsschluss jahrelang Verhandlungen über eine Erfüllung der streitigen Forderung führten.

OLG Saarbrücken, 1.4.1998, 1 U 945/97

NJW-RR 1999, 143

Arrestgrund; Glaubhaftmachung

Für die Annahme eines Arrestgrundes i.S.d. § 917 Abs. 1 ZPO genügt es nicht, dass der Schuldner eine gegen das Vermögen des Gläubigers gerichtete Straftat begangen hat; es müssen vielmehr weitere konkrete Umstände glaubhaft gemacht werden, die es nahe legen, dass der Schuldner sein Vermögen der Zwangsvollstreckung entziehen wird, es sei denn, die Natur der Straftat selbst legt diesen Schluss bereits nahe.

OLG Bremen, 11.3.1993, 1 W 17/93, n.v.

Arrestgrund; Gläubigerkonkurrenz, schlechte Vermögenslage

Eine schlechte Vermögenslage des Schuldners ist für sich allein kein Arrestgrund; es ist mindestens erforderlich, dass eine Verschlechterung der Vermögensverhältnisse droht. Auch die Tatsache, dass andere Gläubiger auf das Vermögen Zugriff nehmen könnten, ist kein Arrestgrund.

BGH, 19.10.1995, IX ZR 82/94

NJW 1996, 321

Arrestgrund; Konkursverfahren; Ausland

Die Eröffnung eines ausländischen Konkursverfahrens steht einem inländischen Arrestverfahren dann entgegen, wenn der Arrestbeklagte die Vergleichbarkeit mit einem deutschen Konkursverfahren glaubhaft macht. Ein Arrestgrund nach § 917 Abs. 1 ZPO liegt gegen einen ausländischen Arrestbeklagten vor, wenn er den Geschäftsbetrieb seiner inländischen Zweigniederlassung aufgegeben hat und trotz eigener Leistungsunfähigkeit versucht, Vorschüsse zu erlangen und Kontenguthaben ins Ausland zu transferieren.

OLG München, 28.4.1992, 18 U 6204/91

OLGR München 1992, 188

Arrestgrund; Straftat

Eine Straftat gegen das Vermögen des Gläubigers begründet einen Arrestgrund, wenn die unerlaubte Handlung nach den Umständen des Einzelfalles die Annahme rechtfertigt, der Schuldner werde seine rechtsfeindliche Verhaltensweise fortsetzen, um den rechtswidrig erlangten Vermögensvorteil zu behalten, d.h. die Zwangsvollstreckung zu vereiteln. Davon ist regelmäßig dann auszugehen, wenn das vorsätzlich vertragswidrige Verhalten des Schuldners mit einer gegen den Gläubiger gerichteten strafbaren Handlung zusammenfällt.

OLG Dresden, 13.2.1998, 9 W 197/98
MDR 1998, 795

Auch wenn der Antragsteller glaubhaft macht, durch eine vorsätzlich begangene strafbare Handlung geschädigt worden zu sein, muss das AG prüfen, ob Umstände hinzutreten, die eine Vereitelung oder wesentliche Erschwerung der Vollstreckung durch den Schuldner befürchten lassen.

OLG Düsseldorf, 15.9.1992, 22 W 56/92
OLGR Düsseldorf 1993, 95

Arrestgrund; unerlaubte Handlung

Es genügt nicht zur Darlegung des Arrestgrundes, dass der Schuldner bereits gegen das Gläubigervermögen gerichtete unerlaubte Handlungen begangen hat. Hieraus allein kann im Regelfall noch nicht die Vermutung abgeleitet werden, der Schuldner werde dann auch zur Vereitelung oder wesentlichen Erschwerung der ihm wegen der Ersatzforderung drohenden Zwangsvollstreckung Unredlichkeiten begehen.

OLG Köln, 2.6.1999, 16 W 14/99
NJW-RR 2000, 69 = MDR 2000, 49

Arrestgrund; Vergleichsverfahren; Ausland

Ein Arrestverfahren kommt bei gleichzeit laufendem Vergleichsverfahren im Ausland bezüglich des Inlandsvermögen nicht in Betracht. Das ausländische Vergleichsverfahren will auch wie das deutsche Verfahren eine gleichmäßige Befriedigung aller Gläubiger erreichen.

OLG Frankfurt, 4.10.1993, 16 W 44/93
ZIP 1993, 1659

Arrestgrund; Warentermingeschäfte

Ein Arrestgrund gegen eine GmbH, die Warentermingeschäfte vermittelt, und deren Geschäftsführer kann nicht allein daraus hergeleitet werden, dass ein Telefonverkäufer den Antragsteller durch falsche Angaben zu einem Engagement verleitet hat. Wegen unzureichender Aufklärung über die besonderen Risiken von Warentermingeschäften sittenwidriges Handeln rechtfertigt jedenfalls dann, wenn der Kunde sich nur mit 10.000 DM engagiert hat, nicht den Schluss auf die Bereitschaft des Schuldners, den sittenwidrig erlangten Vorteil auch durch Vereitelung der Zwangsvollstreckung zu sichern.

OLG Düsseldorf, 7.9.1992, 22 W 51/92

OLGR Düsseldorf 1993, 95

Arresthypothek; GmbH in Gründung

Keine Eintragung einer Arresthypothek für GmbH in Gründung im Grundbuch, wenn die Vorgesellschaft durch rechtskräftige Ablehnung der Eintragung der GmbH im Handelsregister aufgelöst worden und zu liquidieren ist.

OLG Düsseldorf, 18.6.1993, 3 Wx 247/93

DB 1993, 1815

Aufhebungsverfahren; Gerichtsferien

Auch das Aufhebungsverfahren nach § 926 ZPO ist Feriensache.

OLG München, 27.10.1992, 1 U 4889/92

OLGR München 1993, 155

Auslandsvollstreckung

§ 917 Abs. 2 ZPO gilt nicht, wenn eine inländische Vollstreckung aufgrund eines ausländischen Titels erfolgen müsste. Diese Situation ist gegeben, wenn nach dem zwischen den Parteien geschlossenen Handelsvertretervertrag der Gläubiger bei einem Rechtsstreit mit dem Schuldner auch ein Gericht an dessen Sitz im Ausland anrufen kann.

OLG Düsseldorf, 26.7.1999, 16 W 33/99

OLGR Düsseldorf 2000, 21

Dinglicher Arrest; Arrestgrund

Die Besorgnis der Zwangsvollstreckungsvereitelung oder Erschwerung bei einem dinglichen Arrestantrag ist i.d.R. begründet, wenn der Antragsteller glaubhaft macht, durch eine vorsätzlich begangene strafbare Handlung des Schuldners geschädigt worden zu sein. Dennoch hat das Arrestgericht auch in einem solchen Fall unter Abwägung der vorgeworfenen Tat und aller erkennbaren Umstände zu prüfen, ob eine Vereitelung oder wesentliche Erschwerung der Vollstreckung durch den Schuldner zu befürchten ist.

OLG Düsseldorf, 20.10.1998, 22 W 53/98
NJW-RR 1999, 1592

Dinglicher Arrest; Haftdauer

Wird ein Schuldner aufgrund mehrerer persönlicher Sicherheitsarreste in Haft genommen, so darf die Haftdauer von 6 Monaten insgesamt nicht überschritten werden.

LG Lüneburg, 26.1.1999, 8 T 9/99
DGVZ 1999, 43

Kindesunterhalt; Arrestgrund

Zwar können künftige Kindesunterhaltsansprüche bis zur Volljährigkeit durch Arrest gesichert werden. Ein Arrestgrund liegt nach § 917 ZPO aber nur vor bei der Gefahr von Vermögensverschiebungen, durch die die Vollstreckung künftiger Ansprüche verhindert oder wesentlich erschwert wird. Der Umstand, dass der Unterhaltsschuldner sich über längere Zeit hinweg weigert, eine Einkommensauskunft zu erteilen, bildet keinen Arrestgrund.

OLG München, 10.8.1999, 12 WF 1136/99
EzFamR aktuell 1999, 379

Pfändungsbeschluss; Erinnerung

Der Pfändungsbeschluss des Arrestgerichts ist eine Maßnahme eines Vollstreckungsorgans und nicht eine Entscheidung des Vollstreckungsgerichts. Ebenso sind Vorpfändungen nach § 845 ZPO Zwangsvollstreckungsmaßnahmen. Bei gegen den Pfändungsbeschluss und die Vorpfändungen gerichteten Erinnerungen handelt es sich um Erinnerungen nach § 766 ZPO und nicht um sog. Durchgriffserinnerungen nach § 11 Abs. 2 RPflG.

OLG Düsseldorf, 30.9.1992, 3 W 205/92
NJW-RR 1993, 831

Schenkungsrückabwicklung; Arrest

Ist eine Grundstücksschenkung widerrufen und das Grundstück nachfolgend durch den Beschenkten an einen Dritten veräußert worden, liegt grundsätzlich kein Arrestgrund i.S.d. § 917 Abs. 1 ZPO vor, weil der Schenker gegen den Beschenkten keinen Herausgabeanspruch bezüglich des Grundstücks mehr hat, sondern nur noch einen Geldanspruch aus § 818 Abs. 2 BGB, weil das Grundstück als Sachwert für die Zwangsvollstreckung bereits aus dem Vermögen des Beschenkten ausgeschieden ist. Ein Arrestgrund kann ausnahmsweise nur dann vorliegen, wenn Tatsachen dafür vorgetragen und glaubhaft gemacht sind, dass die Vollstreckung des Anspruchs aus § 818 Abs. 2 BGB das gesamte Vermögen des Beschenkten gefährdet ist.

OLG München, 6.8.1999, 15 W 2218/99

OLGR München 1999, 292

Sicherheitsleistung; Drittwiderspruchsklage

Die Drittwiderspruchsklage ist die richtige Klageart, wenn es um die Wiedererlangung einer Sicherheitsleistung geht, die ein außenstehender Dritter erbracht hat, um die Vollziehung des Arrestes zu verhindern, der er nach § 771 ZPO aufgrund eines an den gepfändeten Sachen bestehenden Interventionsrechts zu widersprechen in der Lage gewesen wäre.

OLG Düsseldorf, 22.9.1993, 11 U 75/92

OLGR Düsseldorf 1994, 10

Umfang Kostentragungspflicht

Wenn ein Arrest aufgehoben wird, weil die Vollziehungsfrist nicht gewahrt wurde, hat der Gläubiger nach h.M. neben den Kosten des Abänderungsverfahrens auch die Kosten des Anordnungsverfahrens zu tragen.

OLG Düsseldorf, 12.3.1999, 22 U 66/98

NJW-RR 2000, 68

Unterhaltsanspruch; Arrestanspruch

Ein Anspruch auf Zahlung von Kindes- und Ehegattenunterhalt für die Zukunft können selbst dann für einen Zeitraum von fünf Jahren durch dinglichen

Arrest gesichert werden, wenn der Anspruch bereits durch eine einstweilige Anordnung tituliert ist.

OLG Düsseldorf, 18.6.1993, 3 UF 189/92

NJW-RR 1994, 450 = FamRZ 1994, 111

Verfahren; Zurückverweisung

Der Grundsatz, dass im Arrestverfahren wegen dessen besonderen Eil- und Sicherungscharakters das Berufungsgericht nicht gem. §§ 538, 539 ZPO das Urteil des Erstgerichts aufheben und die Sache zur erneuten Verhandlung und Entscheidung an dieses zurückverweisen darf (vgl. OLG Karlsruhe, GRUR 1978, 116), gilt nicht, wenn das angefochtene Urteil lediglich einen zuvor erlassenen Arrestbeschluss bestätigt oder den Einspruch gegen ein entsprechendes Versäumnisurteil verworfen hat.

OLG Zweibrücken, 26.11.1992, 5 UF 13/92

FamRZ 1993, 718

Vollstreckung; Überweisungsbeschluss

Ein auf einen Arrest gestützter Überweisungsbeschluss ist nichtig. § 836 Abs. 2 ZPO findet auf nichtige Überweisungsbeschlüsse keine Anwendung.

BGH 9. Zivilsenat , 17.12.1992, IX ZR 226/91

BGHZ 121, 98 = WM IV 1993, 429 = NJW 1993, 735 VersR 1993, 456 = MDR 1993, 578 = Rpfleger 1993, 292

Vollziehung; Höchstbetragshypothek; Grundbuchunrichtigkeit

Die aufgrund eines Arrests eingetragene Höchstbetragshypothek wird unwirksam, wenn der Arrestbefehl dem Gläubiger nicht innerhalb der Frist des § 929 Abs. 3 Satz 2 ZPO zugestellt wird. Die durch Versäumung der Frist des § 929 Abs. 3 Satz 2 ZPO eingetretene Unrichtigkeit des Grundbuchs kann nur aufgrund Unrichtigkeitsnachweises in der Form des § 29 GBO oder aufgrund Bewilligung von Gläubiger und Eigentümer beseitigt werden; die Eintragung eines Amtswiderspruchs ist nicht möglich.

BayObLG, 7.4.1993, 2 Z BR 25/93,

Rpfleger 1993, 397

Vollziehung; Hypothek

Es reicht zur Wahrung der Vollziehungsfrist aus, wenn der Antrag auf Eintragung einer Sicherungshypothek binnen eines Monats nach Zustellung des Arrestbefehls beim Amtsgericht eingeht. Es ist nicht erforderlich, dass der Antrag innerhalb dieser Frist einer nach § 13 GBO zur Entgegennahme zuständigen Person vorliegt.

OLG Hamburg, 10.10.2000, 2 Wx 111/00

ZMR 2001, 359

Vollziehungsfrist; Pfändungsbeschluss

Wird ein Arrestbefehl sogleich durch Erlass eines Pfändungsbeschlusses vollzogen, dann beginnt für den Gläubiger die Wochenfrist des § 929 Abs. 3 Satz 2 ZPO nicht erst mit Erhalt des Arrest- und Pfändungsbeschlusses, sondern bereits mit Erlass und Hinausgabe dieser Beschlüsse durch das Arrestgericht.

OLG München, 10.7.1992, 14 U 1035/91

OLGR München 1993, 90

Vollziehungsfrist; Urteil

Die Bestätigung eines Arrestbeschlusses durch ein Urteil nachdem der Schuldner Widerspruch gegen den Beschluss eingelegt hatte, eröffnet keine neue Vollziehungsfrist.

OLG Düsseldorf, 5.11.1993, 3 W 434/93

Vollziehungsfrist, Zustellung von Amts wegen

Ist der Arrestbeschluss von Amts wegen zugestellt worden und veranlasst der Vollstreckungsgläubiger aufgrund dieses Titels innerhalb der Monatsfrist des § 929 Abs. 2 ZPO die Zwangsvollstreckung, so erübrigt sich eine Zustellung im Parteibetrieb.

OLG Celle, 20.7.1999, 21 WF 33/99

OLGR Celle 1999, 363

Wohnungseigentumsrecht, Arrest

Im WEG-Verfahren gibt es zwar keinen dinglichen Arrest; durch eine einstweilige Anordnung können aber Wirkungen erreicht werden, die einem Arrest vergleichbar sind. Eine weitere Beschwerde gegen die Entscheidung des LG ist in einem solchen Falle nicht statthaft.

OLG Hamburg, 25.6.1999, 2 Wx 71/99
WuM 1999, 598 = NZM 2000, 98

Zugewinnausgleich; Arrestanspruch
Auch ein Anspruch auf vorzeitigen Zugewinnausgleich kann durch einen dinglichen Arrest gesichert werden (Aufgabe von der Senatsrechtsprechung NJW 1991, 1028).

OLG Düsseldorf, 18.6.1993, 3 UF 192/92
NJW-RR 1994, 453 = FamRZ 1994, 114

Zwangsvollstreckung; Arresthypothek
Die Eintragung einer zweiten Arresthypothek (Ausfall-Zwangshypothek) auf einem Grundstück ohne gleichzeitige Löschung einer wegen derselben Forderung bereits eingetragenen Zwangshypothek ist auch dann nicht zulässig, wenn aus vollstreckungsrechtlichen Gründen, die nicht vom Gläubiger zu vertreten sind, Zweifel an der hinreichenden Sicherheit durch die bereits eingetragene Zwangshypothek bestehen.

LG Hechingen, 15.9.1992, 4 T 86/92
Rpfleger 1993, 169

§ 3 Streitwert

Arrest; Seeschiff

Der Streitwert für einen Arrest in ein Seeschiff ist mit 75% der Arrestforderung anzusetzen. Dabei wird vorliegend berücksichtigt, dass das Interesse für den Gläubiger besonders groß ist, weil es sich bei dem Schiff um das einzige Vermögen des Schuldners im Inland handelt. Hinzukommt, dass erfahrungsgemäß bei der Arrestierung eines Seeschiffes aufgrund der ökonomischen Zwänge die Beschlagnahme besonders wirksam ist und für den Antragsteller häufig die Wirkung hat, dass die Lösungssumme alsbald gezahlt wird und dann die Befriedigung des Gläubigers nicht selten ohne Durchführung des Hauptverfahrens erfolgt.

OLG Hamburg, 29.5.1991, 6 W 24/91
MDR 1991, 1196

Arrest; Vollziehung

Der Streitwert für die Vollziehung eines Arrestes kann nicht höher sein als der Streitwert für die Anordnung des Arrestes. An diesem Grundsatz hat im Ergebnis auch die Neufassung des § 57 Abs. 2 BRAGO nichts geändert.

OLG Karlsruhe, 17.5.1999, 3 W 47/99
Rpfleger 1999, 509

Auflassungsvormerkung

Das auf Sicherung von Eigentumsverschaffungsansprüchen durch Eintragung von Auflassungsvormerkungen gerichtete einstweilige Verfügungsverfahren ist streitwertmäßig mit einem Bruchteil des Grundstückswertes anzusetzen.

OLG Düsseldorf, 2.7.1992, 7 W 48/92
OLGR Düsseldorf 1992, 293

Auskunftsanspruch

Der Streitwert eines Auskunftsanspruchs nach § 25b WZG ist nicht deshalb geringer festzusetzen, weil er im Verfahren der einstweiligen Verfügung geltend gemacht wird. Ausschlaggebend für die Wertfestsetzung sind weder das auf Vermutungen über den Umfang der Verletzungshandlungen der Abnehmer beruhende Interesse des Verletzten noch der sich durch die erteilte Auskunft ergebende reale Wert für sich allein, sondern es ist ein dem realen Wert angenäherter Mittelwert zu bestimmen.

KG Berlin, 3.1.1992, 5 W 6283/91

GRUR 1992, 611

Dinglicher Arrest, Widerspruchsverfahren

Wird ein dinglicher Arrest vom OLG erlassen, ist nach eingelegtem Widerspruch die Prozessgebühr für das Verfahren vor dem LG anzurechnen, da ein Widerspruchsverfahren vor diesem und nicht vor dem OLG durchzuführen gewesen wäre. Dies gilt auch dann, wenn das OLG sich für die Durchführung des Widerspruchsverfahrens für zuständig erachtet hat. Die für das Beschwerdeverfahren angefallene 5/10-Gebühr kann daher nicht auf eine 10/10-Gebühr erhöht werden.

OLG Dresden, 18.8.1999, 15 W 1353/99

JurBüro 2000, 138

Erledigung

Erklärt der Antragsteller noch vor Erlass der einstweiligen Verfügung das Verfahren einseitig in der Hauptsache für erledigt, beschränken sich Streitwert und Rechtsmittelbeschwer regelmäßig auf das Kosteninteresse.

OLG Düsseldorf, 2.12.1992, 3 U 34/92

OLGR Düsseldorf 1993, 62

Gerichtsgebühr; Hauptsacheerledigung

Auch wenn in der mündlichen Verhandlung über den Widerspruch in einem einstweiligen Verfügungsverfahren die Hauptsache teilweise für erledigt erklärt wird, fällt die dreifache Gerichtsgebühr nach dem Wert bei Antragstellung an.

OLG Frankfurt, 27.9.1999, 6 W 151/99

OLGR Frankfurt 1999, 295 = MDR 1999, 1464

Kostenwiderspruch; Rechtsmittel

Im einstweiligen Verfügungsverfahren ist nach einem Kostenwiderspruch gegen das nur einen Kostenausspruch enthaltene Urteil in analoger Anwendung des § 99 Abs. 2 ZPO die sofortige Beschwerde statthaft.

OLG Schleswig, 4.4.2000, 6 W 7/00
WRP 2000, 1327 = MMR 2001, 176

Kostenwiderspruch; Streitwert; Gebühren

Dem Verfahrensbevollmächtigten, der im einstweiligen Verfügungsverfahren mit der Einlegung des auf den Kostenpunkt beschränkten Widerspruchs zugleich die Beschlussverfügung in der Hauptsache „unter Verzicht auf die Rechte aus §§ 924, 926, 927 ZPO endgültig gestellt" hat, erwächst neben der nach dem Kostenwert berechneten vollen Prozess- und Verhandlungsgebühr noch eine halbe Prozessgebühr nach dem Gegenstandswert der einstweiligen Verfügung.

OLG Köln, 31.7.1992, 17 W 152/92
JurBüro 1992, 803 = Rpfleger 1993, 173

Mietrecht; Beheizbarkeit der Wohnung

Der Streitwert der Klage auf Wiederherstellung der Beheizbarkeit der Wohnung kann nach dem Betrag der möglichen Mietminderung im Minderungszeitraum bemessen werden; an diesem Wert orientiert sich auch der Streitwert für ein einstweiliges Verfügungsverfahren.

LG Görlitz, 25.3.1994, 2 T 34/94
WuM 1994, 380

Persönlicher Arrest

Gegen eine generelle Festsetzung des Streitwertes eines Arrestes auf 1/3 der Hauptsacheforderung bestehen keine Bedenken. Ein persönlicher Arrest ist wertmäßig nicht niedriger anzusetzen als ein dinglicher Arrest, das gilt jedenfalls, wenn der persönliche Arrest substantiiert damit begründet wird, dass der ausländische Arrestschuldner Anstalten unternimmt, sich ins Ausland abzusetzen.

OLG Koblenz, 31.5.1991, 5 W 316/91
JurBüro 1992, 191

Regelstreitwert; Wettbewerbsverfahren

Bei Unterlassungsansprüchen im Bereich des Wettbewerbsrechts beträgt der Regelstreit für einstweilige Verfügungsverfahren 15.000 DM. Das gilt auch dann, wenn die Ansprüche von einem klagebefugten gewerblichen Interessenverband geltend gemacht werden.

OLG Schleswig-Holstein, 7.10.1998, 6 W 37/98
SchlHA 1999, 218 = OLGR Schleswig 1999, 135

Schutzschrift; außergerichtlichen Kosten; Erstattungsfähigkeit

Die außergerichtlichen Kosten für die Anfertigung einer Schutzschrift, die vor Rechtshängigkeit des Antrages auf Erlass einer einstweiligen Verfügung bei dem Prozessgericht eingeht, sind nach einer kostenfälligen Zurückweisung des Antrags im Kostenfestsetzungsverfahren erstattungsfähig, wenn die Schrift durch einen beim Prozessgericht zugelassenen Rechtsanwalt verfasst wurde. Enthält die Schutzschrift nur einen Prozessantrag, so steht dem Rechtsanwalt nur die halbe Prozessgebühr zu.

OLG Düsseldorf, 2.1.1995, 10 W 137/94
JMBl NW 1995, 95

Schutzschrift; Gebühr

Der Schutzantrag des späteren Antragsgegners ist nicht als Sachantrag im gebührenrechtlichen Sinne anzusehen; jedenfalls wäre eine dadurch entstandene volle Prozessgebühr nicht über eine halbe Gebühr nach § 32 BRAGO hinaus erstattungsfähig.

OLG Köln, 6.3.1995, 17 W 318/94
JMBl NW 1995, 154

Schutzschrift; Gebühren; Kostenerstattung

Die Kosten einer eingereichten Schutzschrift sind als Kosten des Verfahrens der einstweiligen Verfügung in Höhe einer halben Prozessgebühr erstattbar. Die Erstattungsfähigkeit ist nicht davon abhängig, dass die Schutzschrift dem Antragsteller zur Kenntnis gebracht wurde und sie für die Rücknahme des Antrags oder die zurückweisende Entscheidung des Gerichts kausal geworden ist.

OLG München, 13.8.1992, 11 W 2095/92
AfP 1992, 407 = JurBüro 1993, 154 = Rpfleger 1993, 126

Der Senat hält an seiner entgegen der überwiegenden Meinung (vgl. z.B. OLG Hamm MDR 1987, 683) vertretenen Ansicht fest, dass die vorsorglich hinterlegte Schutzschrift mit der Einreichung des Verfügungsantrags Verfahrensbestandteil wird und eine volle Gebühr auslöst. Bei der einstweiligen Verfügung genügt schon die Einreichung des Verfügungsantrages zur Begründung der Rechtshängigkeit. Das Gericht hat die Schutzschrift zur Wahrung des rechtlichen Gehörs bei seiner Entscheidung zu beachten (s. zur Begründung näher Senat JurBüro 1990, 1160). Kann der spätere Verfügungsbeklagte nicht sicher voraussehen, bei welchem Gericht der Antrag eingereicht werden wird, so kann auch ein auswärtiger Anwalt Schutzschriften bei mehreren Gerichten einreichen. Der Anwaltswechsel ist dann bei Widerspruch notwendig.

OLG Koblenz, 28.6.1994, 14 W 349/94

ZAP, EN-Nr. 500/95

Sicherungshypothek; Vollziehungsgebühr

In der auf Antrag des Gläubigers im Arrestbefehl getroffenen, rechtlich unerheblichen Anordnung des Arrestgerichts, „in Vollziehung des Arrestes" seien zu Lasten des Grundstücks des Schuldners Sicherungshypotheken einzutragen, liegt keine die Gebühr des § 59 Abs. 1 BRAGO auslösenden Arrestvollziehung i.S.d. § 932 Abs. 3 ZPO. Der Streitwert für die Vollziehung eines Arrestes kann nicht höher sein als der nach § 20 Abs. 1 GKG, § 3 ZPO zu bestimmende Wert für die Anordnung des Arrestes.

KG Berlin, 11.9.1990, 1 W 4084/90

MDR 1991, 66 = JurBüro 1991, 230 = RPfleger 1991, 126

Streitwert; Herausgabevollstreckung

Wird im Wege der einstweiligen Verfügung Herausgabe einer Sache an den Antragsteller selbst und nicht nur an einen Sequester verlangt, so ist für den Streitwert der volle Wert der Sache ohne den sonst im Verfügungsverfahren üblichen Abschlag maßgebend, da das Herausgabeverlangen wirtschaftlich dem Hauptsacheverfahren gleichkommt.

OLG Köln, 27.1.1999, 16 W 3/99

OLGR Köln 1999, 336

Streitwert; Wettbewerbsrecht
Der Streitwert des Eilverfahrens in Wettbewerbssachen ist mit einem Drittel des Wertes der zugehörigen Hauptklage zu bemessen.

KG, 18.5.1998, 25 W 8358/97

AGS 1998, 185

Der Streitwert in einem wettbewerbsrechtlichen Verfügungsverfahren ist dann nicht geringer als in einem entsprechenden Hauptsacheverfahren, wenn bei der Antragstellung mit hoher Wahrscheinlichkeit zu erwarten ist, dass das Verfügungsverfahren eine als endgültig akzeptierte Klärung herbeiführen wird.

OLG Köln, 9.3.2000, 6 W 23/00

NJWE-WettbR 2000, 247

Unterhaltsrecht
Der Streitwert eines Arrestes zur Sicherung von Unterhaltsforderungen kann nicht höher sein als der Betrag des Jahresbezugs.

OLG Bamberg, 10.5.1989, 2 WF 94/89

JurBüro 1989, 1605

Unterhaltsrecht; Vergleichsgebühr
Werden in einem einheitlich protokollierten Prozessvergleich sowohl die Unterhaltssache als auch die einstweilige Verfügung und die einstweilige Anordnung (§ 41 Abs. 1 BRAGO) erledigt, so erhält der mitwirkende beigeordnete Rechtsanwalt eine Vergleichsgebühr aus den zusammengerechneten Gegenstandswerten.

OLG München, 22.3.1993, 11 WF 582/93

OLGR München 1993, 188

Unterlassungsverfügung
Der Gegenstandswert für ein Verfahren der einstweiligen Verfügung ist eigenständig und unabhängig vom Wert des zugehörigen Hauptsacheverfahrens zu bestimmen; es verbietet sich insbesondere bei Unterlassungsverfahren,

schematisch und „als Regel" auf einen Bruchteil des Hauptsachewertes zu erkennen.

OLG Köln, 21.2.1995, 6 W 88/94

JMBl NW 1995, 139

Veräußerungsverbot

Der Streitwert eines Verfahrens wegen einstweiliger Verfügung bezüglich Nichtveräußerung einer Sache ist mit ca. einem Drittel des Verkehrswerts zu bemessen.

OLG München, 4.2.1993, 1 W 725/93

OLGR München 1993, 204

Vollstreckungsgebühr; Erstattungsfähigkeit

Hebt das Arrestgericht antragsgemäß den Arrestbefehl und den gleichzeitig erlassenen Pfändungsbeschluss auf, so ist die auf Seiten des Arrestbeklagten anfallende Vollstreckungsgebühr nach der Kostengrundentscheidung zu erstatten.

OLG München, 6.8.1993, 11 W 1499/93

OLGR München 1993, 336

Vormerkung; Löschung; Gebühren

Die Löschung einer im einstweiligen Verfügungsverfahren eingetragenen Vormerkung löst keine 3/10-Gebühr des § 57 BRAGO aus.

OLG Düsseldorf, 25.2.1993, 10 W 109/92

AnwBl 1993, 400

Wettbewerbsprozess; Regelstreitwert

Bemessung des Gebührenstreitwertes für einen Antrag auf einstweilige Verfügung durch einen Verein zur Förderung und Wahrung gewerblicher Interessen seiner Mitglieder nach deren Interesse an der Unterbindung von Wettbewerbshandlungen unter Berücksichtigung der Auswirkungen des Verstoßes. Ein „Regelstreitwert" in Wettbewerbsstreitigkeiten besteht nicht.

OLG Frankfurt, 22.7.1992, 27 W 40/92

OLGR Frankfurt 1992, 162

Wettbewerbsprozess; Tankstelle; Blumenverkauf
Der Gebührenstreitwert einer Unterlassungsverfügung wegen Blumenverkaufs an einer Tankstelle außerhalb der Ladenschlusszeiten beträgt 5.000 DM. Dabei ist zu berücksichtigt, dass sowohl die dabei erzielten Gewinne und die örtliche Auswirkung des Wettbewerbsverstoßes in bescheidenem Rahmen geblieben sind und die Angelegenheit tatsächlich und rechtlich äußerst einfach gelagert war.

OLG Frankfurt, 22.7.1992, 27 W 40/92
OLGR Frankfurt 1992, 162

Wettbewerbsrecht; Regelstreitwert
Der Streitwert in Wettbewerbssachen beträgt im Regelfall für Verfahren über den Erlass einer einstweiligen Verfügung 12.500 DM und für Hauptsacheverfahren 25.000 DM.

OLG Oldenburg, 21.1.1993, 1 U 136/92
WRP 1993, 351 = NdsRpfl 1993, 127

Wohnung; Besitzeinräumung
Ausgangspunkt für die Bewertung des Interesses des Verfügungsklägers am Erlass einer einstweiligen Verfügung, mit der er die Wiedereinräumung des Mitbesitzes der ehelichen Wohnung erstrebt, ist der Wert der Hauptsache. Dieser Wert bestimmt sich gem. § 16 Abs. 1 GKG nach dem einjährigen Mietzins und ist für das Verfahren der einstweiligen Verfügung um drei Viertel zu reduzieren, da nur Mitbesitz an der Wohnung und ferner nur vorläufiger Rechtsschutz bis zur Entscheidung über die Zuweisung der ehelichen Wohnung begehrt wird.

LG Bielefeld, 3.2.1992, 3 T 89/92
FamRZ 1992, 1095

Wohnungseigentumsverfahren; Sofortige Beschwerde
Im Wohnungseigentumsverfahren gibt es keinen dinglichen Arrest. Das schließt nicht aus, dass durch eine einstweilige Anordnung Wirkungen erreicht werden, die einem Arrest vergleichbar sind. Zwar sind einstweilige Anordnungen grundsätzlich nicht anfechtbar, jedoch ist dann, wenn bei einer ähnlichen Entscheidung im Zivilverfahren ein Rechtsmittel gegeben wäre auch im WEG Verfahren ein Rechtsmittel statthaft.

OLG Hamburg, 25.6.1999, 2 Wx 71/99
MDR 1999, 1220

Stichwortverzeichnis

Die Zahlen verweisen auf die Randnummern.

A

Abänderungsantrag, Erfolgsaussicht	466
Abänderungsmöglichkeiten, isoliertes Wohnungszuweisungsverfahren	637b
Abberufungsbeschluss	976
Abgrenzung, Arrest – einstweilige Verfügung	11 ff.
Abmahnschreiben, Nachweis des Zugangs	1022
Abmahnung	1017 ff.
– ungerechtfertigte	1044
– Unzumutbarkeit	1026 f.
Abschlusserklärung	174
– Wartefrist	1062
– zweite Aufforderung zur Abgabe	1061
Abstimmungsverhalten	991
Abwendungsbefugnis, Arrest	366 ff. 380
Altersvorsorgeunterhalt	548
Amtsenthebungsverfahren, Betriebsratsmitglied	805
Amtsermittlungsgrundsatz, Anhänglichkeit einer Ehesache	613c
– Arbeitsrecht	789
Amtsermittlungsprinzip	433
Änderungskündigung, offensichtlich unwirksame	721
Anerkenntnis des Antragsgegners	173
– sofortiges	250
– Urteil	151
Anordnungsantrag, Anwaltszwang	439
– Begründungsantrag	457
Anordnungsantrag, Protokoll der Geschäftsstelle	439
Anspruch,	
– auf Beschäftigung	708 ff.
– des Mieters	889 ff.
– gegenüber Dritten	908
– des Vermieters	880 ff.
Anspruchsteller, Zielsetzung	18
Antrag	
– Formulierung, einstweilige Verfügung	833 ff.
– Leistungsverfügung	97
– Regelungsverfügung	97
– Rücknahme	173
– Sicherungsverfügung	97
– Schrift, einstweilige Verfügung	86 ff.
– Zustellung	142
Anwaltsgebühren	403 ff.
– Arbeitsrecht	841 ff.
– Eilverfahren	841 ff.
– Familienrecht	655 ff.
– Schutzschrift	406
Arbeitnehmer, Anspruch auf Verringerung der Arbeitszeit	760 ff.
Arbeitsentgelt	703 ff., 850
– Notlage	704
Arbeitskampf	772 ff.
– Streitwert	857
Arbeitslosengeld	705
Arbeitslosenhilfe	705
Arbeitsmittel	740
Arbeitspapiere	700 ff.
– einstweilige Verfügung	700
– Herausgabe	669
– Streitwert	847
Arbeitsrecht, allgemeiner Unterlassungsanspruch	810 ff.
– Amtsermittlungsgrundsatz	789
– Arbeitslosengeld	705
– Arbeitslosenhilfe	705
– Arrest	678 ff., 783 ff.

559

- Beschlussverfahren 781 ff.
- Beweisgebühr 841
- einstweilige Verfügung 693 ff., 786 ff.
- einstweiliger Rechtschutz 666 ff.
- einstweiliger Rechtschutz im Urteilsverfahren 676 ff.
- Gerichtskosten 837
- Herausgabeanspruch 740
- Insolvenzverfahren 670
- Kostenerstattung 838 ff.
- Kostenerstattungsansprüche 784
- persönlicher Sicherungsarrest 689
- Schadensersatzpflicht 776 ff.
- Sozialhilfe 705
- Streikmaßnahmen 674
- Streitwert 843
- Verfügungsanspruch 802 ff.
- Verfügungsgrund 821 ff.

Arbeitszeit,
- Reduzierung 852a
- Verringerung 753
- Verteilung 753
  - Änderung 766 ff.

Arrest 11 ff., 20, 37
- Abwendungsbefugnis 366 ff., 380
- Allgemeines 317 ff.
- Antrag 22
- Anspruch 348 ff., 374
- arbeitsgerichtlicher Erlass 690
- Arbeitsrecht 678 ff.
- Baurecht 948
- Beschluss 23
- besondere Rechtsbehelfe 25
- Checkliste 373 ff.
- dinglicher 329 ff.
- Eilzuständigkeit des AG, Arbeitsrecht 680
- endgültige Befriedigung des Gläubigers 340 ff.
- Geldansprüche 37
- Gericht der belegenden Sache 346
- Gericht der Hauptsache 346
- Gesuch 344 ff.
- Glaubhaftmachung 348 ff., 376
- Grund 328 ff.
- Hinterlegung 24
- keine endgültige Befriedigung 378
- Kostenerstattungsansprüche 784
- Lösungssumme 366 ff.
- Mahnbescheid 347
- persönlicher 337
- Rechtsbehelfe 372
- richtige Sicherungsmittel 373
- Sicherheitsleistung 360 ff., 379
- Sicherung einer Geldforderung 323
- Sicherungshypothek 342, 378
- Urteil 23
- Urteilsverfahren 359
- Verfahren 353 ff.
- Vollstreckung 369 ff., 381
- Vollziehung 369 ff., 381
- Voraussetzungen 322 ff.
- WEG-Verfahren 924
- Zugewinnausgleichsanspruch 610
- Zulässigkeit 21
- zuständiges Gericht 377
- Zuständigkeit 21

Arrestanspruch 323 ff.
- Abhängigkeit von Gegenleistung 324
- Anspruch auf eine Geldforderung 324
- Arrest 374
- Arrestgrund 375
- bedingte Ansprüche 325
- betagte Ansprüche 325

Arrestbefehl 330
- Zuständigkeit 346

Arrestgesuch 344 ff.
- Anforderungen 22
- Zuständigkeit 345 ff.

Arrestgrund 328 ff., 375

Arrestverfahren 353 ff.
- Beschlussverfahren 355 ff.
- Formalitäten 354

Aufhebungsantrag, Erfolgsaussicht	466
Auflassungsvormerkung	193
Aufstockungsunterhalt	443
Ausgleichsforderung, Stundung einer unbestrittenen	611
Auskunft, grob falsche	335
Ausschlussbeschluss	987
– Feststellung der Unwirksamkeit	987
Außenmodernisierung	894
Außer-Kraft-Treten der einstweiligen Anordnung gem. § 64b Abs. 3 FGG	649f
Aussetzungsbeschluss	467

B

Baugerüst, Beseitigung	892
Bauhandwerkersicherungshypothek	193, 949, 954
Baurecht, Arrest	948
– Checkliste	958
– Eigentumsvorbehalt	949
– einstweiliger Rechtsschutz	948 ff.
– Unterlassung von Störungen	949
Bauunternehmerhypothek	949
Beförderung, Anspruch auf	744
Behauptungslast	30
Belästigungen, unzumutbare	639
– Verbot	631a, 649a
Bereicherungshaftung, verschärfte	515
Berufung	241
– Verfahren, Abschluss	267
– Gerichtskosten	398
Beschäftigungsinteresse	718
Beschluss	23
– Verfahren, Arrest	355 ff.
– einstweilige Verfügung	146 ff.
– mündliche Verhandlung	355 ff.
– Sicherheitsleistung	148
– Streitwert	858
Beschwerdeberechtigter, FGG-Verfahren	621e
Besitzeinräumung	889
Besitzschutzansprüche	891

Betriebsrat, Anspruch	809 ff.
Betriebsverfassungsrecht	671
Betriebsversammlung, Streitwert	866
Beweisaufnahme	164
Beweisgebühr, Arbeitsrecht	841
Beweislast, Weiterbeschäftigungsanspruch	726
Beweissicherungsverfahren, selbständiges	41
Bruttolohnanspruch	706
Bundeserziehungsgeldgesetz	768 ff.
Bürgerrecht	620c

C

Checkliste, Anordnungsanspruch	664
– Arrest	373 ff., 958
– Familienrecht	664
– Gesellschaftsrecht	1010
– Glaubhaftmachung	664
– Grundbuchrecht	946
– Mietrecht	914
– mündliche Verhandlung	664
– presserechtliche Gegendarstellung	1107
– Rechtsbehelfe	664
– Rechtshängigkeit einer Lebenspartnerschaftssache	664
– Rechtshängigkeit eines Scheidungsverfahrens	664
– Regelungsbedürfnis	664
– Vergleichsabschluss	664
– Vollziehung	664
– WEG-Verfahren	925
– Wettbewerbsrecht	1067
– Widerruf	1115
– zuständiges Gericht	664

D

Darlegungslast	30
– Weiterbeschäftigungsanspruch	726
Dienstwagen	742
Dinglicher Arrest	335
– grob falsche Auskunft	335

Direktionsrecht	727 f., 852	– FGG-Verfahren	654 ff.
– unbillige Härte	728	– Gültigkeitsdauer	470 ff.
Doppelvermietung	901	– Hausrat	627
Dringlichkeit, einstweilige Verfügung	305	– isoliertes Hausratsverfahren	628 ff.
– Wettbewerbsrecht	1013	– isoliertes Wohnungszuweisungsverfahren	637 ff.
Dringlichkeitsvermutung, einstweilige Verfügung	69	– Vollstreckung gem. § 33 FGG	618a
Duldungsverfügung, Ordnungsmittel	111	Einstweilige Unterhaltsanordnung, Kindschaftsverfahren	554 ff.
		– Lebenspartnerschaftssachen	543
E		Einstweilige Verfügung	11 ff., 20, 28 ff.
Ehegattenaufstockungsunterhalt	461	– Abberufungsbeschluss	976
Ehesache, einstweilige Anordnung, Eilbedürftigkeit	613	– Abgabe einer Willenserklärung	56
Ehewohnung, Außer-Kraft-Treten der einstweiligen Anordnung	636	– Allgemeines	29 ff.
		– Androhung eines Ordnungsmittels	198
– Gewaltschutzgesetz	631a	– Anträge	308
– Räumung, Vollstreckung	633	– Antragsänderung	162 f.
– Räumungsverpflichtung	631	– Antragsformulierung	833 ff.
– Streitwert	654	– Antragsschrift	86 ff.
– Überlassung	642	– Arbeitslosengeld	705
– Zuweisung	616 ff.	– Arbeitslosenhilfe	705
Ehewohnungszuweisung, sofortige Beschwerde	635	– Arbeitspapiere	700 ff.
		– Arbeitsrecht	693 ff., 786 ff.
Eigenbedarfskündigung, vorgetäuschte	890	– Ausschluss	830 ff.
		– Aussetzung nach § 148 ZPO	152
Eilbedürftigkeit, Urlaubsgewährung	731	– baldiges Tätigwerden	73 ff.
Einstellung,		– beabsichtigte konkrete Regelung	62
– Anspruch	744	– Beginn der Vollziehungsfrist	180 f.
– Vollziehung gegen Sicherheitsleistung	261	– Behauptungslast	30
Einstweilige Anordnung		– Berufungsbegründungsfrist	77
– Anhängigkeit einer Ehesache	631 ff., 623 ff.	– Beschlussverfahren	146 ff.
		– Besonderheiten für die Rechtskraft	31
– Anhängigkeit einer Lebenspartnerschaftssache	631, 623 ff.	– Beweisaufnahme	164
– gem. § 64b Abs. 3 FGG	648 ff.	– Checkliste	300 ff.
– Außer-Kraft-Treten	619	– Darlegungslast	30
– Bekanntmachung	618	– Dringlichkeit	305
– Familienrecht	590	– Dringlichkeitsvermutung	69
– Feststellung des Außer-Kraft-Tretens	506 ff.	– Durchsetzung einer unvertretbaren Handlung	710

Stichwortverzeichnis

- Eilbedürfnis 48, 73
- Eintragung einer Vormerkung 950
- Eintritt der formellen Bestandskraft 208
- Ersatzvornahme 711
- Familienrecht 589 ff.
- feststellende Verfügung 58
- Folgen der Fristversäumnis 207 ff.
- Formalitäten 142 ff.
- formelle Besonderheiten 1002 ff.
- Formulierung der Anträge 97 ff.
- Gegenanträge 162 f.
- Geldansprüche 37
- Geldforderung 191
- Gericht der belegenden Sache 92 ff.
- Gericht der Hauptsache 90
- Gesellschaftsrecht, Zuständigkeit 1003
- Gewalt 44
- Glaubhaftmachung 119 ff., 309
- Handelsregister 197
- Häufigkeit 17
- Herausgabe von Wohnraum 190
- Interessenabwägung 48
- Konkurrentenklage 743
- Konkurrenztätigkeit 737 ff.
- Kosten 251
- Kostenanträge 102 ff.
- Leistungsverfügung 42, 53
- Monatsfrist 75, 183
- mündliche Hauptverhandlung 311
- mündliche Verhandlung 99, 143
- neues Vorbringen 154
- Notunterhalt 66
- Ordnungsmittel 111
- örtliche Zuständigkeit 93
- Parteizustellung 199
- Postulationsfähigkeit 87 ff., 153
- Räumung der Wohnung 55
- Rechtfertigungs- verfahren 175 f., 242 ff.
- Rechtsbehelfe 223 ff., 314
  - Antragsgegner 233 ff.
- Urteilsverfahren 230 ff.
- Rechtschutzbedürfnis 306
- Rechtsfolgen 219 ff.
- Rechtsschutzbedürfnis 83 ff.
- Rechtsweg 35, 300
- Regelungsverfügung 52
- Reichweite der Darlegungslast 113
- Sachanträge 102 ff.
- Sachverständigengutachten 137 f.
- Schlüssigkeitsprüfung 48
- Schutzschrift 315
- Selbsthilferecht 85
- Sequestration 95 f.
- Sicherheitsleistung 188
- Sicherungsmittel 301
- Sicherungsverfügung 51
- sonstige Register 197
- Sozialhilfe 705
- Streitwert 653
- Tatbestandsvoraussetzung 46 ff.
- Unterhaltsrückstände 597
- Unterlassung 57
- Unterlassungsverfügung 198
- Urkunden 130 f.
- Urlaubsgewährung 730 ff.
- Urteilsverfahren 149 ff.
- Verbot der Stimmabgabe 987
- verbotene Eigenmacht 44
- Verfahren 141 f.
- Verfahrensvoraussetzungen 34 ff.
- Verfügungsanspruch 45 ff., 302
- Verfügungsgrund 60 ff., 304
- Vergleich 312
- Verjährungsunterbrechung 80
- Verkündung 186
- Versäumnisurteil 159
- Vollmacht 144
- Vollstreckung 177 ff.
- Vollziehung 177 ff., 187 ff., 313
- Vollziehungsschadensersatz- anspruch 210 ff.
- Vollziehungswillen 199
- von Anfang an

563

ungerechtfertigte	215 ff.	– Wohnungseigentumsrecht	916 ff.
– Voraussetzungen	33 ff.	– ZPO-Familiensachen	421
– Vornahme von Handlungen	192	– ZPO-Verfahren	431 ff.
– Vorwegnahme der Hauptsache	78, 303	– Zugewinnausgleich	604 ff.
– Wettbewerbsrecht	80	Einstweiliger Zustand	14
– Wettbewerbsverbot	737 ff.	Eintragungssperre	997
– Widerspruch	234 ff., 794	Elterliche Sorge	614 ff.
– Zeugen	132 ff.	– sofortige Beschwerde	616 ff.
– Zugewinnausgleich	429	– Vollstreckung der einstweiligen Anordnung	618
– zuständiges Gericht	307	Ersatzvornahme	711
– Zuständigkeit	89 ff.	Erwerbsverbot, Grundbuchrecht	933, 937
– Zustellung und Vollziehung	184 ff.	– Wirksamkeit	938

Einstweilige Anordnung 464 ff., 470 ff., 637b

Einstweiliger Rechtsschutz

F

betreffend der Ehewohnung	630 ff.	Falsche Versicherung an Eides statt	126
– Aktiengesellschaft	981 ff.	Familienrecht, Anordnungsanspruch	664
– Arbeitsrecht	666 ff.	– Anwaltsgebühren	655 ff.
– Beschlussverfahren	781 ff.	– Außer-Kraft-Treten einstweilige Anordnung	619 f.
– Baurecht	948 ff.	– Aussetzung der Verjährung der einstweiligen Anordnung	617 ff.
– Betreten der Wohnung	883	– Checkliste	664
– Ehewohnung	422	– einstweilige Anordnung	590
– Familienrecht	419 ff.	– einstweilige Verfügung	589 ff.
– FGG-Familiensachen	422	– elterliche Sorge	614 ff.
– Gesellschaftsrecht	960 ff.	– FGG-Verfahren	612 ff.
– Gewaltschutzgesetz	639 ff.	– Gerichtskosten	655 ff.
– GmbH	968 ff.	– Glaubhaftmachung	664
– Grundbuchrecht	926 ff.	– Kindesherausgabe	614c
– Hausrat	422, 622	– Leistungsverfügung	590
– Insolvenzverfahren	1116 ff.	– mündliche Verhandlung	664
– Kindesherausgabe	613 ff.	– Prozesskostenhilfe	660
– Mietrecht	878 ff.	– Regelungsbedürfnis	664
– Personengesellschaften	963 ff.	– sofortige Beschwerde	616 ff.
– presserechtliche Gegendarstellung	1069 ff.	– Streitwert	651
– Prozesskostenhilfe	417	– Umgangsrecht	614b
– Sorgerecht	613 ff.	– Vergleich	664
– Umgangsrecht	613 ff.	– Vollziehung	664
– Unterhaltssachen	431 ff.	– vorläufige Anordnung	621 ff.
– Untersagung der Stimmabgabe	975	– zuständiges Gericht	664
– Wettbewerbsrecht	1012 ff.		
– Widerruf	1109 ff.		

Feststellungsklage, negative	481 ff.
FGG-Anordnungssachen, Gebühren	659
FGG-Familiensachen, Rechtsmittel	424
FGG-Verfahren	612 ff.
– Amtsermittlungsprinzip	423
– Außer-Kraft-Treten der vorläufigen Anordnung	621f
– einstweilige Anordnung	620 ff.
– Gebühren	621g
– Prozesskostenhilfe-Antrag	621a
– Rechtsmittel	621d f.
– Beschwerdeberechtigung	621e
– vorläufige Anordnung	621 ff.
Frist zur Erhebung der Hauptsacheklage	253
Fristversäumnis	207 ff.

G

Gebotene Eigenmacht	44
Gebühren,	
– einstweilige Verfügungssache	659a
– FGG-Anordnungssachen	659
– Streitwert	384
– ZPO-Anordnungssachen	658
Gegendarstellung	1082 ff.
– Abdruckfähigkeit	1094
– „Alles-oder-Nichts-Prinzip"	1095 ff.
– Anspruch auf	1077 ff.
– formelle Anforderungen	1094
– Formulierung	1093
– presserechtliche	1069 ff.
– Anspruchsverpflichteter	1080
Geldansprüche	37
Geldleistungen, wiederkehrende	191
Gericht der belegenden Sache	92 ff.
Gericht der Hauptsache, einstweilige Verfügung	90
Gericht, zuständiges	377
Gerichtliche Entscheidung, Begründungszwang	457
– Unterhaltsanordnung	455 f.
Gerichtskosten	394
– Arbeitsrecht	837
– Berufungsverfahren	398
– einstweilige Anordnung in FGG-Sachen	656c
– einstweilige Verfügung	656b
– Familienrecht	655 ff.
– Prozesskostenvorschussanordnung	656a
– Rechtfertigungsverfahren	396
– Unterhaltsanordnung	656
– Widerspruchsverfahren	396
Geschäftsführer, Abberufung	961 ff., 968
– Entziehung der Geschäftsführungsbefugnis	962 ff.
– Entziehung der Vertretungsmacht	962 ff.
– GmbH	968
Geschäftsführungsbefugnis, Entzug auf bestimmten Bereich beschränkt	965
Gesellschafter-Geschäftsführer	970
– Abberufung	970
Gesellschafter, Ausschluss	984 ff.
Gesellschafterbeschluss, Verhinderung der Umsetzung	988
Gesellschafterversammlung, Verbot	978
Gesellschaftsrecht, Abstimmungsverhalten	991
– Beschlussverfahren gem. § 16 Abs. 3 Umwandlungsgesetz	997 ff.
– Bestimmung der Parteien	1005
– Checkliste	1010
– einstweiliger Rechtsschutz	960 ff.
– Schiedsverfahren	1004
– Verfügungsanspruch	1008
– Verfügungsgrund	1008
Gestattung des Fernbleibens	736
Getrenntleben, Zeitpunkt	623a

Gewalt	44	– Löschungen	988 ff.
– Herausgabe einer Person	618	Handlungen, unvertretbare	710
– Herausgabe einer Sache	618	– Vornahme	192
– Schutz	642a	Hauptantrag, Verständlichkeit	110
Gewaltschutzgesetz	612	Hauptsache,	
– einstweiliger Rechtschutz	639 ff.	keine Vorwegnahme	78 ff.
– in Familiensachen	643	Hauptsachegericht,	
– Wohnungsüberlassungs-		Bestimmung	347
anspruch	642b	Hauptsachestreitwert, Abschlag	388
Gewalttaten,		Hauptsacheverfahren, Antrag auf	
Wohnungsüberlassung	639	Durchführung	253 ff.
Gewerkschaft	809 ff.	Hauptverfahren	480
Glaubhaftmachung	376	Hausbesetzung	881
– Allgemeines	120	Hausrat,	
– Anordnung eines Arrestes	364	– eigenmächtige Entfernung	623b
– Arrest	348 ff.	– einstweiliger Rechtschutz	422, 622
– Bedürftigkeit	558	– Streitwert	654
– einstweilige Verfügung	119 ff., 309	Hausratsbeschluss, Rechtsbehelf	626
– Grundbuchrecht	944	Hausratsverfahren	623a ff.
– neue Mittel	32	– isoliertes	622, 628 ff.
– presserechtliche		– Regelungsbedürfnis	624
Gegendarstellung	1105	– Vollstreckung	625
– Sachverständigengutachten	137 f.	Herausgabe	
– Urkunden	130 f.	– Anspruch, Arbeitsmittel	740
– Versicherung an Eides statt	121 ff.	– Arbeitsrecht	740
– Zeugen	132 ff.	– Streitwert	855
GmbH, Abberufungsbeschluss	976	– Arbeitspapiere	669
– Geschäftsführer	968	– Dienstwagen	742
Grundbuchberichtigungsanspruch	932	– Person, Gewalt	618
Grundbuchrecht, Checkliste	946	– Sache, Gewalt	618
– Einstweiliger Rechtschutz	926 ff.	– Versicherungsnachweishefts	701
– Erwerbsverbot	933, 937	– Wohnungsschlüssel	631a
– formelle Besonderheiten	940 ff.	Hinterlegung	24
– Glaubhaftmachung	944	– Orte, Schutzschrift	276 ff.
– künftige Ansprüche	933		
– Veräußerungsverbot	933	**I**	
– Verfügungsanspruch	930	Individualarbeitsrecht	669
– Verfügungsgrund	929	Innenmodernisierung	895
Grundbuchsperre	935	Insolvenzverfahren,	
		– absolute Verfügungs-	
H		beschränkung	1117
Handelsregister,		– allgemeines Verfügungsverbot	1117
– Eintragung	197	– Arbeitsrecht	670

- einstweiliger Rechtschutz 1116 ff.
Instandsetzungsarbeiten 883
Isoliertes Hausratsverfahren,
- Außer-Kraft-Treten der
  einstweiligen Anordnung 628b
- Getrenntleben der Ehegatten 628
- Getrenntleben der
  Lebenspartner 628
- Konkurrenzen 629
- Rechtsbehelfe 628b
- Regelungsbedürfnis 628a
- Vollstreckung 628b
Isoliertes Unterhaltsverfahren,
  einstweilige Anordnung 544 ff.
Isoliertes Wohnungszuweisungs-
  verfahren,
- Abänderungsmöglichkeiten 637b
- einstweilige Anordnung 637 ff.
- Regelungsbedürfnis 637a
- sofortige Beschwerde 637b
- Vollstreckung 637b
- Voraussetzung 637

K

Kind, nicht eheliches 600 ff.
Kindesherausgabe 422, 614c, 620e
- einstweiliger Rechtschutz 613 ff.
- sofortige Beschwerde 616 ff.
- Vollstreckung 618
Kindesunterhalt, Anerkenntnis
  der Vaterschaft 554
- Titulierung 554 ff.
Kindschaftssachen 428
Kindschaftsverfahren,
- Aufhebung der einstweiligen
  Anordnung 561
- einstweilige
  Unterhaltsanordnung 554 ff.
- sofortige Beschwerde 562
Klage,
- auf sofortige Rückzahlung
  des Unterhalts 493
- auf zukünftige Leistungen 325

Konkurrentenklage 669, 743
- Streitwert 856
- Unterlassung 744
Konkurrentenschutzklage 744
Konkurrenzen, einstweilige
  Anordnung gem. § 64b
  Abs. 3 FGG 650
Konkurrenztätigkeit 737 ff., 854
Kontaktverbot 649a
Kosten, Schutzschrift 289 f., 296 ff.
Kostenanträge 102 ff.
Kostenerstattung 407 ff.
- außerprozessuale 411 ff.
- Gegendarstellungsanspruch 413
- Herausgabeansprüche 414
- Schadensersatzgesichtspunkte 412
- Vergleich 409
- ungerechtfertigte
  Abmahnung 1044
Kostenerstattungsansprüche,
  Arbeitsrecht 784
Kostenwiderspruch 236
- Reichweite 238
Krankenvorsorgeunterhalt 548
Kündigung, offensichtlich
  unwirksame 716
Kündigungsschutzprozess 668
Kurzarbeit, Einführung 825

L

Ladungsfrist, Abkürzung 98, 150
Lebenspartnerschaft 543
Lebenspartnerschaftssache,
  Checkliste 664
Leistungen, künftige 325
Leistungsverfügung 16, 18, 42, 53
- auf Rechnungslegung 66
- auf Auskunft 66
- Notunterhalt 66
- Vollstreckungshandlung 189
Lohnansprüche, Auszahlung 703 ff.
Lösungssumme, Arrest 366 ff.

M

Materialien, gelieferter	949
Mieter, Anspruch gegen andere Bewohner	902 ff.
Mietrecht, Abmahnung	888
– Besitzeinräumung	889
– besitzloses	887
– Besonderheiten im gewerblichen	909 ff.
– Betreten der Wohnung	883
– Checkliste	914
– Doppelvermietung	901
– einstweiliger Rechtsschutz	878 ff.
– Modernisierung	894
– Modernisierungsmaßnahmen	884
– nichteheliche Lebensgemeinschaft	903
– Räumungsfrist	882
– Untervermietung	901
– verbotene Eigenmacht	880
– Verfahrensfragen	913
Mietsache, vertragswidriger Gebrauch	888
Mietzahlung durch Einzugsermächtigung	893
Modernisierungsmaßnahmen	884
– Duldungstitel	886
Monatsfrist, einstweilige Verfügung	75
Mündliche Verhandlung	99, 143

N

Nachstellungen	642a
Nichteheliche Lebensgemeinschaft,	
– Mietrecht	903
– Räumung von Wohnraum	904
Normen	26
Notunterhalt	66
Notverwalterbestellung	922
Nutzungsanordnung	623c
Nutzungsvergütung	631a

O

Ordnungsmittel, Androhung	171, 198

P

Personengesellschaften	963 ff.
Personenstandsrecht	422
Persönliche Angelegenheit	573
Persönlicher Arrest, Ziel	338
Persönlichkeitsrechte, Eingriff	719
Postulationsfähigkeit	87 ff.
– einstweilige Verfügung	153
Presserechtliche Gegendarstellung, Abdruckverlangen	1085
– Checkliste	1107
– einstweiliger Rechtsschutz	1069 ff.
– Glaubhaftmachung	1105
– Kostenerstattungsanspruch	1102
– rechtliche Grundlage	1070 ff.
– Schadensersatzanspruch	1104
– Verfügungsgrund	1074
– Zwangsvollstreckung	1103
Prozesskosten,	
– Rückzahlung vorgeschossener	582
– Rückzahlungsanspruch	583
– Hilfe	416 ff.
– Antrag	242
– Familienrecht	660
– Scheidungsverfahren	475
– Unterhaltssachen	433
– Vorschuss	427, 484
– Anordnung	656a
– Anrechnung eines geleisteten	584
– Berechtigung	568 ff.
– Billigkeitserwägung	575 ff.
– einstweilige Anordnung auf Zahlung	565 ff.
– Erfolgsaussichten	575 f.
– minderjährige unverheiratete Kinder	569
– Notwendigkeit einer Beweisaufnahme	580
– notwenige Aufwendungen	580 ff.

- Rückforderung 582
- Titulierung des Anspruchs 585 ff.
- Zulässigkeit 566 f.
Prozesskostenvorschussanspruch,
   Umfang 580 ff.
- volljähriges Kind 571

R
Räumung,
- Frist 631a, 882
- nichteheliche Lebens-
  gemeinschaft 904
- verbotene Eigenmacht 904
- Wohnraum 880
Rechtfertigungsverfahren 139 f., 310
- einstweilige Verfügung 310
Rechtsbehelfe
- Antragsgegner,
  sonstige Anträge 262
- Antragsteller 224 ff.
  - Beschlussverfahren 225 ff.
  - Arrest 372
  - einstweilige Verfügung 314
  - formelle Rechtskraft 523 ff.
  - isoliertes Hausratsverfahren 628b
  - Überblick 8 f.
  - Unterhaltsanordnung 523 ff.
  - Vollstreckung 628b
Rechtsfertigungsverfahren,
  Gerichtskosten 396
Rechtskraft 32
Rechtsmittel,
  FGG-Familiensachen 424
Rechtsschutz,
- Grundlagen 1 ff.
- Bedürfnis,
  einstweilige Verfügung 306
Rechtsverfahren 18
Rechtsweg, einstweilige
  Verfügung 35, 300
Regelungsverfügung 52
Rückzahlungsanspruch,
  Prozesskosten 583

Rüge der Vorwegnahme der
  Hauptsache 82

S
Sachanträge 102 ff.
Sachverständigengutachten 137 f.
Schadensersatz,
- Anspruch 776 ff.
- Begrenzung 219 ff.
- presserechtliche
  Gegendarstellung 1104
- Pflicht
- Verjährungsfrist 780
Scheidung,
- Abweisung 471 ff.
- Antrag 434
- Rechtskraft 436, 534
- Rücknahme 471 ff.
- Unterhalt 451, 488
- Verbund, Anordnungsverfahren 651
- Verfahren,
  - Checkliste, Familienrecht 664
  - Prozesskostenhilfe 475
Schiedsverfahren 1004
Schlösser, Entfernung von
  angebrachten 631a
Schlüssigkeitsprüfung,
  einstweilige Verfügung 48
Schriftsatznachlass 154
Schutzrecht, gewerbliche 1012 ff.
Schutzschrift 173, 271 ff.
- Anwaltsgebühren 406
- Berücksichtigung 283 ff.
- einstweilige Verfügung 315
- Erstattung der Kosten 298
- Gefahr der
  Nichtberücksichtigung 285
- Hinterlegungsorte 276 ff.
- Kosten 289 f., 296 ff.
- Probleme und Gefahren 273 ff.
- Prozessgebühr 298
- rechtliches Gehör 274
- Rubrum 288

569

- Sicherstellung der Berücksichtigung 287 ff.
- Vorbereitungszeit 291 ff.
- weitere Abwägungskriterien 289 ff.
- Wettbewerbsrecht 1055
- Ziel der Schutzschrift 272 ff.

Sequestration 95 f.

Sicherheitsleistung 148, 188
- gem. § 1389 BGB 608
- Arrest 360 ff., 379
- Vollziehung des Arrestbefehls 361

Sicherung,
- Arrest, persönlicher 689
- Hypothek,
  - im Sinne des § 648 BGB 950
  - Arrest 342
  - Eintragung 950
- individueller Ansprüche 13
- Mittel 36
  - Arrest 373
  - Checkliste 644
  - Familienrecht, Checkliste 664
- Verfügung, einstweilige Verfügung 51

Sofortige Beschwerde 147
- einstweilige Anordnung gem. § 64b Abs. 3 FGG 649e
- elterliche Sorge 616 ff.
- Familienrecht 616 ff.
- Hausratsbeschluss 626
- isoliertes Wohnungszuweisungsverfahren 637b
- Kindesherausgabe 616 ff.
- Kindschaftsverfahren 562
- Zuweisung der Ehewohnung 616 ff.

Sorgerecht 422
- einstweiliger Rechtschutz 613 ff.

Sozialhilfe 705
Statusprozess 422
Stimmabgabe, Verbot 977
Streikmaßnahmen 674
Streitwert 384 ff.

- Arbeitsentgelt 850
- Arbeitskampf 857
- Arbeitspapiere 847
- Arbeitsrecht 843
- Beschäftigung 851
- Beschlussverfahren 858
- Betriebsratswahl
  - Anfechtung 869
  - Durchführung 868
- Direktionsrecht 852
- Ehewohnung 654
- Einigungsstelle 872
- einstweilige Anordnung in FGG-Verfahren 654 ff.
- einstweilige Verfügung 653
- Familienrecht 651 ff.
- Freistellung eines Betriebsratsmitglieds 870
- Hausrat 654
- Herausgabeansprüche 855
- Kindesherausgabe 654a
- Konkurrentenklage 856
- Konkurrenztätigkeit 854
- Maßnahmen nach den §§ 1, 2 Gewaltschutzgesetz 654a
- personelle Einzelmaßnahmen 874
- Prozesskostenvorausschussanordnung 652
- Sachmittel für den Betriebsrat 871
- Sicherung der Beteiligungsrechte 873
- Sorgerecht 654a
- Umgangsrecht 654a
- Unterhaltsanordnung 651
- Unterhaltsverfügungen 390
- Urlaubsgewährung 853
- Vergleich 389
- Wettbewerbsverbot 854

T

Taschengeldanspruch 547
Tätigwerden, baldiges 73 ff.
Tatsachen, Glaubhaftmachung 29

Teilzeit- und Befristungsgesetz 745 ff.
Telefonterror 631a
Trennungsunterhalt 451, 486
Trennungsunterhaltsverfahren 552

U
Überzahlter Unterhalt,
   Rückabwicklung 512 ff.
Umgangsrecht 422, 614b, 620d
– einstweiliger Rechtsschutz 613 ff.
– Vollstreckung 618
Unbedenklichkeitsbeschluss 997
Unterhalt, Höhe 459 ff.
– Schadensersatz 517 ff.
– sofortige Rückzahlung 493
– überzahlter 511 ff.
– verbrauchter 514
– Vergangenheit 462
Unterhaltsanordnung 437
– Abänderung einer einstweiligen
   Anordnung 530 ff.
– Anordnungsantrag 437 ff., 457, 557
– Antrag auf mündliche
   Verhandlung 527 f.
– Aufstockungsunterhalt 443
– Eilfälle 438
– Einstellung der
   Zwangsvollstreckung 469
– gerichtliche Entscheidung 455
– Gerichtskosten 656
– Gerichtsverfahren 446 ff.
– Höhe des Unterhalts 459 ff.
– Rechtsbehelfe 523 ff.
– Regelungsbedürfnis 441
– rückwirkende Erhöhung 537
– Scheidungsverbund 431 ff.
– sofortige Beschwerde 538 ff.
– Streitwert 651
– Zuständigkeit 447 ff.
– Zuständigkeit des
   Familiengerichts 449
Unterhaltsanspruch,
   Altersvorsorgeunterhalt 548

– Einsatzzeitpunkt 548
– Krankenvorsorgeunterhalt 548
– nichteheliches Kind 600 ff.
  – Glaubhaftmachung 603
Unterhaltsrückstände, einstweilige
   Verfügung 597
Unterhaltssache, einstweiliger
   Rechtsschutz 431 ff.
– Prozesskostenhilfe 433
Unterhaltssachen, Zulässigkeit 431 ff.
Unterhaltstitel, anderweitiger 445
Unterhaltsverfahren, isoliertes,
   Familienunterhalt 547
– isoliertes, Taschengeldanspruch 547
– isoliertes, Wirtschaftsgeld 547
Unterhaltsverfügung, fristwahrende
   Vollziehung 599
– Glaubhaftmachung des
   Verfügungsgrunds 596
– mittels Überschreitung des
   Existenzminimums 596
– Verfügungsanspruch 595 f.
– Verfügungsgrund 595 f.
– Vollziehung der einstweiligen 598
Unterhaltsvergleich 497 ff.
Unterhaltszahlung, zwingende
   Bedürfnis der sofortigen 558
Unterlassung, ehrverletzende
   Äußerung 57
– einstweilige Verfügung 57
– Rechtsberatung per „Hotline" 57
– unmittelbare Kontaktaufnahme 57
– wettbewerbswidrige Werbung 57
Unterlassungsansprüche,
   Abschlusserklärung 174
– Arbeitsrecht 810 ff.
– Wettbewerbsrecht 1017 ff.
Unterlassungserklärung, bereits
   abgegebene 1066
Unterlassungserklärung,
   strafbewährte 1018, 1038
– Wettbewerbsrecht 1028 ff.

Unterlassungsverfügung	198	Verfügung, feststellende	58
– Ordnungsmittel	111	Verfügungsanspruch	29, 45 ff., 302
Unterlassungsverpflichtung,		– Anspruch des Arbeitgebers	804 ff.
Vorformulierung	1020	– Darlegung	114 ff.
Unterlassungsvertrag	1036	– Darlegungslast	117
Untervermietung	901	– Gesellschaftsrecht	1008
Unterwerfungserklärung,		– Unterhaltsverfügung	595 f.
Aufbrauchfrist	1034	Verfügungsgläubiger	251
– Bedingung	1033	Verfügungsgrund	29
– Befristung	1032	– Darlegung	114 ff.
Urkunden	130 f.	– Darlegungslast	117 ff.
Urlaubsgewährung	669, 730 ff., 853	– einstweilige Verfügung	60 ff.
– Eilbedürftigkeit	731	– Gesellschaftsrecht	1008
Urteil	23	– Interessenabwägung	822
– im Ausland	67	– Unterhaltsverfügung	595 f.
Urteilsverfahren,		– Zulässigkeitsvoraussetzung	60
Antragsänderung	162 f.	Vergleich,	
– Arrest	359	– Androhung von Ordnungsmitteln	171
– einstweilige Verfügung	149 ff.	– auf Unterlassung gerichtetes	
– Gegenanträge	162 f.	Verfügungsverfahren	171
– Ladungsfrist	150	– einstweilige Verfügung	165 ff., 312
– neues Vorbringen	154 ff.	– Kosten des einstweiligen	
– Schriftsatznachlass	154	Verfügungsverfahrens	169
– sonstige Verfahrens-		– Kostenerstattung	409
beendigungen	165 ff.	– Reichweite	166
– Vergleich	165 ff.	– Schadensersatzansprüche	168
– Verkündung	186	– Streitwert	389
		– Unterhaltsvergleich	497 ff.
V		– Vertragsstrafe	171
Vaterschaftsfeststellung	556	Vergleichsverhandlungen,	
– Rechtskraft	556	schwebende	1047
veränderter Umstände	245 ff.	Verhältnis der Rechtsbehelfe	263 ff.
Veräußerungsverbot	631a	Verjährung, Hemmung	1051
– Grundbesitz	935	– Wettbewerbsrecht	1045 ff.
– Grundbuchrecht	933	Verjährungsunterbrechung	1050
– Wirksamkeit	936	Verlangen	1085
Verbot der Vorwegnahme der		Verlassungsverpflichtungen	644
Hauptsache	385	Vermieterpfandrecht	887
Verbotene Eigenmacht,		Vermögensgegenstände,	
Kostenerstattung	414	Übertragung	611
– Räumung	904	Vermögenslage, drohende	
Verfahrensanträge, einstweilige		Verschlechterung	691
Verfügung	99 ff.	Versäumnisurteil	151, 159, 233

Verfügungsarten, verschiedene	50 ff.	Vorkaufsrecht,	
Verschmelzungsbeschluss	997	Ausübung	898
Versicherung an Eides statt,		Vorläufige Anordnung,	
– gegenüber dem Gericht	127	Außer-Kraft-Treten	621f
– einstweilige Verfügung	121 ff.	– Familienrecht	621 ff.
– Original	127	– FGG-Verfahren	621 ff.
– Nachweisheft	701	– mündliche Verhandlung	621c
– Herausgabe	701	– Kindschaftssachen	428
Versöhnlicher Arrest	337 ff.	Vorläufiger Rechtsschutz,	
Versorgung mit Gas und Wasser	897	Anspruchsgrundlage	7
Versorgungsausgleich	422	– Familiensachen	5
Vertrag, Herausgabe	631a	– Hauptregelungsbereich	3 f.
Vertragsstrafe	171	– Rechtsbehelfe	8 f.
Vertretungsmacht,		– weitere Regelungsbereiche	5 f.
– Beschränkung	965	Vorschussanspruch,	
– Entziehung	961	Titulierung	585 f.
Verwaltungsregelungen	923	Vorwegnahme der Hauptsache	303
Vollmacht	144		
Vollstreckung,		**W**	
– Arrest	381	Warnstreik	772
– elterliche Sorge	618	Wegnahme der Hauptsache,	
– Handlung	189	Wettbewerbsrecht	80
– isoliertes Wohnungszuweisungs-		WEG-Verfahren, Arrest	924
verfahren	637b	– Checkliste	925
– Kindesherausgabe	618	Weiterbeschäftigungs-	
– ordentlicher Trennungs-		anspruch	669, 712
unterhaltstitel	492	– Beweislast	726
– Räumung der Ehewohnung	633	– Darlegungslast	726
– Umgangsrecht	618	– gem. § 102 Abs. 5 BetrVG	722 ff.
– Vergleich	618a	Wettbewerbsrecht, Abmahnung	1017 ff.
Vollstreckungsrechtliche		– Abschlusserklärung	1056 ff.
Anträge	258 ff.	– Checkliste	1067
Vollziehung,		– Dringlichkeit	1013 ff.
– Arrest	381	– Eilbedürfnis	1013
– Aussetzung	466	– einstweiliger Rechtsschutz	1012 ff.
– Frist	27, 180 f.	– Kosten der Abmahnung	1042 ff.
– einstweilige Verfügung	180 ff.	– Kostenerstattung	411
– Versäumung	248	– Kostenrisiko	1024
– einstweilige Verfügung	313	– Schutzschrift	1055
– Monatsfrist	183	– Streitwert	1029
Vollziehungsschadensersatz-		– Unterlassungsansprüche	1017 ff.
anspruch	210 ff.	– Unterlassungserklärung	1028 ff.
Voraussetzung	565 ff.	– Unterlassungsvertrag	1036

- Vergleichsverhandlung 1047
- Verjährung 1045 ff.
- Verjährungsunterbrechung 1050
- Vertragsstrafe 1019
- Ziel einer Abmahnung 1018
Wettbewerbsverbot 737 ff., 854
- nachvertragliches 738
Wettbewerbsverstöße, befristete 1013
Widerruf, Checkliste 1115
- einstweiliger Rechtschutz 1109 ff.
- Ergänzung 1110
- Richtigstellung 1110
- unwahre Tatsachenbehauptung 1109
Widerspruch 234 ff.
- Beschränkung 236
- gegen die Richtigkeit des Grundbuchs 932
- Verfahren, Abschluss 267
  - Gerichtskosten 396
Wiederholungsgefahr 643
Willenserklärung, Abgabe einer 56
Wirtschaftsgeld 547
Wohnraum, Aufteilung 642d
Wohnung,
- Eigentum, Entziehung 918
- einstweiliger Rechtschutz 422
- Räumung 55
- Überlassung bei Gewalttaten 639
- Überlassungsanspruch 642b
  - Aufteilung des vorhandenen Wohnraums 642d
  - Ausschluss 642c
  - unbillige Härte 642c
- Verbot des Betretens 631a
- Zuweisung, vorläufige 649a
  - Verfahren 637b

Z
Zeugen, Glaubhaftmachung 132 ff.

- Verzichtserklärung betreffend Auslagenersatz 133
ZPO-Anordnungssachen, Gebühren 658
ZPO-Verfahren, Aussetzungsbeschluss 467
Zugewinn, Klage auf vorzeitigen Ausgleich 608
Zugewinnausgleich 422, 429
- einstweiliger Rechtschutz 604 ff.
- Stichtag für die Bemessung des Endvermögens 604 ff.
- Vermögensverfügung 605
- vorzeitiger 607
- Arrest 610
Zulässigkeit, Arrest 21
Zuständigkeit, Arrest 22
- einstweilige Verfügung 89 ff.
- Rechtsbehelfe 664
- Streitwert 384
Zustellung 185 ff.
- Antragsschrift 142
- Parteibetrieb 202
Zuweisung der Ehewohnung, Regelungsbedürfnisse 632
- sofortige Beschwerde 616 ff.
Zwangsmittel, Androhung 618c
- Festsetzung 618c
Zwangsvollstreckung 324, 336
- Anwendung der Normen 26
- Arrest 324
- Duldung 324
- Einstellung 469
- einstweilige Einstellung 43
- objektive Gefährdung 336
- presserechtliche Gegendarstellung 1103
Zwischenvergleich 169

0160 99015638   Palovsky

0176 45835828   Tischler